郭萍 著

中山大学法学文丛

邮轮运输可持续发展的法治保障

Legal Protection for the
Sustainable Development of
Cruise Industry

知识产权出版社
全国百佳图书出版单位
—北京—

图书在版编目（CIP）数据

邮轮运输可持续发展的法治保障/郭萍著 . —北京：知识产权出版社，2022.4
ISBN 978 - 7 - 5130 - 8044 - 6

Ⅰ.①邮…　Ⅱ.①郭…　Ⅲ.①旅游船—旅游业—法规—研究—中国
Ⅳ.①D922.296.4

中国版本图书馆 CIP 数据核字（2022）第 013191 号

责任编辑：庞从容　　　　　　　　　责任校对：王　岩

执行编辑：赵利肖　　　　　　　　　责任印制：刘译文

邮轮运输可持续发展的法治保障
郭　萍　著

出版发行：**知识产权出版社** 有限责任公司　　网　　址：http：//www.ipph.cn
社　　址：北京市海淀区气象路 50 号院　　邮　　编：100081
责编电话：010-82000860 转 8726　　　　责编邮箱：pangcongrong@163.com
发行电话：010-82000860 转 8101/8102　　发行传真：010-82000893/82005070/82000270
印　　刷：三河市国英印务有限公司　　　经　　销：新华书店、各大网上书店及相关专业书店
开　　本：710mm×1000mm　1/16　　　印　　张：30.75
版　　次：2022 年 4 月第 1 版　　　　　印　　次：2022 年 4 月第 1 次印刷
字　　数：540 千字　　　　　　　　　定　　价：128.00 元
ISBN 978 - 7 - 5130 - 8044 - 6

前　言

　　我国有规模地开展邮轮旅游活动肇始于 2006 年，历经十年的黄金高速发展期。从 2017 年开始，增长速度有所减缓，逐渐步入高水平、高质量发展调整阶段。因此，我国学者也从邮轮发展初期学术成果寥寥，较局限于邮轮接待、港口基础建设等单一领域方面的研究，发展到近十年来开始有更多学者从应用经济学、管理学、旅游学等方面对邮轮产业发展中的问题进行研究，随之与邮轮产业发展过程中相关的法律问题研究也有了一定积累。

　　本书从我国邮轮产业发展现状、邮轮产业经济影响力以及现有邮轮旅游产品销售模式出发，围绕邮轮本身兼具"运输＋旅游"混合属性的本质，以邮轮运输为脉络，遵循可持续发展理念，厘清我国邮轮旅游特有的"两个合同＋三方合同主体"的复杂法律关系，借鉴国内外立法、判例和优秀学术成果，侧重于我国邮轮旅客权益保障与维权边界的合理逻辑关系论证；并从邮轮经济可持续发展与海洋环境保护兼顾的视角出发，针对邮轮排放污染物的特性，对防治邮轮污染海洋环境法律问题等进行系统深入的研究。本书主要包括如下部分：中外邮轮业发展现状以及与邮轮运输关系论、邮轮运输之契约关系论、邮轮运输下旅客权益及保障研究、邮轮运输下海洋环境保护及其污染规制研究、促进邮轮运输业可持续发展法治保障建议。

　　第一章通过中外邮轮发展现状，揭示当下中国邮轮发展的特点，阐述邮轮运输对邮轮经济发展的作用和影响，论证可持续发展理论与邮轮产业发展之间的关系，并对中国有关邮轮产业发展的相关政策及立法按照时间顺序进行梳理和分析。

　　第二章在介绍中国式邮轮客票销售模式的基础上，针对邮轮旅客运输合同之旅游说、运输合同说、综合说等不同观点，从海商法、合同法、旅游法等不同视角，探究邮轮旅客运输合同的法律属性并提出混合合同说。同时，在参照和比较国际著名邮轮公司标准合同范本条款的基础上，分析我国现行包船游模式下存在的"两个合同＋三方合同主体"法律关系之乱象，寻求跨境邮轮旅客运输合同纠纷多元化解决路径，以解决司法部门处理邮轮纠纷的管辖、法律适用等问题。

第三章以邮轮运输旅客基本权益为基础，结合国内外法律规定及典型案例，对我国旅客人身伤亡索赔与救济中存在的问题、法律障碍等进行深入剖析；并着重探讨邮轮旅客在人身伤亡、疾病就医、失踪、面临性骚扰等特殊情形下权益的保护与救济，进一步探讨邮轮旅客权益保障路径、维权边界的正当性和非法性与邮轮旅客采取"霸船"行为的应对措施。同时，针对2019年年底出现并暴发的新型冠状病毒肺炎疫情对全球邮轮旅游业的影响和相关应对措施进行思考与探讨。

第四章主要针对邮轮污染海洋环境的特殊性，参考有关防治船舶污染海洋的国际立法，借鉴美国、加拿大等一些发达国家的立法例，就邮轮特有的灰水、黑水、有毒有害物质污染大气等采取环境污染防治措施、构建监管机制等进行分析及论证。

第五章对我国邮轮发展现状进行梳理，对其存在的法律问题进行分析，明确指出邮轮旅客运输合同具有混合合同之属性，并结合邮轮本身的属性仍然需要在运输视角下加以规制的特点，建议将邮轮旅客运输合同纳入《海商法》之中，从而厘清现有邮轮客票模式之下邮轮公司/旅客/旅行社之间的法律关系与责任；建议通过制订邮轮旅客运输合同或邮轮旅游合同范本，避免权利义务内容不明，并对部分免除、降低责任的条款予以效力限制；结合邮轮旅客特殊权益保护的必要性提出合理化建议及构建多元化邮轮旅游纠纷救济路径；对邮轮旅客维权的正当性、合法性以及应对邮轮污染海洋环境、应对紧急公共卫生事件等事项提出建设性意见，结合邮轮旅客运输法律关系，提出修改《海商法》条文的具体建议案。

| 目 录 |

第一章　中外邮轮业发展现状以及邮轮运输关系论

在邮轮发展早期，邮轮特指航行于大洋中的固定航线、定期航班的大型邮船、客船，主要是邮政部门专用运输邮件的跨洋交通工具，同时也运送旅客。现在专指主要航行于大洋上固定或不固定航线、定期或不定期的豪华客船，属于流动的大酒店、浮动的度假村、海上移动城堡或者浮动的旅游目的地。因此"邮轮"一词是因为船舶运送邮件而得名，当今实则为"游轮"，已经成为娱乐媒介而非交通媒介。[1]

第一节　全球现代邮轮业发展现状及特点

一、邮轮的兴起

邮轮何时产生，学术界一直存在争议，但是比较趋同的观点是 1837 年英国铁行渣华公司（P&O）开始了海上旅客运输兼邮件运输业务，标志着世界邮轮的诞生。

1839 年，加拿大人塞穆尔·冠达（Samuel Cunard）在维多利亚女王的支持下获得了在英国与北美之间运送邮件的承包权，于是在 1840 年正式创办了世界上第一家邮轮公司——英国北美皇家邮件船务公司，并以"冠达邮轮"（Cunard Line）为名。事实上，通过船舶进行跨洋旅客运输的历史要早于邮件运输，1844 年半岛和东方汽船航运公司（The Peninsula and Oriental Steam Navigation Co.，以下简称"P&O 公司"）组织的从英国到西班牙、葡萄牙再

---

[1]　叶欣梁主编：《邮轮概论》，大连海事大学出版社 2016 年版，第 3 页。

到马来西亚和中国的航行，是邮轮客运的一个标志性事件。[1]

二、近代邮轮发展

20 世纪早期，远洋客轮主要运送的客人是移民。当时的客轮一般被分成 3 个等级：一等舱主要提供给富人，一般有 100 张床位，环境优雅，床位舒适。二等舱主要提供给中等收入的旅客，一般有 100 张床位。三等舱主要提供给平民旅客，也被称为"统舱"，床位大概 2000 张，通常的食品是水煮马铃薯，与同舱的伙伴自娱自乐是他们的消遣方式。客轮上等级森严，不同等级舱室的客人禁止往来。[2]

该时期邮轮还仅仅作为比较简单的海上交通运输工具，但是这些船舶频繁地在海上穿梭，有力地促进了远洋客运的发展，也培育了跨洋旅行的消费市场。乘坐邮轮完成洲际旅行、环球旅行的旅客与日俱增。为了满足这些消费群体的需要，船运公司开始设计和制造专门用于客运的船舶，并使得邮轮的功能逐渐从运输邮件向专门载运旅客转换。1901 年，历史上第一艘真正意义上的邮轮"维多利亚·路易斯公主号"（Princess in Victoria Luise）航行于地中海区域，1912 年最豪华的远洋邮轮"泰坦尼克号"开始处女航。

随着造船技术的发展和跨洋旅行需求的不断增加，建造的邮轮也越来越大。从 1888 年第一艘万吨级邮轮"纽约城号"（New York City），到 1935 年 8 万吨级邮轮"诺曼底号"（Normandie），仅仅用了不到 50 年的时间。

欧洲的邮轮历史最早可以追溯到 18 世纪，当时欧洲国家的皇室贵族都争相改造帆船来炫耀富贵与权威。随着 19 世纪以蒸汽机为代表的工业革命的兴起，英国开始把蒸汽机与螺旋桨运用到船舶上，将其逐渐改造成邮轮，于是邮轮开始逐渐在欧洲各国发展。19 世纪 40 年代，英国冠达邮轮公司的蒸汽船"大不列颠号"，首次实现了横跨大西洋的航程。随着这种远洋航程的开发，旅客需要更加舒适多样的航程体验，于是许多邮轮公司开始改装自己的邮轮，纷纷安置相对独立的舱室与水电供应系统，也逐渐注重添置旅客所需求的方方面面的娱乐设施。[3]

第二次世界大战爆发，大量欧洲居民移民美国，直接促进了邮轮规模、

---

[1]　叶欣梁主编：《邮轮概论》，大连海事大学出版社 2016 年版，第 3 页。
[2]　赵序主编：《国际邮轮服务与管理》，旅游教育出版社 2017 年版，第 3 页。
[3]　《全球邮轮的历史及发展》，载同程旅行官方网站 2017 年 5 月 16 日，http：//www. ly. com/news/detail-61936. html。

体积的迅速壮大。由于战争需要，许多邮轮公司旗下的邮轮被召回支援战争，充当医疗船或满足军备需要的船舶，在此期间许多邮轮被鱼雷炸沉或者被舰艇击沉，对欧洲许多邮轮公司造成沉重打击。

第二次世界大战结束后，邮轮企业大多损失惨重，加上民航直接抢夺了大量客源，邮轮产业腹背受敌。此时欧洲国家纷纷开始重新规划，以期复兴邮轮产业。例如，意大利远洋邮轮公司便建造了两艘专为大西洋载客而服务的邮轮。邮轮上的服务逐渐多样化，增强了独特竞争力，这些是航空、铁路运输所没有的。在政府的扶持与企业的共同努力下，邮轮产业逐渐复苏。

三、现代邮轮的演进

到了 20 世纪 60 年代，航空公司开始提供喷气式飞机飞越大西洋的商业性服务。通过邮轮横渡大西洋耗时数日，而通过飞机则变为几个小时，人们出行更加方便、快捷，使得以交通为目的的客运邮轮承受了巨大的压力。邮轮公司开始探索改变经营策略，开发专门以旅游为目的的邮轮度假消费项目，实现从客运邮轮到度假旅游邮轮的转变。由于受旅客数量及船舶规模的限制，当时客运邮轮的普遍船型多以 3 万吨级以下的船舶为主。但是随着竞争压力的逐步提高，度假邮轮开始朝着现代化、时尚化方向发展，内部设施和装饰日趋豪华，服务功能和服务水平完全可以与陆地上的星级豪华酒店相媲美。[1]

邮轮从客运功能到度假功能的转变，实际上就是邮轮从近代向现代的转变。前者只是海上客运的交通工具，船上设施比较简陋；后者往往从出发港口经过海上巡游，又回到出发港口，已经没有了客运的目标要求。这使得现代邮轮具有如下特点：一是浮动的度假中心，即能够提供将客人吸引过来的娱乐设施，也能为外出客人提供住宿、餐饮等服务，还能够提供满足客人在船停留期间的相关活动安排；二是移动的微型城镇，即能够提供包括水、电、垃圾处理、固定及移动电话、有线（无线）电视、网络、医疗保健、急救、图书阅览等各类市政服务；三是无目的地的度假目的地，即游客在船上可以充分享受海洋、海风、日光带来的惬意，还可以到各个沿海国家登岸观光购物、领略各国风光，感受各地民情风俗。[2]

---

〔1〕　叶欣梁主编：《邮轮概论》，大连海事大学出版社 2016 年版，第 4 页。
〔2〕　叶欣梁主编：《邮轮概论》，大连海事大学出版社 2016 年版，第 5 页。

四、现代邮轮发展的黄金时期

20 世纪 90 年代，度假邮轮迎来了黄金发展期，新型的、吨位更大的、技术更为先进的、设施更为奢华的邮轮陆续投入使用。[1] 从表 1-1 可以看出近 20 年发展的不同时期，各个邮轮公司投入巨资建造邮轮的吨位、载客量等方面的变化趋势。

表 1-1　不同时期代表性邮轮信息情况汇总表

名称	建造时间/年	吨位/万吨	长度/米	载客量/人	备注
嘉年华命运号	1996	1.01	272.2	2642	隶属嘉年华邮轮集团公司（Carnival Cruise Lines）
海上航行者号	1999	14.2	311.1	3840	隶属皇家加勒比游轮有限公司（Royal Caribbean Cruises Ltd.），当时世界最大
海洋自由号	2005	15.8	339	4375	隶属皇家加勒比游轮有限公司
海洋绿洲号	2009	22.5	360	6000	隶属皇家加勒比游轮有限公司，当时世界最大
海洋和谐号	2016	22.7	362	6000	隶属皇家加勒比游轮有限公司
海洋交响号	2018	23	362	6680	隶属皇家加勒比游轮有限公司，拥有 18 层甲板，为世界最大邮轮

注：以上数据系笔者根据各个邮轮公司官方网站发布的相关信息予以整理。

因此，现代邮轮和传统邮轮的区别并不是仅仅在于船舶大小的变化，而是它们在定位上存在根本区别。传统的邮轮仅仅作为海上运输的客运工具，定位是把旅客运送到大洋彼岸，因此船上的生活娱乐设施也是为了提供舒适的旅客环境和解闷而设置的；现代邮轮本身就是旅游目的地，海上旅游也是游客出行的重要组成部分，船上生活娱乐的配套设施成为必不可少的条件，而且必须面面俱到，精益求精，靠岸停留也是为了观光旅游或高品质完成海上旅游行程。[2]

---

〔1〕　叶欣梁主编：《邮轮概论》，大连海事大学出版社 2016 年版，第 5 页。

〔2〕　"上海国际邮轮旅游人才培训基地"教材编委会编：《国际邮轮旅游销售实务》，中国旅游出版社 2014 年版，第 3—4 页。

五、邮轮产业的特点

邮轮产业，又被称为邮轮业、航游业（cruise industry），是以大型豪华海上邮轮为载体，通过远洋、近海与环球航行的方式，以海上观光旅游为主要诉求，为乘客提供旅游观光、餐饮、住宿、娱乐、探险等服务的海上观光与休闲产业。因此，邮轮产业涉及邮轮制造业、邮轮营运企业、港口服务以及旅游商贸业等。[1]

邮轮产业的发展需要一系列行业的支持和联动。邮轮产业链主要包括邮轮营运业（也是邮轮产业链上的核心产业和龙头产业）、邮轮制造业、交通运输业、港口及港口服务业、旅游观光业、加工制造业、批发零售贸易业，以及提供保险、金融等服务的其他相关行业。

邮轮产业以大型豪华海上游船为运载依托，以跨国旅行为核心，以众多旅游产品吸引游客，以开展航线经营为手段，以海上观光旅游为具体内容，是由交通运输、船舶制造、港口服务、旅游观光、餐饮、购物和银行保险等行业组合而成的复合型产业链条，因此具有经济要素的集聚性、旅游产品的网络性、服务对象的全球性和邮轮文化的多元性等特点。[2]

（一）经济要素的集聚性

20世纪60年代，邮轮的全球产业形态出现于北美洲，其集聚性表现为：

第一，为邮轮及邮轮游客服务的各类机构及相关产业，包括商业、宾馆、餐饮、陆空交通、金融、中介服务等，一般聚集在港口附近及周边地区，以便能够快捷方便地为邮轮及游客提供服务。因此也催生了一些城市在港口码头附近形成繁华的商务中心区域。

第二，优良的邮轮母港可以吸引更多的邮轮集聚，而更多邮轮的集聚又推动了当地的经济发展。以美国迈阿密港、大沼泽地港和卡纳维拉港为例，三个港口的邮轮游客总人数超过全球邮轮游客的40%，使得佛罗里达州成为全球邮轮产业中心。[3]

---

〔1〕 "上海国际邮轮旅游人才培训基地"教材编委会编：《国际邮轮旅游销售实务》，中国旅游出版社2014年版，第5页。

〔2〕 宋喜红、戚昕编著：《海洋船舶产业发展现状与前景研究》，广东经济出版社2018年版，第41页。

〔3〕 宋喜红、戚昕编著：《海洋船舶产业发展现状与前景研究》，广东经济出版社2018年版，第42页。

（二）旅游产品的网络性

从全球邮轮业的运营情况来看，邮轮制造业主要集中在欧洲国家，例如意大利、德国、芬兰、挪威等。而邮轮运营公司，特别是邮轮公司集团总部，主要分布于美国、英国、希腊、马来西亚、挪威等国。而邮轮产业的资本主要来自美国、德国、英国、日本。运营的邮轮大多在开放登记的国家进行国籍登记注册，并大多拥有方便旗。例如，大多选择在巴拿马、利比里亚、百慕大、塞浦路斯、巴哈马等国家和地区进行船舶国籍登记注册。而邮轮公司高级管理人才主要来自意大利、希腊、挪威、英国等国家，在邮轮上工作的船员或在舱室、餐厅、娱乐场所提供服务的乘务人员，主要来自南欧和东南亚。近年来在中国从事经营的邮轮，也大多注意在中国招募邮轮上的服务人员。因此形成以海洋为舞台，以遍布世界各地的港口码头为依托，国际性明显的庞大邮轮旅游网络性产业。[1]

（三）服务对象的全球性

虽然全球经济一体化趋势明显，但是真正具有全球跨区域性的产业并不常见。而邮轮产业自诞生之时就定位为全球跨区域性产业，以连接七大洲的整个海洋为经营空间。除了停靠港口码头，邮轮大部分时间是在公海上航行，因此国界的概念并不明显，各国法律的约束力也相应受到影响。[2]此外，邮轮上的船员、工作人员和游客往往来自全球几十个国家或地区，他们使用不同的语言，具有多元的文化历史背景，因此邮轮产业的全球性特征十分突出。

（四）邮轮文化的多元性

邮轮产业起源于贵族休闲文化，因此与其相关的服务或多或少都体现出奢华的特点。邮轮公司不但在每艘邮轮上都竭尽所能地进行华丽装饰，同时为了提升邮轮旅游本身的品质，吸引更多的游客置身于邮轮生活体验之中，邮轮上的一些装饰及设施也能够明显地体现出各个国家的文化交融和文化开

---

〔1〕 宋喜红、戚昕编著：《海洋船舶产业发展现状与前景研究》，广东经济出版社 2018 年版，第 42 页。

〔2〕 宋喜红、戚昕编著：《海洋船舶产业发展现状与前景研究》，广东经济出版社 2018 年版，第 43 页。

放的特色。[1]不同邮轮公司秉承的文化及休闲理念未必完全一致，也导致每艘邮轮不仅在装饰风格方面存在差异，在邮轮航行期间安排的各项休闲娱乐活动的主题和内容也各不相同，精彩纷呈。

而邮轮产业在经济领域的特征也非常明显，具有经济效益高、经济聚集性强、经济规模显著、寡头垄断明显、区域邮轮经济发展不平衡等特点。

一是经济效益高。由于邮轮码头、邮轮挂靠港，尤其是邮轮母港的设立，为港口所在城市带来可观的经济效益。

二是经济聚集性强。聚集性表现在两个方面：一方面，各类相关要素聚集在邮轮码头附近，便于及时提供优质快捷的服务。例如，一个邮轮母港区域周边除了需要为邮轮补给、维护、修理等相关产业开辟可观的新市场，还可以带动周边的餐饮、住宿、旅游、购物等经济发展。另一方面，一个优良的邮轮母港会吸引更多的邮轮集聚本港，从而形成规模经济，并拓展邮轮母港在基础设施和提供服务方面的业务。因此，致力于发展邮轮经济的城市，需要为邮轮码头预留足够的经济发展空间和做好布局规划。

三是显著的规模经济。主要包括单艘邮轮的规模经济和船队的规模经济。前者表现为邮轮注册吨位越大，载客量越多，单个舱位成本就越低，从而达到收益平衡点所收取的邮轮票价越低，产品竞争力就越强，这也是现代化邮轮吨位越来越庞大的原因之一。后者主要针对拥有一定规模数量的船队，邮轮公司既可以降低前期研发、设计、船舶建造和邮轮人员培训单位成本，又可以在邮轮运营期限内有效地分担邮轮运营带来市场销售、行政管理、广告宣传和物品采购等巨大成本，并通过全球性网络销售，提高舱位利用率。

四是寡头垄断邮轮市场。邮轮造价高昂，资本专用性强，运营成本高，因此国际上能够经营邮轮旅游业务的公司较少，呈现出明显的少数寡头垄断市场的特征。其表现为邮轮运营业通过多年的已有企业品牌效应，使得其他新兴邮轮公司很难有机会进军邮轮运营市场；同时利用已有的市场旅游产品分销系统，网络化经销模式，形成阻碍其他邮轮公司分享市场的进入壁垒；通过将邮轮海上巡游与相关旅游营销的产品组合等合作形式，使得邮轮旅游具有其他一般旅游无法比拟的特点；借助邮轮运营权以及邮轮规模经济和效应，控制或决定邮轮母港、码头的建设和发展；通过提高邮轮舱位供应量，

---

[1]　宋喜红、威昕编著：《海洋船舶产业发展现状与前景研究》，广东经济出版社 2018 年版，第 43 页。

使得小型邮轮面临经营困难。邮轮公司的上述经营策略、手段和措施，构成邮轮市场和经营活动的进入壁垒。[1]

五是邮轮产业发展呈现区域不均衡特性。主要表现在区域市场开发的不均衡以及邮轮母港分布的不均衡。邮轮运营具有明显的松散特性，根据经济地理学的空间管理理论，此类经济活动倾向于选择在市场容量较大的地区开展。以美国为首的北美地区为例，人均收入高，消费比较超前，故形成了世界上最大的邮轮市场，游客数量占世界份额的 80%。当然随着邮轮旅游向全球其他区域的延伸，北美份额呈逐年下降的势态。[2]邮轮航线的地理集中性明显，航线规划时往往选择环境优美、景色独特，能够吸引游客的区域。因此全球邮轮活动的主要区域为加勒比海区域、欧洲/地中海区域、亚洲/南太平洋区域等。邮轮母港分布呈现不均衡态势，例如，美国是拥有邮轮母港最多的国家，仅在佛罗里达州就有迈阿密、卡纳维拉尔、埃弗格雷斯三个邮轮母港。

六是邮轮运营的地理季节性明显。邮轮公司开发的邮轮航线随着季节、旅游淡旺季等进行全球范围内的运力调配。大多数邮轮是在特定海域进行区域性巡游，终年航行于世界各地的环球邮轮和远洋邮轮占比很小。因此邮轮公司会根据季节变化，适时调整运营策略，定期改变始发母港和邮轮航线，以确保邮轮舱位出租率达到 85% 以上，甚至达到 100%。[3]

六、全球现代邮轮产业的发展历史

从历史进程看，现代邮轮产业的发展经历了转型过渡期、成长拓展期和繁荣成熟期。

（一）转型过渡期（20 世纪 60—70 年代）

20 世纪 60 年代初，每年往返于美欧大陆横跨大西洋的客运量超过 100 万人次，70 年代初期一度下降到每年 25 万人次。迫于经营上的压力，原有

---

[1] 宋喜红、戚昕编著：《海洋船舶产业发展现状与前景研究》，广东经济出版社 2018 年版，第 45 页。

[2] 宋喜红、戚昕编著：《海洋船舶产业发展现状与前景研究》，广东经济出版社 2018 年版，第 45 页。

[3] 宋喜红、戚昕编著：《海洋船舶产业发展现状与前景研究》，广东经济出版社 2018 年版，第 46 页。

的客运班轮不得不转型寻找新的经营方式，由此催生了海上客运向海上旅游的转型。

但是，由于当时的客运船舶本身还不适应开展旅游休闲服务，原有客船的设施亟须升级改造，加上人们对邮轮旅游的认识较低，当时的邮轮目标市场多以本国游客为主，出行航线也多以本国港口为基本港和挂靠港，人们对邮轮的认识局限于华丽的船舶外表、奢侈的内部设施和高昂的旅游费用。该时期挪威邮轮公司、皇家加勒比游轮有限公司、嘉年华邮轮集团公司以及英国铁行邮轮公司开始相继组建各自的邮轮船队。

（二）成长拓展期（20世纪80—90年代中期）

随着人们对邮轮的认识逐渐提升，邮轮市场开始出现日益丰富的旅游产品，市场得以进一步拓展，整个行业进入上升期。同时马来西亚丽星邮轮集团公司（Star Cruise）于1993年开始进入亚洲市场，其通过收购，并在北美洲、欧洲、亚洲三大区域开展业务，成为全球性邮轮公司。

（三）繁荣成熟期（20世纪90年代中晚期至今）

最早进入邮轮发展繁荣成熟期的是北美洲和欧洲一些区域。全球性邮轮公司不断投入新船，邮轮服务种类繁多，市场分割加剧，竞争趋于剧烈，邮轮航线平均航程达到6—8天，停靠目的港不断增加，航线安排灵活多样，游客消费价格逐年下降，行业集中度上升，面向游客的大众化、年轻化的邮轮业务越来越多，也吸引了更多中等收入的游客成为邮轮产品的消费者和拥护者。[1]

邮轮旅行一般是船体越大越好。通常，邮轮大小有两种方法衡量：一种是依吨位大小划分，5万吨以下是小型邮轮，5万—7万吨是中型邮轮，7万吨以上则是大型邮轮；另一种是依所容纳的乘客人数划分，承载2000人以上的通常被认为是巨型邮轮。[2]

---

〔1〕 宋喜红、戚昕编著：《海洋船舶产业发展现状与前景研究》，广东经济出版社2018年版，第46—47页。

〔2〕 刘哲：《渤海轮渡，难行的邮轮之路》，载微信公众号"中国船东协会"2016年6月24日，https://mp.weixin.qq.com/s/5UcbEcbg1EqqyGuxMj9-WA。

七、全球邮轮业发展趋势

国际邮轮协会（Cruise Lines International Association，CLIA）统计数据（见图1−1）显示，2018年全球邮轮游客量达到2850万人次，同比增长7%，高于国际邮轮协会最初预测的2820万人次，增长速度超出预期。北美地区邮轮游客量达到1420万人次，同比增长9%，依然是全球最大的邮轮市场。其中，沿岸国最多的加勒比海地区凭借优良的港口资源、丰富的旅游资源、良好的气候等优势条件，一直是全球最为热门的邮轮旅游目的地。该地区集聚着众多的邮轮品牌、丰富的邮轮航线和来源广泛的游客，2018年邮轮游客量达到1130万人次，同比增长6%，继续保持邮轮目的地世界第一的绝对优势地位；阿拉斯加邮轮旅客数量超过100万人次，同比增长13%。亚洲地区邮轮旅客量增长了5%，达到420万人次。地中海地区邮轮旅客量增长了8%，超过400万人次。[1]

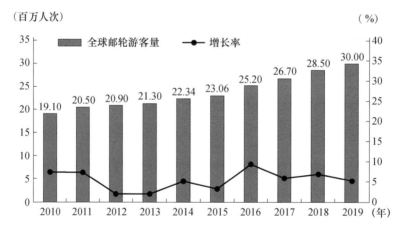

图1−1 2010—2019年全球邮轮游客量及增长率

资料来源：国际邮轮协会。

国际邮轮协会对邮轮旅游市场的发展前景持乐观态度，预测2025年将达到3760万人次。这表明国际邮轮市场具有良好的发展前景和市场潜力。

全球邮轮市场主要集聚在加勒比海、亚太地区、地中海、北欧及西欧、

〔1〕 参见中国与世界经济社会发展数据库官方网站，https：//www.pishu.com.cn/skwx_ps/bookdetail? SiteID=14&ID=11176440，2020年1月20日访问。

澳大利亚、阿拉斯加等区域，占据85%的市场份额。加勒比海依然是全球邮轮市场最集聚的区域，占据全球近40%的市场份额，2018年达到38.4%。亚太地区经济发展水平不断提升，为邮轮旅游在亚太地区的发展提供了很好的客源基础，具备较大的增长空间，游客量占据全球邮轮市场的份额从2013年的8%增长到2018年的15.1%，成为全球仅次于加勒比海的第二大邮轮市场。

此外，根据《邮轮绿皮书：中国邮轮产业发展报告（2019）》提供的数据，亚洲邮轮游客年轻化趋势明显。亚洲2018年邮轮市场游客平均年龄为45.4岁，与2017年的45.6岁基本一致。亚洲邮轮市场游客平均年龄并未发生明显变化，50岁以上占比50%左右，是客源市场最为重要的组成部分，这也与国际邮轮市场游客年龄特征基本相符。

2018年，亚洲邮轮游客19岁及以下游客占比13%，20—29岁占比9%，30—39岁占比16%，40—49岁占比14%，50—59岁占比17%，60—69岁占比21%，70岁及以上占比10%（见图1-2）。印度邮轮游客年龄处于较低水平，平均年龄为37岁；印度尼西亚邮轮游客平均年龄为39岁；而日本邮轮游客年龄较大，平均年龄为57岁。[1]

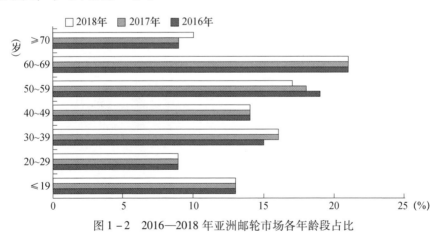

图1-2　2016—2018年亚洲邮轮市场各年龄段占比

资料来源：2018年亚洲邮轮行业海洋资源市场报告。[2]

---

〔1〕　参见中国与世界经济社会发展数据库官方网站，https：//www.pishu.com.cn/skwx_ps/bookdetail？SiteID=14&ID=11176440，2020年1月20日访问。

〔2〕　Asian Cruise Industry Ocean Source Market Report 2018.

第二节 中国邮轮业发展现状、特质与趋势

一、海上邮轮业发展总体态势

（一）中国海上邮轮业兴起及发展

自 2004 年第一艘外籍邮轮来华，邮轮经济开始在中国起步。近年来邮轮经济及相关产业在我国发展非常迅速，国家有关部委也非常重视。2013 年至今，国务院以及有关部委先后颁布《国民旅游休闲纲要（2013—2020 年）》《关于促进我国邮轮运输业持续健康发展的指导意见》等。上海市、天津市、广东省、海南省等地的地方政策也先后出台。

旅行社是以营利为目的从事旅游业务的企业，旅游业务主要包括为旅游者代办出境、入境和签证手续，招徕、接待旅游者，为旅游者安排食宿，等等。目前，国内约有 1.5 万家旅行社，而从事邮轮旅游的国际旅行社大约 20 家。20 世纪 90 年代以来，旅行社主要以包船、切舱、零售等形式开展邮轮旅游相关业务。

包船模式又称为包舱模式，是指旅行社将邮轮公司某一航次上可以售卖的所有舱位提前买断，然后以自身名义将舱位单独或打包附加在岸上观光、旅游等项目在内的包价旅游产品中[1]，并由旅行社完全自主销售的方式。此种旅行社向邮轮公司包船后，必须按照包船协议约定的内容，全额支付包船费用，同时可以自行制定包括邮轮票价在内的旅游产品的销售价格。此种包舱模式对旅行社销售压力很大，因为旅行社一旦预包了全部舱位，将来不论是否可以顺利将全部舱位销售出去，都需要向邮轮公司支付固定的最低包船费用。当然，在邮轮旅游实践中，也有一些旅行社通过与邮轮公司谈判、协商，在包船协议中特别约定，允许旅行社将未能完全销售出去的剩余舱位转售给邮轮公司，或者由邮轮公司支付部分费用从旅行社回购剩余的舱位。

切舱模式则是指旅行社将邮轮公司某一航次可以售卖的部分舱位予以提前买断或租赁，然后再以自己的名义出售包括邮轮旅游项目在内的其他旅游产品的方式。与包船模式相比，旅行社可以在一定程度上控制市场风险，不

---

〔1〕 林江：《邮轮经济法律规制研究——上海宝山实践分析》，复旦大学出版社 2019 年版，第 116 页。

至于面临将全部舱位买断可能带来的较大的销售压力。所以当某个旅行社判定己方公司无法买断全部舱位时，会联手其他几家旅行社分别与邮轮公司签订切舱协议，销售邮轮旅游产品。不论是采取包舱模式还是切舱模式，旅行社都需要同邮轮公司订立包舱协议和/或切舱协议，同时再与旅客订立旅游合同。旅行社通过此种背对背合同的签订，以邮轮舱位的买卖来赚取差价。因此，此种情况下，旅行社并不是邮轮公司的票务代理，也不是仅仅扮演邮轮公司代理人或中介人的角色，针对旅客而言，旅行社是单独承担法律责任的旅游经营者，只不过旅行社销售的旅游产品中包含了在邮轮上进行休闲、消遣、旅游、观光等事项而已，但是旅行社并不实际从事邮轮的经营活动。

包船模式目前在中国占据主导地位，一方面，国外邮轮公司对中国市场不够熟悉，被中国旅行社包船之后可以集中精力于邮轮运营方面，而不是把精力分散在揽客、销售船票和市场拓展上；另一方面，邮轮旅游在中国蓬勃发展，通过包船模式，旅行社可以获得更多利润。此外，由于目前在中国从事邮轮业务的船舶，大多悬挂外国旗帜，中国游客一旦登上邮轮，相当于跨出国境，而根据中国现行有关跨境旅游的法律规定，只有中资旅行社经批准可以从事中国游客跨境旅游业务。因此，这些悬挂外国旗帜的外国邮轮公司无法直接面向中国游客提供旅游产品。

但是，这种模式的弊端也很明显，即旅行社享有定价权，若临近船舶开航期限，但是邮轮旅游舱位销售不甚理想时，旅行社往往会选择低价出售，不同旅行社也可能进入价格战的厮杀。[1]

鉴于邮轮旅游的特殊性、国际性、专业性等特点，邮轮旅游在我国尚属新型行业，这使得旅行社在我国邮轮经济发展中起着举足轻重的作用。事实上，在国外的邮轮旅游经营活动中，邮轮公司除了自己直接向游客销售邮轮船票之外，很多情况下也是积极发挥各地旅行社或旅游经营者在当地的网络优势，委托旅行社或者其他旅游经营者代为进行邮轮船票的销售。国际邮轮协会的一项市场调查显示，北美邮轮旅游市场有80%左右的邮轮乘客是通过旅游经营者来预订邮轮旅游产品的。[2]因此，在这些邮轮旅游经济比较成熟的市场中，旅行社既要精通旅游业务，又要了解邮轮及航运业务，往往兼具旅行社以及邮轮公司票务销售代理的双重身份。[3]

---

〔1〕 赵序主编：《国际邮轮服务与管理》，旅游教育出版社2017年版，第130页。
〔2〕 "上海国际邮轮旅游人才培训基地"教材编委会编：《国际邮轮旅游销售实务》，中国旅游出版社2014年版，第6页。
〔3〕 闵德权、胡鸿韬编著：《邮轮口岸管理理论与实务》，大连海事大学出版社2016年版，第61页。

目前，中国已经成为亚洲地区最大的邮轮市场。全球著名的八大邮轮公司隶属于三大邮轮集团公司，分别是嘉年华邮轮集团公司、皇家加勒比游轮有限公司和丽星邮轮集团公司，三者占有全球邮轮旅游市场约 85% 的市场份额。其中，嘉年华邮轮集团公司占有全球市场 56% 的份额。[1]三大邮轮集团下的邮轮公司均已进入我国邮轮旅游市场，海航旅业、渤海轮渡等国内中资企业也在积极拓展本土邮轮业务，并初步形成了以日韩线、越南线、中国台湾地区线等始发航线为主，国际挂靠航线为辅的格局。[2]

嘉年华邮轮集团公司成立于 1972 年，是世界第一大邮轮集团公司。目前，该集团公司旗下拥有荷美邮轮公司（Holland American Cruise）、歌诗达邮轮公司（又称为海岸邮轮公司，Costa Cruise）、熙邦邮轮公司（Seabourn Cruise）、冠达邮轮公司（Cunard Cruise）和风之颂邮轮公司（Windstar Cruise），它们作为公司的一个品牌，独立地从事邮轮经营活动。2003 年，嘉年华邮轮集团公司与英国 P&O 公主邮轮公司（P&O Princess，以下简称"公主邮轮公司"）合并，后者原是英国铁行航运公司的邮轮业务部门，2000 年成为独立的邮轮公司，公主邮轮公司同年收购了德国著名的爱达邮轮公司（AIDA Cruise）。

美国皇家加勒比游轮有限公司是世界第二大邮轮集团公司，成立于 1969 年。20 世纪 80 年代末之前，该公司主要定位于加勒比市场，后逐步拓展业务，目前其邮轮航线主要涉及南美洲、北美洲、欧洲、亚洲等。旗下拥有皇家加勒比国际游轮（Royal Caribbean International）、精致游轮（Celebrity Cruises）、精钻会游轮（Azamara Club Cruises）、普尔曼游轮（Pullmantur）和 CDF（Croisieres de France）等游轮品牌及船队。

丽星邮轮集团公司创立于 1993 年，隶属于马来西亚云顶娱乐集团，以亚太海域为主要营运市场，共有丽星邮轮、挪威邮轮、东方邮轮、邮轮客运四个品牌在运作，航线遍及亚太区、南北美洲、加勒比海、阿拉斯加、欧洲、地中海、百慕大及南极。

据中国交通运输协会邮轮游艇分会（CCYIA）统计，2015 年我国有 10 个港口接待过邮轮，包括大连、天津、青岛、烟台、上海、舟山、厦门、广州、海口、三亚，全国共接待邮轮 629 艘次，同比增长 35%；邮轮旅客出入

---

〔1〕 刘哲：《渤海轮渡，难行的邮轮之路》，载微信公众号"中国船东协会"2016 年 6 月 24 日，https://mp.weixin.qq.com/s/5UcbEcbg1EqqyGuxMj9-WA。

〔2〕 闵德权、胡鸿韬编著：《邮轮口岸管理理论与实务》，大连海事大学出版社 2016 年版，第 119 页。

境 2480454 人次（124.0227 万人），同比增长 44%。其中接待母港邮轮 539 艘次，同比增长 47%；访问港邮轮 90 艘次，同比下降 10%。乘坐母港邮轮出入境的中国游客 2224209 人次（111.2104 万人），同比增长 50%；乘坐邮轮访问中国的境外游客 256245 人次（12.8122 万人），同比增长 4.7%。

《2015 中国邮轮发展报告》认为，过去 10 年我国邮轮产业处于培育期、粗放式的起步发展阶段，发展力量主要集中在邮轮政策制定、邮轮码头建设、邮轮船队引进、邮轮旅游观光和接待等方面，在邮轮管理、邮轮产业规划、邮轮制造、邮轮服务体系、邮轮市场机制、邮轮消费理念等方面还存在许多空白和不足；未来 10 年，我国邮轮产业将处于爆发期、市场细分的快速发展阶段，也是国家旅游局领导提出的黄金 10 年。[1]

据中国交通运输协会邮轮游艇分会和中国港口协会邮轮游艇码头分会联合统计[2]，2018 年我国 13 个邮轮港口（上海、天津、厦门、广州、深圳、海口、青岛、大连、三亚、连云港、温州、威海、舟山）共接待邮轮 969 艘次，同比下降 17.95%，邮轮出入境旅客合计 4906583 人次，同比下降 0.98%。其中，母港邮轮 889 艘次，同比下降 19.03%，母港旅客 4728283 人次，同比下降 1.10%；访问港邮轮 80 艘次，同比下降 3.61%，访问港旅客 178300 人次，同比增长 2.32%。各大邮轮港口中，上海、天津仍分别位列第一、第二。其中，上海港（含吴淞口国际邮轮港和国际客运中心）全年接待邮轮 403 艘次，同比下降 21.29%，邮轮旅客 274.57 万人次，同比下降 7.56%；天津全年接待邮轮 116 艘次，同比下降 33.71%，邮轮旅客 68.30 万人次，同比下降 27.41%。广州全年接待邮轮 94 艘次，同比下降 22.95%，但邮轮旅客达到 48.12 万人次，同比增长 19.26%，旅客人数位居全国第三。

值得注意的是，在 2018 年全国邮轮旅游市场普遍呈现衰落趋势的大环境下，厦门全年接待邮轮 96 艘次，同比增长 24.68%；邮轮旅客达到 32.48 万人次，同比增长 100.73%，创历史最好成绩。2018 年全国邮轮旅游增长速度降低，开始进入调整期。根据中国交通运输协会邮轮游艇分会牵头于 2018 年 10 月 18 日发布的《2017—2018 年中国邮轮发展报告》（邮轮白皮书），笔者认为在经历了 2006—2016 年黄金十年发展期之后，2017—2018 年中国邮轮市场增长有所放缓，中国邮轮旅游业进入市场调整期。

---

〔1〕《2015 中国邮轮发展报告》，载中国邮轮网（CCYIA）官方网站，http://www.ccyia.com/news/xiehuixinwen/2016/0229/2909.html，2017 年 9 月 25 日访问。

〔2〕《2018 年中国邮轮：华南市场异军突起》，载微信公众号"中国邮轮产业发展大会 CCS"2019 年 1 月 28 日，https://mp.weixin.qq.com/s/XIANqEcrcJjhmgJbMj48Gg。

　　随着部分国际邮轮公司进行全球战略布局调整，中国邮轮市场自2017年起首次出现增速放缓。2006—2011年为萌芽阶段，年平均增长率为36.74%；2012—2016年为快速成长期，年平均增长率为72.84%；2017年增长率为8%。中国邮轮旅游市场在经历了十多年的高速迅猛发展后，于2018年进入由"高速度增长"转向"高质量、高品位发展"的战略调整期。

　　2018年，依据接待出入境游客量排名，中国十大邮轮港口分别为上海吴淞口国际邮轮港、天津国际邮轮母港、广州港国际邮轮母港、深圳招商蛇口邮轮母港、厦门国际邮轮中心、青岛邮轮母港、大连国际邮轮中心、海口秀英港、上海港国际客运中心、三亚凤凰岛国际邮轮港口。邮轮市场客源呈现高度聚集特征，前五大邮轮港口共接待邮轮770艘次，占全国比重为78.8%，接待出入境游客量达到456.92万人次，占全国比重为93.5%。其中，上海吴淞口国际邮轮港依然占据全国半壁江山，接待邮轮375艘次，同比下降19.53%，占全国比重为38.42%；接待出入境游客量为271.56万人次，同比下降6.84%，占全国比重为55.57%，以绝对优势保持全国第一大邮轮母港地位。在招商局集团参与的邮轮港口城市中，天津、青岛、上海、厦门、深圳五个城市接待邮轮游客量约为422.6万人次，约占我国2018年全国总接待邮轮游客量的86.5%。华东、华北市场增速放缓，华南市场增长显著，前五大邮轮港口中，上海、天津邮轮港口游客接待量呈现一定下降趋势，上海吴淞口国际邮轮港游客接待量下降6.84%，天津国际邮轮母港游客接待量下降27.49%，华南市场呈现显著增长态势，广州、深圳、厦门接待游客量分别增长20%、92.91%、100.74%。[1]（详见表1-2）

表1-2　2018年全国邮轮港口邮轮接待情况表

排名	港口	接待总量		接待母港邮轮		接待访问港邮轮	
		邮轮数/艘次	游客量/万人次	邮轮数/艘次	游客量/万人次	邮轮数/艘次	游客量/万人次
1	上海吴淞口国际邮轮港	375	271.55	365	267.22	10	4.33
2	天津国际邮轮母港	116	68.30	99	64.40	17	3.90
3	广州港国际邮轮母港	94	48.12	94	48.12	0	0
4	深圳招商蛇口邮轮母港	89	36.46	89	36.46	0	0
5	厦门国际邮轮中心	96	32.47	85	29.51	11	2.96

---

〔1〕 参见中国与世界经济社会发展数据库官方网站，https：//www.pishu.com.cn/skwx_ps/bookdetail？SiteID=14&ID=11176440，2020年1月20日访问。

续表

排名	港口	接待总量		接待母港邮轮		接待访问港邮轮	
		邮轮数/艘次	游客量/万人次	邮轮数/艘次	游客量/万人次	邮轮数/艘次	游客量/万人次
6	青岛邮轮母港	44	10.82	40	10.08	4	0.74
7	大连国际邮轮中心	37	8.44	32	7.24	5	1.20
8	海口秀英港	51	4.80	47	4.33	4	0.47
9	上海港国际客运中心	28	3.01	9	0.65	19	2.36
10	三亚凤凰岛国际邮轮港	20	1.99	13	0.68	7	1.31
11	温州国际邮轮港	5	1.40	5	1.40	0	0
12	连云港国际客运中心	20	1.30	20	1.30	0	0
13	舟山群岛国际邮轮港	1	0.035	0	0	1	0.035
	总计	976	488.695	898	471.39	78	17.305

资料来源:《2017—2018 年中国邮轮发展报告》(邮轮白皮书)。

2019 年 11 月 9 日,国际邮轮服务贸易高峰论坛在上海国家会展中心举行,商务部服务贸易司副巡视员朱光耀在演讲中指出,当前国际邮轮旅游日益受到中国民众的欢迎,2000 年以来,中国邮轮旅客运输量年均增长 40% 以上,目前中国正在使用的国际邮轮港口有 15 个,中国已经成为全球第二大邮轮客源市场。越来越多的国际邮轮公司将最新、最好的邮轮投入中国市场,未来十年,中国有望成为全球最大的邮轮旅游市场之一。[1]

(二) 我国海上邮轮业发展特点

在过去的十多年间,我国邮轮运输发展呈现以下几个方面的特点:

一是从起步发展阶段市场规模快速扩张到平稳发展阶段。2014 年沿海港口邮轮到港数量和邮轮旅客吞吐量分别较 2006 年增长了 3 倍和 10 倍。[2]但是自 2017 年开始,邮轮到港数量以及邮轮旅客数量的增长速度有所减慢。

二是邮轮航线由以国际挂靠为主转变为以始发为主。2014 年始发航线到港数量和邮轮旅客吞吐量比重分别达到 79% 和 86%,分别较 2006 年提高了

---

[1]《进博会论坛聚焦上海邮轮经济如何攀上千亿级》,载旅游视讯官方网站 2019 年 11 月 14 日,http://www.itity.cn/play/4206.htm。

[2] 闵德权、胡鸿韬编著:《邮轮口岸管理理论与实务》,大连海事大学出版社 2016 年版,第 119—120 页。

57% 和 69%。[1]这与国家相关政策以及地方人民政府大力建设邮轮母港，并依托邮轮母港开设更多从中国港口始发的航线等各种举措密不可分。

三是邮轮运输聚集性倾向比较明显，并呈一定的动态调整。2016 年邮轮运输港口主要集中在上海港、天津港、三亚港和厦门港。其中 2014 年上述港口邮轮到港数量和邮轮旅客吞吐量分别占全国的 90% 和 97%，上海港所占比重分别达到 58% 和 72%。[2]但是近几年广州港发展迅速，并于 2019 年 11 月在南沙正式启动新建成的邮轮母港客运码头。2017 年，上海、天津、广州分居大型邮轮港口前三位，三个港口接待邮轮的数量占我国所有邮轮港口接待邮轮总量的 68.50%。[3]

四是船舶大型化趋势明显。在我国境内从事邮轮运营的最大邮轮船型已经由 2006 年的 3 万吨（载客量 1000 人）发展到 2016 年前后的 15 万吨（载客量 3800 人）。截至 2019 年 11 月，共有 32 艘邮轮在中国大陆（内地）各个母港从事运营活动。其中星梦邮轮公司 20.8 万吨的"环球梦号"邮轮将于 2021 年在中国母港运营。[4]但是这艘即将投入中国航线运营的邮轮尚非全球最大邮轮船舶。截至 2019 年年底，隶属于皇家加勒比游轮有限公司的"海洋和悦号"，超越其姊妹船"海洋绿洲号"和"海洋魅力号"，成为目前全球最大的邮轮船舶，总吨位达到 22.7 万吨，可以搭载 6300 余名乘客。该邮轮全长 361 米，比法国埃菲尔铁塔还要长出约 50 米；宽约 66 米，是迄今为止最宽大的邮轮，比历史上著名的"泰坦尼克号"邮轮还要长出 100 米。[5]

五是邮轮运输呈现较为明显的季节性特征。例如，天津港等北方港口的邮轮航线及游客主要集中在夏季；而三亚、广州港等南方港口的邮轮航线以及游客主要集中在冬季。因此，随着季节的转换，各个邮轮港口淡旺季的邮轮航线部署及运营安排有所变化和调整，旺季到港邮轮数量占比超过 80%。[6]

---

〔1〕 闵德权、胡鸿韬编著：《邮轮口岸管理理论与实务》，大连海事大学出版社 2016 年版，第 119—120 页。

〔2〕 闵德权、胡鸿韬编著：《邮轮口岸管理理论与实务》，大连海事大学出版社 2016 年版，第 119—120 页。

〔3〕 《2018 年中国邮轮：华南市场异军突起》，载微信公众号"中国邮轮产业发展大会 CCS" 2019 年 1 月 28 日，https://mp.weixin.qq.com/s/XIANqEcrcJjhmgJbMj48Gg。

〔4〕 参见第十四届中国邮轮产业发展大会暨国际邮轮博览会会议资料，2019 年 11 月 15—17 日于广州，第 293 页。

〔5〕 《全球最大邮轮将首航堪比海上城市》，载腾讯新闻官方网站，http://kuaibao.qq.com/a/NEW201605180068110B，2020 年 1 月 2 日访问。

〔6〕 闵德权、胡鸿韬编著：《邮轮口岸管理理论与实务》，大连海事大学出版社 2016 年版，第 119—120 页。

二、内河水域邮轮发展态势

1978 年改革开放以后，欧美旅客开始进入中国大陆（内地）旅游，喜爱游轮旅游的美国客人率先提出乘坐豪华游轮游览长江三峡的需求。当时长江上尚没有一艘称得上旅游船的船舶，在不得已的情况下，中国长江航运集团有限公司把曾经接待过毛泽东主席的"昆仑号"客轮改装后，提供给外宾观光游览使用，这也是长江上第一艘理论意义上的旅游船。

经过 40 多年的发展，长江上豪华游轮的规模和豪华程度已经超过欧洲一些国家的内河游轮，主要表现在欧洲内河游轮受航行条件和桥梁高度的限制，只能建造 3 层，而长江游轮可以达到 7 层，在载客量和功能方面具有更加突出的优势。因此，中国内河水域游轮的规模有向远洋邮轮靠近的趋势，而欧洲内河游轮则向更加精致和细腻的装修及风格方向发展。

2018 年，在长江上从事经营活动的豪华游轮共计 33 艘，航线主要为短线（重庆—宜昌）、中线（重庆—武汉）、长线（重庆—上海或南京）。[1]与海上豪华邮轮成为并行、互补的旅游产品。

长江游轮市场最初的发展基于来自海外市场的旅客。2007 年以前，源自海外市场的旅客份额一直在 80% 以上，国内份额不到 20%。2008 年金融危机之后，海外客源市场受到较大冲击，长江游轮市场发生根本性变化，从海外客源市场向国内客源市场转变。随着三峡库区 175 米蓄水成功，长江游轮也开始呈现大型化发展趋势，以降低运营成本，并从之前的奢侈旅游产品变成大众旅游产品。但是海外客源市场的影响力和引领作用依然不可小觑。

例如，2015—2017 年，长江内河游轮旅客总数量分别是 51 万人、58 万人、64 万人，总体上呈稳步上升趋势。其中，来自美洲、欧洲、大洋洲、东南亚以及中国香港地区、中国澳门地区、中国台湾地区的游客，在 2015 年达到 11.5 万人，2017 年达到 13.7 万人。而在来自上述不同国家和地区的游客中，来自美国、加拿大的游客是长江内河游轮旅游的主要来源，占总游客量的 37.4%；其次分别是来自欧洲、大洋洲的游客，分别占 16.98%、14.85%。来自我国香港、澳门特别行政区及台湾地区的游客占 16.71%。（详见表 1-3 和表 1-4）。

---

〔1〕 周琢：《长江游轮海外市场分析》，第十三届中国邮轮产业发展大会暨国际邮轮博览会会议资料，2018 年 11 月。

表 1 - 3　2015—2017 年部分长江内河游轮旅客统计表

区域	2015 年/万人	2016 年/万人	2017 年/万人	三年平均占比/%	备注	说明
美洲	4.5	4.7	4.9	37.40	以美国、加拿大为主	2008 年前是主要客流
欧洲	2.0	2.1	2.3	16.98	以英国、德国为主	仅次于美洲的第二梯队
大洋洲	1.5	2.0	2.1	14.85	以澳大利亚为主	近 5 年发展迅速
东南亚（不含印度）	1.0	1.1	1.4	9.84	以马来西亚、新加坡、泰国、印度尼西亚为主	与国内市场价格相差无几，但是对市场结构完整性不可或缺
中国港澳台地区	2.0	2.1	2.2	16.71	以中国台湾地区、中国香港地区为主	中国台湾地区在 20 世纪 80—90 年代是主流客源市场，1997 年三峡大坝建成后呈下降趋势，来自中国香港特别行政区的客源变化较大
印韩日	0.5	0.5	0.8	4.77	以印度、韩国、日本为主	印度客源发展势态良好，韩国客源不温不火，日本客源在 20 世纪 90 年代曾是主流客源市场
合计	11.5	12.5	13.7			

注：作者根据会议资料中的数据进行整理。[1]

表 1 - 4　2015—2017 年内河游轮旅客及境外游客数量统计表

年份/年	总接待游客数量/万人	海外游客数量/万人	海外游客数量占比/%
2015	51	11.5	22.55
2016	58	12.5	21.55
2017	64	13.7	21.41

注：作者根据会议资料中的数据进行整理。[2]

---

〔1〕 周琢：《长江游轮海外市场分析》，第十三届中国邮轮产业发展大会暨国际邮轮博览会会议资料，2018 年 11 月。

〔2〕 周琢：《长江游轮海外市场分析》，第十三届中国邮轮产业发展大会暨国际邮轮博览会会议资料，2018 年 11 月。

三、我国邮轮业总体发展趋势

（一）市场发展趋势

我国和周边国家及地区邮轮旅游资源丰富，不论是人口数量、经济发展水平、居民收入水平，还是自然地理条件，均具备开设东北亚（如日本、韩国）、东南亚（如越南、菲律宾、新加坡等）、台湾海峡及南海等邮轮航区的基础条件。随着我国居民收入水平逐步提高和消费结构加快升级，我国邮轮旅游消费群体规模将不断扩大。邮轮旅游作为新兴休闲度假方式，发展前景广阔，市场需求在较长时期内仍将保持快速增长。预计 2030 年沿海邮轮旅客吞吐量将达到 3000 万人次左右，年均增速约 20%。[1]

（二）船型发展趋势

近年来，国际邮轮呈现大型化发展趋势。在近 5 年新交付的邮轮中，总吨位达到 10 万吨级以上的船舶占到 63%，邮轮手持订单中 10 万吨级以上船舶比重达 75%，2016 年最大船型已经达到 22.5 万吨（载客量达到 5400人）。[2]因此在 2016 年有学者预计，未来我国始发航线邮轮以 8 万—15 万吨级船型为主，国际挂靠航线以 8 万吨级以上船型为主，沿海航线以 5 万吨级以下船型为主。[3]而邮轮发展的实践情况，已经远远超出学者们的预期。例如：2019 年 5 月歌诗达邮轮公司的"威尼斯号"从上海首航，重达 13.5 万吨，载客量高达 5260 人。属于皇家加勒比游轮有限公司的"海洋光谱号"2019 年 6 月从上海首航，重达 16.8 万吨，载客量为 4240 余人。由中国旅游集团和中国远洋海运集团共同出资设立的星旅远洋国际邮轮有限公司，其名下的国内首个全部由中国资本购入的邮轮"鼓浪屿号"，重达 7 万吨，可承载 1800 名乘客，开创了本土邮轮品牌的新篇章。[4]

2019 年 10 月 10 日，上海工程技术大学、上海国际邮轮经济研究中心与

---

[1] 闵德权、胡鸿韬编著：《邮轮口岸管理理论与实务》，大连海事大学出版社 2016 年版，第120 页。

[2] 闵德权、胡鸿韬编著：《邮轮口岸管理理论与实务》，大连海事大学出版社 2016 年版，第120 页。

[3] 闵德权、胡鸿韬编著：《邮轮口岸管理理论与实务》，大连海事大学出版社 2016 年版，第120 页。

[4] 《CCYIA 盘点 2006—2019 年 33 艘在华母港邮轮》，第十四届中国邮轮产业发展大会暨国际邮轮博览会会议资料，2019 年 11 月。

社会科学文献出版社在 2019 Seatrade 亚太邮轮大会联合发布《邮轮绿皮书：中国邮轮产业发展报告（2019）》（中英文版），认为我国邮轮经济由"高速增长"向"高质量、高品质"转变，由"邮轮旅游"向"邮轮经济全产业链"跨越式转变。[1]

中国邮轮市场的高速发展也有力地推动了全球邮轮市场的发展。《邮轮绿皮书：中国邮轮产业发展报告（2019）》指出，2018 年全球邮轮的游客量达到 2850 万人次，同比增长 7%，超出国际邮轮协会预期。由于邮轮产业具有规模大、增长稳定、聚集性强的显著特点，其已经逐步成为沿海港口城市产业转型升级和城市功能提升的特色产业，成为推动海洋经济发展的新动能。

第三节　可持续发展理论以及与邮轮产业之关系

一、可持续发展理论衍生及内涵

（一）有关可持续发展理论的提出

可持续发展理论是 20 世纪 80 年代末、90 年代初形成的一种新的发展观理论，自其产生之日起就迅速得到全球各界的广泛认同。各国普遍将该理念融入本国的经济计划和发展规划中。时至今日，可持续发展的观念已经渗透到了全球各国家发展的各个领域，形成了世界上超越不同社会制度、不同意识形态、不同文化群体的高度共识。可持续发展理论不仅是人类突破原有思维模式的一次思想飞跃，也是 21 世纪全球各国经济社会发展的共同追求。[2]

随着经济的发展、跨国人际交往的频繁以及社会发展的加速，可持续发展也经历了从最初的思想萌芽，到术语及概念的明确提出、理论的形成及理论体系架构的完善，再到理论应用于实践活动并不断扩大应用领域的不同历程。因此，时至今日，世界各国学者对可持续发展给出不同的定义和解释，甚至多达 100 多种。[3]可持续发展理论从最初源于生态学与环境学，到辐射经济学、社会学、人类学、政治学、管理学、法学等不同学科领域，对可持

〔1〕 参见中国与世界经济社会发展数据库官方网站，https：//www.pishu.com.cn/skwx_ps/bookdetail？SiteID＝14&ID＝11176440，2020 年 1 月 20 日访问。
〔2〕 陈月英：《可持续发展理论综述》，载《长春师范学院学报》2000 年第 5 期，第 50 页。
〔3〕 范柏乃、邓峰、马庆国：《可持续发展理论综述》，载《浙江社会科学》1998 年第 2 期，第 42 页。

续发展理论的研究，既包括发展观及发展理念、发展战略、国家政策等宏观层面的研究，也包括指标体系、技术标准、对策建议等实证层面的研究。

可持续发展的思想源远流长，中西方均有文献予以论述。有学者认为在我国古代，孔子及孟子就已经注意到既利用自然资源，又保护自然资源，对于鱼类和鸟类不能一网打尽。[1] 而西方古典经济学家，例如亚当·斯密、大卫·李嘉图、托马斯·罗伯特和马尔萨斯等人也较早认识到人类消费的物质限制，即人类经济活动范围存在着生态边界。[2] 但是可持续发展的概念及理论源于西方，并传入我国及其他国家和地区。

由于二战之后全球人口增加和工业发展所引起的环境日益恶化的问题，使得人类意识到可能面临生态危机，全球的发展观经历了几次重大变革，从"增长理论"到"发展理论"再到"可持续发展理论"。[3]

1962 年，美国女科学家卡逊在《寂静的春天》一书中，首次将农药污染的危害展现在世人面前，引起人类对传统发展观的质疑。1972 年 3 月，麻省理工学院教授 D. 梅多斯等人受民间国际研究机构罗马俱乐部的委托，提交了一份题为《增长的极限》的研究报告，就当时的经济增长趋势与未来人类面临的困境进行了研究。[4]

1972 年 6 月，联合国人类环境会议在瑞典斯德哥尔摩召开，与此同时，联合国环境规划署（UNEP）成立，《人类环境宣言》也正式发表，该宣言明确提及人类发展与环境的关系。1980 年 3 月，联合国环境规划署、世界自然基金会（WWF）、世界自然保护联盟（IUCN）共同发布《世界自然保护策略：为了可持续发展的生存资源保护》，首次正式使用可持续发展概念，并将其定义为"改进人类的生活质量，同时不要超过支持发展的生态系统的能力"。[5] 1983 年，联合国第 38 届大会通过第 38/161 号决议，批准成立世界环境与发展委员会（WCED），其后经过近 3 年的紧张工作，于 1987 年 2 月

---

〔1〕 罗慧、霍有光、胡彦华、庞文保：《可持续发展理论综述》，载《西北农林科技大学学报（社会科学版）》2004 年第 1 期，第 35 页。

〔2〕 冯华：《怎样实现可持续发展——中国可持续发展思想和实现机制研究》，复旦大学 2004 年博士学位论文，第 38 页。

〔3〕 牛文元：《可持续发展理论的内涵认知——纪念联合国里约环发大会 20 周年》，载《中国人口·资源与环境》2012 年第 5 期，第 9 页。

〔4〕 冯华：《怎样实现可持续发展——中国可持续发展思想和实现机制研究》，复旦大学 2004 年博士学位论文，第 16 页。

〔5〕 范柏乃、邓峰、马庆国：《可持续发展理论综述》，载《浙江社会科学》1998 年第 2 期，第 42 页。

在日本东京召开大会。联合国授权挪威首相布伦特兰夫人为该委员会主席，正式公布题为《我们共同的未来》的报告（即著名的《布伦特兰报告》），同时发表《东京宣言》。该报告首次对可持续发展予以界定，即可持续发展既要满足当代人的需要，又不对后代人满足其需要的能力构成危害。[1]

1989 年 12 月 22 日，联合国大会通过 44/228 号决议，决定召开环境与发展全球首脑会议。1990 年，联合国组织起草会议主要文件《21 世纪议程》。1992 年 6 月 3 日至 14 日，联合国环境与发展大会在巴西里约热内卢召开，通过《里约宣言》，102 个国家首脑共同签署《21 世纪议程》，普遍接受可持续发展的理念与行动指南。[2]

中国学者从 20 世纪 80 年代初就一直跟踪国际可持续发展的动向，并在不同阶段为可持续发展的理论建设作出贡献。1984 年，中国科学院马世骏院士被聘为联合国"布伦特兰委员会"22 名专家之一，参与了世界第一份可持续发展宣言书《我们共同的未来》的起草工作。1986 年，马世骏院士约请牛文元等人，共同拟定对《布伦特兰报告》的评议书，其中一些内容被 1987 年出版的《我们共同的未来》所采纳。1992 年 7 月，国务院环境委员会决定，由国家计划委员会和国家科学委员会牵头，由来自 52 个部门的 300 余名专家共同参与编制中国的 21 世纪议程。1994 年 3 月 25 日，国务院第 16 次常务会议讨论通过《中国 21 世纪议程——中国 21 世纪人口、环境与发展白皮书》（以下简称《中国 21 世纪议程》），系统提出中国可持续发展战略、对策和行动框架。该议程从我国基本国情和发展战略出发，提出促进社会、经济、资源、环境以及人口、教育相互协调的可持续发展总体战略和政策措施方案，并成为制定我们国民经济和社会发展中长期计划的一个指导性文件，先后在"九五""十五"计划和 2010 年远景规划的制定中，作为重要目标和内容得到具体体现。[3]

在 1994 年《中国 21 世纪议程》出台之前，我国有关可持续发展的基础理论研究较少，多以对国外可持续发展文献的外文翻译和介绍为主。但是自 1994 年以来，有关可持续发展的理论研究成果快速增多，既有大量的著作和

[1] 冯华：《怎样实现可持续发展——中国可持续发展思想和实现机制研究》，复旦大学 2004 年博士学位论文，第 17 页；牛文元：《可持续发展理论的内涵认知——纪念联合国里约环发大会 20 周年》，载《中国人口·资源与环境》2012 年第 5 期，第 9 页。

[2] 牛文元：《可持续发展理论的内涵认知——纪念联合国里约环发大会 20 周年》，载《中国人口·资源与环境》2012 年第 5 期，第 10 页。

[3] 冯华：《怎样实现可持续发展——中国可持续发展思想和实现机制研究》，复旦大学 2004 年博士学位论文，第 21 页。

期刊论文，也有涉及该领域的几十项科研项目获得国家级基金项目资助。有关可持续发展的大部分学术研究成果产生于交叉学科的研究领域，特别是具体应用领域涉及自然科学的内容偏多。在基本理论研究方面，主要集中在可持续发展理论的形成和基本内涵、可持续发展战略研究、可持续发展评价体系研究、可持续发展具体实现模式和途径研究等。[1]

（二）可持续发展的内涵和战略实施

1. 可持续发展的内涵

可持续发展理论包括内外两个关系论。外部关系就是应当处理好"人与自然"之间的关系，这也被认为是可持续能力的"硬支撑"。人类的生产和生活活动，离不开自然界所提供的，包括空间环境、气候环境、水环境、生物环境等在内的基础环境，离不开各类物质与能量的资源保证、环境容量和生态服务的供给以及自然演化进程所带来的挑战和压力。因此，只有人与自然和谐和协同进化，才能拥有一个环境友好型的社会，以及保障人类的生存和发展。内部关系就是处理好"人与人"之间的关系，也被认为是可持续能力的"软支撑"。可持续发展作为人类文明进程的一个新阶段，所体现的一个核心内容是社会的有序程度、组织水平、理性认知和生产效益的推进能力。因此，一个和谐社会的建立，包括人类自身各类关系的处理，不同阶层不同收入人群之间的关系、当代人与后代人的关系、本地区和其他地区乃至全球之间的关系等。只有拥有和衷共济、和平发展的氛围，才能使整个社会在和谐和稳定的基础上不断发展。因此，可持续发展延伸出如下四个方面的内涵：第一，可持续发展揭示了"发展、协调、持续"的系统本质；第二，可持续发展反映了"动力、质量、公平"的有机统一；第三，可持续发展创建了"和谐、稳定、安全"的人文环境；第四，可持续发展体现了"速度、数量、质量"的绿色运行。[2]

事实上，不同的学科对可持续发展的界定存在差异。例如：生态学或环境学认为可持续发展侧重于生态系统的连续性、生物的多样性和生产力的持续性，强调自然给人类活动赋予的机会和附加的约束。而经济学则强调发展既要能够保证当代人的福利增加，也不应使后代人的福利减少，因此需要从

[1] 冯华：《怎样实现可持续发展——中国可持续发展思想和实现机制研究》，复旦大学 2004 年博士学位论文，第 54—69 页。

[2] 牛文元：《可持续发展理论的内涵认知——纪念联合国里约环发大会 20 周年》，载《中国人口·资源与环境》2012 年第 5 期，第 11—12 页。

宏观上定量分析环境保护与经济发展的关系，通过投入产出数据分析研究环境政策对可持续发展的影响，以确定环境化解能力的上限和维持可持续条件的下限。社会学认为可持续发展应当是在生存与不超过维持生态系统蕴含能力的情况下，改善人类的生活品质，它突出了可持续发展的最终落脚点是改善人类生活品质，创造美好生活环境。因此，应更加广泛地关心文化、制度、传统技能等因素的可持续性。[1]

可持续发展理论研究应该包括科学理论构建（例如地球系统科学、环境资源稀缺论、环境价值论、协同发展论、陆地系统科学、现代人地关系协调论、区域系统论、区域发展控制论等基础理论研究）、可持续发展评价和度量方法研究、可持续发展的技术和技术体系研究、区域可持续发展战略研究、可持续发展的机制和体制研究、可持续发展的国际合作研究等方面的内容。[2]

综上，可持续发展理念以及可持续发展理论已经被世界各国以及各领域的专家学者广泛认同和接受，并在各领域有了新的内涵。但是上述不同的理解和界定，都毫无例外地反映出可持续发展理论内涵的三个本质元素，即发展的"动力"元素、发展的"质量"元素、发展的"公平"元素，这三个元素成为世界各国可持续发展战略选择中的衡量标准与宏观方向识别的基本判定。动力元素强调"发展能力""发展潜力""发展效率""发展速率"等，有赖于一个国家或地区创新能力和竞争能力的积极培育。质量元素包含一个国家或地区的"自然平衡""资源支撑""生态服务""环境容量"等，有赖于一个国家或地区能量、物质和信息的效能水平，生态服务与环境容量的支持水平以及物质文明和精神文明的协同水平与综合度量水平。公平元素是指一个国家或地区的"共同富裕"程度及贫富差异、区域差异、代际差异和人际差异的克服程度，最终实现社会财富占有的人际公平、资源共享的代际公平和平等参与的区际公平等。通过各种机制、体制等的构建和创新，寻求可持续发展"动力、质量、公平"三元素的交集最大化。[3]

2. 可持续发展战略的难点和实施构想

对于我国而言，可持续发展战略的贯彻和实施需要克服如下难点：第一，

〔1〕 罗慧、霍有光、胡彦华、庞文保：《可持续发展理论综述》，载《西北农林科技大学学报（社会科学版）》2004 年第 1 期，第 36 页。

〔2〕 张志强、孙成权、程国栋、牛文元：《可持续发展研究：进展与趋向》，载《地球科学进展》1999 年第 6 期，第 589—595 页。

〔3〕 牛文元：《可持续发展理论内涵的三元素》，载《中国科学院院刊》2014 年第 4 期，第 410—414 页。

如何在人口、资源、环境、经济与社会等诸多领域内突破传统思想与模式的束缚，以改革、调整与不断创新的精神，构建能够与可持续发展相适应并且符合客观规律的经济体制及组织管理机制；第二，如何实现社会公平，即处理好先富、后富和共同富裕之间的关系，并通过相关举措缩小贫富差距，最终走向共同富裕；第三，如何处理好产品的商品价格确定与资源和环境的保护以及兼顾百姓的经济承受能力之间的关系。因为如果将自然资源与环境的成本纳入国民经济核算后，势必会牵动价格、金融、财政、计划等国民经济总体的改革与调整。而国民经济核算体系是市场经济条件下最为敏感的作用机制。[1]

因此，有学者对我国可持续发展战略提出整体构想，既应当从经济增长、社会进步和环境安全的功利性目标出发，也应当从哲学观念更新和人类文明进步的理性化目标出发，全方位地涵盖"自然、经济、社会"复杂系统的运行规则，处理好"人口、资源、环境、发展"四位一体的辩证关系，并有针对性地提出中国可持续发展战略实施的七个主题：第一，始终保持经济的理性增长；第二，全力提高经济增长的质量；第三，满足"以人为本"的基本生存需求；第四，调控人口的数量增长，提高人口素质；第五，维持、扩大和保护自然的资源基础；第六，集中关注科技进步对于发展瓶颈的突破；第七，始终调控环境与发展的平衡。[2]

随着中国对可持续发展的研究不断深入，可持续发展的概念、理论已经被越来越多的人接受，并日益被运用于实践中。[3]只有这样，中国才能实现社会主义现代化的战略目标，实现全面发展、协调发展、可持续发展的中国特色的文明发展道路。

二、邮轮产业的可持续发展

随着社会经济的迅速发展和人民生活水平的普遍提高，人们对旅游消费的需求大幅度上升，从而刺激了现代旅游业的迅速发展。旅游业经过几十年的发展已进入空前的繁荣阶段，并成为最具有潜力的朝阳产业之一。但是在旅游业高歌猛进、快速扩张的繁荣背后，因旅游资源过度开发而导致的消极

---

〔1〕 贲克平：《满足当代发展未来——可持续发展理论与战略研讨综述》，载《学会月刊》1997 年第 12 期，第 10 页。

〔2〕 牛文元：《可持续发展理论的内涵认知——纪念联合国里约环发大会 20 周年》，载《中国人口·资源与环境》2012 年第 5 期，第 9—13 页。

〔3〕 李龙熙：《对可持续发展理论的诠释与解析》，载《行政与法》2005 年第 1 期，第 7 页。

影响也日渐显露，对旅游资源的过度甚至掠夺性开发、对旅游区点的粗放式管理、旅游设施建设的病态膨胀、旅游业赖以存在的生态环境被极度破坏等问题，开始引起人们对生活与旅游服务质量的高度关注，可持续旅游发展问题也受到人们的普遍关注。

目前，国内有关邮轮产业可持续发展方面的学术研究尚处于起步阶段，大多仅研究生态旅游、滨海旅游及具体某个区域港口邮轮旅游发展等问题，而从法律角度进行研究的更是凤毛麟角。但是随着可持续发展理念在各个领域的逐渐深入，国内外有关旅游业可持续发展的研究日益增加，研究的范围日益扩大，研究的内容日益丰富。国外有关旅游可持续发展问题的研究分为两个阶段，2005 年之前主要以旅游可持续发展的理论基础研究为主，2005 年之后关于旅游可持续发展的实证研究、定性定量分析研究逐渐增加。我国有关旅游可持续发展的学术研究略晚于国外，研究的视角趋于多元化，有的集中在提高旅游地居民收入水平和地方经济发展，有的集中在环境质量保护及监测、旅游与环境限制容量的关系问题，有的从区域经济与环境承载量角度进行分析，有的侧重于旅游环境评价指标体系构建，有的从生态旅游的角度提出生态环境保护的举措，等等。[1]

目前，有关旅游可持续发展并没有形成一个统一并且被普遍认可的概念。有的学者提出旅游可持续发展是指在保持和增强未来发展机会的同时满足目前游客和旅游地居民的要求。[2]实际上是将可持续发展理论和概念推向实践活动，从政治平等、消除贫困、环境保护、资源管理、文化交流、国际合作、动员广大社会成员参与等方面开辟促进环境发展的途径，处理好旅游者、旅游经营者与旅游管理者之间的关系，从而使旅游活动带来更大的经济效益、环境效应和社会效益。有的则认为旅游可持续发展是指满足当代人旅游需求的同时，不损害人类后代为满足其旅游需求而进行旅游开发的可能性。[3]

理论界对可持续旅游的基本共识是，可持续旅游是随着社会经济的可持续发展而提出的，经济的可持续发展强调不得以破坏人类赖以生存的生态环境为前提，通过有效的资源开发、利用与管理，实现在获得满意的经济增长

---

〔1〕 朱学强：《可持续发展视角下我国旅游经济发展模式》，载《社会科学家》2018 年第 10 期，第 76—77 页。

〔2〕 张延毅、董观志：《生态旅游及其可持续发展对策》，载《经济地理》1997 年第 2 期，第 109 页。

〔3〕 王良健：《旅游可持续发展评价指标体系及评价方法研究》，载《旅游学刊》2001 年第 1 期，第 67 页。

的同时，确保经济资源使用的速度不超过更新的速度，通过从利用不可再生资源或再生速度较慢的资源转向利用可再生资源或再生较快的资源，保证当代或未来人类社会的经济发展有充足的经济资源。[1]

联合国教育、科学及文化组织，联合国环境规划署和世界旅游组织于1995 年 4 月在西班牙召开"可持续旅游发展世界会议"，来自 75 个国家和地区的 600 多位代表一致通过《可持续旅游发展宪章》及其附件《可持续旅游发展行动计划》。《可持续旅游发展宪章》明确指出，旅游发展必须考虑生态环境的承受力，应当符合当地的经济发展状况和社会道德规范。可持续发展，是对资源全面管理的指导性方法，目的是使各类资源免遭破坏，使自然和文化资源得到保护。旅游业作为一种发展迅猛的产业，能够并应当积极参与可持续发展战略。旅游可持续发展的实质，就是要求旅游与自然、文化和人类生存环境成为一个整体。应当考虑旅游对当地文化遗产、传统习惯和社会活动的影响，在制定旅游发展战略时，充分认识当地的传统习惯和社会活动，注意维护地方特色、文化和旅游胜地，在发展中国家更是如此。[2]显然，《可持续旅游发展宪章》从国际条约层面指出了旅游可持续发展的本质内涵。

通过对上述相关内容的梳理，可以看出尽管国内学者以及相关国际公约并未对旅游可持续性或者可持续性旅游予以明确界定，但是其共同认知就是，旅游可持续发展是指在满足人类旅游需求的前提下，注重旅游资源开发利用和旅游经济发展之间的协调、和谐问题。鉴于可持续发展是一种在不损耗或不破坏资源的情况下所允许的开发过程，旅游开发资源的范围包括一切具有旅游吸引力的自然资源、人文资源和社会资源，以及旅游开发过程中必需的经济投入或资本资源。因此，旅游的可持续发展应当同时包括生态的可持续、社会和文化的可持续以及经济的可持续。[3]为了实现旅游可持续发展的战略目标，设置旅游可持续发展的评价指标非常重要，应当遵循保护第一、开发第二的原则，简明科学性原则，系统整体性原则，可比可量可行原则，等等。[4]

有学者认为，目前我国旅游经济增长主要靠规模效应，从旅游业可持续发展角度出发，尚存在如下几个方面的问题：旅游业发展缺乏长远规划；旅

〔1〕 赵媛、仲伟周：《国内可持续旅游发展理论综述》，载《学海》2000 年第 3 期，第 162 页。

〔2〕 郭来喜：《中国生态旅游——可持续旅游的基石》，载《地理科学进展》1997 年第 4 期，第 8 页。

〔3〕 杜江、向萍：《关于乡村旅游可持续发展的思考》，载《旅游学刊》1999 年第 1 期，第 18 页。

〔4〕 王良健：《旅游可持续发展评价指标体系及评价方法研究》，载《旅游学刊》2001 年第 1 期，第 67—68 页。

游业发展中的环保意识不强；旅游经济增长方式主要以规模化发展为主，太过单一；缺乏旅游相关法律规定规范旅游企业行为；区域旅游经济发展不均衡；等等。针对这些问题，有些学者对我国旅游可持续发展的经济模式提出了合理开发旅游资源、加强旅游过程管理、提高旅游从业人员素质、突出旅游品牌推广、改变旅游经济增长模式、制定完善的旅游法律、加大旅游宣传促销、对环境承载力进行研究、加强环境容量研究等具体建议。[1]

除上述学术成果外，国内学者也开始关注可持续发展与法律之间的关系，例如有学者提出实现可持续发展，需要将人类社会中一切有利于可持续发展的观念、行为普及化和永续化，需要将可持续发展的经济资源条件、经济体制条件和社会环境条件长期保持和不断完善。这些都有赖于法制的保障。因此提出可持续发展立法的主张，即以可持续发展为标准，重新审视和评估现行立法，设计可持续发展法律体系，制定可持续发展立法规划，注重与国际条约和惯例的接轨，履行中国对全球可持续发展的国际义务。此外，还建议重点从自然资源法、人力资源法、发展规划法等领域入手。只有通过法律手段，可持续发展的技术规则才能转化为全体社会成员自觉或被迫遵循的规范，可持续发展的机制和秩序才能广泛和长期存在。[2]也有学者从替代性纠纷解决机制（Alternative Dispute Resolution，ADR）与法治的可持续发展角度进行讨论。[3]

邮轮产业在我国兴起和发展也不过10余年的时间，但是邮轮产业涉及不同的利益相关者，即使在邮轮运输业中也至少涉及邮轮公司、旅行社、游客、邮轮港口企业、出入境口岸管理部门等。从"旅游利益相关者"理论出发，旅游的可持续发展还要求资源的公平分配与权力的分享，因此处理好利益相关者的关系也是旅游可持续发展的关键。[4]中国邮轮产业发展潜力巨大，该产业包括船舶设计与制造等上游产业，以邮轮经营管理为代表的中游产业，以邮轮码头及配套设施、服务等为内容的下游产业。针对邮轮产业存在占用大量资源、收益高估、风险不可控、生态污染等负效应的探讨，需要强调邮

〔1〕 李龙熙：《对可持续发展理论的诠释与解析》，载《行政与法》2005年第1期，第7页；朱学强：《可持续发展视角下我国旅游经济发展模式》，载《社会科学家》2018年第10期，第70—71页。

〔2〕 王全兴、樊启荣：《可持续发展立法初探》，载《法商研究》1998年第3期，第58—65页。

〔3〕 范愉：《以多元化纠纷解决机制保证社会的可持续发展》，载《法律适用》2005年第2期，第4—6页。

〔4〕 陈昕：《国内外旅游利益相关者研究综述》，载《西南边疆民族研究》2012年第2期，第279页。

轮产业可持续发展的必要性。[1]

上述有关旅游可持续发展的研究及成果有助于本论著后文对相关具体问题的探讨，因此可持续发展理论和理念也是确保包括我国邮轮运输业在内的邮轮产业总体上得以健康、有序、可持续发展的理论基础。

第四节　邮轮运输对邮轮经济的影响

一、全球邮轮运输行业现状及对经济的影响

（一）近5年全球邮轮业发展概况及对经济的影响力

根据佛罗里达－加勒比海邮轮协会（FCCA）官方网站上发布的2019年"邮轮行业回顾与统计"[2]，继2017年全球邮轮乘客数量达到2670万人次新高之后，2018年的全球邮轮乘客数量再攀新高，达到2820万人次，比2017年增加了约5.6%。而且相当数量的邮轮均达到100%的满舱率，这一数据表明了消费者对邮轮行业持续看好的势态以及邮轮旅游依然需求大于供给的现象。2019年全球邮轮乘客数量达到3000万人次，较2018年增加了约6.4%。（2009—2019年全球海上邮轮旅客情况见图1－3）

（百万人）

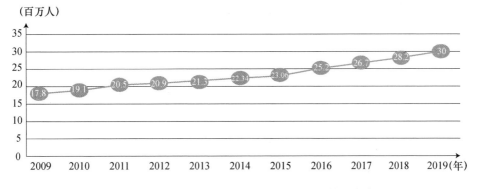

图1－3　2009—2019年全球海上邮轮旅客情况统计

资料来源：佛罗里达－加勒比海邮轮协会发布的《2019年邮轮行业回顾与统计》。

---

〔1〕 程炜杰、刘希全、贾欣：《邮轮旅游产业的可持续发展问题》，载《开放导报》2018年第1期，第80—84页。

〔2〕 2019 Cruise Industry Overview and Statistics，FCCA（29 January 2020），http：//www.fcca.com/research.html。

从全球邮轮市场占有情况来看，加勒比海地区以 34.4% 的占比当仁不让位居全球第一位，其次分别是地中海地区（占比 17.3%）、欧洲地区（不含地中海地区，占比 11.1%）。其中令人瞩目的是，中国地区的市场占有率（4.9%）超过澳大利亚地区（占比 4.8%）、美国阿拉斯加地区（占比 4.7%）、亚洲地区（4.3%）（不含中国地区）。（详见图 1-4）

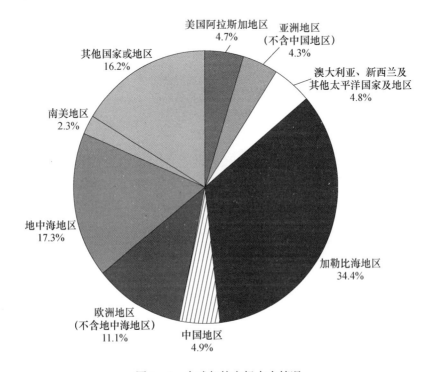

图 1-4 全球邮轮市场占有情况

资料来源：佛罗里达-加勒比海邮轮协会发布的《2019 年邮轮行业回顾与统计》。

从邮轮乘客来源国国籍角度进行分析，可以发现近年来源自中国的邮轮乘客数量处于持续增长的趋势。中国排名第二，其邮轮乘客数量在 2016 年和 2017 年分别是 210 万人次和 240 万人次。排名第一的是美国，其 2016 年和 2017 年的邮轮乘客数量分别是 1150 万人次和 1190 万人次。邮轮乘客数量排名在第三至第十的，分别是德国、英国、澳大利亚、加拿大、意大利、西班牙、法国和巴西。（详见图 1-5）

显然来自中国的邮轮乘客的数量相比于排名第一的美国，差距依然十分明显，但是如果中国市场保持现有增长态势，未来参与邮轮旅游的乘客数量仍有巨大的提升空间，这也是近年来国际著名邮轮公司巨头纷纷看好中国市场并开设邮轮航线的原因之一。

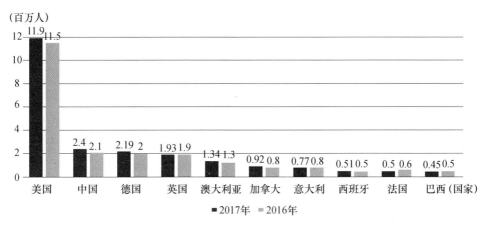

图 1－5　海上邮轮乘客来源地统计数据

资料来源：佛罗里达－加勒比海邮轮协会发布的《2019 年邮轮行业回顾与统计》。

目前，邮轮已经成为休闲旅游市场发展最快的项目。根据 2017 年全球邮轮产业的统计数据，邮轮产业的经济总产值达到 1340 亿美元，提供了 111 万个工作机会，其中 456 亿美元用于支付邮轮工作人员的薪酬。此外，邮轮产业的发展也带动了邮轮产业链其他行业的发展。例如，2019—2027 年，佛罗里达－加勒比海邮轮协会旗下的邮轮公司预计共订造新的邮轮 72 艘，总投资高达 576 亿美元。

根据有关机构就邮轮旅游对目的地经济贡献的 2018 年统计研究分析，邮轮旅游直接带来的费用支出为 33.6 亿美元，与 2015 年统计的数据相比增加了 6.3%。仅 2018 年一年，邮轮行业提供了 78954 个工作机会，与 2015 年研究数据相比提高了 5.2%，这些工作岗位雇员的收入达到 9.027 亿美元。其中，邮轮乘客在目的港岸上访问次数达到 2520 万次，人均消费 101.52 美元，总计达到 25.6 亿美元，邮轮船员及船上其他工作人员在目的港岸上访问次数为 440 万次，人均消费 60.44 美元，总计达到 2.657 亿美元。邮轮公司在访问港口的累计支出达到 5.34 亿美元，包括港口使用费、港口税费、支付给当地旅游经营者（地接社）的费用、当地为邮轮提供供应和补给服务的费用等。[1]

邮轮乘客及邮轮上的工作人员在不同访问港的消费水平略有差异。以佛

---

〔1〕 2019 Cruise Industry Overview and Statistics，FCCA（29 January 2020），http：//www.fcca.com/research.html.

罗里达－加勒比海邮轮协会旗下邮轮公司安排的邮轮航线为例，与 2015 年的数据相比，2018 年在 32 个通常停靠的目的港中，其中 23 个目的港的邮轮乘客人均消费数额呈增长态势，12 个目的港的邮轮乘客人均消费超过 100 美元。其中在美国维京岛港口，邮轮乘客消费数额最高，为人均 165.42 美元；而船员（包括船上工作人员）在波多黎各港的消费最高，为人均 130.63 美元。因此，对于一艘搭载 4000 名乘客和 1640 名船员（包括船上工作人员）的邮轮而言，平均每个访问港口的支出可以达到 378500 美元，乘客及船员（包括船上工作人员）的支出分别达到 339500 美元和 39000 美元。[1]因此，仅以佛罗里达－加勒比海邮轮协会提供的上述数据一窥全豹，可以看出邮轮产业对邮轮航线访问港所在地的经济可持续发展具有深远影响。

除了对访问港口当地的经济发展起到积极促进作用，邮轮母港的存在对港口所在地的经济发展的作用也不可小觑。同时，由于邮轮产业本身具有明显的产业聚集性、重资本投入等特点，也需要港口所在当地政府或国家的大力支持。

以美国迈阿密邮轮母港为例，迈阿密因为拥有迷人的海岸风光和先进的邮轮码头设施，享有"世界邮轮之都"的美誉。事实上，迈阿密邮轮业的兴起离不开政府的大力扶持。1969 年，美国政府耗资 500 万美元在迈阿密建设邮轮母港，充足的资金帮助迈阿密成功开拓邮轮经济。以邮轮母港为核心，迈阿密发展休闲度假村、海洋馆等服务业，辐射和带动了整个佛罗里达州的旅游业，在带来大量游客的同时创造了上万个就业岗位，为城市和区域经济发展带来生机与活力。迈阿密港每年接待将近 500 万邮轮游客，邮轮设施也注重满足邮轮在旅客流和物流方面的个性化需求。码头设有豪华舒适的休息大厅、全封闭游客登船通道以及急速订票系统、安检系统、查验系统和行李管理系统等，每个码头建有能容纳超过 500 辆汽车的车库，提供私人汽车看管、汽车出租、搬运车预约、公共汽车查询、自动银行等服务。此外，迈阿密港还通过策划不同的主题活动，吸引不同层次、不同喜好的游客。[2]

（二）近年来欧洲邮轮行业的发展及在产业结构中的作用

在邮轮旅游业当中，世界邮轮旅游产业的消费以美国和欧洲为主，全球

[1] 2019 Cruise Industry Overview and Statistics, FCCA（29 January 2020），http://www.fcca.com/research.html.

[2] 金嘉晨：《上海邮轮经济发展评述》，载微信公众号"航运评论"2018 年 7 月 25 日，https://mp.weixin.qq.com/s/bJ3Q04p——7l1mpBwiu4fUw。

消费总量约有 90% 来自这两个区域。近年来，北美洲的邮轮旅游业的市场份额不断下降，在 2006—2010 年，降低了约 10%，而欧洲地区的市场份额从22.9% 上升到 29.3%，逐渐成为推动世界邮轮市场发展的主要力量。根据市场调查显示，80% 的欧洲旅客都会选择欧洲地区的旅行路线，2011 年约有560 万旅客从欧洲的港口出发进行邮轮旅游，靠港人次更是多达 2500 万，这些游客的旅游总支出高达 25 亿欧元[1]，再加上来自其他地区的游客，使得邮轮旅游产业为欧盟创造了巨大利润。

从以上数据不难看出，邮轮旅游产业在欧洲的地位非常重要，欧盟对邮轮旅游产业也十分重视。与其他的旅行方式相同，在邮轮旅行当中，维护旅客的权益是保障产业持续健康发展的关键，随着邮轮旅游业在产业结构中的地位越来越高，邮轮旅游业创造的产值不断增加，邮轮旅客的权益保护自然越来越受到欧盟的重视。

欧洲经济和社会委员会在 2014 年《亚得里亚海与爱奥尼亚地区的欧盟战略意见书》中提到，邮轮旅游应发挥更大的作用，同时应当更好地管理和整合到其他旅游产品中；通过欧盟委员会采取新的政策和措施，以实施海上旅游业的综合战略。[2]对于欧洲来说，邮轮业一直是航运经济增长和繁荣发展的关键之一，也是欧洲重要的海上收入和就业来源。

在欧盟的邮轮旅游实践中，邮轮旅客参与邮轮旅游主要是通过直接与邮轮公司签订合同的方式，尤其是在互联网不断发展的今天，通过邮轮公司的网站直接订舱的方式被广泛使用。此外，邮轮旅客与作为旅游经营方的旅行社签订邮轮包价旅游合同也是参与邮轮旅行的方式之一，同时旅行社还会提供代订邮轮船票服务，在旅行社充任邮轮船票销售代理人的情形下，旅客想要享受邮轮旅行以外的其他服务的，就需要向实际提供服务的经营者另行购买。

根据 2016 年 6 月 21 日国际邮轮协会发布的年度统计数据，2015 年欧洲邮轮业的经济产值达 409.5 亿欧元，比 2015 年上涨 2%，达到历史新高。该行业产生的直接费用为 168.9 亿欧元，高于 2014 年的 166 亿欧元。欧洲成为

〔1〕 陈有文、赵彬彬：《世界旅游产业发展概况与空间特征研究》，载《水运工程》2015 年第 2 期，第 8—13 页。
〔2〕 Opinion of the European Economic and Social Committee on the EU Strategy for the Adriatic and Ionian Region（EUSAIR）（exploratory opinion），European Economic and Social Committee（4 March 2020），https：//ec. europa. eu/regional_ policy/sources/cooperate/adriat_ ionian/pdf/eesc_ exploratory_ opinion. pdf.

世界第二大邮轮客源市场，同时也是仅次于美洲加勒比海地区的世界上最受欢迎的邮轮目的地之一。有研究数据表明，2015 年有 612 万人从欧洲港口踏上邮轮，数量比 2014 年增长了 4.5%。作为世界邮轮造船中心，欧洲造船厂持续建设世界上最具创新力和最大型的船舶。2015 年，一些邮轮公司共在欧洲造船厂投入 46 亿欧元用于船舶建造，比 2014 年增长了 1.2%。截至 2019 年，欧洲造船厂收到 48 艘邮轮建造的订单，建造邮轮的总值超过 270 亿欧元。[1]

　　2016—2018 年，欧洲邮轮旅客从 679 万人次提高到 717 万人次。2018 年邮轮行业年度报告显示，欧洲将成为邮轮旅客增幅最大的地区。预计到 2027 年，51% 的邮轮旅客来自北美洲，31.5% 来自欧洲，17.5% 来自亚太地区。而在 2019 年，来自北美洲、欧洲和亚太地区的邮轮旅客占比分别是 14%、7.17% 和 5.7%。这意味着来自欧洲市场的游客增长幅度要超过美国和加拿大，但是欧洲的邮轮旅客绝对数量不会超过北美地区。[2]

　　根据国际邮轮协会 2018 年发布的《2017 年邮轮旅游对欧洲经济贡献》，2017 年邮轮旅游为欧洲经济贡献了 470.86 亿欧元，较 2015 年的数据增长了 16.9%。2017 年邮轮业直接支出费用为 197 亿欧元，而 2015 年的数据为 169 亿欧元。从就业角度来看，在 2015—2017 年，邮轮业为欧洲提供了超过 43000 个岗位，有 403621 名人员从事邮轮上的服务工作以及与邮轮相关行业的其他工作，欧洲的受雇人员通过邮轮行业获得的工资和其他收入高达 127.7 亿欧元。[3]（详见图 1-6）

　　在全球邮轮产业持续发展的背景下，欧洲能够扮演着非常重要的角色，主要是基于如下三个方面的原因：

　　第一，欧洲已经成为仅次于北美市场的全球第二大邮轮旅客市场。2017 年来自欧洲的邮轮旅客达到 696 万人次，较 2015 年的 646 万人次增加了约 7.7%。

　　第二，欧洲持续成为全球第二大最受欢迎的邮轮旅游目的地，仅次于加勒比海地区。2017 年有大约 650 万人次从欧洲港口出发乘坐邮轮旅游，比

〔1〕 Cruise Industry Continues to Deliver Positive Contributions to Europe's Economy, Target News (21 June 2016)，https：//targetednews. com/.

〔2〕 The European Market Potential for Cruise Tourism, CBI（4 March 2020），https：//www. cbi. eu/market-information/tourism/cruise-tourism/.

〔3〕 Contribution of Cruise Tourism to the Economies of Europe 2017, CLIA（4 March 2020），https：//es. cruiseexperts. org/media/2971/2017-europe-economic-impact-report. pdf.

2015 年的 612 万人次增长了约 6.2%；2017 年挂靠欧洲港口的旅客人数达到 341.5 万人次，较 2015 年的 311.7 万人次增加了约 9.6%。

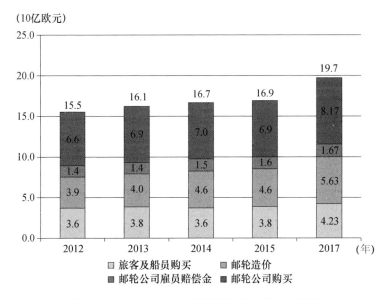

（10亿欧元）

图 1-6　2012—2017 年欧洲邮轮业直接支出情况

资料来源：国际邮轮协会发布的《2017 年邮轮旅游对欧洲经济贡献》。[1]

第三，欧洲造船业仍然是全球邮轮的核心。全球最具有创新性的最大型豪华邮轮均出自欧洲造船厂，新造邮轮的数量持续 6 年呈上升态势。2017 年，邮轮公司在欧洲造船厂投入 56 亿欧元，较 2015 年增长了 22.4%。截至 2021 年，共计 66 艘邮轮建造的订单落户欧洲造船厂，邮轮船舶总造价超过 294 亿欧元。

（三）中国邮轮业发展现状及对经济发展的贡献

自 2006 年邮轮产业在中国兴起，经过十年的黄金增长期迎来了转折点。随着国家战略的支持、产业政策的扶植和邮轮旅游市场的高速成长，越来越多的国有企业开始进军并涉足邮轮产业。2015 年 9 月，两家国有企业巨头——中国交通建设股份有限公司和中国港中旅集团公司，在海南三亚宣布联手进入世界邮轮产业，打造中国邮轮品牌，为此将投入千亿元资金。而即便是两家行业巨头的强强联合，仍然不能覆盖邮轮产业庞大的产业链。

---

〔1〕　Contribution of Cruise Tourism to the Economies of Europe 2017，CLIA（4 March 2020），https：//es. cruiseexperts. org/media/2971/2017-europe-economic-impact-report. pdf.

　　通常邮轮产业包括上游的邮轮制造行业、中游的邮轮运营服务行业、下游的港口建设以及其他配套行业，包括酒店、免税店以及其他娱乐设施等。在整个产业链中，中国尚不能制造豪华邮轮，缺乏这方面的技术和经验。邮轮的生产周期一般为 3—4 年，如果基于经营的需要使用船舶需要提前预订。一艘邮轮的价格按照规格、吨位不同，少则上亿美元，多则十几亿美元。事实上在 2015 年 8 月 21 日，中国船舶集团有限公司和中国投资有限责任公司宣布成立邮轮投资公司，前者涉及国产豪华邮轮的制造，后者则涉及港口、轮船的运营和服务等。

　　中国决定大力发展邮轮产业，一个重要因素是看中其对经济的推动力。邮轮有庞大的产业链，可以带动上下游产业的发展。而邮轮公司的收入构成，三分之一来自船票，三分之一来自船上的二次消费，另外三分之一来自岸上消费。有分析预计，中国市场到 2030 年邮轮旅客吞吐量将达到 3000 万人次，保守估计旅游市场空间达 1000 亿元人民币。假设该市场以 1∶2 的比例带动造船业、港口建设业以及其他配套产业的发展，所涉及的市场容量高达 3000 亿元人民币。[1]

　　由于种种原因的限制，目前运营在中国邮轮市场的尚没有一艘悬挂中国国旗的邮轮。2006 年，意大利歌诗达邮轮公司的"爱兰歌娜号"进驻中国，开辟首条从中国出发的母港航线，中国邮轮市场由此开启。不过中国人真正自己运营邮轮，则是 6 年以后的事情。2012 年，海南航空股份有限公司从美国嘉年华集团购买"海娜号"，并于 2012 年 11 月成立海航旅业邮轮游艇管理有限公司。2014 年 3 月，渤海轮渡股份有限公司从歌诗达邮轮公司购入"旅行者号"，更名为"中华泰山号"，同年 8 月从烟台首航。2014 年 11 月 21 日，携程集团（Trip. com Group）宣布与皇家加勒比游轮有限公司建立战略合作关系，共建天海邮轮公司。天海邮轮公司购买皇家加勒比游轮有限公司旗下的豪华邮轮"精致世纪号"（该邮轮建造于 1995 年，总重为 71545 吨），经过重新装修，更名为"天海新世纪号"，并投入使用。

　　至此，国内拥有中资股份投入并运营邮轮的主要有三家企业，分别是海航旅业邮轮游艇管理有限公司、渤海邮轮有限公司和上海大昂天海邮轮旅游有限公司（以下简称"天海邮轮公司"）。但是三家公司运营的邮轮均悬挂外国国旗。暂时未悬挂中国国旗的主要原因在于，根据中国目前的政策，如果在中国

---

[1]　刘腾：《"国家队"涌入邮轮产业倒逼政策"变局"》，载网易新闻官方网站 2015 年 9 月 7 日，https：//news. 163. com/15/0907/12/B2TL6MGV00014AED. html。

注册登记并悬挂中国国旗，需要缴纳高额的税。另外，国际邮轮上的一些娱乐项目不被中国法律允许。因此这些公司将邮轮国籍注册地选择在境外。

根据中国现行政策，购入的邮轮需要缴纳 27.53% 的合并税率，按照一艘邮轮的造价在 4 亿美元到 12 亿美元计算，如果中国邮轮企业拟购入二手邮轮，则纳税重负可想而知。[1]不仅如此，由于之前中国没有专门针对邮轮进口或购入的相关规定，对邮轮进口的各项要求目前是参照类比进口货轮的要求。根据交通运输部颁布的《老旧运输船舶管理规定》[2]，船龄超过 10 年的邮轮不允许进口到中国，而且进口后一旦船龄达到 30 年就需要强制报废。[3]但对于邮轮而言，平均船龄大多为 30 年，一些高标准建造的国际邮轮，使用年限一般能达到 50 年以上。处于 10 年船龄的邮轮正好是开展邮轮旅游的黄金时期。因此，对于拥有邮轮的外国企业而言，很少会转让处于黄金期邮轮的所有权。

尽管中国目前已经成为造船大国，可以建造航空母舰、深海潜水船舶、海洋工程船舶等，但是尚不具备独立自主完成邮轮建造的能力和技术。经过中国、意大利两国政府的共同努力，中国在中外合作建造邮轮方面已经有了新的起色。例如，2018 年 11 月 6 日，中国船舶工业集团公司与美国嘉年华集团、意大利芬坎蒂尼集团签订 2 + 4 艘大型邮轮建造合同，正式宣告我国开启豪华邮轮建造。但是如果要实现邮轮建造业的良性发展，尤其是自主建造邮轮，还要走很长的路。

与常规主流商用船舶和海洋工程船舶建造市场处于低迷期相反，邮轮制造市场一片火爆。邮轮不仅是高附加值产品，也是当前世界造船业唯一供不应求的产品。2018 年，全球邮轮手持订单 113 艘，金额达 670 亿美元，最迟交船期限已经排至 2027 年。[4]邮轮市场的井喷得益于亚洲尤其是中国市场的快速发展。有数据显示，亚洲在 2012—2017 年邮轮载客量年递增率一直保持在 17% 以上，最高达 55.6%，是全球邮轮市场增长最快的地区。其中，中国市场的贡献率最为突出，中国邮轮旅游人数从 2006 年不足 10 万人次发展到 2017 年 495 万人次，10 年期间增长了近 50 倍，消费额达 670 亿美元。2016

---

〔1〕　刘腾：《"国家队"涌入邮轮产业倒逼政策"变局"》，载网易新闻官方网站 2015 年 9 月 7 日，https://news.163.com/15/0907/12/B2TL6MGV00014AED.html。

〔2〕　该规定自 2006 年由交通部颁布，经过 2009 年、2014 年、2017 年三次修订。

〔3〕　林江：《邮轮经济法律规制研究——上海宝山实践分析》，复旦大学出版社 2019 年版，第 159 页。

〔4〕　吕龙德：《合同签订豪华邮轮"中国造"任重道远》，载《广东造船》2018 年第 6 期，第 5 页。

年中国邮轮旅客数量达到 210 万人次，首次超过德国邮轮旅客数量 200 万人次，成为仅次于美国的第二大邮轮旅客市场。美国的邮轮旅客数量高达 1150 万人次。排名第四至第十的分别是英国（190 万人次）、澳大利亚（130 万人次）、加拿大（80 万人次）、意大利（80 万人次）、法国（60 万人次）、巴西（50 万人次）、西班牙（50 万人次）。（详见图 1 - 7）

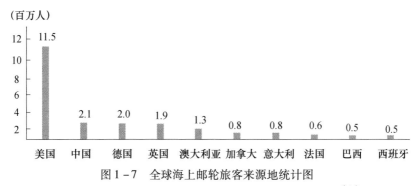

图 1 - 7　全球海上邮轮旅客来源地统计图

资料来源：佛罗里达 - 加勒比海邮轮协会公布的《2018 年邮轮产业回顾》。[1]

由于邮轮市场需求不断加大，邮轮运力已出现不足。在国际邮轮市场需求旺盛以及国内邮轮旅游势头迅猛发展的双重背景下，中国造船企业进军邮轮建造领域也就不足为怪。事实上，中国造船业在系统总装、技术研发、技术投入、供应链管理、质量控制、内装发展等方面取得了巨大进步，已拥有豪华邮轮建造的条件。

我国具备建造邮轮的基础主要体现在三方面：一是一批造船企业在豪华客滚船建造方面取得骄人成绩。例如，广船国际有限公司、烟台中集来福士海洋工程有限公司、中航威海船厂和黄海船厂等都具有较好的建造豪华客滚船的技术和条件，尤其是广船国际有限公司最近命名的全球航速最快的双燃料豪华客滚船"威斯堡号"，标志着我国在这一领域实现了技术水平领先的优势。二是在邮轮维修方面已经具备较强实力。如华润大东船务工程有限公司作为我国第一家大型邮轮修理翻新的船厂，已先后完成 5 艘邮轮的维修保养工作；中船第九设计研究院工程有限公司在豪华邮轮翻新改装等方面也有所建树。三是一些船舶设备零部件配套生产企业较早开展了邮轮配套设施及零部件产品的布局。例如，中国船舶工业集团艾邮轮科技发展（上海）有限公司承接了"天海新世纪号"邮轮内部装饰翻新升级的总包项目；江苏京澄

〔1〕 2018 Cruise Industry Overview and Statistics，FCCA（4 March 2020），https：//www.f-cca.com/downloads/2018-Cruise-Industry-Overview-and-Statistics.pdf.

船用玻璃有限公司研制邮轮上使用的玻璃；华南建材（深圳）有限公司成功开发并应用了邮轮整体舱室。此外，我国酒店室内装饰方面具备较高水平，并有明显的人工优势，对邮轮内部装饰工作而言也是一个很好的储备。[1]

在推动邮轮产业发展方面，除了国家政策扶持和税费优惠等，地方政府也是推动邮轮产业快速发展的主要推手。以上海为例，上海市人民政府高度重视邮轮产业的发展，专门出台《关于促进本市邮轮经济深化发展的若干意见》，对标国际最高标准和最好水平，以服务"一带一路"倡议、长江经济带和长三角一体化国家战略为契机，围绕服务、制造、购物、文化、旅游等产业链条，完善配套设施，健全政策体系，优化营商环境，全面融入全球邮轮经济的分工合作，加快建设国际一流的邮轮港，形成完备的邮轮经济产业链，努力成为亚太邮轮企业总部基地和具有全球影响力的邮轮经济中心之一。[2]

（四）新冠肺炎对全球邮轮业的影响

2018 年的统计数据显示，全球邮轮市场同比增长 7%，超出国际邮轮协会的预期。根据国际邮轮协会的预测，在 2018 年全球邮轮游客 2850 万人次的基础上，2025 年将达到 3760 万人次。[3]

但是，2020 年初集中暴发新冠肺炎后，病毒早已跨越国界，波及全球 200 多个国家和地区。为有效做好防控措施，2020 年 2 月 3 日，国际邮轮协会宣布，此前 14 天到过中国和途径中国的船员严禁上岸，2 月 7 日又宣布曾确诊为新冠肺炎患者、疑似病例、亲密接触者及照顾过确诊患者的人员不能上岸。据国际船舶网报道，截至 2020 年 2 月 17 日，仅针对中国邮轮市场而言，就影响到 8 艘邮轮 14 个航次的停航，5 家世界知名邮轮公司在中国邮轮母港的多艘豪华邮轮不得不停靠在港口待命或调整至海外航线，直接损失达 7 亿元人民币，加上关联行业损失将达 10 亿元人民币。据业内人士估计，2020 年全球邮轮业收入将减少 15%，东亚减少 25%，中国邮轮业减少 40%。[4]

---

[1]　吕龙德：《合同签订豪华邮轮"中国造"任重道远》，载《广东造船》2018 年第 6 期，第 6 页。
[2]　《进博会论坛聚焦上海邮轮经济如何攀上千亿级》，载旅游视讯官方网站，http://www.ititv.cn/play/4206.htm，2019 年 11 月 14 日访问。
[3]　李念、赵一飞：《"疫情邮轮"遇窘境，零拒绝或成中国邮轮产业新机遇》，载微信公众号"文汇" 2020 年 2 月 15 日，http://wenhui.whb.cn/zhuzhanapp/jtxw/20200215/324788.html。
[4]　李念、赵一飞：《"疫情邮轮"遇窘境，零拒绝或成中国邮轮产业新机遇》，载微信公众号"文汇" 2020 年 2 月 15 日，http://wenhui.whb.cn/zhuzhanapp/jtxw/20200215/324788.html。

疫情对中国邮轮港口及码头经营业打击巨大。一直以来，我国大部分邮轮码头功能单一，利用率低，整体均处于亏损状态，仅上海吴淞口邮轮码头盈利。如果因疫情导致四五个月甚至更长时间的停航，不但造成邮轮码头的零收入，资金压力更为突出，而且难以支撑员工工资、十几亿元码头投资贷款利息及折旧费等支出。有数据显示，邮轮码头接待一艘邮轮的包干费、停泊费收入平均为 80 万元人民币，中国港口按每个月 65 个航次计算，若停航至 6 月份，合计损失约 2.6 亿元人民币，尚不包括其他相关业务收入损失。[1]

另外，疫情对主要邮轮公司的影响也十分突出。虽然邮轮公司可通过调整运力降低损失，但停航影响依然巨大。保守估计，仅 2020 年 2 月在中国从事运营的各邮轮公司旗下的 10 艘邮轮，停航一个月的船票和小费收入损失就约 6 亿元人民币，还不包括前期已采购的邮轮物资的支出，相关费用预付、退票及可能产生的股价下跌等损失。2020 年 4 月，在中国市场运营的邮轮公司全部宣布停航，3 家中资邮轮公司 3 艘运力船舶也全部处于停航状态，造成邮轮公司的零收入。受疫情影响，嘉年华邮轮集团公司的股价暴跌 50% 以上，日本神户夜光邮轮公司已经宣布破产。[2]

随着疫情在全球范围内的暴发及蔓延，截至 2020 年 3 月底，全球多个国家和地区采取禁止外国人入境的严控措施，各大邮轮公司纷纷宣布停航 30天，造成 196 艘邮轮（约占全球一半运力）暂时停止运营，美国维京邮轮、公主邮轮宣布全球航线停航至 2020 年 4 月底、5 月中旬。虽然中国疫情在 2020 年 4 月底得到了初步控制，但全球疫情还在持续发展，何时能得到有效控制尚不确定。邮轮出入境航线特点以及运力、船员、服务人员的全球流动性，加剧了中国邮轮市场恢复的不确定性，对全球邮轮市场也产生巨大影响。[3]

由于邮轮业在我国发展时间不长，再加上疫情以及"钻石公主号"邮轮等不利因素，短期内将明显影响中国游客选择邮轮旅游出行的意愿。邮轮旅游本身属于非刚性需求，相较于陆地上的旅游项目以及航空、酒店等相关行业而言，邮轮市场恢复的时间会更晚。此外，受疫情引起的全球经济增长放

---

〔1〕《邮轮市场举步维艰，行业发展瓶颈亟待解决》，载微信公众号"航运评论"2020 年 4 月 3 日，https：//mp. weixin. qq. com/s/eYpM6KUYYxQtJ7GQeMdSgQ。
〔2〕《邮轮市场举步维艰，行业发展瓶颈亟待解决》，载微信公众号"航运评论"2020 年 4 月 3 日，https：//mp. weixin. qq. com/s/eYpM6KUYYxQtJ7GQeMdSgQ。
〔3〕《邮轮市场举步维艰，行业发展瓶颈亟待解决》，载微信公众号"航运评论"2020 年 4 月 3 日，https：//mp. weixin. qq. com/s/eYpM6KUYYxQtJ7GQeMdSgQ。

缓、旅客收入下降、预期休假时间可能缩短及各国出入境政策变动等诸多不利因素的影响,与其他旅游行业相比,邮轮旅游业难以在短期内产生补偿性反弹需求或者"报复性消费"的迹象。因此,预计未来中国邮轮旅游市场的整体恢复仍然需要一段时间,其恢复期限也会晚于邮轮旅游业比较成熟的英美国家或地区。

二、中国邮轮产业发展中存在的问题及法律障碍

随着中国邮轮产业发展战略日益明晰,三大邮轮经济圈格局基本形成,邮轮港口硬件设施建设也基本完成。总体上看,我国邮轮母港建设接近国际水平,但现阶段仍需要继续完善港口硬件基础设施,进一步提升港口服务接待标准,加强邮轮港口信息化平台建设,完善出入境游客海关通关边检手续,加强航道安全管理,完善船舶供应体系,完善应急反应机制和优化游客权益保障等软件设施建设。

(一) 市场准入制度方面存在的问题

首先,市场准入制度下的行业属性界定不清。邮轮法律性质具有双重性,这主要体现在以下两个方面:其一,海上旅客运输;其二,跨境旅游服务。邮轮法律制度在《服务贸易总协定》(GATS) 视野下具有旅游服务贸易和海运服务贸易的双重属性。邮轮本身作为一种跨境旅游的形式,可以归属于服务贸易中旅游贸易之范畴。但该跨境旅游的运输方式为海运,故邮轮旅客运输又属于海运服务贸易相关法律的调整范围。故在《服务贸易总协定》视野下,邮轮具有海运服务贸易与旅游服务贸易的双重属性。有学者对中国在《服务贸易总协定》下的市场准入承诺进行梳理,发现中国在《服务贸易总协定》下对邮轮所涉旅游服务和海运服务的市场准入限制很少。实质性的限制体现在国民待遇承诺的例外情形中,即在涉及邮轮旅游服务的领域,合资经营旅行社或者外商独资旅行社不允许从事中国出境游以及由中国大陆(内地)至香港、澳门、台湾地区的旅游经营活动。在有关邮轮海运服务领域,对非中国籍船舶提供国际海运服务活动的,中国未作出国民待遇的承诺[1]。在现代邮轮产业制度下,邮轮的旅游功能在彰显,传统的旅客运输功能在弱化,游客在邮轮上享受更多的是海上观光、休闲、娱乐、餐饮等服务。2014

---

[1] 向力:《中国邮轮产业发展的国际法空间——以 GATS、FTAs 及双边协定中的国际法义务为中心》,载《中国海商法研究》2016 年第 1 期,第 45—46 页。

年，交通运输部通过邮轮公海游方案，允许上海先行先试无目的地邮轮航线经营活动。邮轮公海游的开放，无疑更进一步彰显了邮轮的旅游功能。

中国目前尚没有自己的本土邮轮船队，有中国资本投入并在中国邮轮市场曾经运营或尚在运营的邮轮包括"海娜号""天海新世纪号""中华泰山号""南海之梦号""鼓浪屿号"。除了"南海之梦号"悬挂中国国旗外，其他船舶均悬挂"方便旗"。2013 年，海航集团运营的"海娜号"在中国首航，成为由中资公司运营的第一艘豪华邮轮。但是由于经营状况一直比较惨淡，连续 3 年亏损，最终于 2015 年停运。"天海新世纪号"是天海邮轮公司投入营运的第一艘邮轮，该公司是由国内在线旅游巨头携程旅游网（现已更名为携程集团）和美国皇家加勒比游轮有限公司共同建立的，它们各自拥有35% 的股份。"天海新世纪号"曾一度被评为"中国邮轮性价比之王"，但仍然没能逃脱 3 年后退出市场的命运。目前还在运营且没有停运计划的渤海轮渡旗下的"中华泰山号"，其经营处境同样艰难。[1] 由中国旅游集团和中国远洋海运集团共同出资设立的星旅远洋国际邮轮有限公司旗下的"鼓浪屿号"于 2019 年 9 月才投入使用，尚不清楚其具体运营情况。但是因为遭遇2020 年年初暴发的新冠肺炎疫情，预计经营情况不会理想。事实上，包括"海娜号""天海新世纪号"在内的含有中资因素的邮轮都是从外国公司购买的老旧船舶，不但总体上船舶吨位偏小，而且船舶上的相关设施陈旧。由广州广船国际股份有限公司（以下简称"广船公司"）制造的"南海之梦号"目前执行广州至西沙群岛的邮轮航线，这艘船舶于 2012 年建造，但是建筑风格和设计基本上停留在 20 世纪八九十年代，没有太大的创新。而且这艘中国自己制造的邮轮由普通客轮改造而成，与其他投入中国邮轮市场的船舶相比，存在很大差异，也往往不被认为是真正的邮轮。[2]

上述现实表明，目前在中国邮轮市场从事运营的邮轮船舶，均为外籍邮轮。而外籍邮轮的市场准入制度主要由交通运输部的部门规章予以规范。现阶段市场准入制度只看到邮轮第二产业的属性，并未重视其第三产业的意义，以至于在我国产生了有关邮轮产业规定不一致的现象。

例如，2011 年 9 月，交通运输部出台《关于加强外商独资船务公司审批管理工作的通知》，明确规定外国邮轮公司可在中国设立独资邮轮船务公司，

---

〔1〕《中国邮轮业驶入冰河期：黄牛都是靠做空赚钱》，载微信公众号"财经杂志"2018 年 8 月19 日。

〔2〕《中国邮轮业驶入冰河期：黄牛都是靠做空赚钱》，载微信公众号"财经杂志"2018 年 8 月19 日。

并可依法开展"为自有或经营的船舶提供揽客、出具客票、结算运费和签订服务合同等"经营性活动。虽然我国允许外国邮轮在国内运营，但属于第三产业的邮轮旅游业务并未在国内开放。直到 2012 年 2 月，国家旅游局才准许外资邮轮公司设立的旅行社组织中国内地（大陆）居民从上海出发的邮轮旅游业务。运输市场准入的审批部门为交通运输部，而跨境旅游的市场准入的审批则由旅游管理部门负责。因此邮轮旅游的经营活动不仅同时受到两个主管部门的行政监管，而且因为对其法律属性的认知不明确，使得两个主管部门分别颁布相关的管理规定，无形中又加剧了对邮轮产业市场准入界定不清的恶性循环。

其次，市场准入制度审批仍然存在桎梏。2010 年交通运输部决定，明确外国籍邮轮经过特案批准，可在华开展多点挂靠业务。这一举措被认为是邮轮运输业务市场准入方面的一定突破，从原来的单点挂靠到现在特案审批的多点挂靠。但是现行审批制度并没有完全开放，仍然存在诸多限制。究其原因，在于对邮轮特殊性的认识不够充分，我国对邮轮的市场准入制度基本参照客轮货轮标准，认为邮轮挂靠国内港口属于国内运输活动。事实上，应当充分认识到邮轮兼具旅游和运输的双重功能，甚至从某种程度而言，其旅游价值大大高于运输价值。邮轮旅游不仅直接促进海上旅游经济发展，以及邮轮船舶供应产业和相邻腹地经济的发展，还会促进邮轮产业链的国际分工。此外，邮轮不像普通客轮、货轮会分散挂靠港口的运力优势，因此无须担心因为多点挂靠而对客货运输或港口经济发展产生不利影响。

（二）邮轮制造业方面存在的问题

国产邮轮制造业的瓶颈有待突破。就造船业而言，中国近年来保持着强劲的发展势头，2011 年中国占据世界船舶建造市场的 31.2%。但是由于豪华邮轮附加值高，专业技术性强，目前中国在邮轮设计、制造、装修、修理等方面几乎是一片空白。2014 年携程集团与皇家加勒比游轮有限公司合作购进一艘邮轮，曾打算在中国进行装修改造，但是整个中国市场找不到一家企业有能力完成，最后不得不委托新加坡一家公司完成内部装修工作。

目前，世界邮轮制造业仍然基本上被德国、意大利、芬兰、法国等国垄断。中国造船业主要是资本和技术含量较低的行业，而邮轮制造业属于资金和技术密集型产业，对资金和技术的要求相当严苛。目前建造一艘现代化邮轮，需要 5 亿—7 亿美元的资金，超大型豪华邮轮的造价成本更是高达十几亿美元，对金融服务要求很高。受技术方面的限制，国内造船企业可以承接海外邮轮公司的邮轮船体的建造工作，但是对于船上精密设备仪器等，仍需要在海外安装完成。[1]因此，中国制造豪华邮轮依旧任重而道远，存在的问题主要表现在如下方面：

1. 邮轮建造技术文化上的零起点

目前，中国与日本、韩国都是全球造船大国，但在邮轮制造上却一直没有突破。世界上只有少数国家能够建造邮轮，都集中在欧洲，包括德国、芬兰、意大利和法国，这四国船厂掌握着 2009—2012 年全球 99.6% 的邮轮订单。中国虽然能够建造包括航空母舰在内的各类船舶及海洋工程船舶，但是始终无法独自建造邮轮，主要原因是一些技术问题无法突破。国际邮轮产业发展实践表明，邮轮产业必须发展邮轮"重资产"，必须构造本土邮轮船队。但是邮轮作为一种高附加值的船型，船舶的研发和制造技术长期以来主要集中在欧洲几个造船厂手中，它们具有绝对的垄断地位。我国虽然是世界造船大国，但在邮轮整体设计、建造工艺、实践经验、运营管理、配套工程、技术储备等方面与欧洲还存在相当大的差距，现阶段通过建设自有船队来发展壮大邮轮旅游难度较大。[2]因此，只有与欧洲邮轮建造企业合作，才能快速缩短与邮轮造船世界先进水平的差距。

豪华邮轮是一个巨大的系统工程，被称为移动的城镇和浮动的五星级宾馆，60% 的建造与城市综合体有关，40% 的建造与船体有关，其技术之复杂、设计建造要求之高，以及风险挑战之多不亚于航空母舰。大型邮轮具有内装设计个性鲜明、总体布局陆地化、娱乐功能多样化等特点，船上客舱多达几千间，里面餐厅、酒吧、电影院、剧院、咖啡馆、购物广场、艺术走廊、儿童中心、SPA、水上乐园和运动场等应有尽有。大型邮轮主要采取吊舱式电力推进系统，其安全性、舒适性、环保性必须保证完美无瑕。

邮轮建造的难度主要体现在如下方面：第一，邮轮需要全方位综合规划设计和全局统筹。邮轮的设计领域非常宽广，主要有庞大船体、居住空间、电推动力系统、生活保障系统、娱乐系统、火灾探测报警系统等。而这些系统不仅要先进和谐，而且建造要求和标准比较严格，需要满足国际公约规定、船级社规范、船旗国或者港口国的法律法规、邮轮行业规范或标准、世界卫生组织规范等大量法规与规范。

[1] 宋喜红、戚昕编著：《海洋船舶产业发展现状与前景研究》，广东经济出版社 2018 年版，第 49—50 页。
[2] 马海鹰：《邮轮经济与旅游强国》，载《中国旅游报》2012 年 4 月 16 日，第 2 版。

第二，邮轮设计建造周期较长，还可能需要应对不断更新的法律规定或者规范标准等不确定性因素；在进行船舶空间功能布置时，还须考虑载客运营的实际需求，突破大型邮轮总布置设计的关键技术。目前，我国还不具备独立完成原始设计甚至生产设计的能力，所以选择与意大利芬坎蒂尼合作是应对我国邮轮建造技术瓶颈的可行之路。正如上海外高桥造船有限公司副总经理陈刚所言，我国在邮轮建造方面无任何实践经验，即使与国外合作研发也要消化学习大量技术、资料、规范。邮轮建造过程控制难度高，具有高度集成化的特点。建造一艘大型邮轮，零配件多达3000万个，需要3000多人同时施工，建造工时高达1000万小时。来自中国船舶工业经济与市场研究中心的包张静也表示，豪华邮轮建造非常复杂，且性能参数等不固定，历史船型可参照性也很低，不同船型有明显个性化需求，需要船厂在管理、生产工艺、流程编排等方面拥有丰富经验。这也是欧洲船厂对邮轮制造实现高度垄断的根本原因。邮轮建造并非简单的钢板切割焊接、分段组装和船体舾装，最为复杂棘手的是生活和娱乐场所的设计装修，即使是薄板工艺和舱室预制模块建造，大型邮轮与普通商船也有天壤之别。此外，邮轮的噪声和振动问题也是建造中不容忽视的技术难点之一。[1]值得一提的是，大型邮轮建造过程中，生产计划很难更改，交船必须严格执行合同约定日期，绝不允许延期交付。

第三，邮轮建造要求具备非常高的项目管理和资源整合能力。这就要求船厂必须拥有高超的成本风险管理、工程进度检测与沟通以及供应链经营者之间的协调等方面的能力。其中后者最为关键，因为一艘豪华邮轮涉及的供应商有1000多个，大部分建造任务需要另外转给承包商承担，很大程度上有赖于合作者和转包商的工作效率和质量。我国在船舶配件方面，尤其是邮轮配件方面，国产化率还比较低，许多高技术零部件的研发、生产、销售等仍然被国外企业掌握，这对我国邮轮制造而言也是短板之一。业内人士因此表示，建造邮轮的目的不仅是提高邮轮制造技术和经营效益，也应该由此带动国内船舶配件业发展，特别是提高国产化率的比例。[2]

2. 邮轮建造面临融资困境

邮轮建造属于资金密集型行业，但航运金融业一直是我国航运业的软肋，

---

[1] 吕龙德：《合同签订豪华邮轮"中国造"任重道远》，载《广东造船》2018年第6期，第6页。

[2] 吕龙德：《合同签订豪华邮轮"中国造"任重道远》，载《广东造船》2018年第6期，第6—7页。

邮轮建造面临融资难的问题。加上目前尚没有相应的标准合同文本，国内企业通过融资途径建造邮轮的手段比较单一。此外，政府未给予邮轮建造更多的资金补贴和融资资助，再加上进口设备关税较高、建造周期长、船用设备质量不高等因素的影响，船东大多需要在国外融资造船，而贷款机构又往往指定国外船厂，导致本土造船厂失去在国际市场上摸爬滚打的机会，同时游离在邮轮制造产业链的边缘。[1]

（三）邮轮服务业方面存在的问题

1. 邮轮船舶供应服务机制存在壁垒

邮轮船舶供应行业主要是为邮轮提供运营所必需的物资，如乳制品、蔬菜、邮轮饮食服务等。作为服务航运经营业之邮轮船舶供应行业，因为属于邮轮产业中的轻资产行业，未来发展潜力巨大。据估算，一艘 10 万吨左右的常规邮轮，一般载客 4000 人左右，海上巡游行程中，每天仅食物消费额一项约为 5 万美元，整个航程若以 5 天计算，则一艘常规邮轮一个航程的食物消费额约为 25 万美元。邮轮船舶供应服务能力水平的高低，对于邮轮母港及腹地经济发展能否实现良性循环也具有重要作用。

船舶供应服务行业存在的壁垒主要体现在市场准入方面。2009 年以前，由于实行船舶供应业务的专营制，我国船舶供应市场被垄断的现象非常明显。2009 年 10 月，交通运输部发布《关于做好〈港口经营管理规定〉实施工作的通知》，自此在一定程度上改变了船舶供应市场专营垄断的状况。该通知明确规定今后凡按照法律规定取得相应资质的企业，均可从事国际航行船舶在港口的供应业务。但是由于没有及时出台相关实施细则，加上审批制度的存在，对于一般小企业而言，期盼能够拿到从事船舶供应业务的营业执照仍属于可望而不可即的事情。据调查了解，以上海为例，大大小小的船舶供应企业有四五百家，但是获得营业执照的仅有 4 家，即上海外轮供应公司、上海中远船舶物资供应有限公司、上港集团供应公司、上海吴淞口国际邮轮港发展有限公司。其余几百家均无法直接与外轮接触并向这些外轮提供船用供应品等物资，而只能通过那些已经取得营业执照的企业，间接提供邮轮船舶供应服务。因此严格的船舶供应企业经营审批制度，导致船舶供应市场自主经营、公平竞争的自身调节能力降低。

---

[1] 孙晓东：《邮轮产业与邮轮经济》，上海交通大学出版社 2014 年版，第 185 页。

2. 邮轮船舶供应服务面临政策壁垒

船舶供应服务方面的问题，首先是该经营行为的定性尚存疑问。我国目前对邮轮船舶供应服务的管理主要参照普通商用货轮进行，没有将对邮轮船舶提供物资的行为定性为贸易行为，因此邮轮船舶供应企业无法享受一般国际贸易行为的出口退税等优惠政策。一艘载客 4000—5000 人的邮轮，其船舶供应物资采购量与只有二三十人船员的货轮相比，存在天壤之别。邮轮船舶供应经营业务会产生大额的国际贸易交易，却无法享受国际贸易的一般优惠待遇。因此，受上述政策的限制，中国船舶供应企业为一艘远洋邮轮提供的物资价格一般会比韩国、日本高出 28% —33% 。与国际同行相比，政策壁垒使得中国的邮轮船舶供应企业已经输在"起跑线"上。

其次是邮轮船舶供应物品种类受限。邮轮在挂靠中国港口停留期间能否在当地及时补给船上日常用品也会遭遇难题。在正常营运过程中，邮轮需补给的物品超过 3 万种，大部分是游客在航程巡游中使用或消费的物品，如食物、饮料、清洁用品等。但有些日常用品，例如洗涤剂和消毒液等，因含有化学物质受到严格审批限制。此外，邮轮还可能需要补给一些特殊用品，如少量的装潢用水泥、黏合剂、船用燃油过滤添加剂、空气净化材料等。而含有化学物质的日常用品或者特殊用品往往会被归类为危险化学品。一旦被归为危险化学品，即使属于非常普通的日常用品也会被中国海关禁止装上邮轮这种从事旅客运输的船舶，迫使大部分邮轮不得不绕道韩国、中国香港、新加坡等国家或地区进行物资补给，这在某种程度上也给邮轮公司经营造成不便，增加了营运成本。为了缓解邮轮公司补给问题，国内一些地方海关做了有益尝试，如上海吴淞海关适度允许挂靠吴淞口国际邮轮码头的邮轮，在上海本地补给洗涤类和消毒类物品，但对邮轮补给其他类别的危险化学品原则上还是予以禁止。因此有学者提出可以在上海试点危险化学品物品海关白名单制度，即对此邮轮公司可采取事前申报制度。目前吴淞口海关采取一事一议的方式，可以特批其他类别的危险化学品补给上船。但总体而言，我国尚缺乏有利于国际邮轮在境内补给，并满足我国海关法律法规的实施操作细则以及相关明确规定。[1]

3. 邮轮旅游销售服务的异化现象

邮轮旅游销售服务的异化现象主要表现为过度竞争、低价揽客。高端邮

---

[1]　林江：《营造邮轮经济发展环境之建议——在上海试点"邮轮日常补给危化物品海关白名单"制度》，载微信公众号"上海邮轮中心"2018 年 8 月 7 日，https://www.sohu.com/a/245802971_814852。

轮旅游产品卖出近乎白菜价格，致使邮轮包船游销售模式出现异化现象。这主要是由于限制外资邮轮在国内从事跨境旅游服务。在国外，邮轮旅游船票的营销方式，通常是由邮轮公司直接与旅客签订邮轮旅游合同或旅客运输合同。为了规避目前旅游市场对外资邮轮公司的限制，现有中国邮轮旅游产品销售，主要由具有跨境旅游资质的国内旅行社采取与邮轮公司签订包船协议或切舱协议的方式，再由旅行社与中国游客签订邮轮旅游合同或跨境旅游合同。这些包船的旅行社仅针对邮轮旅游的产品进行销售，事实上并不提供邮轮旅游服务。而且国内旅行社对于邮轮公司确定的航次线路、靠岸港口、航线设计等，既无法实际参与相关的工作或经营活动，也没有任何发言权和参与权。在这种包船游模式下产生的邮轮旅游合同中，实际邮轮经营者与旅客之间的权利义务并不对等，这使得邮轮包船游模式在中国邮轮旅游实践中出现异化，一旦发生邮轮旅游纠纷，中国游客会主要采取"霸船"等不合理的维权方式解决问题。

4. 邮轮旅游产品的单一化和同质化现象明显

2017—2018 年，有媒体惊呼中国邮轮产业进入"冰河期"。[1]虽然这些媒体用词表述过于吸人眼球，但是经历了黄金十年的邮轮高速发展期后，中国邮轮旅游确实步入增速放缓的调整期。影响邮轮旅游业高速发展并进入调整期的原因较多，主要包括包船游模式、邮轮航线规划单一、邮轮访问港口偏少、邮轮母港闲置以及韩国中东呼吸综合征（MERS）疫情暴发、萨德导弹部署政治事件影响等。针对目前中国邮轮船票销售的包船游模式，具体利弊和影响分析，详见本书第二章。

在我国邮轮产业增速放缓的背景之下，邮轮旅游产品的单一化和同质化是不容忽视的因素之一。我国邮轮旅游产品的单一化主要体现在邮轮航线规划的单一性。例如，2006 年歌诗达邮轮公司的"爱兰歌娜号"在中国开辟首航航线的目的地是韩国济州岛和日本长崎港口。经历了十年的邮轮黄金发展期后，从中国启航的邮轮其主要目的地仍然只有日本和韩国。这种同质化、单一性的邮轮线路安排，限制了旅客对邮轮的再次选择和兴趣。

此外，由于中国民众的假期普遍不长，邮轮航线大多采用"四晚五天"或"五晚六天"的航程，这也使得邮轮公司只能选择距离中国比较近的日、韩两国。在经过黄金十年的邮轮业高速发展和未来诱人的美好前景刺激下，

---

〔1〕《中国邮轮业驶入冰河期：黄牛都是靠做空赚钱》，载微信公众号"财经杂志"2018 年 8 月 19 日。

中国国内多个沿海城市投入邮轮港口的基建狂潮之中。截至 2018 年，全国已经建设完毕和正在建设的邮轮港口达 10 余个，而日本、韩国等目的地的访问港可选择性有限，也一定程度上导致并加剧了"母港多访问港少"的倒挂现象。[1]邮轮旅游陷入了线路单调、目的地有限、众多邮轮母港港口空置的尴尬局面。

此外，即使在日本、韩国这两个不多的可选旅游地国家中，还频繁出现一些不可控制、不可抗拒的因素，使得邮轮行业蒙受无妄之灾。例如：2011 年日本发生 9.0 级地震，并导致福岛核电站发生核泄漏事故；2012 年日本政府非法"购买"钓鱼岛。这两次事件也导致大批赴日本的邮轮，不得不调整航线设计，将访问港改为韩国的一些港口。而近几年韩国也开始不断出现新的状况，如 2015 年韩国暴发中东呼吸综合征，2017 年又出现部署萨德导弹事件，中韩外交关系一度非常紧张。上述事件的发生，使得一段期间内从中国邮轮母港出发的所有邮轮，均不能停靠在韩国，而只能去日本的一些港口。由于类似事件的时有发生，使得原本旅游目的地就不够丰富并以日本、韩国为访问港的邮轮航线受到影响，导致一些邮轮航次销售额大减。

5. 邮轮母港服务能力不足的问题日益凸显

在各地兴起的邮轮母港建设热潮中，一些问题也逐渐显露。一座城市需要有足够的人口数量和消费能力才可以支撑起一个邮轮母港，但一些投入邮轮港口基础建设的城市，明显过高评估当地的经济发展水平和消费水平。邮轮母港建好之后，并没有吸引邮轮停靠或邮轮公司的兴趣。目前，除了上海、天津等少数几个港口之外，大多数邮轮港口一年都开不出几个航次，有的甚至一个航次都没有，邮轮码头和其他港口设施长期闲置。

虽然不少港口所在地人民政府采取对邮轮公司开设航线进行奖励的政策，即邮轮公司每开设一个航次，当地政府就补贴给邮轮公司一笔费用，但这种打肿脸充胖子的办法只能解决邮轮公司亏本的问题，却无法解决当地邮轮市场需求不足的根本矛盾。例如：2017 年 8 月 29 日，刚刚投入运营的广西防城港国际码头迎来了"中华泰山号"的首航仪式，执行越南岘港、下龙湾"4 天 3 晚"的线路。但几个班次之后，这艘邮轮就在同年 9 月 18 日突然宣布停航，把当天准备登船的数百名旅客晾在码头上。自此防

---

〔1〕《中国邮轮业驶入冰河期：黄牛都是靠做空赚钱》，载微信公众号"财经杂志"2018 年 8 月 19 日。

城港再也没有迎来任何一艘邮轮。[1]尽管"中华泰山号"的载客量不到1000人,属于邮轮中的迷你型,但是客流量稀少仍是导致"中华泰山号"停航的主要原因。如果能够以上海、天津、厦门、广州等成熟港口为母港,将中国沿海的其他港口作为邮轮航线的访问港,即开展邮轮多点挂靠航线试点,将有效地解决邮轮线路单调、目的地有限、众多港口空置以及港口所在地邮轮消费水平不均衡等问题。但是目前中国市场上从事经营活动的绝大多数邮轮均为外籍船舶,即使是"中华泰山号"也悬挂方便旗,因此会受到我国《海商法》第4条规定的限制,即非经国务院交通主管部门批准,外籍船舶不得经营中国港口之间的海上运输。希望未来能够通过相关政策或法律解决这一问题。

此外,邮轮母港基础设施服务能力方面还有待进一步提升。在中国邮轮旅游发展实践中,上海邮轮港一直发挥着标杆和引领作用。即便如此,与迈阿密等世界知名邮轮城市相比,上海邮轮经济无论在硬件设施还是软环境建设方面都存在不小的差距,特别是邮轮母港服务能力不足的问题日益凸显。例如:邮轮码头的接待能力尚无法满足邮轮市场需求,游客吞吐量增长受到邮轮港口码头泊位不足和客运大楼接待能力饱和等因素的影响;邮轮母港的配套设施建设有待完善,尤其是在多艘大型邮轮船舶同时靠泊时,交通配套设施显得严重不足,亟待系统化改善码头周边的交通环境。[2]

(四) 邮轮运输业方面存在的问题

1. 邮轮运输监管面临传统窠臼

目前交通主管部门对于邮轮的监管,一直没有跳出船舶是传统运输工具的概念。我国对邮轮海运管理主要参照现行国家涉外航运政策和法律,如《国际海运条例》及其实施细则、《水路运输管理条例》及其实施细则、《港口收费规则》、《代理费收费规则》等。参照传统海上客运货运模式监管,忽视了邮轮以旅游功能为主的情形,未考虑邮轮产业发展带来的旅游服务关联效应,存在很多市场准入性壁垒。[3]如在国际市场上博彩业是邮轮利润构成

---

[1] 《中国邮轮业驶入冰河期:黄牛都是靠做空赚钱》,载微信公众号"财经杂志"2018年8月19日。

[2] 金嘉晨:《上海邮轮经济发展评述》,载微信公众号"航运评论"2018年7月25日,https://mp.weixin.qq.com/s/bJ3Q04p——7I1mpBwiu4fUw。

[3] 王文:《论上海建设国际航运中心发展邮轮产业的若干法律问题》,载《海大法律评论》,上海社会科学院出版社2009年版,第363—374页。

的重要部分，而如何经营邮轮上的免税店、博彩业等事项，国内都无先例可借鉴。[1]

2. 邮轮边检管理程序过于繁复

2009 年 11 月，公安部出台《邮轮出入境边防检查管理办法（试行）》，试行 4 条新措施，但我国口岸管理总体上还缺乏针对邮轮的系统性的规范细则，大多只能参照针对外籍货轮和客轮的政策法规和管理制度，难以适应以游客为中心的邮轮经济活动的各方面需求。我国邮轮边防检查所用时间远远高于国际惯例的 2 小时左右，邮轮安全价值程序繁复，导致旅客等待时间过长、邮轮旅游体验感不佳等问题。

（五）邮轮税费收取方面的政策障碍问题

1. 邮轮船舶买卖存在"买不到"和"买不起"的问题

除了建造邮轮船舶，打造本土邮轮船队的另一种方式就是在国际市场上购买二手邮轮。依据交通运输部颁布的《老旧运输船舶管理规定》以及中国现有买卖二手船舶政策规定，只能买卖 10 年以内船龄的二手船舶。该规定对货船予以限制尚可理解，但是对于邮轮而言很难实现，因为邮轮下水后的第 5 年到第 26 年，正是其青壮年时期，高标准建造的国际邮轮的使用期限甚至可以高达 50 年，邮轮公司通常不会轻易将 10 年左右船龄的船舶卖掉。这便导致在中国现有规定下二手邮轮通常"买不到"。而"买不起"则是因为邮轮购置税费过高。比如，10 亿元人民币购买的邮轮，船东需缴纳的增值税、关税等高达 2.5 亿元人民币。一艘邮轮购置的税费相当于邮轮企业 3—4 年的营业总额，该营业总额还是不计除任何成本的数额。如此高额的税费导致的结果是中国企业买不起邮轮。

根据我国现有规定，如果邮轮经营人在国外购置船舶或建造船舶，在国内进行登记的，需要缴纳 9% 的邮轮进口关税和 17% 的增值税，合并税率达到 27.53%。过高的税率是国内邮轮企业将邮轮在国外注册的根本原因。[2] 鉴于我国本土邮轮企业尚处于起步阶段，建议国家有关部门出台优惠的税费政策，特别是购置、建造邮轮船舶所发生的各类税费、营业税、车船使用税、

---

[1] 韦夏怡：《邮轮母港之争硝烟再起　国内邮轮产业链亟待完善》，载《经济参考报》2010 年 6 月 25 日，第 2 版。

[2] 闵德权、胡鸿韬编著：《邮轮口岸管理理论与实务》，大连海事大学出版社 2016 年版，第 49 页。

企业所得税等,以增强本土邮轮企业的竞争力。

在税费问题上,还涉及对外国邮轮经营企业营业收入税费监管比较困难的问题。例如,目前外国邮轮公司直接向中国游客出售邮轮船票的并非主流,仅占所有销售邮轮船票的 10% 左右,但是这些外国邮轮公司依然可以从船票价款,包括旅客应付的船上服务费等获得销售收入。根据《外国公司征税办法》相关规定,外国公司应当将每艘邮轮每航次向中国旅客直接销售船票的收入总额乘以 4.65% 的综合税率,根据《税收征收管理法》以及有关企业所得税法律法规的规定接受我国税务部门的税收监管。由于这些外国邮轮公司未能向税务部门申报纳税情况,或者委托国内的船舶代理公司履行"代扣代缴"义务,而国内船舶代理公司又很难获得外国邮轮公司直接向中国游客销售船票的真实情况,因此国内税务部门也很难对外国邮轮公司实行有效的税收监管。如果外国邮轮公司委托中国的船舶代理公司或者票务代理公司代为销售邮轮船票,如果不涉及中国的票务代理公司出具发票,则情形与上述提及的一致;如果涉及中国的票务代理公司出具发票,则中国票务代理公司应当根据发票所涉金额缴纳增值税(发票金额的 6%)以及所得税(该票务公司盈利的 25%)履行纳税义务,同时不影响外国邮轮公司就其在中国销售的邮轮旅游票款收入履行纳税申报义务。[1]

此外,根据中国现行税费的法律规定,对中外邮轮经营企业应当缴纳的税费采取"双轨制"标准。此种区别对待的结果也会导致邮轮经营市场上中外邮轮企业面临竞争基础不对等的问题。例如,针对外国邮轮公司采取综合税率 4.64%,但是计算纳税收入总额时不再抵扣支出或成本。而中国的邮轮企业需要根据不同的收入情形,根据不同税率分别缴纳增值税和所得税,税额计算都可以抵扣成本。根据《增值税暂行条例》以及国务院有关税务规定,交通运输服务业的增值税税率为 10%,根据《企业所得税法》及相关规定,中国企业需要缴纳净利润 25% 的企业所得税。但是对于旅客而言,如果在船票之外,还在船上购买了食物、饮料、日用品、纪念品等,中国邮轮企业需要对此收入缴纳 16% 的增值税;如果是旅客在餐馆、酒吧等进行了自费项目的餐饮消费,则中国邮轮企业需要就此收入缴纳 6% 的增值税;如果旅客在船上购买了休闲观光、文娱、体育等服务项目,中国公司需要缴纳 6%

---

[1] 林江:《邮轮经济法律规制研究——上海宝山实践分析》,复旦大学出版社 2019 年版,第 125—129 页。

的增值税。[1]

2. 邮轮船舶供应服务存在"雁过拔毛"式收费

邮轮公司要求中国企业提供船舶供应服务时，往往会在采购货品总价之外，再被船舶供应公司额外地收取 5% 的服务费。这种具有垄断性质的收费，无异于杀鸡取卵，竭泽而渔。与日本、韩国等的船舶供应企业相比较，在中国船舶供应服务企业提供的商品价格已经不存在价格优势的前提下，邮轮公司再被收取一定比例的服务费，不仅影响邮轮公司在中国的物品采购量，而且会使邮轮产业链的价值无形缩水，降低邮轮产业的原有经济贡献率。

3. 税费种类繁多，未能充分考虑邮轮特性

国家层面征收的税费主要包括船舶吨税、旅客海关人头税等。船舶吨税是针对进出国境的从事国际航行的船舶收取的一种关税，主要按照邮轮净吨乘以对应税率收取，船舶净吨在 10000 吨以上的，按照 90 元/天收取，一般吨税为每吨 6.6 元人民币；旅客海关人头税，主要是海关边检等按照每位邮轮旅客 2.5 美元收取的费用。

目前，国内各个邮轮母港的港口收费标准不一。我国港口费率标准较高，且港口规费或费税种类繁杂，包括引航费、移泊费、带缆系泊费、船舶港务费、船舶代理费、客运代理费等。这些收费标准和种类，仍然更针对性地考虑适用于普通商用货船和传统客船，没有对邮轮这种集运输和旅游为一体的新生事物作出具体细化的收费标准和税费种类的规定。例如，有关邮轮港口收费主要包括：（1）引航费，按照船舶净吨以及引航航程收费，费用为 0.855 元乘以船舶净吨，节假日、休息日加收 50% 。（2）拖船费，主要按照费率、拖船马力、拖船数量、作业时间收取，费用一般为 0.48 元与拖船马力、拖船数量、作业时间等的乘积。（3）邮轮码头费，由靠泊费和系解缆绳费用组成，靠泊费为 0.15 元与船舶净吨、停泊时间的乘积，不满 24 小时的按照 24 小时计算；系解缆费则为 213 元乘以系解缆的次数。（4）船舶代理费，主要包括纯代理费和其他代付费用，收费有两种标准：一种为包干费，另一种为 1.6 元乘以船舶净吨。（5）乘客码头服务费，主要由旅客行李费（16 元乘以旅客行李件数）、综合服务费（10 元乘以旅客数量）和港站使用费（20 元乘以出境旅客数量）组成。（6）旅客代理费，费用为包干费或者 12 元乘以上下船舶游客数量。（7）港务费，费用为 0.71 元乘以船舶净吨，

---

[1]　林江：《邮轮经济法律规制研究——上海宝山实践分析》，复旦大学出版社 2019 年版，第 130—131 页。

并按照船舶一进一出港口，计收两次。

显然上述大部分税费的计收是以船舶吨位（不论是按照总吨位还是净吨位）为基础的，相比较商用货船而言，由于考虑到乘载旅客以及满足娱乐、休闲等功能因素，邮轮的船舶吨位都比较高。因此，在忽视邮轮这一特性的前提下，单纯以船舶吨位作为唯一标准计算相关港口税费，对于超大型豪华邮轮而言，也是一笔不小的成本支出。

此外，在邮轮码头的其他辅助性服务类收费还包括邮轮补给淡水、燃油等费用，岸电使用费，泊位使用费，垃圾/废物/废水回收处理费，等等。对于停泊费、拖船费、系解缆费，邮轮码头经营人根据国家指导价，可以进行一定范围的浮动，但需要向所在地价格管理部门备案。而辅助性的费用，可以由邮轮公司经营人与码头经营人协商，节假日和加班期间可以加收费用。

邮轮在码头港口缴纳的各种税费中，其中船舶吨税占总费用的2/3，而邮轮码头收取的其他费用占总费用的1/3。[1]我国各个港口的收费标准不一、收费数额也各不相同，也会影响我国邮轮母港的发展和邮轮选择挂靠港口问题。

（六）涉及邮轮旅游消闲经营的法律瓶颈亟待破解

邮轮在中国迅猛发展不过是近十几年的时间。但是相关法律法规的制定却明显滞后，最主要的表现是对中资本土邮轮的诸多限制，除了前文论及的对邮轮船舶在购买和经营方面的船龄限制，还涉及船上工作人员国籍限制、游乐项目限制、免税商店审批限制等，尚需要政策进一步引导或进行法律上的突破。具体表现为：

1. 针对船员国籍的限制

根据邮轮吨位大小及载客人数的限制，一艘邮轮包括从事驾驶航行的适任船员及邮轮工作人员至少要有几百或者一两千人，旅客也会来自多个国家或地区。为了方便语言沟通和交流，邮轮公司往往需要在客房、餐厅、酒吧等场所配备多个甚至十几个国家的邮轮工作人员。根据我国有关船舶国籍登记的法律要求，悬挂五星红旗的船舶的在船工作船员应当是中国籍，这跟国际上邮轮通行的人员国籍配置方式存在很大的不同。因此目前在中国境内从事跨境邮轮旅游的船舶，毫无例外都是悬挂外国国旗，并以方便旗为主。因

---

〔1〕 闵德权、胡鸿韬编著:《邮轮口岸管理理论与实务》，大连海事大学出版社2016年版，第49—50页。

为那些对船舶国籍允许开放登记的国家，通常不对船上工作人员或者船员的国籍予以限制。这也是影响本土邮轮船队打造，尤其是悬挂中国国旗的邮轮船队组建的法律瓶颈之一。

2. 邮轮上休闲娱乐经营项目方面的限制

邮轮为了满足游客观光游览、娱乐消闲的要求，通常会在娱乐场所设置专门的博彩设施或场地（Casino），目前除了澳门特别行政区针对博彩业有专门的法律规定，内地的法律仍然把博彩认定为赌博行为，属于法律禁止行为。如果邮轮悬挂中国国旗，根据海洋法公约，除了受沿海国管辖，邮轮行驶在公海上的，根据属地管辖原则，主要适用船旗国法律，因此不论是邮轮挂靠我国沿海港口，还是在公海上航行，都会涉及适用或遵守中国法律的问题。目前在中国境内从事跨境邮轮旅游的外籍邮轮，为了避免适用中国法律带来的经营限制，大都采取邮轮行驶在公海时，再开启和使用博彩场所和设施的应对措施。

3. 邮轮免税商店的审批限制过于严苛

大多数邮轮为了满足游客购物的需求，通常会在邮轮上专设免税店，但是在我国开设免税店需要经过严格的审批程序。如何审批邮轮上的免税店，我国还没有出台相关的管理办法。目前，各个邮轮母港为了吸引更多旅客，也有意在母港设置免税店，但是也会因为受严格审批制度的限制而未能遂愿。

（七）邮轮人才缺乏，管理水平亟待提高

随着中国邮轮经济的起步，邮轮旅游在中国发展迅猛，但是邮轮不仅是资本密集型产业，也是一个技术密集型产业，因此邮轮旅游能否健康发展，对邮轮产业链相关经济的发展影响深远。中国的企业，不管是国有企业还是民营企业，现在完全具备购买邮轮，甚至组建一个邮轮船队的资本能力，但这并不表明中资企业具备运营邮轮的条件。有专家认为，目前邮轮旅游中人才缺乏、管理落后也在一定程度上制约着中国邮轮产业的发展。[1]主要表现在如下方面：

1. 邮轮人才培养总体数量不足

运营邮轮首先需要足够的邮轮人才。邮轮是一个移动的海上度假村和星级酒店，因此邮轮需要同时具备酒店管理和船舶运营的复合型管理人才。具

---

〔1〕 郑炜航：《四大因素制约中国邮轮产业发展》，载《中国经济周刊》2013 年第 38 期，第 20— 21 页。

体而言，邮轮需要三类人才：一是邮轮的管理人才；二是邮轮旅游产品的销售人才；三是在邮轮上工作的服务人才。如果成立和经营中国本土的邮轮公司，这些团队配置缺一不可。

邮轮管理人才在上述人才团队中处于最顶端的位次。国内一些航海类院校，如上海海事大学、大连海事大学都培养与邮轮相关的专业人才，既包括有关邮轮驾驶方面的人才，如航海技术、轮机工程专业的人才，还包括邮轮船队管理、运营方面的人才。上海海事大学还启动了亚洲首个"邮轮 EMBA班"，以培养邮轮高级管理人才。

但是现实情况是，目前主宰中国市场的仍然是几家国际邮轮业巨头。一些中资公司虽然做了一些尝试，但管理水平和管理能力还是很难与这些巨头邮轮公司相抗衡。2013 年海航集团运营的"海娜号"首航，成为由中资公司运营的第一艘豪华邮轮。但是由于经营状况一直比较惨淡，连续三年亏损，最终于 2015 年停运。"海娜号"最大可载客 1965 名，截至 2015 年，船龄已满 30 年，已到强制报废年限。[1]"天海新世纪号"是天海邮轮公司投入营运的第一艘邮轮，该公司由国内在线旅游巨头携程旅游网和美国皇家加勒比游轮有限公司共同建立，各自拥有 35% 的股份。该邮轮还一度被评为"中国邮轮性价比之王"，但仍然没能逃脱三年后退出市场的命运。全中资投入的"鼓浪屿号"邮轮由于在 2019 年下半年才投入市场运营，目前尚无该邮轮经营状况的具体信息披露。因此，目前还在运营且没有停运计划的国内邮轮只剩一艘，即渤海轮渡旗下的"中华泰山号"，但这艘船舶的处境同样艰难。根据其 2017 年财务报表数据显示，邮轮业务亏损 3000 万元，亏损率达26%。[2]因此，国产邮轮和由中资公司运营的外籍邮轮目前在市场竞争中都还处于绝对劣势，首先要解决的是生存问题。

此外，包括渤海轮渡在内的本土邮轮运营企业购买的都是欧美邮轮公司淘汰的低效二手邮轮，这些邮轮使用过一定年限、船舶吨位小、船上休闲娱乐的相关设备比较差，因此只能确定价格较低的船票销售模式。而欧美邮轮公司转而订购设计理念更为新颖和先进，船型更加庞大、更高效和独具特色的邮轮以保持船舶优势，甚至在船舶设计和结构上融入较多中国文化元素并投入到快速增长的中国市场，以产生规模经济效益。例如：丽星邮轮专为亚

---

〔1〕《海娜号邮轮》，载 360 百科官方网站，https://baike.so.com/doc/7023361-7246264.html。
〔2〕《中国邮轮业驶入冰河期：黄牛都是靠做空赚钱》，载微信公众号"财经杂志"2018 年 8 月19 日。

洲及中国邮轮市场量身打造高端邮轮品牌——星梦邮轮系列，其旗下的"云顶梦号"已经投入中国市场运营；挪威邮轮公司在德国迈尔造船厂建造的"喜悦号"也是为中国市场专门量身定做并已投入运营；公主邮轮公司旗下的"盛世公主号"为该公司首艘专为中国游客建造的国际奢华游轮，并自2017年夏季在中国开启全年航季；歌诗达邮轮公司宣布将为中国市场量身订购两艘全新的邮轮，每艘邮轮重约13.55万吨，可承载约4200名乘客，这些邮轮公司通过不断投入新运力以争抢中国邮轮市场。[1]因此，与这些邮轮巨头公司相比，中国本土邮轮公司的运营情况基本不理想，在强大的竞争对手面前，不论是船舶建造设计、船型、豪华程度，还是在船上娱乐休闲服务事项、定位于中国游客的旅游文化渗透、邮轮旅游产品的独特性等方面均存在较大差距。

在邮轮的运营管理方面，需要具有较强专业知识、经验丰富的专业人才，而这些高端人才的培养需要较长的周期。本土邮轮公司如渤海轮渡公司，选择自己打造邮轮经营管理团队模式，就需要在邮轮旅游经营实践中慢慢摸索，不断积累和总结经验，在现阶段其所提供的服务水准很难与成熟邮轮公司进行竞争。而如果将运营管理业务外包给国外专业的邮轮管理团队，一是费用较高，二是无法形成自身的核心竞争力。[2]这也是中国本土邮轮经营人面临的两难抉择。

2. 跟消费者关系最为密切的邮轮销售人才严重缺乏

国际上销售邮轮船票的专业人员需要持有专任证书，依照级别从低到高，依次是邮轮顾问、邮轮高级顾问、邮轮精英、邮轮教授。即销售邮轮船票的最高级别人才具有教授级称谓，是一个非常受人尊敬的职业。[3]而目前我国主要采取旅行社包船游的模式销售邮轮旅游产品，旅行社从事邮轮旅游合同或邮轮船票的销售人员，很多连邮轮的基本知识都不具备，也没有邮轮旅游的亲身经历，所以在向中国游客推荐邮轮旅游产品时，无法把涉及邮轮的一些知识、文化、礼仪、特殊要求事项等内容介绍并告知给客户，只是简单地兜售或者推销邮轮船票或旅游合同。

在邮轮旅游产品的销售推广方面，国外邮轮公司已经建立起广泛的全球

〔1〕 刘哲：《渤海轮渡，难行的邮轮之路》，载微信公众号"中国船东协会"2016年6月24日，https：//mp. weixin. qq. com/s/5UcbEcbg1EqqyGuxMj9-WA。
〔2〕 刘哲：《渤海轮渡，难行的邮轮之路》，载微信公众号"中国船东协会"2016年6月24日，https：//mp. weixin. qq. com/s/5UcbEcbg1EqqyGuxMj9-WA。
〔3〕 郑炜航：《四大因素制约中国邮轮产业发展》，载《中国经济周刊》2013年第38期，第20页。

范围的销售网络，建立了多个细分邮轮品牌，对顾客的分类更为细致，以满足顾客的不同需求。此外，多年的运营经验也使得国外邮轮公司积累了上千万的会员客户，这些顾客忠诚度较高，一旦体验过某个航线的邮轮旅游产品，事后多次再选择该邮轮公司其他线路的邮轮旅游的现象屡见不鲜。国外邮轮公司运营涉及亚洲、欧洲、美洲等多个地区的航线，常常会招揽不同国家的游客乘坐，因此多个国家和地区的文化交融也是明显的特色之一，而目前中国本土邮轮一般只有中国籍顾客光临，在吸引境外国家和地区的游客方面仍然非常欠缺。[1]

3. 邮轮上工作的服务人员供不应求

在邮轮上工作的人员，除了负责船舶驾驶、航行、操控等方面的适任船员，还包括邮轮上的餐厅服务员、客房服务员、厨师、酒吧服务员、娱乐场所演艺人员等，这些在邮轮上为旅客提供相关邮轮旅游、休闲服务的人员，也被称为海乘人员。目前在国内开设的跨境邮轮航线中，这一部分海乘人员虽然处于邮轮经营所需人才等级的末端，但也存在供不应求的现象。目前国内已经有 30 多个院校开设海乘专业，专门培养此类邮轮人才。[2]大型豪华邮轮为了更好地提升旅客休闲消遣的高品质旅游体验，会配备更加丰富和多元的船上服务人员。例如，按照 1.5 个邮轮服务人员服务于 1 名旅客的比例，如果一艘邮轮上的乘客数量预定为 3000—4000 名，则一艘邮轮上服务人员配置的数量多达 4500—6000 人。而根据国际劳工组织制定的 2006 年《海事劳工公约》，在船工作人员累计在船工作达到一定期限，需要强制到岸上进行休息。再加上有些邮轮上服务人员与旅客的配置比更高，则在全球范围内邮轮公司需要的海乘人员数量非常庞大。

4. 邮轮管理及体系有待完善

运营邮轮需要成熟、完整的经营办法和管理系统。这个管理系统包括邮轮管理系统、邮轮运营系统、邮轮采购系统和邮轮结算系统，这些系统的运营和操作，需要网络和计算机技术的支持。一旦旅客与邮轮公司订立了邮轮旅客运输合同，则旅客的相关信息、全程跟踪及行程安排等都应当包含在系统中。此外，邮轮根据航线及挂靠情况，需要适时了解和统计船上消费及食品、易耗品等物资的库存及消费情况，设置采购和结算系统。因此，消费几

---

〔1〕 刘哲：《渤海轮渡，难行的邮轮之路》，载微信公众号"中国船东协会"2016 年 6 月 24 日，https://mp.weixin.qq.com/s/5UcbEcbg1EqqyGuxMj9-WA。

〔2〕 郑炜航：《四大因素制约中国邮轮产业发展》，载《中国经济周刊》2013 年第 38 期，第 20 页。

个亿甚至几十个亿人民币的资金购买一艘邮轮并非难事，但是是否有专门的计算机管理系统和熟悉邮轮管理系统的专业人才，才是运营邮轮业务的关键所在。

（八）其他方面存在的法律问题

除了前文提及的在邮轮旅游市场外资准入方面存在一些法律限制、邮轮旅游产品销售模式不合理等问题，还存在现行立法呈现碎片化、邮轮旅游法律关系不明确等法律问题。

由于邮轮旅游活动兼具海上运输与旅游方面的功能，在通过船舶实现了海上移动的现实需求的同时，邮轮本身已经成为旅游目的地，其上各项游乐场所，包括泳池、歌剧院、水疗中心等，都是旅客选择邮轮进行休闲、娱乐、度假、消遣的重要原因。根据我国现有法律规定，邮轮可能会同时受《海商法》《旅游法》《消费者权益保护法》等多个部门法的共同调整。法律的碎片化调整，导致了法律适用方面的不确定性，不利于纠纷的快速合理解决。此外邮轮产业链比较长，涉及船舶建造、邮轮运营、港口及辅助服务内容等多个管理部门，因此在多部门共管的实然状态下，必然导致有关邮轮产业发展政策上呈现出多维度调整的业态，致使当前邮轮运输、旅游方面的政策不少，但互相交叉，甚至重复或者不协调的特征明显。

邮轮旅游法律关系的不明确及复杂化是基于目前我国邮轮旅游产品销售模式以包船游为主而产生的必然后果。不同销售模式导致邮轮公司、旅行社、旅客等主体间的法律关系界定、法律地位和责任承担呈现差异性。学界、司法界对不同销售模式下相关合同性质与当事人的法律地位认定依旧存在较大争议，这也增加了邮轮旅游维权与纠纷化解的复杂程度。本书第二章将专门对此予以讨论分析。

三、邮轮行业协会概况

为规范邮轮从业者的经营行为，推动邮轮旅游业诚信建设，促进行业管理规范的形成以及邮轮产业平稳健康持续发展，世界各地或者在更为广泛的地理区域内，纷纷成立有关邮轮行业的协会或机构，以便更好地整合资源，发挥行业整体优势，共同承担行业责任，通过公正、公平、公开的市场竞争带动整个行业的发展。世界上主要的邮轮行业协会集中在北美洲、欧洲和亚太地区。

（一）国际邮轮协会

国际邮轮协会是世界上最大的涉及邮轮产业的一个非营利性邮轮机构[1]，自成立以来一直致力于邮轮行业的促进和发展工作。目前已经有超过 50 家邮轮公司，包括一些著名的大型邮轮公司均为其会员，这些邮轮公司掌控着 95% 的全球邮轮运营能力。同时拥有 340 个执行合伙人成员，这些执行合伙人成员作为邮轮公司的主要供应商和合作伙伴，为邮轮的成功运行发挥着积极作用，主要包括邮轮港口或者邮轮目的地经营者、船舶维护和修理经营商、邮轮供给服务商以及提供其他服务的经营者等。国际邮轮协会也是联合国国际海事组织（IMO）的非政府间协商联系机构。

国际邮轮协会最初于 1975 年在北美洲成立，1996 年将范围扩展至澳大利亚。2005 年与另一邮轮行业的姊妹机构——邮轮公司国际理事会（International Council of Cruise Lines，ICCL）合并，后者是 1990 年成立的国际邮轮机构，主要致力于邮轮行业规则和政策方面的参与和制定工作。[2]

国际邮轮协会会员包括从事海上和内河运营的邮轮公司、旅游代理商、港口经营人、目的地产业供应商等，会员遍及北美洲、南美洲、欧洲、亚洲和大洋洲。协会主要从事旅游代理培训、旅游研究和旅游市场开拓等方面的业务，以促进邮轮旅游的价值内涵和目标的提升。全球已经有超过 25000 家旅行代理会员为该协会附属机构，经协会授权可以使用协会的标志销售旅游产品。国际邮轮协会已经制定了很多行业规范或行业标准等相关规定，以营造安全、良好、健康的邮轮发展环境。

（二）北极探险邮轮经营者协会

北极探险邮轮经营者协会（The Association of Arctic Expedition Cruise Operators，AECO）成立于 2003 年，系涉及北极探险邮轮经营者及相关利益方的行业组织。[3]其目的是代表北极探险邮轮经营者的利益，表达他们关切的问题和想法，通过设立较高的经营标准和规范，以确保北极探险旅游管理到位、环境友好以及安全。例如该协会分别针对游客旅游、私人游艇和帆船、

---

〔1〕 参见国际邮轮协会（CLIA）官方网站，https：//www. cruiseexperts. org/，2020 年 1 月 28 日访问。

〔2〕 参见星梦邮轮公司官方网站，https：//www. dreamlines. com/about-us/clia，2020 年 3 月 12 日访问。

〔3〕 参见北极探险邮轮经营者协会官方网站，https：//www. aeco. no/，2020 年 1 月 28 日访问。

海洋环境污染、游客与当地居民的交流、植物保护、文化传承、野生生物保护、生态安全、邮轮经营操作等方面制订详尽的指南或指导意见，以供协会会员参考和遵守，确保在北极海域开展探险邮轮旅游项目的同时保护北极生态环境。

（三）阿拉斯加邮轮协会

阿拉斯加邮轮协会（Alaska Cruise Association，ACA）为非营利的行业机构，现已更名为国际邮轮协会阿拉斯加分会（CLIA Alaska）[1]，成员主要是涉及美国、加拿大等国有关阿拉斯加邮轮航线旅游的邮轮经营者、相关港口经营者以及其他当地组织。该协会旨在促使当地港口企业、陆上旅游社区与邮轮公司之间形成良好的合作关系，推动阿拉斯加地区经济发展的同时加强对该特殊区域的环境保护。

（四）加拿大大西洋邮轮协会

加拿大大西洋邮轮协会（Atlantic Canada Cruise Association，ACCA）为地区性合作组织[2]，主要成员为来自加拿大大西洋沿岸四省的港口经营者、旅游经营者和邮轮公司。加拿大大西洋沿岸四省包括新不伦瑞克省（New Brunswick）、新斯科舍省（Nova Scotia）、爱德华王子岛省（Prince Edward Island）、纽芬兰省（Newfoundland）。该协会的宗旨在于发展加拿大在大西洋沿岸的邮轮产业，提升加拿大在全球邮轮旅游市场的地位。目前，该协会有5个港口合作伙伴、8个具有密切合作关系的港口、来自4个省份的当地主管部门及其他经营者。

（五）佛罗里达－加勒比海邮轮协会

佛罗里达－加勒比海邮轮协会（The Florida-Caribbean Cruise Association，FCCA）系成立于1972年的一家非营利性组织[3]，由在佛罗里达、拉丁美洲和加勒比海区域从事邮轮经营的21家邮轮公司成员组成，涉及200多艘邮轮船舶。协会的宗旨是能够提供一个探讨邮轮经营、旅游业发展、邮轮港口经

---

〔1〕　参见阿拉斯加邮轮协会官方网站，http：//www.cliaalaska.org/，2020年1月28日访问。

〔2〕　参见加拿大大西洋邮轮协会官方网站，https：//www.cruiseatlanticcanada.com/about.html，2020年4月6日访问。

〔3〕　参见佛罗里达－加勒比海邮轮协会官方网站，http：//www.f-cca.com/about.html，2020年1月28日访问。

营、邮轮旅游经营、安全与安保等涉及邮轮产业发展相关问题的沟通合作
平台。

（六）西北部及加拿大邮轮协会

西北部及加拿大邮轮协会系成立于 1986 年的一个非营利协会，主要代表
在太平洋西北部——不列颠哥伦比亚、华盛顿州、阿拉斯加、夏威夷、魁北
克区域的邮轮公司经营者。[1]

（七）欧洲地区的邮轮行业协会

欧洲地区的邮轮行业协会主要包括欧洲邮轮港口协会、地中海邮轮港口
协会、邮轮专家协会、欧洲邮轮理事会、波罗的海区域邮轮组织、国际客运
协会等。其中欧洲邮轮港口协会是区域性机构，拥有 100 个成员，分布在冰
岛及挪威、波罗的海、英国及爱尔兰以及欧洲西海岸区域。

地中海邮轮港口协会成立于 1996 年，在地中海区域，包括黑海、红海和
大西洋地区，已经拥有 69 个成员，代表 100 多个港口及 28 个涉及旅游、船
舶经营和港口代理业务的公司。

邮轮专家协会成立于 1986 年，主要为英国、爱尔兰和其他地区的会员提
供最好的邮轮业务培训及旅行代理支持。

欧洲邮轮理事会系非营利组织，主要涉及维护邮轮运营商利益方面的相
关航运政策和船舶操作方面的事务。

波罗的海区域邮轮组织、国际客运协会是英国有关邮轮和渡轮行业的协
会，是代表船上旅客利益的机构，目的是促进海上邮轮旅游的发展。

（八）亚太地区邮轮行业协会

亚太地区邮轮行业协会主要包括亚洲邮轮协会、亚洲邮轮港口协会、东
盟邮轮工作组、中国交通运输协会邮轮游艇分会、澳大利亚－太平洋区域邮
轮协会等。

亚洲邮轮协会成立于 2000 年，为促进邮轮在亚洲发展，通过与各级政府
部门和监管机构沟通合作，打造适合亚洲邮轮旅游发展的环境，鼓励邮轮公
司开展环境与安全方面的高标准运营。

---

[1] 闵德权、胡鸿韬编著：《邮轮口岸管理理论与实务》，大连海事大学出版社 2016 年版，第 66—
　　67 页。

亚洲邮轮港口协会是上海吴淞口国际邮轮港与新加坡邮轮公司在上海正式签署"姊妹港协议"后共同倡议发起并成立的机构，目的在于推动亚洲地区国际邮轮港口之间的合作和互动，属于非营利组织。目前成员来自中国、日本、菲律宾、马来西亚、新加坡。

东盟邮轮工作组是东盟国家为了发展邮轮产业以及建设必要的信息基础设施而设立的，主要是沟通和交流港口信息，如港口作业、港口服务、海关和移民、旅游等信息，以帮助游客选择最佳旅游线路。

中国交通运输协会邮轮游艇分会成立于 2006 年，是由邮轮和游艇两大行业相关单位和资深人士自愿成立的国家级行业非营利组织，目的是促进邮轮游艇行业在中国的发展，促进中国邮轮游艇行业同国际领域的交流和合作，培养并普及中国航海文化和消费新观念，维护行业秩序。

澳大利亚 - 太平洋区域邮轮协会由 70 个成员组成，主要包括该区域内的港口、邮轮旅游、船舶代理领域的运营商。[1]

第五节　我国有关邮轮产业的政策及立法梳理

邮轮产业作为集聚多个经济行业的集合体，在链条上涉及运输业、旅游业、制造业以及服务业等。目前，每个行业都有自己的单行法律规定，如海上运输业涉及的运输合同、运输管理机构及市场秩序维护等法律关系主要由《海商法》、《国际海运条例》及其实施细则等调整，旅游服务、监督、管理事务等则由《旅游法》《消费者权益保护法》等调整，故邮轮产业链不可能形成一部单独涵盖各个行业领域的专门法律。而且制定单独的部门法，既无法跳出现行法律部门分工的藩篱，又会涉及多个行业法律规定的边界性障碍限制。因此未来在涉及邮轮产业的众多领域，依然是由现行立法予以规制，并辅之以部分跨行业的政策。

目前，我国与邮轮旅游直接相关的立法较少，主要涉及 2009 年公安部制定实施的《邮轮出入境边防检查管理办法（试行）》、2011 年国家旅游局发布的《国际邮轮口岸旅游服务规范》。与邮轮直接相关的规范文件，主要是涉及该产业发展、运输、口岸、旅游、消费、争议解决等方面的政策性文件。更多的规范性文件集中在国家层面、相关部委及地方人民政府出台的政策和

---

〔1〕　闵德权、胡鸿韬编著：《邮轮口岸管理理论与实务》，大连海事大学出版社 2016 年版，第 63—67 页。

指导性意见中。以下根据时间顺序分别予以梳理和说明。[1]

一、有关邮轮产业的政策现状

现阶段有关邮轮产业的政策，主要表现为国家层面的政策性指导意见以及各个部委出台的相关规定。

（一）国务院出台的相关政策规定

1.《国务院关于推进上海加快发展现代服务业和先进制造业建设国际金融中心和国际航运中心的意见》

2009 年 3 月，国务院会议首次提及邮轮产业，明确提出要促进和规范邮轮产业发展，并通过了《国务院关于推进上海加快发展现代服务业和先进制造业建设国际金融中心和国际航运中心的意见》（国发〔2009〕19 号）。文件中明确提出推进上海加快发展现代服务业和先进制造业，建设国际金融中心和国际航运中心的目标。其中，在涉及国际航运中心建设的主要任务和措施方面，提出允许境外国际邮轮公司在上海注册设立经营性机构，开展经批准的国际航线邮轮服务业务；鼓励境外大型邮轮公司挂靠上海及其他有条件的沿海港口，逐步发展为邮轮母港；为邮轮航线经营人开展业务提供便利的经营环境；研究建立邮轮产业发展的金融服务体系，在保险、信贷等方面开设邮轮产业专项目录，促进邮轮产业健康有序发展；等等。

2.《国务院办公厅关于完善国际航行船舶港口供应市场管理工作的通知》

2009 年 10 月，《国务院办公厅关于完善国际航行船舶港口供应市场管理工作的通知》（国办发〔2009〕57 号）发布并提及，为做好国际航行船舶港口供应工作，国务院办公厅分别于 1992 年和 1995 年印发《关于做好外轮和远洋国轮港口供应工作的通知》（国办发〔1992〕2 号）和《关于进一步做好国际航行船舶港口供应工作的补充通知》（国办发〔1995〕7 号），对加强国际航行船舶港口供应市场监管，促进我国远洋运输事业发展发挥了重要作用。随着改革开放的不断深化和对外贸易的快速发展，国际航行船舶港口供应需求快速增长，原来的管理方式已难以适应形势发展的需要。为进一步完善国际航行船舶港口供应市场管理，促进港口服务业健康发展，采取如下措施：一是放开国际航行船舶港口供应市场。为充分发挥市场配置资源的基础

---

[1] 以下有关政策及立法信息，除特别说明外，均来源于北大法宝、国务院、交通运输部、发展及改革委员会等相关部委及地方政府的官方网站。

性作用，构建公平、开放、规范的市场环境，进一步提高我国港口服务业的服务水平和国际竞争力，今后凡按照相关规定取得相应资质的企业，均可从事国际航行船舶港口供应业务。二是完善配套政策。交通运输部、商务部、海关总署等部门应根据各自职责，进一步完善有关监管制度和具体办法，制定相关服务标准，规范企业经营行为，保证服务质量，加强对国际航行船舶港口供应市场的管理。三是提高监管工作效率。港口所在地人民政府要加大对国际航行船舶港口供应市场管理的协调力度，及时解决工作中出现的问题。四是进一步规范市场经营秩序。交通运输、商务、海关、工商、质检、边防等有关部门和港口所在地人民政府要加大对国际航行船舶港口供应市场的监管力度，严肃查处违法经营行为，取缔非法从事国际航行船舶港口供应单位，禁止违法进港、登轮、供货。五是积极探索促进港口服务业健康发展的新途径和新模式。该通知有助于邮轮船舶供应服务业的开放、监督管理和健康发展。

3.《国务院关于加快发展旅游业的意见》

2009 年 12 月，《国务院关于加快发展旅游业的意见》（国发〔2009〕41号）提出，旅游业是战略性产业，资源消耗低，带动系数大，就业机会多，综合效益好。在该文件中，首次提出把旅游业培育成国民经济的战略性支柱产业。该意见主要从旅游业的角度对邮轮产业进行规划，提出把旅游房车、邮轮游艇、景区索道、游乐设施和数字导览设施等旅游装备制造业纳入国家鼓励类产业目录。此外，还提出要培育新的旅游消费热点，大力推进旅游与文化、体育、农业、工业、林业、商业、水利、地质、海洋、环保、气象等相关产业和行业的融合发展；明确支持有条件的地区发展邮轮、游艇等新兴旅游。

4.《山东半岛蓝色经济区发展规划》

2011 年 1 月 4 日，国务院以国函〔2011〕1 号文件批复《山东半岛蓝色经济区发展规划》。《山东半岛蓝色经济区发展规划》明确提出山东将重点发展造船修船、游艇和邮轮制造等海洋装备制造业，优化发展海洋第二产业；以海域和海岛旅游开发为基础，制订邮轮航线计划，建设邮轮、游艇码头，推动青岛成为国际邮轮航线母港，烟台、威海、日照等成为停靠港，大力开辟区域性邮轮线路，规划建设国家海洋公园，提供海上旅游生活体验，大力发展海洋第三产业。

5.《国民旅游休闲纲要（2013—2020 年)》

2013 年 2 月 2 日，《国务院办公厅关于印发国民旅游休闲纲要（2013—

2020 年）的通知》（国办发〔2013〕10 号）发布。《国民旅游休闲纲要（2013—2020 年）》提出到 2020 年，职工带薪年休假制度基本得到落实，城乡居民旅游休闲消费水平大幅增长，健康、文明、环保的旅游休闲理念成为全社会的共识，国民旅游休闲质量显著提高，与小康社会相适应的现代国民旅游休闲体系基本建成。在具体措施中明确提出，支持邮轮游艇码头等旅游休闲基础设施建设，加强国民旅游休闲产品开发与活动组织，鼓励开展邮轮游艇旅游等旅游休闲产品。

6. 率先发布的 3 个自贸试验区方案均提及邮轮旅游问题

2015 年 4 月 8 日，国务院针对广东、福建、河南、湖北、陕西、四川、天津发布 7 个自贸试验区方案。其中广东、福建、天津的方案均明确涉及邮轮运输及发展问题。

例如：《国务院关于印发中国（广东）自由贸易试验区总体方案的通知》（国发〔2015〕18 号）。《中国（广东）自由贸易试验区总体方案》在增强国际航运服务功能方面，提出"允许在自由贸易试验区内注册的内地资本邮轮企业所属'方便旗'邮轮，经批准从事两岸四地邮轮运输和其他国内运输"。在促进服务要素便捷流动方面，要求"加快实施澳门车辆在横琴与澳门间便利进出政策，制定粤港、粤澳游艇出入境便利化措施"。

与广东自由贸易试验区总体方案略有不同，《中国（福建）自由贸易试验区总体方案》只是明确"允许在自由贸易试验区内注册的大陆资本邮轮企业所属的'方便旗'邮轮，经批准从事两岸四地邮轮运输"，没有如广东自由贸易试验区方案那样，赋予可以进行其他国内运输的权利；在促进两岸往来更加便利方面，提出"推动厦门—金门和马尾—马祖游艇、帆船出入境简化手续"。

在《中国（天津）自由贸易试验区总体方案》中，为了增强国际航运服务功能，明确提出"完善国际邮轮旅游支持政策，提升邮轮旅游供应服务和配套设施水平，建立邮轮旅游岸上配送中心和邮轮旅游营销中心。允许在自由贸易试验区内注册的符合条件的中外合资旅行社，从事除台湾地区以外的出境旅游业务。符合条件的地区可按政策规定申请实施境外旅客购物离境退税政策"。

显然国家在上述自由贸易试验区建设中，针对不同地区的邮轮旅游发展的目标和定位，相关政策和措施有所区别。对于广东、福建的自由贸易试验区方案，由于涉及港、澳、台的跨境问题，更多的是鼓励两岸四地之间的邮轮运输。而针对天津自由贸易试验区的建设方案，则侧重于邮轮旅游供应及配套服务设施，以及岸上配送中心和营销中心等方面。

7.《"十三五"现代综合交通运输体系发展规划》

2017年2月3日，《国务院关于印发"十三五"现代综合交通运输体系发展规划的通知》（国发〔2017〕11号）发布。《"十三五"现代综合交通运输体系发展规划》确立了到2020年，基本建成安全、便捷、高效、绿色的现代综合交通运输体系，部分地区和领域率先基本实现交通运输现代化的发展目标。在拓展交通运输新领域新业态方面，提出积极引导交通运输新消费，有序推进邮轮码头建设，拓展国际国内邮轮航线，发展近海内河游艇业务，促进邮轮游艇产业发展。在交通运输新领域建设重点工程方面，明确邮轮游艇服务工程项目，提出有序推进天津、大连、秦皇岛、青岛、上海、厦门、广州、深圳、北海、三亚、重庆、武汉等邮轮码头建设，在沿海沿江沿湖等地区发展公共旅游和私人游艇业务，完善运动船艇配套服务。

8. 第二批自由贸易试验区方案也有涉及邮轮运输等问题

2017年3月15日，国务院针对辽宁、浙江和重庆再次发布3个自由贸易试验区方案。其中《中国（辽宁）自由贸易试验区总体方案》提出加快东北亚区域性邮轮港口和国际客滚中心建设，支持开展船员管理改革试点工作，在船员培训方面按规定给予政策支持；推动与旅游相关的邮轮、游艇等旅游运输工具出行的便利化。

《中国（浙江）自由贸易试验区总体方案》提出，重点建设国际海事服务基地，在提升国际航运服务功能方面，明确提出推动与旅游相关的邮轮、游艇等旅游运输工具出行的便利化。

《中国（重庆）自由贸易试验区总体方案》未对邮轮或者游艇问题做任何规定。

9.《国务院办公厅关于促进全域旅游发展的指导意见》

2018年3月9日，《国务院办公厅关于促进全域旅游发展的指导意见》（国办发〔2018〕15号）发布，该意见提出要把促进全域旅游发展作为推动经济社会发展的重要抓手，从区域发展全局出发，统一规划，整合资源，凝聚全域旅游发展新合力。此外，还提出要大力推进"旅游+"，促进产业融合、产城融合，全面增强旅游发展新功能，使发展成果惠及各方，构建全域旅游共建共享新格局。

该意见的突出特点是强调旅游与其他相关产业的融合。在推动旅游与交通、环保、国土、海洋、气象融合发展方面，提出加快建设自驾车房车旅游营地，推广精品自驾游线路，打造旅游风景道和铁路遗产、大型交通工程等特色交通旅游产品，积极发展邮轮游艇旅游、低空旅游。加快推进旅游业转型升级，全面优化旅游发展环境。

10.《中共中央 国务院关于支持海南全面深化改革开放的指导意见》

2018 年 4 月 11 日，《中共中央 国务院关于支持海南全面深化改革开放的指导意见》发布，明确提及应当拓展旅游消费发展空间，以实施更加开放便利的离岛免税购物政策，提高免税购物限额。支持海南开通跨国境邮轮旅游航线，支持三亚等邮轮港口开展公海游航线试点，加快三亚向邮轮母港方向发展。此外，还提出要放宽游艇旅游管制。

11. 进一步深化广东、天津、福建自由贸易试验区的改革方案

2018 年 5 月 4 日，国务院发布有关进一步深化广东、天津、福建自由贸易试验区的改革方案。其中，《进一步深化中国（广东）自由贸易试验区改革开放方案》在原有方案内容基础上，更加突出了邮轮维修和旅游免签试点工作。该方案明确提出在风险可控前提下，积极探索开展数控机床、工程设备、通信设备等进口再制造，创新维修监管模式，开展外籍邮轮船舶维修业务；大力推动邮轮旅游发展，试点实施国际邮轮入境外国旅游团15 天免签政策；深入推进粤港澳游艇自由行，进一步提升游艇通关便利化水平。

而在《进一步深化中国（天津）自由贸易试验区改革开放方案》中，除了针对广东方案中提及的创新维修监管模式开展外籍邮轮船舶维修业务和国际邮轮入境外国旅游团 15 天免签政策，还特别突出天津自由贸易试验区应当探索开展邮轮公海游试点，建设邮轮旅游岸上国际配送中心，创建与国际配送业务相适应的海关监管制度，等等。

在《进一步深化中国（福建）自由贸易试验区改革开放方案》中，除了突出试点实施国际邮轮入境外国旅游团 15 天免签政策，更加突出支持厦门东南国际航运中心建设，推动邮轮、游艇等出行便利化，加快厦门邮轮港口建设。此外，支持厦门建设东南亚海事服务基地，发展邮轮物品供应，对国际航行船舶开放保税油供给业务，等等。

12.《完善促进消费体制机制实施方案（2018—2020 年）》

2018 年 9 月 24 日，《国务院办公厅关于印发完善促进消费体制机制实施方案（2018—2020 年）的通知》（国办发〔2018〕93 号）发布。《完善促进消费体制机制实施方案（2018—2020 年）》提出进一步放宽服务消费领域市场准入，在旅游领域，提出制定出台邮轮旅游发展规划和游艇旅游发展指导

意见。

13.《中国（海南）自由贸易试验区总体方案》

2018 年 10 月 16 日，《国务院关于印发中国（海南）自由贸易试验区总体方案的通知》（国发〔2018〕34 号）发布。《中国（海南）自由贸易试验区总体方案》提出发展环海南岛邮轮航线，支持邮轮企业根据市场需求依法拓展东南亚等地区邮轮航线，不断丰富从海南邮轮港口始发的邮轮航线产品。研究三亚等邮轮港口参与中资方便旗邮轮公海游试点，将海南纳入国际旅游"一程多站"航线，积极支持外国旅游团乘坐邮轮 15 天入境免签政策。优化对邮轮和邮轮旅客的检疫监管模式，建设邮轮旅游岸上国际配送中心，创建与国际配送业务相适应的检疫、检验、验放等海关监管制度，在风险可控的前提下，创新维修监管模式，开展外籍邮轮船舶维修业务，等等。

（二）国家相关部委出台有关邮轮政策规定

1.《全国沿海港口布局规划》

2006 年 9 月，原交通部发布《全国沿海港口布局规划》。该规划由原交通部与国家发展和改革委员会联合组织编制，对全国现有 150 余个港口予以规划，以保障国家经济和社会全面、协调、可持续发展。

根据不同地区的经济发展状况及特点、区域内港口现状及港口间运输关系和运输的经济合理性等，将全国沿海港口划分为环渤海、长江三角洲、东南沿海、珠江三角洲和西南沿海 5 个港口群体。其中针对长江三角洲地区港口群，提出以上海港为主，布局国内、外旅客中转及邮轮运输设施。针对珠江三角洲地区港口群体，提出以深圳、广州、珠海等港口为主，布局国内、外旅客中转及邮轮运输设施。针对西南沿海地区港口群体，提出以湛江、海口、三亚等港口为主，布局国内、外旅客中转及邮轮运输设施。

2.《国家发展改革委关于促进我国邮轮业发展的指导意见》

随着市场经济的快速发展以及产业结构和消费结构的逐步升级，我国有可能成为国际邮轮业扩张的重要目标。为确保我国邮轮业健康发展，依据《国家发展改革委关于推进我国邮轮经济发展的报告》（发改交运〔2007〕3368 号），2008 年 6 月，国家发展和改革委员会经过与工业和信息化部、公安部、财政部、交通运输部、商务部、海关总署、税务总局、质检总局、旅游局、海洋局、外汇局等部门会商，专门下发《关于促进我国邮轮业发展的指导意见》。该文件明确提出发展邮轮业，符合我国加快发展现代服务业和深化沿海进一步开放的战略导向，有利于扩大就业规模、带动海洋资源开发，满足人们多样化的生活需求，以及促进我国邮轮相关产业的发展。

3. 《海峡两岸海运协议》

2008 年 11 月 4 日，海峡两岸关系协会会长陈云林与台湾海峡交流基金会董事长江丙坤在台北签署和发布《海峡两岸海运协议》，明确在两岸登记的船舶，经许可可以从事两岸客货直接运输，大陆方面开放 63 个港口，台湾方面开放基隆、高雄等 6 个港口，并在金门料罗、水头、马祖福澳、白沙、澎湖马公 5 个港口实施"小三通"。

4. 《国际航行邮轮群体性疾病突发事件应急处置技术方案》

2009 年 2 月 24 日，《国家质量监督检验检疫总局关于印发〈国际航行邮轮群体性疾病突发事件应急处置技术方案〉的通知》（国质检卫〔2009〕72号）发布，提出近年来随着国际航行邮轮越来越多地停靠我国沿海口岸，由于邮轮上人员较多、空间相对狭小且航程较长，饮食、饮水、娱乐活动均在船上，较易发生一些群体性疾病，有必要做好国际航行邮轮群体性疾病突发事件的应急处置工作。[1]《国际航行邮轮群体性疾病突发事件应急处置技术方案》主要针对突发事件先期处置、可疑病例现场排查、样品采集与送检、暴发原因的流行病学调查、卫生学检查、卫生控制以及事件报告、通报、评估等工作。

5. 《关于外国籍邮轮在华多点挂靠业务公告》

2009 年 10 月 19 日，交通运输部发布了《关于外国籍邮轮在华多点挂靠业务公告》（2009 年第 44 号），明确外国籍邮轮经特案批准，可在中国开展多点挂靠业务。所谓多点挂靠业务，指外国籍邮轮在国际航线运营中，连续挂靠我国两个以上的沿海港口，承载的游客下船观光后回船继续旅行，并最终完成整个国际航程的运输安排。外国籍邮轮在中国多点挂靠，在两个以上我国沿海港口间的运输，性质上属于国内运输，因此须经特案批准方可开展。经批准开展外国籍邮轮在中国多点挂靠业务的经营人，不得允许在我国沿海港口间承载的旅客离船不归。该公告改变了以往国际邮轮只能挂靠一个中国港口的限制，大大提高了国内邮轮港口设施的利用率，带动了我国港口所在地经济文化多元化发展。跨境国际航行的邮轮在我国沿海港口挂靠和停靠期间，仅允许旅客登岸观光、购物、旅游，不得在停靠港口擅自下船结束旅程。

根据相关报道，2020 年 1 月 18 日，由中国旅游集团和中国远洋海运集

---

〔1〕 国家质量监督检验检疫总局已经于 2018 年被撤销，检验、检疫职能并入海关总署。

团共同投资运营的中国民族邮轮品牌——星旅远洋国际邮轮有限公司旗下的"鼓浪屿号"首航停靠舟山港，开启了上海—舟山—冲绳—上海的多母港运行航次，其中上海—舟山航线系国内多点挂靠航线。"鼓浪屿号"从上海吴淞口国际邮轮港始发，随船的 1746 名游客下船在舟山游览普陀山、朱家尖等景区后，与在舟山登船的 70 名游客一同离境赴日本冲绳。[1] 相信此举将引发更多从事国际航线的邮轮选择更加多元化旅游产品，开展多点挂靠邮轮旅游业务。

6. 《关于做好〈港口经营管理规定〉实施工作的通知》

2010 年 1 月，交通运输部发布《关于做好〈港口经营管理规定〉实施工作的通知》，明确提出鼓励有实力的船舶运输、船舶代理和港口企业进入船舶港口供应市场，提高船舶港口供应业务的规模化、规范化程度。

7. 《国际邮轮口岸旅游服务规范》

2011 年 2 月，国家旅游局编制并发布全国首例邮轮行业标准《国际邮轮口岸旅游服务规范》（LB/T 017—2011）。该标准规定了国际邮轮口岸旅游服务的基本要求，以及服务、服务设施、安全、卫生、信息传递、管理等质量要求，适用于国际邮轮口岸提供邮轮旅游服务的承运人、港口经营人、口岸查验监管人、邮轮口岸旅游经营人等各类服务主体。

8. 《产业机构调整指导目录（2011 年本）》

2011 年 3 月，国家发展和改革委员会公布《产业机构调整指导目录（2011 年本）》，明确鼓励新规范、新标准的船型开发与船舶建造，鼓励豪华邮轮等高技术、高附加值船舶建造，以及豪华游艇开发制造及配套产业，国际邮轮运输及邮轮母港建设等。

9. 《外商投资产业指导目录（2011 年修订）》

2011 年 4 月，国家发展和改革委员会会同商务部等部门修订完成《外商投资产业指导目录（2011 年修订）》，明确鼓励交通运输设备制造业类的豪华邮轮及深水（3000m 以上）海洋工程装备的设计（限于合资、合作）、游艇的设计和制造（限于合资、合作）。

10. 《关于加强外商独资船务公司审批管理工作的通知》

2011 年 8 月，《关于加强外商独资船务公司审批管理工作的通知》（交水发〔2011〕440 号）发布，明确外商独资船务公司审批机构和业务管理部门

---

〔1〕《"鼓浪屿"号首靠舟山国际邮轮港，开启国内多点挂靠航线》，载微信公众号"闲话邮轮"2020 年 1 月 20 日，https：//mp.weixin.qq.com/s/ALfvWARC-Gn1hsakEPANvg。

为交通运输部和各省、自治区、直辖市及计划单列市商务主管部门，负责外国航运公司在我国境内设立独资船务公司的审批工作；适当放宽独资船务公司市场准入条件和经营范围，允许外国航运公司根据需要直接在我国境内投资设立独资船务公司，不必先行设立常驻代表机构；允许外国航运公司在其具有稳定货源或客源的对外开放口岸城市设立独资船务公司；允许经批准的独资船务公司或其分公司，为该独资船务公司的母公司拥有或经营的船舶提供揽货、揽客、签发提单、出具客票、结算运费和签订服务合同等服务。该规定为目前在中国从事邮轮旅游业务的外国邮轮公司提供了设立独资船务公司的法律保障。

11.《国家质量监督检验检疫总局关于促进国际邮轮产业发展的指导意见》

2012 年 12 月 17 日，《国家质量监督检验检疫总局关于促进国际邮轮产业发展的指导意见》[1]（国质检通〔2012〕779 号）发布，明确提出邮轮产业是现代旅游业和航运经济的重要组成部分，涉及旅游、港口服务、邮轮物资供应等众多行业，具有较长的上下游产业链。因此大力发展邮轮业对拉动我国旅游业转型升级、促进配套产业发展具有重要作用。该意见还指出，检验检疫机构作为口岸执法把关部门，涉及邮轮产业的重要环节，为促进和保障国际邮轮业务的正常开展和产业的健康发展，应采取如下措施：积极支持国际邮轮母港建设，提高邮轮检验检疫工作效率，积极探索邮轮供应物资监管和支持采购地建设，完善突发事件应对机制，加强与相关部门沟通合作，开展邮轮检验检疫监管业务专题研究，强化邮轮检验检疫工作的组织和保障，等等。

12.《交通运输部关于促进我国邮轮运输业持续健康发展的指导意见》

2014 年 3 月，《交通运输部关于促进我国邮轮运输业持续健康发展的指导意见》（交水发〔2014〕68 号）发布，指出交通主管部门将主要重点研究制定邮轮运输业发展规划，加大本土邮轮扶持政策，支持发展中资邮轮，并且尝试性探索建立邮轮产业发展基金。具体措施包括积极培育邮轮市场，大力开发邮轮航线；完善港口功能布局；加强邮轮运输行业监管，引入竞争机制，打破市场垄断，防止恶性竞争，形成统一开放、竞争有序的市场体系；

---

〔1〕　国家质量监督检验检疫总局已经被撤销。根据中共中央印发《深化党和国家机构改革方案》、《国务院关于部委管理的国家局设置的通知（2018）》（国发〔2018〕7 号）文件，2018 年 4 月起，设立国家市场监督管理总局负责市场综合监督管理，检验、检疫职能并入海关总署。

提升邮轮服务水平，提升邮轮运输服务水平；建立和完善邮轮运输服务标准体系，全面提升邮轮运输服务质量；完善我国邮轮产业链，壮大邮轮经济规模，提升对我国经济社会发展的贡献度。该规划的制定与出台，将进一步明晰国内邮轮产业的未来发展方向。

13.《国家工商行政管理总局关于支持中国（上海）自由贸易试验区建设的若干意见》

2014 年 4 月，国家旅游局出台《关于旅游支持中国（上海）自由贸易试验区建设的意见》，委托上海市旅游局按照《旅游法》和《旅行社条例》的规定，受理并审批外商在上海设立中外合资经营旅行社、中外合作经营旅行社和外资旅行社。地中海邮轮旅行社（上海）有限公司成为首家在上海自由贸易试验区注册的中外合资旅行社，并获得组织中国公民出境游的资质。

14.《国家发展改革委 国家旅游局关于实施旅游休闲重大工程的通知》

2016 年 12 月，《国家发展改革委 国家旅游局关于实施旅游休闲重大工程的通知》（发改社会〔2016〕2550 号）发布，提出加快旅游产品开发，鼓励发展海岛旅游、体育旅游、邮轮旅游、研学旅游、温泉旅游、冰雪旅游、健康旅游等新兴旅游产品。在新兴旅游业态培育工程方面，引导建设自驾车房车旅游、邮轮游艇旅游、温泉旅游、滑雪旅游、体育旅游、森林旅游、海洋旅游等休闲度假产品配套设施建设项目。

15.《北部湾城市群发展规划》

2017 年 2 月 10 日，国家发展和改革委员会、住房城乡建设部发布《北部湾城市群发展规划》，明确提出整合海岸线旅游资源及南海岛屿旅游资源，发展精品邮轮游艇线路。推进在重点城市实行对特定国家和地区的免签、落地签等政策。通过优化沿海港口布局和分工协作，避免恶性竞争和重复建设，突出海口港和北海港的客运功能，突出湛江港、钦州、防城港口群的货运枢纽港功能，突出茂名港和洋浦港的货运功能，有序推进邮轮码头建设，加快深水泊位、专业码头和深水航道等配套设施的建设。

16.《全国海洋经济发展"十三五"规划》

2017 年 5 月 4 日，国家发展和改革委员会、国家海洋局联合发布《全国海洋经济发展"十三五"规划》，提出优化海洋经济发展布局，并提出北部、东部、南部三个海洋经济圈，分别对三个海洋经济圈的规划功能作出差异规定。

针对北部海洋经济圈，提出重点推进东北亚国际海洋海岛旅游、海滨避暑度假旅游区建设，大力培育邮轮旅游发展，打造东北亚地区邮轮旅游基地。

积极发展高端旅游，打造天津北方国际邮轮旅游中心。山东半岛沿岸及海域，主要发展国际滨海休闲度假、邮轮游艇、海上运动等高端海洋旅游业。

针对东部海洋经济圈，明确上海沿岸及海域加快邮轮游艇经济发展，支持邮轮游艇出入境管理等政策试点。完善邮轮生产与服务配套产业链，进一步提升上海邮轮产业的国际地位和竞争力。浙江沿岸及海域继续办好海洋文化节，建成我国知名的海洋文化和休闲旅游目的地。

针对南部海洋经济圈，提出福建沿岸及海域中，需要加快厦门邮轮旅游业发展，加强邮轮游艇研发制造。珠江口及其两翼沿岸及海域积极发展海上运动、邮轮游艇，开辟海上丝绸之路旅游专线。统筹推进珠三角港口协调发展，打造世界级港口群，构建现代航运服务体系。优化布局海洋船舶和海洋工程装备产业，建设广州、江门船舶配套基地，珠海、东莞、中山等游艇制造基地。广西北部湾沿岸及海域，积极开发多层次的海洋旅游精品，发展邮轮和游艇产业，构建中国—东盟海洋旅游合作圈。海南岛沿岸及海域，要求在"十三五"时期，重点做精做强特色滨海旅游，加快发展邮轮旅游，积极开发帆船、游艇旅游。

在海岛开发与保护方面，《全国海洋经济发展"十三五"规划》对主要海岛的功能予以定位：第一，浙江舟山群岛新区重点发展港口物流业、高端船舶和海洋工程装备制造业、海洋旅游业、海洋资源综合开发利用产业、现代海洋渔业和海洋旅游业，加快推进舟山自由贸易港区和绿色石化园区建设，打造我国大宗商品储运中转加工交易中心、东部地区重要的海上开放门户、重要的现代海洋产业基地、海洋海岛综合保护开发示范区、陆海统筹发展先行区。第二，福建平潭综合实验区重点发展旅游业、高新技术产业、海洋产业和现代服务业，积极开展两岸人文交流、互联互通、产业合作、社会融合，全力打造两岸共同家园，加快建设平潭国际旅游岛、海峡西岸高新技术产业基地、现代服务业集聚区、海洋经济示范基地和国际知名的海岛旅游休闲目的地。第三，广东横琴岛重点发展旅游休闲健康、商务金融服务、文化科教和高新技术等产业，建设文化教育开放先导区和国际商务服务休闲旅游基地，打造促进澳门经济适度多元发展的新载体。

在拓展提升海洋服务业和海洋旅游业方面，明确提出应当适应消费需求升级趋势，发展观光、度假、休闲、娱乐、海上运动为一体的海洋旅游业。统筹规划邮轮码头建设，对国际海员、国际邮轮游客实行免签或落地签证，推进上海、天津、深圳、青岛建设"中国邮轮旅游发展实验区"。发展邮轮经济，拓展邮轮航线。在滨海城市加快发展游艇经济，推进游艇码头建设，创新游艇出入境管理模式。

　　显然该规划从不同视角、不同领域、不同地域，分别提及应当促进我国邮轮、游艇旅游行业的发展。

　　17.《深入推进水运供给侧结构性改革行动方案（2017—2020 年)》

　　2017 年 5 月 23 日，交通运输部印发《深入推进水运供给侧结构性改革行动方案（2017—2020 年)》，提出加快邮轮游艇运输发展，完善邮轮始发港、访问港等港口体系布局，有序推进邮轮码头建设。研究推进邮轮运输发展措施，配合制定推进全国邮轮旅游发展总体规划，研究制定中资邮轮公司、方便旗邮轮试点政策，提出加强邮轮运输安全监管的特别举措，支持企业拓展国际国内邮轮航线。研究建立与国家海上搜救应急预案相衔接的邮轮突发事件应急反应程序。

　　18.《服务业创新发展大纲（2017—2025 年)》

　　2017 年 6 月 13 日，国家发展改革委发布《服务业创新发展大纲（2017—2025 年)》，其中针对旅游休闲提出，应当开展旅游休闲提质升级行动，推动旅游资源开发集约化、产品多样化、服务优质化。推广全域旅游，积极发展都市休闲旅游和乡村旅游，打造国家精品旅游带，建设国家旅游风景道，促进精品、特色旅游线路开发建设。大力发展红色旅游，优化提升生态旅游、文化旅游，加快发展工业旅游、健康医疗旅游、冰雪旅游、研学旅行等。发展自驾车旅游、邮轮游艇旅游。支持旅游衍生品开发，加强旅游资源保护性开发，推进旅游景区建设和管理绿色化。规范旅游市场秩序，提高从业人员专业素质和游客文明素养。加强旅游休闲安全应急、紧急救援、保险支撑能力，保障旅游安全。深化国际旅游合作，推进旅游签证便利化。

　　19.《加快推进津冀港口协同发展工作方案（2017—2020 年)》

　　2017 年 7 月 17 日，交通运输部、天津市人民政府、河北省人民政府印发《加快推进津冀港口协同发展工作方案（2017—2020 年)》，明确提出积极打造天津港综合性门户枢纽，以集装箱、商品汽车滚装和邮轮运输为重点，加快现代港航服务要素聚集，支持天津国际邮轮港口发展，建设综合性邮轮船舶供应物流基地，加快邮轮产业在天津聚集。

　　20.《智慧交通让出行更便捷行动方案（2017—2020 年)》

　　2017 年 9 月 26 日，交通运输部发布《智慧交通让出行更便捷行动方案（2017—2020 年)》，提出要提升邮轮信息化智能化水平，构建集邮轮航线、船票销售咨询服务等于一体的邮轮信息网络，提升邮轮运输市场监督管理的信息化水平。

21. 《关于加快推进旅客联程运输发展的指导意见》

2017 年 12 月 31 日，交通运输部、国家发展改革委、国家旅游局、国家铁路局、中国民用航空局、国家邮政局、中国铁路总公司联合发布《关于加快推进旅客联程运输发展的指导意见》，提出建立邮轮客票制度，鼓励邮轮等相关企业构建集航线、票务、旅游、咨询等服务于一体的邮轮综合信息网络。

22. 《交通运输部贯彻落实〈中共中央 国务院关于支持海南全面深化改革开放的指导意见〉实施方案》

2018 年 7 月 25 日，《交通运输部贯彻落实〈中共中央 国务院关于支持海南全面深化改革开放的指导意见〉实施方案》提出，创新邮轮、游艇管理政策，促进国际旅游消费中心建设，推动三亚建设国际邮轮母港。明确提出应当指导海南编制三亚邮轮母港总体规划，支持建设服务三亚邮轮母港的免税油料、生活物质、维修等邮轮物料供应基地与维修养护基地。支持海南发展邮轮游艇设计展示、人才培养供给相关服务体系。指导海南出台优惠政策促进邮轮要素集聚，吸引邮轮产业相关企业在三亚注册。进一步支持邮轮航线开发和中资邮轮公司发展。充分发挥海南区位、资源优势，支持邮轮企业以东南亚、港澳台等航线为重点，开发运营涉及三亚、海口邮轮港口的邮轮航线产品。

会同相关部门研究制定中资方便旗邮轮公司试点公海游的政策，支持三亚等邮轮港口开展试点。大力发展中资邮轮公司，鼓励中资邮轮公司在国内新建邮轮并悬挂五星红旗或香港特别行政区区旗，探索允许悬挂香港特别行政区区旗的新建邮轮开展三亚等邮轮港口始发的沿海邮轮运输，以突破只能由悬挂五星红旗的邮轮开展我国沿海邮轮运输的现状。研究推进下放给海南的一些行政许可项目，包括仅涉及海南省港口的外国籍邮轮多点挂靠航线审批。重点发展船舶买卖和租赁交易，邮轮游艇交易、航运金融和航运保险等业务。

23. 《关于促进我国邮轮经济发展的若干意见》

2018 年 9 月 27 日，交通运输部、国家发展改革委、工业和信息化部、公安部、财政部、商务部、文化和旅游局、海关总署、税务总局、移民局十个部门联合发布《关于促进我国邮轮经济发展的若干意见》（交水发〔2018〕122 号）。该意见明确指出，邮轮运输旅游已经成为我国新型休闲消费方式，市场发展快速，自 2006 年市场起步以来我国邮轮旅客运输量年均增长 40%

以上，成为经济增长新亮点。邮轮经济具有产业链长、带动性强，对推进供给侧结构性改革、培育新动能、有效拉动内需、促进消费转型升级具有重要意义。相较国际成熟邮轮市场，我国邮轮市场发展尚处于起步阶段，在邮轮设计建造、邮轮港口发展、旅游市场培育、旅客服务、物资供应等方面还有较大差距。预计到 2035 年，我国邮轮市场将成为全球最具活力市场之一。

为推进我国邮轮经济的发展，该意见从九个方面提出具体要求，即积极培育邮轮市场、拓展提升港口服务能力、进一步优化口岸环境和功能、强化邮轮安全发展、着力推动邮轮绿色发展、加快推进邮轮建造及配套装备产业发展、着力提升邮轮供应配套能力、提升邮轮运输旅游服务水平、大力推动邮轮人才培养。

由交通运输部牵头，联合十个部门提出促进我国邮轮经济发展的意见，这在以往任何行业发展中都是不多见的政策举措。一方面表明国家各个行政主管部门对邮轮旅游经济发展的重视；另一方面也反映出邮轮经济产业链条长，跨及多个行业的行政主管部门的特点。

24.《交通运输部关于推进海南三亚等邮轮港口海上游航线试点的意见》

2019 年 4 月 8 日，《交通运输部关于推进海南三亚等邮轮港口海上游航线试点的意见》（交水函〔2019〕212 号），提出基于海南海域情况及海南国际邮轮发展状况，在五星红旗邮轮投入运营前，先在海南三亚、海口邮轮港口开展中资方便旗邮轮无目的地航线试点。中资方便旗邮轮是指中资邮轮运输经营人拥有或者光租的悬挂方便旗的邮轮。中资邮轮运输经营人是指中资（内地资本）出资比例不低于 51% 的国际邮轮运输业务的企业法人，邮轮船龄不得超过 30 年。待国务院批复同意暂停相关法律法规在海南自贸试验区实施后，将相关审批权限下放至海南省，由海南省交通运输厅负责参与试点邮轮企业及邮轮的市场准入管理，准入情况及时通报当地外事、旅游、公安、边检、海关、海事等相关部门。

25.《关于推广实施邮轮船票管理制度的通知》

2019 年 8 月 21 日，交通运输部、公安部、文化和旅游部、海关总署、移民局联合发布《关于推广实施邮轮船票管理制度的通知》（交水规〔2019〕11 号），要求从事我国境内港口始发的国际邮轮航线、内地与港澳间海上邮轮航线、大陆与台湾间海上邮轮航线经营的邮轮运输企业和境内港口经营人，推广实施邮轮船票管理制度。明确提出推广邮轮船票直销，实施凭证上船、实施乘客信息提前申报与共享、推广使用行李信息条、加强部门协作监管等。各邮轮港口加快推进实施邮轮船票管理制度。天津、深圳、广州、厦门和三亚等邮轮港口争取于 2019 年年底前率先实施。推广实施邮轮船票管理制度是在上海于 2018 年率先进行了试点工作基础上逐步展开的，主要是为了加强信息共享，提高旅客进出邮轮港口及通关效率，加强邮轮企业与邮轮旅客之间的联系。

综上，国家有关部委从各自职能范围内分别对邮轮运输、旅游、检疫检验、港口管理、船舶供应、邮轮维修保养、船票管理制度等多个方面监管予以规范，并针对邮轮旅游这一新兴业态，不断进行政策和制度创新，加大邮轮市场开放力度。

二、各地有关邮轮产业的规定及规范性文件

除了国家及相关部委陆续推出的一些促进邮轮行业发展的相关政策，拟大力发展邮轮行业的一些沿海港口所在地人民政府或职能部门，也先后积极制定地方性法规、规章或出台地方性政策。以下是根据北大法宝数据库以及各地政府相关网站提供的信息资料，依据时间轴线进行的不完全统计和梳理。

（一）天津市

（1）2010 年 6 月 28 日，天津市人民政府与海南省人民政府联合召开合作发展座谈会，签署《天津市人民政府海南省人民政府战略合作框架协议》。根据该合作框架协议，2010 年 8 月 6 日，《天津市人民政府办公厅印发关于落实〈天津市人民政府海南省人民政府战略合作框架协议〉工作分工方案的通知》（津政办发〔2010〕92 号文）发布，明确提出天津市及海南省在邮轮母港建设、与国际知名邮轮公司合作、开拓邮轮旅游市场、开发精品邮轮航线、提高游客通关效率等方面加强交流合作，联手促进邮轮经济快速发展。

（2）2015 年 4 月 16 日，《天津市人民政府办公厅转发天津市旅游局拟定的中国邮轮旅游发展实验区建设三年行动方案（2015—2017 年）的通知》（津政办发〔2015〕25 号）发布。

（3）2015 年 12 月 17 日，《天津市人民政府口岸服务办公室关于印发〈天津口岸 2016 年度国际邮轮到港计划〉的通知》（津政岸办〔2015〕56 号）发布。

（4）2018 年 11 月 21 日，《天津市人民政府办公厅关于印发天津市邮轮旅游发展三年行动方案（2018—2020 年）的通知》（津政办发〔2018〕48 号）发布。

显然天津市更侧重从地方性政府合作、邮轮发展试验区的建设规划以及邮轮旅游发展等重大策略方面，对在天津东疆港区邮轮母港及业务的发展谋划蓝图。

(二) 上海市

(1) 2009 年 6 月 25 日，《上海市交通运输和港口管理局关于贯彻落实加快推进上海国际航运中心建设若干举措的实施意见》（沪交港〔2009〕314 号）发布。

(2) 2010 年 10 月 27 日，上海市旅游局受上海市政府的委托，起草《上海市邮轮产业十二五发展规划》，这在上海邮轮产业的发展历程中是第一次由政府主导，以规划的形式纳入政府主体工作。该产业规划的制定在全国也是领先的，凸显了上海市政府对邮轮产业的高度重视。

(3) 2012 年 5 月 26 日，《上海市宝山区人民政府办公室关于转发区发展改革委、区滨江开发建设管委会制订的〈宝山区邮轮产业发展战略规划〉的通知》（宝府办〔2012〕41 号）发布。

(4) 2012 年 6 月 13 日，《上海市宝山区人民政府办公室关于成立上海国际邮轮产业发展综合改革试点区推进小组的通知》（宝府办〔2012〕46 号）发布。

(5) 2012 年 6 月 28 日，《上海市海洋局、上海市发展和改革委员会关于印发〈上海市海洋发展"十二五"规划〉的通知》（沪海洋〔2012〕49 号文）发布。

(6) 2012 年 8 月 10 日，《上海宝山区人民政府关于转发区发展改革委、区滨江开发建设管委会制订的〈宝山区开展"上海国际邮轮产业发展综合改革试点区"工作的实施意见〉的通知》（宝府办〔2012〕65 号）发布。

(7) 2014 年 1 月 30 日，《上海市人民政府办公厅转发市旅游局、市交通港口局关于本市加快中国邮轮旅游发展实验区建设若干意见的通知》（沪府办发〔2014〕11 号）发布。

(8) 2015 年 8 月 25 日，《上海市工商行政管理局、上海市旅游局关于推行使用〈上海市邮轮旅游合同示范文本（2015 版）〉的通知》（沪工商合〔2015〕159 号）发布。

(9) 上海市旅游局、上海市交通委员会联合制定的《上海市邮轮旅游经营规范》自 2016 年 4 月 10 日起施行。作为我国邮轮旅游行业首个政府规范性文件，较为明确地规定了邮轮旅游的法律关系与纠纷解决。

（10）2016 年 6 月 23 日，上海市人民代表大会常务委员会以第 41 号文公告，发布《上海市推进国际航运中心建设条例》，该条例第 17 条对邮轮产业发展规划、政策等作出了较为详细的规定。

（11）2017 年 12 月 23 日，上海市交通委员会、上海市旅游局、上海出入境边防检查总站联合发布《关于上海试点邮轮船票制度的通知》（沪交航〔2017〕1464 号文），明确规定在上海市试点邮轮船票管理制度。

（12）2018 年 10 月 8 日，《上海市人民政府办公厅印发〈关于促进本市邮轮经济深化发展的若干意见〉的通知》（沪府办发〔2018〕32 号）发布。

从上述地方性立法和政策规范文件可以看出，作为中国邮轮旅游发展试验区的上海市地方政府及有关部门，不仅对上海市邮轮旅游发展规划、产业布局、对经济发展的作用等宏观策略予以定位研究，还更加侧重通过行政管理手段规范上海市邮轮旅游经营活动，制定和推广邮轮旅游合同示范条款，为中国邮轮业发展提供了非常宝贵的经验和创新性的举措。

（三）广东省

广东省深圳市和广州市分别出台相关地方性政策。

（1）2009 年 3 月 17 日，《深圳市人民政府关于加快深圳邮轮游艇产业发展的若干政策措施》（深府〔2009〕50 号）发布。

（2）2017 年 6 月 28 日，《广州市人民政府关于进一步加快旅游业发展的意见》（穗府函〔2017〕79 号文）发布。该文件着重从产业结构优化、全域旅游布局、旅游交流合作、优化旅游环境等多方面对邮轮旅游作出明确规定。

（3）2017 年 9 月 26 日，广州市第十五届人民代表大会常务委员会以第 12 号公告发布《广州市人民代表大会常务委员会关于促进广州国际航运中心建设的决定》。该文件第 13 条对邮轮母港建设、邮轮服务体系标准化、打造邮轮船舶供应供配送中心和修理中心等作出原则性规定。

同国内其他邮轮母港发展和建设情况相比，广东省后来居上，深圳及广州近年来提出相关发展本地区邮轮业的举措各有千秋。深圳市更加关注从产业发展以及对经济促进作用的角度予以规划谋篇，广州市则分别从旅游发展以及服务于广州国际航运中心建设的视角，对邮轮产业链中重点打造的行业予以规定。

（四）海南省

（1）2011 年 1 月 5 日，《海口市人民政府关于加快游艇经济与邮轮旅游发展工作的意见》（海府〔2011〕1 号）发布。

（2）2011 年 1 月 14 日，海南省人民代表大会常务委员会以第 61 号公告发布《海南国际旅游岛建设发展条例》。该条例第 19 条涉及邮轮游艇产业，第 25 条有关邮轮游艇保险问题，第 29 条涉及邮轮母港建设等方面的规定。

（3）2011 年 1 月 26 日，《海南省旅游发展委员会关于宣传贯彻〈海南国际旅游岛建设发展条例〉等五部旅游法规的紧急通知》（琼旅发〔2011〕27 号）发布。

（4）2015 年 10 月 14 日，《海南省人民政府关于印发促进邮轮游艇产业加快发展政策措施的通知》（琼府〔2015〕87 号）发布。

（5）2017 年 5 月 25 日，《三亚市人民政府办公室关于调整三亚市邮轮旅游推进工作领导小组的通知》（三府办〔2017〕163 号）发布，明确要提升地方邮轮旅游品质，实现邮轮旅游由高速增长转向高质量发展，持续提升当地邮轮旅游知名度、影响力和吸引力，促进当地邮轮旅游产业升级。

（6）2018 年 5 月 30 日，《海口市人民政府办公厅关于印发〈海口市鼓励邮轮产业发展财政补贴实施办法〉的通知》（海府办〔2018〕124 号）发布。

（7）2019 年 7 月 12 日，《海南省人民政府办公厅关于印发海南邮轮港口海上游航线试点实施方案的通知》（琼府办函〔2019〕239 号）发布。

（8）2019 年 9 月 30 日，《海南省人民政府办公厅关于成立海南省推进邮轮游艇产业发展领导小组的通知》（琼府办函〔2019〕338 号）发布。

（9）2019 年 12 月 31 日，海南省推进邮轮游艇产业发展领导小组办公室印发《关于促进海南邮轮经济发展的实施方案》[1]。该方案明确提出，为了积极探索海南邮轮政策制度创新开放，不断优化邮轮产业发展环境，扩展邮轮旅游消费发展空间，全面推动邮轮旅游消费提质升级，全力打造业态丰富、品牌集聚、特色鲜明的海南邮轮旅游消费胜地，促进海南邮轮经济高质量发展，为海南经济发展提供新动能，为海南国际旅游消费中心建设提供有力支撑。根据该方案，预计到 2025 年，海南邮轮市场规模进一步扩大，成为全国最具活力的邮轮市场之一。预计到 2035 年，海南邮轮港口将建成国际一流邮轮港口群，成为国际邮轮旅游最佳目的地之一，亚太邮轮企业区域总部基地之一。

---

〔1〕《海南省推进邮轮游艇产业发展领导小组办公室关于印发〈关于促进海南邮轮经济发展的实施方案〉的通知》，载微信公众号"海南省邮轮游艇协会"2020 年 1 月 8 日，https://mp.weixin.qq.com/s/wqikdO0zbu4idle1gChcUg。

显然随着国家战略部署和对海南省的经济定位，作为中国特色自由贸易港建设试验区，海南省对邮轮产业发展的重视程度不断提高。从最初关注邮轮旅游业在海南的发展并成立相关领导小组以协调邮轮产业发展，到定位于国内最具活力、国际一流邮轮港口群打造的目标，不断扩大海南省邮轮经济发展的规模。对于邮轮产业链涉及的相关行业，如港口建设、旅游产品定位、邮轮供应及装配件、邮轮安全保障与海洋环境保护等也能够具体谋划，使海南省未来在邮轮港口、口岸查验、集疏运等基础设施服务能力方面达到国际水平，提升海南邮轮旅游的国际竞争力和影响力。

（五）山东省

山东省主要是青岛市出台有关促进邮轮旅游发展的地方性规定。

（1）2013 年 4 月 15 日，《青岛市发展和改革委员会关于印发青岛市邮轮游艇经济发展规划的通知》（青发改服务〔2013〕176 号）发布。

（2）2016 年 9 月 1 日，《青岛市人民代表大会常务委员会关于青岛国际邮轮港开展法定机构试点工作的决定》发布。

（3）2017 年 2 月 13 日，《青岛市人民政府关于印发青岛市建设中国邮轮旅游发展实验区实施方案的通知》（青政字〔2017〕22 号）发布。

（4）2018 年 4 月 13 日，青岛市人民政府以第 263 号令发布《青岛国际邮轮港区管理暂行办法》。

青岛市分别从地方人民代表大会和政府两个层面对邮轮港口基础建设和管理方面予以规范。

（六）福建省

（1）2012 年 5 月 15 日，《福建省人民政府关于促进航运业发展的若干意见》（闽政〔2012〕30 号）对航运业快速、健康、可持续发展提出政策、财税、土地、补贴等优惠措施。

（2）2012 年 9 月 29 日，《福建省人民政府关于支持厦门东南国际航运中心建设十条措施的通知》（闽政〔2012〕50 号）第 5 条明确提及邮轮母港建设问题。

（3）2013 年 9 月 5 日，《厦门港口管理局、厦门市财政局、厦门市旅游局关于扶持邮轮产业发展的通知》（厦港〔2013〕181 号）发布。

（4）2015 年 7 月 1 日，《福建省人民政府办公厅关于加快推进厦门邮轮母港建设的若干意见》（闽政办〔2015〕96 号）发布。

（5）2018 年 10 月 22 日，《厦门市旅游发展委员会、厦门港口管理局、厦门市财政局关于印发进一步促进邮轮旅游业发展扶持意见的通知》（厦旅发产〔2018〕193 号）发布。

福建省地方人民政府以及厦门市相关职能部门从邮轮业发展涉及本部门职能的角度分别出台促进行业发展和管理的相关决策，偏重于港口管理、旅游发展以及财政支持方面。

（七）其他省市

辽宁省主要以大连市为代表，广西壮族自治区主要针对北海港发展邮轮业作出规划。

（1）2018 年 2 月 14 日，《大连市人民政府办公厅关于加快邮轮旅游发展实验区建设的实施意见》（大政办发〔2018〕20 号）发布。

（2）2019 年 12 月 16 日，大连市人民代表大会常务委员会以第 11 号公告发布《大连市推进东北亚国际航运中心建设条例》，该条例于 2020 年 3 月 1 日生效。第 14 条对邮轮产业发展规划编制、邮轮航线开发等作出原则性规定。

（3）2017 年 6 月 7 日，广西北海市人民政府办公室印发《2017 年北海邮轮母港建设"四定"工作方案》，明确提出要提升地方邮轮旅游品质，实现邮轮旅游由高速增长转向高质量发展，持续提升当地邮轮旅游知名度、影响力和吸引力，促进当地邮轮旅游产业升级。

这些省市的地方政策多围绕服务于当地国际航运中心建设、邮轮母港发展等方面作出宏观原则性规定。

综上所述，可以看出，随着邮轮业在我国的发展以及国家对不同地区及港口规划定位的不同，各个地方政府及主管部门纷纷在不同时期对邮轮业在本地发展出台差异性的政策和措施。这些地方性立法和政策性规定，也更加侧重从多个维度、多个层次针对本地区邮轮产业发展进行宏观布局或微观方面的具体问题应对。总体而言，邮轮经济越活跃的地方，越是关注邮轮产业对本地经济发展的作用力，出台的应对策略和规范性文件就越多、越集中。这也充分体现了经济发展推动法治建设，而法治体系的逐渐完善和体系化又进一步促进了地方经济发展的良性逻辑关系。

三、有关邮轮旅游、运输等方面法律、法规、规章现状

目前，我国尚不存在与邮轮旅游或者邮轮产业直接相关的立法，除了前述

个别地方政府或地方立法机关出台的为数不多的地方性法规、规章，国家层面出台的规章主要侧重于邮轮旅游出入境和口岸检疫检验、有关邮轮港口码头设计标准规范等。例如，《邮轮出入境边防检查管理办法（试行）》《出入境邮轮检疫管理办法》《邮轮码头设计规范》《国际邮轮口岸旅游服务规范》等。

《邮轮出入境边防检查管理办法（试行）》。2009 年 11 月，公安部出入境管理局制定实施《邮轮出入境边防检查管理办法（试行）》（公境检〔2009〕2075 号），明确该办法的制定是为了适应我国改革开放和邮轮经济发展需要，便利邮轮出入境，提高通关效率，确保管控安全。该办法适用于出入中国对外开放口岸的所有邮轮及其载运的旅客、员工，对邮轮旅客及船上人员出入境的手续、流程、具体文件和信息要求等予以明确规定。

《出入境邮轮检疫管理办法》。国家质量监督检验检疫总局于 2016 年 10 月 25 日发布《出入境邮轮检疫管理办法》（国家质量监督检验检疫总局令第 185 号）。根据 2018 年 4 月 28 日海关总署令第 238 号《海关总署关于修改部分规章的决定》做第一次修正，根据 2018 年 5 月 29 日海关总署第 240 号令《海关总署关于修改部分规章的决定》做第二次修正。为了规范出入境邮轮检疫监管工作，防止疫病疫情传播，促进邮轮经济发展，对进出中国国境口岸的外国籍邮轮和航行国际航线的中国籍邮轮及相关经营、服务单位予以检疫监督管理。明确海关总署统一管理全国出入境邮轮检疫监管工作，其他主管海关负责所辖口岸的出入境邮轮检疫监管工作。

《上海市邮轮旅游经营规范》。上海市旅游局、上海市交通委员会联合制定《上海市邮轮旅游经营规范》，该规范自 2016 年 4 月 10 日起施行[1]，这也是我国邮轮旅游行业首个政府规范性文件。《上海市邮轮旅游经营规范》出台的背景主要是邮轮旅游经过几年的发展，已成为我国旅游业的重要业态，上海邮轮港口已成为全球重要的邮轮母港。2015 年，上海口岸出入境（港）国际邮轮 688 艘次，邮轮旅客 163 万余人次。国家也非常重视邮轮旅游发展，无论是国务院还是沿海各省市政府，都在旅游业发展规划和政府促进旅游业发展的文件中，对邮轮旅游给予重点关注和专门论述。但邮轮旅游发展中也暴露出不少问题，主要是国外邮轮企业运营规则与我国法律、旅游消费习惯有所不同，并存在冲突；邮轮消费纠纷频发，屡有滞留邮轮事件发生；邮轮旅游法律关系复杂，突发事件处置难度、成本很大。由于

---

〔1〕　根据《上海市邮轮旅游经营规范》第 22 条的规定，该规范自 2016 年 4 月 10 日起施行，有效期为 5 年。

缺乏邮轮旅游相应规范，政府、邮轮公司、旅行社、港口、游客各主体之间的权利、义务、责任边界不清，导致上述问题难以有效解决，已严重制约邮轮旅游发展，损害各方的合法利益和正常的社会公共管理秩序。

面对出现的问题，各级政府、邮轮公司、旅行社、港口、游客等各方面均希望以规范性文件的方式将邮轮旅游纳入法治监管范畴。2013 年，上海市旅游局、上海市交通委员会联合进行"上海市处置邮轮旅客滞船事件应急工作机制"专项调研。2014 年，上海市旅游局制定《上海市处置旅游突发事件专项应急预案》，设置专章明确发生在上海市邮轮滞留事件处置的基本程序。2015 年 9 月，上海市旅游局与上海市工商局共同制定邮轮旅游合同示范文本并予以发布。上述调研活动和文件制定，加上上海市旅游局、上海市交通委员会历年来处理大量邮轮旅游突发事件的经验，为制定邮轮旅游专门规范奠定了扎实的基础。[1]

《上海市邮轮旅游经营规范》首次对邮轮旅游予以界定，第 2 条明确规定邮轮旅游是指以海上船舶为旅游目的地和交通工具，为旅游者提供海上游览、住宿、交通、餐饮、娱乐或到岸观光等多种服务的出境旅游方式。很明显，该规范界定了邮轮本身即是交通工具，同时也规定了邮轮船舶的旅游属性，即船舶本身能够满足海上游览、住宿、餐饮、娱乐等功能而被视为旅游目的地。

邮轮旅游兼具水上运输及旅游的双重属性，目前有关邮轮旅游或者邮轮产业的国家立法，主要见于有关运输、旅游、消费者权益保护及争议解决、旅游资源及其保护等其他各个领域的法律、法规及规章，如涉及运输方面的，主要包括邮轮码头规划、邮轮港口建设及经营管理、邮轮水上安全管理、防止邮轮船舶污染、邮轮船舶与船员管理、海运及水运市场准入与公平竞争等；涉及旅游方面的，主要体现在旅行社管理、导游人员管理、旅游饭店管理、旅游保险、出入境管理等。

（一）与运输、港口、交通管理、防止船舶污染等有关的立法

1. 涉及海运方面

主要包括《海商法》《港口法》《海上交通安全法》《海洋环境保护

---

〔1〕《〈上海市邮轮旅游经营规范〉解读》，参见上海市文化和旅游局官方网站，http：//whlyj. sh. gov. cn/zcjd/20181115/0022-34644. html。

法》[1]《防治船舶污染海洋环境管理条例》《海洋倾废管理条例》《船舶和海上设施检验条例》《船舶登记条例》《船员条例》《国际海运条例》《国际海运条例实施细则》《对外国籍船舶管理规则》《港口规划管理规定》《港口工程建设管理规定》《港口深水岸线标准》《港口经营管理规定》《海洋倾废管理条例实施办法》《海上航行警告和航行通告管理规定》《高速客船安全管理规则》《国际船舶保安规则》《航运公司安全与防污染管理规定》《船舶污染海洋环境应急防备和应急处置管理规定》《船舶交易管理规定》等。

2. 涉及水运方面

主要包括《水污染防治法》[2]《水污染防治法实施条例》《外国籍船舶航行长江水域管理规定》《公路水运工程质量监督管理规定》等。

3. 涉及航空运输方面

主要包括《航空法》《公共航空运输旅客服务管理规定》《民用航空安全保卫条例》《国内航空运输承运人赔偿责任限额规定》《民用航空运输不定期飞行管理暂行规定》等。

4. 涉及铁路运输方面

主要包括《铁路法》《铁路安全管理条例》《铁路交通事故应急救援和调查处理条例》《铁路交通事故应急救援和调查处理条例》等。

5. 涉及公路运输方面

主要包括《道路交通安全法》《道路交通安全法实施条例》《道路运输条例》《公路安全保护条例》《城市道路管理条例》等。

（二）与出入境、口岸有关的立法

主要涉及《海关法》《国境卫生检疫法》《进出口商品检验法》《出境入境管理法》《国际航行船舶进出中华人民共和国口岸检查办法》《国境卫生检疫法实施细则》《出境入境边防检查条例》《海关暂时进出境货物管理办法》《海关对进出境旅客行李物品监管办法》《国际航行船舶出入境检验检疫管理办法》《出入境特殊物品卫生检疫管理规定》《沿海船舶边防治安管理规定》《中国公民出国旅游管理办法》《边境旅游暂行管理办法》等。

---

〔1〕 主要涉及我国管辖海域的海洋环境保护、海洋资源保护以及防治。

〔2〕 主要涉及我国管辖水域的江河、湖泊、运河、渠道、税款等地表水体、地下水的污染防治。

（三）与旅游相关的立法

主要包括《旅游法》《旅游管理办法》《旅行社条例》《导游人员管理条例》《导游员职业等级标准》《导游证管理办法》《旅馆业治安管理办法》《评定旅游（涉外）饭店星级的规定》《旅游发展规划管理暂行办法》《中国旅游饭店行业规范》《旅行社责任保险管理办法》《旅游投诉处理办法》等。

（四）与旅游资源相关的立法

主要包括《风景名胜区条例》《文物保护法》《文物保护法实施条例》《自然保护区条例》《旅游资源保护暂行办法》《非物质文化遗产法》《森林公园管理办法》《国家级森林公园管理办法》《博物馆条例》《中国文物古迹保护准则》等。

此外，涉及邮轮旅游民事责任的立法还包括《民法通则》《民法总则》《侵权责任法》《合同法》《消费者权益保护法》等[1]；与争议纠纷解决有关的立法，包括《民事诉讼法》《仲裁法》《行政诉讼法》《海事诉讼特别程序法》《最高人民法院关于审理旅游纠纷案件适用法律若干问题的规定》等。

事实上，域外一些国家和地区，针对本国或地区邮轮旅游发展实践，先后颁布了专门的针对性立法。例如：美国有关邮轮方面的法律、法规、政策主要包括：涉及环境方面的《清洁水法案》、《清洁邮轮船舶法案》（提案），涉及安全方面的《邮轮安全与安保法案》、《邮轮旅客保护法案》（提案）、《邮轮消费者信任法案》（提案），等等。欧盟有关邮轮旅游的立法主要包括《旅客在海上和内陆水域旅行的权利条例》《旅客发生海上事故时承运人责任条例》《包价旅游和相关旅游安排指令》等。

---

〔1〕　自 2021 年 1 月 1 日起，随着《民法典》生效实施，《民法通则》《民法总则》《侵权责任法》《合同法》等部门法已失去效力。

第二章　邮轮运输之契约关系论

本章在探究中国式邮轮客票销售模式的基础上，针对旅客与邮轮公司之间订立的邮轮旅客运输合同之属性存在旅游说、运输合同说、综合说等不同观点，从《海商法》《旅游法》等不同视角，探究该类型邮轮旅客运输合同的法律属性。参照国际著名邮轮公司标准合同范本，分析我国在邮轮旅游实践中存在的"两个合同＋三方合同主体"法律关系之乱象，并寻求跨境邮轮合同纠纷多元化解决路径，以解决司法实践部门处理邮轮纠纷的管辖及法律适用困境。

第一节　邮轮客票销售模式及中国模式之探究

一、邮轮客票销售模式

邮轮旅游产品销售渠道多样，主要包括线下销售渠道、网络销售渠道和移动电子商务销售渠道。其中线下销售渠道主要包括邮轮公司品牌形象店、旅行社门店销售、旅游会展销售。网络销售渠道主要包括邮轮公司官方网站[1]、旅行社网站、综合性旅游网站（例如携程网、去哪儿网、同程旅行网、途牛旅游网、驴妈妈旅游网等）。移动电子商务销售渠道主要是指手机、掌上电脑（PDA）等手持移动终端。[2]

国外的邮轮发展模式已经比较成熟，但邮轮对于中国而言尚属新兴事物。

---

〔1〕 世界著名邮轮公司目前纷纷看好中国市场，均建有网络直销预订网站，可以直接对接消费者，如皇家加勒比游轮有限公司（http://www.rcclchina.com.cn）、丽星邮轮公司（http://www.cn.starcruises.com）、地中海邮轮公司（http://www.msccruises.com.cn）、歌诗达邮轮公司（http://www.costachina.com）等。

〔2〕 赵序主编：《国际邮轮服务与管理》，旅游教育出版社 2017 年版，第 128—136 页。

由于中西方邮轮经济发展的非均衡性，在追逐邮轮经济效益最大化的同时，难免会存在邮轮客票销售模式的差异。总体而言，邮轮客票销售模式主要包括邮轮公司客票直销模式和旅行社包船游销售模式。由于邮轮旅游本身兼具海上运输及海上旅游的双重属性，因此也导致在不同属性和法律关系之中接受此种服务的主体——游客，在不同场景下的称谓会有所不同。如在旅游关系中通常被称为"游客""旅行者""客户"，运输关系中被称为"旅客"或者"乘客"等。在邮轮旅游实践中，邮轮船票、邮轮客票也存在混同使用的现象。因此，除特别说明外，下文讨论中凡是提及游客、旅客、乘客的，提及船票、客票的，均为同一含义，不作具体区分。

（一）客票直销模式

邮轮公司客票直销模式是较为成熟的一种方式，目前被西方国家普遍采用。在此种模式下，邮轮公司（或其代理商）直接与旅客签署以海上观光游览为内容的服务协议。邮轮公司既负责旅客在海上的运输活动，也负责旅客在海上观光游览以及部分岸上观光游的活动。邮轮公司一般设立专门的岸上观光部，组织协调岸上包价游的预订和操作。有些邮轮岸上观光部的职责非常广泛，甚至还包括预订港口游、预订或更换航空航班、岸上酒店住宿等。邮轮旅游总监负责协调所有娱乐和观光活动，这些活动是邮轮旅游过程中的核心组成部分。[1]

在邮轮公司客票直销模式下，邮轮公司与旅客之间产生直接的邮轮旅客运输合同法律关系，包括旅行社在内的其他代理机构，仅仅作为邮轮公司的客票销售代理人，代理人在受托范围内产生的法律后果由邮轮公司直接承担。

《上海市邮轮旅游经营规范》第10条专门对邮轮船票销售作出规定，明确邮轮公司在国内设立的船务公司可以直接销售邮轮船票，也可以委托有资质的旅行社和国际船舶代理企业销售邮轮船票。因此，不论是邮轮公司自己销售邮轮船票，还是委托船务公司、旅行社或船舶代理公司销售船票，都应当遵守邮轮公司对外公布的船票销售指导价。

（二）包船游销售模式

旅行社包船游销售模式是指旅客通过旅行社而非直接同邮轮公司办理登船旅游手续，旅行社和乘客之间签订邮轮旅游服务协议，旅行社与邮轮公司

---

〔1〕　王诺编著：《邮轮经济：邮轮管理·邮轮码头·邮轮产业》，化学工业出版社2008年版，第32页。

再通过协议约定由邮轮公司实际提供邮轮航行期间的运输、旅游等服务。目前在中国主要采取此种模式。在该模式下产生了三方主体，即旅行社、旅客、邮轮公司，两个合同法律关系，即旅行社与旅客之间的旅游服务合同关系、旅行社与邮轮公司间冠以包船或切舱协议或类似名称的合同关系。

通常情况下国内旅行社与外籍邮轮公司签订包船协议或者切舱协议，由邮轮公司进行实际邮轮经营活动。以携程网邮轮旅游实际业务操作为例，旅行社与游客之间的邮轮旅游合同不仅包括海上运输服务、海上娱乐与休闲，还包括部分抵达港口登上陆地的观光旅游内容。旅客登船前，先去旅行社领队处领取邮轮房间的门卡或者船票，然后按照指示登船。至于邮轮靠港后的岸上观光游览部分，则由旅行社统一安排，旅客可以自由选择旅行社提供的岸上观光旅游项目，但是应当以团组方式集体行动。旅客也可以选择放弃岸上游览活动，但必须留在邮轮上。也可以选择登岸单独自行游玩，不参加旅行社组织的团队登岸旅游观光活动，但要与邮轮公司签订离船协议，并且将护照原件交邮轮公司保管，旅客携带护照复印件登岸游览后，同日晚上必须返回邮轮。

在包船游销售模式下，基于商业利益的考量，在旅客登船之前，旅行社通常不会把旅客的详细信息透露给邮轮公司，而且旅客与邮轮公司之间也不存在直接的合同关系。根据我国《旅游法》的规定，邮轮公司仅作为旅行社的履行辅助人，其具体辅助内容由其与旅行社之间的合同约定。

包船游销售模式实际上是一家或多家旅行社将邮轮公司某一航次上可以售卖的所有舱位提前买断，并且完全自主销售的方式。包船后，旅行社必须按照合同约定全额支付包船费用，同时可以自行制定邮轮舱位的销售价格。这种销售模式在中国目前占主导地位。一方面，国外邮轮公司对中国旅游市场不够熟悉，在与旅行社签订包船协议之后，邮轮公司可以将精力集中于邮轮运营方面，而不是把精力分散在揽客、销售船票上；另一方面，邮轮旅游在中国蓬勃发展，旅行社可以通过办理出入境手续、安排岸上观光旅游服务等获得更多利润。

但是这种模式的弊端十分明显，即旅行社享有邮轮船票定价权，若临近船舶开航舱位销售不甚理想时，为揽取客源，旅行社往往会选择低价出售，导致不同旅行社可能进入价格战的厮杀。[1]此外，由于旅客几乎全部的观光、游览、休闲活动都发生在邮轮上，旅行社并不实际参与上述活动，一旦

---

[1] 赵序主编：《国际邮轮服务与管理》，旅游教育出版社2017年版，第130页。

发生人身伤亡或旅客对邮轮提供的服务不满意等纠纷，旅客无法根据合同关系直接追究邮轮公司的责任，而邮轮公司又往往以履行辅助人的身份推诿或拒绝承担责任，致使旅客在诉请无法满足的情况下，屡屡采取邮轮抵达母港之后拒绝离船等非理智的"霸船"方式维权。而且由于旅客与邮轮公司之间信息不对等，一旦发生台风、海上特殊风险等可能危及船舶及航行安全，需要调整船舶航程、线路等重要变化时，邮轮公司也无法第一时间将上述信息及时通知给旅客。

基于中国邮轮旅游的现实状况，包船游销售模式也得到了作为中国首个政府性规范文件——《上海市邮轮旅游经营规范》的确认。其中第13条有关邮轮旅游合同的界定中，明确提及如果旅行社将邮轮船票和岸上观光服务打包成包价旅游产品向旅游者销售的，则应当与旅游者签订邮轮旅游合同，并提供船票。第7条规定，如果旅行社经营出境包价邮轮旅游业务或者代理销售包价邮轮旅游产品的，应当取得旅行社经营出境旅游业务许可。这也是对邮轮旅游产品在中国销售实践情况的一种回应或认可。事实上，这种包船游销售模式是中国邮轮旅游的主要销售模式，大约占市场总额的98%。[1]

二、邮轮包船游销售模式之中国实践及问题剖析

（一）中国采取包船游销售模式之原因

与邮轮产业发展成熟的西方国家不同，我国目前主要采取旅行社包船游销售模式，主要原因在于：

1. 我国对邮轮旅客运输合同尚无明确的法律定性

目前，我国对邮轮旅客运输合同的属性尚无明确的法律规定。而邮轮兼具运输和旅游双重属性，导致我国对邮轮的规范管理采取由交通运输部、国家旅游局分头管理的模式，这也是包船游成为主流模式的深层原因。

2. 海上运输及跨境旅游的审批制度不同

我国交通主管部门对外资从事海上旅客运输实施严格的审批制度，并且由于法律和政策限制，外资邮轮公司无法直接在我国境内开展跨境邮轮旅游服务，因此通过有资质的中国旅行社开展邮轮旅游业务成为首选，中国境内旅行社包船游模式应运而生。

---

〔1〕　上海海事法院：《上海海事法院涉船员权益保护海事审判情况通报》，上海海事法院2017年版，第12页。转引自孙思琪：《邮轮旅游法律要论》，法律出版社2018年版，第91页。

3. 尚无中国本土邮轮公司提供邮轮旅游和运输服务

我国目前尚未形成完整的邮轮经济产业链，尚无一家中国本土邮轮公司开展邮轮运输和旅游服务，仅有的几家涉及中资股份投入的邮轮公司，其所有或经营的邮轮均属于海外登记注册的"方便旗船"，悬挂外国旗帜。在我国邮轮旅游产业发展迅猛，国人邮轮旅游需求大幅增加的现实背景下，旅行社包船游销售模式的存在也是无奈的妥协结果。

但是从邮轮产业健康发展的角度，邮轮公司直接出售客票的方式，使得邮轮公司与旅行社的定位和角色回归本质，既是未来我国邮轮旅游发展的应然模式，也是顺应国际邮轮业发展的趋势。

（二）中国采取包船游销售模式的现实影响

事实上这种包船游邮轮旅游销售模式已经对中国邮轮旅游市场带来了影响。例如，天海邮轮公司于2018年9月3日结束中国市场的所有运营，诺唯真游轮控股有限公司旗下的"喜悦号"邮轮、公主邮轮公司旗下的"蓝宝石公主号"邮轮、皇家加勒比游轮有限公司的"海洋水手号"、歌诗达邮轮公司旗下的"维多利亚号"邮轮等先后于2017年、2018年宣布暂时告别中国市场。

之所以出现这种现象，源于当前中国邮轮市场采取包船游模式。貌似各个航线上座率都比较高，但是邮轮公司和旅行社都因为未达到预期利润而有所不满，甚至一些旅行社处于亏本经营状态。在目前的邮轮包船游模式下，旅行社或其代理商会将邮轮公司某一个航次上可售卖的所有舱位提前买断，即便偶尔邮轮公司会保留极少的舱位以备不时之需，绝大多数舱位都会事先集中到某个或某些旅行社或其代理商手上。大型旅行社或代理商会直接面对旅客，通过网络、实体门店等将邮轮舱位销售出去，但有时也会将部分舱位分派给旅行社的其他合作伙伴。这种模式在邮轮刚进入中国市场时发挥了积极的作用，但也逐渐成为邮轮公司和旅行社盈利的阻碍，造成很多乱象。

一些包船的旅行社为了赚钱，向邮轮公司拼命压价。同时，为了达到或者满足其与邮轮公司约定的销售数量或额度，会恶意抛出非常低的价格，甚至在一个班次刚刚确定时，一些所谓的"尾单群""玩家群"就充斥着各种"尾单"。此外，在包船游销售模式下，还存在多次转包给第二级、第三级等代理旅行社的做法。一家大旅行社承包某艘邮轮某个航次的所有舱位，然后采取切舱的方式分包处理，即除了自己销售一部分舱位以外，还将其他舱位分包给其他几家旅行社销售。[1]分包的这几家旅行社分布在全国各地，因为未必能在一定时间内全部公开零售卖出，所以会再次转包给全国各地的其他小型旅行社——第三级代理。这些小型旅行社会组织若干名散客，然后向散客旅客报出一个包含游客住地——邮轮港口往返交通费、住宿费以及邮轮船票等在内的旅行总价。有一些小型旅行社，或者根本没有旅行社业务资质的网络旅游平台等，以拉得到客源为噱头，会预先向几家二级代理旅行社分别预订舱位，一旦真有客源时，则挑选定价最为便宜的一家二级代理旅行社。由于邮轮公司对包船的一级旅行社或者代理商有"满舱率"的要求，也导致一级旅行社之间的价格竞争十分激烈[2]，使得那些预留了舱位但没有被旅客定购的二级旅行社，不得不采取低价甩舱位的措施。因此就出现了几乎可以通过"白菜价"进行邮轮旅游的怪象。这一现象也被称为"邮轮黄牛党"现象。区别于其他行业的"黄牛"以低价囤货，然后坐等价格上涨后卖给消费者，邮轮黄牛党是先囤消费者，然后坐等价格下降后再将游客及其信息倒卖给包船的一级旅行社或者邮轮公司，靠做空赚钱。[3]长此以往，也会直接导致游客对邮轮价位的预期越来越低，都在想着抢邮轮舱位尾单，致使邮轮舱位按正常价格也越来越难以销售。[4]这种现象也导致一级旅行社在与邮轮公司洽谈包船协议时，拼命压低包船价格。长此以往，就出现大部分邮轮舱位满舱率貌似很高，但是邮轮公司以及旅行社都叫苦不迭、盈利不高的奇特现象。

上述现象也导致邮轮公司无法直接面对消费者——游客，对市场需求的感知和反应存在一定的滞后，无法有效提供高品质的旅游服务体验，邮轮公司对此也深恶痛绝。例如，诺唯真游轮控股有限公司曾宣布惩罚低价出售邮轮船票的旅行社代理商，取消该代理商在当年特定邮轮上所有航次的促销和收益分配优惠协议，并设立专项奖金激励举报扰乱市场价格的行为。但是这些措施并没有遏制住愈演愈烈的包船价格战。为防止邮轮公司发现邮轮舱位

---

[1]《是什么原因让豪华邮轮暂别中国？》，载微信公众号"港口圈"2018 年 9 月 25 日，https：// mp. weixin. qq. com/s？＿＿biz = MzIwNjAxNzAyMQ = = &mid =2247497833&idx =2&sn = 1ac6edda2d9ecec3c005a9f8cdeb40cc&source =41#wechat_ redirect。

[2]《中国邮轮业驶入冰河期：黄牛都是靠做空赚钱》，载微信公众号"财经杂志"2018 年 8 月 19 日。

[3]《中国邮轮业驶入冰河期：黄牛都是靠做空赚钱》，载微信公众号"财经杂志"2018 年 8 月 19 日。

[4]《中国邮轮业驶入冰河期：黄牛都是靠做空赚钱》，载微信公众号"财经杂志"2018 年 8 月 19 日。

销售价格过低的情况，部分旅游网站、旅行社等代理商甚至会在邮轮舱位销售不完的情况下，与乘客签订保密协议，以几乎半卖半送的价格将舱房卖出。此外，由于国外邮轮公司纷纷看中中国邮轮旅游市场，陆续投入越来越多的邮轮经营中国境内的跨境邮轮旅游航线，加上邮轮航线的同质化、单一化等因素，邮轮运力渐渐供大于求，同时包船的利润越来越低，甚至亏损越来越多，旅行社和邮轮公司都成为受害方。这也是造成一些专门为中国市场打造的全新邮轮，在运营不长的一段时间后，不得不暂别中国市场的原因。[1]

　　包船游模式的第二个弊端是邮轮旅客岸上游的问题。在包船游模式之下，邮轮挂靠港口的岸上游行程往往是由包船的旅行社组织或者安排的，而在其他国家或地区，岸上游项目大多由邮轮公司组织安排。在邮轮公司组织安排的情况下，旅客可以选择留在邮轮上，也可以选择参加岸上旅游活动。一旦游客选择岸上游项目，需要单独向邮轮公司支付该旅游费用。而在中国，通过旅行社安排的岸上游费用则是包含在总价团费之中，邮轮旅客不需要单独额外交费。这种"免费模式"虽然表面上看，帮助中国旅客节省了一笔岸上旅游的开支，但同时也埋下了隐患。安排岸上旅游项目的旅行社为了盈利，往往选择1—2个景点或者不需要支付门票的景点，然后就是安排游客到一些免税店购物。这使得岸上旅游项目变得索然寡味，不能满足游客对岸上旅游景点的深度体验。甚至一些旅行社对选择留在船上不参加岸上旅游的旅客，也采取征收人头费的方式，以弥补其不登岸购物而给旅行社带来的"损失"。[2]这种岸上旅游项目质量低下、游客体验差的问题，也让邮轮公司头疼不已。但是因为受中国现行法律规定的限制，中国游客在其他国家岸上旅游的行为属于出境游，而这种出境旅游只能通过中国境内具有出境游资质的旅行机构组织安排，邮轮公司对此无能为力。而游客的体验感一旦下降，也会对整个邮轮度假产品的口碑不利，甚至产生一定的社会负面影响，影响游客对邮轮旅游产品的信赖度和忠诚度，使得中国游客不会再次购买邮轮旅游产品，完全不同于国外邮轮旅客在进行一次邮轮旅游产品体验后，大多会再次或多次体验邮轮公司不同航线的邮轮旅游产品。上述现象导致中国旅行社事后再销售邮轮旅游产品时难度增加，从而形成邮轮旅游销售的恶性循环。

---

〔1〕《是什么原因让豪华邮轮暂别中国？》，载微信公众号"港口圈"2018年9月25日，https：//mp.weixin.qq.com/s?_biz＝MzIwNjAxNzAyMQ＝＝&mid＝2247497833&idx＝2&sn＝1ac6edda2d9ecec3c005a9f8cdeb40cc&source＝41#wechat_redirect.

〔2〕《中国邮轮业驶入冰河期：黄牛都是靠做空赚钱》，载微信公众号"财经杂志"2018年8月19日。

第二节 邮轮旅客运输合同法律属性诸学说及其分析

目前，我国法律并无对邮轮或者游艇等概念的专门解释，也没有对邮轮旅客运输合同作专门规定。邮轮旅游产品销售模式不同，也会带来邮轮旅客运输合同法律关系的不同。因此，本节在阐述邮轮起源、概念和功能的基础上，探讨邮轮客票以及邮轮旅客运输合同的内涵。

一、邮轮概念、功能及表述之争

（一）邮轮的概念和功能

1. 邮轮的起源

关于邮轮的起源和提法，学者观点不一。一种观点认为，邮轮产生于 19 世纪初。随着蒸汽机技术应用到船舶，蒸汽机船诞生了，作为当时长距离最为快捷的交通工具，由于船舶航速快、开航时间固定，在航空大型客机或运输机发明之前的几十年间，主要承揽大西洋两岸间邮件运送。由于在各大港口之间往返运送邮件的同时，也会捎带一些旅客，因此被称为邮轮（Mail Steamship）。随着航空运输的发展，邮件大部分通过飞机运送，而航运公司也发现通过招揽旅客乘坐商船可以增加利润，于是专门用于载客的邮轮应运而生。有学者认为隶属于英国白星公司（White Star Company），当时为全世界最大的豪华邮轮"泰坦尼克号"（RMS Titanic）的前缀是 RMS，RMS 被认为是皇家邮政汽船（Royal Mailing Ship）的缩写。[1]

事实上，在我国也曾经存在专门运送邮件的船舶，即邮件船或邮务艇（stage boat），一般都属邮政部门所有。如在 20 世纪初，上海到汉口的长江沿线上就有专运邮件的邮务艇——上海邮政的"鸿飞号"邮务艇。[2]

另一种观点认为邮轮是指航行于海上的定期定航线的大型客运船舶，由于当时的越洋邮件一般由这种大型客船运载，而且"邮"字本身也具有交通

---

[1] 晨溪：《"邮轮"还是"游轮"哪种称谓更正确？》，载微信公众号"信德海事"2019 年 12 月 1 日，https://mp.weixin.qq.com/s/vd_ Q9sNX91cqrXJP63po4w。

[2] 周新民：《当代海上"客船"究竟是"邮船"还是"游船"？》，载《中国科技术语》2019 年第 4 期，第 55 页。

之意,故名邮轮。[1]但是随着航空运输业的发展,这种以交通运输为目的的大型客运邮轮因航行速度慢、消耗时间长,慢慢淡出人们的视线,退出历史的舞台,取而代之的是具有现代意义的邮轮。[2]

上述两种有关邮轮起源的观点并无本质上的区别,不论是否存在进行海上邮件运送的专用船舶,不可否认的是在航空运输普及之前,曾经存在一段时期,即对邮件与乘客同时进行海上运送的经营期,但这并不影响此种邮轮被用于海上旅客运输活动。

邮轮的前身是早期的定期远洋客船,特别是往来于北大西洋航线运载移民的船舶。从1815年到1860年,由于欧洲大陆的政治动荡和农业收成欠佳,大约496万人移民到美国。当时的远洋船舶兼载旅客与货物,通常等到货舱装满、客舱满员后才起航,因此当时跨洋运输的船舶船期往往不固定。美国内战结束后,由于横跨美国大陆铁路的出现,美国中西部"谷物地带"的开发,以及美国经济的大规模快速增长,前往美国的欧洲移民越来越多。为吸引更多的乘客,一些航运公司开始推出专门的定期客船,客票也成为这些航运公司的一项主要收入。[3]

1837年,英国半岛汽船航运公司(Peninsular Steam Navigation Company)成立,专门从事英格兰半岛至伊比利亚半岛的海上旅客运输。[4]1837年,该公司第一次通过海上客船从事英国至西班牙、葡萄牙的跨洋邮件运送,并成为第一家承运邮件的民营船公司。而1837年以前,从英国发往海外的邮件基本上都由英国皇家海军的舰船搭运。1840年,该公司又获得皇家特许状(Charter),将邮件运送业务扩展至埃及和印度,主要从事经直布罗陀海峡、马耳他,运往埃及亚历山大港口的邮件。同一年与皇家渣华公司合并,并更名为半岛及东方汽船航运公司(Peninsular & Oriental Steam Navigation Company,P&O)。1844年,半岛及东方汽船航运公司在南安普顿至直布罗陀、马耳他和希腊雅典的航线中,首次为旅客提供奢华服务,从而拉开现代邮轮业的新篇章。因为在跨洋航线中,只有能够提供优质及奢华服务的邮轮,才能具有令

---

[1] 宋喜红、戚昕编著:《海洋船舶产业发展现状与前景研究》,广东经济出版社2018年版,第41页。

[2] 赵序主编:《国际邮轮服务与管理》,旅游教育出版社2017年版,第1页。

[3] 阎京生:《邮轮经济学:从交通手段到生活方式》,载《齐鲁周刊》2014年第20期,第36—37页。

[4] 参见英国行业历史格蕾丝指南(Grace's Guide to British Industry History)的官方网站,https://www.gracesguide.co.uk/Peninsular_and_Oriental_Steam_Navigation_Co,2020年1月31日访问。

人瞩目的市场竞争力。与此同时，在一些跨洋航线的传统旅客班轮运输中，各个航运公司也竞相通过提供优质饮食、奢华服务等措施提高竞争力，进而占领市场。

1839 年，塞缪尔·库纳德从英国海军处获得英国第一个横越大西洋的邮件业务合同。他在 1840 年与他人合伙成立"英国－北美皇家邮政汽船公司"，主要经营英国至北美的邮件运输服务，为此每年可以从英国皇家邮政（Royal Mail）领取 8.1 万英镑的邮件运输补助金。由于该汽船公司采用当时最新式的蒸汽机船，使得英国与北美之间的航线，基本上能够按每两周一次的固定船期运行。1879 年，迫于其他轮船公司的竞争，这家私人合伙公司重组为股份公司，改名为"库纳德汽船公司"，即今天的冠达邮轮公司。1845 年成立于英国利物浦的白星公司，最初主要经营英国至澳大利亚的航线，在大洋洲淘金热结束之后，也转而投入北美航线，并成为库纳德汽船公司的头号竞争者。[1]

根据英国皇家邮政的邮件业务合同，凡是搭运邮件的公司，都有权在其汽船前面冠以 RMS（即皇家邮政汽船）的前缀。由于邮件业务合同限定了邮件的最长运输时限，超过时限后每延长 1 分钟要面临 1 英镑 1 先令 4 便士的罚款，因此 RMS 也成为表明相关轮船公司船舶速度快、具有可靠性和服务质量保证的象征。搭载邮件的船舶也被称为"邮船"（mail ship）或"远洋班轮"（ocean liner）。

到 19 世纪 60 年代，欧洲出现了一项约定俗成的惯例：以最快的平均速度横越大西洋的船舶，有权在船舶主桅上升起一条长长的蓝飘带（这是源于赛马活动的习俗）。从此以后，赢得蓝飘带，特别是在船舶处女航中赢得蓝飘带，成为欧洲各家邮船公司和邮船船长的最高荣誉，而且也能为公司招揽更多的乘客。受墨西哥湾暖流的影响，横越大西洋的船舶向东航行的船速普遍要快于向西航行的速度，因此一艘船舶如果能够打破向东航行的纪录，只是被视为"打破纪录者"，只有在同时也获得向西航行的冠军时，才有权升起蓝飘带。

1907 年，英国库纳德汽船公司的邮轮"卢西塔尼亚号"服役，成为世界上第一艘以蒸汽机作为动力的客船，航速高达 24 节。其姐妹船"毛里塔尼亚号"在 1909 年再次刷新纪录，航速达到 26.06 节，高于当时几乎所有的军

---

〔1〕 阎京生：《邮轮经济学：从交通手段到生活方式》，载《齐鲁周刊》2014 年第 20 期，第 36—37 页。

舰。库纳德汽船公司的轮船侧重于速度，其船首的设计尖锐如刀刃，船型细长如同剑鱼。而白星公司的轮船更加注重舒适性。该公司从 1908 年起陆续建造的"奥林匹克号""泰坦尼克号""不列颠尼克号"三艘船舶都以"世界最豪华的邮船"为目标，总吨位超过 46000 吨，但最高航速只有 23 节。

1860—1914 年，欧洲至北美航线成为当时世界上最繁忙、客运量最大的航线。这一时期搭乘邮船的乘客出现明显的阶级区分，在其居住的舱室、娱乐游玩的场所配置方面可见一斑。例如，"泰坦尼克号"头等舱单独铺位的票价是 30 英镑（大约相当于现在的 2515 英镑），带私人阳台的套房票价高达 870 英镑（大约相当于现在的 7.2 万英镑），乘客可以享用头等舱专用的温水游泳池、健身房、壁球场、土耳其浴室、日光浴甲板等豪华设施，甚至连宠物狗也有专门的处所。这些设施都位于轮船的最上面几层甲板。头等舱乘客大多是经常往于欧美的富豪贵族和社会名流。二等舱的票价是 13 英镑（大约相当于现在的 1090 英镑），其乘客以英美中产阶级为主，此外还包括头等舱乘客的男仆、女佣、保姆、司机等。二等舱乘客可以享用船上的吸烟室，可以在图书馆借阅。三等舱的票价在 7 英镑到 9 英镑之间（相当于现在的 587 英镑到 754 英镑），儿童票价是 3 英镑。其乘客主要是来自英国、爱尔兰、北欧等地的移民。三等舱通常是上下铺，6～8 人一个房间，有自己的盥洗室、餐厅和公共会堂，位于轮船的下层。[1]

伴随着大西洋航线的邮轮竞争激烈化，为了招揽更多的乘客，英、法、意大利等国从 20 世纪 30 年代开始也纷纷建造超级豪华邮轮，船舶最大吨位数及最高航速的纪录不断被刷新。例如：1933 年意大利 5 万吨级豪华邮船"国王号"以 28.92 节的平均时速夺走蓝飘带奖。1935 年 8.3 万吨的法国邮船"诺曼底号"将这一纪录刷新到 29.98 节。1936 年英国库纳德 - 白星公司的"玛丽王后号"在处女航中以 30.14 节的速度纪录夺走蓝飘带奖。二战结束后，美国海运委员会和海军司令部在 1949 年资助美国航运公司建造超高速邮轮"合众国号"。"合众国号"虽然只有 53300 吨，并非当时世界上最大的邮船，但是在 1952 年的首航中创造出航速 35.59 节的最高纪录。[2]

但是进入 20 世纪 60 年代，随着航空器及民用航空的发展，特别是洲际之间的旅客运输，邮轮完全被喷气式飞机所取代，传统的跨洋旅客班轮运输

---

〔1〕 阎京生：《邮轮经济学：从交通手段到生活方式》，载《齐鲁周刊》2014 年第 20 期，第 36—37 页。

〔2〕 阎京生：《邮轮经济学：从交通手段到生活方式》，载《齐鲁周刊》2014 年第 20 期，第 36—37 页。

从此走向衰败。1986 年，跨洋旅客班轮运输正式退出历史舞台。[1]而海上旅游业从 20 世纪 70 年代开始勃兴。半岛东方、库纳德、荷兰－美洲等拥有百余年历史的老字号邮轮公司纷纷转以游轮为主要经营业务。尤其是库纳德公司，开创了一种新型经营模式，即不再关注传统跨洋旅客运输，而是关注为旅客提供在海上休闲度假服务。随着航空业的发展，跨越大洲的非大宗货物以及邮件已经多数采用航空运输，因此邮轮也从原来的运输、游玩加运送邮件的功能完全转变成可供海上游玩、观光、休闲的功能。邮轮就像是"移动式五星级酒店"，人们在船上享受着与陆上豪华酒店同样的服务和娱乐设施的同时，还可以欣赏海上的优美景色。

因此，现代意义的邮轮实际上是指航行在水域上，配备相对齐全的生活与娱乐设施，专门用于旅游、休闲、度假的豪华船舶。根据航行区域，一般可分为环球邮轮、区域邮轮、沿海邮轮以及内河邮轮。[2]

2. 邮轮的内涵

（1）邮轮含义

根据维基百科的解释，邮轮是指满足航行中娱乐休闲目的的一种客船。不论是航行本身，还是船舶上的相关设施，包括船舶可能挂靠不同的港口，都是为了满足娱乐休闲体验的需要。运输并不是邮轮的唯一目的，特别是很多邮轮载运游客离开母港，经过海上巡游，再回到母港的情形。甚至一些邮轮采取"无目的地旅游"的方式，即在整个航行途中，邮轮不挂靠任何一个港口，在离开母港之后，经过海上的游弋，再返回母港。与邮轮相对应的是那些被专门用于从事将旅客从一个地点经水路运往另一个地点的传统班轮客船。

根据《中国大百科全书》（交通卷），客船是指载运旅客以及行李和邮件的运输船舶。客船绝大多数为定期定线航行，这种客船又称班轮，随着远程航空运输的发展，客船逐渐转向短程运输和旅游服务。客船包括海洋客船、旅游船、汽车客船和滚装客货船、内河客船、小型高速客船五类。海洋客船包括远洋客船和沿海客船。远洋客船曾经因多运载邮件，又被称为"邮船"。显然这种奢华的在海上供游客旅游观光、休闲的船舶，属于客船的一种。

此外，根据《不列颠百科全书》的记载，随着蒸汽机船的发明和使用，

〔1〕 周新民：《当代海上"客船"究竟是"邮船"还是"游船"？》，载《中国科技术语》2019 年第 4 期，第55 页。
〔2〕 马魁君主编：《邮轮旅游地理》，大连海事大学出版社 2016 年版，第17 页。

在 19 世纪中叶，建造更大型化、高速化、安全化船舶导致大规模具有高度竞争性的客运业兴起，尤其是横渡北大西洋的客运活动。但是 20 世纪 60 年代远程喷气式飞机的出现，使得大型远洋客船运输迅速衰退。显然这段表述反映了邮轮已经退出历史的舞台，取而代之的是跨洋的大型海上旅游客船。

在《船舶工程辞典》[1]中，虽有词例"邮船"，但是明确指出此类船舶在 20 世纪 60 年代后随着航空事业的发展渐趋衰落，现多数已改为不定期的长途旅游船舶。

《现代汉语词典》[2]第 7 版中，对"邮船"条目解释为海洋上定线、定期航行的大型客运轮船。因为过去水运邮件总是委托这种大型快速客轮运载，所以叫邮船，也叫邮轮。显然该词条是从船舶功能及历史渊源的角度予以解释，但是该词条没有指出世界上"邮船"早已退出历史舞台这一事实。

综上，上述权威词典及工具书对"邮轮"或者"邮船"的解释无不揭示着该类型船舶实际上属于满足旅游休闲功能的水上专用客船的本质。至于曾经专门或部分搭载邮件的功能，已经因为飞机等其他交通工具的出现及大量使用而成为历史。

（2）有关邮轮中文表述的现实与争论

从本书第一章中我国各级人民政府出台的相关规范性文件表述用词看，近年来"邮轮"一词大量频繁出现。例如：2005 年国家发展和改革委员会发布《产业结构调整指导目录（2005 年本）》，在第 22 项涉及"水运内容"中明确提及"国际邮轮运输"字样。2008 年《国家发展改革委关于促进我国邮轮业发展的指导意见》使用"邮轮"一词。2009 年《国务院关于推进上海加快发展现代服务业和先进制造业建设国际金融中心和国际航运中心的意见》（国发〔2009〕19 号）提出"促进和规范邮轮产业发展"。2015 年 8 月，国务院办公厅发布《国务院办公厅关于进一步促进旅游投资和消费的若干意见》（国办发〔2015〕62 号），指出要"推进邮轮和游艇旅游产业发展"。2017 年 2 月 3 日，国务院印发《"十三五"现代综合交通运输体系发展规划》，提出"在拓展交通运输新领域新业态方面，积极引导交通运输新消费，有序推进邮轮码头建设，拓展国际国内邮轮航线，发展近海内河游艇业务，促进邮轮游艇产业发展"。2018 年 3 月 9 日出台的《国务院办公厅关于促进

---

〔1〕 中国造船工程学会、上海交通大学主编：《船舶工程辞典》，国防工业出版社 1988 年版。

〔2〕 中国社会科学院语言研究所词典编辑室编：《现代汉语词典》（第 7 版），商务印书馆 2016 年版，第 1583 页。

全域旅游发展的指导意见》（国办发〔2018〕15 号）指出，把促进全域旅游发展作为推动经济社会发展的重要抓手，强调旅游与其他相关产业的融合，明确积极发展邮轮游艇旅游、低空旅游。2018 年 9 月 27 日，交通运输部、发展改革委、工业和信息化部、公安部、财政部、商务部、文化和旅游部、海关总署、税务总局、移民局十个部门联合发布《关于促进我国邮轮经济发展的若干意见》（交水发〔2018〕122 号），明确指出邮轮运输旅游已经成为我国新型休闲消费方式。2019 年 8 月 21 日，交通运输部、公安部、文化和旅游部、海关总署、移民局联合发布《关于推广实施邮轮船票管理制度的通知》（交水规〔2019〕11 号），要求从事我国境内港口始发国际邮轮航线、内地与港澳间海上邮轮航线、大陆与台湾间海上邮轮航线经营的邮轮运输企业和境内港口经营人，推广实施邮轮船票管理制度。

　　从新闻媒体报道情况看，在行业报刊、高端展会及论坛上，邮轮一词的热度不减，各主流媒体也争相用之，尤其是在船舶行业。例如：2015 年 12 月 1 日至 12 月 4 日，在上海举办中国国际海事技术学术会议和展览会期间，上海外高桥造船有限公司副总经理陈军在高级海事论坛上向中外专家作了《贯彻国家战略 履行央企责任 全力打造民族品牌豪华邮轮》的主题报告，论及对中国邮轮市场以及中国首艘豪华邮轮建造问题的想法。[1] 2015 年 11 月 27 日出版的《中国船舶报》（T11 版）为第 18 届中国国际海事会展做宣传，整版刊登特别报道——《豪华邮轮国产化：开启不寻常的征程》。[2] 被誉为国际海事技术发展趋势的风向标，全球最具影响力和规模的海事专业会展——中国国际海事会展，于 2017 年 12 月 5 日至 8 日在上海举办，本次会展专门设立"豪华邮轮"专场，聚焦豪华邮轮建造、设计和配套等内容，中国第一艘国产豪华邮轮也成为本届会展的关注重点。[3] 2018 年 4 月 8 日至 11 日，博鳌亚洲论坛在海南博鳌举行，邮轮旅游被列为讨论主题之一，涉及海上丝绸之路沿线地区如何进一步推动邮轮产业的发展、基础设施建设和构建海上丝绸之路沿线旅游城市联盟等内容。这也是 2001 年博鳌亚洲论坛自举办以来首次涉及邮轮旅游事项。2018 年 7 月 5 日，《解放日报》《文汇报》等主

---

〔1〕 参见国际船舶官方网站，http：//www.eworldship.com/html/2015/Exhibition_ 1202/109425. html，2020 年 1 月 30 日访问。

〔2〕 周新民：《当代海上"客船"究竟是"邮船"还是"游船"?》，载《中国科技术语》2019 年第 4 期，第 55 页。

〔3〕 参见搜狐官方网站，http：//www.sohu.com/a/168917991_ 214055，2020 年 1 月 30 日访问。

流媒体纷纷在头版报道《中共上海市委关于面向全球面向未来提升上海城市能级和核心竞争力的意见》，其中提及"大力促进邮轮全产业链发展，推进国际邮轮母港建设"。[1]2018 年 11 月 6 日，中国船舶集团有限公司与美国嘉年华邮轮集团公司、意大利芬坎蒂尼集团公司签订 2 + 4 艘大型邮轮建造合同，正式宣告我国建造豪华邮轮尘埃落定。这不仅是我国造船史上的辉煌一笔，也标志着向我国造船行业的最后一个堡垒——邮轮建造堡垒，迈出第一步。[2]2019 年 11 月召开的上海进口博览会，也专门设立"国际邮轮服务贸易高峰论坛"，聚焦上海邮轮经济如何攀上千亿级。[3]

从搜索引擎和学术文献研究角度看，通过百度搜索，截至 2018 年 8 月 21 日，以中文"邮轮"字段查询，有关的信息条达 1410 万个；以中文"游船"为字段查询，结果为 1580 万条。[4]通过谷歌搜索，以英文"cruise"字段查询，有关的信息条达 3.71 亿个；以英文"tour ship"字段查询，结果为 8.41 亿条。[5]而截至 2020 年 1 月 30 日，在百度搜索中文"邮轮"字段，有关的信息条已经高达 6530 万个，中文"游船"字段信息为 6900 万。[6]在谷歌搜索英文"cruise"的有关信息为 12.7 亿条，英文"tour ship"相关信息条为 5.89 亿个。

通过在国内学术数据库——中国知网（CNKI）官方网站上搜寻，截至 2018 年 8 月 21 日，与邮轮主题有关的文献为 739 个，涉及游船的为 160 个，有关客船的为 283 个。截至 2020 年 1 月 29 日，通过维普咨询中文期刊服务平台查询，与中文字段"邮轮"有关的期刊文章已有 3629 篇，跨越时段从 1985 年至 2019 年年底。其中 1985 年、1986 年分别为 1 篇，处于几乎无人研究的状态，到 2008 年开始突破百篇，达到 101 篇。而 2016—2019 年的研究文献激增，分别是 498 篇、495 篇、448 篇和 342 篇。显然近几年越来越多的学者开始关注该领域的学术问题。在上述期刊文献中，涉及经济管理领域的最多，达 1644 篇，占全部研究文献的 45.3%；其次分别为交通运输工程领域 1329 篇，文化科学领域 229 篇，建筑科学领域 98 篇，政治法律领域 89

---

[1] 周新民：《当代海上"客船"究竟是"邮船"还是"游船"？》，载《中国科技术语》2019 年第 4 期，第 55 页。

[2] 吕龙德：《合同签订豪华邮轮"中国造"任重道远》，载《广东造船》2018 年第 6 期，第 5 页。

[3] 《进博会论坛聚焦上海邮轮经济如何攀上千亿级》，载旅游视讯官方网站 2019 年 11 月 14 日，http://www.ititv.cn/play/4206.htm。

[4] 参见百度官方网站，https://www.baidu.com/，2018 年 8 月 21 日访问。

[5] 参见谷歌官方网站，https://www.google.com/，2018 年 8 月 21 日访问。

[6] 参见百度官方网站，https://www.baidu.com/，2020 年 1 月 30 日访问。

篇，医药卫生和历史地理分别为 53 篇，其他领域总计为 187 篇。[1] 显然，不论是网络数据库还是相关学术数据库，近年来"邮轮"一词都成为热门以及令人关注的词语和研究领域。

但是在前述搜索引擎及新闻媒体大肆报道有关"邮轮"的背景下，仍然有一些学者对此予以冷静思考，并对我国不规范地使用"邮轮"一词表示出关注和不安。

周新民先生认为，"邮轮"一词的表述不符合行业规范，有悖于全国科学技术名词审定委员会和中国造船工程学会负责的船舶工程名词审定，有悖于国家语言文字工作的相关规定，应当正名为"旅游客船"或者简称"游船"或者俗称"游轮"。[2] 主要理由：第一，目前有关船舶类工具书，例如，经全国科学技术名词审定委员会审定公布，由科学出版社出版的《船舶工程名词》（1998 年）[3]、《海峡两岸船舶工程名词》（2003 年）[4] 及国防出版社出版的《船舶名词术语》（1979 年）[5] 等规范行业用语的专用船舶名词手册中，均未收录"邮轮"一词。第二，"邮轮"已经完成历史使命，该表述应当退出历史舞台。根据中国船舶行业主管部门颁布的船舶术语，载客游览的船舶称为"旅游客船"，简称"游船"，即以满足游客享受海风、日光及对广袤海洋进行观光、体会海上生活情趣为目标的船舶。因此不宜将现代游船再称为"邮轮"或"邮船"。[6] 第三，在 2010 年前后，"邮轮"一词逐渐在我国各类主流媒体上不断涌现，呈"大热现象"，并被政府官员、行业主管部门广泛使用，目的就是为国人尚不熟悉的东西附设神秘感，体现高附加值。[7]

对于"邮轮"一词在当代海上旅游行业的"滥用"，其他一些学者们也表示极大的忧虑。有学者认为"邮轮"用词表述不具有科学性，应当规范为

〔1〕　以上数据系根据维普咨询中文期刊服务平台提供信息予以统计，参见维普咨询中文期刊服务平台官方网站，http://qikan.cqvip.com/，2020 年 1 月 29 日访问。

〔2〕　周新民：《当代海上"客船"究竟是"邮船"还是"游船"？》，载《中国科技术语》2019 年第 4 期，第 56—57 页。类似的观点还体现在周新民：《船舶行业用语应与时俱进："邮轮"一词用法刍议》，载《中外船舶科技》2017 年第 3 期，第 1—4 页。

〔3〕　全国科学技术名词审定委员会编：《船舶工程名词》，科学出版社 1998 年版。

〔4〕　海峡两岸船舶工程名词工作委员会编：《海峡两岸船舶工程名词》，科学出版社 2003 年版。

〔5〕　《船舶名词术语》编订组：《船舶名词术语》，国防工业出版社 1979 年版。

〔6〕　周新民：《"邮轮"已驶入历史》，载《咬文嚼字》2010 年第 11 期，第 4—5 页。

〔7〕　周新民：《当代海上"客船"究竟是"邮船"还是"游船"？》，载《中国科技术语》2019 年第 4 期，第 56 页。

"旅游船"或"游览船"。[1]有的则认为"邮轮"一词的表述值得商榷，从"邮轮"一词的起源考察，"邮轮"已成为象征过往历史的名词，现在应当使用"客船"一词。[2]还有的学者从交通手段到生活方式转变的角度，论及邮轮与游轮的区别，指出邮轮侧重于船舶的"交通工具"性质，通常航线固定，航速较快，也是因为这个原因，过去邮政机构经常委托这种快速定期班轮搭载越洋邮件，因此被称为"邮船"。而游轮或游船更侧重于船舶的"娱乐工具""度假工具"性质，搭乘游轮的乘客并不以从甲港口至乙港口的交通运输为目的，而是主要为了享受沿途以及船舶上的娱乐和休闲项目，通常还会返回原来的出发港口。[3]

国内通常称为邮轮或者邮船的船舶，源自英文"cruise"或者"cruise ship"。而实际上"cruise"一词本身就有巡洋、巡游，在海上慢速航行之意。因此，无论从邮轮的历史发展及功能属性变化的角度考虑，还是从邮轮本身的中外文文意解释的角度考虑，都应当将"cruise ship"正名为"巡游船""旅游船"，或者简称为"游船"，而非"邮轮"。

但是鉴于国内相关媒体报道以及国家有关部委颁布的政策性规范文件的影响，加上普通民众未必能够清楚地认识到"邮轮"与"游轮"的本质区别，为了避免混淆和不必要的误解，本论著暂用"邮轮"一词。需要说明的是，本论著提及的邮轮，并不针对搭载邮件的专用船舶，而是仅限于满足航行中娱乐休闲目的的一种水上巡游客船，即不以水上交通运输位移为目的，而是借助船舶这一能够移动的外在物质载体，实现水上娱乐、休闲、观光、吃住、购物、旅游目的的一种旅游船舶。

3. 邮轮的功能

正如前文所述，由于历史发展的缘故，邮轮的功能也开始逐渐由运输邮件转向专门运载旅客，并提供综合性休闲娱乐旅游服务，如同"移动式五星级酒店"。人们在享受与陆上豪华酒店同样的服务消费项目和娱乐设施的同时，又能欣赏海上的优美景色。

伴随着邮轮的发展历史，邮轮已经从最初的注重航行速度的运输工具，转向兼具各种休闲、游玩、购物、娱乐等设施，成为能够提供休闲旅游服务的"浮动的度假村"。例如，一艘14万总吨级别的豪华邮轮，包括工作人员

[1] 时培育：《"邮轮"当休》，载《科技术语研究》2003年第4期，第26—27页。
[2] 程天柱：《从"邮轮"到"游船"》，载《科技术语研究》2003年第4期，第27页。
[3] 阎京生：《邮轮经济学：从交通手段到生活方式》，载《齐鲁周刊》2014年第20期，第36—37页。

在内，载客量大约为5000人。世界邮轮公司排名第二的皇家加勒比游轮有限公司，拥有37艘巨型豪华邮轮，包括当今世界上最大的两艘邮轮——22.3万总吨的"海洋绿洲号"和"海洋诱惑号"。这两艘邮轮上有一条与美国纽约同名的"中央公园"中庭商业街，种植很多花草树木，还有露天剧场、泳池、冲浪池、高尔夫球场、溜冰场、健身房、夜总会、各国风味餐厅、免税店、赌场等各类娱乐设施。[1]除娱乐休闲设施外，邮轮还备有必要的安全设施以及必要的环境保护、生态保护设施等，因此也符合《旅游法》中旅游景区的内涵，又被称为"浮动的旅游景区"。

现代邮轮兼具交通运输功能和旅游服务功能。邮轮除了具有承载旅游者前往目的地的功能外，还具备旅游综合体的功能。其提供的丰富多彩的船上服务项目，足以引起相当数量的旅游者的兴趣。具体而言，邮轮为旅游者提供海上的旅行体验，提供餐饮、住宿、娱乐服务，还提供邮轮停靠地岸上一日游旅游活动，邮轮所具备的服务功能已非一般海上交通工具所能比拟。但是邮轮作为交通工具的属性，并不因为具备豪华服务设施而被减弱。[2]

作为航行于主要港口城市和旅游海岸的观光巡航游船，邮轮以海洋旅游为目的，为旅客提供豪华设施和高级服务，是海洋旅游的常用交通手段，一直备受游客们的关注。不同于按照规定线路定期航行的客运船舶，作为观光巡航游船，邮轮利用自身船舶及设施进行独特的旅游活动，通过具有丰富旅游经验的邮轮公司或者旅行机构以直接或者间接承包的方式招揽游客后，航行于多个旅游港口或旅游目的地。邮轮具备住宿、餐饮等便利设施，以及娱乐设施等，不仅能够为游客提供满足旅游需求的各种船上活动和游玩，还能安排精心准备的各种船上娱乐节目。因此邮轮旅游不是单纯的客运活动，而是集运送、住宿、旅游为一体的综合性业态。

根据邮轮的发展历史，邮轮的功能也从单一运输趋向集交通、住宿、旅游为一体的综合属性，但是有些国家依然参照海上运输经营管理的规定规制邮轮经营活动。例如，根据韩国《海运法》，邮轮运输被视为海上旅客运输，并区分为国内港口之间运行的内港旅客运输、国内港口与国外港口之间或国外港口之间运行的外港旅客运输。在韩国，邮轮经营者应当根据该国《海运

---

[1]　阎京生：《邮轮经济学：从交通手段到生活方式》，载《齐鲁周刊》2014年第20期，第36—37页。

[2]　黄恢月：《包价旅游合同服务法律指引》，中国旅游出版社2017年版，第299页。

法》或者《游船和渡船业法》获得海上旅客运输业许可或者游船业许可。[1]值得注意的是，在国际通行并被普遍认可的邮轮船舶登记证书中，在船舶类型一栏邮轮也是登记为客船"passenger（cruise）ship"，但为了区别于那些传统普通客船，特别标注"cruise"一词。

（二）邮轮与游艇的区别与联系

1. 我国游艇业发展现状

尽管邮轮、游艇都属于水上旅游客船，但是邮轮区别于游艇。后者是指高级水上娱乐耐用消费品，集航海、运动、娱乐、休闲功能于一体，主要满足个人或家庭娱乐或运动需要。

游艇业在国际市场上有着巨大的份额，全球每年的游艇经济收入超过500亿美元，发达国家平均每171人就拥有一艘游艇，在挪威、新西兰等地更是每8人就拥有一艘游艇。专业人士认为，当某个地区的人均国内生产总值达到5000美元时，游艇经济就开始出现萌芽，这也印证了我国目前游艇业的发展状况。[2]根据中国国家统计局2020年1月17日对外公布的信息，2019年全年中国国内生产总值为99.0865万亿元人民币，稳居世界第二，人均国内生产总值首次突破1万美元[3]，这意味着中国人民收入增加、生活更加殷实，更能满足中国人民娱乐休闲的需要。

据统计，目前我国已经有200多家游艇制造企业，产值超过1000万的企业有30多家，主要集中在深圳、上海、青岛、天津、厦门、珠海等城市。沿海有游艇100多艘，主要集中在青岛、深圳等地。游艇业作为新兴产业受到很多地方政府的高度重视，纷纷对游艇业的发展寄予厚望，并作为城市品牌。在辽宁、河北、山东、江苏、上海、浙江、福建、广东、海南等沿海和内陆水上旅游资源丰富且经济相对发达的省市，游艇业已经有所发展，其中深圳、上海、青岛、日照等地发展较快。青岛、日照由于2008年举办奥运会帆船比赛和世界帆船锦标赛，使得游艇业发展非常迅猛。深圳毗邻香港，且气候宜人，四季如春，发展游艇业具有得天独厚的自然条件。上海为了加快发展游

---

〔1〕［韩］丁硕重：《海洋旅游学》，李承子等译，上海译文出版社2016年版，第83—84页。
〔2〕《解读〈游艇安全管理规定〉》，载中国海事局官方网站，http：//wcm.mot.gov.cn：9000/zizhan/zhishuJG/haishiju/zhengceguiding/zhengcejiedu/201110/t20111021_1088657.html，2020年2月1日访问。
〔3〕《重磅！中国人均GDP突破1万美元》，载凤凰财经官方网站，https：//finance.ifeng.com/c/7tIpyXqupDk，2020年1月17日访问。

艇经济，将奉贤区打造为游艇城。与发达国家平均每 171 人拥有一艘游艇相比，我国游艇的人均占有量仍有巨大提升空间。可以预计，随着社会经济的进一步发展，人们生活观念的逐步转变，游艇业未来也将会在我国得到迅猛发展。[1]

2. 有关游艇的界定

有学者认为，游艇有广义和狭义之分。广义的游艇范围较宽泛，除包括狭义游艇外，还包括公园里从事经营活动的游船；狭义游艇仅限专门用于私人休闲娱乐并有一定尺寸要求的船艇。[2]在发达国家，游艇如同私家车一样，多为个人拥有；而在发展中国家，游艇大多作为公园、旅游景点的经营项目供人们消费，因此游艇有别于作为运输工具的高速船舶和旅游客船。[3]

由此可见，学者们对于广义和狭义游艇的理解，关键在于游艇的使用是否具有经营性质，如果仅限于私人休闲娱乐目的的小型船艇即属于狭义游艇范畴，而广义的游艇还包括在公园或一些娱乐场所从事休闲娱乐经营活动的小型游船。

事实上，各国或地区对游艇的界定各不相同。例如：《加拿大航运条例》规定，游艇系指仅用于个人娱乐而非商业目的的船艇。新西兰有关法律规定，游艇系指仅用于船舶所有人娱乐或作为船舶所有人居住场所的，且不被用于出租或取得报酬的船舶。我国香港特区《商船（本地船只）条例》规定，游艇系指符合以下条件的小轮、私人游艇、充气式船只、中式帆船、西式中国帆船或其他船只：（1）是已装备或者载有引擎，设计为可装设或载有引擎，借以使该船只能靠机械设备推进；（2）是纯粹为游乐的需要而拥有或使用；（3）并非为收取租金或报酬而出租（根据租船协议和租购协议的条款出租的除外）。[4]我国台湾地区"船舶法"第一章第 3 条将游艇界定为专供娱乐，不以从事客、货运送或渔业为目的，以机械为主动力或辅助动力之船舶。并

---

〔1〕《解读〈游艇安全管理规定〉》，载中国海事局官方网站，http：//wcm. mot. gov. cn：9000/ zizhan/zhishuJG/haishiju/zhengceguiding/zhengcejiedu/201110/t20111021 _ 1088657. html，2020 年 2 月 1 日访问。
〔2〕 宋喜红、戚昕编著：《海洋船舶产业发展现状与前景研究》，广东经济出版社 2018 年版，第 134 页。
〔3〕 宋喜红、戚昕编著：《海洋船舶产业发展现状与前景研究》，广东经济出版社 2018 年版，第 133 页。
〔4〕《解读〈游艇安全管理规定〉》，载中国海事局官方网站，http：//wcm. mot. gov. cn：9000/ zizhan/zhishuJG/haishiju/zhengceguiding/zhengcejiedu/201110/t20111021 _ 1088657. html，2020 年 2 月 1 日访问。

且将游艇区分为自用游艇和非自用游艇。其中自用游艇指专供船舶所有人自用或无偿借予他人从事娱乐活动之游艇；非自用游艇指整船出租或以俱乐部形态从事娱乐活动之游艇。并且在第七章第 70 条明确规定，游艇不得经营客、货运送、渔业或供娱乐以外之用途，但允许从事非渔业目的的钓鱼活动。而欧洲的法律则将游艇定义为，长度不小于 2.5 米，作为或可以作为水上移动装置的任何航行器具或设备，且用于非营利的海上运动、钓鱼运动或娱乐休闲。[1]

显然上述国家或地区，大都将游艇限定在娱乐而非商业目的的范畴之内。

3. 邮轮与游艇在技术规范方面的区别

不论是邮轮还是游艇，都具有娱乐休闲的功能，但是二者仍然具有明显的区别和差异。邮轮与游艇，不仅在名称表述上存在不同，在船舶使用目的和用途方面也存在差异，在建造规范方面，二者也存在不同。

中国船级社 2017 年发布了《邮轮规范》，其第 1.1.1 条将邮轮界定为"以旅游为目的的高端客船。邮轮通过船上配备的各类生活娱乐设施，为乘客提供文化、体育、餐饮、购物、住宿、观光等旅游休闲服务"。

值得注意的是，中国船级社在《邮轮规范》第 1.1.2 条明确规定，该规范内容仅针对海上邮轮，不包括内河邮轮建造规范。此外根据第 1.1.5 条至第 1.1.7 条的规定，邮轮除了要满足本规范各项要求，还需要满足中国船级社《钢质海船入级规范》有关客船的各项适用要求以及船旗国政府主管机关和港口国对客船的各项规定。

满足该规范要求的船舶，可以被授权在船舶上标注 Passenger Ship 或者 Cruise 的标志，还可以针对不同要求，在此基础上增加邮轮休闲体验设计指数（CEDI）附加标志或者邮轮健康保障设计指数（SEDI）附加标志。邮轮休闲体验设计指数主要考虑的因素包括乘客空间、舒适度、乘客休闲设施等；邮轮健康保障设计指数主要是为了对应旅游行业分级指标需要考虑的空间、舒适度及功能需求，对船舶空间布置、设备及系统配备等船舶硬件方面予以规定。显然该《邮轮规范》主要从邮轮船体结构、消防、稳性、求生及安保等方面作出明确的技术规范要求。

中国船级社在 2012 年发布《游艇入级与建造规范》[2]，对 24 米及以上

---

〔1〕　宋喜红、戚昕编著：《海洋船舶产业发展现状与前景研究》，广东经济出版社 2018 年版，第 133 页。

〔2〕　中国船级社：《游艇入级与建造规范》，人民交通出版社 2012 年版。

游艇[1]和 24 米及以下游艇[2]分别规定在两篇中，从一般规定、艇体结构、轮机、电气装置、舾装等方面分别予以规定。其中第 1.1.3（1）条将游艇界定为从事非营业性游览观光、休闲娱乐等活动的船舶，包括以整船租赁形式从事前述活动的船舶。

从中国船级社制定的上述技术规范可以看出，邮轮要满足如下五个条件：一是应当为营业性船舶。二是该营业性质主要是以旅游为目的。三是能够为乘客提供文化、体育、餐饮、购物、住宿、观光等旅游休闲服务。四是高端的钢制客船。虽然没有对高端一词的内涵作出解释，但是至少应当满足休闲体验设计指数以及健康保障设计指数方面的要求。五是对邮轮的长度只有下限要求，即船舶长度为 90 米及以上[3]，没有上限的规定，而且也不包括在内河航行的邮轮。

而游艇需满足如下四个条件：一是应当为非营业性质的船舶。二是要满足游览观光和休闲娱乐等需求。三是一定为机动船舶，不包括非营业性质并且能够满足游览观光和休闲娱乐需求的帆艇。[4]四是有尺寸和长度的限制，上限是游艇长度不超过 90 米，没有下限要求，也没有一定在海上或者内河航行的水域限制。（邮轮与游艇的技术规范差异详见表 2 - 1）

表 2 - 1　中国船级社有关邮轮、游艇技术规范要求一览表

船舶类型	营业性质	功能要求	尺寸限制	动力要求	水域范围	备注
邮轮	营业性（强调旅游目的）	满足文化、体育、餐饮、购物、住宿、观光等旅游休闲服务需求	船舶长度≥90 米	机动船	仅限海域	强调高端钢制海船
游艇	非营业性	满足游览观光和休闲娱乐等服务需求	船舶长度<90 米	机动船	海域、内河水域皆可	不含帆艇

注：表格内容系笔者根据中国船级社的技术规范内容自行整理编制。

4. 我国有关游艇方面的立法及分析

目前我国有关游艇方面的立法，主要是交通运输部有关游艇安全管理方

---

[1] 根据《游艇入级与建造规范》第 2 篇第 1.1.1.1 条，24 米及以上的游艇是指艇长为 24 米及以上但小于 90 米的新建机动游艇，不包括帆艇。

[2] 根据《游艇入级与建造规范》第 1 篇第 1.1.1.1 条，24 米及以下的游艇是指艇长为 24 米以下的新建机动游艇。

[3] 参见《游艇入级与建造规范》第 2.1.1 条的规定。

[4] 根据中华人民共和国国家海事局《游艇法定检验暂行规定》（2013 年）第 1.1.7（2）条的规定，帆艇是指以风力推动帆为主要推进动力的游艇。

面的规定，以及海南省、大连市等结合自身情况对游艇管理制定的地方性立法。

（1）《游艇安全管理规定》

交通运输部 2008 年颁布《游艇安全管理规定》，其中第 2 条将游艇定义为仅限于游艇所有人自身用于游览观光、休闲娱乐等活动的具备机械推进动力装置的船舶。同时考虑到我国的实际情况，一些游艇俱乐部享有所有权并提供给会员使用的船艇，若游艇使用人仅用于游览观光、休闲娱乐等非营利活动，也属于该管理规定中游艇的范畴。显然，我国交通运输部是从狭义角度对游艇作出规范的。

游艇不同于其他营运船舶，除了须遵守国际避碰规则，其他的国际海事公约，如《国际海上人命安全公约》（SOLAS）、《海员培训、发证和值班标准国际公约》（STCW）大多不适用于游艇，因此国际上缺少通行一致的标准和规范。各国针对游艇管理方面的要求也各不相同。例如：在游艇登记和检验制度方面，有的国家规定不需要检验，有的国家规定需要检验但不需要登记，甚至有的国家规定完全不需要登记和检验。在游艇驾驶员的配备要求方面，有的由主管机关主导培训、考试、发证工作，有的完全由行业协会承担培训、考试、发证工作，各国的要求和做法各不相同，但共同点都是实行较为宽松的管理。[1]因此，为了规范游艇安全管理，保障水上人命和财产安全，防治游艇污染水域环境，促进游艇业的健康发展，交通运输部根据水上交通安全管理和防治船舶污染水域环境的法律、行政法规制定《游艇安全管理规定》。该规定共 8 章 46 个条文，分别对适用范围，游艇检验和登记，游艇操作人员培训、考试和发证，游艇航行与停泊，安全保障，监督检查，法律责任等方面予以规定。

根据《游艇安全管理规定》第 43 条的规定，如果游艇从事营业性运输，应当按照国家有关营运船舶的管理规定，办理船舶检验、登记和船舶营运许可等手续。第 45 条规定，如果游艇乘员超过定额 12 人，应当对其按照客船进行安全监督管理。

由上可知，交通运输部规定，游艇承载量应当在 12 人以下。如果搭载人数超过 12 人，即使没有用于商业用途的娱乐休闲活动，也应当依照客船的相

---

[1]《解读〈游艇安全管理规定〉》，载中国海事局官方网站，http：//wcm. mot. cn：9000/zizhan/zhishuJG/haishiju/zhengceguiding/zhengcejiedu/201110/t20111021 _ 1088657. html，2020 年 2 月 1 日访问。

关规定处理。那些即使可以用于水上浏览观光、娱乐休闲的帆艇，如果没有机械推动动力装置，仅仅依靠风力、人力等作为推动动力的艇筏，或者是专用于公园或娱乐场所商业目的的小型艇筏等，都不属于我国现行立法规定的游艇范畴。

（2）《海南出入境游艇检疫管理办法》

2013 年 6 月 5 日，国家质量监督检验检疫总局公布《海南出入境游艇检疫管理办法》，该管理办法根据 2018 年 4 月 28 日海关总署令第 238 号进行第一次修正，根据 2018 年 5 月 29 日海关总署第 240 号令进行第二次修正。

该管理办法是为了防止疫情传播，对海南出入境游艇检疫工作予以规范。其中第 38 条明确规定游艇仅限于用于游览观光、休闲娱乐等活动的具备机械推进动力装置的船舶。可以看出该管理办法有关游艇的界定与交通运输部《游艇安全管理规定》基本一致，但是范围要比后者宽泛，因为交通运输部《游艇安全管理规定》将游艇限定在游艇所有人自身用于游览观光、休闲娱乐等活动的船舶，而《海南出入境游艇检疫管理办法》没有"游艇所有人"这一限制，即不论是否为游艇所有人或者经营人，只要是用于游览观光、休闲娱乐等活动的具备机械推进动力装置的船舶均属于游艇，应当根据该管理办法履行相关出入境检疫手续。

（3）《大连市游艇边防治安管理规定》

2015 年 3 月 1 日，大连市人民政府发布《大连市游艇边防治安管理规定》，2019 年 2 月 19 日大连市人民政府以第 159 号令予以修正。该管理规定制定的目的是加强游艇边防治安管理，预防和打击通过游艇进行走私、贩毒、越境、偷渡、赌博等违法犯罪活动。根据第 2 条规定，游艇是指仅限于游艇所有人自身用于游览观光、休闲娱乐等活动的具备机械推动力装置的船舶。该规定与交通运输部《游艇安全管理规定》有关游艇的界定完全一致。

（4）《海南省游艇管理办法》

海南省人民政府于 2016 年 2 月 5 日发布《海南省游艇管理办法》，系国内首个对游艇进行管理的地方立法。目的是加强游艇的服务与管理，维护国家安全，促进游艇经济发展。根据该管理办法第 2 条的规定，其仅适用于游艇及其乘员在海南航行、停泊、出入境、转港和游艇码头以及俱乐部（游艇会）的管理。根据第 48 条的规定，游艇是指游艇所有人、游艇俱乐部（游艇会）及其会员用于游览观光、休闲娱乐等活动具备机械推进动力装置的船舶，包括具有机械辅助动力的帆艇。显然该管理办法有关游艇的界定，要比交通运输部《游艇安全管理规定》有关游艇的界定更加宽泛，不仅包括了游艇所有人，而且即使属于游艇俱乐部及其会员所有的或者经营的，只要用于游览观光、休闲娱乐等活动的具备机械推进动力装置的船舶都属于游艇的范围。

综上所述，尽管我国现行立法有关游艇的界定并非完全一致，但不可否认的是，邮轮和游艇都是用于水上游览观光、休闲娱乐等活动的具备机械推进动力装置的船舶或移动式装置，都是游船的一种。但是邮轮主要用于商业目的，并且船舶长度在 90 米及以上，而游艇不能用于商业目的，艇长不超过 90 米，搭载旅客也不应超过 12 人。至于在公园内或陆上的能够满足游览观光、休闲娱乐需求的，不具备机械推进动力装置的小型艇筏，既不属于邮轮，也不属于游艇，只能作为其他类型的旅游船舶对待。

值得注意的是，虽然目前有关游艇的技术规范或者相关立法都将游艇限定为非用于商业目的，但是并不影响基于融资或者商业因素考虑，就游艇本身进行财产租赁等商事活动。例如，海南省人民政府办公厅于 2019 年 12 月 8 日发布《海南省游艇租赁管理办法（试行）》，明确为规范游艇租赁行为，维护游艇租赁业务经营人和承租人双方合法权益，保障水上交通安全，促进游艇租赁业健康有序发展，对海南省行政区域内的游艇租赁行为予以监管。这也是我国首次对游艇租赁问题予以规定的地方立法。

该管理办法规范的游艇租赁，是指以游览观光、休闲娱乐、商务等活动为目的，由游艇租赁业务经营人以整船租赁方式向承租人提供游艇和驾驶劳务服务，按照租赁时间计费的一种租赁活动，不包括游艇租赁业务经营人为乘员安排的任何离艇水上活动服务。游艇租赁业务经营人是指在海南省内办理了商事登记，从事游艇租赁业务活动的企业法人。同时该经营人还需要满足交通运输部《游艇安全管理规定》关于游艇俱乐部的相关要求，即游艇俱乐部能够为俱乐部会员提供游艇保管及使用服务。但是受地方立法的效力限制，该游艇租赁管理办法仅限于海南省行政区域内的游艇租赁活动，暂不包括国内其他港口或地方的游艇租赁活动。

二、邮轮客票概述

各国法律和国际公约没有关于邮轮客票的定义。我国法律针对海上旅客运输或者水路旅客运输，分别规定了旅客客票或者船票。以下提及客票或船票用词或表述的，皆为同一含义，不作区分，除非另有特别说明。目前我国针对水上旅客运输，在法律适用和经营管理方面采取"双轨制"，即海上旅客运输合同由《海商法》第五章专章规定，包括国际海上旅客运输合同和沿海旅客运输合同，而国际海上旅客运输经营管理受《国际海运条例》及其实施细则的规制；我国沿海、江河、湖泊以及其他通航水域中一切从事水路旅客运输的经营活动适用《水路旅客运输规则》。

（一）不同运输方式客票的相关立法规定

1.《海商法》与《合同法》

我国《海商法》第 111 条规定，旅客客票是海上旅客运输合同成立的凭证但没有对旅客客票的定义及内容作任何规定。《合同法》第十七章有关运输合同的规定，未对船票或者客票作出专门规定，仅在第 293 条规定客运合同自承运人向旅客交付客票时成立，但当事人另有约定或者另有交易习惯的除外。此外，第 294 条规定旅客应当持有效客票乘运，承运人应当按照客票载明的时间和班次运输旅客。[1] 显然根据《合同法》相关条文规定，只要承运人向旅客交付客票，即可证明旅客与承运人之间成立旅客运输合同，除非当事人另有约定或另有交易习惯。而且客票也是旅客凭以登上运输工具的证明，客票上载明的内容可以构成旅客运输合同的内容，对合同当事方有约束力。《民法典》第 814 条、第 815 条的规定与《合同法》的规定基本一致，只是在第 815 条增加了第 2 款内容，即"实名制客运合同的旅客丢失客票的，可以请求承运人挂失补办，承运人不得再次收取票款和其他不合理费用"。

2.《水路旅客运输规则》

原交通部于 1995 年 12 月 12 日发布《水路旅客运输规则》，该规则根据 1997 年 8 月 26 日发布的《交通部关于补充和修改〈水路旅客运输规则〉的通知》进行了第一次修正，根据 2014 年 1 月 2 日发布的《关于修改〈水路旅客运输规则〉的决定》进行了第二次修正。《水路旅客运输规则》明确规定，其仅适用于水路旅客运输（包含旅游运输）、行李运输及其有关的装卸作业。其中第 6 条明确规定，船票为旅客运输合同成立的凭证，只要旅客和承运人买、卖船票后，旅客运输合同即成立。船票不但是水路旅客运输合同成立的证明，也是旅客乘船的凭证。[2] 第 7 条对船票的内容予以规定，包括：承运人名称；船名、航次；起运港（站、点）和到达港（站、点）；舱室等级、票价；乘船日期、开船时间；上船地点（码头）。此外《水路旅客运输

---

〔1〕　参见《合同法》第 299 条。2021 年 1 月 1 日起因《民法典》生效实施，《合同法》已被废止。
〔2〕　参见《水路旅客运输规则》第 16 条。

规则》还对行李运输合同[1]及其内容作出规定[2]。

3.《水路旅客运输实名制管理规定》

2001 年发生"9·11"恐怖袭击事件后，全球应对恐怖主义进入了一个新阶段，水上运输也不例外。因此，我国自 2014 年开始在部分水域开展水路旅客运输实名售票、实名查验管理的实践活动。2016 年 1 月 1 日《反恐怖主义法》施行，为贯彻落实《反恐怖主义法》，同时加强水路交通运输安全管理，保障水路运输旅客生命和财产安全，更好地维护旅客及相关当事人的合法权益和运输秩序，交通运输部于 2016 年 10 月 9 日发布《水路旅客运输实名制管理规定》，明确在中国境内实施水路旅客运输船票实名售票、实名查验制度。

根据该规定第 3 条，凡是水上运输航行距离在 60 千米以上的省际水路旅客运输（含载货汽车滚装船运输）船舶和相关客运码头均需采用实名制，考虑到海南琼州海峡省际水路旅客运输具有客流量大、风险高等特点，尽管该海峡省际水上运输距离不足 60 千米，但是依然采用实名制。对于不属于上述两种情形的其他水路旅客运输，由各省级交通运输主管部门根据当地实际需要，确定采取实名制的水路旅客运输范围。该规定还明确船票是指水路旅客运输中旅客乘船的凭证，并对船票的类型作出详细规定，即包括纸质船票、水路电子船票以及其他符合规定的乘船凭证。但是考虑到个别水域的实际情况以及操作的可行性，明确规定载客 12 人以下的客运船舶、乡镇客运渡船运输以及与外界不通航的公园、封闭性风景区内的水上旅客运输不适用该规定。[3]

4.《国内水路运输管理规定》

为规范国内水路运输市场管理，维护水路运输经营活动各方当事人的合法权益，促进水路运输事业健康发展，2014 年 1 月 3 日交通运输部发布《国内水路运输管理规定》。该管理规定根据 2015 年 5 月 12 日交通运输部《关于修改〈国内水路运输管理规定〉的决定》进行了第一次修正；此后根据 2016 年 12 月 10 日交通运输部《关于修改〈国内水路运输管理规定〉的决定》以

---

[1] 根据《水路旅客运输规则》第 9 条，行李运输合同成立的凭证为行李运单，合同双方当事人——旅客和承运人即时清结费用，填制行李运单后合同即成立。

[2] 根据《水路旅客运输规则》第 10 条，行李运单应具备下列基本内容：承运人名称；船名、航次、船票号码；旅客姓名、地址、电话号码、邮政编码；行李名称；件数、重量、体积（长、宽、高）；包装；标签号码；起运港、到达港、换装港；运费、装卸费；特约事项。

[3] 参见《水路旅客运输实名制管理规定》第 18 条。

及 2020 年 2 月 24 日交通运输部《关于修改〈国内水路运输管理规定〉的决定》进行了第二次和第三次修正。其中《国内水路运输管理规定》第 29 条明确规定，水路旅客运输业务经营者应当向旅客提供客票，客票既包括纸质客票，也包括电子客票。虽然未对客票应当记载的事项予以明确，但是规定一般应当载明经营者名称、船舶名称、始发港、目的港、乘船时间、票价等基本信息。并且该规定明确鼓励水路旅客运输业务经营者开展互联网售票。水路旅客运输业务经营者应当以公布的票价销售客票，不得对相同条件的旅客实施不同的票价，不得以搭售、现金返还、加价等不正当方式变相更改公布的票价并获取不正当利益，不得低于客票载明的舱室或者席位等级安排旅客。对于军人、人民警察、国家综合性消防救援队伍人员、学生、老幼病残孕等旅客提供优先、优惠、免票等优待服务。[1]

5. 《民用航空法》

《民用航空法》第 109 条规定，承运人运送旅客，应当出具客票。旅客乘坐民用航空器，应当交验有效客票。[2]客票是航空旅客运输合同订立和运输合同条件的初步证据。[3]客票至少应当包括出发地和目的地；出发地和目的地均在中国境内，而在境外有一个或者数个约定的经停地点的，至少注明一个经停地点；旅客航程的最终目的地、出发地或者约定的经停地点之一不在中国境内，依照所适用的国际航空运输公约的规定，应当在客票上载有声明，此项运输适用该公约。[4]

6. 《铁路法》

根据《铁路法》第 11 条，旅客车票、行李票、包裹票和货物运单是合同或者合同的组成部分。[5]同时，有效车票还是旅客乘车的凭证。[6]尽管《铁路法》没有对旅客车票记载内容作出规定，但是根据第 12 条，车票至少应当载明乘车日期、车次及目的地。[7]

---

[1]　参见《国内水路运输管理规定》第 30 条。

[2]　《民用航空法》于 1995 年 10 月 30 日由全国人民代表大会常务委员会发布（主席令第 56 号），经过 2009 年、2015 年、2016 年、2017 年、2018 年多次修正。

[3]　参见《民用航空法》第 111 条。

[4]　参见《民用航空法》第 110 条。

[5]　《铁路法》于 1990 年 9 月 7 日由全国人民代表大会常务委员会发布（主席令第 32 号），经过 2009 年、2015 年两次修正。

[6]　参见《铁路法》第 14 条："旅客乘车应当持有效车票。"

[7]　参见《铁路法》第 12 条："铁路运输企业应当保证旅客按车票载明的日期、车次乘车，并到达目的站。因铁路运输企业的责任造成旅客不能按车票载明的日期、车次乘车的，铁路运输企业应当按照旅客的要求，退还全部票款或者安排改乘到达相同目的站的其他列车。"

7.《汽车旅客运输规则》

根据《汽车旅客运输规则》第 15 条的规定,车票是旅客乘车的凭证。[1]按不同的营运方式,汽车车票分为班车客票、旅游客票、出租车客票和包车票。[2]

《汽车旅客运输规则》没有对车票内容作出明确规定,但是根据第 28 条的规定,车票上至少要载有指定日期、车次、始发站、座位号等信息。[3]此外《汽车旅客运输规则》还在第 45 条提及汽车运输中的旅游客票[4],但未对旅游客票的定义和内容作出明确规定。

综上,有关水上、航空、铁路、公路等多种运输方式的立法规定均未对客票(客票、车票或船票)的界定作出任何解释,除了水路旅客运输和航空旅客运输对客票内容作出部分规定,其他立法均未对客票应当载有的内容予以明确,甚至《公路法》对客票或车票未作出任何规定。因此,我国尚不存在统一适用于所有运输方式或者运输工具的客票及式样。但是上述立法几乎毫无例外地提及了客票(客票、车票或船票)与运输合同的关系。尽管不同的法律、法规对二者关系的表述略有不同,但是都明确了客票(客票、车票或船票)是运输合同成立的凭证以及乘客凭以搭乘运输工具的证明。

(二)邮轮客票制度试点实践

上海市旅游局、上海市交通委员会联合制定的《上海市邮轮旅游经营规范》自 2016 年 4 月 10 日起施行,有效期为 5 年,这也是我国邮轮旅游行业首个政府规范性文件。《上海市邮轮旅游经营规范》的出台,主要是基于上海市在邮轮旅游发展中出现的一些问题,例如:国外邮轮企业运营规则与我国法律、旅游消费习惯有所不同,甚至存在冲突;邮轮消费纠纷频发,屡有滞留邮轮事件出现;邮轮旅游法律关系复杂,突发事件处置难度、成本很大等。因为缺乏邮轮旅游相应规范,政府、邮轮公司、旅行社、港口、游客各

---

[1] 原交通部于 1988 年 1 月 26 日发布《关于发布〈汽车旅客运输规则〉、〈汽车货物运输规则〉的通知》。这两个规则已经被 2016 年 5 月 30 日《交通运输部关于废止 20 件交通运输规章的决定》所废止。

[2] 参见《汽车旅客运输规则》第 16 条。

[3] 参见《汽车旅客运输规则》第 28 条:"旅客持符合规定的客票,按票面指定的日期和车次检票乘车,直达班车、普快班车、普客班车在始发站对号入座。"

[4] 参见《汽车旅客运输规则》第 45 条:"提供旅游综合服务的旅游客运使用旅游客票,按旅游要求发售直达旅游客票或往返旅游客票,如代办食宿和其他服务的款项单独列出,载入旅游客票票面一并计收。无旅游综合服务的旅游客运,可使用班车客票。"

主体之间的权利、义务、责任边界不清，导致上述问题难以有效解决，严重制约了邮轮旅游的发展，损害各方合法利益和正常的社会公共管理秩序。[1]因此，为了规范上海市邮轮旅游经营活动，维护邮轮旅游市场秩序，保障旅游经营活动各方合法权益，根据《旅游法》《港口法》《海商法》《国际海运条例》《上海市旅游条例》《交通运输部关于促进我国邮轮运输业持续健康发展的指导意见》等有关规定，结合上海市实际情况，制定了该规范文件。[2]

《上海市邮轮旅游经营规范》首次在国内地方性立法规范文件中对邮轮船票的文本格式、签发时间、载明事项等相关内容予以明确规定。该规范第11条，首先明确邮轮船票的文本格式为中文，签发时间为游客登船之前，即邮轮公司、旅行社和国际船舶代理企业向旅游者销售邮轮船票的，应当在游客登船前向旅游者提供中文文本的船票。

其次，对船票上应当载明的事项予以明确规定，如船票应列明承运人名称、船名、航次、出发港、途径港、返回港、舱室等级、乘船日期、开船时间、上船地点（码头）等基本信息，应告知邮轮旅游的安全注意事项、风险警示、礼仪规范、民事责任与义务、因不可抗力导致航程变更、取消后的风险分担标准、免责事项、投诉电话、法律救助渠道等事项和船上服务项目有关人数、身高、体重、年龄等的限制性要求。

此外，还规定邮轮公司应当通过登轮手册、公告牌、网站告知等多种形式发布上述信息。如果邮轮公司、旅行社和国际船舶代理企业向旅游者送达可保留的纸质或电子文本形式的船票及其他书面资料的，则电子方式送达的应采用旅游者可确认的方式。虽然该规范并没有规定船票备案制度，但是如果邮轮公司提供给旅游者的船票、服务说明等资料采用格式条款的，则鼓励邮轮公司向上海市交通行政管理部门备案。

2017年12月23日，上海市交通委员会、上海市旅游局、上海出入境边防检查总站联合发布《关于上海试点邮轮船票制度的通知》（沪交航〔2017〕1464号文），该通知明确规定，为贯彻《反恐怖主义法》《出入境管理法》《海商法》《国际海运条例》等有关要求，进一步加强邮轮运输管理，规范邮轮运输企业经营行为，保护邮轮各方合法权益，维护邮轮运输秩序，促进上海邮轮业健康发展，经交通运输部同意，在上海市试点邮轮船票管理制度。

---

〔1〕《〈上海市邮轮旅游经营规范〉解读》，参见上海市文化和旅游局官方网站，http：//whlyj. sh. gov. cn/zcjd/20181115/0022-34644. html。

〔2〕参见《上海市邮轮旅游经营规范》第1条。

邮轮船票管理制度包括船票售票、出票、验票的全流程管理，以明确邮轮公司与旅客之间的法律关系。试点范围包括：上海吴淞口国际邮轮港、上海港国际客运中心、在沪开辟邮轮母港航线的邮轮公司。

具体要求是：（1）统一使用上海港邮轮登船凭证。要求各个邮轮公司根据上海港游轮登船凭证样张规定的板式和内容向邮轮乘客出具纸质或电子登船凭证，并在各自官方网站或上海国际邮轮旅游服务中心网站上公示，确保旅客在邮轮产品预订前阅读并确认同意，且可以自行打印。（2）同意使用便捷通关认证码。要求邮轮公司及其代理商（含旅行社）根据口岸监管部门的要求，同意印制并发放便捷通关认证码，并告知旅客凭该验证码、登船凭证和有效证件进港、通关、登船。（3）实施邮轮旅客信息72小时预报制度。邮轮公司及其委托的船舶代理商应当在邮轮开航前72小时停止对外销售邮轮船票，并根据要求报送指定平台。（4）实施进港旅客登船凭证和身份查验制度。根据该文件要求，自文件颁发之日至2017年年底，率先在歌诗达邮轮（上海）船务有限公司以及皇家加勒比游轮（上海）船务有限公司旗下自上海母港出发的邮轮航次试行。2018年3月31日起，上海港出发的所有母港邮轮航次全面实施进港旅客登船凭证和身份查验机制。该文件还明确提及邮轮船票是海上旅客运输合同成立的凭证，是邮轮公司与旅客运输法律关系的证明，在保障邮轮运输各方合法权益、维护公共安全与管理秩序、推动邮轮产业提质增效等方面具有重要作用。

需要注意的是，尽管《关于上海试点邮轮船票制度的通知》再三强调邮轮船票管理制度及其重要性，但是正文中仍然采用的是登船凭证这一表述，并主要针对登船凭证的使用及式样予以规范，而非"船票"一词的表述和规范。

2019年8月29日，交通运输部、公安部、文化和旅游部、海关总署、移民局联合发布《关于推广实施邮轮船票管理制度的通知》（交水规〔2019〕11号），明确为落实《交通运输部发展改革委工业和信息化部公安部财政部商务部文化和旅游部海关总署税务总局移民局关于促进我国邮轮经济发展的若干意见》（交水发〔2018〕122号）的精神，进一步优化邮轮出入境口岸环境和功能，提升邮轮运输旅游服务水平，保障邮轮运输各方合法权益，维护邮轮运输市场秩序，在上海试点经验基础上，决定在全国范围推广实施邮轮船票管理制度。

推广适用的范围为从事我国境内港口始发的全部国际邮轮航线、内地与港澳间海上邮轮航线、大陆与台湾间海上邮轮航线经营的邮轮运输企业和境内港口经营人。推广实施的内容包括：推广邮轮船票直销，实施凭证上船，实施乘客信息提前申报与共享，推广使用行李信息条和加强部门协作监管等。其中针对邮轮船票直销方面，明确了邮轮船票与邮轮旅客运输合同的关系，邮轮船票的签发人和记载内容等。

三、邮轮旅客运输合同概述

在邮轮实践中，邮轮既作为船舶为乘客提供海上运输服务，又作为"移动式五星级酒店"和"浮动式旅游景区"为乘客提供旅游服务。因此，邮轮旅客运输合同包括海上旅客运输合同和旅游合同两方面内容。在涉及旅客运输的条款中，大多包括对乘客行李的限制、有关航线的规定、在船乘客相关义务的规定、承运人责任及其责任限制等；有关旅游的内容则包括船上诸多娱乐活动安排及部分岸上观光游览事项等。

目前，邮轮旅游销售模式主要包括邮轮客票直销模式和旅行社包船游模式。目前大多数国家和地区均采用前一种模式。在邮轮客票直销模式下，邮轮公司与旅客之间存在直接的邮轮旅客运输合同。但是在旅行社包船游模式之下，会存在三方合同主体、两个不同合同，涉及三方法律关系。旅行社与旅客之间存在邮轮旅游合同，旅行社与邮轮公司之间签订包舱协议或者船票销售协议，而邮轮公司与旅客之间不存在直接的合同关系。依据旅游法律关系，邮轮公司为旅游关系下的履行辅助人。依据运输法律关系，邮轮公司为旅客运输合同关系下的实际承运人。或者根据《海商法》有关海上旅客运输合同的规定，邮轮公司与旅客之间也存在法定的旅客运输合同关系。[1]

因此，这里讨论的邮轮旅客运输合同有狭义和广义之分，既包括邮轮客票直销模式下邮轮公司与旅客之间订立的旅客运输合同，即狭义之意，也包括旅行社包船游模式下邮轮公司与旅客之间所形成的法定运输合同关系，即体现了广义的邮轮旅客运输合同之意。除另有说明外，下文提及邮轮旅客运输合同，均从狭义角度理解。

事实上，目前我国法律中并不存在邮轮旅客运输合同或者邮轮合同这一有名合同，而且在邮轮实践中，各大邮轮公司对外公布的合同名称表述也不统一。例如，地中海邮轮公司为"标准承运条款"，丽星邮轮公司则为"丽

---

〔1〕　郭萍：《对邮轮合同法律性质的探究和思考》，载《中国海商法研究》2016 年第 1 期，第 55—62 页。

星邮轮条款与细则"[1]，皇家加勒比游轮有限公司称之为"乘客票据合同"（合同条款包括乘客行为守则和拒绝承运政策等）[2]，歌诗达邮轮公司采用"乘客条款"[3]。

　　国内学者对涉及邮轮运输或旅游合同本身的表述也不统一。[4]有的学者称之为"邮轮旅游合同"或"邮轮承运合同"，有的称之为"邮轮运输合同"或"邮轮旅游承运合同"。[5]鉴于邮轮本身兼具运输和旅游的双重属性，不论是使用"旅游合同""运输合同"还是使用"承运合同"，都无法描述和涵盖邮轮的全部本质。本论著以运输为视角，主要试图界定不同邮轮旅游产品销售模式下，邮轮公司与旅客之间的合同关系。如果采用邮轮旅游合同，则易与实践中的旅行社与游客间订立的旅游合同相混淆；如果采用旅客运输合同，不但无法体现邮轮旅游的功能和特质，又恐与传统海上旅客运输合同混淆；而承运合同或者承揽合同并非我国法律常用表述。尽管笔者在早期的研究成果中曾提出"邮轮合同"的概念[6]，但是鉴于邮轮合同的表述又宽泛到可以包含与邮轮旅游、运输、营运、建造、供给等相关事项有关的任何合同类型，缺乏合同内涵的明确性和易识别性，本论著采用"邮轮旅客运输合同"的概念。根据本节前文论述，由于邮轮本身具有旅游、观光、休闲、娱乐等功能，区别于传统海上旅客运输船舶，因此"邮轮旅客运输合同"一词足以表明该合同兼具海上旅客运输与海上旅游功能的双重内涵。

四、邮轮旅客运输合同与相关合同的比较分析

　　经过比较研究，可以发现嘉年华邮轮集团公司、皇家加勒比游轮有限公司、丽星邮轮公司等有关邮轮旅客运输合同的内容基本相同，一般包括以下方面：（1）定义条款，通常对邮轮（cruise）、旅客（passenger）、乘客（guest）等进行界定；（2）行李、财产与责任限制；（3）医疗护理和其他个

---

[1] 参见丽星邮轮中国官方网站，https：//cn. starcruises. com，2018 年 6 月 1 日访问。

[2] 参见皇家加勒比游轮有限公司官方网站，https：//www. rcclchina. com. cn/content/brand/passenger/repeat，2018 年 6 月 1 日访问。

[3] 参见歌诗达邮轮公司官方网站，https：//www. costachina. com/itineraries/fleet-wikipedia，2018 年 6 月 1 日访问。

[4] 孟钰：《邮轮旅游承运人法律责任研究》，中国海洋大学 2013 年硕士学位论文，第 3 页。

[5] 贺冬梅：《我国邮轮旅游承运纠纷解决机制研究——以上海国际航运中心建设为视角》，首届邮轮游艇产业发展的法治问题研究论坛论文集，2016 年 1 月 8 日于海南省三亚市。

[6] 郭萍：《对邮轮合同法律性质的探究和思考》，载《中国海商法研究》2016 年第 1 期，第 55—62 页。

人服务；（4）岸上观光、游览、设施或其他交通工具；（5）承运人解除合同；（6）旅客解除合同；（7）旅客以及承运人义务；（8）管辖权条款；（9）集体诉讼豁免权；（10）索赔通知与诉讼或仲裁；（11）安全担保；（12）责任限制；（13）旅客的适宜性；（14）照片、视频或录音的使用权等。

以下主要针对邮轮旅客运输合同与传统的海上旅客运输合同或者旅游合同的区别或联系予以讨论分析。

（一）邮轮旅客运输合同区别于海上旅客运输合同

我国《海商法》第107条规定，海上旅客运输合同是指"承运人以适合运送旅客的船舶经海路将旅客及其行李从一港运至另一港，由旅客支付票款的合同"。由此可以看出，旅客经海上航程而发生的从一港至另一港地理空间的位移是海上旅客运输合同的本质。该运输合同强调了从A到B不同地理空间的位移。而旅客乘坐邮轮从母港出发，经过海上巡游或者邮轮停靠访问港期间在岸上短暂停留后，再返回起航点邮轮母港，实际上是通过邮轮完成从A到A闭环线路的活动。虽然表面上看，其中涉及旅客在海上发生巡游地理位置移动的行为，但整个航程以满足旅客娱乐、休闲、消遣、观光、住宿、游玩为目的，邮轮不过是搭载旅客的运输工具而已。这样看来，邮轮旅客运输合同与海上旅客运输合同有类似之处。

1. 两种运输合同的相似之处

（1）从合同主体和运送对象来看

海上旅客运输合同的当事人是承运人和旅客，其中旅客既是合同的当事人，又是被运送的对象。在邮轮旅客运输合同中，乘客也是运输合同的一方当事人，并且也是邮轮公司通过豪华邮轮运送的对象。

（2）从合同主体称谓来看

海上旅客运输合同中，双方当事人分别为承运人（carrier）和旅客。《海商法》第108条规定，"承运人"是指本人或者委托他人以本人名义与旅客订立海上旅客运输合同的人。"旅客"是指根据海上旅客运输合同运送的人。

而在邮轮旅客运输合同中，通常也使用承运人、托运人等表述。根据世界几大著名邮轮公司合同条款内容，可以看出对"承运人"一词的界定，既包括所乘船舶或其他替代的船舶[1]，也包括所乘船舶的经营人、船舶所有

---

[1] 英美普通法国家，因允许对物诉讼，所以经常会在合同条款中，将船舶等动产界定为合同当事一方主体。

人、管理人、承租人、分公司及分合同人等，显然"承运人"的范围比较广泛。而在对旅客或乘客的界定中，则明确规定不论采用哪种表述，都具有相同的含义，也不论旅客是男性或是女性，单数或者复数。[1]

（3）从合同类型来看

两种合同均属于诺成双务有偿合同。无论是海上旅客运输合同还是邮轮旅客运输合同，均以当事人双方意思表示一致作为合同成立要件，而且通常会约定双方的权利、义务及责任，明确旅客或者乘客享受权利的同时负有一定对等价值的给付义务，例如支付旅客票款或者邮轮票款等。

2. 两种运输合同的差异之处

虽然两者存在一些共同点，但差异也显而易见。主要表现在如下方面：

（1）目的不同

海上旅客运输合同的目的是将旅客及其行李经海路从一港运送至另一港，实现地理空间上的转移，目的单一性非常明显。而邮轮的主要目的不但涉及将旅客由一港运送至另一港，更重要的是在邮轮巡航期间能够为旅客提供旅游观光、娱乐、休闲等服务，甚至在邮轮挂靠某个港口时，允许旅客短暂登上陆地进行观光、旅游、购物等，即海上运输不过是为了实现旅游服务所必需的方式和手段而已，目的具有多元化、复合性等特征。

（2）航行线路不同

海上旅客运输合同中的船舶是从起运港出发，至另一个不同的目的港。只有在船舶开航后，因不可抗力等无法驶抵目的港的情形下，才会将旅客运回至起运港或目的港之临近港口，并终止海上旅客运输合同，因此海上旅客运输是实现从始发点至另外目的港的海上运送"非闭环线路"，更加强调地理位置的移动。

而邮轮从一港或邮轮母港出发，经过海上巡游，一般不停靠任何中途港或者按照约定内容停靠某一个或几个中途港，但是最终需要返回启运港，才算合同履行完毕。由于目前在中国的邮轮实践中，尚未出现允许旅客在启航邮轮母港以外的其他停靠港口离船结束运输合同的情形，因此实现了从原点出发，经海上巡游再回到原点的"闭环线路"。

（3）合同客体存在差异

海上旅客运输合同的客体是单一的海上运送行为；而邮轮旅客运输合同

---

〔1〕 参见皇家加勒比（Royal Caribbean）游轮有限公司乘客票据合同第 2 条、嘉年华（Carnival）邮轮集团公司旅客客票条款第 1 条有关定义条款的相关规定。

的客体具有综合性和兼容性，既包括海上巡游的移动行为，也包括旅客进行海上旅游、观光、游览等行为，甚至还包括邮轮在访问港停留期间旅客上岸从事的部分旅游行为。因为现代豪华邮轮上的娱乐设施非常齐全，普遍装有甲板游泳池、图书馆、健身房、商店、餐厅，甚至在一些邮轮上已经出现了3D 影剧院、滑冰场、高尔夫练习场以及大型绿色植被区等。如果邮轮旅客运输合同还包括邮轮停靠访问港时的岸上游览活动，此时邮轮提供的是非常典型的休闲娱乐服务，而非运输服务。

（4）合同内容存在不同

两种运输合同的内容存在很多差异，特别是针对旅客携带行李数量和种类、承运人内涵、客票是否允许转让等方面。例如，海上旅客运输合同中承运人应免费为旅客运送一定数量的行李，并对旅客的非自带行李负有妥善保管的义务。根据《海商法》第 108 条的规定，"行李"是指根据海上旅客运输合同由承运人载运的任何物品和车辆，但是活动物除外。"自带行李"是旅客自行携带、保管或者放置在客舱中的行李。承运人对旅客的行李一般不作太多限制，但是随身或者托运的行李中不得有违禁品、易燃、易爆、有毒、有腐蚀性、有放射性以及可能危及船上人身和财产安全的其他危险品。[1]

而邮轮旅客运输合同通常对旅客携带行李的数量和种类作一些限制。以嘉年华邮轮集团公司旅客票据合同为例，其规定每一名全额付款的成年乘客只允许携带合理的、一定数量的包含私人物品在内的行李登船。行李限于运动短裤、旅行皮包、书包、袋子、衣架以及相关衣物，洗漱用品和相关必要的私人物品和合乎旅行用途的物品，如太阳镜、胶卷、相机电池、常备药、处方药（仅限有慢性病的旅客或有医嘱的旅客）。禁止乘客携带超过规定数量的酒类及饮料登船。合同中还明确规定，所有酒精、额外数量的葡萄酒或香槟和超量的非酒精饮料将被邮轮公司没收或丢弃，并对此不负赔偿责任。而皇家加勒比游轮有限公司的合同条款还额外要求，除了具有明显危险性的物品及非法物品不得被携带登轮，咖啡冲泡机、含酒精饮料、滑板、冲浪板等也在被禁止之列。[2]

（5）承运人内涵不同

根据我国《海商法》第 108 条的规定，海上旅客运输合同下的承运人

---

〔1〕　参见《海商法》第 113 条。

〔2〕　吕方园：《运输视角下邮轮法律问题研究》，大连海事大学 2015 年博士学位论文，第 42 页。

是指与旅客订立运输合同的人，并非意味着该承运人一定实际从事任何旅客运输行为。那些接受承运人委托，从事旅客运送或者部分运送的人，系以"实际承运人"身份出现。实际承运人履行旅客运送或部分运送义务的，承运人仍然需要对旅客的全程运送负责，同时承运人对实际承运人的行为或者实际承运人的受雇人、代理人在受雇或者受委托范围内的行为负责。[1]

而通过比较几大著名邮轮公司合同条款对有关"承运人"的界定，可以看出该表述的范围非常广泛，既包括邮轮乘客所搭乘的船舶[2]，也包括所搭乘船舶的经营人、船舶所有人、管理人、承租人、分合同人等，但是均没有明确界定"承运人"的含义。由于国外邮轮客票的销售基本是通过邮轮公司自身或者通过包括旅行社在内的其他代理人完成，因此，不论从订立邮轮旅客运输合同的角度，还是从实际履行合同的角度，都由邮轮公司负责，因此邮轮公司既是承运人也是实际承运人。

(6) 客票是否可以转让的规定不同

在客票是否可以转让的问题上，邮轮旅客运输合同通常有专门条款明确规定不可转让或转售。[3]而我国《海商法》对海上旅客客票是否可以转让未作明确规定。目前，我国在渤海海域、厦门鼓浪屿航线等部分地区和航线中采取船票实名制，因此对其他大部分地区和航线尚未采用实名制的海上旅客运输而言，客票仍然具有可转让性。

(二) 邮轮旅客运输合同与旅游合同的异同

1. 有关旅游合同的界定

除了海上运输，邮轮旅客运输合同包含很多旅游方面的内容。我国法律并无"旅游合同"或者"旅游服务合同"这种有名合同。虽然我国《旅游法》第五章提及"旅游服务合同"，但并无对该类合同的界定，仅在第57条规定，旅行社组织和安排旅游活动，应当与旅游者订立旅游服务合同。

事实上，国际公约和世界各国、各地区法律对旅游合同的定义也并不一致。有学者认为，旅游合同是指旅游营业人为旅客规划旅程，预订膳宿、交

---

[1] 参见《海商法》第121条。

[2] 英美法国家允许对物诉讼，因此邮轮运输合同条款中通常将"船舶"作为履行合同的责任主体，将船舶列入承运人范畴不足为奇。

[3] 参见皇家加勒比游轮有限公司乘客票据合同第16条、阿扎马拉（Azamara）邮轮公司票据合同第6条。

通工具，指派领队带领旅客游览并随团服务，旅客支付报酬的合同。[1]我国台湾地区的法院也认为，旅游合同系指旅行业者提供有关旅行给付之全部于旅客，而由旅客支付报酬的契约。[2]根据《德国民法典》第651a条规定，旅游合同之下的旅游营业人对旅客负提供旅游给付之全部义务；旅客则负支付约定旅游价金之义务。[3]日本《旅行业法》和《标准旅行业约款》规定，旅游合同主要是指旅行社与参加包价旅游团体的旅游者，为明确双方在旅游活动中的权利和义务而缔结的合同。[4]

可以看出，虽然上述各国及地区立法对旅游合同的规定和理解并不一致，但是可以归纳出旅游合同涵盖的内容通常包括旅游行程、导游服务、饮食、住宿等各个方面。乘客可以自由选择旅游目的地，当然也包括在海上旅游。

2. 我国有关旅游合同内涵的不同学说

目前我国学界对于旅游合同的认知观点不一，归纳起来主要包括广义说、狭义说以及综合说。

（1）狭义说

狭义的旅游合同，仅指旅游者与旅游经营者签订的合同，由旅游经营者提供旅游服务，旅游者支付报酬，包括包价旅游合同和单项旅游服务合同。

狭义旅游合同的概念区别于我国《旅游法》中规定的全部合同类型。有学者认为，我国《旅游法》规定了多种类型的合同，主要是因为这些合同类型在其他法律中并不明晰，而在旅游活动和旅游经营中存在问题较多，占据比较重要的地位，需要通过旅游法律予以调整，或者其他法律虽有规定，但是这些法律规定过于原则化，未能体现旅游活动的特殊性。因此，《旅游法》规定的合同类型宽泛，不能等同于旅游合同的概念应当扩大，旅游合同应当采狭义之意。[5]

（2）广义说

有学者认为，旅游合同应当具有广义之意，即当事人之间以实现旅行游览为目的，明确相互权利义务的协议，均为旅游合同。此外，还根据是

[1] 孙森焱：《旅游契约之研究》，载《东吴大学法律学报》1998年第1期，第3页。

[2] 王泽鉴：《民法学说与判例研究》（第7册），中国政法大学出版社1998年版，第40页。

[3] 杜军：《旅游合同研究》，载《西南民族学院学报（哲学社会科学版）》，2001年第5期，第10—15页。

[4] 张高、宋会勇：《试论旅游合同立法》，载《法学》1998年第4期，第44页。

[5] 韩玉灵主编：《旅游法教程》（第4版），高等教育出版社2018年版，第308页。

否提供劳务、是否转移财产、是否完成一定工作任务等,将旅游合同区分为旅行社旅行游览接待合同、旅游饭店食宿接待合同、旅游汽车(轮船)运输合同,旅游纪念品等购销合同、旅游物资供销合同、旅游供用电合同、旅游借款合同,旅游建设工程承包合同、旅游规划设计委托合同,以及旅游财产保险合同、旅客意外伤害保险合同、旅客责任保险合同等合同类型。[1]还有学者认为,只要是当事人意思表示一致的协议都可以构成旅游合同,如旅游者与旅行社之间的包价旅游合同、旅行社与履行辅助人之间的及我国旅游企业与海外旅游企业之间因为旅游者出入境旅游等签订的旅游合同等。[2]

(3)综合说

有学者认为,旅游合同泛指旅游经营者与旅游者之间签订的以旅游服务为内容的合同总称,既包括广义合同,也包括狭义合同。[3]我国《旅游法》以旅游合同为主,还明确规定了其他应当规范的与旅游相关的合同类型,不仅包括包价旅游合同,还包括旅游安排合同、咨询合同、旅游代订合同、与旅游有关的住宿合同、导游领队劳动合同、组团旅行社与地接旅行社之间的委托接待合同等。狭义的旅游合同仅指旅游经营者与旅游者之间签订的旅游服务合同;而广义的旅游合同既包括旅游者与旅游经营者之间签订的旅游服务合同,还包括旅游经营者之间签订的合同,如旅行社与旅游景区经营者、酒店经营者之间签订的旅游经营合同,组团旅行社与地接旅行社之间签订的旅游经营合同。

笔者认为,在我国尚没有对旅游合同作出与有名合同一样的明确规定的情况下,不宜擅自扩大旅游合同的范围和内涵,应当将旅游合同作狭义理解,以包括包价旅游合同和单项旅游合同为宜。如果擅自扩大至涉及旅游事项的所有合同类型,不但容易混淆旅游管理关系,也会使仅仅涉及旅游事项的其他一般委托合同、承揽合同或者其他代理合同偏离《民法典》总则编以及合同编调整的一般原则之外。

3. 包价旅游合同内涵

在我国邮轮实践中,尤其是旅行社包船游模式下,基本采用包价旅游方式。包价旅游合同,即旅游者参加旅行社组织的旅游团,旅游产品事先

---

[1] 王立纲、浦秀贤编著:《现代旅游法学》,青岛出版社2002年版,第92—93页。

[2] 王立纲、浦秀贤编著:《现代旅游法学》,青岛出版社2002年版,第94页。

[3] 韩玉灵主编:《旅游法教程》(第4版),高等教育出版社2018年版,第307页。

由旅行社设计，旅行社或者借助履行辅助人提供了两项以上的旅游服务，旅游者以总价形式支付旅游团款合同。因此只要满足上述要件，不论旅游者是全程参加旅行社组织的旅游活动，即所谓的组团旅游或者包价旅游，还是旅游者通过旅行社预订旅游行程中的部分服务环节，即半自助游，均属于包价旅游合同的范畴。[1]《旅游法》第 111 条对包价旅游合同进行了规定，即旅行社预先安排行程，提供或者通过履行辅助人提供交通、住宿、餐饮、游览、导游或者领队等两项以上旅游服务，旅游者以总价支付旅游费用的合同。

《旅游法》第 74 条规定，如果旅行社接受旅游者的委托，代为办理预订交通、住宿、餐饮、游览、娱乐等旅游服务，收取代办费用的，应当亲自处理委托事务。旅游者委托旅行社办理具体旅游服务事务的合同可以被称为代办旅游合同。代办旅游合同区别于包价旅游合同。打个通俗的比方，包价旅游服务是指厨师做好了菜，旅游者只能选择吃或者不吃，对于菜肴没有选择余地，提供何种菜肴的决定权在旅行社；而代办旅游服务类似于旅游者根据自己的兴趣爱好点菜，然后由旅行社根据旅游者的口味来烹饪，享用何种菜肴的决定权在旅游者。因此，即使在代办旅游合同之下，旅游者也会委托旅行社预订机票、门票、酒店等，甚至要求旅行社提供较为复杂的旅游路线设计服务等，但是本质上仍然区别于包价旅游合同。[2]

根据《旅游法》第 58 条的规定，包价旅游合同应当采用书面形式。《旅行社条例》第 28 条也规定，旅行社为旅游者提供服务，应当与旅游者签订旅游合同。因此，虽然实务中，旅游合同文本式样及内容并不统一，但是通常包括三个部分：第一部分是旅游合同文本，即通常使用的出境旅游合同、境内旅游合同；第二部分是旅游行程，主要是对旅游行程中的具体权利义务的约定；第三部分是注意事项。至于这三个部分是集中在一份合同文本中，还是分别体现在三个相对独立的文本中，甚至是更多的文本中，由各个旅行社决定。

4. 包价旅游合同之特征

如果从狭义角度理解旅游合同，相较于《民法典》合同编规定的典型合同而言，这种包价旅游合同具有如下特征：

（1）旅游合同属于消费者合同

包价旅游合同系处于平等主体的自然人与法人之间订立的协议，但是旅

---

[1]　黄恢月：《包价旅游合同服务法律指引》，中国旅游出版社 2017 年版，第 2—3 页。

[2]　黄恢月：《包价旅游合同服务法律指引》，中国旅游出版社 2017 年版，第 6 页。

游者与旅游经营者在谈判能力、专业知识、经济能力、掌握社会资源等方面存在悬殊差距，因此对旅游者这一特殊消费者应当予以特殊保护，不能以合同法一般原则，依据平等主体之间的法律关系，给予旅游经营者和旅游者同等法律保护。

（2）旅游合同以追求精神愉悦为目的

《民法典》合同编作为规范商品交换关系的基本法律，根据传统理论，将合同目的限定在财产、劳务交易、流动等范畴。而旅游的整个过程和最终效应是以获取精神享受为指向，不是单纯的经济活动。因此，一旦违反旅游合同的约定内容，导致合同目的落空时，应当承认旅游者追求精神损害赔偿的权利。

（3）旅游合同属于服务合同

旅游服务首先具有不可存储性，服务的提供和消费同时进行，并依赖于特定的时间和场所，导致旅游服务很难像买卖合同标的物那样，一旦存在瑕疵便可予以修理或更换，这一特点也导致旅游服务无法适用《民法典》合同编"恢复原状"的法律救济方式，因此旅游服务具有无形性、难以识别性、独特性和即时性等特点。同时，由于旅游合同当事人之间信息不对称的特点非常突出，约束旅游经营者的信息公开义务、说明义务、警示义务等应当在旅游合同中占据更加重要的地位。

（4）旅游合同以人身受领为目的

在旅游合同履行过程中，旅游者必须跟随旅游经营者指派的导游、领队前往旅游目的地，自己亲身体验和受领旅游服务，否则旅游的目的无从实现。这一特点使旅游合同与典型的财产权利转移型合同、劳务提供型合同等存在明显区别，而与客运合同、医疗合同有相似之处。人身自由、健康是法律所追求的，因此超越契约自由、契约严守等一般财产性法律价值，具有更高级别的法律价值。在旅游合同履行中，任何妨碍旅游者人身自由、健康的合同约束都是不成立的，《旅游法》第 65 条规定了旅游者的任意解除权。此外，基于旅游者人身健康等决定性权利应当予以保护的原因，《旅游法》第五章在有关旅游服务合同的规定中，明确确认了违约责任与侵权责任并存的现象。[1]

5. 旅游者与旅游经营者相互关系的学说及其分析

国内学界除了对旅游合同的界定存在不同观点，对于旅游合同之下旅游

---

〔1〕　韩玉灵主编：《旅游法教程》（第 4 版），高等教育出版社 2018 年版，第 309—310 页。

者与旅行社或旅游经营者之间的关系，也未达成共识，主要包括承揽说、委托说、居间合同说[1]等。

（1）委托说

委托说又称委托代理说。该学说认为旅游经营者与旅游者之间是委托合同关系，旅游经营者作为旅游者的代理人，代为预订交通、住宿、门票等服务，所有的旅游服务均由交通、住宿、景区的经营者提供，并与旅游者之间存在直接的服务提供合同。旅游经营者承担的义务仅为代为预订义务，并仅对未预订、错误预订等承担责任。而交通、住宿、游览等服务瑕疵，则由这些服务的直接提供者负责。[2]

这一学说忽视了这样一个事实，即作为旅游经营者的旅行社通常是根据事先规划好的旅游线路，分别与交通、住宿、景区等旅游服务提供者签订合同，之后再从市场招揽旅游者，并与旅游者签订旅游合同。显然这一学说与《民法典》合同编有关委托合同的要件存在冲突。

（2）承揽说

承揽说主张旅行社作为旅游经营者负有向旅游者提供旅游服务的义务，旅游服务的直接提供者仅仅是次承揽人，旅行社承担责任后享有向次承揽人追偿的权利。目前，在德国、日本以及我国台湾地区基本采纳这一观点。[3]该学说更加符合旅游实践活动的需求，并可以克服委托合同说在理论上存在的不足。

（3）居间合同说

还有学者主张居间合同说，认为旅行社与旅游者之间存在居间合同关系，旅行社向旅游者报告订立交通、住宿、游览等服务合同的机会或者提供订立相关合同的媒介服务，并不提供相应具体服务，也不应当承担提供服务存在瑕疵的责任。[4]

显然该学说也是忽略了旅行社作为旅游经营者并未获得旅游者授权的事实，而且旅行社是自行与交通、住宿、游览等服务提供者签订合同，并非仅仅向旅游者提供订立合同的机会或提供媒介服务，因此这种学说也很难获得普遍认可。

事实上，我国邮轮旅游销售模式有两种，即邮轮公司直销船票模式和旅

---

〔1〕　黄恢月：《包价旅游合同服务法律指引》，中国旅游出版社 2017 年版，第 2 页。
〔2〕　韩玉灵主编：《旅游法教程》（第 4 版），高等教育出版社 2018 年版，第 310 页。
〔3〕　韩玉灵主编：《旅游法教程》（第 4 版），高等教育出版社 2018 年版，第 311 页。
〔4〕　韩玉灵主编：《旅游法教程》（第 4 版），高等教育出版社 2018 年版，第 311 页。

行社包船游模式。显然在前一种情况下，邮轮公司也可以委托旅行社作为代理商代为销售船票，在此种模式之下，旅行社与旅客之间并不存在旅游合同关系。而在旅行社包船游模式下，旅行社与旅客之间的关系显然更符合上述承揽说的观点。

6. 邮轮旅客运输合同与旅游合同的相同点

（1）二者都具有提供服务的整体性

一般情况下，旅游合同约定的服务内容包括硬件和软件。硬件包括旅游中吃、住、行、游、购、娱"六要素"所涉及的饭店、酒店、交通工具、景点设施、娱乐设施等；软件包括依附于硬件部分的从业人员提供的服务和旅游经营者从业人员提供的服务，如导游、司机等。[1]旅游经营者需要把涉及"六要素"内容的跨地区、跨行业的事项进行有效组织，使其成为一个完整的旅游产品。

邮轮旅客运输合同中，除自费项目外，乘客在邮轮上的活动都由邮轮公司安排，由于邮轮本身就是旅游目的地和移动的五星级宾馆，因此也包含了上述"六要素"所涉及的服务内容，邮轮旅客运输合同满足提供服务整体性的特性。

（2）二者都满足旅游服务提供者的特征性

旅游合同的主体包括旅游者和旅游经营者。一般来说，任何人都可以成为旅游合同的旅游者。但是对于旅游经营者而言，国际公约以及各国和地区的法律规定有所差异。根据台湾当局所谓"民法典"规定，旅游服务提供者被称为旅游营业人。第514-1条第1项规定，旅游营业人是指以提供旅客旅游服务为营业目的并获取旅游费用之人。但有的国家将旅游服务提供者的范围界定得较为宽泛。例如，《德国民法典》将旅游服务提供者称为旅游承办人或者旅游营业人。第651k第6款规定旅游营业人既包括以营利为目的，从事旅游业资格的专门法人，也包括提供旅游服务的一般主体。而1970年布鲁塞尔《旅行契约国际公约》，将旅游服务提供者称为旅游组织者。该公约第1条第5项规定，旅游组织者可以是经常承担旅行第二项所指之合同义务的任何人，不论此种活动是否为其主要业务，也不论此种活动是否为职业性活动。[2]

〔1〕 韩阳、孟凡哲等编著：《旅游合同研究》，知识产权出版社2007年版，第38页。
〔2〕 郭萍：《对邮轮合同法律性质的探究和思考》，载《中国海商法研究》2016年第1期，第57—60页。

由上述法律和公约规定可以看出，旅游服务提供者并非一定是旅游行业的营业人，可以是一般民事主体。而邮轮旅客运输合同中，邮轮公司在邮轮上为旅客提供旅游休闲服务，但是通常不包括部分岸上旅游观光活动。即使邮轮船票中包含岸上观光活动的费用，邮轮公司也往往委托岸上当地旅行社代为安排。甚至一些大型豪华游轮上的娱乐设施也并非邮轮公司所有，而是由其他经营者在邮轮上提供相应服务。我国《旅游法》第111条明确了履行辅助人的概念。因此，即使旅客与邮轮公司之间并不存在直接的旅游合同关系，但是对旅客而言，以履行辅助人身份提供邮轮旅游服务的邮轮公司或者邮轮娱乐设施的经营人，以及与游客直接签订旅游合同的旅行社，都符合旅游服务提供者的特征。

7. 邮轮旅客运输合同与旅游合同的差异

邮轮旅游服务属于混合型服务，通常涉及如下几个方面：第一，旅行社为旅游者提供出发地到登船地的往返接送服务，当然也存在部分旅游者未要求旅行社提供这些服务，而是自行解决陆地往返交通事项；第二，邮轮公司为旅游者提供邮轮运输服务，即邮轮公司为旅游者提供海上巡游及海上交通运输服务，虽然邮轮公司并未和旅游者直接签订交通运输服务合同；第三，邮轮公司为旅游者提供综合服务，包括邮轮上的餐饮、住宿、娱乐等，而且这些费用包含在旅游团款中；第四，旅游者在邮轮停靠码头或停靠港口时享有选择登岸在陆地旅游的权利，包括享受在岸上进行餐饮、游览、交通等服务；第五，邮轮公司为旅游者提供邮轮上需要自行支付费用的娱乐项目及服务，如旅游者在邮轮上的酒吧进行消费、在免税店购物等，都需要在旅游团款费用之外自行支付。[1]

因此，邮轮旅客运输合同中的海上观光、休闲、娱乐、住宿等都符合旅游合同的规定，但邮轮旅客运输合同仍然具有其特殊性。

（1）旅游服务的实际提供者不同

旅游合同之下，作为旅游业务的经营者——旅行社，通常并不实际提供旅游服务，而是安排、策划、组织其他履行辅助人实际提供住宿、交通、娱乐、观光等旅游服务。而邮轮旅客运输合同中提供海上旅游服务的是邮轮公司，不是旅游行业的经营者——旅行社。

（2）旅游行为发生的地理空间不同

旅游合同中大部分旅游行为是在陆地上完成。而邮轮旅客运输合同中，

---

[1] 黄恢月：《包价旅游合同服务法律指引》，中国旅游出版社2017年版，第300页。

除了在邮轮停靠访问港时部分乘客可以登岸观光旅游，其他时间的旅游行为都是在海上巡航的邮轮上进行。

（3）风险的特殊性和可预测性不同

海上有更多的风险性和不确定性，例如台风、海啸或者恶劣天气等影响到邮轮及人员、财产安全时，邮轮船长有权变更航线、变更目的地或者终止航程。因邮轮公司的原因导致旅客人身伤亡或财产损失的，作为船舶所有人或者船舶经营人的邮轮公司，可以根据我国《海商法》援引海事赔偿责任限制，即允许在法律规定的赔偿责任限制数额范围内承担最高赔偿责任，而无须承担无限赔偿责任，除非邮轮公司对旅客人身伤亡或财产损失存在故意或重大过失。此外邮轮旅客运输合同对旅客登船携带的行李、物品也有严格的限定等。而一般旅游合同通常不涉及海上风险的特殊性，也不存在援引赔偿责任限制制度，主要责任承担会依据双方约定或《民法典》合同编、《旅游法》、《消费者权益保护法》等相关法律规定。

综上所述，通过对邮轮旅客运输合同与海上旅客运输合同、旅游合同的比较分析，可以发现邮轮旅客运输合同既具有海上旅客运输合同的内容，又兼有旅游合同的内容。实际上，邮轮旅客运输是以船舶为运输工具，通过船舶及海上运输的方式或形式，最终实现海上观光旅游、休闲、消遣的目的。邮轮旅客运输合同兼具海上旅客运输合同和海上旅游服务合同的双重属性，也决定了目前无论是纯粹调整海上旅客运输合同的《海商法》，还是调整旅游合同的《民法典》合同编、《旅游法》，都不完全适用于具有混合合同性质的邮轮旅客运输合同及其法律关系的规制和调整。

第三节　邮轮船票与邮轮旅客运输合同的关系

一、邮轮船票与邮轮旅客登船及进出港程序

交通运输部、公安部、文化和旅游部、海关总署、移民局等部委联合发布的《关于推广实施邮轮船票管理制度的通知》明确规定，邮轮船票是邮轮旅客运输合同成立的证明，购票人可以直接向邮轮运输企业及其代理商购买，也可以通过有资质的旅行社购买，并应提供真实准确的乘船人有效出境入境证件信息等。了解邮轮旅客登船及进出港程序，有助于理解目前我国邮轮船票与邮轮旅客运输合同之间的关系。

《关于推广实施邮轮船票管理制度的通知》明确规定，邮轮船票的签发主体是邮轮运输企业，邮轮船票可采用书面、电子或符合规定的其他形式。邮轮船票记载的内容应包括承运人名称、船舶名称、乘船人姓名和出境入境证件、航线始发港、途经港和到达港、舱室等级、票价、乘船日期、登船时间和地点（港口码头）等基本信息。此外，邮轮运输企业在签发邮轮船票前，应以便于知悉的方式向购票人提供邮轮旅客运输合同文本，并就合同中的退改签、承运人免责和责任限制、法律适用和管辖权条款等内容予以重点提示，确保购票人知悉。

事实上，交通运输部等几个部委颁发的《关于推广实施邮轮船票管理制度的通知》源于上海的实践活动。上海市自 2017 年 12 月开始试点邮轮船票制度，其中明确规定统一使用"上海港邮轮登船凭证"。[1]在上海港实施邮轮登船凭证之前，为方便邮轮旅客办理进出港口、海关、检疫、登离船等相关手续，邮轮实践中各个邮轮公司普遍采用登船表格和登船卡制度。

登船表格是申请登船卡（Sea Pass）的书面文件，邮轮公司通过两种途径送达旅客。一种是邮轮公司直接与旅客签订邮轮旅客运输合同，登船表格包含在邮轮公司出具的客票手册中；另一种则是在旅行社包船游销售模式下出具的表格，即旅客通过旅行社预订邮轮产品并付款，在邮轮公司指定的时间范围内进行在线登记签到（checkin），签到同时自动生成一份电子版票据，需要由旅客自行打印。旅客凭登船表格在邮轮始发港码头办理相关入港、出境海关及检疫手续后，换取登船卡。登船卡上记载的内容通常包括承运人名称、船名、航次信息、航程起始时间、出发港口、目的港口、舱位、绑定信用卡和要求旅客对邮轮公司票据合同条款内容进行确认等信息。登船卡既是旅客在各停靠港口登船的凭证，也是一张代表旅客身份、兼作房门钥匙（房卡）以及进行船上消费支付的磁条或芯片卡片。卡片上包含了邮轮名称、邮轮出发日期、乘客英文姓名、用膳餐厅名称、用膳梯次、餐桌号码、船舱号码及乘客账号等信息。[2]

上海港试点邮轮船票制度实际上也是分阶段进行的。第一阶段自 2017 年 12 月起，以皇家加勒比游轮有限公司的几个航次为试点；第二阶段自 2018 年 3 月 31 日起，上海港所有邮轮旅客必须凭票进港登船。皇家加勒比游轮有

---

[1] 孙思琪：《邮轮旅游法律要论》，法律出版社 2018 年版，第 114 页。
[2] 王韵：《我国邮轮旅游合同法律关系问题研究》，大连海事大学 2017 年硕士学位论文，第 9 页。

限公司在试点期间，主要在进港登船模式方面发生两个明显变化：一个是明确规定凭登船凭证（setsail pass）进港登船，另一个是增加线上值船（on line check in）程序。

登船凭证并非上海市本次试点工作的首创，而是皇家加勒比游轮有限公司长期以来在全球范围内一直使用的一种登船文件。[1]之前仅用于旅客预先办理线上值船，以便加快登船程序，与传统登船模式并存。旅客须凭提前打印的登船凭证及护照等文件办理进港登船手续，因此登船凭证上也会注明旅客及航程等相关信息。

线上值船是皇家加勒比游轮有限公司在全球范围内长期实行的一种制度，要求游客最迟于登船日 72 小时之前完成线上值船。旅客根据系统规定的各项要求，完成必要信息及事项内容的录入和核对，通过线上值船系统自动生成登船凭证。这种制度还可以满足邮轮旅客信息 72 小时预报制度的要求。[2]根据《关于上海试点邮轮船票制度的通知》的要求，邮轮旅客信息 72 小时预报制度是指邮轮公司及其委托的船舶代理商应在邮轮开航前 72 小时，停止对外销售邮轮船票，并根据《国际邮轮乘客信息预报表》如实将旅客信息报送至中国（上海）对外贸易单一窗口。此外，在交通运输部多部委联合发布的通知中，再次明确邮轮旅客信息 72 小时预报制度，即要求在邮轮开航前 72 小时停止销售船票，邮轮运输企业应按照规定格式，及时、准确、完整地通过国际贸易"单一窗口"标准版申报乘客（含领队人员）和员工信息。

在实施和推广凭登船凭证上船的实践中，根据《关于推广实施邮轮船票管理制度的通知》的规定，没有强调线上值船的程序，但是明确提及邮轮登船凭证是邮轮乘客进出港口及登船的通行凭证。乘客应当出示邮轮登船凭证和有效的出入境证件，依法配合查验。邮轮运输企业应当按照规定的版式和内容，通过互联网等便捷方式向邮轮乘客出具中英文版式的邮轮登船凭证。邮轮登船凭证（cruise setsail pass）应载明承运人名称、船舶名称、乘船人姓名和出境入境证件、航线始发港、途经港和到达港、房间号码、乘船日期、登船时间和地点等基本信息，并在背面等位置注明进出港口、通关须知等邮轮出行注意事项。

---

〔1〕 皇家加勒比游轮有限公司将该登船凭证的中文名称命名为"登船证"（setsail pass）。笔者认为该登船证即是登船凭证的含义和功能，为了不引起不必要的混淆，统一用登船凭证指代。
〔2〕 孙思琪：《邮轮旅游法律要论》，法律出版社 2018 年版，第 188—191 页。

综上可以看出，邮轮船票是邮轮旅客运输合同成立的证明，但是在邮轮旅游实践中，邮轮旅客并非凭邮轮船票登船，而是凭登船凭证办理进出港口、登船或者出入境等手续。

二、邮轮船票与邮轮登船凭证的区别与联系

（一）邮轮船票与邮轮登船凭证关系的学术之争

有学者认为邮轮实践中采用的登船凭证就是邮轮船票[1]，主要理由为：第一，船票具有证明海上旅客运输合同的作用，而登船凭证也具有证明海上旅客运输合同的功能，因此登船凭证符合船票的定义。第二，邮轮船票具有所谓"上船权功能"，而旅客享有登船权利应是海上旅客运输合同应有之意，船票的法律功能仅有一项，即作为海上旅客运输合同的凭证，此外再无其他功能。因此船票和登船凭证具备的唯一功能完全一致。第三，船票和登船凭证的签发主体均为作为承运人的邮轮公司。第四，即使在旅行社包船游模式下，邮轮公司仍可以在邮轮旅游合同中扮演履行辅助人角色的同时依据邮轮船票与旅游者形成相应的法律关系。因此包船游模式的存在，不影响旅客与邮轮公司之间的海上旅客运输关系，邮轮船票的销售模式不会影响登船凭证属于船票的法律属性。

笔者认为以上有关登船凭证与邮轮船票混同的观点，更多地强调了二者之间的共同点和联系点，但是二者仍然不能等同，属于两个不同的概念，尽管不否认这两种单证都与海上旅客运输合同具有密切关系。

值得注意的是，交通运输部等几个部委联合发布的《关于推广实施邮轮船票管理制度的通知》中，明确提及邮轮船票和登船凭证两个不同概念及表述，并且对两种单证应当载明的事项内容分别作出规定。通过下文比较分析可以发现，该通知中有关邮轮船票和登船凭证的内容除个别事项外，基本上是相同的。

此外，根据《关于推广实施邮轮船票管理制度的通知》附件一所附的邮轮登船凭证（样张）的记载内容可以看出，邮轮登船凭证（样张）记载的事项，除了包括通知中应当载明的各项事项，还增加了一些事项，如航班信息、舱位信息、认证码、注意事项等。具体而言，主要包括船票认证码（ticket

---

[1]　孙思琪：《邮轮登船凭证不是船票吗？——也谈登船凭证的法律属性》，载微信公众号"海商法资讯" 2018 年 5 月 16 日，https://mp.weixin.qq.com/s/guOuvouv1JubNA_O5L4tWA。

code），承运人识别标志（logo），航班号、航线等航班信息，旅客联系方式，游客类型（个人或团体），船舱楼层，逃生集合区等舱位信息，以及标明登船凭证是进港必备凭证，前往码头时务必携带登船凭证、海关便捷条形码、旅行证件及登船所需其他必要文件等港口明示信息内容。["邮轮登船凭证（样张）（正面）"和"邮轮登船凭证背面信息（样张）（背面）"内容详见图 2 – 1 和图 2 – 2]

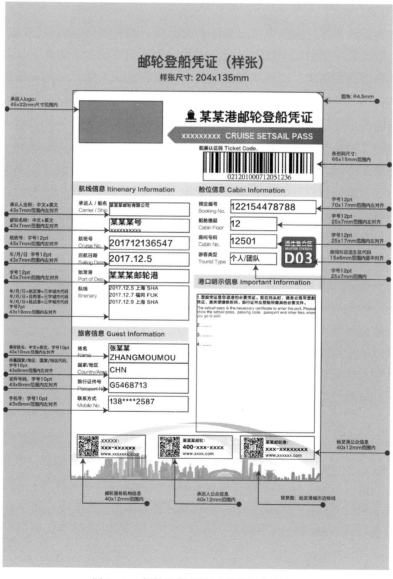

图 2 – 1   邮轮登船凭证（样张）（正面）

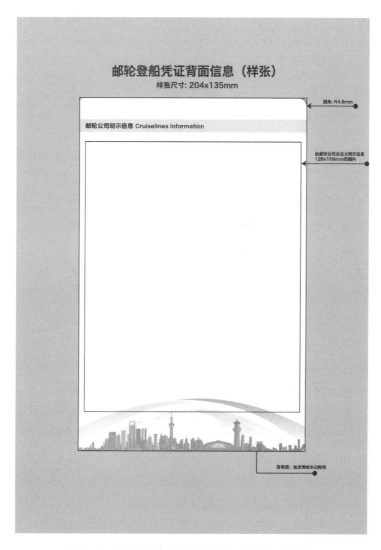

图2－2 邮轮登船凭证背面信息（样张）（背面）

资料来源：图2－1、图2－2源自交通运输部、公安部、文化和旅游部、海关总署、移民局联合发布的《关于推广实施邮轮船票管理制度的通知》附件1邮轮登船凭证样张。

（二）邮轮船票与登船凭证记载事项之比较

1. 记载事项方面存在差异

目前，我国法律尚无对邮轮船票的明确规定，《上海市邮轮旅游经营规范》首次在地方性规范文件中规定邮轮船票的销售、记载事项等内容。该经营规范第10条明确规定，邮轮公司在国内设立的船务公司可以直接销售邮轮船票，也可以委托有资质的旅行社和国际船舶代理企业销售邮轮船票。邮轮公司、旅行社和国际船舶代理企业向旅游者销售邮轮船票的，应当在游客登船前向旅游者提供中文文本的船票。[1]

《上海市邮轮旅游经营规范》还明确规定，船票应列明承运人名称、船名、航次、出发港、途径港、返回港、舱室等级、乘船日期、开船时间、上船地点（码头）等基本信息，应告知邮轮旅游的安全注意事项、风险警示、礼仪规范、民事责任与义务、因不可抗力导致航程变更、取消后的风险分担标准、免责事项、投诉电话、法律救助渠道等事项和船上服务项目有关人数、身高、体重、年龄等限制性要求。邮轮公司应当通过登轮手册、公告牌、网站等多种形式发布上述信息。[2]船票可以采取纸质形式，也可以采取电子形式。[3]

从上述规定可以看出，虽然《上海市邮轮旅游经营规范》针对船票载明的事项，包含的内容比较繁杂，但是结合该经营规范有关邮轮船票几个条款的规定可以发现，船票只要列明承运人、航次等有关基本信息即可，至于邮轮旅游注意事项、民事责任、免责事项、风险分担等涉及权利义务的内容，包括法律救济途径以及其他限制性要求等，并不必然要求载于船票之上，邮轮公司可以通过登轮手册、公告牌、网站等多种形式告知游客。

显然，《上海市邮轮旅游经营规范》对于邮轮船票应当记载事项的规定，已经不限于该船票满足旅客凭以登船的要求，而且因为涉及旅客与作为承运人的邮轮公司之间的相关权利、义务、责任等内容，事实上已经构成了邮轮旅客运输合同内容的证明。当然考虑到邮轮船票制式性特征以及单证版面设计的限制，对于涉及旅客运输合同的内容，承运人还可以通过其他方式提示旅客注意和知晓，包括但不限于登轮手册、公告牌、官方网站等。

而交通运输部等几个部委联合发布的《关于推广实施邮轮船票管理制度的通知》中，没有采取《上海市邮轮旅游经营规范》对邮轮船票的规定，仅对邮轮船票应载明航次信息、运输信息等予以明确，没有涉及旅客运输合同中权利、义务、责任方面的内容。例如，仅规定邮轮船票应载明承运人名称、船舶名称、乘船人姓名和出境入境证件、航线始发港、途经港和到达港、舱室等级、票价、乘船日期、登船时间和地点（港口码头）等基本信息。而航

---

[1] 参见《上海市邮轮旅游经营规范》第11条第1款。
[2] 参见《上海市邮轮旅游经营规范》第11条第2款。
[3] 参见《上海市邮轮旅游经营规范》第11条第4款。

次、运输、双方当事人名称等基本信息也同样规定在登船凭证中。根据《关于推广实施邮轮船票管理制度的通知》，除个别事项外，邮轮船票与登船凭证载明的内容具有高度一致性或相同性。（船票与登船凭证记载事项对比详见表2-2）

表2-2 船票与登船凭证记载事项对比列表

单证载明事项	船票	登船凭证
承运人	√	√
船舶名称	√	√
乘船人姓名	√	√
出境入境证件	√	√
航线始发港	√	√
途经港	√	√
到达港	√	√
舱室等级	√	X
票价	√	X
乘船日期	√	√
登船时间	√	√
登船地点（港口码头）	√	√
房间号码	×	√
背面注意事项（需注明进出港口、通关须知）	×	√

资料来源：本表系笔者根据交通运输部等部委联合发布的《关于推广实施邮轮船票管理制度的通知》自行整理而成。

2. 票据生成流程存在差异

除前文有关记载事项存在部分差异之外，邮轮船票和登船凭证的生成流程也存在差异。

（1）船票生成流程

以上海市邮轮船票生成流程为例，旅客购买邮轮船票时，可以直接向邮轮公司或者通过旅行社向邮轮公司提交相关信息材料，主要包括个人护照、身份证、手机号码、个人证件照等。邮轮公司收款并审核信息后，直接或通过旅行社向旅客出具船票。

由此可以看出，船票的签发主体是邮轮公司而非旅行社，船票也是向旅客出具，在船票签发和出具的过程中，旅行社仅仅作为中介或者传递人，既不是船票签发的主体，也不是接受船票的客体。（邮轮船票生成流程详见

图 2 - 3)

图 2 - 3　邮轮船票生成流程

资料来源：交通运输部、公安部、文化和旅游部、海关总署、移民局联合发布的《关于推广实施邮轮船票管理制度的通知》附件 3 上海邮轮旅客信息流程图。

（2）登船凭证生成流程

一般来讲，邮轮企业自行生成登船凭证或者委托上海邮轮中心生成登船凭证。游客可以通过如下任何一种途径获取：①通过旅行社获取；②登录邮轮企业官方网站自行下载打印；③登录上海邮轮中心官方网站以及微信小程序自行下载打印。然后旅客携带该登船凭证办理入港、通关等手续。可见登船凭证的签发主体是邮轮企业或者受托的上海邮轮中心，而非旅行社。（邮轮登船凭证生成流程详见图 2 - 4）

综上，不论是从单证记载事项还是从单证生成的流程以及签发主体来看，邮轮船票都区别于登船凭证。笔者认为，登船凭证类似于在飞机场、航空站办理登机手续，凭以登上飞机的登机牌。登船凭证的出现，是我国应对邮轮经济发展，尤其是应对目前中国旅行社普遍采取包船游模式，能够起到在邮轮公司、旅行社、旅客、港口、口岸等相关各方之间进行信息沟通和信息共享的实践产物。登船凭证不能等同于船票，就如同登机牌不能取代机票一样，机票才是旅客与航空承运人之间订立航空旅客运输合同的凭证。

有学者认为，船票属于法定文件，而登船凭证不属于法定文件，是在旅行社包船游模式下，用来证明邮轮经营公司与旅客之间存在邮轮旅游运输法律关系，保护消费者基本权益的单证；也是旅客能够进出港口、上下船舶的凭证，以满足实名销售和口岸查验的要求，并且可以向政府部门及

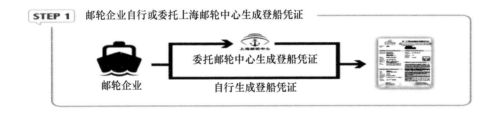

图 2 - 4　邮轮登船凭证生成流程

资料来源：交通运输部、公安部、文化和旅游部、海关总署、移民局联合发布的《关于推广实施邮轮船票管理制度的通知》附件 3 上海邮轮旅客信息流程图。

时报送旅客信息。因此，登船凭证必须由邮轮经营公司出具，且不能予以销售。在我国普遍缺乏邮轮船票的现实中，登船凭证可以发挥船票的主要功能，在旅客与邮轮经营公司之间没有直接邮轮旅游运输合同的情况下，可以"创设"法律关系，进而达到旅客向邮轮经营公司维权的目标。[1] 笔者对该观点不敢苟同，认为目前在我国存在登船凭证的实践需求：一是便于旅客进出邮轮港口、上下邮轮船舶以及办理出入境手续；二是能够落实旅客实名制，防止恐怖主义及其他危及港口、船舶安全和秩序的事件发生，以保障航运和港口安全；三是便于邮轮公司与旅客更好地沟通，尤其是当邮轮航次、航线及停靠的港口预计会受到海上特殊风险、台风等邮轮公司不可控制的因素影响需要作出航次、航线、港口变更时，登船凭证因为载有旅客及承运人相关信息，便于邮轮公司及时将相关变动信息告知旅客，利于双方作好后续安排；四是便于政府有关部门、口岸单位、港口企业、邮轮公司、旅行社等对出入境邮轮旅客的相关数据进行统计和整理，以便于报送。但是登船凭证无论如何都无法取代船票的功能和作用。尽管登船凭证可以在某种程度上作为证明旅客与邮轮公司之间存在邮轮旅客运输合

---

〔1〕　林江：《邮轮经济法律规制研究——上海宝山实践分析》，复旦大学出版社 2019 年版，第 90—91 页。

同或者存在事实上的邮轮旅客运输合同关系的证据之一，但是旅客无法依据登船凭证上的条款或内容向邮轮公司主张邮轮旅客运输合同项下的各项权益。

遗憾的是，交通运输部等几个部委联合发布的《关于推广实施邮轮船票管理制度的通知》，虽然分别使用"邮轮船票""登船凭证"的用词表述，但在内容记载方面似乎并没有明晰二者的界限，也没有像上海市出台的地方性文件规定船票还应当记载旅客运输合同相关权利、义务、责任等内容。这在一定程度上导致邮轮船票与登船凭证的混同或混淆。

笔者认为，邮轮船票不仅是旅客与承运人之间邮轮旅客运输合同关系成立并生效的证明，而且也承载着旅客运输合同下的权利义务关系，即应当是邮轮旅客运输合同内容的证明和体现，更是邮轮旅客凭以登船并向邮轮公司主张权利的依据。因此，为了避免邮轮船票的出具方可能利用自己的市场垄断优势地位，在邮轮船票中订立一些条款影响或妨碍邮轮旅客维护正当权利，应当通过法律对邮轮船票与邮轮旅客运输合同之间的关系及合同内容予以明确并进行规制。

三、邮轮船票与传统海上旅客客票的异同点

目前国内法律尚未明确客票的法律界定，有关水上、航空、公路、铁路等不同运输方式下客票应当载明的内容也不尽相同。但是这些传统单一运输方式下的客票，大都包括了运输工具名称、航线、开航时间、客舱等级、票价、旅客须知等，而邮轮客票或船票的内容与传统海上旅客客票相比，仍然存在很多不同。

区别于传统海上旅客客票，现代邮轮旅行中，邮轮公司一般都会给旅客发放客票手册（Guest Ticket Booklet）。客票手册包含了邮轮旅客运输合同的主要内容。在各大邮轮公司的中文官方网站上，不难发现各个公司对其标准合同的称谓并不相同，如丽星邮轮公司的"丽星邮轮条款与细则"[1]、皇家加勒比游轮有限公司的"乘客票据合同"（包括乘客行为守则和拒绝承运政策）[2]和歌诗达邮轮公司的"乘客条款"[3]，合同英文表述一般为"Cruise

---

[1] 参见丽星邮轮公司官方网站，https://cn. starcruises. com/，2018 年 6 月 3 日访问。

[2] 参见皇家加勒比游轮有限公司官方网站，https://www. rcclchina. com. cn/content/brand/passenger/repeat，2018 年 6 月 3 日访问。

[3] 参见歌诗达邮轮公司官方网站，https://www. costachina. com/itineraries/fleet-wikipedia，2018 年 6 月 3 日访问。

Contract"或者"Tour Ticket Contract"。尽管各个邮轮公司的旅客运输合同称谓各有不同，但其本质是相似的，即都是邮轮公司事先拟订并印刷的，其格式及条款内容可重复使用的文本，同时规定旅客应当受上述合同中有关邮轮公司与旅客权利义务条款的约束。由于旅客在签订此类合同时，一般没有机会或者不太可能就合同的具体内容、条款与邮轮公司进行平等协商，且邮轮公司通常在上述合同条款中规定，旅客接受或使用其船票时，即可被视为该旅客接受并同意邮轮旅客运输合同中所包含的所有条款与细则规定，因此，上述合同文本均属于我国法律规定的格式条款范畴。

目前邮轮市场集中度很高，嘉年华邮轮集团公司、皇家加勒比游轮有限公司、丽星邮轮集团公司占有全球绝大部分的邮轮市场。以皇家加勒比游轮有限公司客票为例，其内容包括邮轮船舶情况概述、旅游设施概述、旅游所需文件、挂靠港口说明、登轮前计划安排、相关准备工作、享受服务情况概述、常见问题、邮轮客票合同正文、收费规则、随行行李注意事项、相关礼仪等10余项，多达20页。邮轮公司通常将邮轮旅客运输合同内容印刷于这些客票手册之中。但由于将全部合同内容写入客票手册会显得过于烦冗、毫无重点，不方便旅客阅读与理解，邮轮公司还将另一部分更为细致和具体的内容，公布于其官方网站等对外公开的信息中，以便旅客获取与查阅。显然邮轮客票系邮轮旅客运输合同的核心部分及相关内容的体现。

传统海上旅客客票（或称船票）是海上旅客运输合同成立的证明，而邮轮客票不仅能够证明邮轮旅客运输合同的成立，还能体现该合同的内容。因此，邮轮客票与传统海上旅客客票都是旅客运输合同成立的证明，但是邮轮客票仍然区别于普通海上旅客客票。具体表现在如下方面：

首先，从性质上看，普通海上旅客客票只是旅客登船的凭证，一般列明船名、出发港、目的港、开船时间等与航次相关的内容，并不体现旅客运输合同的具体内容和条款。我国《海商法》第110条明确规定，旅客客票是海上旅客运输合同成立的证明。因此，客票只能证明承运人与旅客之间存在海上运输合同，至于运输合同的具体内容和条款，仍然需要从其他途径了解。而邮轮船票既是旅客登船、进港的凭据，也是证明邮轮旅客运输合同内容和条款的凭据。除了有关航次、船舶、运输等基本信息，目前邮轮公司出具的邮轮船票通常都会明确告知旅客，在接受船票之时应当接受邮轮旅客运输合同有关双方具体权利义务的详尽规定。

其次，从形式上看，传统海上旅客客票一般为尺寸不大的纸质票据，载明内容非常有限。而邮轮客票形式多样，其内容及条款往往比较复杂、丰富，通常以船票手册或者船票合同的形式出现。对于登上邮轮的旅客而言，其手中持有的可能是一张邮轮船卡或一张房间号牌，而邮轮船卡或房间号牌承载着一些涉及邮轮旅客运输合同的内容。

最后，从运营模式和发售途径看，基于运输之考虑，传统海上旅客客票的样式设计非常制式化，预售期也较短。可以是船舶公司直接售票，也可以通过客运码头或售票代理出售客票。除了客票对应的舱室以及有限的公共区域可以使用，并无其他可以免费享用的娱乐、消遣设施以及餐饮等服务，除非票价包含上述设施使用费及用餐费。而邮轮船票，从样式的设计到发行，都符合并满足旅游服务的要求。邮轮客票售票周期一般较长，在具体某个邮轮航程开始之前的数月甚至一年，邮轮公司会着手启动该航程邮轮船票的销售工作，并且在销售该邮轮旅游产品的同时，会对整个航程的安排、包含的旅游事项等予以较为详尽的介绍和宣传，尤其是列明一些旅游、观光，包括船上娱乐、休闲设施等使用的相关规定。目前，邮轮船票的销售还受我国邮轮旅游产品销售模式的限制，主要通过旅行社或携程网等网络资源，以包船游的方式销售邮轮船票，个别情况通过邮轮公司或其船舶代理公司直接销售邮轮船票。在国外则更多的通过邮轮公司或其代理人直接销售邮轮船票。

综上，邮轮船票区别于传统的海上旅客运输客票，也使得邮轮船票所证明的邮轮旅客运输合同具有独特的属性。

四、邮轮旅客运输合同法律性质分析

（一）邮轮旅客运输合同属于类型化混合合同

随着时代的发展，各种新型的社会关系层出不穷，在法定合同之外人们不断创设新型合同，即非典型合同。混合合同即为最常见的一种。邮轮旅客运输合同不但具有海上旅客运输合同的内容，同时还具有旅游合同的内容，因此性质上应该属于非典型合同中的混合合同。混合合同是在一个合同中包含着两个以上的有名合同或无名合同的相互混合或各自混合，有着两个以上不同法律关系的合同。混合合同具体分为四种类型：类型融合合同、双重典型合同、类型结合合同、典型合同附其他类型之从给付合同。[1]

邮轮旅客运输合同属于类型结合合同。所谓类型结合合同，是指一方当

---

〔1〕 廖盛林：《混合合同法律适用问题的类型化研究》，载《福建法学》2012 年第 1 期，第 43 页。

事人所负的数个给付义务属于不同的合同类型，彼此间居于同值的地位，而对方当事人仅负单一的对待给付义务或者不负任何对待给付义务的合同。[1]邮轮旅客运输合同中，邮轮公司需要向旅客提供海上运输、休闲娱乐、饮食住宿、观光游览等服务，分别包含了海上旅客运输合同和旅游合同的内容，而旅客只需承担给付价金的义务，符合类型结合合同的特点。

（二）邮轮旅客运输合同表述之争论

邮轮旅客运输合同的混合合同属性，使得各大邮轮公司对外发布的合同名称称谓不一，如地中海邮轮公司为"标准承运条款"、丽星邮轮公司为"特别协议书"等，而且国内学者对此种类型合同的提法观点也不一致。[2]有的学者称之为"邮轮旅游合同"或"邮轮承运合同"，有的称之为"邮轮运输合同"或"邮轮旅游承运合同"。[3]由于兼具海上运输和海上旅游的双重属性，为了避免与单纯的海上旅客运输合同或旅游合同相混淆，笔者认为"邮轮旅客运输合同"的提法比较恰当。

关于该合同用中文如何表述，也是笔者多年来一直思考的问题。为了区别实践中常见的邮轮旅游合同，并且突出该合同具有混合型的特征，笔者曾将之表述为"邮轮合同"[4]，而且也有学者赞同这一表述，并认为邮轮合同（Ticket Contract，Passage Contract）通常被译为"客票合同"、"船票合同"、"航行合约"或"运输合约"等，是由承运人以船舶为运输工具，以海运方式为游客提供旅游服务，并由游客支付票价作为服务对价的合同。[5]但是由于邮轮合同本身的表述太过宽泛，可以包括邮轮旅客运输合同、邮轮旅游合同、邮轮物资供给合同、邮轮建造合同、邮轮票务代理合同等，无法反映该合同的本质内涵，因此笔者认为该表述不太恰当。

针对学者们提议的"邮轮旅游合同"，笔者认为也不合适，因为容易将旅客与邮轮公司之间的合同关系和旅客与旅行社之间签订的旅游合同相混淆。此外，有学者将"邮轮旅游合同"界定为旅客与邮轮承运人签订的海上旅游

---

[1] 黄建中：《合同法总则·重点疑点难点问题判解研究》，人民法院出版社 2005 年版，第 70 页。

[2] 孟钰：《邮轮旅游承运人法律责任研究》，中国海洋大学 2013 年硕士学位论文，第 3 页。

[3] 贺冬梅：《我国邮轮旅游承运纠纷解决机制研究——以上海国际航运中心建设为视角》，首届邮轮游艇产业发展的法治问题研究论坛论文集，2016 年 1 月 8 日于海南省三亚市。

[4] 郭萍：《对邮轮合同法律性质的探究和思考》，载《中国海商法研究》2016 年第 1 期，第 55—62 页。

[5] 康锐、徐锦：《丽星邮轮合同条款解析》，载《海大法律评论》，上海浦江教育出版社 2013 年版，第 365—376 页。

服务协议，属于旅游合同。[1]笔者认为这种提法完全混淆了运输合同与旅游合同的界限，既然将邮轮旅游合同界定为一种旅游合同，则合同主体只能是旅游经营者和游客，不会存在邮轮承运人这一表述，因为承运人只能是运输合同中的一方主体。

至于"邮轮承运合同"或者"邮轮运输合同"的表述，虽然突出了邮轮旅游及运输的要素，但是仍然过于笼统，字面上可以理解为包括货物运输，也可以包括旅客运输，因此仍然不能从本质上反映邮轮同时从事旅客运输及观光旅游的特点。

而"邮轮旅游承运合同"的表述，一是未能突出旅客或者乘客是运送的对象，二是"邮轮"与"旅游"的表述重叠，会存在语意重复和交叉之嫌。

采用"邮轮旅客运输合同"的表述，一是可以突出该合同具有运输的特性，又因为冠以"邮轮"之前缀，可以区别于传统的海上旅客运输合同；二是综合有关邮轮特性的分析，鉴于邮轮本身既是旅游目的地，又具备移动式城镇或移动式五星级宾馆之功能，"邮轮"一词就足以反映出"旅游"的特性和内涵。因此"邮轮旅客运输合同"可以较好地反映和突出"旅客＋旅游＋运输"的多重要素和混合合同的双重特性。

事实上，结合本章第二节对"邮轮"本身中文表述争议的讨论分析，可以看出，这里提及的"邮轮旅客运输合同"本质上应为"游轮（或游船）旅客运输合同"，但是鉴于邮轮一词的表述在我国国内的广泛认可度、使用度和普及度，本书笔者仍使用"邮轮旅客运输合同"的表述，但并不影响对邮轮的理解应当为旅游船舶之意。

第四节　主要邮轮公司标准合同条款比较分析

在邮轮运输及旅游活动中，各个邮轮公司通常会将有关本次旅程方面的信息以客票手册等形式告知旅客，邮轮公司单方草拟的合同条款也通常在客票手册中载明。但将全部合同内容载入客票手册会显得过于烦冗、毫无重点，不方便旅客阅读与理解。因此，邮轮公司通常会将更为细致、具体的合同条款或者内容，公布于邮轮公司或其指定销售代理商的官方网站，以便旅客获取与查阅。

通过浏览丽星邮轮公司、皇家加勒比游轮有限公司、歌诗达邮轮公司、

---

[1]　谢代明:《邮轮承运人责任分析》，大连海事大学 2011 年硕士学位论文，第 5 页。

诺唯真游轮控股有限公司等全球著名邮轮公司的官方网站，可以发现尽管这些邮轮公司制订的合同名称各不相同，内容也不尽一致，但是这些合同条款或者文本都是邮轮公司提前拟定的，并可以重复使用，条款及合同文本对邮轮公司与旅客的权利义务作出具体明确的规定。即使在邮轮船票直销模式下，旅客与邮轮公司签订此种合同时，通常无法或者没有机会就合同具体内容与邮轮公司协商。而在我国普遍采取旅行社包船游的模式下，旅客与旅行社订立邮轮旅游合同，并不与邮轮公司直接订立合同，因此更没有可能就合同具体内容和条款与邮轮公司进行协商。且邮轮公司通常会在合同中规定，在旅客接受或使用其船票时即可被视为该旅客接受并同意合同所包含的一切条款与细则。

根据我国《民法典》第496条的规定，当事人以重复使用为目的，订约时不与另一合同订立方协商而单方提前制定好的条款被称为格式条款。通常我们将由格式条款组成的合同称为标准合同或格式合同。因此，邮轮公司在其官方网站上发布的邮轮旅客运输合同条款或细则内容，构成我国法律之下的格式条款。

一、各邮轮公司标准格式条款之相似性

虽然各个邮轮公司主要经营的航线以及途经的地理区域不同，提供的旅游服务项目各具特色，但是这些邮轮公司在其标准合同中规定的有关邮轮公司及旅客的权利、义务、责任等内容，存在很多相同之处。以下针对常见的几个主要条款予以分析。

（一）定义条款

各个邮轮公司几乎毫不例外地会在标准合同中订立一个定义条款，该条款通常对合同中重要的基本概念进行界定或解释，如界定承运人、旅客、邮轮巡游、岸上观光以及其他通用词语等[1]，使得被定义的术语及词汇在合同中的含义更加明确和清晰。

（二）行李、财产与责任限制条款

邮轮通常允许旅客携带一定数量的私人物品等行李，但基于航行安全

---

[1]　参见丽星邮轮公司条款与细则第1条，皇家加勒比游轮有限公司乘客票据合同第2条，诺唯真游轮控股有限公司乘客船票合同第1条。

与乘客人身财产安全的考虑，各个邮轮公司往往会对旅客能够携带的行李物品等加以限制。例如，不得携带任何非法的管制物品、烟火、特殊规定的活体动物、武器、军火、爆炸物品、其他危险物品或法律禁止的任何其他相关物品。[1]当其行李在航行过程中出现损毁时，邮轮公司不但会规定行李损失的赔偿责任限制，而且会将赔偿责任限制数额在条款中予以列明。

（三）合同解除权与变更权条款

尽管承运人承诺尽其全力避免合同的解除或变更，但仍然无法保证邮轮在任何一个港口或航行中，都能够完全按照事先约定的航线完成整个航程。因此，实际航行所涉及的时间与地点可能会与合同中约定的有所不同，任何船上或者登岸活动也都存在变动乃至取消的可能性。

该条款不仅对合同解除和变更问题予以明确，还对承运人因此而产生的赔偿责任或免责事项作出具体规定。[2]针对邮轮船票发售期限比较长的特点，旅客也可能因故解除或变更合同，因此合同通常对旅客此种行为予以限制或附加条件[3]，如果由于旅客个人原因解除或变更合同，旅客需要承担部分赔偿责任。

（四）承运人与旅客义务条款

为保证旅客人身与财产安全以及海上旅行的舒适度，标准条款中通常都约定承运人有保证船舶适航性、保证船上任何必备物料的充分供应与安全，以及实现旅客观光游览目的的相关义务。[4]同样，旅客也要承担相应的义务，需按照合同约定的内容，规范自己在邮轮上的日常行为，如需要携带齐全所有必需证件、按邮轮公司规定时间上下船舶、按规定的重量和品质要求携带行李物品等。此外，针对老弱病残孕及未成年人等特殊人群也规定了具

---

〔1〕　参见丽星邮轮公司条款与细则第 13 条，皇家加勒比游轮有限公司乘客票据合同第 3 条，诺唯真游轮控股有限公司乘客船票合同第 5 条。

〔2〕　参见丽星邮轮公司条款与细则第 8 条，歌诗达邮轮公司乘客条款第 5 条、第 16 条，皇家加勒比游轮有限公司乘客票据合同第 6 条，诺唯真游轮控股有限公司乘客船票合同第 4 条。

〔3〕　参见丽星邮轮公司条款与细则第 9 条，歌诗达邮轮公司乘客条款第 6 条，诺唯真游轮控股有限公司乘客船票合同第 5 条。

〔4〕　参见丽星邮轮公司条款与细则第 5 条，歌诗达邮轮公司乘客条款第 10 条、第 13 条、第 19 条等，诺唯真游轮控股有限公司乘客船票合同第 5 条。

体义务。[1]

(五) 承运人免责及赔偿责任限制条款

由于邮轮在运营中通常会遭遇海上特殊风险，基于行业惯例，为保障承运人合法权益，促进邮轮行业的蓬勃发展，在发生台风、海啸等不可抗力事件、恐怖主义行为、战乱、海盗等超出承运人可合理控制范围的情况或其他非因承运人过失而造成的事件，导致旅客人身伤亡、疾病或财产损失时，标准合同几乎都明确规定承运人无须承担赔偿责任。[2]此外，合同还规定邮轮公司有权援引承运人责任限制、责任豁免等条款。但是各个邮轮公司的标准合同文本对于承运人赔偿责任限制数额的规定有所不同，有的直接规定赔偿责任限制数额，有的则与《旅客及其行李运输雅典公约》的规定挂钩。[3]

(六) 法律适用与争议解决条款

为有利于争议解决，邮轮公司标准合同通常会规定纠纷解决的法律适用及管辖权条款。

关于法律适用条款，邮轮公司通常会选择公司所在地国家的法律。例如皇家加勒比游轮有限公司乘客票据合同第 19 条规定，本乘客票据合同应当受美国佛罗里达州法律（包括可适用的相关美国海事法律）约束并依照其予以解释。

关于争议解决，合同中通常订有纠纷或争议应通过诉讼或仲裁解决的专门条款。[4]例如：歌诗达邮轮公司合同条款第 26 规定，因本合同产生的任何争议应当提交意大利热那亚法院管辖。皇家加勒比游轮有限公司在乘客票据合同条款开篇致旅客的重要通知中，明确规定"本合同要求通过仲裁方式解决特定纠纷，并要求放弃通过法院诉讼审理上述纠纷的任何权利"。同时该合同第 9 条和第 10 条针对不同的赔偿请求类型，分别规定将争议提交诉讼或仲裁解决。如：针对人身伤害、疾病或死亡的索赔请求等，规定应当提交至位于中国上海的相关法院诉讼解决；而对旅客人身伤害、疾病或死亡的索赔

---

[1]　参见丽星邮轮公司条款与细则第 4 条、第 12 条，歌诗达邮轮公司乘客条款第 9 条，诺唯真游轮控股有限公司乘客船票合同第 6 条。

[2]　参见丽星邮轮公司条款与细则第 12 条，皇家加勒比游轮有限公司乘客票据合同第 11 条。

[3]　参见皇家加勒比游轮有限公司乘客票据合同第 3 条、第 11 条，丽星邮轮公司条款与细则第 5 条。

[4]　参见皇家加勒比游轮有限公司乘客票据合同第 9 条，丽星邮轮公司条款与细则第 21 条。

请求以外的其他类型,则约定提交给中国国际经济贸易仲裁委员会在上海进行仲裁。[1]诺唯真游轮控股有限公司乘客船票合同第10条,采取与皇家加勒比游轮有限公司乘客票据合同类似的做法,针对不同情形分别规定可以采取诉讼或仲裁方式解决争议,只是仲裁条款没有选择中国仲裁机构,而是约定在美国佛罗里达州迈阿密戴德郡,根据联合国《承认及执行外国仲裁裁决公约》(即1958年《纽约公约》)以及美国法律予以解决。

(七) 其他条款

邮轮公司制订的标准合同通常还会规定一些涉及旅游事项的内容。例如:为了保障旅客的生命健康,通常承运人会提供一定的医疗服务[2];约定承运人在提高旅客游览休闲品质服务方面的相关权利和义务;岸上观光、游览[3]等注意事项;等等。

除了上述具体规定外,为确保所有乘客都能享受安全、愉快的邮轮之旅,皇家加勒比游轮有限公司、诺唯真游轮控股有限公司等都在乘客票据合同之后附有"乘客行为准则"(Guest Conduct Policy),对旅客在邮轮度假期间的行为举止规定相关标准和指南,内容包括旅客在上下船、码头内、登船后、沿途停靠港、岸上短途观光以及私有目的区域等的行为规范,并明确旅客违反上述规定的后果。值得注意的是,邮轮公司大都在标准合同中明确规定,这些乘客行为准则等构成邮轮旅客运输合同的一部分,要求旅客予以遵守。

二、主要邮轮公司标准合同条款之差异性比较

尽管上述各邮轮公司的标准格式条款有众多相同之处,但鉴于各公司主打的市场区域和服务理念方面的差异,各个邮轮公司的标准格式条款仍有许多不同之处,甚至同一家邮轮公司在全球不同市场区域使用的合同条款、内容、语言、版本等也略有不同。例如,丽星邮轮公司的邮轮航行合同共有6种:大洋洲及南北美洲地区航行合同(包括澳大利亚、新西兰、南非、美国、加拿大、墨西哥、智利、阿根廷、巴西、委内瑞拉,英文版,共23条);

---

〔1〕 参见皇家加勒比游轮有限公司乘客票据合同第10条。
〔2〕 参见丽星邮轮公司条款与细则第5条,皇家加勒比游轮有限公司乘客票据合同第4条。
〔3〕 参见丽星邮轮公司条款与细则第14条,皇家加勒比游轮有限公司乘客票据合同第5条,诺唯真游轮控股有限公司乘客船票合同第5条以及专门针对岸上旅游的"岸上观光套餐细则与条款"(共计7条)。

中国台湾地区航行合同（中文版，共 23 条）；新加坡地区航行合同（英文版，共 23 条）；东南亚及中东地区航行合同（包括文莱、印度尼西亚、马来西亚、日本、阿拉伯联合酋长国、埃及、约旦、沙特阿拉伯、科威特、伊朗，中文版，共 23 条）；英国以外的其他欧洲大陆区域航行合同（包括法国、荷兰、希腊、比利时、德国、西班牙、丹麦、冰岛、马耳他、挪威、瑞典、瑞士、乌克兰、奥地利、芬兰，英文版，共 12 条）；英伦半岛地区航行合同（包括英国、爱尔兰，英文版，共 42 条）。[1] 下文将对几家著名邮轮公司标准合同的主要条款予以比较分析。

（一）合同的可转让性条款比较

就邮轮公司标准合同条款而言，合同的可转让性通常表现为合同变更权的行使。邮轮旅客运输合同能否转让，对于旅客而言，关系到是否能够参与本次航程，是否可将船票按特定程序转让；对于邮轮公司而言，关系到是否面对新的旅客，因为不同旅客存在年龄、健康、资产、消费水平等方面的差异。

丽星邮轮公司合同条款规定得较为笼统，按照第 3 条，未征得承运人书面同意，旅客不得擅自转让船票，该船票仅对特定航次和特定旅客有效，但未明确阐释承运人将于何种情况下同意旅客转让合同的申请。

根据皇家加勒比游轮有限公司乘客票据合同第 17 条规定，不允许旅客进行合同转让，即旅客不得将邮轮旅客运输合同让与特定或不特定的其他任何人。如果旅客违反此规定将邮轮旅客运输合同转让，则无权得到承运人退款，受让人无权要求承运人履行合同。

相比之下，歌诗达邮轮公司乘客条款规定得较为详细和灵活。第 7 条明确规定允许在特定情况下，因客观原因无法参与此次旅行的乘客将其合同转让给他人。限定条件包括如下方面：（1）旅客应当在航次出发前足够长的时间内，以书面形式通知邮轮公司；（2）转让人提供了合同受让人的相关信息；（3）受让人许诺履行该邮轮旅客运输合同；（4）受让人在该航次下享有的邮轮服务内容与转让人享有的服务内容一致。当上述条件均满足时，承运人可能会同意合同的转让。当然，合同的转让不得违反或影响承运人免责和责任限制条款的效力，尤其是涉及航行安全方面的条款效力。显然，尽管歌

---

[1]　康锐：《丽星邮轮合同条款解析》，载《海大法律评论》，上海浦江教育出版社 2013 年版，第366—367 页。

诗达邮轮公司原则上规定旅客可以进行合同转让，但是否接受或同意转让的决定权仍然掌握在邮轮公司手中。如果合同的转让不能满足上述条件要求，旅客需按照合同规定承担票款无法退还的相应后果。[1]

（二）承运人合同解除权与变更权条款比较

邮轮载客数量较大，一旦承运人行使合同变更权或者解除权，将会影响众多游客的相关利益和行程安排，因此在标准合同文本中，通常规定承运人只有在特殊情形下才可以行使此种权利。

歌诗达邮轮公司乘客条款规定，在航程开启前如果存在不得不对合同内容进行重大变更的特殊情形时，邮轮公司应当立即通知所有旅客，如邮轮船票价格上浮 10% 以上，或者航行的基本要件发生明显变化等。[2]同时，规定下列情形不构成合同重大变更：（1）在起飞和到达日期没有改变并可在邮轮航行规定日期和时间安排旅客上下船的情况下，对航空公司、飞行时间以及航线予以变更；（2）出于技术运行原因或者船舶安全的需要，邮轮公司以另一同类船舶取代原定船舶；（3）邮轮公司或船长因不可抗力和船舶及航行的安全原因改变邮轮航线；（4）为旅客在同一类型的舱室范围内调换舱位；（5）在保证同类型酒店的前提下，更换酒店；（6）对船上演出计划以及其他娱乐形式的调整等。旅客在收到邮轮公司发出的有关重大变更的通知后，应在 2 个工作日内将是否继续履行合同的决定告知邮轮公司[3]；旅客未在规定时间内及时发出通知的，视为接受合同变更后的内容。

而皇家加勒比游轮有限公司在乘客票据合同第 11 条规定，某些情况下即使承运人尽力避免，但并不能保证邮轮在任何一个港口的停靠都完全按照预先设定的行程进行时，承运人无须对解除合同、变更或更换合同内容的行为承担任何赔偿责任或退款责任。[4]但如果因不可抗力等事件导致承运人解除合同、变更或更换合同内容的，则按照合同被变更的程度分别作出不同规定。除此之外，合同中还特别列明如果乘客参与示威抗议等活动，影响其他旅客

---

〔1〕　参见歌诗达邮轮公司乘客条款第 6 条。

〔2〕　参见歌诗达邮轮公司乘客条款第 5 条第 1 款。

〔3〕　参见歌诗达邮轮公司乘客条款第 5 条第 2 款。

〔4〕　皇家加勒比游轮有限公司乘客票据合同第 11 条："除第 6.d 及 6.e 款另有明确规定外，因发生不可抗力事件、战争、恐怖主义、民事骚乱、劳资冲突、政府干涉、海上风险、火灾、盗窃、其它超出承运人合理控制范围的原因或其它任何非因承运人过失而导致的事件，从而导致任何乘客出现人身伤害、死亡、疾病、损害、迟延或其它个人或财产损失、或其它任何索赔损失，承运人均无需承担责任。"

旅游享受和船上友好气氛的，可能会导致承运人对旅客采取一定措施，并要求旅客为其不当行为而给承运人造成的损失承担赔偿责任。

根据丽星邮轮条款与细则第 8 条第 2 款，非因不可抗力事件引起的合同解除与实质修改，承运人可在开航前任何时间提出，但承运人需在合理情况下尽快通知旅客并向旅客提供替代服务项目或给予合理赔偿。旅客面对此种情况可以自行选择同意接受此项修改，或者选择取消该航行，并有权要求承运人返还全部款额。如果旅客选择取消该航行，则应当在邮轮公司建议更改行程的 14 天内以书面形式向承运人提交取消通知。第 8 条第 3 款针对邮轮开航后出现合同中止或修改的情形，规定承运人可以安排替代船舶以继续完成原定航程；但是如果承运人不能完成替代安排或其替代安排无法得到旅客同意的，承运人将为旅客提供返回启运港或其他合理地点的交通费用，因此缩短的航程超过 24 小时的，承运人将依据合同条款规定的比例退款给旅客。

（三）旅客合同解除权条款比较

当旅客因故不愿意或不能参与此次航行时，也可能作出解除合同的选择。根据歌诗达公司乘客条款第 6 条，如果是由于邮轮公司发出重大变更书面通知，旅客选择解除合同的，可以根据合同约定与邮轮公司商议解决问题。但对于邮轮公司发出重大变更通知以外的其他原因，包括旅客自身原因导致合同被解除的，则依据提出解除合同日期距离邮轮开航日期的时间长短，由旅客根据船票价格的不同比例支付解除合同费用。[1]

皇家加勒比游轮有限公司乘客票据合同第 7 条规定，如果旅客通过旅行社等旅游经营者购买船票，涉及取消航程、解除合同等事宜，需要根据其与旅行社或旅游经营者之间的约定处理；任何情况下，承运人不承担因乘客解除合同或提前离船而产生的退款或赔付责任。此外，针对某些特殊航线，例如，根据美国法律规定，从美国港口启航的往返邮轮航程，乘客需完成全部航程活动。如果乘客未能完成全部航程，需要中途离船的，可能会面临一个或多个政府机构罚款或其他处罚，旅客应当承担该罚款或处罚后果；若承运人代为支付罚款的，乘客应对承运人承担合理的赔偿责任。

丽星邮轮公司条款与细则第 9 条明确规定，旅客可以通过电话、电子邮件或其他书面方式，选择最为便捷的一种及时发出解除合同通知。若旅客选择书面形式发出通知的，该书面通知应当提交给承运人并得到承运人接收该

---

〔1〕 参见歌诗达邮轮公司乘客条款第 6 条。

通知的确认。一旦承运人接受旅客取消合同的通知，承运人应当向旅客发出书面确认文件。旅客解除合同后，也需要根据合同约定向承运人支付一定比例的费用。

（四）承运人责任、免责及赔偿责任限制条款比较

1. 承运人责任与免责规定

根据皇家加勒比游轮有限公司乘客票据合同第 3 条规定，承运人无须对邮轮旅客行李的任何损失或损毁负责，除非承运人对此负有过失责任。第 11 条还规定，除另有约定外，因发生不可抗力事件、战争、恐怖主义、民事骚乱、劳资冲突、政府干涉、海上风险、火灾、盗窃、超出承运人合理控制范围的其他原因或任何并非因承运人过失而导致的其他事件，导致乘客人身伤害、死亡、疾病、损害、迟延或个人或财产的任何损失，承运人均无须承担任何责任。对因乘客使用任何健身或娱乐设备或因任何独立合同方（包括但不限于摄影师、SPA 区域工作人员或其他演艺人员）的过失或过错行为而产生的旅客人身伤害、死亡、疾病或损失，或因承运人巡游、航行或运输行为之外的任何其他原因，或因岸上短途观光、陆地游或任何其他活动而导致的旅客人身伤害、死亡、疾病或损失，均由乘客自行承担风险，承运人无须对上述人身伤害、死亡、疾病或损失承担责任。

歌诗达邮轮公司乘客条款第 13 条第 1 款规定，邮轮公司应对在未能全部或部分履行合同约定的服务义务且未能提供替代套餐解决方案的情况下，给乘客造成的任何损失承担责任。邮轮公司无须对因乘客自身原因、与合同约定服务无关的任何第三方的原因或因意外事故、不可抗力、乘客一方拒绝接受邮轮公司提供的替代套餐解决方案，或邮轮公司依据其专业勤勉要求也无法合理预见或补救的任何情况，所造成或导致的任何损失承担赔偿责任。

丽星邮轮公司条款与细则明确规定承运人不对船舶的适航性、适合性，或船上供应的任何食品、饮料、药物或粮食作明示或默示的承诺或保证，承运人无须对因任何意外事件导致旅客在船舶以外的任何区域遭受的损失承担赔偿责任。[1]此外，承运人和船舶对下列列明的不可抗力事件引起的任何损失免责：天灾；罢工、停工；任何病毒暴发、世界范围内的流行病、传染病；核爆发、核辐射；船舶爆炸、着火、碰撞、搁浅、沉没，或者船舶或其船体、

---

〔1〕 康锐、徐锦：《丽星邮轮合同条款解析》，载《海大法律评论》，上海浦江教育出版社 2013 年版，第 368 页。

装置、机械设备等发生故障或损坏；任何民众骚乱、暴乱、造反、战争、内战、政府限制或征用、恐怖行动等；拒绝授予任何执照或许可证、任何政府机关的任何禁止行为或措施，无法取得或未能供应燃料；使用的程序或软件功能发生故障或异常；进出口规定方面的限制或禁运，检疫限制；因船舶潜在瑕疵或固有瑕疵、质量缺陷、自然损耗而产生的责任；旅客个人行为、疏忽或不履约，违反或不遵守本条款与细则的任何规定；旅客行李或财产的包装、标记或标识不足或不当；旅客或其代表对行李或财产的处置、装运、装载或卸载不当；承运人或船舶尽到谨慎处理仍无法避免和预防的后果；等等。[1]显然该不可抗力条款包含的范围非常宽泛，对上述列明事件导致的旅客人身伤亡、疾病、行李或其他财产损失等，承运人均无须承担赔偿责任。

2. 承运人赔偿责任限制方面的规定

根据皇家加勒比游轮有限公司乘客票据合同第 3 条规定，对于旅客行李财产丢失或损毁的责任限制，无论法律或本协议中是否有任何相反规定，对在邮轮观光过程中的陆地旅游期间乘客所遭受的任何财产灭失或损毁，承运人的赔偿责任限额为每位乘客 300 美元。对邮轮海上巡游期间乘客财产灭失或损毁，承运人的赔偿责任限额为每位乘客 300 美元；若乘客事先就财产的真实价值进行书面申报，并在全部支付邮轮旅游款项后的 10 日内，就超出 300 美元的财产价值部分，已经按照 5% 的比例向承运人支付了额外的保价费用，则承运人对该申报财产的赔偿责任限于该财产的申报价值，但最高不超过 5000 美元。

该乘客票据合同第 11 条规定，对非在美国港口登船、离船或停靠的邮轮而言，承运人均有权根据《1974 年海上旅客及其行李运输雅典公约的 1976 年议定书》（以下简称 "《雅典公约》1976 年议定书"）及其修订案之规定，享有一切责任限制、责任豁免及其他权利。根据《雅典公约》1976 年议定书之规定，承运人就旅客人身伤害或死亡所承担的最大赔偿责任限额为 46666 特别提款权（SDR）。此外，对其他任何类型的邮轮旅客人身伤亡而言，则适用美国法律，包括《美国法典》第四十六章第 30501 条至第 30509 条以及第 30511 条或有关邮轮承运人一切责任限制或责任豁免的规定。

歌诗达邮轮公司乘客船票合同条款第 13 条第 2 款则规定，邮轮公司有

---

〔1〕 康锐、徐锦：《丽星邮轮合同条款解析》，载《海大法律评论》，上海浦江教育出版社 2013 年版，第 369 页。

权依据合同条款主张责任豁免、责任限制、抗辩以及除外责任，该规定同样适用于邮轮公司的雇员、代理人、分包商、经销商、合作伙伴及其保险人。

丽星邮轮公司条款与细则明确规定，对乘客贵重物品、随身行李、非随身行李的灭失或损坏和人身伤亡分别适用《修正 1974 年海上运输旅客及其行李雅典公约的 1990 年议定书》第 2 条第 2 款和第 3 款规定的赔偿限额。[1]

我国目前缺乏有关邮轮运输方面的专门立法或者明确的法律条文规定，且在中国沿海港口从事邮轮旅游活动的邮轮大多数悬挂外国国旗，邮轮停靠港口也多在外国国家或地区，因此具有明显的涉外性。根据我国《涉外民事关系法律适用法》第 41 条规定，当事人可以协议选择合同适用的法律。当事人没有选择的，适用履行义务最能体现该合同特征的一方当事人经常居所地法律或者其他与该合同有最密切联系的法律。因此，如果我国缺乏保障我国旅客权益的强制性法律条款规定，则前述邮轮公司票据合同条款约定的法律适用或内容就可能被适用，并对我国旅客产生约束力。

上述邮轮公司拟定的合同条款各不相同，加上这些条款本身具有格式条款的特性，使得中国游客很难有机会或者有足够的专业知识或者能力与邮轮公司协商洽谈条款内容，被动接受的情形极为普遍。因此，需要修改和完善现行法律，以适当规制邮轮公司制订的邮轮旅客运输合同条款及效力，通过法律对侵犯或危害我国旅客合法权益的合同约定事项进行规范和限制。只有在不与我国强制性立法规定冲突或者不存在降低、减轻、免除承运人法定责任，不存在限制旅客提出赔偿请求权利等涉及邮轮旅客最低权益保障的基础上，才允许适当范围的订约自由。

第五节　邮轮公司/旅客/旅游公司（旅行社）三方主体之法律关系辨析

一、邮轮船票销售模式对邮轮法律关系认定的影响

根据中国《旅行社条例》第 23 条规定，外商投资旅行社不得经营中国内地（大陆）居民出国旅游业务以及赴香港特别行政区、澳门特别行政区和

---

[1] 康锐、徐锦：《丽星邮轮合同条款解析》，载《海大法律评论》，上海浦江教育出版社 2013 年版，第 367 页。

台湾地区旅游业务，但是国务院决定或者我国签署的自由贸易协定和内地与香港、澳门关于建立更紧密经贸关系的安排另有规定的除外。《旅行社条例》中提及的外商投资旅行社，包括中外合资经营旅行社、中外合作经营旅行社和外资旅行社。[1]

外资邮轮公司或其设立的旅行社均不得向内地旅客直接销售邮轮旅游产品，因此外资邮轮公司只能通过有资质的中国国内旅行社开展邮轮旅游经营活动。[2]这也是目前中国主要采用旅行社包船游模式的主要原因。邮轮公司直接销售邮轮船票的模式在中国并没有普遍开展，以皇家加勒比游轮有限公司为例，该公司在上海自贸试验区全资成立了一家船务代理公司，由该船务代理公司负责直接销售邮轮船票。根据实地调研了解到的情况，目前通过其船务代理公司直接销售船票的销售额占邮轮公司全部船票销售总额不到10%，未来几年这种情况也不会有太大改观。

（一）邮轮船票直销模式邮轮法律关系认定

邮轮船票直销模式下形成两个合同主体，三方法律关系，即旅客与邮轮公司之间存在由邮轮客票证明的邮轮旅客运输合同，旅客和作为承运人的邮轮公司是邮轮旅客运输合同的订约双方。而船务代理公司或者个别情况下，部分旅行社或其他代销商（以下统称"邮轮船票销售代理人"）受邮轮公司委托，代为销售邮轮船票，邮轮旅客运输合同涉及三方当事人。但是邮轮船票销售代理人仅是邮轮公司票务销售受托人，基于与邮轮公司签订的委托合同而被授予代理权，代表邮轮公司向旅客销售邮轮船票，邮轮旅客运输合同效果归于邮轮公司与邮轮旅客，旅客与邮轮船票销售代理人间并无任何合同关系。

旅行社或票务代理公司与邮轮公司之间订立的合同，其名称一般为"邮轮船票销售协议"或"旅行社代理协议"。依据二者之间的合同约定，邮轮公司将一定数量的舱位交给邮轮船票销售代理人销售，收取一定的订金，邮轮公司自主承担空舱风险，而邮轮船票销售代理人以约定的指导价格销售邮轮船票，有权收取一定佣金。邮轮公司及邮轮船票销售代理人之间存在典型的委托代理法律关系。

就委托合同约定方式来看，该合同具有诺成性、双务性。实践中邮轮船

---

[1]　参见《旅行社条例》第 21 条第 2 款。

[2]　方懿：《邮轮旅游民事法律关系初探》，载《中国海商法研究》2013 年第 2 期，第 44 页。

票销售协议一般采取书面形式，约定当事人双方互负对待给付义务。邮轮船票销售代理人需按照邮轮公司委托或指示，以邮轮公司确定的指导价格售卖邮轮船票，并将售卖船票之价款转入邮轮公司指定账户。邮轮公司为邮轮船票销售代理人提供邮轮船票。邮轮公司会为船票销售代理人设定销售返点利润或制定其他优惠政策，作为船票销售代理人销售船票的对价。

就委托合同约定内容而言，邮轮公司与邮轮船票销售代理人签订的合同以处理事务为内容，邮轮公司委托包括旅行社在内的邮轮船票销售代理人，代为宣传邮轮旅游事项，揽取客源。

就风险划分来看，尽管邮轮船票销售合同中有数量约定，未完成约定销售量所造成的佣金损失由邮轮船票销售代理人承担，但是对于邮轮可能面临的空舱风险，仍由邮轮公司承担。

就邮轮船票销售委托事项性质来看，其属于意在设立民事权利或民事义务的法律行为，能够使受托人与第三人之间成立民事法律关系，后果由委托人承担。从而在邮轮公司、邮轮船票销售代理人、旅客之间形成代理法律关系，包括以委托合同为基础的邮轮公司与邮轮船票销售代理人之间的内部法律关系和邮轮船票销售代理人与旅客之间发生的外部法律关系。[1]（三者之间的法律关系详见图 2 - 5）

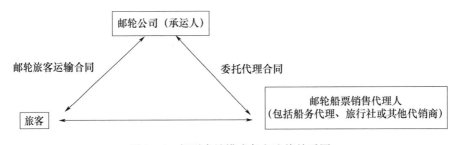

图 2 - 5　船票直销模式各方法律关系图

（二）旅行社包船游销售模式邮轮法律关系认定

旅行社包船游销售模式下，旅行社与邮轮公司签署确定全部或部分旅客舱位的包舱或切舱协议，在获得一定舱位的前提下，再由旅行社直接与游客签订旅游合同或者邮轮旅游合同。显然，在旅行社与游客之间存在直接合同

---

〔1〕　王韵：《我国邮轮旅游合同法律关系问题研究》，大连海事大学 2017 年硕士学位论文，第 10 页。

关系，旅行社与邮轮公司之间也存在直接包舱合同关系。因此，在此种模式下至少涉及两个基础合同、三方合同主体。三方合同主体即邮轮公司、旅行社和旅客。两个基础合同分别为旅行社与游客之间的旅游合同、邮轮公司与旅行社之间的包船协议。

对于在旅客与邮轮公司之间是否存在直接合同关系，如何认定邮轮公司在该模式下的法律地位，目前国内尚存在争议。有学者认为，邮轮公司、旅行社和旅客是邮轮民事法律关系的基础主体，他们相互之间可构成三组不同的法律关系，即旅行社与旅客之间的合同关系、邮轮公司与旅行社之间的合同关系、邮轮公司与旅客间的海上旅客运输法律关系。还有学者认为邮轮公司与旅客之间形成法定旅游关系，邮轮公司为旅行社的旅游履行辅助人。[1]有的学者则认为邮轮公司与旅客之间形成法定海上旅客运输关系，邮轮公司应为海上旅客运输的实际承运人，而旅行社与游客订立的旅游合同在不涉及岸上旅游项目的海运区段，具有海上旅客运输合同的属性，因此旅行社应当被视为海上旅客运输合同的订约承运人。[2]（各方主体之间的法律关系，详见图 2－6）

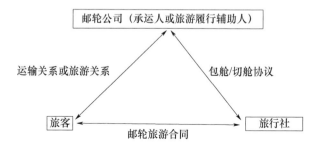

图 2－6　旅行社包船游销售模式各方法律关系图

鉴于在邮轮船票直销模式下，邮轮公司、旅客、邮轮船票销售代理人各方的法律关系及法律地位比较明确，下文将重点根据旅行社包船游销售模式，围绕旅行社、邮轮公司、旅客三方主体的不同法律关系分别予以讨论和剖析。

---

〔1〕　方懿：《邮轮旅游民事法律关系初探》，载《中国海商法研究》2013 年第 2 期，第 44 页。

〔2〕　郭萍：《对邮轮合同法律性质的探究和思考》，载《中国海商法研究》2016 年第 1 期，第 55—62 页。

二、邮轮旅游合同法律关系——以游客与旅行社之间的关系为视角

在旅行社包船游销售模式中，旅行社通常为旅客提供"一价全含"式包价旅游服务及项目，通常适用《团队出境旅游合同》示范文本。而上海、天津等地的旅游管理部门，针对邮轮旅游业在当地发展的实际情况，还专门推出以"邮轮旅游合同"为名称的示范合同文本供选择使用。

该类合同不仅包括旅行社与旅游者之间签订的合同正文，还包括船票、出团通知、行程说明、安全须知等。根据邮轮旅游合同或者出境旅游合同，旅行社为游客提供整体旅游服务，即包括在海上巡游观光，也可能包括邮轮停靠访问港时岸上旅游内容。旅行社向邮轮旅客提供包括运输、住宿、餐饮、娱乐、海上及岸上观光、导游、出入境业务办理、港口服务、保险业务代理等在内的一系列邮轮旅游服务，旅游者要向旅行社承担支付总价款的主合同义务和其他一些附随义务。

在实务操作中，各旅行社应当按照当地旅游部门指定的合同范本同游客签订旅游合同。以上海港为例，在 2015 年邮轮旅游合同示范文本没有推出之前，上海市旅游局要求各旅行社采用《上海市出境旅游合同示范文本（2004版）》，另辅以出团通知、行程说明、安全须知等。而 2015 年之后需采用专门的邮轮旅游合同示范文本。因此从表面上看，旅行社与游客之间成立单独的旅游合同关系，旅行社应根据由上述多份文件构成的旅游合同中约定的内容和事项，向旅客提供相应的旅游服务。[1]

在旅行社包船游销售模式下，海上邮轮旅游服务实际上是由邮轮公司所提供，而非与旅客直接订立邮轮旅游合同的旅行社，因此邮轮公司在此种模式下扮演何种角色，其与旅客之间存在何种法律关系一直存有争议。如果不能很好地厘清二者之间的法律关系，一方面会使邮轮旅客权益的救济变得困难，责任承担者不甚明确；另一方面也会导致责任主体相互推诿，损害游客合法权益。

虽然理论上游客可以因违约或侵权向旅行社或邮轮公司请求救济，但是旅客一般会选择依据邮轮旅游合同向旅行社维权。而旅行社可能会以因第三方原因造成游客损失、己方不是邮轮实际控制方等理由进行抗辩，甚至推卸责任。尽管根据相关法律规定，具有出境游经营资质的旅行社，需要开设旅

---

〔1〕　方懿：《邮轮旅游民事法律关系初探》，载《中国海商法研究》2013 年第 2 期，第 44 页。

行社质量保证金专用账户并足额存入 120 万元的旅行社质量保证金，而一旦因海上特殊风险导致人身伤亡或财产损失，由于邮轮载客量较大，赔偿金额往往比较高，上述旅行社质量保证金可能会因旅行社偿付能力不足，无法满足旅客的赔偿请求。如果旅客选择向邮轮公司维权，邮轮公司常常会以二者之间不存在直接的合同关系为由推卸责任，或者直接依据其票据合同中的格式条款援引免责抗辩。而且邮轮公司一般会在格式合同中约定适用有利于己方的外国法律或在外国法院提起诉讼或仲裁。中国游客想要向外籍邮轮公司维权将会付出巨大的时间与金钱成本。[1]

若要厘清上述主体之间的法律关系，就不得不依托有关旅游合同的基本理论予以阐述。

（一）邮轮旅游合同的基本理论

邮轮旅游合同属于旅游合同的一种，是旅游经营者与游客之间就邮轮巡游，邮轮上的住宿、餐饮、娱乐、购物等相关活动的权利义务关系予以明确的协议。旅行社将邮轮船票和岸上观光服务打包成包价旅游产品向旅游者销售，与旅游者签订邮轮旅游合同，并提供邮轮船票。[2]因此，邮轮旅游合同的主体应该是旅游经营者（旅行社）和旅客。根据《旅游法》第 111 条的规定，旅游经营者是指旅行社、景区以及为旅游者提供交通、住宿、餐饮、购物、娱乐等服务的经营者。

旅游经营者大多为经工商管理部门登记，具有经营旅游业资质的企业法人。常见的旅游经营者包括旅行社、旅游饭店、旅游交通运输公司、旅游商店等。其中旅行社主要经营国内外旅游业务，是旅游业中最为重要的企业。[3]旅行社是指以营利为目的，从事招徕、组织、接待旅游者等活动，为旅游者提供相关旅游服务，开展国内旅游业务、入境旅游业务或者出境旅游业务的企业法人。旅行社是旅游活动的组织者和实施者，在旅游业务中处于主导地位，旅行社行业发展的好坏直接影响旅游业的发展。[4]

根据《旅行社条例》，旅行社是从事旅游业务经营、提供有偿服务、获取利润的社会经济组织。根据《民法典》第 57 条规定，法人是具有民事权

---

[1] 王韵：《我国邮轮旅游合同法律关系问题研究》，大连海事大学 2017 年硕士学位论文，第 5—6 页。
[2] 参见《上海市邮轮旅游经营规范》第 13 条。
[3] 刘云亮主编：《旅游法学》，法律出版社 2011 年版，第 9 页。
[4] 刘云亮主编：《旅游法学》，法律出版社 2011 年版，第 68 页。

利能力和民事行为能力，依法独立享有民事权利和承担民事义务的组织。因此，旅行社属于服务行业中的独立法人，能够自主经营、自负盈亏、独立承担法律责任。

根据《旅行社条例》第 2 条的规定，旅行社的旅游业务主要包括：(1) 招徕、组织和接待旅游者；(2) 为旅游者安排交通、游览、住宿、餐饮、购物、娱乐等相关活动；(3) 为旅游者代办出境、入境和签证手续。旅行社是旅游消费者与旅游服务供应商之间的桥梁和纽带，因此还具有中介性。[1]

旅游合同是旅游者与旅游经营者之间设立、变更和终止民事权利义务关系的协议。在 1979 年德国颁布《旅游契约法》(后被并入德国《民法典》并作为其中一章) 之前，国际上几乎没有国家对旅游合同进行专门立法。我国"合同法"起草制定过程中，专家稿未规定旅游合同，但是草案稿增加了旅游合同内容，全国人民代表大会最终通过《合同法》条文时又将其删除。当时针对《合同法》是否应当规定旅游合同问题存在两种对立观点：一种观点认为旅游服务业属于新兴行业，我国旅游业发展有目共睹，需要法律的保障和规制，因此《合同法》制定时不能忽略这一现实需要，应当将旅游合同作为有名合同列入《合同法》分则；另一种观点持反对态度，认为国际上对旅游合同进行专门立法的并不多见，我国也缺乏这方面的立法经验。考虑到我国即将制定《旅游法》，可以通过《旅游法》规定旅游合同事项。因此第二种意见占了上风，《合同法》没有规定旅游合同这种有名合同。[2]

国家旅游局于 2001 年颁布《旅行社管理条例实施细则》，其中第 51 条规定，旅行社从事旅游业务经营活动，应当投保旅行社责任保险；旅行社在与旅游者订立旅游合同时，应当推荐旅游者购买相关旅游者个人保险。这是首次在立法条文中出现"旅游合同"表述。

我国台湾当局所谓"民法典"(债编) 经 1999 年 4 月 21 日修订，增设第 8 节，共 12 个条文涉及旅游方面的内容，明确旅游营业人 (即大陆所称旅游经营人) 与旅客之间的权利义务关系。但是台湾当局所谓"民法典"也未明确规定旅游契约，仅在第 514 条第 1 项规定旅游营业人之意义及其他相关条文中有所涉及。根据相关条文规定，可以得出结论：旅游契约系指约定旅

---

[1] 刘云亮主编：《旅游法学》，法律出版社 2011 年版，第 70—72 页。

[2] 刘云亮主编：《旅游法学》，法律出版社 2011 年版，第 181—182 页。

游营业人为旅客提供旅游服务，而由旅客给付旅游费用之契约。[1]

根据台湾当局所谓"民法典"第514条第2项规定，旅游服务系指安排旅程及提供交通、膳宿、导游或其他有关之服务。旅游营业人除安排旅程外，还须提供交通、膳宿、导游或其他有关之服务（如代办护照、意欲旅游国家之签证等）中的至少一项。安排旅程为旅游契约旅游营业人必须提供服务之要素事项，如仅约定提供交通、膳宿、导游或其他有关之服务，而未约定安排旅程，或仅约定安排旅程，而未约定提供交通、膳宿、导游或其他有关之服务或其中一项者，即非台湾当局所谓"民法典"所规定旅游契约的范畴。一旦发生纠纷，应视纠纷事项之内容而适用有关委任、承揽、居间、行纪或其他相关规定。例如，仅代订机票、住宿场所而未安排旅程之自助旅行，或仅代办出入国及签证手续等旅行代办契约，均非台湾当局所谓"民法典"所规定之旅游契约。经筹划组合将上述事项作为一套整体安排给游客的，可称为包办旅游或组合旅游，亦可被称为旅游给付之整体性；否则就不属于台湾当局所谓"民法典"规定的旅游含义。[2]这里提及的包办旅游或组合旅游，在大陆通常被称为包价旅游。

我国《旅游法》并未明确提及旅游合同或对其进行界定。根据《旅游法》第49条规定，为旅游者提供交通、住宿、餐饮、娱乐等服务的经营者，应当符合法律、法规规定的要求，按照合同约定履行义务。同时在第五章提出"旅游服务合同"的有名合同表述，但是也未对旅游服务合同本身予以界定，仅在第57条规定，旅行社组织和安排旅游活动，应当与旅游者订立合同。从条文体系框架安排和法律条文之间合理的逻辑关系角度，可以看出旅行社如果负责组织和安排旅游活动，则与旅游者订立的合同应当属于旅游服务合同。这里仅仅强调了旅行社组织安排旅游活动，并未要求旅行社必须同时提供交通、住宿、餐饮、娱乐等具体服务事项。而如果旅行社提供这些涉及具体旅游事项的服务内容的，根据《旅游法》第49条也应当依法与旅游者订立相关合同。

我国《旅游法》在第五章"旅游服务合同"标题之下，明确提及"包价旅游合同"，并在第58—60条、第62条、第64条、第69—70条、第73条分别对包价旅游合同内容、与旅游行程单的关系、转委托、告知事项、旅游

---

[1] 吴启宾：《由华航飞机起火事件论旅游契约旅游营业人之责任》，载《旅游纠纷问题研究》，元照出版有限公司2018年版，第31页。

[2] 吴启宾：《由华航飞机起火事件论旅游契约旅游营业人之责任》，载《旅游纠纷问题研究》，元照出版有限公司2018年版，第31—32页。

者转让合同、违约责任、合同变更等情形予以规定。根据《旅游法》第58
条，包价旅游合同应当采用书面形式，并包括如下内容：合同双方基本信息，
旅游行程安排，团组最低人数，交通、住宿、餐饮等旅游服务安排和标准，
游览、娱乐等项目的具体内容和时间，自由活动时间安排，旅游费用及其交
纳的期限和方式，违约责任和解决纠纷的方式等。虽然从合同内容看，似乎
要求旅行社既应该安排旅游行程，也应当提供交通、住宿、餐饮等旅游服务，
但是根据第60条第2款，旅行社可以将包价旅游合同中的接待业务委托给地
接社履行，只是没有明确限定是可以将全部接待业务委托给地接社，还是只
能委托一部分。理论上，旅行社将全部接待业务委托给地接社并不违反法律
规定，即包价旅游合同之下，旅行社仅负责组织安排旅游行程，无须实际提
供旅游服务事项也是我国法律允许的。显然我国《旅游法》针对包价旅游合
同，并未作出如台湾地区有关旅游契约的规定，强调旅游契约之下旅行社既
需要提供旅程组织安排，又必须实际提供交通、餐饮、住宿等旅游服务中的
一项或几项内容。具体到邮轮旅游实践活动，旅行社无须实际完成邮轮海上
巡游的经营或提供相关服务，而仅仅负责组织安排邮轮旅游行程，这也为旅
行社包船游销售模式在我国大行其道提供了合法的理论依据。

（二）邮轮旅游合同的法律特征

区别于其他的旅游服务合同事项，邮轮旅游合同法律特征表现在如下几
个方面：

1. 邮轮旅游合同经营主体的限定性

签订邮轮旅游合同的一方是旅游经营者——旅行社，不论经营旅游业务
的企业采取何种名称，只要是符合《旅行社管理条例》规定的经营旅游业务
的主体，就是法律意义上的旅行社，因此不包括一般自然人。目前，中国邮
轮旅游市场中的船舶大多悬挂外国国旗，除了始发港或邮轮母港在中国境内，
访问港大多在其他国家或地区。即使是开展公海无目的游或者海上游的航线，
即始发港或邮轮母港在中国境内，邮轮航程中不停靠任何港口，邮轮在中国
管辖的海域以及公海海域巡游，因为公海不归任何国家管辖，邮轮巡游在公
海海域时，需要受该邮轮船旗国法律约束。因此，目前在中国境内从事经营
活动的邮轮，不论是从船舶国籍的角度，还是从航线安排的角度，都具有明
显的涉外性。根据《旅行社条例》第9条的规定，只有能经营出境旅游业务
的旅行社，才能经营邮轮旅游业务，因此具有明显的限定性。

例如，2015年8月25日，《上海市工商行政管理局、上海市旅游局关于

推行使用〈上海市邮轮旅游合同示范文本（2015 版）〉的通知》联合发布，在该文件发布的合同示范文本条款中，明确提及旅游者应选择具有经营旅游业务相应资质的旅行社。旅行社应具有旅游行政管理部门颁发的旅行社业务经营许可证和工商行政管理部门颁发的营业执照。经营出境旅游的旅行社应具有经营出境旅游业务的资质；经营赴台湾地区旅游的旅行社除了应具有上述经营出境旅游业务的资质外，还应具有组织大陆居民赴台湾地区旅游的经营资质。

　　为进一步加快旅游业对外开放，加强国际旅游合作，引进国际先进的旅行社经营模式，促进中国旅行社的转型升级，提高国际竞争能力，根据《旅行社条例》和《国务院关于加快发展旅游业的意见》，2010 年 8 月 9 日国家旅游局和商务部联合发布《中外合资经营旅行社试点经营出境旅游业务监管暂行办法》，明确提出在试点的基础上，国家逐步对外商投资旅行社开放中国内地（大陆）居民出境旅游业务。[1]但是截至目前，国家仍然严格控制试点经营出境旅游业务的中外合资经营旅行社的数量，具体数量需要由国务院旅游行政主管部门决定。[2]上述举措对中国境内从事跨境邮轮运输的经营者而言，不失为一则福音，也有望对我国严格管控中国公民跨境旅游业务经营活动的现实有所突破和创新。

　　我国台湾当局所谓"民法典"未对旅游经营者资格予以限定，理论上既可以是法人，也可以是自然人。但是根据台湾当局所谓"发展观光条例"第26 条规定，"经营旅行业者，应先向中央主管机关申请核准，并依法办妥公司登记后，领取旅行业执照，始得营业"。台湾地区的交通主管部门依所谓"发展观光条例"第 66 条第 3 项授权发布所谓"旅行业管理规则"。该规则第 4 条规定旅行业应当采取专业经营的方式，以公司组织为限；并应于公司名称上标明旅行社字样。因此在台湾地区，旅游业务实际上只能由旅游营业人经营，均须登记为公司组织，且须采取专业经营的方式。[3]

　　签订邮轮旅游合同的另一方当事人是旅游者（或称旅客、游客），理论上应为自然人，法人在本质上不可能成为旅客。若有法人如公司、学校或团体，组团与旅游经营者签订旅游合同，应当理解为法人或团体之代表人代理旅行团之成员与旅游经营者订立旅游合同，使旅游者与旅游经营者之间产生

---

〔1〕　参见《中外合资经营旅行社试点经营出境旅游业务监管暂行办法》第 2 条。
〔2〕　参见《中外合资经营旅行社试点经营出境旅游业务监管暂行办法》第 5 条。
〔3〕　吴启宾：《由华航飞机起火事件论旅游契约旅游营业人之责任》，载《旅游纠纷问题研究》，元照出版有限公司 2018 年版，第 31—32 页。

旅游合同关系。至于旅行社和旅游者之外的其他主体，如地接社、实际提供交通、住宿、餐饮等服务的经营者之间签订的涉及旅游服务事项的合同，不属于这里讨论的旅游合同范畴。

2. 邮轮旅游合同以安排或提供邮轮旅游服务为标的

旅行社提供的邮轮旅游服务包括为旅游者代办出境、入境手续，招徕、接待旅游者，为旅游者安排邮轮上的食宿、观光、休闲、娱乐等，甚至有的旅行社在邮轮旅游之外还扩展其他旅游服务项目，如安排游客在邮轮停靠访问港口时登岸进行观光、旅游、购物等，以及安排在始发港登船前、离船后的往返交通、住宿、餐饮等。上述活动安排区别于一般旅游服务行为，其中在邮轮巡游期间的住宿、餐饮、娱乐、观光等为该合同的核心要素。

3. 邮轮旅游服务的综合性、总体性、特殊性和涉外性

《旅行社管理条例实施细则》第 53 条明确规定，旅行社组织旅游者旅游，应当与旅游者签订合同。所签合同应就下列内容作明确约定：旅游行程（包括乘坐交通工具、游览景点、住宿标准、餐饮标准、娱乐标准、购物次数等）安排；旅游价格；违约责任。因此邮轮旅游合同基本包含上述事项，但是鉴于邮轮旅游观光等项目基本上是在邮轮上完成，邮轮旅游合同内容也有自己的特点。

目前，我国各个省市采用的邮轮旅游合同范本及内容并不统一，一般由当地旅游局与当地市场和质量监督管理委员会联合印制。以《上海市邮轮旅游合同示范文本》（2015 版）和《天津市邮轮旅游合同》[1]（JF-2016-078）为例，合同内容主要包括：旅游行程（包括出发日期、出发地点、邮轮途中停靠港口、岸上游览地点、结束日期、返回地点、邮轮上舱位类型及标准和住宿天数、邮轮上用餐次数及标准、岸上景点名称和游览时间、岸上往返交通及标准、岸上游览交通及标准、是否包括岸上住宿或用餐及其标准、岸上地接社名称）、旅游费用、权利义务条款等。其中旅游费用需要明确包含如下费用：邮轮船票费（含邮轮上指定的舱位、餐饮、游览娱乐项目和设施等）、船上服务费（小费）、港务费、签证费、签注费、统一安排岸上游览景区景点的门票费、交通费、住宿费、餐费、其他费用等。此外，合同还对邮轮旅游涉及的特殊事项，如海上应急求生演习、旅客携带上船的物品限制、

---

〔1〕 该合同范本由天津市旅游局、天津市市场和质量监督管理委员会联合印制并自 2016 年 12 月 1 日起使用。今后凡未制定新的版本前，该版本延续使用。内容与《上海市邮轮旅游合同示范文本》（2015 版）基本相同。

邮轮船上礼仪文明行为规范、邮轮上不配备专科医师及医疗设施、旅客健康申报义务提示、因发生不可抗力情形或者其他事件可能导致邮轮行程变更或取消部分停靠港口而产生的责任等作出明确规定。

从上述有关邮轮旅游合同内容的相关规定可以看出，旅行社组织安排的邮轮旅游项目基本上是与邮轮以及邮轮运行、停靠等相关的服务事项。其中，邮轮上的住宿、餐饮、娱乐等项目安排为核心内容。这些邮轮旅游服务具有明显的综合性、总体性、特殊性和涉外性。所谓综合性，是指根据旅游合同约定，旅游经营者所提供的旅游服务至少须有两项与旅行有关[1]，其中旅程之安排是必不可少的内容之一[2]。此外，邮轮旅游服务还具有总体性、复合性的特征，即旅游经营者应该提供整体服务。[3]旅行社与旅游者直接订立旅游合同，以自己的名义向旅游者负责整个合同的给付，即使可以将个别旅游服务事项交由其他旅游经营者代为履行，其法律后果仍然归于自己。邮轮旅游合同本身具有复合性，因为旅行社作为邮轮旅游合同一方，将分别与出入境办理机构、港口服务机构、保险公司、邮轮公司等不同主体联系接洽，进行整合后作为一个整体向旅客提供运输、餐饮、住宿、观光、娱乐等一系列旅游服务。而由于邮轮海上巡游经常会遭遇台风、恶劣天气、海啸等海上特殊风险，邮轮航程的履行受到影响，甚至会因此变更航程、变更停靠访问港等，因此具有明显的特殊性。邮轮航线在设计安排方面往往跨越国境，邮轮悬挂的国旗以及从事经营活动的邮轮公司大都为外国籍，且船上提供相关服务的船员及其他工作人员往往来自不同的国家和地区，因此邮轮旅游服务事项具有明显的涉外性、国际性。

4. 邮轮旅游合同内容的限定性

除了采取完全自主的自由行旅游方式，目前旅游者通过旅行社的旅游不外乎如下两种方式：要么参加旅游团，要么委托旅行社仅办理部分与旅游有关的事宜，完全自助旅游。其中参加旅游团出游的，旅游者大多通过包价旅游方式，即旅行社负责安排邮轮旅程计划，负责有关给付的提出，旅游者支付旅游费用后就可以在约定时间内参加相关邮轮旅游活动。旅行社就旅游合同约定的给付，或者自行提供旅游服务，或者委托给付提供人提供旅游服务。而旅游者与实际给付提供人之间并无直接的合同关系。

[1] 王泽鉴：《定型化旅行契约的司法控制》，载《民法学说与判例研究》（第7册），中国政法大学出版社2009年版，第28页。
[2] 邱聪智：《新订债法各论》（中），姚志明校，中国人民大学出版社2006年版。
[3] 刘劲柳：《旅游合同》，法律出版社2003年版。

　　旅游者委托旅行社代办部分旅游相关事项，进行自助旅游的情形下，例如委托旅行社代办出入境手续、代买车票机票船票、代订住宿饭店等，由于旅游者仅仅是委托旅行社通过其专业知识、职业经验和业务渠道获得完满的旅游行程，有关合同是在其他旅游经营者与旅游者之间成立的，旅行社并不介入其中，旅行社与旅游者之间成立的仅仅是旅游代办合同[1]，旅行社仅作为受托人，代旅游者与其他旅游经营者订立相关合同。除非旅行社在选择其他旅游经营者或者完成相关受托事项时未能尽到合理谨慎义务，否则旅客只能向与其存在直接合同关系的其他旅游经营者主张权利。对此我国《旅游法》第74条也作出相应规定，旅行社接受旅游者的委托，为其代订交通、住宿、餐饮、游览、娱乐等旅游服务，收取代办费用的，应当亲自处理委托事务。因旅行社的过错给旅游者造成损失的，旅行社应当承担赔偿责任。因此此类旅游代办合同并不属于本书探讨范围。

　　从狭义角度，邮轮旅游合同限于旅行社包价旅游情形，在旅行社与游客之间存在旅游协议。例如，《上海市邮轮旅游合同示范文本》（2015版）中明确提及，该示范合同文本供旅游者参加邮轮旅游与旅行社签订包价旅游合同时使用。根据《旅游法》第111条，包价旅游合同是指旅行社预先安排行程，提供或者通过履行辅助人提供交通、住宿、餐饮、游览、导游或者领队等两项以上旅游服务，旅游者以总价支付旅游费用的合同。

　　此外，《上海市邮轮旅游经营规范》首次在地方性立法中对邮轮旅游合同内容予以明确。根据该经营规范第13条，邮轮旅游合同应当包括以下内容：①合同双方的基本信息，包括旅行社的名称、地址、联系电话、旅行社业务经营许可证编号，旅游者的身份信息、家庭住址、联系电话等；②提供邮轮旅游服务的邮轮公司以及邮轮的基本信息；③邮轮旅游行程，具体包括出发港、途经港和返回港；④舱房等级等邮轮服务安排和标准；⑤到岸观光行程安排；⑥应当交纳的邮轮旅游费用及交纳的期限和方式；⑦变更或者解除合同的条件和期限；⑧违反合同的纠纷解决机制及应当承担的责任；⑨赔偿标准；⑩不可抗力等免责条款。

　　因此，旅游经营者在采用包船游模式销售邮轮船票时，一定会通过包价旅游合同的形式，对邮轮旅游服务及其涉及的相关具体内容予以规定。这种邮轮旅游合同在合同履行、提供实际给付经营者资质、经营活动的限制等方面具有明显的限定性。

―――――――――――

〔1〕 刘云亮主编：《旅游法学》，法律出版社2011年版，第184页。

　　首先，邮轮旅游合同内容的限定性体现在邮轮旅游合同的履行方面。根据《旅游法》第 28 条，只有具备法律规定的几项条件，取得旅游主管部门许可，并依法办理工商登记的旅游经营者，取得相应的业务经营许可后，才可以从事旅游经营业务。而且旅行社不得出租、出借或者以其他形式非法转让旅行社业务经营许可证。根据《旅行社条例》及其实施细则的规定，邮轮旅游涉及的跨境要素和涉外性，决定了只有具有经营跨境旅游资质的旅行社，才可以与游客签订邮轮旅游合同，并提供出境邮轮旅游服务。

　　其次，实际给付邮轮旅游服务的邮轮公司经营资质的限定性。在邮轮旅游合同之下，尽管旅游经营者通常会组织安排邮轮旅游行程，但是并不实际参与邮轮海上经营活动或参与邮轮巡游期间船上住宿、餐饮、娱乐项目等服务给付，而是由有邮轮经营资质的邮轮经营人或邮轮船舶所有人实际提供服务。各国法律通常对从事海上运输、经营活动等资质要求比较严格，如邮轮需要满足各国对船舶建造、设计、安全方面的要求，对船上适任船员的培训、资质和任职方面的要求，对船舶航行安全、海洋环境保护等方面的规定等。加上邮轮本身造价不菲，船上涉及住宿、餐饮、娱乐、休闲等的设施、构造非常复杂，参与提供相关服务的人员数量较多，使得邮轮的日常航行、船上各项服务项目的正常开展等需要具有专门技能和丰富经验的管理人员负责。因此，邮轮旅游对实际参与邮轮经营活动的邮轮公司有严格的资质要求。

　　最后，邮轮旅游经营活动可转让方面的限定性。包价旅游合同一经签订，旅行社应当按照约定履行义务，原则上不能随意转包。只有经旅游者同意，旅行社才可以将包价旅游合同中的接待业务委托给其他具有相应资质的地接社履行，但是旅行社应当与地接社订立书面委托合同，约定双方的权利和义务，并向地接社提供其与旅游者订立的包价旅游合同副本，向地接社支付不低于接待和服务成本的费用。受委托的地接社应当按照包价旅游合同和委托合同提供相关旅游服务。[1]目前在邮轮旅游实践中，邮轮在境外访问港口停留期间，通常会安排游客登岸旅游观光，中国境内旅行社通常通过境外当地旅行社予以安排和提供登岸旅游观光。

　　我国台湾地区也对旅行社的经营转包行为进行一定限制。如果旅行社未经游客同意，擅自将旅游业务转包给其他旅行社，导致游客利益受到损失的，游客可以根据台湾当局所谓"民法典"第 226 条第 1 项的规定，向旅行社主张相当于团费的赔偿救济。同时台湾地区 1999 年所谓"消费者保护法"第

---

[1]　参见《旅游法》第 69 条第 2 款。

12 条第 1 项规定，旅行社在出发前未经游客书面同意，将旅游合同转让给其他旅行社的，游客可以主张解除旅游合同，并有权要求旅行社赔偿因此造成的损失。第 12 条第 2 项规定，游客于出发后被告知或发觉旅游合同被转让给其他旅行社的，旅行社应当赔偿游客全部团费的 5% 作为违约金，并赔偿游客因此遭受的其他损失。[1]

显然目前有关旅游的法律都明确规定，旅行社在转包部分旅游服务项目时，应当征得游客同意。但是法律上并未明确"同意"的形式和判定标准。鉴于邮轮旅游合同的要式性，即应当采用书面形式订立，笔者认为这里提及的同意，也应当采用书面形式。如果旅行社未能征得旅客书面同意，擅自转包旅游服务项目，则应当根据现行法律规定承担责任。

目前通用的邮轮旅游合同范本，通常会约定地接社名称及相关内容。如果旅客签署该邮轮旅游合同，那么是否等同于旅客书面同意？笔者认为，应当结合《民法典》合同编有关格式条款效力认定的规定，视具体情况而定，不能一概而论地认为属于旅客书面同意或不同意。

此外，邮轮旅游合同还具有双务有偿性、格式性等特点。尽管我国法律并没有强制性地要求邮轮旅游合同采用书面形式，但是大多数邮轮旅游合同都是旅行社提供的专门示范合同文本。为了更好地平衡旅游经营者和旅游者间的利益，保护相对弱势一方的旅游者的合法权益，通常由当地旅游主管部门主导，制订相关的邮轮旅游合同或出境旅游的示范合同文本。

由于旅行社使用的邮轮旅游合同文本具有要约的广泛性、持久性和细节性，条款的单方事先决定性和不变性，对于邮轮旅游合同中的格式条款，仍然需要通过法律有关格式条款的相关规定予以限制。[2]

(三) 旅行社与履行辅助人的关系

1. 邮轮旅游法律关系之履行辅助人概述

在邮轮旅游合同关系之下，如果旅行社不履行合同义务或者履行合同义务不符合约定的，应当承担继续履行、采取补救措施或者赔偿损失等违约责任；造成旅游者人身损害、财产损失的，应当承担赔偿责任。如果旅行社具备履行邮轮旅游合同的条件，经旅游者要求，旅行社仍然拒绝履行邮轮旅游

---

[1] 曾品杰：《论旅游营业人为其旅游辅助人而负责：从法国法谈起》，载《月旦民商法杂志》2016 年第 12 期，第 84—85 页。
[2] 刘云亮主编：《旅游法学》，法律出版社 2011 年版，第 182—183 页。

合同，造成旅游者人身损害、滞留等严重后果的，旅游者还可以要求旅行社支付旅游费用一倍以上三倍以下的赔偿金。此外，在旅游者自行安排活动期间，如果旅行社未尽到安全提示、救助义务的，应当对旅游者的人身损害、财产损失承担相应赔偿责任。[1]

但是在邮轮旅游实践中，尤其是邮轮在港口停留以及海上巡游期间，邮轮旅游服务的实际提供者为邮轮公司。根据《旅游法》第111条的规定，履行辅助人是指与旅行社存在合同关系，协助其履行包价旅游合同义务，实际提供相关服务的法人或者自然人。显然，邮轮公司满足我国《旅游法》有关旅行社履行辅助人的要求。

值得注意的是，在我国《旅游法》颁布实施之前，为正确审理旅游纠纷案件，依法保护当事人合法权益，最高人民法院于2010年9月13日发布《最高人民法院关于审理旅游纠纷案件适用法律若干问题的规定》（以下简称《旅游纠纷司法解释》）。《旅游纠纷司法解释》采用的是"旅游辅助服务者"的表述，并规定旅游辅助服务者是指与旅游经营者存在合同关系，协助旅游经营者履行旅游合同义务，并实际提供交通、游览、住宿、餐饮、娱乐等旅游服务的人。与《旅游法》有关履行辅助人的规定相比较，尽管《旅游纠纷司法解释》未采用相同表述，也没有将这一概念限定在包价旅游合同下，但其有关"旅游辅助服务者"的界定与《旅游法》的规定无本质区别。

随着现代社会分工的细化，借助和利用他人完成民商事交易的情形比较普遍，债务人为合同之债的履行而使用履行辅助人即为典型的例证。在我国民事基本法律中，例如《民法通则》《民法总则》《合同法》等都没有针对履行辅助人概念或制度作专门规定。[2]但大多数学者认为《合同法》第65条涉及第三人履行合同、第121条涉及第三人原因导致违约的条文内容，是与履行辅助人制度相关的具体规定。[3]对于同时包含民商法内容、行政法内容和经济法内容的综合性法律——《旅游法》，尽管针对其所调整的旅游法律关系的性质，学界仍存在不同观点，综合起来包括民事法律关系说、消费法律关系说和社会法律关系说等[4]，但是《旅游法》能够借鉴大陆法系一些国家的民事法律规定，首次在法律条文中使用"履行辅助人"表述，并对履行辅助

[1]　参见《旅游法》第70条。
[2]　《民法典》也未规定履行辅助人，但是第522—524条涉及第三人履行合同内容。
[3]　刘楠：《国际海运承运人之履行辅助人法律问题研究》，大连海事大学2016年博士学位论文，第35页。
[4]　邹龙妹、熊文钊：《旅游法的社会法属性刍议》，载《河北法学》2013年第9期，第71—72页。

人的概念、相关义务和民事责任作出原则性规定还是值得称赞的。《瑞士民法典》《荷兰民法典》《意大利民法典》《德国民法典》等均明确辅助人的概念，或者虽未明确提及辅助人概念但是对债务人"为履行辅助人负责"的内容予以明确；日本民法则在判例学说上对上述原则予以肯定。我国台湾当局所谓"民法典"第 224 条也借鉴德国立法例确立了履行辅助人制度。[1]

2. 履行辅助人与旅行社的责任及承担

我国《旅游法》共有 11 处提及履行辅助人，分别涉及：（1）因不可抗力或者已尽合理注意义务仍不能避免的事件影响旅游行程的法律后果[2]；（2）旅游行程中解除合同的法律后果[3]；（3）履行辅助人违约导致旅客人身伤亡及财产损失的法律责任[4]；（4）旅游者在旅游纠纷处理中损害履行辅助人利益的责任承担[5]；（5）对履行辅助人等相关术语进行界定[6]。其中《旅游法》第 71 条涉及包价旅游合同之下，组团旅行社与地接社、履行辅助人之间的法律关系及责任承担的规定。

与其他大陆法系国家法律规定类似，我国《旅游法》明确了债务人应当"为履行辅助人负责"的原则。如果系履行辅助人的原因导致旅游合同违约的，由组团的旅行社首先承担责任，组团社在承担赔偿责任后可以向履行辅助人追偿。如果系履行辅助人的原因造成旅游者人身损害、财产损失的，旅游者有两个可选择的救济路径：一是可以要求履行辅助人承担赔偿责任；二是可以要求组团社承担赔偿责任。如果旅游者选择了第二种救济方式，组团社在承担第一性赔偿责任后，可以向履行辅助人追偿。但是如果是由于公共交通经营者的原因造成旅游者人身损害、财产损失的，则直接由公共交通经营者承担赔偿责任，组团旅行社无须承担第一性赔偿责任，但是有义务协助旅游者向公共交通经营者提出索赔主张。

从我国《旅游法》第 71 条的规定可以看出，履行辅助人与旅行社之间的法律责任承担以及旅客可以采取的法律救济路径分为如下三种情形：

（1）单一违约责任承担。如果索赔请求仅涉及旅游合同违约的，则组团

---

[1] 刘楠：《国际海运承运人之履行辅助人法律问题研究》，大连海事大学 2016 年博士学位论文，第 20 页。
[2] 参见《旅游法》第 67 条。
[3] 参见《旅游法》第 68 条。
[4] 参见《旅游法》第 71 条。
[5] 参见《旅游法》第 72 条。
[6] 参见《旅游法》第 111 条。

社应当承担违约责任，因为在其和旅客之间存在包价旅游合同关系。鉴于履行辅助人与旅客之间不存在邮轮旅游合同关系，履行辅助人不承担旅游合同的违约责任，游客只能向组团社提起违约之诉。

（2）违约责任、侵权责任并行承担。如果由于履行辅助人的原因导致游客人身伤亡或财产损失的，根据《旅游法》的规定，游客可以在两种救济路径中选择其中一种，即要么提起侵权之诉，要么提起违约之诉。如果游客选择直接向履行辅助人提出索赔，由于其与履行辅助人之间无直接旅游合同关系，只能以侵权之诉向履行辅助人主张救济。旅客向履行辅助人提起侵权之诉的同时，选择向组团社提起违约之诉也是成立的。但是《旅游法》并未明确规定游客是否可以同时向旅行社提起违约之诉和侵权之诉，旅行社是否应承担违约责任和侵权责任的竞合责任尚不明确，也没有明确规定旅客同时起诉旅行社与履行辅助人的，二者是否应当对旅客的人身伤亡或财产损失承担连带责任。

（3）单一侵权责任承担。这种模式仅限于公共交通经营者为履行辅助人的特殊情况。即如果履行辅助人系公共交通经营者，并由于其原因造成旅客人身伤亡及财产损失，则公共交通经营者需独自对旅客承担赔偿责任，旅行社不对公共交通经营者的行为负责，无须对旅客承担第一性的赔偿责任[1]，只有协助旅游者向公共交通经营者索赔的义务。鉴于旅客与公共交通经营者之间并不存在任何旅游合同关系，旅客只能向公共交通经营者提起侵权之诉。

《旅游纠纷司法解释》第1条所适用的旅游纠纷，包括旅游者与旅游经营者、旅游辅助服务者之间因旅游发生的合同纠纷或者侵权纠纷。因此，游客与旅行社之间的合同纠纷，除了适用《旅游法》，也可以适用该司法解释。旅客针对履行辅助人或者公共交通经营者提起的旅游侵权之诉，也可以适用该司法解释。

在上述单一违约责任承担模式之下，即使游客仅仅向旅行社提起邮轮旅游合同违约之诉，如果系因履行辅助人的原因导致旅行社违约的，人民法院可以将履行辅助人追加为第三人。[2]

在违约责任、侵权责任并行承担模式之下，由于邮轮游客可以选择性地向旅行社或者履行辅助人提出索赔主张，原则上旅行社或者作为履行辅助人

〔1〕　参见《旅游法》第71条第2款。
〔2〕　参见《最高人民法院关于审理旅游纠纷案件适用法律若干问题的规定》第4条："因旅游辅助服务者的原因导致旅游经营者违约，旅游者仅起诉旅游经营者的，人民法院可以将旅游辅助服务者追加为第三人。"

的邮轮公司分别承担违约责任或侵权责任。但是如果能够证明游客人身伤亡或财产损失系第三人行为导致的，则由第三人独自承担赔偿责任；如果在第三人造成旅客人身伤亡或财产损失的情况下，能够证明旅行社或者履行辅助人也未能尽到安全保障义务，则旅行社或者履行辅助人对第三人的赔偿责任承担补充责任。[1]《旅游法》虽然未对第三人的原因导致旅客损失的问题作任何规定，但是结合司法解释的内容来看，如果经举证证明游客人身伤亡或财产损失完全是由第三方原因导致的，旅行社或履行辅助人可以提出无须承担赔偿责任的抗辩。

此外，如果经证明游客的人身伤亡或财产损失，系游客因自身的故意、疏忽或过失导致的，如游客未按要求提供与旅游活动相关的个人健康信息，或者不听从旅行社、履行辅助人的告知、警示，仍然参加不适合自身条件的旅游活动的，则旅行社或履行辅助人不承担游客人身伤亡及财产损失的赔偿责任。[2]如果游客选择向履行辅助人提起侵权之诉，并且能够证明旅行社对履行辅助人未尽谨慎选择义务的，根据《旅游纠纷司法解释》第 14 条规定，游客可以要求旅行社承担补充责任。

在单一侵权责任承担模式下，《旅游法》仅规定了公共交通经营者的责任，但是对于旅行社是否应承担补充责任或者其他责任未予以明确。《旅游纠纷司法解释》对此也未提及。虽然《旅游纠纷司法解释》第 18 条涉及公共承运人责任，即因飞机、火车、班轮、城际客运班车等公共客运交通工具延误，导致合同不能按照约定履行，旅游者请求旅游经营者退还未实际发生的费用的，人民法院应予支持，旅游合同另有约定的除外；但是很显然，该条规定的适用范围具有限定性，仅涉及因公共承运人的原因，导致旅游合同未能按照约定履行的情形，并未包括因公共承运人的原因导致旅客人身伤亡或财产损失的责任承担问题。因此《旅游纠纷司法解释》仍然无法解决单一

---

〔1〕 参见《最高人民法院关于审理旅游纠纷案件适用法律若干问题的规定》第 7 条："旅游经营者、旅游辅助服务者未尽到安全保障义务，造成旅游者人身损害、财产损失，旅游者请求旅游经营者、旅游辅助服务者承担责任的，人民法院应予支持。因第三人的行为造成旅游者人身损害、财产损失，由第三人承担责任；旅游经营者、旅游辅助服务者未尽安全保障义务，旅游者请求其承担相应补充责任的，人民法院应予支持。"

〔2〕 参见《最高人民法院关于审理旅游纠纷案件适用法律若干问题的规定》第 8 条第 2 款："旅游者未按旅游经营者、旅游辅助服务者的要求提供与旅游活动相关的个人健康信息并履行如实告知义务，或者不听从旅游经营者、旅游辅助服务者的告知、警示，参加不适合自身条件的旅游活动，导致旅游过程中出现人身损害、财产损失，旅游者请求旅游经营者、旅游辅助服务者承担责任的，人民法院不予支持。"

侵权责任承担模式下旅行社与履行辅助人之间的关系和责任承担问题，该司法解释存在适用法律缺失的困境。

此外，《旅游法》第71条虽然提及公共交通经营一词，但未对此予以明确解释。将公共交通经营者认定为从事公共交通的承运人，可以从我国《合同法》找到法律依据。《合同法》第289条规定，从事公共运输的承运人不得拒绝旅客、托运人通常、合理的运输要求。[1]公共运输事业属于社会公共事业，直接涉及国计民生，往往具有垄断性等特点，《合同法》对运输合同下的公共承运人设置了更多强制性规定。该条文内容体现在《民法典》第810条并被后者所取代。遗憾的是，不论《合同法》还是《民法典》，均未对公共运输承运人含义予以界定。有学者提出邮轮公司不属于公共交通经营者的观点[2]，笔者对此表示赞同。因为公共交通经营者向所有公众开放提供服务，服务标准也是统一的，提供运输服务的工具大多是公交车、地铁等，公共交通运输企业通常是政府设立或特许经营的公共事业单位，在其提供的公共交通运输服务领域处于垄断地位，服务标准也由政府制定或批准。[3]虽然邮轮公司也是在相对固定的航线上，停靠预先安排的固定港口或站点，根据船期计划时间表，通过特定邮轮向不特定的众多旅客提供邮轮旅游服务，满足"旅客班轮运输"的特点，但是邮轮公司提供的邮轮旅游经营活动并不具备公共事业性、公益性、垄断性和国家控制性等特征。因此，邮轮公司不属于公共交通经营者的范畴。

虽然我国立法没有对公共交通经营者或者公共运输承运人作出明确界定，但是在司法实践中，最高人民法院在一起民事再审案件中明晰了公共运输和公共运输承运人的含义。最高人民法院于2011年审理"马士基（中国）航运有限公司及其厦门分公司与厦门瀛海实业发展有限公司、中国厦门外轮代理有限公司国际海上货运代理经营权损害赔偿纠纷再审案"[4]。马士基（中国）航运有限公司（以下简称"马士基公司"）在厦门经营国际集装箱班轮运输，中国厦门外轮代理有限公司（以下简称"厦门外代"）担任马士基公

---

〔1〕　该条文内容体现在《民法典》第810条。
〔2〕　孙思琪：《邮轮旅游法律要论》，法律出版社2018年版，第141—144页；林江：《邮轮经济法律规制研究——上海宝山实践分析》，复旦大学出版社2019年版，第105页。
〔3〕　林江：《邮轮经济法律规制研究——上海宝山实践分析》，复旦大学出版社2019年版，第103—104页。
〔4〕　马士基（中国）航运有限公司及其厦门分公司诉厦门瀛海实业发展有限公司、中国厦门外轮代理有限公司国际海上货运代理经营权损害赔偿纠纷再审案，最高人民法院民事判决书〔2010〕民提字第213号。

司集装箱运输业务的代理人。马士基公司于 2005 年 3 月 3 日通知厦门外代，停止向厦门瀛海实业发展有限公司（以下简称"瀛海公司"）提供集装箱及相关服务。瀛海公司遂以马士基公司等不接受其代理货主订舱托运造成损失为由向厦门海事法院起诉，请求法院判令马士基公司等应当向瀛海公司提供货运订舱和相关服务。厦门海事法院一审认为，国际班轮公司不是公共承运人，不负有法定强制缔约义务，据此判决驳回瀛海公司的诉讼请求。福建省高级人民法院二审认为，马士基公司属于公共承运人，其表示不与瀛海公司发生业务关系，违反了公共承运人的强制缔约义务，遂判决撤销一审判决，责令马士基公司等不得拒绝瀛海公司依业务惯例要求的订舱和相关运输服务。最高人民法院再审认为，公共运输是指为社会提供公用事业性服务并具有垄断地位的运输，国际海上集装箱班轮运输是服务于国际贸易的商事经营活动，不属于公用事业，不具有公益性，也不具有垄断性、价格受严格管制等特征，故不属于《合同法》规定的公共运输，其承运人不负有强制缔约义务。因此判决撤销二审判决，维持一审判决。

　　笔者认为，虽然该案件针对的是国际海上货物的集装箱班轮运输，但是其中的原则和说理同样适用于旅客班轮运输以及邮轮旅客运输。因为从事邮轮旅游经营活动的邮轮公司均为合法登记注册的企业，提供的邮轮旅游服务是个性化文化娱乐产品，每一艘邮轮提供的相关服务项目的策划、安排以及邮轮旅游航线的选定等，都是为游客特别定制的、多元化的服务，以满足不同游客对旅游、休闲、消遣、住宿、娱乐等方面的需求，与公共事业和公益目标没有任何关联。[1]根据目前我国邮轮旅游实践情况，提供邮轮旅游服务的邮轮公司无论如何都不可能成为我国社会公共事业的经营者。虽然就邮轮市场的总体经营活动而言，目前大部分邮轮旅游市场份额被少数几家邮轮集团公司所控制和垄断，但是并不代表某一具体邮轮航线或者旅游产品具有垄断经营的特性，因此不能将邮轮公司与公共交通经营者等同。

　　综上，如果将邮轮公司认定为旅游合同关系下的履行辅助人，则邮轮公司不会存在依据单一侵权责任承担模式独自承担侵权责任的问题。

　　3. 我国台湾地区有关旅游履行辅助人责任的学理分析和司法实践

　　旅游服务中的住宿、膳食、交通、游览等大多非由旅游经营者亲自提供，而由旅游经营者委托各个旅游服务事项专业经营者提供，除非旅客已与各个旅游服务事项专业经营者存在合同关系，各个旅游服务事项专业经营者即为

[1]　林江：《邮轮经济法律规制研究——上海宝山实践分析》，复旦大学出版社 2019 年版，第 105 页。

旅游经营者之债务履行辅助人，各旅游服务事项专业经营者因故意或过失导致提供的住宿、膳食、交通、游览等旅游服务有瑕疵的，旅游经营者仍应负债务不完全给付责任。[1]依据台湾当局所谓"民法典"第224条规定，如果债人之代理人对于债之履行存在故意或过失，债务人应与自己之故意或过失一样负担同一责任。有学者认为，像航空公司、空中运输缆车、海船、火车、陆路公共汽车经营人等被认定为旅游经营者之代理人是不合适的，因为旅游经营者无从对上述专业领域的经营者实施监督或指挥，其安全事故之发生也非旅游经营者所能控制。对于此类公共企业经营者，债务人既无从选择，也无从干预其业务，因此认为不满足台湾当局所谓"民法典"所称之使用人，也很难称之为旅游营业人之债务履行辅助人。[2]如果不能将那些通过大众交通工具从事公共运输的经营者认定为旅行社的履行辅助人，则应当解释为旅客与大众交通工具之公共企业经营者间直接成立运送契约，由旅客直接向公共企业经营者（即运送人）请求损害赔偿。[3]很显然这一观点与大陆《旅游法》关于包价旅游合同下旅客应当直接向公共交通经营者主张赔偿责任的条款规定相类似。

如果旅行社在办理国外旅游项目中，委托国外旅行社提供交通、膳宿、导游或其他观光旅游之服务，因国外当地旅行社或其雇员的过失导致旅客发生人身伤亡的，旅行社是否可以依据台湾当局所谓"民法典"第224条的规定，免除其对国外旅游履行辅助人之故意或过失责任，这在台湾地区也曾经引起争议。最终台湾地区"最高法院"针对一起案例作出终局判决，认为旅行社仍然需要对外国履行辅助人负责而使这一争议有了定论。法院的主要理由为：旅游合同系指旅行社提供有关旅行给付之全部于旅客，而由旅客支付报酬之契约。故旅行中如果食宿及交通等事项的提供，由与旅行社签订协议的其他履行辅助人实际给付的，除非旅客已直接与履行辅助人发生契约行为，该旅行社之履行辅助人，如有故意或过失不法侵害旅客之行为，旅行社应负损害赔偿责任。即使旅行社印就定型化旅行契约附有旅行社就其代理人或使用人之故意或过失不负责任之条款，但因旅客就旅行中食宿、交通工具之种类、内容、场所、质量等项并无选择之权，此项条款有违公共秩序，不应认

---

〔1〕　孙森焱：《民法债编总论》（下册），法律出版社2006年版，501—502页。

〔2〕　孙森焱：《民法债编总论》（下册），法律出版社2006年版，503页；黄立主编：《民法债编各论》（下），元照出版有限公司2004年版，第25页。

〔3〕　吴启宾：《由华航飞机起火事件论旅游契约旅游营业人之责任》，载《旅游纠纷问题研究》，元照出版有限公司2018年版，第43—44页。

定其具有效力。[1]

显然，根据台湾地区的相关法律规定，旅行经营者需要对其履行辅助人的行为负责，尤其是因履行辅助人的故意或过失导致旅客人身伤亡的，旅行经营者即使在旅游合同中订有无须对履行辅助人行为负责的条款，也不能改变或免除旅行经营者的赔偿责任，除非存在履行辅助人被认定为公共交通运输经营者的情形。

4. 法国有关旅游履行辅助人的法律规定

根据 2009 年法国《旅游法》，旅游合同约定的服务内容不同，会决定该合同是否被定性为委托合同或者承揽合同。如果旅行社仅仅代旅客预订机票、酒店或宾馆业务、邮轮业务，则只要旅行社恪尽职责尽到注意义务，就无须对选择的航空公司、邮轮公司、酒店或宾馆的瑕疵或过失承担责任，旅行社的民事赔偿归责原则为过错责任原则。旅行社与游客之间订立的旅游合同被定性为委托合同。如果旅行社安排或销售旅程的，则根据承揽合同规定，旅行社应当承担承揽人的义务和责任。曾经也有法国法院少数判决认定旅行社为承运人或旅游行程之出卖人。[2]在将旅游合同定性为承揽合同的情况下，不论旅行目的地多么遥远，也不论旅行社实际履行还是由其他服务经营者代为履行，旅行社均应向游客承担民事赔偿责任，但不影响旅行社根据相关协议向其他实际提供服务的履行辅助人追偿。即使是履行辅助人的过错导致游客损失，旅行社也需向游客承担赔偿责任。[3]

显然，根据法国法律，旅游合同的含义是相对广义的。如果旅行社仅仅为旅客代办预订机票、酒店或宾馆、邮轮等业务，旅行社承担的是过错责任，只要旅行社代为选择酒店、航空公司、邮轮公司时尽到合理谨慎的注意义务即可。而如果旅行社为旅客策划、组织和安排旅游行程，则不论其中具体的某一项或几项旅游服务系由旅行社提供还是由其他履行辅助人提供，针对旅客的索赔诉请，旅行社均承担无过错责任。但是不影响旅行社在承担了第一性赔偿责任后向实际提供服务的履行辅助人追偿的权利。上述涉及旅行社责任承担以及归责原则的规定，有利于保护游客合法权益，也能够避免旅行社

---

[1] 曾品杰：《论旅游营业人为其旅游辅助人而负责：从法国法谈起》，载《月旦民商法杂志》2016 年第 12 期，第 85 页。

[2] 曾品杰：《论旅游营业人为其旅游辅助人而负责：从法国法谈起》，载《月旦民商法杂志》2016 年第 12 期，第 98 页。

[3] 曾品杰：《论旅游营业人为其旅游辅助人而负责：从法国法谈起》，载《月旦民商法杂志》2016 年第 12 期，第 99—100 页。

以己方未实际提供旅行服务项目而推诿责任，这些规定值得我国相关旅游法律规定予以借鉴。

5. 中国有关邮轮旅游履行辅助人责任承担的司法实践

在"蒋建萍诉浙江省国际合作旅行社有限公司上海分公司等海上人身损害责任纠纷"一案中，比较典型地涉及邮轮旅游履行辅助人法律地位的认定以及旅行社与履行辅助人责任承担之间的关系。

原告蒋建萍于 2017 年 1 月 17 日以海洋量子号有限公司（以下简称"量子号公司"）、浙江省国际合作旅行社有限公司上海分公司（以下简称"国际合作旅行社"）为被告，向上海海事法院提起诉讼，诉因为海上人身损害责任纠纷。2017 年 3 月 6 日，原告申请撤回对被告量子号公司的起诉并申请追加皇家加勒比游轮有限公司为本案被告，上海海事法院裁定准许原告撤回对量子号公司的起诉并追加皇家加勒比游轮有限公司为本案被告。[1]

原告及其丈夫与被告国际合作旅行社订有出境旅游合同，购买"海洋量子号"邮轮旅游产品，航程计划为"上海—冲绳—上海，4 晚 5 天"，时间为 2016 年 5 月 25 日至 29 日。"海洋量子号"邮轮由皇家加勒比游轮有限公司经营，该公司持有挪威船级社出具的客船安全证书。邮轮船票事实上由温州一家旅游公司向被告皇家加勒比游轮有限公司购买。被告国际合作旅行社与温州旅游公司订有旅行社委托代理协议。2016 年 5 月 29 日，"海洋量子号"邮轮返回并停靠中国上海港。当日上午小雨，7 时许，原告蒋建萍跟随丈夫自 14 层露天甲板步入室内船舱时摔倒，经司法鉴定为十级伤残。从甲板进入舱内需经过两道自动门，每道自动门间隔三至四步的步幅，间隔处铺设地毯。原告向上海海事法院起诉两被告，主张两被告未尽到安全保障义务，造成原告人身损害，请求判令两被告连带赔偿医疗费、营养费、护理费、衣物损失费、鉴定费、残疾赔偿金、交通费、精神损害赔偿费、律师费等损失，共计人民币 271417 元，并承担本案案件受理费。上海海事法院于 2017 年 12 月 29 日作出一审民事判决。[2]在该案中，上海海事法院对各方当事人之间的法律地位予以厘清，认为原告与被告订立的出境旅游合同为包价旅游合同，被告国际合作旅行社系组团社，温州旅游公司为地接社，被告皇家加勒比游轮有限公司与温州旅游公司存在船票销售合同关系，实际提供了邮轮游览服务，

〔1〕 蒋建萍诉海洋量子号有限公司等海上人身损害责任纠纷案，上海海事法院民事裁定书（2017）沪 72 民初 136 号。

〔2〕 蒋建萍诉皇家加勒比游轮有限公司等海上人身损害责任纠纷案，上海海事法院民事判决书（2017）沪 72 民初 136 号。

是协助履行包价旅游合同义务的履行辅助人。

笔者赞同上海海事法院对上述各方主体之间的法律关系认定。此外，原告与被告国际合作旅行社订立出境旅游合同，在旅游过程中遭受人身损害，根据我国旅游方面的相关法律规定，原告既可选择向被告国际合作旅行社主张违约责任，也可向被告国际合作旅行社主张侵权责任。原告选择向被告国际合作旅行社提起侵权之诉，属于依法行使诉讼权利，法院对原告诉因的认定也符合我国法律规定。

被告皇家加勒比游轮有限公司作为提供旅游服务的公共场所管理人，负有保护原告人身安全的安全保障义务。通过事实调查和证据质证，法院认定被告皇家加勒比游轮有限公司已经采取了必要的防水防滑措施。原告摔倒的主要原因还是在于自身行走时未能尽到必要的谨慎注意义务。但是法院认定被告皇家加勒比游轮有限公司在管理和服务上仍然存在一定的不足。综合原被告过错程度，法院认定被告皇家加勒比游轮有限公司承担本起事故 20% 的责任。被告国际合作旅行社对原告摔倒不存在过错，但由于履行辅助人——皇家加勒比游轮有限公司承担 20% 的责任，故原告可以要求作为组团社的被告在皇家加勒比游轮有限公司承担责任的范围内承担同等赔偿责任。综合案件事实与相关法律规定，上海海事法院认定两被告应向原告赔偿人民币65489.16 元。因被告皇家加勒比游轮有限公司已经支付原告医疗费、辅助用具费、交通费等费用共计人民币 141936.02 元，故两被告无须再向原告支付额外赔偿。

一审判决后，原告蒋建萍不服判决，向上海市高级人民法院提起上诉，要求撤销原审判决，依法改判皇家加勒比游轮有限公司和国际合作旅行社再向原告支付赔偿金额人民币 141527.84 元。被告皇家加勒比游轮有限公司也提起上诉，要求改变原审判决关于己方公司对事故承担 20% 侵权责任的认定，主张判决不承担责任，并维持一审对原告诉讼请求不予支持的判决。经过审理，二审法院认为一审处理结果并无不当。故二审判决驳回上诉，维持原判。[1]

笔者认为，本案判决的意义在于：第一，法院能够根据邮轮旅游合同明确旅行社、皇家加勒比游轮有限公司与作为原告的游客之间的法律关系，即明确旅行社与游客之间存在邮轮旅游合同关系，将邮轮公司认定为旅行社的履行辅助人。第二，本案是以海上人身伤亡损害赔偿作为诉因向上海海事法

---

[1] 蒋建萍、皇家加勒比游轮有限公司诉浙江省国际合作旅行社有限公司上海分公司海上人身损害责任纠纷案，上海市高级人民法院民事判决书（2018）沪民终 85 号。

院提起诉讼的，这在众多邮轮旅游合同纠纷案件中尚不多见。因为目前中国有关邮轮旅游合同纠纷案件，大都选择在地方人民法院提起诉讼，只有不多的案件被起诉到海事法院。第三，本案原告在提起海上人身伤亡侵权之诉的同时起诉旅行社及邮轮公司。从前文有关游客与旅行社法律关系的讨论中可以看出，在违约责任、侵权责任并行承担模式以及单一侵权责任承担模式之下，我国《旅游法》未规定是否允许游客向旅行社提起侵权之诉，也未明确游客是否有权追究旅行社和履行辅助人的共同侵权责任，二者是否应当对游客承担连带赔偿责任等，这些问题也是本案判决需面对的难点。

一审法院判决认为，旅游法的立法目的是保护旅游者，为避免异地游客诉讼不便以及侵权的履行辅助人没有赔偿能力，在履行辅助人存在过错的情况下，游客可选择向履行辅助人提起侵权之诉，也可以同时要求组团社承担赔偿责任。因此，法院认定游客同时向旅行社和履行辅助人提起侵权之诉并无不妥。但是如果游客主张组团社和履行辅助人承担连带责任，则没有法律依据。因此，法院没有支持原告提出的两被告承担侵权连带责任的主张。但是旅行社与履行辅助人共同承担赔偿责任于法不悖，因此一审法院判定原告可以要求国际合作旅行社在履行辅助人承担责任范围内承担同等赔偿责任。[1]

笔者认为，上海海事法院在判决中回避了连带侵权责任的认定，而是提出了在责任范围内两被告承担同等赔偿责任，其并没有对此给出明确的说理或法律依据，也没有明确"承担同等赔偿责任"的应有之意。"承担同等赔偿责任"是否指旅行社应当承担侵权法下的补充赔偿责任？与连带赔偿责任是否存在区别？如果属于补充赔偿责任，那么在判决已经明确旅行社对原告人身伤亡不存在过错的情况下，还需要承担侵权赔偿责任缺乏理论依据。虽然《旅游法》未能明确是否允许旅客以共同侵权主张旅行社和履行辅助人承担赔偿责任，但是该案件明确认定游客有向旅行社提起侵权之诉的权利。

此外，在"江苏省中山国际旅行社有限公司诉焦建军旅游合同纠纷上诉案"中，法院明确认定，旅游者与旅行社签订旅游合同后，双方形成旅游服务合同关系，旅行社所提供的服务应当符合保障旅游者人身、财产安全的要求。同时旅行社委托的旅游辅助人所提供的食宿、交通运输等服务系旅行社

---

〔1〕《邮轮旅游法律关系各方主体身份认定及损害赔偿责任承担》，载上海海事法院官方网站，https://shhsfy.gov.cn/hsfyytwx/hsfyytwx/spdy1358/jpal1435/2019/09/10/2c9380996cbfa7bd016d1bb2f288507f.html，2020年2月7日访问。

履行旅游服务合同义务的延续，应当认定为代表旅行社的行为，旅游辅助人的侵权行为可直接被认定为旅行社的侵权行为。因此，旅游者在旅游过程中因旅游辅助人的过错导致人身和财产损失的，构成违约责任和侵权责任的竞合，旅游者有权提起违约之诉或侵权之诉，并主张旅行社承担相应的民事赔偿责任。[1]

上述判决都明确认可游客在提起违约之诉的同时提起侵权之诉追究旅行社责任，并且都确认游客可以向旅行社及履行辅助人同时提出侵权损害赔偿请求。这一实践做法很好地补充了《旅游法》的空白，也符合我国《侵权责任法》的立法宗旨。但是囿于没有明确的法律规定，在游客同时向旅行社与履行辅助人提起侵权之诉时，上述判决都未对旅行社与履行辅助人之间的责任分担及关系问题予以明确，不禁令人遗憾。

诚然，法律不能剥夺旅客选择不同法律路径寻求救济的权利，希望未来的旅游立法或者司法解释能够对现行立法中的缺失予以完善，例如对旅行社承担违约、侵权竞合责任问题，公共交通经营者的内涵，旅行社和履行辅助人在承担共同侵权责任之下的责任分配基础等予以明确规定。

三、邮轮包船协议下的法律关系——以邮轮公司/旅行社为视角

（一）邮轮包船协议概述

在旅行社包船游模式下，旅行社通常会向邮轮游客提供出入境、出入港口、邮轮住宿与休闲、邮轮在访问港停留期间的岸上旅游观光等项目，甚至包括旅客出发地至邮轮始发港之间的交通住宿等一揽子的旅游项目，但是其并不实际从事邮轮经营活动，因此旅行社往往会采取与邮轮公司签订合同的方式，明确彼此间的权利义务。旅行社与邮轮公司一般会签订名为"包船旅游合作协议"或"包船销售协议"的合同[2]，实践中统称为包船合同或者包船协议、包舱协议。包船协议和切舱协议的主要区别在于旅行社买断邮轮公司某个特定航次的全部舱位还是部分舱位，而在性质和内容方面几乎一致，所以下文提及的包船协议也包括切舱协议，除非另有特别说明。

在包船协议中，旅行社与邮轮公司的名称分别为包船方与承运方。作

---

〔1〕 栗娟：《旅游纠纷共同侵权行为的认定》，载《人民司法》2013 年第 10 期，第 7 页。

〔2〕 王韵：《我国邮轮旅游合同法律关系问题研究》，大连海事大学 2017 年硕士学位论文，第17 页。

为包船方的旅行社需要根据协议约定买断邮轮公司某个特定航次的全部或大部分舱位，有权自行对邮轮旅游产品进行定价，并承担船票未能全部销售引起的空舱风险。而承运方则收取包船费用，并保证提供符合合同约定的邮轮旅游产品。与邮轮旅游合同通常会采用旅游局推荐的标准合同范文不同，包船协议涉及邮轮公司与旅行社之间约定内容的私密性，因此并无规范的合同范本。而且基于旅行社承包舱位数量、从业资质、提供旅游服务的水平和经验、旅游市场占有率及影响力、合同谈判能力等因素的影响，包船协议的内容也不尽相同。通常情况下，包船协议包括如下内容：邮轮航程、船期、包船航程价格、包船舱型、税费、市场支持费、包船航次最低销售人数、岸上旅游的地接安排及费用、旅行社领队费用、包船费用结算时间及方式、航程变更及取消条款、违约责任等。

实践中，签订了包船协议的旅行社还会与其他分旅行社通过切舱协议或者同行合作协议等，将自己承包的旅客舱位"分包"给其他分旅行社，以便分旅行社代为扩大客源并招揽旅客，避免自身市场扩展能力不足可能导致的无法满足包船协议中约定的舱位数量的违约责任。

（二）邮轮包船协议法律性质分析

旅行社包船游模式下，旅行社向邮轮游客提供综合性包价旅游服务。受从事出境旅游资质的限制，国外邮轮公司目前无法在中国境内开展出境旅游产品的销售活动。由于看好中国境内一些旅行社在旅游市场的优势地位，为尽快打开中国邮轮旅游市场，目前大多数国外邮轮公司都通过中国的旅行社进行特定旅游航线的宣传揽客工作，也相应授权中国一些旅行社通过旅游合同，向旅游者提供包括邮轮海上巡游事项在内的综合性包价旅游服务，中国的旅行社也因此享有在销售邮轮客票过程中定价，在包船协议约定的舱位数量范围内销售、分配舱位等权利。

旅行社对邮轮公司和特定邮轮航线享有选择权，但是并不代表旅行社对邮轮公司的经营活动及船上休闲、娱乐等旅游活动享有控制权。邮轮的总体调度、邮轮航程的营运、邮轮航线的设计与安排、船上旅游、休闲、娱乐项目及设施安排和提供、船舶日常营运费用（例如，港口费用、燃油费用、船员及船上工作人员的费用等），仍然由邮轮公司负责，而且船员及其他船上工作人员的聘用权也由邮轮公司支配。为了能够满足来自不同国家和地区的游客在语言、文化、习惯等方面的需要，这些从事跨境邮轮旅游运营的船舶，往往会配备来自不同国家或地区的工作人员。

尽管旅行社与邮轮公司之间的协议被命名为"包船协议",但是并不能认为旅行社享有经营邮轮船舶的权利,其也没有负担邮轮船舶营运费用的义务。根据包船协议,旅行社只是承租了整艘邮轮船舶的全部客舱舱位或者部分舱位,虽然旅行社被称为"包船方",但其实际上扮演着承租人角色。而作为"承运方"的邮轮公司,一方面通过负责船舶运营、邮轮航线设计与实现,实际控制和占有邮轮;另一方面,邮轮公司将全部或部分邮轮客舱舱位的使用与销售权利让与给旅行社,扮演着船舶出租人的角色。而且这种包船协议的签订双方,都是具有平等民事主体地位的企业或法人,都具有平等协商、订约自由的权利,因此包船协议区别于旅客与旅行社订立的旅游合同。

旅行社与邮轮公司签订的包船协议或者切舱协议,并不是我国法律明确规定的有名合同或者典型合同。包船协议尽管具有"承租"的特点,但是其并不具有《民法典》下租赁合同的性质,而是类似于《海商法》海上货物运输合同中的航次租船合同。

根据《民法典》第703条有关租赁合同的规定,租赁合同是出租人将租赁物交付承租人使用、收益,承租人支付租金的合同。[1] 显然在包船协议之下,尽管旅行社作为承租人可以从作为出租人的邮轮公司处取得全部或部分客舱舱位的使用权,但是整艘船舶的运营、使用及收益等并不在旅行社控制之下,邮轮的运营活动及航线设计、航次安排依然由邮轮公司负责。而且旅行社支付的是包船费用,并非租金,因此包船协议无法满足租赁物占有权需要从出租人转移至承租人,并由承租人享有使用权、收益权的本质属性,即包船协议不具有《民法典》租赁合同的属性。

之所以将包船协议认定为类似于《海商法》下的航次租船合同,是因为航次租船合同系我国《海商法》第四章明确规定的一种特殊的有名合同,在海上旅客运输合同章中尚没有明确涉及航次租船合同的法律规定,《民法典》也没有航次租船合同相关的规定。根据《海商法》第92条,航次租船合同是指船舶出租人向承租人提供船舶或者船舶的部分舱位,装运约定的货物,从一港运至另一港,由承租人支付约定运费的合同。航次租船合同的内容主要包括:出租人和承租人的名称、船名、船籍、载货重量、容积、货名、装货港和目的港、受载期限、装卸期限、运费、滞期费、速遣费以及其他有关事项。

通过比较包船协议与航次租船合同,可以看出二者最明显的不同在于,

---

〔1〕 该条文延续了《合同法》第212条有关租赁合同的界定。

前者针对的是旅客以及邮轮旅游事项，而后者针对的是货物运输。从内容本质看，二者存在诸多相似之处。例如，包船协议之下，邮轮公司按照协议约定内容，提供邮轮船舶全部或部分舱位，这些舱位能够满足约定的邮轮旅游、运输需要，即船舶从邮轮母港出发，经过海上巡游，最终再回到邮轮母港。作为承租人的旅行社需要按照合同约定支付包船费用。因此，在包船协议中会约定类似航次租船合同的内容，如双方当事人名称、船名、船籍、载客数量、旅客姓名、起始港、访问港、旅客登船日期、费用负担等相关事项，只是没有航次租船合同针对货物特有的装卸期限、装卸费用以及与此相关的滞期费、速遣费等内容而已。（详见表 2 - 3）

表 2 - 3　邮轮旅客包船协议与货物航次租船合同内容异同点列表

载明内容	邮轮旅客包船协议	货物航次租船合同	备注
运送标的	旅客	货物	
船名	√	√	
标的数量	√（旅客舱位数量）	√（载货数量）	
标的名称	√（旅客姓名）	√（货物名称）	
始发港	√（多为邮轮母港）	√（装货港）	
目的港	√（多为邮轮母港）	√（卸货港）	邮轮旅客包船协议下，还会约定邮轮访问港；货物航次租船合同一般仅约定装卸港口，特殊情况下会约定中途停靠港以便添加燃油或补给
登船日期	√	√（装货时间）	
离船日期	√	√（卸货时间）	货物航次租船合同通常在装货、卸货日期之外，还会约定装卸时间（即进行货物装卸的一段期间）
费用及支付	√（包船费）	√（运费）	
其他事项	岸上旅游安排及费用、领队或导游费用	滞期费、速遣费	滞期费是指因承租人原因未能在合同约定装卸时间内完成装卸作业导致船舶迟延所引起的损失，应当由承租人向出租人支付的约定赔偿金；速遣费则是指在合同约定装卸时间内提前完成装卸作业而给出租人节省在港停留时间和相应成本，应由出租人向承租人支付的一笔费用

资料来源：笔者根据包船协议约定内容和法律规定整理而成。

通过对邮轮旅客包船协议与货物航次租船合同载明内容的比较分析，可以看出两种协议约定的本质内容具有较高同一性，尽管存在个别内容之差异，但是这种差异是基于运送标的差异化，即一个是旅客，一个是货物。而且这种差异化的存在并不影响对邮轮旅客包船协议与货物航次租船合同在合同属性相同性方面的认定。

在没有法律明确规定旅客运输存在航次租船合同的前提下，笔者认为邮轮旅客包船协议只能是类似于货物航次租船合同的一种合同类型。而且从《海商法》有关航次租船合同的条文规定看，虽然合同名称中带有"租船"之表述，并且出租人按照约定应当提供整艘船舶或部分舱位给承租人，但是这种提供船舶的义务是为了实现运载货物的目的，而且出租人需要对货物装运、运输、保管、照料、记载、卸载等货运环节予以监督控制和负责[1]，此外货物运输的航线规划、航行操纵和船舶控制等总体活动，均由出租人及其配备的船长、船员负责，因此不论从合同约定内容还是从航运实践操作角度，均不影响其运输合同的属性。只不过这种货物运输合同能够在较大程度上体现承租人与出租人订约自由的特性，有别于提单或类似的权利凭证所证明的海上货物运输合同，因此《海商法》对于航次租船合同采用非强制适用的特殊规定[2]。

综上，邮轮公司与旅行社之间签订的包船协议在船舶控制、运营方面的安排等具有类似于航次租船合同之特性。[3]基于此种论断以及考虑《海商法》关于货物航次租船合同的定性，笔者认为包船协议可以认定为一种针对邮轮旅客运输的"航次租船合同"。国内也有学者持类似观点，主张外国邮轮经营公司与中国旅行社签订的包舱/切舱协议实质上属于邮轮船舶航次租船合同。[4]虽然该学者的结论与笔者观点不谋而合，但是该学者直接将包舱/切舱协议认定为航次租船合同的论点，笔者不能苟同。毕竟我国《海商法》将航次租船合同这种有名合同规定在海上货物运输合同章。对于邮轮旅客运输而言，在现行法律框架下，只能参照适用航次租船合同的相关法律规定。

---

[1]　在航次租船合同中，有的合同约定允许承租人对装卸两港发生的货物装载、卸载、记载、保管等费用或风险负责，但是这种约定仍然不能改变，也不影响由出租人实际控制和安排船舶航行及营运事项。

[2]　参见《海商法》第 94 条："本法第四十七条和第四十九条的规定，适用于航次租船合同的出租人。本章其他有关合同当事人之间的权利、义务的规定，仅在航次租船合同没有约定或者没有不同约定时，适用于航次租船合同的出租人和承租人。"

[3]　王韵：《我国邮轮旅游合同法律关系问题研究》，大连海事大学 2017 年硕士学位论文，第 19 页。

[4]　林江：《邮轮经济法律规制研究——上海宝山实践分析》，复旦大学出版社 2019 年版，第 117 页。

但是鉴于邮轮本身的船舶属性及"运输 + 旅游"的功能属性，并不影响旅行社履行旅游方面的给付、提供约定数量的旅客并支付总体价款的义务，因此建议参照航次租船合同的规定。在我国《海商法》旅客运输合同章中，一是明确包船协议作为一种有名合同，二是明确包船协议具有航次租船合同的法律属性，以解决邮轮旅游实践中大量存在的包舱协议或切舱协议法律问题。鉴于此类合同总体上仍然可以体现订约自由的特点，参照海上货物运输合同章有关航次租船合同的规定，将包船协议或切舱协议归类为一种特殊的旅客运输合同，并不需要法律进行强制性规制，仅在包船协议或切舱协议没有规定时适用。

（三）旅行社向邮轮公司行使追偿权法律问题探讨

旅行社包船游模式下，根据邮轮旅游合同关系，旅行社作为邮轮游客的合同相对方，对邮轮旅游过程中提供的服务存在瑕疵负责，包括游客期待值落空、人身财产损害等情况。根据前文有关旅行社和游客之间法律关系的分析，旅行社对游客进行赔付后，可以依照其与邮轮公司签订的包船协议或者相关法律规定向邮轮公司追偿。但是旅行社向邮轮公司求偿时，会存在如下法律问题：

1. 旅行社能否援引邮轮旅客运输合同的免责及限制性条款

邮轮公司在制订邮轮旅客运输格式合同时，通常会约定限制性条款、免责条款或者责任限制条款以规避其对邮轮旅客人身或财产损害赔偿的风险，且往往通过定义条款，将其免责及责任限制主体范围扩大。例如：皇家加勒比游轮有限公司乘客票据合同第 1 条明确规定，无论乘客是否签署票据合同，只要其作出购买或使用票据合同的行为，均视为同意受票据合同条款约束。除非经承运人书面签署，否则不得对票据合同进行任何修改。[1]此外，该乘客票据合同第 2 条定义条款，对有关承运人的界定范围非常宽泛，包括承运人、邮轮及其替代船舶、陆地旅游的经营者、邮轮船舶所有人、邮轮船舶管理人、邮轮船舶承租人、代理人、受雇人、船员、引航员等，明确规定票据合同中列明的承运人责任限制或免责条款，承运人权利、抗辩或豁免的规定，均适用于承运人的代理人、独立合同方、特许经营商、承运人供应商，邮轮停靠访问港岸上交通工具的所有人和承运人，以及邮轮所有人、设计商、安

---

〔1〕　参见皇家加勒比游轮有限公司乘客票据合同第 1 条，与原条款规定内容相比有所删减。诺唯真游轮控股有限公司乘客船票合同第 1 条，存在类似内容。

装商、供应商和生产商，以及上述提及的所有各方的雇员和服务人员，包括上述提及的各方拥有或提供的任何类型的小型艇筏等。[1]

歌诗达邮轮公司乘客条款也有类似规定，即邮轮公司有权依据合同条款主张所有豁免、责任限制、抗辩以及除外规定，该权利同样适用于邮轮公司的雇员、管理人员、代理人、分包商、经销商或合作者及保险公司。[2]邮轮公司不应因旅行社或其他中介机构未能履行义务而对乘客承担任何责任。[3]

如本章第一节分析，在邮轮船票直销模式下，旅行社仅仅作为邮轮公司船票销售代理人，在此情况下，旅行社可以援引上述包含承运人免责、豁免或责任限制条款在内的规定。在包船游模式下，如果能够将旅行社与邮轮公司之间的包船协议定性为一种"航次租船合同"，则作为承租人的旅行社，还是可以依据邮轮公司制订的上述格式合同条款，享受承运人的免责及责任限制抗辩。但是根据中国现有法律规定，旅客运输领域中尚不存在航次租船合同这种有名合同，因此无法将旅行社认定为承租人，其身份应当是包价旅游合同的旅游经营人，而很显然旅游经营人并不在上述免责条款保护的范围内。至少从上述条文规定的字面意思理解，作为包价旅游经营人的旅行社无法援引上述免责、责任限制或除外规定条款。

至于这些合同范本规定条款的效力如何认定，是否能够约束合同相对人等问题，根据我国《合同法》第40条、第52条、第53条，如果存在如下情形，则合同条款无效：一方以欺诈、胁迫的手段订立合同，损害国家利益；恶意串通，损害国家、集体或第三人利益；以合法的形式掩盖非法目的；损害社会公共利益；违反法律、行政法规等强制性规定；造成对方人身伤害的免责条款；因为故意或重大过失造成对方财产损失的免责条款；提供格式条款的一方免除其责任、加重对方责任、排除对方主要权利的条款。《合同法》有关合同无效的部分条文内容已经被《民法典》修正。例如，格式条款的无效规定在《民法典》第497条，免责条款的无效规定在《民法典》第506条，其他情形下的无效或者被撤销则规定在《民法典》总则编第六章第三节有关民事法律行为效力的第146条至第154条。

2. 旅行社能否受海事赔偿责任限制制度保护

在邮轮旅客运输合同之下，根据《海商法》的规定，邮轮公司作为海

〔1〕 诺唯真游轮控股有限公司乘客船票合同第2条，存在类似内容。
〔2〕 参见歌诗达邮轮公司乘客条款第13.2条。
〔3〕 参见歌诗达邮轮公司乘客条款第13.3条。

上旅客运输承运人，既可根据《海商法》第五章的规定对旅客人身伤亡和行李灭失、损坏享有单位赔偿责任限制，又可以根据《海商法》第十一章的规定就一起海难事故的整体赔偿数额享有总的海事赔偿责任限制。而旅行社作为包价旅游合同的一方当事人，若旅客依据包价旅游合同向旅行社主张索赔，旅行社承担赔付责任后，如果经证明旅客损失系邮轮公司原因导致，则旅行社可能会向邮轮公司行使追偿权。根据《海商法》，邮轮公司有权依据承运人身份，援引旅客运输单位赔偿责任限制规定，或者依据船舶所有人或经营人身份，援引海事赔偿责任限制规定，而旅行社因无法援引任何一种赔偿责任限制制度，会导致向游客承担全部赔偿责任后，根据包船协议向邮轮公司行使追偿权时，无法从邮轮公司处得到足额赔偿，从而不得不自行负担一部分；另外，旅行社可能会因为预见到向邮轮公司追偿维权较困难而疏于受理游客索赔请求，进而推诿责任，最终影响旅客的合法权益。

如果能够将包船协议定性为航次租船合同，并确认包船协议之下旅行社作为承租人的法律地位，根据《海商法》有关海事赔偿责任限制的条文规定，旅行社有权依据承租人身份受该特殊海商法律制度的保护。[1]因此，在包船协议对应的法律关系中，就旅行社与邮轮公司之间的相互索赔请求来说，不论是作为承租人的旅行社，还是作为出租人的邮轮公司，都可以针对法定的海事赔偿请求事项，主张海事赔偿责任限制。但是旅行社仍然无法以承租人身份对抗旅游合同项下的旅客索赔请求，因为根据合同相对性原则，包船协议不能约束旅行社、邮轮公司以外的第三方——游客。即使旅行社将其可以援引海事赔偿责任限制或者单位赔偿责任限制的条款引入邮轮旅游合同中，也会因为格式条款的特性，使得该条款无法对抗游客，这是目前旅游合同法律关系下，旅行社面临的尴尬地位。在目前我国限制外资公司从事我国游客境外旅游经营的背景下，从理顺旅行社、邮轮公司以及游客的法律关系的角度出发，建议使旅行社恢复邮轮公司代理人的身份，以避免由于包船协议存在而使得旅行社面临既要直接承担对游客的赔偿责任，又无法援引《海商法》给予承租人一些特殊法律制度保护的尴

---

〔1〕　参见《海商法》第 204 条规定，船舶所有人、经营人、承租人、救助人、责任保险人可以针对法定的海事赔偿请求，主张海事赔偿责任限制。根据第 207 条规定，在船上发生的或者与船舶营运、救助作业直接相关的人身伤亡或者财产的灭失、损坏，以及由此引起的相应损失的赔偿请求属于法定可以限制的海事赔偿请求。尽管国内对于航次租船合同承租人是否可以援引这一制度尚存在一些争论。

尬。当然通过海上旅客运输合同法律关系解决这个问题，也不失为一种应对策略，至少旅行社或者邮轮公司可以依据旅客运输合同单位赔偿责任限制规定予以抗辩。

（四）邮轮公司与旅行社法律关系的中国司法实践

目前，由于邮轮旅游合同纠纷或与邮轮旅游、邮轮运输相关联的诉讼案件还不是大量存在，通过北大法宝数据库进行不完全统计，截至 2020 年 1 月 20 日，涉及邮轮旅游的案件不到 100 个。包船协议的内容往往不对外公开，具有较好的私密性和保密性，因此从公开发布的法院判决来看，旅行社与邮轮公司因为包船协议产生的纠纷非常少见。以下对公开披露的案例情况予以讨论：

1. 邮轮旅游票务销售代理协议纠纷案

意大利歌诗达邮轮公司是首家进入中国市场的国际邮轮公司，在开展业务过程中和浙江一家知名旅行社产生票务销售代理纠纷，这也是上海第一例邮轮票务销售代理纠纷。经上海海事法院法官调解，双方最终握手言和，继续开展友好合作。

案件事实及争议焦点如下：2008 年 2 月，歌诗达邮轮公司向上海海事法院提起诉讼，声称 2006 年 6 月 6 日，被告浙江某国际旅行社有限公司与歌诗达邮轮公司订立《邮轮船票销售协议》（以下简称"销售协议"）。歌诗达邮轮公司委托旅行社作为非独家船票代理商，在中国大陆（内地）地区以旅行社名义代表邮轮公司销售船票。

根据双方达成的销售协议，歌诗达邮轮公司向旅行社支付相当于每张船票人民币票款收入的 15% 作为旅行社服务费，而旅行社应当将销售船票所取得的收入，扣除前述服务费后兑换为美元汇给歌诗达邮轮公司，并承担因外汇汇出产生的相关费用。销售协议签订后，旅行社即开始邮轮船票的代理销售业务，而邮轮公司根据旅行社预订的船票数额向该旅行社交付船票并出具应付款发票。旅行社收到发票后，并未依约如期付款，结欠邮轮公司船票款共计 55770 美元。歌诗达邮轮公司曾多次致电旅行社催讨。旅行社对已销售船票的总数量没有异议，但对应付给邮轮公司的船票款金额存在异议，主张只欠付邮轮船票票款 29990 美元。上海海事法院法官先后两次组织双方公司代表进行磋商、三次对账，在明确船票销售优惠政策并理清账目的基础上，最终促使双方达成调解协议，并约定由旅行社向歌诗达邮轮公司支付船票款总计 292873 元人民币。[1]

该案件事实上是针对目前邮轮船票直销模式下，旅行社和邮轮公司之间因船票销售代理协议产生的纠纷，主要分歧是协议中应付款项结算及币种兑换手续费扣除方面的问题。由于案件事实比较清楚、简单，不涉及太多法律问题，经上海海事法院协调，双方最终达成调解协议。

2. 邮轮舱位切舱协议纠纷案

本案主要针对旅行社包船游模式下产生的服务合同纠纷。原告山东招商国际旅行社有限公司上海聚游国际旅行社分公司，于 2014 年 11 月以被告武汉自由国际旅行社有限公司违反服务合同约定为由，向上海市闸北区人民法院提起诉讼，主张被告未实际支付的团费。经审理，上海市闸北区人民法院于 2015 年 4 月 15 日依法作出判决。[2]

案件事实及争议如下：2014 年年初，原、被告签订《2014 年 3 月 20 日皇家加勒比游轮——海洋水手号 上海—济州—上海（3 晚 4 天）切舱合同》（以下简称"切舱合同"）。合同约定被告向原告提出切舱需求并确认几个事项，其中对于旅客舱位价格及数量事项，约定"第一二人总价 3400（元/人）某 200（人）=680000 元；第三四人总价 2400（元/人）某 42（人）=100800 元（具体第三四人按照实际录入名单数为准）……"并约定合计总价为 780800 元人民币。上述费用包含税收、游轮小费、港务费和岸上观光费，不包括领队小费及领队分摊费、旅游意外险、个人消费等。此外，还对订金支付时间、方式以及分期支付的团款费用等作出明确规定。若被告未能按时付款，原告有权收回所有房间。合同签订后，被告于 2014 年 1 月至 3 月先后 3 次向原告支付共计 680000 元。2014 年 3 月 20 日，除被告承诺分销的 100 间房间 200 人（共计 680000 元）外，被告组织了 18 人参加案件中涉及的邮轮旅游航次。因此，原告就实际参加旅游项目的这 18 人，主张被告应再支付团费 43200 元（2400 元/人的标准）。

法院认为，原、被告之间签订的切舱合同系双方真实意思表示，合法有效，双方均应恪守。原告已履行合同项下全部义务，被告支付部分款项后未再付款，显属违约，被告应承担继续履行合同的义务。原告要求被告支付双

---

〔1〕《沪上首例邮轮票务销售代理纠纷握手言和》，载上海海事法院官方网站，https：//shhsfy.
　　gov. cn/hsfyytwx/hsfyytwx/xwzx1340/zhxw1424/2010/08/12/d_ 230485. html，2020 年 2 月 7
　　日访问。

〔2〕山东招商国际旅行社有限公司上海聚游国际旅行社分公司诉武汉自由国际旅行社有限公司服务
　　合同纠纷案，上海市闸北区人民法院民事判决书（2014）闸民二（商）初字第 1401 号。

方一致确认的 18 人团费的主张，于法有据；对于团费的具体金额，根据合同约定，原告按照 2400 元/人的标准主张剩余团费，并无不妥。

这个案件没有涉及邮轮公司与旅行社之间有关包船协议具体内容的纠纷，而是涉及两个旅行社签订的包船协议中约定的团费支付问题，即某一旅行社签订包船协议后，再与其他旅行社以切舱协议出售邮轮舱位的情形。案件事实比较清楚、简单，不涉及复杂的法律问题。此外，从该案事实可以看出，被告未能按照切舱合同中约定的"第三四人总价 2400（元/人）"标准组织 42 位旅客，而仅组织了 18 位旅客。案件事实也未披露被告违约行为是否导致原告旅行社最终违反包船协议约定的舱位数量及责任承担问题。但是从案件判决中可以看出，包船协议或者切舱合同之下，旅行社或者分包旅行社确保邮轮舱位数量的义务还是非常严格的，如果未能满足合同约定数量要求，要承担相应的违约责任。

3. 旅行社之间同行合作协议纠纷案

本案原告中国旅行社总社（上海）有限公司，以被告上海商务国际旅行社有限公司违反同行协议为由，向上海市静安区人民法院提起诉讼，主张违约金 931250 元以及因此产生的滞纳金等。经审理，上海市静安区人民法院依法作出判决。[1]

案件事实及争议如下：2013 年 8 月 1 日，原告与被告签订旅游同行合作协议书，约定原、被告双方在共同开发的旅游线路上，共同收客，统一出发日期。双方协商确认其中一方为组团方，组团方旅行社将与提供客源的旅行社或旅游团体签订旅游合同，并承担相应责任。

2014 年 5 月 9 日，原告与被告签订担保协议书，约定原告为被告组织的 203 名旅游者赴济州、仁川邮轮旅游办理约定期限的出境名单，用以申请赴韩国"无签证观光上陆许可"。为保证旅游者随团行动、按时回国，被告自愿为旅游者提供担保，如果有旅游者在韩国发生擅自离团、推迟回国和滞留不归、未跟团同进同出等情况，被告在接到原告书面通知后 7 日内支付赔偿金；如果未能付清，被告愿意承担每天 5‰ 的滞纳金。此外，合同还约定被告向原告支付因旅游者滞留不归而引起的一切费用、可能给原告带来的营业利润损失及名誉损失等。

协议签订后，原告按约定完成办理出境名单工作。旅游团出境后，其中

---

[1] 中国旅行社总社（上海）有限公司诉上海商务国际旅行社有限公司同行合作协议纠纷案，上海市静安区人民法院民事判决书（2014）静民二（商）初字第 1131 号。

20 名旅游者于 2014 年 5 月 15 日在韩国仁川擅自离团，并且未同团返回国内。原告受到韩国驻上海领事馆处罚，并取消原告从 2014 年 6 月 15 日至 12 月 31 日期间代送赴韩无签证观光上陆许可申请的资格。事后原告将处罚情况等通知被告。2014 年 11 月 7 日，案外人上海灰企鹅邮轮票务代理有限公司向原告支付违约金 68750 元。

法院经审理认为：首先，原告、被告之间签订的同行合作协议，系双方真实意思表示，且合同内容未违反法律、行政法规的强制性规定，合法有效。其次，合同中明确约定违约金和滞纳金，两者均具有违约金的性质。但原、被告约定的违约金和滞纳金的支付条件有所不同，滞纳金是为保证违约金履行而设置的一个保证。就本案而言，违约金和滞纳金可以同时适用，但是约定的滞纳金比例过高，应以每天 0.5‰ 计算为宜。最后，原告没有出具证明其营业利润损失的证据，但被告组织的旅游者擅自离团的行为，致使原告受到处罚并使其业务蒙受影响的后果客观存在。综合以上各因素，法院判决酌情减少违约金数额，判定被告应支付 80 万元，并以此为本金计算滞纳金。

本案虽然涉及邮轮旅游事项，但是争议焦点为合同约定的违约金数额及滞纳金标准计算等。案件事实清楚，争议不大，没有涉及邮轮旅游较为复杂的法律关系，因此法院以独任审判方式判决此案。

综上，针对旅行社与邮轮公司之间签订的包船协议，不论是现行法律规定还是司法实践，均未对其法律属性予以明确，其也不属于现行法律规定的任何一种有名合同。为了厘清旅行社、旅客、邮轮公司之间的法律关系，使我国有关三方主体的法律关系、责任认定等能够与国际接轨，笔者建议应当明确包船协议的法律属性，并建议借鉴《海商法》的规定，将其认定为旅客运输合同中的"航次租船合同"。

四、邮轮旅客运输法律关系——以邮轮公司/旅客为视角

（一）邮轮船票直销模式下的邮轮旅客运输合同关系

在邮轮船票直销模式下，不论是邮轮公司本身，还是通过船务代理公司或者委托旅行社销售船票，均在邮轮公司与旅客之间存在直接的邮轮旅客运输合同关系。根据本章第二节有关邮轮旅客运输合同法律性质的分析，可以看出邮轮公司与旅客之间的合同，同时具有旅游合同与运输合同的属性，属

于混合合同，因此区别于传统海上旅客运输合同。事实上，邮轮公司使用邮轮这一运输工具，通过海上巡游，以邮轮本身作为旅游目的地，或者在访问部分港口时通过岸上旅游景点实现旅客观光、旅游、休闲、消遣等旅游功能，即邮轮公司以旅客运输之名，实际体现旅游之本。

（二）包船游销售船票模式下邮轮旅客运输法律关系学理之争

《上海市邮轮旅游经营规范》是首个对邮轮旅游予以界定的地方性法律规范文件。该规范第 2 条明确规定，邮轮旅游是指以海上船舶为旅游目的地和交通工具，为旅游者提供海上游览、住宿、交通、餐饮、娱乐或到岸观光等多种服务的出境旅游方式。这一规定不仅突出了邮轮作为一种交通工具的功能，而且明确了邮轮本身也是旅游目的地的功能。除了提供交通服务，还明确邮轮旅游能够提供包括海上游览、住宿、餐饮、娱乐及岸上观光等项目在内的旅游事项。

由于邮轮本身可以作为旅游目的地并且能够提供比较丰富的旅游服务项目，在很大程度上削弱或掩盖了船舶作为运输工具的属性，也给包船游销售邮轮船票模式下如何认定邮轮公司与旅客之间的法律关系造成一定的困扰。

在包船游模式下，会出现两个合同及三方主体。旅行社与游客之间的旅游法律关系、旅行社与邮轮公司之间的包舱协议法律关系等已经在前文进行详细分析。目前，学界对邮轮公司与旅客之间存在何种法律关系尚有争论，主要有合同关系肯定说和合同关系否定说。

1. 合同关系肯定说

持合同关系肯定说的学者认为，在邮轮公司与旅客之间存在合同法律关系。理由在于：其一，实务中旅客与旅行社签订邮轮旅游合同时会具体约定需要遵守邮轮公司的"旅客票据合同"及行为守则。其二，邮轮公司为旅客提供船票。船票是二者之间存在合同的证明，并具体明确了承运人与旅客之间的权利义务关系。其三，旅行社与邮轮公司之间是委托代理合同关系，旅行社仅属于邮轮公司的销售代理，负责邮轮公司的船票业务。[1]

针对合同关系肯定说，有学者进一步提出邮轮公司与旅客之间的合同关系，从性质上应被识别为海上旅游合同关系。主张的理由为：第一，旅客需凭据船票登轮，各邮轮公司还通过登轮手册或网站告知等形式，发布详细的

---

〔1〕 苏号朋、唐慧俊：《论旅游辅助服务者的法律地位及责任承担》，载《法学杂志》2011 年第 6
      期，第 4—6 页。

船票合同以明确承运人与旅客之间的权利义务关系。尽管合同部分条款可能因未经告知或未经协商而对旅客不产生约束力，但依然可以认定邮轮公司与旅客之间存在直接合同关系。从权利义务上看，若简单认定旅行社为旅游经营者，邮轮公司仅为旅游辅助服务者，将导致明显的权利义务不对等，因为旅行社事实上并未实际提供或组织、参与提供任何邮轮旅游服务，要求旅行社就邮轮旅游承担全部责任无疑会加重旅行社的负担。第二，邮轮不仅仅具有基础的运输功能，还具有更为重要的旅游功能，即邮轮公司向旅客提供约定的旅游服务，所以旅客与邮轮公司之间存在海上旅游合同关系。[1]我国法律中并不存在海上旅游合同这种有名合同，因此这一主张并未深入揭示邮轮公司与旅客之间的合同关系属性。

　　还有的学者认为，在邮轮公司和旅客之间存在通过邮轮船票证明的海上旅客运输合同关系。依据我国《海商法》《合同法》有关客票与运输合同关系的条文规定，邮轮船票不仅是海上旅客运输合同成立的书面凭证，而且也是旅客向承运人索赔的依据。因为邮轮公司官方网站大多会提供公司固定范本的"旅客票据合同"、"乘客船票合同"或"航行合约"等不同名称的协议，协议中对邮轮公司一方均采用承运人的表述，另一方当事人则是邮轮旅客。即使在旅行社包船游模式下，旅行社向游客出具邮轮船票，并且船票构成邮轮旅游合同的组成部分，但由于船票的载体和表现形式存在缺陷，使得这种模式下邮轮旅游本身具有的运输属性淡化，并导致船票陷入隐形化状态。[2]该学者能够敏锐地注意到邮轮船票的存在以及与海上旅客运输合同之间的逻辑关系，但是由于实践中纸质载体的邮轮船票并非一定真实存在，以及邮轮船票的内容和功能被其他多种形态的载体所代替，如船卡、邮轮手册等，加上目前中国邮轮实践中，以上海为试点并逐步推广到全国其他各个邮轮港口普遍使用的登船凭证，使得邮轮船票处于被虚置化的状态。尽管该学者认定登船凭证就是邮轮船票[3]，但是笔者认为，根据本章第三节对邮轮船票与登船凭证之间差异的分析论证，不能简单地将登船凭证与邮轮船票等同，如果将二者等同的话，就不存在该学者所提及的邮轮船票隐形化的现象了。对此问题，还有待于学界的深入探讨。

---

〔1〕 方懿：《邮轮旅游民事法律关系初探》，载《中国海商法研究》2013 年第 2 期，第 44—45 页。

〔2〕 孙思琪：《邮轮旅游法律要论》，法律出版社 2018 年版，第 109—110 页。

〔3〕 孙思琪：《邮轮登船凭证不是船票吗？——也谈登船凭证的法律属性》，载微信公众号"海商法资讯"2018 年 5 月 16 日，https：//mp. weixin. qq. com/s/guOuvouv1JubNA_ O5L4tWA。

2. 合同关系否定说

持合同关系否定说的学者认为，邮轮公司与旅客之间不存在合同法律关系。根据《旅游法》有关履行辅助人的规定，邮轮公司仅是旅行社与旅客之间包价旅游合同中的履行辅助人，并非合同一方当事人，与旅客之间不存在直接的合同法律关系。[1]理由包括：第一，邮轮公司并不因旅行社的代理行为而与旅客直接形成独立的旅游法律关系，旅行社是旅游合同的签订主体，旅行社本身应当承担签订合同的责任后果。第二，邮轮相较于一般的公共交通工具，增加了旅游功能，可被界定为景区，因此不可简单地将旅行社认定为邮轮公司的票务代理。第三，受我国本土邮轮公司发展不足和经营限制，邮轮公司不应作为旅游合同相对人。第四，在旅游关系之下，把邮轮公司界定为履行辅助人更有利于保护旅客权益，符合《旅游法》以人为本的制定初衷。

有的学者还进一步提出，虽然邮轮公司与旅客之间并不存在直接合同关系，邮轮公司仅在旅游合同项下作为旅行社的履行辅助人，但由于邮轮公司与旅行社之间存在包船协议，而且该协议具有租赁性质，因此可以将旅行社视为并不实际拥有船舶的"契约承运人"，依据船票关系，可以将邮轮公司认定为海上旅客运输实际承运人，负责海上运输阶段的旅客观光旅游等项目，并对因此造成的旅客人身伤亡及财产损害负责。[2]该观点虽然原则上支持合同关系否定说，但是又通过邮轮船票认定邮轮公司是实际承运人，即根据《海商法》有关海上旅客运输合同的相关规定，承认作为实际承运人的邮轮公司与旅客之间存在法定的海上旅客运输关系。

产生上述分歧的根源在于中国旅游业的特许经营模式与国际邮轮业的一般经营模式存在差异，使得同时具有承运人和旅游服务提供者身份的邮轮公司无法直接向中国旅客售票，而本应当作为船票销售代理人的各个中国旅行社，却不得不出面以自己的名义与旅客签订旅游合同。[3]

厘清这三者之间的法律关系，是解决实践中各类民事法律纠纷的前提。根据上海市旅游局关于《〈上海市邮轮旅游经营规范〉解读》第6项内容的规定，即使在旅行社包船并将邮轮产品打包成一价式旅游产品的情况下，法律仍不宜将邮轮公司简单地界定为履行辅助人，而应按照公共交通经营者的

---

〔1〕 吕方园、郭萍：《邮轮霸船之法律考量——以〈旅游法〉为分析路径》，载《旅游学刊》2014年第10期，第108—110页。
〔2〕 王韵：《我国邮轮旅游合同法律关系问题研究》，大连海事大学2017年硕士学位论文，第22页。
〔3〕 方懿：《邮轮旅游民事法律关系初探》，载《中国海商法研究》2013年第2期，第44页。

要求，承担承运人的相应责任。即旅行社将邮轮旅游打包成包价邮轮旅游产品，则旅行社应对岸上观光、船上服务承担责任，邮轮公司应就其承运义务向游客承担法律责任。显然《上海市邮轮旅游经营规范》的立法者也在一定程度上确认邮轮公司具有海上旅客运输合同承运人的法律地位。

也有学者认为，不限于邮轮旅游的包船游模式，在任何类型的包价旅游合同中，旅游经营者一般都会把船票、火车票、机票等交付给旅游者，这些船票、火车票、机票等票证可以作为旅游者与运输经营者订有运输合同的证据。对于因运输业者造成的违约，旅游者既可基于旅游合同选择向旅游经营者要求承担违约责任，也可基于运输合同关系，凭借这些运输票证，选择向运输经营者要求承担违约责任，这样更有利于保护旅游者的权利。[1]

当然，如果旅游者凭据运输票证向运输经营者或者承运人主张违约责任的，需要证明其索赔请求与运输事宜有关联。如果是基于运输以外的事项，例如旅游事项或者旅游服务等原因起诉，则不能依据运输合同保护其合法权益。英国法院的判例就很好地说明了这个问题。在达金斯诉嘉年华邮轮公司［The Dawkins v. Carnival Plc (t/a P&O Cruises)］案中，原告在被告承运的邮轮上因餐厅地板积水摔倒受伤，向被告提出人身伤害赔偿请求。英国法院适用已转化为英国国内海事法的 1974 年《海上旅客及其行李运输雅典公约》对案件作出判决。而在米勒等诉嘉年华邮轮公司（The Milner and Another v. Carnival Plc）案中，原告因邮轮房间噪声问题未得到妥善解决而中途离船，并向被告提出赔偿请求。英国法院没有适用有关旅客运输方面的法律，而是根据英国合同法一般原则作出判决，并通过比较被告承诺的服务以及原告实际获得的服务之间的差距，对原告诉称的"一个被毁掉的假期"进行合理评估。上述两案分别体现了邮轮旅游的运输特征与旅游特征，英国法院针对不同情形适用不同法律的做法值得参考。[2]

综上，笔者认为，中国旅行社采用的是包船游方式，将包括邮轮船票在内的在船餐饮、住宿、娱乐、休闲、消遣、购物等项目以及岸上观光旅游、购物等内容打包成一价式旅游产品，并与游客订立包价旅游合同。这种包含多个内容和事项的一价式旅游合同类似于集运输、仓储、包装、分拨、信息等内容于一体的物流合同。订立物流合同的物流经营人仅就其实际履行的部

---

〔1〕　尹森：《旅游合同研究——兼论我国旅游合同有名化》，中国政法大学 2011 年硕士学位论文，第 15 页。

〔2〕　方懿：《邮轮旅游民事法律关系初探》，载《中国海商法研究》2013 年第 2 期，第 46 页。

分事项或内容向其客户承担责任，并不影响物流经营人将部分事项或内容交由其他经营人完成，客户可以依据相关法律规定向物流经营人以外的其他经营人主张权利。就邮轮运输与营运以外的其他旅游事项而言，不影响游客依据邮轮旅游合同向旅行社主张权利，但是涉及邮轮运输及经营活动范围内的事项，可以参照有关旅客运输合同的法律规定处理旅行社、邮轮公司与旅客之间的法律关系。毕竟邮轮本身的运营、航行操纵、航线设计、邮轮停靠港口等不是旅行社所能够控制或管理的，而且邮轮上的人员，包括驾驶和操控船舶的船员，客舱、餐厅以及其他公共场所的服务人员，其他娱乐休闲场所的服务人员、演职人员等，也与旅行社没有任何雇佣关系。加上邮轮本身兼具交通工具和旅游目的地的性质，笔者认为，至少在海上巡游及承运阶段，旅行社、邮轮公司与游客之间具有海上旅客运输法律关系，并应该适用我国《海商法》有关承运人、实际承运人、旅客的权利义务规定。因此笔者支持并赞同合同关系肯定说。

（三）邮轮旅客运输法律关系纳入《海商法》的可行性及其分析

考虑到目前我国邮轮旅游产品销售模式的实然现状，以及大力发展我国邮轮产业的实际需要，基于如下方面的理由，笔者认为邮轮旅客运输法律关系以及相关法律问题的解决可以通过《海商法》路径，不仅具有可行性，也具有合理性：

1. 从邮轮本质——船舶属性考虑

经过 180 年的发展历程和演变，尽管邮轮已经被赋予了更多旅游和娱乐的功能，但是邮轮本身作为船舶以及运输工具的属性没有消失，也从未消失。

（1）国内相关立法有关船舶的界定

根据我国《海商法》第 3 条，船舶是指海船及其他海上移动式装置，不包括用于军事的、政府目的的船舶以及 20 总吨以下的小型船艇。尽管邮轮没有用于纯粹的海上运输，而且邮轮上设置并配有复杂的有关娱乐、旅游、购物、休闲的设施及场所，但是都无法改变邮轮属于"海上移动式装置"的本质。即使邮轮外形形态存在区别于传统海上客船的特征，也不影响邮轮符合《海商法》对船舶的界定。此外，根据《海商法》第 1 条，海商法是调整特定海上运输关系及船舶关系的法律规范，因此对属于船舶性质的邮轮而言，包括与其关联的法律关系，理应在《海商法》的调整范围内。《海商法》第五章有关海上旅客运输合同的内容主要借鉴我国批准的 1974 年《海上旅客及其行李运输雅典公约》。第五章没有限定船舶的含义，因此应当根据《海商法》第 3 条有关船舶的界定予以理解。

除我国《海商法》对船舶的界定外，1983 年《海上交通安全法》[1] 第 50 条对船舶的界定是"各类排水或非排水船、筏、水上飞机、潜水器和移动式平台"。1994 年《船舶登记条例》第 56 条第 1 款规定，"船舶"系指各类机动、非机动船舶以及其他水上移动装置，但是船舶上配备的救生艇筏和长度小于 5 米的艇筏除外。根据交通运输部 2008 年 7 月 8 日颁布的《游艇安全管理规定》第 2 条，游艇所有人自身用于游览观光、休闲娱乐等活动的具备机械推进动力装置的船舶被称为游艇。虽然这类船舶可以用于游览观光活动，但是因为限于游艇所有人自身使用，没有将这类船舶包括在从事商业活动的邮轮范围内。根据《游艇安全管理规定》第 45 条，乘员定额 12 人以上的游艇，按照客船进行安全监督管理。因此，如果游艇从事营业性运输，应当按照国家有关营运船舶的管理规定，办理船舶检验、登记和船舶营运许可等手续。[2]

显然邮轮没有被我国上述法律、法规、规章排除在船舶之外。事实上作为全球第一大邮轮市场的美国，曾经在 2010 年专门出台《邮轮安全与安保法案》（Cruise Vessel Security and Safety Act，CVSSA），对邮轮船舶采用"Cruise Vessel"的表述。从法案条文内容看，则大量使用客船（passenger ship）、旅客（passenger）等表述。由此可以看出，美国法律是将邮轮认定为客船的一种，并没有将邮轮排除在商用船舶之外。

（2）根据国际海事条约有关船舶的界定

除了满足国内法有关船舶的界定，根据现有国际海事条约，邮轮也符合公约规定的船舶范畴。例如：1974 年《国际海上人命安全公约》（SOLAS）附则第一章总则部分，明确规定"客船"是指载运旅客超过 12 人的船舶。其中第 2 条第 5 项有关旅客的定义解释为"除下列人员外，皆为旅客：（A）船长和船员，或者在船上以任何职位从事或参加该船业务的其他人员；（B）一周岁以下的儿童"[3]。显然邮轮上的游客属于 1974 年《国际海上人命安全公约》规定的旅客范畴，邮轮也在该公约规定的客船范畴之内。

---

[1]　《海上交通安全法》经过全国人民代表大会常务委员先后于 2016 年 11 月、2021 年 4 月两次修订。2021 年修订的条文中，有关船舶的界定是在第 117 条，虽然表述与 1983 年的条文规定略有不同，但没有本质上的区别。

[2]　参见《游艇安全管理规定》第 43 条。

[3]　袁林新、梁善庆主编：《国际海事条约汇编》（第 1 卷），大连海运学院出版社 1993 年版，第 13 页。

1974 年《海上旅客及其行李运输雅典公约》第 1 条第 3 项明确规定，船舶仅指海船，不包括气垫船。旅客是指船舶运输的下列人：（1）根据运输合同运输的人，或（2）经承运人同意，伴随由不受本公约调整的货物运输合同规定的车辆或活动物的人。显然 1974 年《海上旅客及其行李运输雅典公约》作为调整海上旅客运输合同的唯一国际公约，更加强调旅客是指与承运人订有运输合同的人，或者虽然没有订立旅客运输合同，但是基于货物运输合同伴随货运车辆或者动物的人。该定义与 1974 年《国际海上人命安全公约》有关旅客的界定存在差异。[1]1974 年《海上旅客及其行李运输雅典公约》更加强调运输合同的要素，即根据运输合同被运送的对象为旅客，或者经承运人同意，在货物运输合同下伴随载运车辆或活动物的人员，也被视为旅客。

1978 年《海员培训、发证和值班标准国际公约》第 2 条第 7 项规定，海船是指除了仅在内陆水域或遮蔽水域或港章所适用的区域以内或者与此两者紧邻的水域中航行的船舶以外的任何船舶。[2]可以看出，1978 年《海员培训、发证和值班标准国际公约》排除了在内陆水域航行的船舶，或者在遮蔽水域或仅在港口水域范围内航行的或与上述水域相邻水域航行的船舶。《〈1973 年国际防止船舶造成污染公约〉1978 年议定书》第 2 条第 4 款将船舶界定为在海洋环境中运行的任何类型的船舶，包括水翼船、气垫船、潜水船、浮动船艇和固定的或浮动的工作平台。[3]1988 年《制止危及海上航行安全非法行为公约》第 1 条规定，船舶是指任何种类的非永久依附于海床的船舶，包括动力支撑船、潜水器或任何其他水上船艇。[4]2001 年《国际燃油污染损害民事责任公约》第 1 条第 1 项有关船舶的界定是，无论何种类型的任何海船和海上航行器。[5]2001 年《国际控制船舶有害防污底系统公约》第 2 条第 9 项规定，船舶是指航行于海洋环境的任何类型船舶，包括水翼船、气垫船、潜水艇、浮动艇筏、固定或浮动式平台、浮动存储装置（FSU）以及

---

〔1〕 胡正良主编：《国际海事条约汇编》（第 6 卷），大连海运学院出版社 1994 年版，第 159 页。

〔2〕 吴兆鳞、王逢辰、王昊主编：《国际海事条约汇编》（第 2 卷），大连海运学院出版社 1993 年版，第 70 页。

〔3〕 张钦良、施壮怀主编：《国际海事条约汇编》（第 4 卷），大连海运学院出版社 1993 年版，第 35 页。

〔4〕 胡正良、朱建新主编：《国际海事条约汇编》（第 5 卷），大连海运学院出版社 1994 年版，第 145 页。

〔5〕 张晓杰、危敬添、李冠玉主编：《国际海事条约汇编》（第 11 卷），大连海事大学出版社 2006 年版，第 66 页。

浮式生产储油卸油装置（FPSO）。[1]2004 年《国际船舶压载水和沉积物控制和管理公约》第 1 条第 12 项规定，船舶是指在水环境中运行的任何类型的船舶，包括潜水器、浮动器具、浮动平台、浮式存储装置（FSUs）以及浮式生产、存储和卸载装置（FPSOs）。[2]2006 年《海事劳工公约》第 2 条第 1 款（i）项规定，船舶是指专门在内陆水域或在遮蔽水域之内或其紧邻水域或在适用港章的区域航行的船舶以外的船舶，与 1978 年《海员培训、发证和值班标准国际公约》关于船舶的规定几乎一致。[3]

显然上述有关船舶的相关国际海事条约，均未排除邮轮的适用。《国际海上人命安全公约》《海员培训、发证和值班标准国际公约》《〈1973 年国际防止船舶造成污染公约〉1978 年议定书》《海事劳工公约》被称为四大国际海事支柱公约，我国是这四大支柱公约的成员国，其中《海事劳工公约》已于 2016 年 11 月 12 日对中国生效。因此，涉及船舶的有关海上安全、船员培训和发证、防止船舶污染以及船员权益保护等内容，均适用于邮轮。

此外，根据有关邮轮发展历史的梳理可以看出，与传统海上旅客运输船舶相比，现代邮轮在构造、设计、外观、船上相关设施等方面已经发生了天翻地覆的变化，但是这不影响将邮轮认定为一种客轮。邮轮区别于传统客轮之处在于邮轮必须具备船上游览休闲设施，以及提供住宿、餐饮、娱乐和到岸观光等服务。[4]而传统海上旅客运输船舶以运输为目的，不会过多考虑船上旅游服务提供问题，尽管为了提高海上旅客运输品质和服务水平，目前客船经营者也会在船上提供餐饮、住宿或娱乐服务。但是邮轮是兼具"运输＋旅游"功能的船舶，而客船主要满足海上运输需要。因此邮轮是一种特殊的客船，其经营活动及涉及的相关法律规定应当受海事法律及相关海事公约的约束。

2. 从船舶航行安全及防止海洋污染等层面考虑

《国际海上人命安全公约》《国际海员培训、发证和值班标准国际公约》

---

[1] 张晓杰、危敬添、李冠玉主编：《国际海事条约汇编》（第 11 卷），大连海事大学出版社 2006 年版，第 141 页。

[2] 张晓杰、危敬添、李冠玉主编：《国际海事条约汇编》（第 11 卷），大连海事大学出版社 2006 年版，第 185 页。

[3] 2006 年《海事劳工公约》（中英对照），张锋校译，大连海事大学出版社 2013 年版，第 10 页。

[4] 《〈上海市邮轮旅游经营规范〉解读》，参见上海市文化和旅游局官方网站，http：//whlyj. sh. gov. cn/zcjd/20181115/0022-34644. html。

《〈1973 年国际防止船舶造成污染公约〉1978 年议定书》分别从船舶设计、建造、结构、舱室分隔，船员培训、发证及值班标准，防止船舶污染海洋环境等方面，对船舶进行系统、全面的规制。《制止危及海上航行安全非法行为公约》《国际控制船舶有害防污底系统公约》《国际船舶压载水和沉积物控制和管理公约》等则进一步从保障海上航行安全、打击和抵御海盗及海上恐怖活动、保护海洋环境、维持海洋生态平衡方面作出具体详细规定。上述相关国际立法，完全适用于邮轮。

此外，我国从履行国际条约义务以及保障我国管辖海域人身及财产安全、航行安全、保护海洋环境的角度，先后颁布国内相关法律、法规及规章，因此这些国内立法也是规制邮轮的主要法律渊源。

3. 从邮轮经营、运输管理等层面考虑

我国对从事国际海上运输活动和国内水路运输经营活动的监管采取"双轨制"，前者主要依据《国际海运条例》和《国际海洋条例实施细则》，后者主要依据《国内水路运输管理条例》[1]《国内水路运输管理规定》等法规、规章。根据《国际海运条例》[2]第 2 条，该条例适用于进出我国港口的国际海上运输经营活动及相关辅助性经营活动。虽然并没有排除对国际海上旅客运输经营活动的适用，但是该法规出台之时，我国很少涉及国际海上旅客运输经营活动，所以从条文规定及内容看，不论是《国际海运条例》还是《国际海运条例实施细则》[3]，均集中在对国际货物运输及其辅助性经营活动的监督管理方面，对从事国际海上旅客运输，或者类似邮轮旅游的海上经营活动没有明确及详细的规定。

交通运输部曾于 2008 年 5 月 26 日发布《国内水路运输经营资质管理规

---

[1] 《国内水路运输管理条例》于 2012 年 10 月 13 日经国务院令第 625 号公布，根据 2016 年 2 月 6 日《国务院关于修改部分行政法规的决定》进行第一次修订，根据 2017 年 3 月 1 日《国务院关于修改和废止部分行政法规的决定》第二次修订。

[2] 《国际海运条例》于 2001 年 12 月 11 日经国务院令第 335 号公布，根据 2013 年 7 月 18 日《国务院关于废止和修改部分行政法规的决定》进行第一次修订；根据 2016 年 2 月 6 日《国务院关于修改部分行政法规的决定》进行第二次修订；根据 2019 年 3 月 2 日《国务院关于修改部分行政法规的决定》进行第三次修正。

[3] 《国际海运条例实施细则》于 2003 年 1 月 20 日经交通部发布，根据 2013 年 8 月 29 日《交通运输部关于修改〈中华人民共和国国际海运条例实施细则〉的决定》进行第一次修正；根据 2017 年 3 月 7 日《交通运输部关于修改〈中华人民共和国国际海运条例实施细则〉的决定》进行第二次修正；根据 2019 年 6 月 21 日《交通运输部关于修改〈中华人民共和国国际海运条例实施细则〉的决定》进行第三次修正；根据 2019 年 11 月 28 日《交通运输部关于修改〈中华人民共和国国际海运条例实施细则〉的决定》进行第四次修正。

定》，尽管该规定已被交通运输部于 2014 年 1 月 3 日发布的《国内水路运输管理规定》所取代，但是《国内水路运输经营资质管理规定》第 3 条第 2 款按照经营船舶的种类，将国内水路运输经营分为货船运输和客船运输，并明确规定客船运输分为普通客船（含客渡船、旅游客船）运输、客滚船（含车客渡船、载货汽车滚装船）运输和高速客船运输。这是在立法层面上首次明确旅游客船的表述，但是非常遗憾没有对旅游客船予以明确解释。从文意来看，旅游客船应当是满足旅游观光和运输需求的船舶。2020 年修订的《国内水路运输管理规定》[1]第 2 条明确规定，水路运输是指始发港、挂靠港和目的港均在我国管辖的通航水域内使用船舶从事的经营性旅客运输和货物运输；第 3 条规定旅客运输包括普通客船运输、客货船运输和滚装客船运输，未再提及旅游客船。但是该规定第 57 条，明确将载客 12 人以下的客船运输、乡镇客运渡船运输以及与外界不通航的公园、封闭性风景区内的水上旅客运输排除在外。《国内水路运输管理规定》明确适用于我国沿海、江河、湖泊及其他通航水域内从事营业性运输的企业和个人的经营资质管理，而且明确将国内水路运输经营按照经营区域分为沿海运输和内河运输[2]，综合上述法律、法规、规章的内容可以得出如下两点结论：

第一，作为立法者的交通运输部，曾经将旅游客船视为一种客船予以规制，但是在取代《国内水路运输经营资质管理规定》的《国内水路运输管理规定》中，未再明确提及旅游客船，但是法律条文规定中"普通客船运输"的表述没有任何改变。从法律条文变迁、应有的逻辑关系考虑，以及对法律条文系统解释的角度，应当认为普通客船包含客渡船和旅游客船。

第二，《国内水路运输管理规定》规制的运输船舶，不仅包括在江河湖泊上从事经营活动的旅游客船，还应当包括从事沿海营运活动的旅游客船。

综上，如果是从事海上国际航线的旅客运输，经营者理应根据《国际海运条例》及《国际海运条例实施细则》取得经营资质，但是遗憾的是，《国际海运条例》及《国际海运条例实施细则》没有对此作出明确规定；而如果是从事沿海旅客运输的经营者，则应当根据《国内水路运输管理规定》获得经营许可并从事相关经营活动。

---

[1] 根据2015 年 5 月 12 日交通运输部《关于修改〈国内水路运输管理规定〉的决定》进行第一次修正；根据2016 年 12 月 10 日交通运输部《关于修改〈国内水路运输管理规定〉的决定》进行了第二次修正；根据2020 年 2 月 24 日交通运输部《关于修改〈国内水路运输管理规定〉的决定》进行了第三次修正。

[2] 参见《国内水路运输管理规定》第 3 条第 1 款。

《国内水路运输管理规定》及其相关规定，仅仅在适用于沿海运输和江河湖泊等通航水域的水上运输中，明确将旅游客船作为客船对待，并予以调整，而国际海上旅游船舶是否也被视为客船，在《国际海运条例》及《国际海运条例实施细则》中找不到明确规定。但是《国际海运条例》及《国际海运条例实施细则》也没有规定不适用于国际海上旅客运输及相关经营活动。因此，根据法律解释原则和《国际海运条例》立法本意，对于集观光旅游及运输于一体的从事海上经营活动的邮轮而言，应当被视为一种区别于传统海上旅客运输的客船，其经营活动应当属于《国际海运条例》及《国际海运条例实施细则》调整并规制的范畴。

4. 从厘清邮轮公司、旅行社及旅客三方关系考虑

从邮轮旅游推广和市场营销的角度看，邮轮公司船票直销模式是较为成熟的一种方式，目前被西方国家普遍采用。在船票直销模式下，邮轮公司（或其代理商）直接和旅客签订以海上观光游览为内容的服务协议。邮轮公司既负责运输旅客，也负责为旅客提供海上观光游览服务，以及组织部分岸上观光游活动。而我国目前仍然采取旅行社包船游模式，即旅行社和游客签订邮轮旅游服务协议，旅行社与邮轮公司再通过包船协议，约定由邮轮公司实际完成海上邮轮旅游活动。

受服务贸易的限制，目前我国尚未对外资开放旅游市场，是旅行社包船游模式盛行的主要原因。该模式的弊端非常明显，因为几乎全部观光、游览、休闲活动等都发生在邮轮上，而旅行社并不实际参与上述活动，一旦发生人身伤亡或旅客对服务事项不满意等纠纷，游客无法直接根据旅游合同追究邮轮公司的责任。即使游客可以侵权之诉追究邮轮公司的责任，但需要负担较重的过错举证责任，以及会因邮轮悬挂外国国旗，在侵权行为法律适用、法院管辖等确定方面存在一些困难和障碍。而邮轮公司也往往以履行辅助人的身份推诿或拒绝承担责任，致使游客在诉请无法满足的情况下屡屡采取"霸船"等非理智方式维权。

此外，由于游客与邮轮公司之间无法建立起有效的信息互通机制，这种信息的不对等性，使得一旦航程遇到或即将遇到台风、大风浪等海上特殊风险或者存在其他政治、经济等因素影响邮轮航程，需要变更或取消航程或旅游目的地等情形时，邮轮公司无法第一时间及时将上述重要变化等信息通知游客，游客的知情权也受到侵害。

我国《海商法》借鉴1974年《海上旅客及其行李运输雅典公约》，规定了承运人和实际承运人制度，即承运人是指以本人或委托他人以本人名义与

旅客订立海上旅客运输合同的人。而接受承运人委托，从事旅客运送或部分运送的人，包括接受转委托从事此项运送的其他人，为实际承运人。这种法律制度及主体间相关法律关系的安排，可以适用于包船游模式下的邮轮旅游活动。当然，因为受《海商法》调整对象及适用范围的限制，不是所有涉及邮轮旅游的事项及相关法律关系都可以纳入《海商法》调整，只有那些不包含岸上旅游观光项目，仅涉及海上运输区段的邮轮旅游法律关系才可以适用《海商法》。

基于此种思路，与游客签订邮轮旅游合同的旅行社，将被视为《海商法》海上旅客运输合同的承运人，无须实际从事邮轮运输活动。而实际从事海上巡游、海上观光旅游、海上运输服务的邮轮公司，符合《海商法》规定的实际承运人。可见，根据《海商法》有关海上旅客运输合同的规定，即使游客与作为实际承运人的邮轮公司之间没有直接的旅客运输合同关系，游客也可以基于此种法律制度，向邮轮公司主张权利。至于邮轮公司与旅行社之间通过全包或者半包的包船协议或切舱协议约定彼此间权利义务的，可以参照《海商法》有关航次租船合同的内容，确定旅行社为特定邮轮航次的承租人，邮轮公司为提供约定邮轮的出租人，二者之间的法律关系依据他们之间订立的协议确定。但均不影响旅行社在邮轮旅客运输法律关系之下扮演与旅客订立海上运输合同"承运人"的角色，邮轮公司扮演"实际承运人"的角色。

然而，在现行《旅游法》或者《民法典》（合同编）之下，游客直接向邮轮公司主张权利均存在一定的法律障碍。

第一，在旅游法律关系下，邮轮公司被界定为旅行社的履行辅助人，但是《旅游法》并没有对旅行社与履行辅助人之间的责任划分以及是否承担连带责任等作明确规定，也未明确规定履行辅助人的民事赔偿责任是无限责任还是有限责任。第二，《民法典》（合同编）本身没有规定实际承运人制度，根据合同相对性原则，游客无法依据旅游合同法律关系向旅游合同当事方主体（旅行社和旅客）以外的第三方——邮轮公司主张权利，更没有法律上的制度能够有效处理游客与实际提供海上邮轮运输、旅游服务等事项的邮轮公司之间的非缔约法律关系。第三，在旅游法律关系下，一旦发生重大海难事故，造成严重的邮轮旅客人身伤亡或财产损失时，作为旅游法律关系责任主体的旅行社的偿付能力非常有限。因为根据《旅行社条例》的规定，从事出境旅游业务经营活动的旅行社，应当缴存质量保证金 120 万元[1]，但是该数额对于发生重大海难事故的人身伤亡赔偿而言，杯水车薪，尤其是现代化邮轮上搭载的乘客数量较多，少则几百人、上千人，多则近万人。而实际履行并提供海上巡游、观光旅游服务的邮轮公司，相对具有较好的偿付能力，却可能躲避在旅游法律关系"履行辅助人"的掩护之下，从而直接或间接逃避全部赔偿责任。第四，即使旅行社有足够的财力承担重大海难事故中旅客人身伤亡的全部赔偿责任，由于目前《旅游法》或者《民法典》（合同编）尚无类似于《海商法》特有的海事赔偿责任限制法律制度，一起导致邮轮人身伤亡或财产损失的重大海上事故，将使得旅行社可能因为承担几乎无限赔偿责任，背负较为沉重的经济负担，或者濒于破产。不论是对从事旅游经营活动的旅行社，还是对我国邮轮旅游业健康发展，都未必是好事。第五，根据《旅游法》第 71 条，如果游客人身伤亡或财产损失系公共交通经营者导致，则旅行社不承担赔偿责任，仅具有协助游客向公共交通经营者追偿的义务。即游客唯一的维权路径是向公共交通经营者提出索赔。但是，邮轮公司不具有公共交通经营者的法律地位，游客试图通过该路径向邮轮公司索赔也不现实。因此一旦因为邮轮公司原因导致游客人身伤亡或财产损失的，作为邮轮旅游合同责任主体的旅行社仍然难逃责任，也无法以邮轮公司属于公共交通经营者为由推诿或免除赔偿责任。

5. 《海商法》特殊法律制度有助于邮轮运输及旅游业健康发展

针对海上特殊风险，考虑到航运业发展的需要以及兼顾相关方的利益，《海商法》构建了一些特殊海上法律制度，如船舶优先权制度、海难救助制度、海事赔偿责任限制制度等。根据船舶优先权制度，海上人身伤亡的赔偿请求可以享有优先权，这对于游客权利保护非常有保障。海难救助制度尽管并不涉及对海上人命的救助，主要针对海上遇难财产救助问题，但是不论是 1989 年《国际救助公约》还是我国《海商法》都明确规定，如果救助人在救助遇险财产的同时成功救助了海上遇险人命，则与单独救助遇险财产相比较，将会得到更多的救助报酬。因此，这种特殊制度的设立一方面可以避免海难救助中可能存在"重命轻财"的现象，另一方面也体现了鼓励人命救助，人命优位的理念。所以海难救助制度的存在，对于遇险的邮轮救助而言具有积极的促进作用。海事赔偿责任限制制度，是赋予

---

[1] 根据《旅行社条例》第 6 条的规定，经营国内旅游业务和入境旅游业务的旅行社，注册资本不少于 30 万元。根据第 13 条规定，存入质量保证金 20 万元；但经营出境旅游业务的旅行社，应当增存质量保证金 120 万元。

包括船舶所有人在内的一些责任主体，在发生重大海难事故引起人身伤亡和财产损失时，无须承担全部实际赔偿责任，而是可以根据法律规定，将赔偿责任限制在法律规定数额范围内，从而承担有限赔偿责任的特殊制度。这些特殊制度的存在，对于旅游经营者、邮轮公司以及游客之间的利益平衡，保障游客合法权益，大力扶持和发展我国邮轮产业，并保障邮轮产业从高速度发展到高水平、高品质地健康有序和可持续发展，具有非常重要的促进作用。如果能够将邮轮旅游包船游模式下的旅行社、邮轮公司及游客的法律关系纳入《海商法》调整，则从事该行业的经营者就可以摆脱现有旅游法律、民事法律的桎梏，根据我国《海商法》已经确立的海上旅客运输法律制度，解决旅行社、邮轮公司、游客三者之间法律关系及责任分担问题，更可以享受《海商法》确立已久的、相对成熟的一些海上特殊法律制度，从而给整个邮轮行业带来法律保障。

综上所述，现有《海商法》相关制度可以适用于并调整包船游模式下邮轮旅游各方法律关系的处理和解决。作为调整船舶关系和运输关系的专门法律规范的部门法，《海商法》也没有理由将具有旅游功能的客船——邮轮所涉及的相关运输法律关系排除在外。

（四）对邮轮旅客运输法律关系适用的几点建议

随着时代的变迁，邮轮的功能和目的已经发生重大改变，邮轮旅客运输合同不同于传统意义上的海上旅客运输合同和旅游合同，而是兼具运输和旅游功能的混合合同。现行《旅游法》、《民法典》（合同编）等有关旅游合同关系的法律规定，由于存在一些制度上的瓶颈，不能完全适用于邮轮旅游法律关系及其争议的解决。而现行《海商法》有关传统海上旅客运输合同的条文规定，尚未考虑到邮轮旅客运输的特殊性，因此也在一定程度上存在法律适用的限制。

考虑到目前我国邮轮客票以包船游销售模式为主的实然现状，以及短期内也很难在对外资开放旅游市场方面有大的突破或举措，根据我国大力发展邮轮产业的实际需要，笔者建议邮轮旅客法律关系的解决，应当通过《海商法》路径解决为宜。[1]

在《海商法》框架下解决邮轮旅客运输法律关系，建议可以分两步走：

---

[1]　郭萍：《邮轮合同法律适用研究——兼谈对我国〈海商法〉海上旅客运输合同的修改》，载《法学杂志》2018 年第 6 期，第 83—84 页。

第一阶段：不改变现有旅行社包船游模式下，建议在我国《海商法》第五章有关海上旅客运输合同章中增加一节"有关邮轮旅客运输合同的特别规定"，明确邮轮旅客运输合同兼具运输和旅游的属性，除了可以适用有关海上旅客运输合同的一般规定，还可以针对邮轮旅客运输合同作特别条款规定。在船票直销模式下，由于作为承运人的邮轮公司与旅客之间存在直接的海上运输合同，可以直接适用《海商法》第五章的相关规定。在包船游模式下，根据有关海上旅客运输合同的法律规定，就有关海上邮轮巡游、海上运输事项而言，旅行社被认定为承运人，邮轮公司被认定为实际承运人，从而解决旅客与邮轮公司无直接合同关系的法律障碍，也有助于解决邮轮旅游纠纷、旅客"霸船"等热点事件。

此外，邮轮旅游更加注重游客享受海上巡航期间的娱乐、休闲、消遣等服务，并不追求海上"空间位移"的现实需求，因此并不符合《海商法》第107条有关海上旅客运输界定所强调的以发生运送或者空间位移为出发点的规定。该条文规定既不同于我国批准的1974年《海上旅客及其行李运输雅典公约》，也不同于民事法律有关运输合同的界定。[1]因此如果虑及能够将邮轮旅客运输纳入《海商法》调整，其中一个障碍就是对《海商法》第107条限定性的规定予以适当修改，以回归运输合同本质。[2]

第二阶段：一旦时机成熟，在我国能够适当对外资开放或者彻底开放中国游客出境游经营业务的前提条件下，可以全面实施邮轮公司或其代理人直接销售邮轮客票，建议在我国《海商法》旅客运输合同章中单独规定"邮轮旅客运输合同"一节，与现有传统海上旅客运输合同内容并行。在邮轮旅客运输合同专节规定中，首先应当明确邮轮旅客运输合同的混合合同属性，并在该有名合同之下，明确规定作为承运人的邮轮公司与旅客之间的权利义务，将旅行社视为承运人的代理人，或者借鉴《联合国全程或部分国际海上货物运输合同公约》中有关履约方制度，就海上运输事项之外，纯粹涉及海上休闲、娱乐等项目或邮轮停靠访问港期间陆上旅游方面的内容和事项下责任主体及责任承担等问题予以明确。同时借鉴目前货物运输多式联运法律制度大多采取的"网状责任制"模式。所谓货物多式联运网状责任制是指，根据货物发生在不同的运输区段，多式联运经营人的责任、免责抗辩及责任限制等，

---

[1] 不论是《合同法》第288条还是《民法典》第809条有关运输合同的规定，均未强调旅客运输必须发生空间位移的要求。

[2] 郭萍：《〈海商法〉"海上旅客运输合同"章修改：现实困惑与价值选择》，载《地方立法研究》2020年第3期，第88—103页。

依据调整不同运输区段的法律规定予以确定。就邮轮海上巡游区段、陆地旅游区段等不同情形下，承运人或实际承运人的归责原则、赔偿责任限制、诉讼时效、相关权利义务等分别作出规定，避免可能同时适用《海商法》或《旅游法》或其他民事法律的情形，从而能够在《海商法》条文规定中彻底理顺邮轮公司、旅行社与旅客之间的法律关系，为我国邮轮运输、邮轮旅游及相关行业的健康发展提供法律保障。

第六节　跨境邮轮旅游纠纷多元化解决路径与司法实践应对

一、旅游纠纷及其解决机制基本理论

根据宪法或法律，当实体权利受到侵害时，当事人获得自行解决或请求司法机关及其他机关给予解决的权利，称为救济权。[1]这里提及的实体权利是一种原权利或第一性权利，而救济权则是相对于原权利的辅助权利，是第二性权利，是实现原权利保障的权利。因此救济权的行使，就是提供一种程序化的机制，使得纠纷或冲突得以解决。在旅游活动中，纠纷的发生不可避免，因此纠纷发生后的解决机制就变得非常重要。所谓纠纷解决是指在纠纷发生之后，特定的纠纷主体依据一定的规则和手段，消除冲突状态，对损害进行救济，恢复秩序的一种活动。[2]因此纠纷解决机制就是特定主体处理、解决纠纷的方式、方法、手段和制度的总称。[3]

（一）旅游纠纷解决机制概述

1. 旅游纠纷解决机制种类

旅游纠纷解决机制有利于维护旅游法律关系当事人的合法权益，有利于旅游业的健康发展，有利于确保社会稳定，将纠纷消灭在萌芽状态或使纠纷尽快得到解决。旅游纠纷机制可以划分为：私力救济、社会救济和公力救济。

旅游纠纷私力救济，又称为旅游纠纷自力解决，俗称"私了"，即纠纷双方当事人在没有第三方主持或协助的前提下，依靠自身力量通过友好

---

〔1〕　王莉霞主编：《旅游法学》，华中科技大学出版社2017年版，第300页。
〔2〕　范愉：《纠纷解决的理论与实践》，清华大学出版社2007年版，第71页。
〔3〕　刘云亮主编：《旅游法学》，法律出版社2011年版，第243页。

协商沟通解决纠纷的方式。通过直接对话、谈判、磋商，在平等、自愿、互利的基础上，根据法律规定和合同约定，相互之间达成谅解，最终形成和解协议。

旅游纠纷社会救济，主要是旅游纠纷主体依靠第三方社会力量解决纠纷的方式。主要包括调解解决机制和仲裁解决机制。一些知名、大型景区借鉴人民调解委员会的模式，设立了旅游调解委员会。委员会成员主要包括当地旅行行业内的行政管理人员、当地旅游协会人员、消费者协会等民间组织人员、律师以及景区内公正心较强的热心民众，必要时也可以聘请有正义感和热心公益事业的旅客参加。[1]

旅游纠纷公力救济是指旅游纠纷主体依靠国家力量（即国家公权力，例如行政权、司法权等）解决纠纷的方式。旅游纠纷公力救济的典型就是旅游纠纷行政解决机制（如旅游投诉）和旅游纠纷诉讼解决机制（如旅游诉讼）。

"法院是法律帝国的首都，法官是帝国的王侯。"[2]在现代社会中，在法院进行诉讼活动往往被认为是社会正义的最后一道防线。但是诉讼程序比较严格、繁杂、耗时，因此通过多元化路径解决纠纷也成为人们关注的话题。

2. 替代性纠纷解决机制的作用

替代性纠纷解决机制概念来源于美国，这里的替代性主要针对替代诉讼方式而言，即诉讼以外其他若干纠纷解决方式的总称为替代性纠纷解决机制，基本包括谈判、调解和仲裁。

鉴于替代性纠纷解决机制在各国进展和水平不一的现象，国际调解中心名誉主席迈克尔·利斯先生曾经总结发展替代性纠纷解决机制迫切需要改进的几个方面，具体包括：（1）替代性纠纷解决机制领域在贯彻宏观发展战略方面缺乏有效的组织协调和强有力的领导；（2）替代性纠纷解决机制领域缺乏广泛认同的未来愿景和行动纲领；（3）替代性纠纷解决机制缺乏充分的资金支持；（4）替代性纠纷解决机制领域尚显得支离破碎，各个相关方面还不肯真诚合作；（5）替代性纠纷解决机制行业如果不实行自律性管理，则必然导致被政府所接管，从而会实行强制性的管理方式或者其他不适当的管理方式；（6）投诉处理机制未能奏效，难以保障替代性纠纷解决机制职业道德准则的有效实施；（7）替代性纠纷解决机制领域的理论研究成果匮乏，资料不成系统，

〔1〕 刘云亮主编：《旅游法学》，法律出版社2011年版，第244页。
〔2〕 ［美］德沃金：《法律帝国》，李常青译，中国大百科全书出版社1996年版，第361页。

缺乏说服力，而且质量较差；（8）替代性纠纷解决机制的成就有赖于法院或政府自上而下的推动；（9）当事人不太了解替代性纠纷解决机制，因此案件当事人很少主动选择使用替代性纠纷解决机制；（10）替代性纠纷解决机制行业的惰性和冷漠往往会导致从业人员满足现状，不思进取。[1]迈克尔·利斯先生对于替代性纠纷解决机制发展现状的批评和意见，对于我国开展实施旅游纠纷多元化解决机制构建具有很好的参考借鉴意义。

旅游权利救济是在公平与正义前提下对旅游实体权利的保障。一方面，公平正义是建立和完善旅游行使救济机制的目标或取向，是评价旅游救济机制的价值标准；另一方面，公平与正义引导和约束旅游权利救济的全部过程，也是权利人行使请求权并启动救济程序的重要动力。[2]在选择旅游权利救济方式和路径时，应当综合考虑旅游权利救济的成本、效益等因素。与公力救济相比较，应当充分发挥私力救济、社会救济具有的解决程序简单、成本低、周期短、效率高等特点。因此在现代法治发展进程中，应当鼓励和推进协商、调解、仲裁等多种救济方式。

（二）旅游纠纷解决路径分析

根据《旅游法》第92条的规定，旅游者与旅游经营者之间发生纠纷的，可以通过如下几种途径解决：双方协商；向消费者协会、旅游投诉受理机构或者有关调解组织申请调解；根据与旅游经营者达成的仲裁协议提请仲裁机构仲裁；向人民法院提起诉讼。旅游者可以根据自身需要，自愿选择协商、调解、仲裁、诉讼等解决途径，并且在旅游纠纷发生过程中注意收集和保留证据，从而切实维护自身的合法权益。[3]

1. 旅游纠纷投诉机制

所谓旅游投诉是指旅游者认为旅游经营者损害其合法权益，请求旅游投诉处理机构对双方发生的民事争议进行处理的行为。我国最早系统地规范旅游投诉的是1991年6月1日国家旅游局发布的《旅游投诉暂行规定》，已经于2008年6月废止，现行有效的是《旅游投诉处理办法》，由国家旅游局第一次局长办公会议于2010年1月4日审议通过，自同年7月1日起施行。

---

[1] 迈克尔·利斯：《ADR：2020年的全球发展趋势》，龙飞译，载《人民法院报》2013年3月22日第6版。

[2] 王莉霞主编：《旅游法学》，华中科技大学出版社2017年版，第305页。

[3] 韩玉灵主编：《旅游法教程》（第4版），高等教育出版社2018年版，第424页。

因为旅游的特殊性，旅游投诉管辖的确定对于有效处理旅游纠纷投诉具有非常重要的意义。旅游投诉管辖权的确定一般遵循如下原则：第一，方便游客投诉原则。鉴于实践中旅游者通常会选择在居住地与旅行社签订旅游合同，根据《旅游投诉处理办法》，旅游者可以向旅游签订地旅游投诉处理机构投诉。第二，方便旅游投诉处理机构处理原则。主要是考虑投诉处理机构查清事实和正确适用法律的便利，因此《旅游投诉处理办法》规定旅游者可以向被投诉人所在地旅游投诉处理机构投诉，这样方便投诉机构对所在地旅游经营者进行调查处理。第三，保证旅游投诉案件得以公正和及时处理原则。第四，原则性与灵活性相结合的原则。

旅游投诉的程序通常包括投诉受理阶段和投诉处理阶段。

（1）旅游投诉受理阶段

有管辖权的旅游投诉处理机构，接到旅游投诉人投诉后，经审查认为符合受理条件的，应当予以立案处理，即受理旅游投诉。根据《旅游投诉处理办法》，旅游投诉处理机构应当在受理投诉案件后，5 个工作日内进行案件审查。先审查是否符合旅游投诉处理机构的受理范围，如旅游经营者是否违反合同约定，导致投诉人人身财产损害是否属于旅游经营者责任范围，旅游合同不能履行或者不能完全履行的是否因不可抗力或其他意外事故，投诉人和被投诉人之间是否存在争议等。[1]如果经过审查，发现人民法院、仲裁机构或其他行政管理部门或社会调解机构已经受理或者处理纠纷的，或者旅游投诉处理机构已经作出处理并且没有新的情况或者新的理由的，或者超出旅游投诉处理机构职责范围或管辖范围的，则应当作出不予受理的决定。同样自旅游合同结束之日起 90 天后提出投诉的，也不予以受理。旅游投诉处理机构还应当审查投诉状内容，如投诉人姓名、性别、国籍、通信地址、联系方式、投诉日期、被投诉人名称及所在地、投诉请求、理由及相关事实根据等。

（2）旅游投诉处理阶段

一旦旅游投诉机构经过审查决定受理案件，应当办理立案手续，向被投诉人送达投诉状副本等材料，审查有关证据材料，安排调解等，即进入旅游投诉处理阶段。旅游投诉机构决定受理案件，应填写《旅游投诉立案表》，并附有投诉材料，自受理投诉之日起 5 个工作日内，将《旅游投诉受理通知书》和投诉状副本送达被投诉人。对于事实清楚，应当即时制止或者纠正被投诉人损害行为的，可以不向被投诉人送达《旅游投诉受理通知书》，但应

---

[1]　参见《旅游投诉处理办法》第 8 条。

当对处理情况进行记录存档。被投诉人自接到通知之日起 10 日内作出书面答复，提出答辩事实、理由和依据。在调查事实、收集必要证据、了解双方当事人诉请和理由之后，投诉处理机构应当进行调解，提出调解方案，促使当事人双方相互谅解并达成调解协议。

旅游投诉处理机构在安排并努力促成调解后，应当采取如下两个措施：

第一，双方达成调解协议。如果经调解，双方能够达成一致意见，旅游投诉处理机构应当制作《旅游投诉调解书》，载明投诉请求、查明事实、处理过程和调解结果，由双方签字并加盖旅游投诉处理机构印章。

第二，双方无法达成调解协议。如果调解不成，则旅游投诉处理机构应终止调解，并出具《旅游投诉终止调解书》。对于调解不成或者调解书生效后未能执行的，投诉人可以依据相关法律、法规，向人民法院或仲裁机构另行提起诉讼或仲裁程序。

此外根据《旅游投诉处理办法》，旅行社缴纳的保证金可以用于如下情形：一是旅行社因解散、破产或者其他原因造成旅游者预交旅游费用损失的；二是因旅行社中止履行旅游合同义务，造成旅游者滞留而实际发生交通、食宿或返程等必要合理费用的。经旅游投诉处理机构调解，投诉人与旅行社不能达成调解协议的，旅游投诉处理机构应当作出划拨旅行社质量保证金赔偿的决定，或者向旅游行政管理部门提出划拨旅行社质量保证金的建议。[1]

2. 旅游纠纷仲裁机制

旅游纠纷仲裁是指当事人在旅游纠纷发生之前或之后达成协议，自愿将纠纷提交给选定的第三方仲裁机构，根据约定的程序规则和公正原则作出裁决，并自愿受裁决约束的一种纠纷解决方式。

不同于劳动仲裁，目前旅游仲裁并无专门的仲裁机构，主要是根据《仲裁法》的规定，选择某个仲裁机构，根据约定的仲裁规则进行旅游纠纷案件的处理。一个案件是否能够进行旅游仲裁的重要前提是，当事人之间是否存在有效的仲裁协议。仲裁协议是当事人表示将双方的纠纷提交仲裁机构进行裁决的书面协议，可以是当事人之间为此目的专门订立的一份独立合同，也可以是当事人订立的合同中存在的一个仲裁条款，既可以在发生纠纷之前预先订立仲裁协议，也可以在纠纷发生之后再行订立仲裁协议。

根据仲裁协议，当事人向仲裁机构提出仲裁申请之后，仲裁机构根据有关法律规定和适用于该仲裁机构的仲裁规则对案件依法进行审理，并作出仲

---

[1]　王莉霞主编：《旅游法学》，华中科技大学出版社 2017 年版，第 317 页。

裁裁决。仲裁实行一裁终局制度，裁决一经作出，即发生效力，当事人不得就同一纠纷再次申请仲裁或者向人民法院提起诉讼。当事人可以向人民法院依法申请强制执行生效的仲裁裁决。

旅游纠纷数量比较庞大，纠纷内容复杂多样，涉及领域比较广泛，因此有学者提议有必要在现有仲裁机构范围内成立专门的旅游纠纷仲裁中心。[1]对此旅游实践中已经出现专门的机构回应这一提议。例如，2005年9月，昆明仲裁委员会针对云南省旅游发展势头迅猛以及旅游纠纷不断出现的势态，在仲裁委员会内正式成立旅游争议仲裁中心，这是我国首个旅游争议仲裁机构。但是这项举措并未在全国大范围内开展。如果我国未来大力发展邮轮产业，有必要考虑在一些邮轮母港所在地，依托当地仲裁机构设置专门针对邮轮旅游纠纷解决的机构。

3. 旅游纠纷诉讼机制

（1）依法定程序解决旅游纠纷诉讼

"司法是正义的最后一道防线"，这里的"司法"可以理解为诉讼，而"最后一道防线"的含义实际是指最为重要的一关。[2]旅游诉讼是人民法院在双方当事人和其他诉讼参与人的参加下，根据诉讼程序法，审理和解决旅游案件的一种活动。

目前旅游诉讼纠纷案件的解决，主要根据《民事诉讼法》以及相关司法解释的规定，由有管辖权的法院受理并审理案件，一般来说是被告住所地基层人民法院。如果系因旅游合同纠纷引起的诉讼，可以由被告住所地或合同履行地或者合同约定地人民法院管辖。因旅游侵权行为提起的诉讼，通常由侵权行为地或被告住所地人民法院管辖，其中侵权行为地又包括侵权行为实施地和侵权结果发生地。此外，旅游过程中因为铁路、公路、水上和航空事故等造成损害赔偿的诉讼请求，还可以由事故发生地或者车辆、船舶最先到达地、航空器最先降落地或被告住所地人民法院管辖。

（2）"便民原则"与旅游诉讼机制创新

旅游纠纷诉讼解决机制，除了要考虑保护人民群众的合法旅游权益，还要注意"便民原则"的落实，特别是对于游客作为一方当事人的旅游纠纷更是如此。因为一旦发生纠纷，游客不可能长时间停留在旅游地，从居住地或者住所地来回往返旅游地也非常不方便和不经济。目前，现行《民事诉讼

---

[1] 刘云亮主编：《旅游法学》，法律出版社2011年版，第259页。

[2] 刘云亮主编：《旅游法学》，法律出版社2011年版，第259页。

法》及司法解释的规定与这里提及的"便民原则"存在冲突。对此，可以借鉴一些地方设立"旅游巡回法庭""旅游法庭""旅游合议庭"等的经验。例如：海南省三亚市城郊人民法院在藤桥、天涯、崖城三个派出法庭内设立旅游巡回法庭，专门处理辖区内各主要景点（如亚龙湾、大东海、天涯海角、南山等景区）的旅游纠纷案件，运用简易程序，实行就地立案、就地开庭审理、当庭裁决和就地执行的原则，及时便捷地保护旅游消费者的合法权益。三亚市城郊人民法院民事审判庭还专设旅游纠纷合议庭，处理标的额较大的各类旅游纠纷案件和旅游巡回法庭不能就地处理而移送的案件。三亚市中级人民法院民事审判庭也专设旅游纠纷合议庭，处理标的额较大并且复杂疑难的旅游纠纷和不服三亚市城郊人民法院一审而上诉的旅游纠纷案件。截至 2010 年 4 月 20 日，海南省各级人民法院已经设立 27 个旅游诉讼服务中心和 27 个旅游巡回法庭。[1]

　　除了海南省，截至 2019 年年底，国内多个省如辽宁省、河北省、江苏省、山西省、江西省、安徽省等，先后在一些旅游景区或景点设立旅游巡回法庭或者联系点。2017 年 9 月 15 日，河北省秦皇岛市北戴河新区通过设立旅游"巡回法庭"，快速化解涉及旅游事项的纠纷，营造和谐的旅游环境。[2]2018 年辽宁省沈阳市和平区、沈河区、皇姑区等基层法院在相关景区设立 9 个旅游巡回法庭。[3]2018 年 5 月 31 日，山西省祁县人民法院成立山西省首个旅游巡回法庭。[4]2018 年 3 月 14 日，江西省安义县人民法院在安义古村群、鼎湖家园、南昌·斐然生态园、绿都生态谷等景区设立 6 个旅游巡回法庭联系点。[5]2019 年 4 月 18 日，江苏省扬州市广陵区人民法院旅游巡回法庭揭牌仪式在国家 4A 级景区东关街举行。[6]以上措施有助于完善纠纷解决机制，规范旅游市场中的经营行为，为游客维权提供有力的司法保障，促进基层社会治理的法治化。

---

〔1〕　刘云亮主编：《旅游法学》，法律出版社 2011 年版，第 262 页。

〔2〕　《北戴河新区法院：建立旅游"巡回法庭"工作机制》，载河北共产党员官方网站，http://www.hebgcdy.com/dfpd/system/2017/09/15/030280350.shtml，2019 年 4 月 27 日访问。

〔3〕　《沈阳 9 个旅游巡回法庭矛盾纠纷排查化解成效突出》，载搜狐官方网站，http://www.sohu.com/a/271087521_683693，2019 年 4 月 27 日访问。

〔4〕　《山西成立首个旅游巡回法庭》，载搜狐官方网站，http://www.sohu.com/a/233575157_118392，2019 年 4 月 27 日访问。

〔5〕　《安义法院设立旅游巡回法庭》，载新法制报官方网站，http://jxfzb.jxnews.com.cn/system/2018/03/14/016802875.shtml，2019 年 4 月 27 日访问。

〔6〕　《扬州广陵法院举行旅游巡回法庭揭牌仪式》，载搜狐官方网站，http://www.sohu.com/a/308763559_120025629，2019 年 4 月 27 日访问。

二、邮轮旅游纠纷类型化及解决路径分析

自 2006 年第一艘邮轮入境中国港口，中国邮轮业经历了从兴起、迅速发展到平稳高质发展阶段。我国居民邮轮旅游的需求激增，越来越多的人开始感受到邮轮旅游的吸引力。但是在邮轮旅游市场繁荣的背后，邮轮旅游纠纷数量逐步上升。我国邮轮产业在过去 10 多年的发展历程中，先后发生一些事件，如导致 400 多名旅客遇难的"东方之星"沉船事件、"海娜号"在韩国济州岛被扣押事件[1]、上海港多次发生游客在"海洋量子号""维多利亚号"等邮轮霸船事件[2]。通过对这些邮轮旅游纠纷案件的梳理，可以发现纠纷事由呈现多元化特点，涵盖了人身伤亡、财产损失、船期及航线变更等事由。除了包括不可抗力等天气因素引起航程变更致使邮轮旅客向旅行社或邮轮公司提出损害赔偿、人身损害赔偿中的责任限制等问题，还包括邮轮公司与旅行社之间订立合同中存在的不平等条款、费用结算纠纷等，这些无一例外地都暴露出我国邮轮产业发展过程中存在的法律不足和问题。

（一）邮轮旅游纠纷类型化分析

为从整体上对邮轮旅游纠纷进行分析，笔者对中国裁判文书网、无讼案例检索工具以及国内多家海事法院的官方网站进行搜索，截至 2018 年 3 月，共收集 55 个与邮轮旅游有关的典型案例，案例审判时间跨度为 2012 年 7 月至 2017 年 12 月。通过对上述案例的综合分析，本书着重从案由、诉讼当事人、审理法院、法律适用等角度进行分类汇总及分析。

1. 从案件事由的角度分析

图 2－7 是从邮轮旅游纠纷案件事由的角度进行统计的扇形图。其中人身伤亡纠纷 18 起，占 33%。财产灭失纠纷只有 1 起，占 2%。因航程变更引起的纠纷达到 36 起，占 65%。其中 26 起系由台风、地震以及流行性呼吸道疾病暴发等不可抗力因素所导致，这些案件占 47%；另外 10 起则由旅行社自身的原因所导致，如旅行社内部出现经济问题等导致航程更改，占 18%。显然，在上述有关邮轮旅游的纠纷案件中，不可抗力等因素导致的航程变更纠纷、人身伤亡纠纷占据前两位，涵盖大部分案件类型，累计达到全部邮轮旅

---

〔1〕 刘哲昕：《"海娜号"邮轮被扣事件的法律思考》，载《法学》2013 年第 11 期，第 20 页。

〔2〕 吕方园、郭萍：《邮轮霸船之法律考量——以〈旅游法〉为分析路径》，载《旅游学刊》2014 年第 10 期，第 108 页。

游纠纷案件的 80% 。

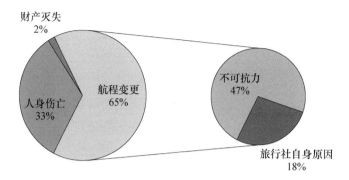

图 2 - 7　案件事由统计图（2012 年 7 月—2017 年 12 月）

2. 从案件被告的角度分析

图 2 - 8 为按照案件被告情况进行统计的扇形图。其中被告为旅行社的有 42 起（其中有 7 起同时追加邮轮公司为第三人），占 76% ；被告为旅行社与保险公司的有 2 起，占 4% ；被告为旅行社与邮轮公司的有 3 起，占 5% ；被告为邮轮公司的有 2 起，占 4% ；被告为保险公司的有 4 起，占 4% ；被告为上述类型以外的其他当事人的有 2 起，占 4% 。

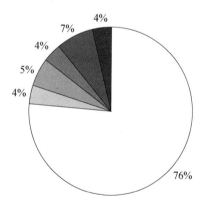

□ 旅行社 ■ 旅行社与保险公司 ■ 旅行社与邮轮公司 ■ 邮轮公司 ■ 保险公司 ■ 其他

图 2 - 8　案件被告统计图（2012 年 7 月—2017 年 12 月）

通过分析上述数据，可以看出当前邮轮旅游纠纷的责任主体仍然以旅行社为主，邮轮公司与保险公司作为责任主体的案例仅占少数，这也与当前邮轮旅游产品销售模式以旅行社包船游为主的现实状况吻合。在以邮轮公司为被告的 2 个案例以及将旅行社与邮轮公司作为共同被告的 3 个案例中，仅有 1 个案例判定邮轮公司单独承担赔偿责任；1 个案例为邮轮公司与旅客达成和解协议；1

个案例为裁定移送管辖；1个案例为原告另案起诉旅行社，并且撤回对邮轮公司的起诉；还有1个案例为判定旅行社单方承担责任。其中唯一判定邮轮公司单独承担责任的案例，是邮轮公司采取船票直销模式，因此法院判定邮轮公司为海上旅客运输方、旅游服务提供方，应单独承担赔偿责任。

3. 从案件管辖法院的角度分析

在法院管辖方面，55个案例中仅有1个案例由海事法院进行管辖，其余54例均由地方人民法院管辖。这也与我国主要采取旅行社包船游模式的现实状况吻合，由于旅行社与游客签订邮轮旅游合同，游客无法正确识别旅行社、邮轮公司与游客之间的法律关系，旅行社因此成为第一责任主体。由于是旅游合同纠纷，几乎所有的邮轮旅游纠纷案件均由地方人民法院受理并管辖，而游客也往往选择直接向地方人民法院起诉。

根据《最高人民法院关于海事法院受理案件范围的若干规定》，海事法院受案范围包括"海上、通海可航水域旅客和行李运输合同纠纷案件"。而邮轮本身兼具"运输+旅游"的功能属性，使得邮轮旅客运输合同既不同于传统的旅游合同，也区别于传统的海上旅客运输合同。加上目前法律规定的不明确，学界和司法实践对邮轮旅游产生的合同纠纷是否属于海上旅客运输合同尚存在争议，因此很大程度上将此类纠纷案件纳入地方人民法院受案范围。

4. 从法律适用的角度分析

从法律适用的角度进行比较分析，可以看出目前我国法院审理邮轮旅游纠纷所依据的法律，基本上都是《旅游法》及有关旅游法律的司法解释、《侵权责任法》、《合同法》以及《消费者权益保护法》。而邮轮旅游具有的海上旅客运输性质以及邮轮本身作为船舶的本质属性，在邮轮旅游纠纷案件处理中被忽略和边缘化，使得《海商法》几乎得不到适用。

法院受理的邮轮旅游纠纷案件往往具有涉外因素，因此法院在适用法律时首先需要确定案件的准据法。如果是侵权纠纷，应根据相应的冲突规范确定；如果是合同纠纷，则主要根据意思自治原则和最密切联系原则予以确定。而邮轮旅游本身兼具旅游与海上运输的双重属性，目前我国法律并不存在有关邮轮旅游的有名合同，导致法院仅依据有关合同、旅游等基本民事法律的一般规定或一般原则解决邮轮旅游法律纠纷成为常态。

（二）邮轮旅游纠纷案件呈现的特点

通过对相关案件的梳理，可以发现目前我国邮轮旅游纠纷案件的特点主要包括如下方面：

1. 争议案件涉外性、国际性非常突出

虽然我国也在大力发展内河邮轮旅游业，如长江邮轮旅游，但是邮轮旅游这个概念是从外国引进的，属于舶来品。目前我国主流的邮轮航线大多是海上并且多为涉及外国国家和地区访问港的国际航线，如日韩航线、东南亚航线等。此外，目前从事我国海上邮轮旅游业务的邮轮，几乎全部悬挂外国旗帜，并且大部分由国外邮轮公司经营。邮轮上工作的船员或在客舱、餐厅、娱乐场所提供服务的人员等多来自不同国家和地区，这些船员或工作人员的国籍呈现多元化特点。而我国邮轮旅游航线的始发港或者邮轮母港均为中国沿海港口，登船旅游的游客大部分为中国公民，这一点区别于中国境外的邮轮旅游市场。在中国以外的其他国家或地区开展的邮轮旅游运营活动中，邮轮上的游客大多来自不同的国家和地区，游客国籍的多元化特征十分明显。例如，2020 年 2 月在日本横滨港停泊的"钻石公主号"邮轮上，2600 余名乘客分别来自 50 多个国家和地区。在邮轮公司提供的邮轮票据合同或者邮轮旅客运输合同的制式合同条款中，大部分规定争议解决适用外国法，或者受外国法院或仲裁机构管辖。因此，从航线设计、邮轮船舶悬挂国旗、运营邮轮公司、船员及其他在船工作人员国籍、游客国籍、法律适用及管辖等诸多因素考察，都可以发现邮轮旅游纠纷案件具有十分明显的国际性、涉外性。

2. 法律关系复杂性与责任主体多样性

目前，我国邮轮旅游产品销售以旅行社包船游模式为主，邮轮公司直接销售为少数，使得不同销售模式之下的法律关系认定存在差异化和复杂化，尤其是包船游模式下，邮轮旅游法律关系包含邮轮公司、旅行社及游客三方主体，以及邮轮公司与旅行社之间订立的包船协议，旅行社与旅客之间订立的旅游合同。[1]复杂的邮轮旅游法律关系影响到责任主体的识别和认定、责任承担和法律适用等差异。以上各个主体之间的法律关系，本章第五节已有详细论述，不再赘述。

3. 争议解决方式的单一性和非理智性

在旅行社包船游模式下，大多数游客选择依据旅游合同向旅行社主张权益，而旅行社往往以履行合同能力有限，并且非提供邮轮旅游实际服务为由推诿责任。邮轮船票的隐形存在，也使得游客很少会选择依据船票或船票证明的旅客运输合同向邮轮公司主张权利救济。即使部分游客选择向邮轮公司

---

[1] 方懿：《邮轮旅游民事法律关系初探》，载《中国海商法研究》2013 年第 2 期，第 43—47 页。

主张，因为邮轮公司会在其制式客票合同中订有争议解决条款，往往会将争议管辖权指向对其有利的外国法院或仲裁机构。因为外国诉讼或仲裁的不便利、外国法律查明的困难以及部分游客法律意识薄弱等，一些游客无视旅游合同中的争议解决条款，转而采取所谓的"中国式维权方式"，诸如"霸船"、抗议、拉横幅等，表明诉请。因此，就邮轮旅游产生的法律纠纷而言，急需多元化争议解决方式"多管齐下"予以破解。

4. 诉讼案件类型集中化

目前，在中国邮轮旅游司法实践中，因航程更改引起的纠纷与人身伤亡纠纷数量占据全部邮轮旅游纠纷的80%。相比境内陆上旅游的普通模式，邮轮旅游航线均为提前规划且相对固定的境外航线或者国际航线，尤其是访问港国家及景点设计对游客是否选择邮轮旅游出行具有较大的决定性作用，一旦发生诸如地震或者台风等自然灾害，出于保障航行安全、船舶及游客人身安全，邮轮公司不得不采取变更航程措施时，将对旅客出游目的及旅游愿望的实现产生较大影响。而在境内陆上旅游模式下，旅行社可以通过更换旅游地点或者提供类似同质化旅游服务，对旅客进行相应补偿和安抚，因此旅客对航程变更的接受度相对较高。

海上遭遇大风浪、恶劣天气等是常态，邮轮甲板地面较为湿滑，游乐设施及其地点较为固定，导致旅客多集中于邮轮某几个公共区域，短时间内聚集区域人口密度增大，在上述多种因素共同影响下，邮轮旅游过程中时有发生旅客拥挤、摔伤，甚至跌落入海的严重事件。而在航程变更纠纷中，自然灾害等不可抗力因素的影响最为突出。根据前文司法实践案例的统计数据，由于不可抗力导致的航程变更纠纷占比高达47%。我国目前邮轮旅游路线同质化程度较高，集中在国内某港始发到日、韩两国航线。而春夏季正是我国东部海域台风多发时节，因此为了保障船舶及船上人员安全，邮轮公司被迫取消或更改航程的情况经常发生。此外，一些政治原因也会一定程度上影响邮轮航线的安排和部署。例如，基于韩国部署萨德导弹等政治原因，在相关期间内一些预先安排停靠韩国港口的邮轮，不得不变更航线目的地，变更为停靠日本港口或开展公海无目的游。这些跨境国际航程目的地的变更，使得旅客跨境出游目的落空或受到影响，因此产生的纠纷数量最多，争议的主要焦点体现在责任主体对航次变更是否承担违约责任，是否有赔偿义务。

（1）不可抗力等因素导致航线变更的违约责任分析

各旅游经营者往往会在邮轮旅游合同中，对有关费用退改等问题予以说明，即在出发前或者航行期间，邮轮公司有权因天气、罢工、战争等不可抗力因素改变或调整行程，并且不承担任何赔偿责任。上海市旅游管理委员会制定的《上海出境旅游合同示范文本》也有类似的条文规定。[1]

通过对上述相关案件判决书的研读，可以看到作为原告的旅游者，通常会以这些条款构成免除邮轮公司责任的格式条款为由，要求法院根据《合同法》相关规定判定这些条款无效。

笔者认为，不能仅仅因为该条款属于格式条款就必然无效。需要从多方面考虑，如从保障邮轮人员和财产安全角度，对日常生活经验法则和自然规律加以尊重和理解。[2]不可抗力属于法定免责事由，我国《旅游法》第67条、第68条以及"旅游纠纷司法解释"第13条，对此都有明确规定。因不可抗力导致旅游合同不能履行，合同双方均有权请求解除合同，且双方互不承担违约责任。在上述案件的判决中，人民法院基本都坚持根据不可抗力对合同履行的影响，部分或者全部免除责任主体的赔偿责任。对于邮轮旅游中经常遭遇的台风等恶劣天气变化、地震、海啸等自然现象，根据现有的技术条件，并不能进行准确及时的预测和防范，明显属于不能预见的范围，因此应归入《合同法》不可抗力的情形。在此类邮轮旅游纠纷案件的判决中，基本上一致认为因天气变化等情形导致航程变更的事件，属于不可抗力，旅游经营者因此变更航程不构成违约，无须承担违约责任。

（2）不可抗力等事件导致邮轮旅游航程变更的赔偿问题

实践中，旅游者认为因不可抗力等因素导致航线变更，致使其无法到达合同约定的目的地，导致订立合同的目的落空，因而构成根本违约，主张旅游经营者应当承担违约责任，退还其支付的全部旅游服务费；甚至还有旅游者提出此种行为构成欺诈，依据《消费者权益保护法》主张旅游经营者承担惩罚性赔偿责任。

旅游者之所以提出上述诉请是因为对邮轮旅游性质缺乏正确认识。邮轮旅游不同于火车、飞机、班轮等传统交通运输方式，集旅游与海上运输为一体，并且随着现代科技以及造船水平的不断发展，邮轮的旅游功能愈加彰显。现代邮轮通常被视作"海上黄金度假村"，为旅客提供海上交通、住宿、餐饮、娱乐等多种服务，成为海上旅行目的地之一。在邮轮上游玩也是邮轮旅游的特色之一。但多数旅游者囿于传统观念，仅将邮轮作为辅助旅游出行的

[1] 参见《上海出境旅游合同示范文本》第4条："不承担违约责任的情形：因不可抗力造成甲、乙双方不能履约，已成行的，应提供不能履约的证据，未成行的，应及时通知对方。"
[2] 郁健英、施恩福等人诉上海携程国际旅行社有限公司旅游合同纠纷案，上海市长宁区人民法院民事判决书（2015）长民一（民）初字第7672号。

交通工具，显然这种认识不应该得到法院的认可。因此在上述案件审理中，法院一致认为邮轮旅游的主要旅游过程为在邮轮上享受相关服务，如果游客想要享受邮轮在访问港停靠期间的岸上观光旅游项目，需要另行购买岸上观光旅游产品。因此一旦将邮轮本身视作旅游目的地，则旅游者声称的合同目的完全落空的理由也就无法成立。

但是在邮轮旅游产品包括岸上观光旅游项目的情况下，若不对旅游经营者一方因不可抗力变更航线及挂靠港口的行为进行适当限定，将使旅游者权利无法得到应有的救济。因此法院判定旅游经营者将因为航程变更而未发生的或节省的岸上旅游观光费用退还给旅客。例如，在魏川博等人诉同程国际旅行社有限公司旅游合同纠纷一案中[1]，法院认为旅游经营者出具的《出团通知书》明确列明了岸上观光的城市、时间、行程、交通方式等详细内容，因此旅客在邮轮上游玩与岸上观光事项共同构成旅游合同的全部内容。根据《最高人民法院关于审理旅游纠纷案件适用法律若干问题的规定》和《旅游法》的相关规定，旅行社应仅向游客退还由于合同变更而未实际发生的部分费用。

因此，如果旅游合同没有特别明确规定包括岸上观光旅游事项，由于邮轮公司已经实际提供相关娱乐、休闲、住宿、餐饮等服务，其费用或成本已经实际产生，旅游合同的主要目的已经实现，因不可抗力导致航线变更的，原则上法院不支持游客提出的全额赔偿旅游服务费的诉请。

5. 邮轮旅游纠纷往往具有群体性

由于同一航次邮轮旅客人数众多，一旦遭遇自然灾害导致航程变更或者取消，因此产生的纠纷往往是群体性事件。即出现众多旅客以同一诉因、同一被告在同一法院提起诉讼的聚集性现象。例如：原行程为2013年4月5日出发，而由于大雾导致行程变更的歌诗达"维多利亚号"事件；原行程为2014年10月3日开航，而由于台风"巴蓬"过境导致行程变更的歌诗达"维多利亚号"事件；原行程分别为2015年7月10日与11日开航，而由于台风"灿鸿""莲花""浪卡"连续过境导致行程变更的皇家加勒比游轮有限公司的"海洋量子号"与天海邮轮公司的"新世纪号"事件；原行程为2015年8月19日出发，而由于台风"天鹅""艾莎尼"过境而被迫取消航程的皇家加勒比游轮有限公司的"海洋航行者号"事件等。这些事件涉及的判

〔1〕　魏川博等人诉同程国际旅行社有限公司旅游合同纠纷案，四川省成都市锦江区人民法院民事判决书（2015）锦江民初字第4956号。

决书多达 22 份，占研究案例总数的 40%。除了在诉讼活动中体现出明显的群体性，一些中国游客针对邮轮航程变更问题，少则十几人，多则几百人还会采取非理智的"霸船"方式进行维权。有关霸船涉及的法律问题及责任探讨，详见本书第三章第五节论述。

（三）邮轮旅游纠纷解决路径分析

纠纷解决机制是指社会各种纠纷解决方式、制度和体系的总和[1]，即通过实体和程序上的规范解决相应的纠纷。前文探讨了我国有关旅游争议解决的各种路径，各个机制功能不同，各有千秋，对于我国邮轮旅游纠纷解决具有很好的借鉴和参考作用。鉴于邮轮旅游行业在我国起步较晚，邮轮文化尚需进一步普及，邮轮旅游相关法律规定尚不明确等，不应当忽视各种争议解决路径的独特价值。能够满足不同需求的多元化争议解决机制更加适合处于发展期的中国邮轮旅游行业。

为了规范上海市邮轮旅游经营，维护邮轮旅游市场秩序，保障旅游者和邮轮公司、旅行社、码头的合法权益，上海市于 2016 年出台《上海市邮轮旅游经营规范》。该规范尽管具有地方属性，不适用于全国范围，并且自 2016 年 4 月 10 日起施行，有效期只有 5 年，但是专门就纠纷解决问题作出了规定。其第 18 条规定：如果旅行社和国际船舶代理企业代理销售邮轮船票的，因邮轮公司未按照合同约定提供相关服务而产生邮轮旅游纠纷，由邮轮公司负责解决；因旅行社和国际船舶代理企业在销售船票过程中未依法履行告知义务而产生纠纷，由旅行社和国际船舶代理企业负责解决。此外，如果旅行社把邮轮船票与岸上观光服务组合成包价旅游产品，违反邮轮旅游合同约定发生纠纷的，由组团社牵头负责解决。由于邮轮公司的原因造成旅游者人身损害、财产损失的，或者因邮轮航程取消、变更发生纠纷的，由邮轮公司牵头负责解决，旅行社应当协助。邮轮公司、旅行社和国际船舶代理企业应当积极与旅游者协商解决纠纷，并如实告知旅游者投诉方式及其他解决途径。

该规范明确旅游者还可以通过以下途径解决争议：与邮轮公司、旅行社和国际船舶代理企业协商；向消费者协会、市旅游质量监督所投诉；向交通、旅游、市场监督等行政管理部门投诉；合同中约定有仲裁条款或者事后达成书面仲裁协议的，可向仲裁机构申请仲裁；向人民法院提起诉讼。

---

[1] 范愉：《ADR 原理与实务》，厦门大学出版社 2002 年版，第 47 页。

　　虽然《上海市邮轮旅游经营规范》的适用范围和立法层级都有较大局限性，但是该规范对于邮轮旅游纠纷争议解决的建议途径，体现了多路径、多元化、多方解决问题的思路。

　　随着法律文化的发展，在争议解决领域，人们开始不再满足于寻求民事司法制度单一的救济，而是探索更多替代性纠纷解决路径，这种做法出现在不同国家，超越了国之界线。[1]只有充分挖掘各种争议解决路径的优越性，回避其不足之处，才能妥善处理邮轮旅游领域的各种纠纷。

　　历史经验告诉我们，行业发展不能一味追求速度，还需打好基础以保证发展的可持续性，邮轮旅游纠纷能够得到良好解决也是邮轮旅游业发展的重要基石之一。"工欲善其身，必先利其器。"在我国大力促进邮轮产业发展并日益重视其在国民经济中的重要作用的同时，只有充分发挥邮轮旅游争议解决各个路径之所长，建立起完善的邮轮旅游争议解决机制和优化的邮轮旅游法治环境，邮轮产业才能由高速发展转化为高质量、高水平的可持续健康发展。

　　1. 邮轮旅游争议和解模式

　　邮轮旅游争议和解，是指在邮轮旅游纠纷中，各方主体通过互相让步达成妥协，以终止争议的纠纷解决路径。采用和解模式解决邮轮旅游争议具有独特的优势。

　　一是可以及时解决纠纷。旅客与家人或朋友一起参与邮轮旅游出行是国际邮轮旅游市场的常态，本来开启和体验一场奢华的邮轮旅行是一件令人身心放松的佳事，为了不打破愉悦的氛围，一旦发生争议，邮轮旅客为快速解决争议，通常愿意在其可承受限度内作出一定让步。此外，一些邮轮旅游纠纷发生在邮轮行驶过程中，若等待行程结束再寻求相关机构救济，会在不同程度上阻碍纠纷的及时解决。邮轮旅游纠纷具有的发生地移动性、旅游环境陌生性、游客与外籍服务人员语言障碍、游客与经营者获取信息差距悬殊等特点，会使游客感到不安、胆怯，此时如果能够及时有效地进行协商、和解，会增加旅客内心的归属感。

　　二是可以平和解决纠纷。在邮轮旅游纠纷中，邮轮旅游经营者多出于修复其在涉纷旅客心中的服务满意度、维持其间的业务关系以及建立良好的商

---

〔1〕　阿德里安 A. S. 朱克曼：《危机中的民事司法——民事诉讼程序的比较视角》，傅郁林等译，中国政法大学出版社 2005 年版，第 207 页。

业信誉等因素考虑[1]，首选和解方式解决纠纷。"礼之用，和为贵"是中华民族绵延流传的文化传统，人们提倡以和为贵，可顺天意、成大道、化纷争。因此对于中国旅游者而言，和解具有中国传统文化的深远影响。

三是取得良好的经济效益。涉纷主体可以采用他们认为比较合理的方式快速达成共识，迅速解决争议，节省时间和成本。

当然通过和解方式解决邮轮旅游纠纷，也存在一定的限制。例如：和解协议的达成需要涉纷当事人配合；邮轮旅游经营者相较于游客，处于更为主动的谈判地位。和解协议不具有强制执行力，需要各方积极履行和解内容。如果任何一方拖延或反悔，都会影响此种模式解决争议的效果。因此针对一些小额索赔，争议事实清楚、简单的纠纷案件，可以采用此种模式。

2. 邮轮旅游争议投诉模式

（1）邮轮旅游投诉概述

邮轮旅游投诉，是指邮轮旅客认为邮轮旅游经营者的违法行为损害其合法权益，请求旅游投诉处理机构对双方争议进行调处的一种争议解决路径，属于行政调解的范畴。调解是指在发生纠纷后，通过中立第三方机构的居间斡旋、调停，使涉纷主体在互谅、互让基础上达成协议从而解决争议的一种方式[2]，包括人民调解、行政调解、仲裁机构调解、法院调解等。鉴于邮轮的移动性、邮轮旅游航程的短时性，以及旅游者结束旅游活动后急需尽快返回其居住地等特点，通过人民调解委员会进行调解的可能性较小，而仲裁机构调解或法院调解又是目前仲裁机构或法院处理案件的常用手段，因此这里主要针对行政调解模式予以讨论。

一旦发生邮轮旅游争议，游客可向旅游行政管理部门、旅游质量监督管理机构或者旅游执法机构投诉。旅游投诉的程序及相关规定，可以依据2010年7月1日实施的《旅游投诉处理办法》[3]。相关旅游机构在受理邮轮旅客投诉后，在涉纷各方达成合意的前提下，发挥机构及其工作人员的专业邮轮旅游知识优势，对被投诉事项及时进行调和。尽管旅游机构制作的调解书或当事双方达成的调解协议，不具有约束力和强制执行力，其实际履行仍然有待于调解各方的意愿，但是至少可以通过行政调解这种方式，改变游客和邮

---

〔1〕 Louise Longdin, "Alternative Dispute Resolution in the International Travel Industry: The New Zealand Position", *International Travel Law Journal*, 1997, p. 37.

〔2〕 郑素一：《论公安机关的行政调解制度》，载《行政与法》2008年第7期，第84页。

〔3〕 2010年1月4日由国家旅游局局长办公会议审议通过，依据《中华人民共和国消费者权益保护法》《旅行社条例》《导游人员管理条例》《中国公民出国旅游管理办法》等法律、法规制定。

轮旅游经营者之间信息地位差距较大的现象。

（2）邮轮投诉案件实证调查——以上海市旅游局书面告知书为例

在研究过程中，笔者研究团队曾经于2018年5月2日向上海市旅游局提出书面申请，要求提供2015年至2018年涉及邮轮旅游的投诉数量、涉案争议类型、案件处理方式及结果等内容。上海市旅游局于2018年5月14日根据《上海市政府信息公开规定》第23条，对申请内容作出书面告知。根据告知书回复内容可以得知，上海市2015年至2017年邮轮旅游投诉案件数量呈上升趋势，2015年、2016年、2017年有关邮轮旅游有效书面投诉案件数分别为37件、50件、83件。

邮轮旅游投诉争议类型主要包括延误、安全、服务质量三类。根据告知书回复内容，其中延误类项主要包括旅客迟到未能及时登船、邮轮延误出港、邮轮延误到港等。邮轮延误出港的主要原因包括航道堵塞、大雾、航路管制、游客霸船等；邮轮延误进港的主要原因包括邮轮安排救助患者、天气变化等；安全类项主要涉及旅客在邮轮上突发疾病得不到医疗救治、在游泳池溺亡、海上大风浪导致旅客受到伤害、旅客投海、旅客之间因发生口角互殴、因海上洋流导致邮轮无法靠岸而采用驳船接驳靠岸等。针对服务质量方面的投诉，具体包括船上、岸上观光及服务项目未达到旅客预期，以及邮轮公司因故减少或变更访问港等。涉及船上服务质量的投诉原因多集中在餐饮质量差、餐饮食物数量不足、餐厅数量不足、娱乐设施偏少、行李丢失、语言沟通不畅、泳池过浅或过深、旅行社组织不力、阳台房观景视线受阻、船上购物退换货争议等；岸上旅游观光方面的投诉集中在收费不合理、景点没有参观价值、因航程延误而导致天黑无法完成参观事项、纯购物等；跳港问题集中在受天气、洋流、政治等因素的影响，导致邮轮航程、目的地发生变更等。

对上述投诉案件，上海市旅游局一般采取调解或诉讼方式，即如果调解不成功的，建议旅客可以采取向法院提起诉讼等方式解决。调解的具体形式主要包括在码头现场予以调解和事后统一调解两种方式。上海市旅游局为促进诉调对接机制的构建，将具体投诉受理点设在上海市旅游质量监督所，并安排专门投诉调解人员，包括3名业内资深人士、7名执业律师和一名退休法官，在徐汇区司法局指导下从事相关调解工作。

根据上海市实施的邮轮旅游投诉机制，邮轮旅客可以选择递交书面投诉信或在网上提出投诉意见。投诉时应注意如下事项：第一，被投诉一方，不论是旅行社还是邮轮公司，一定要在上海设立分支机构或营业点；第二，如果已向消费者保护委员会等相关投诉机构投诉的，不需要重复投诉；第三，旅游合同结束之日起 90 天内投诉有效，否则将不被受理。

通过对上海市旅游局的调研，针对邮轮旅游投诉形式，笔者发现除了线上线下提交投诉信，还可以通过口头、现场等方式。例如：针对案情较为简单的纠纷，可以直接通过电话方式调解；针对投诉现场有旅客聚集的，则派出工作人员到现场进行调解。此外，针对邮轮旅游投诉处理期限较短的现实情况，旅游投诉处理机构应在接到投诉之日起 5 个工作日内作出是否受理的决定，在受理旅游投诉之日起 60 日内达成调解协议。向旅游投诉处理机构投诉不需要支付任何申请费、律师代理费等，而且邮轮旅游投诉机制具有便捷、高效、成本低、时效短等特点，对于快速、方便化解邮轮旅游纠纷发挥了重要作用。

3. 邮轮旅游争议仲裁模式

邮轮旅游争议仲裁，是指涉纷主体在邮轮旅游纠纷发生之前或之后，经过合意，以书面协议或条款方式，将纠纷提交双方同意的仲裁机构裁决的一种争议解决路径。

仲裁本身具有私密性、合意性、仲裁裁决承认和执行的广泛性、高效性等特点，使得采用仲裁方式解决旅游纠纷也成为目前不容忽视的主要路径之一。仲裁本身具有较好的私密性和合意性，是指涉纷主体可以自由约定和选择仲裁机构，并根据选定的仲裁规则确定或指定仲裁员以组成仲裁庭，而且案件大都不进行公开审理，裁决文书也不对外公开等。邮轮旅游纠纷大多具有涉外性，根据 1958 年《承认及执行外国仲裁裁决公约》的规定[1]，涉外的有效仲裁裁决可以在该公约成员 160 余个国家和地区得到承认和执行。此外，参与邮轮旅游纠纷仲裁的专家具有丰富的专业知识和良好的法律基础，仲裁裁决一裁终局而且高效，因此通过仲裁方式解决邮轮旅游纠纷具有其他争议解决模式不具备的明显优势。

国际上知名的邮轮公司大多在其旅客票据合同中规定争议解决条款，有的选择法院管辖，有的根据邮轮旅游纠纷案件类型，选择性规定通过仲裁方式解决争议。甚至一些邮轮公司为了抢占中国邮轮旅游市场，能够更多体现中国元素，对在中国境内使用的旅客票据合同条款，明确规定选择中国的商

---

[1]　截至 2020 年 3 月 31 日，《承认及执行外国仲裁裁决公约》的成员国达到 163 个。参见联合国国际贸易法委员会（United Nations Commission On International Trade Law）官方网站，https：//uncitral. un. org/en/texts/arbitration/conventions/foreign _ arbitral _ awards/status2，2020 年 4 月 13 日访问。

事仲裁机构解决邮轮纠纷。例如：皇家加勒比游轮有限公司乘客票据合同第 10 条专门针对人身伤害、疾病或死亡之纠纷、索赔请求以外的任何其他类型索赔请求[1]，规定无论是基于合同关系、侵权关系、法定关系、宪法或其他法定权利而产生，包括但不限于乘客所诉的对其民事权利、平等待遇、消费者权利或隐私的侵犯而产生的任何纠纷、索赔请求或争议，以及因本合同或游轮巡游而产生或与此相关的任何关于损失、损害或费用的任何纠纷、索赔请求或争议，均应当并且仅提交中国国际经济贸易仲裁委员会，依据申请仲裁时仲裁机构现行有效的仲裁规则进行仲裁，仲裁裁决具有终局性并具有约束力。仲裁地点为上海，仲裁程序可以用中英文语言进行。此外，还对仲裁庭人员组成以及仲裁裁决效力作出具体规定。

无独有偶，总部位于美国迈阿密的嘉年华邮轮集团公司在其旅客票据合同条款第 13 条有关"管辖权、仲裁、索赔期限和适用法律"的条文规定中[2]，针对人身伤害、疾病或死亡纠纷、索赔请求以外的任何其他类型的索赔请求而产生的任何争议，也规定应当提交仲裁解决。即根据 1958 年《承认及执行外国仲裁裁决公约》以及《美国联邦仲裁法案》（Federal Arbitration Act, FAA）提交美国国家仲裁和调解委员会，根据《综合争议解决规则及程序》（Comprehensive Dispute Resolution Rules and Procedures）解决纠纷，仲裁地点为美国佛罗里达州迈阿密戴德县。而涉及人身伤害、疾病或死亡的纠纷或索赔请求，则应当向美国佛罗里达州迈阿密的南区地区法院或其他适当的联邦法院提起诉讼，该法院享有排他性管辖权。

4. 邮轮旅游争议诉讼模式

邮轮旅游争议诉讼，是人民法院在邮轮纠纷当事人和其他诉讼参加人共同参与下审理邮轮旅游纠纷案件的司法活动。究其本质，是司法机关以国家强制力为保障，解决民事纠纷，维护公民合法权益的一种司法程序。[3]

通过对一些邮轮旅游纠纷案件进行梳理，可以发现在其他争议解决路径未明确的情况下，只有寻求最后一道司法救济，才能使纠纷最终得以解

---

[1] 而针对人身伤害、疾病或死亡纠纷、索赔请求的，根据皇家加勒比游轮有限公司乘客票据合同第 9 条，均需通过诉讼方式解决，并且应当向位于中国上海的相关法院提起诉讼。

[2] 参见嘉年华邮轮集团公司官方网站，https://www.carnival.com/about-carnival/legal-notice/ticket-contract.aspx? icid =CC_ Footer_ 84，2020 年 2 月 29 日访问。

[3] 谭兵、李浩主编：《民事诉讼法学》（第 2 版），法律出版社 2013 年版，第 6 页。

决。例如：在邵建英诉上海携程国际旅行社有限公司旅游合同纠纷案件[1]中，针对旅游、交通费用的负担产生争议，经消费者权益保护组织调解未果后诉诸法院。在凌韵诉上海航空国际旅游（集团）有限公司旅游合同纠纷案件[2]中，当事人就退团、退费和违约金承担问题进行交涉，最终交涉未果，原告起诉至地方人民法院。

因此诉讼是纠纷解决的最后保障手段，法院是提供公正审判的最后场所。诉讼以其严格依据法律规范的刚性化特征，成为邮轮旅游争议解决中必不可少的路径之一。

立足于中国邮轮旅游的发展现状以及中国邮轮旅游的行业实践，我们应建立邮轮旅游多元化争议解决机制，结合邮轮旅游行业特色，充分发掘、整合各争议解决路径的优势，通过建立相应的对接制度实现邮轮旅游投诉与调解、诉讼与调解的有效衔接，并定期举办各邮轮旅游争议解决机构间的联席会议，及时反馈邮轮旅游争议中的热点、难点问题，这样才能全面保护旅客和旅游经营者的合法权益，打造规范有序、和谐稳定的邮轮旅游市场，并促进中国邮轮旅游产业健康有序的发展。

三、跨境邮轮旅游纠纷司法管辖问题研究

（一）跨境邮轮旅游纠纷司法管辖现状

在我国邮轮旅游产业快速发展的过程中，由于邮轮旅游经营活动本身兼具海上运输和旅游的特性，以及邮轮旅游产品销售以旅行社包船游模式为主，法律适用的不确定性、邮轮旅游法律关系的复杂性以及立法的缺失，使跨境邮轮旅游争议的司法管辖问题一直困扰着我国司法界。其中最不明确的就是地方人民法院一般管辖与海事法院专属管辖之间的冲突及管辖权的划分。我国海事法院作为专门法院，对海事海商案件享有专属管辖权；而地方人民法院，对非专属管辖的案件享有管辖权。最高人民法院发布的《民事案件案由规定》（2011 年）和《最高人民法院关于海事法院受理案件范围的规定》均未对邮轮旅游纠纷案件的管辖作出明确规定。因此在法律规定不明确，司法

[1] 邵建英诉上海携程国际旅行社有限公司旅游合同纠纷案，上海市第一中级人民法院民事判决书（2016）沪01民终10447号。
[2] 凌韵诉上海航空国际旅游（集团）有限公司旅游合同纠纷案，上海市第一中级人民法院民事判决书（2014）沪一中民一（民）终字第1716号。

实践对邮轮旅客运输合同争议解决条款效力的认定标准不一的背景下，有关邮轮旅游管辖权异议的案件时有发生。

（二）中国邮轮旅游纠纷管辖的司法实践

1. 羊某某诉浙江省中国旅行社生命权、健康权、身体权纠纷案

在英国嘉年华邮轮有限公司、羊某某与浙江省中国旅行社集团有限公司生命权、健康权、身体权纠纷上诉案[1]中，案件争议焦点为邮轮旅游纠纷管辖权归属问题。

案件主要事实如下：上诉人羊某某为未成年人，经其母亲与浙江省中国旅行社集团有限公司订有出境旅游合同，约定上诉人羊某某随母亲搭乘上诉人英国嘉年华邮轮有限公司旗下"蓝宝石公主号"进行邮轮旅游观光。2015年8月5日下午3时许，羊某某在邮轮大泳池戏水时发生意外溺水。同船旅客和医疗团队全力抢救，邮轮也为此加速航行驶往上海，但羊某某终因溺水时间过长而无法苏醒。经鉴定构成一级伤残，为遗留持续性植物生存状态，需要终身护理。其母作为法定代理人于2016年1月11日诉至上海市黄浦区人民法院。黄浦区人民法院审查后决定将案件移送浙江省中国旅行社集团有限公司所在地杭州地方人民法院审理。上诉人羊某某的母亲不服初审法院将本案移送杭州地方人民法院的裁定，认为英国嘉年华邮轮有限公司在上海黄浦区设有代表处，故移送案件的裁定依据不足，应当撤销原审裁定，继续审理。同时上诉人英国嘉年华邮轮有限公司认为该案件不属于旅游合同纠纷，属于海上旅客运输纠纷，上诉人羊某某的伤害结果发生在海上旅客运输过程中，应由海事法院管辖，而非地方人民法院管辖。

上海市第二中级人民法院通过审理该案件，最终裁定该案系发生在海上运输过程中的溺水人身损害纠纷，属于海上损害责任纠纷。因此裁定撤销上海市黄浦区人民法院裁定，移送上海海事法院管辖。上海海事法院以（2016）沪72民初2336号民事判决书，认定被告嘉年华邮轮有限公司承担80%的责任，并应当赔偿314万余元人民币。

鉴于该案起诉时间为2016年1月，而《最高人民法院关于海事法院受理案件范围的规定》（以下简称《2016年海事法院受案范围规定》）于2016年3月才开始施行，故该案依据当时处于有效期的最高人民法院2001年颁布的

---

[1] 英国嘉年华邮轮有限公司、羊某某诉浙江省中国旅行社集团有限公司生命权、健康权、身体权纠纷案，上海市第二中级人民法院民事裁定书（2016）沪02民辖终555号。

《最高人民法院关于海事法院受理案件范围的若干规定》[1]（以下简称《2001
年海事法院受案范围规定》）。《2001 年海事法院受案范围规定》在"海事侵
权案件纠纷"类型的第 8 项明确规定，船舶在海上或者通海水域进行航运、
作业，或者港口作业过程中的人身伤亡事故引起的损害赔偿纠纷案件应由海
事法院专门管辖。

在《2001 年海事法院受案范围规定》和《2016 年海事法院受案范围规
定》有关海商合同纠纷案件类型中，都提及在海上、通海可航水域中发生的
旅客和行李运输合同纠纷案件属于海事法院受案范围。但是在该案中，原告
提起的诉请是针对邮轮旅游导致的生命权、健康权和身体权的损害赔偿主张，
《2016 年海事法院受案范围规定》第 7 项规定"船舶航行、营运、作业等活
动侵害他人人身权益的责任纠纷案件"，与《2001 年海事法院受案范围规定》
相比较，表述用词方面发生变化。显然，该案原告提出的诉请更加契合并满
足《2016 年海事法院受案范围规定》的案件类型。当然原告针对在邮轮航行
中发生人身伤害而提起的诉请，也可以归属《2001 年海事法院受案范围规
定》提及的"船舶在海上或者通海水域进行航运中的人身伤亡事故引起的损
害赔偿纠纷"的范畴。同时根据《民事诉讼法》第 265 条规定，因英国嘉年
华邮轮有限公司在中国境内无住所，可由其代表机构所在地人民法院管辖。
综上，上海市第二中级人民法院作出上海海事法院享有管辖的裁定是有合理
依据的。

假设原告依据邮轮旅游合同起诉被告，鉴于邮轮旅游本身兼具海上运输
和旅游的双重属性，到底是基于海上旅客运输合同关系归属海事法院管辖，
还是基于旅游合同关系归属地方人民法院管辖无疑会存在疑问。

法律适用问题也是该案的主要争议焦点之一。原告羊某某提出"国际法
将船舶视为拟制领土"的主张，认为"蓝宝石公主号"邮轮的船旗国为英
国，涉案侵权事实发生在邮轮上，应视为发生在英国领土之内，因此可以得
出侵权行为地为英国的结论。根据《涉外民事关系法律适用法》第 44 条有
关侵权行为适用侵权行为地法律的规定，本案应当适用英国法。被告嘉年华
邮轮公司则辩称，侵权行为地包括行为实施地和结果发生地，原告的主张仅
仅是学术观点，法律上没有明确依据，而且该观点应仅限于解决管辖问题，
不涉及法律适用。倘若认定本案存在侵权行为，由于原告发生意外溺水时船
舶位于上海以东的公海海面上，即侵权行为实施地在公海，并无直接可适用

---

[1]　参见《最高人民法院关于海事法院受理案件范围的若干规定》（法释〔2001〕27 号文）。

的法律，在侵权行为实施地法无法适用时，理应采纳侵权结果发生地法，即中国法。

由于邮轮旅游具有跨境涉外性、邮轮旅游和海上运输的复合性、涉及责任主体和法律关系的复杂性、邮轮移动性等特点，邮轮旅游侵权案件的法律适用，除了应考虑当事人合意、当事人共同居所地和侵权行为地等基本要素，还应当考虑最密切联系原则这一系属公式。该案中上海海事法院最终适用中国法，正是基于最密切联系原则的指引，从数量和质量上对联结点加以全面考虑，其说服力远强于单独适用侵权行为地法或者船旗国法。

2. 刘秀英诉中国山水旅行社等旅游合同纠纷案

在刘秀英诉中国山水旅行社、海航邮轮有限公司旅游合同纠纷案[1]中，原告刘秀英与被告中国山水旅行社订立出境旅游合同，搭乘海航邮轮有限公司的"海娜号"邮轮，进行天津—日本的邮轮旅游项目。原告在邮轮返回天津港离船时摔伤骨折，并因此产生医疗费、住院费等相关费用。天津国际邮轮母港有限公司作为该案第三人参加庭审。

案件的基本事实情况是天津国际邮轮母港有限公司与海航邮轮有限公司签订包舱合同，约定天津国际邮轮母港有限公司作为包舱方负责自行组织旅客上下船舶、上岸旅游、餐饮住宿等活动，自行负责游客的安全，并对游客的安全和一切行为承担所有责任，作为承运方的海航邮轮有限公司对此不承担任何责任。事后天津国际邮轮母港有限公司将该船舶舱位转卖给中国山水旅行社。鉴于原告与中国山水旅行社订有出境旅游合同，并且原告提出的诉请主张也是依据旅游合同，北京市西城区人民法院经过审理，认定被告中国山水旅行社因合同履行不当而给原告造成损失，应承担赔偿责任，并驳回原告对海航邮轮有限公司的诉讼请求。

在答辩期内，海航邮轮有限公司曾经提出管辖权异议，认为根据我国《民事诉讼法》，合同纠纷案件应当由被告住所地或者合同履行地法院管辖。海航邮轮有限公司住所地位于天津，且本案涉及的旅游合同履行地并非北京，故北京市西城区人民法院对案件无管辖权。

北京市西城区人民法院经过案件事实审理后认为，虽然法律规定合同纠纷案件由合同履行地或被告住所地法院管辖，但双方当事人仍可书面约定与争议有实际联系的地点的法院管辖。本案中，原告刘秀英与被告中国山水旅

---

[1]　刘秀英诉中国山水旅行社等旅游合同纠纷案，北京市西城区人民法院民事判决书（2015）西民初字第6153号。

行社在出境旅游合同中约定，若发生争议，向北京市西城区人民法院提起诉讼。法院认为该约定并不违反《民事诉讼法》第 34 条的规定，该协议管辖约定不违反级别管辖与专属管辖，因此认定北京市西城区人民法院对案件有管辖权。

上述两起纠纷都属于具有跨境涉外因素的纠纷，均采取同时起诉旅行社和邮轮公司的策略。但两个案件的诉请理由不同，一个是因为邮轮旅游侵权导致的人身权益损害赔偿，一个是基于旅游合同主张人身伤害费用请求，进而导致两个案件的管辖法院存在明显差异，一个是海事法院，一个是地方人民法院。

综上，在涉及邮轮旅客人身伤亡或者人身权益的索赔诉讼中，在法律未对邮轮纠纷问题作出专门法律规定的现实条件下，当事人选择的诉讼事由不同、被告不同、索赔主张依据违约或侵权的诉因不同等，都可能会影响案件最终的管辖权归属、法律适用等，而不同法院审理，依据的法律基础不同，也会产生审判结果的差异。

（三）邮轮旅游纠纷司法管辖的域外视角

邮轮旅游对中国而言属于舶来品，在以美国为代表的西方国家，不论是邮轮旅游发展的历史、邮轮市场的运营还是相关的法律制度等都相对比较成熟。尤其是全球著名的几家邮轮公司将总部设在美国。因此，通过对美国及欧盟等国家和地区邮轮旅游纠纷司法管辖立法与司法实践的比较研究，可以提炼出为我国借鉴、学习的做法。

1. 美国邮轮旅游司法管辖现状

美国在邮轮旅游纠纷司法管辖问题上奉行属人管辖原则。因此不要求受理法院与案件存在实际联系，只要证明与美国法院存在充分的最低联系（sufficient minimum contact）即可[1]。因此，美国法院的管辖也往往被称为"长臂管辖"。但是美国法院对属人管辖中充分最低联系原则的认定标准并不统一，因此也存在结论完全不同的判决。

以沃克诉嘉年华邮轮公司（Walker v. Carnival Cruise Lines, Inc.）[2]一案为例，原告沃克（Walker）系残疾人，在芝加哥一家旅行社购买被告嘉年

---

[1] Nathaniel G. W. Pieper & David W. McCreadie, "Cruise Ship Passenger Claims and Defenses", *Journal of Maritime and Commerce*, Vol. 21, 1990, p. 151.

[2] See Walker v. Carnival Cruise Lines, Inc., 681 F. Supp. 470, 1988 AMC 2166 (N. D. 11. 1987).

华邮轮集团公司的邮轮船票,并在约定时间准备登船。但发现该邮轮不符合美国残疾人使用标准,于是拒绝登船并向被告提起诉讼。伊利诺伊州法院以邮轮公司在芝加哥投入资金进行广告刊登,以及与芝加哥当地旅行社签订代销邮轮船票合同为由,认定伊利诺伊州法院与该案件存在最低联系,因此享有对该案件的管辖权。虽然原告在与邮轮公司的票据合同中订有争议解决条款,并且规定因票据合同产生的纠纷应当向邮轮公司所在地的佛罗里达州法院提起诉讼,但是伊利诺伊州法院在处理邮轮旅游纠纷司法管辖问题上,秉承属人管辖之"长臂管辖"原则作出上述判决。

　　与沃克案事实类似的斯库茨诉冠达邮轮有限公司(Schultz v. Cunard Line Limited)[1]一案中,美国法院认定仅在芝加哥通过旅行社销售船票及将行李托运起点设定在芝加哥的事实,不能满足最低联系原则。因此,伊利诺伊州法院对该案没有管辖权。同样在洛默诉荷美邮轮公司(Roemer v. Holland America Cruises)[2]一案中,原告洛默(Roemer)在本地一家旅行社购买被告荷美邮轮公司的船票并在登船后遭受人身损害,法院合议庭认为,在外国邮轮公司委托当地旅行社代销船票的情况下,不能仅仅以当地旅行社售卖邮轮船票就认定邮轮公司在当地从事经营业务,因此不能以此作为连接点确认法院的管辖权。

　　此外,美国法院还确认当事人协议选择管辖法院的做法。但是针对协议管辖法院的条款效力问题,美国法院也经历了从否认条款效力到确认条款效力的转变过程。美国法院早期认为邮轮旅游合同中的争议解决条款,或者法院选择条款(forum selection clause)属于无强制执行效力(unenforceability)的条款,主要基于如下理由:其一,合同管辖权条款的订立,基本上是在两个市场地位不对等的主体之间完成的,故该条款在缔约时就存在瑕疵;其二,管辖权条款有违公共政策;其三,该条款存在不合理性和不平等性。

　　但是经过布莱曼船舶诉扎帕塔(M/S Bremen v. Zapata)[3]与嘉年华邮轮公司诉苏特(Carnival Cruise Lines v. Shute)[4]两个判例之后,美国法院目前倾向于确认争议解决条款具有强制执行效力,除非满足某些特定条件,才会被认定为无强制执行力的条款。原因在于:首先,管辖权条款的约定是合同订约自由的体现,即缔约双方可以通过自己的意愿协商约定争议解决事项;

---

[1]　See Schultz v. Cunard Line Limited, 1985 AMC 845 (N. D. I11. 1984).

[2]　See Roemer v. Holland America Cruises, 1981 AMC 2331 (N. D. Ohio 1981).

[3]　See M/S Bremen v. Zapata Off-Shore Co. , 407 US 1 (1972).

[4]　See Carnival Cruise Lines, Inc. v. Shute, 111 S. Ct. 1522 (1991).

其次，通过将司法管辖权特定化，合同双方当事人对于争议案件的解决享有更多的确定性，这有助于提高商业效率，符合当今商业发展的要求；最后，管辖权条款的有效性在一定程度上有助于节省司法成本，法院不必在确认管辖权条款效力方面花费更多时间。

邮轮公司通常会在其旅客票据合同中规定争议解决条款，因此美国法院态度的转变，也被认为是更加倾向于保护邮轮公司的信号。但是美国法院在确定管辖权条款效力时，仍然需要考虑的是该争议解决条款是否存在不合理性、不平等性，以及如何平衡双方当事人利益。[1]

以嘉年华邮轮公司诉苏特案为例，本案原告苏特（Shute）女士与被告嘉年华邮轮集团公司签订旅客票据合同，其中订有合同项下相关争议应当提交佛罗里达州法院诉讼管辖的条款。在邮轮旅游过程中，原告因为地面湿滑而在甲板上滑倒。据此原告向华盛顿州西区法院提起侵权之诉。被告嘉年华邮轮集团公司以票据合同中存在管辖权条款为由，申请驳回原告起诉。案件审理过程可谓一波三折。首先，初审法院准予驳回原告起诉，原因是华盛顿州法院缺乏属人管辖权，并且认可邮轮票据合同中诉讼管辖权条款的效力。但是在上诉案件中，美国第九巡回法院撤销了一审判决，认为邮轮票据合同中约定的管辖权条款属于格式条款，未经过双方当事人自由协商，只是因为双方市场地位及议价能力不对等才得以写入合同文本。其次，鉴于原告住所地在华盛顿州，该合同中约定的管辖权条款给原告带来极大的不便利，相当于变相剥夺了原告的出庭权。因此美国第九巡回法院根据属人管辖原则，否认该案件管辖权条款的可执行力。最后，案件又被上诉到美国联邦最高法院。经过审理，美国联邦最高法院确定了邮轮票据合同中管辖权条款的效力，也再次重申了布莱曼船舶诉扎帕塔案中关于管辖权条款可强制执行性的重要性。[2]

该案判决后，很多美国学者对案件判决结果予以批判，认为该判决对消费者会产生极大的不公平性。随后美国一些法院又通过对管辖权条款可执行性予以限定性解释等，以缓和该判决所带来的负面影响。例如，在考

---

[1] Igor Volner, "Forum Seleciton Clauses: Different Regulations from the Perspective of Cruise Ship Passengers", *Comparative Maritime Law*, 2007.

[2] 在布莱曼船舶诉扎帕塔案中，原告扎帕塔（Zapata）公司雇用被告 Unterweser 公司的 Bremen 为其拖带石油钻探设备，后因天气原因导致设备受损。后 Zapata 公司提起索赔诉讼，Unterweser 公司以拖航合同中存在管辖权条款为由向法院提出管辖权异议。其中一项理由就是认为受诉法院为不方便法院，要求受诉法院作出驳回起诉的决定。但是美国法院最终认定管辖权条款的效力并认定该条款具有可执行性。

虑限定性解释的原则中包括是否尽到合理通知义务、是否构成显失公平、是否违反公共政策等。所谓合理通知义务规则，即要求格式合同的提供者应当以明显的标识提请消费者注意，必要情况下应当对该条款进行解释；同时格式合同提供者应该给予消费者能够阅读和了解这些条款的机会，让消费者能够知悉合同内容。倘若邮轮公司无法证明其已经履行了合理通知义务，则该管辖权条款不能被认定为合同内容并约束旅客。显失公平规则与我国《合同法》关于格式合同的要求类似，即如果格式合同内容使得一方当事人意欲免除己方责任，并加重对方责任，限制对方主要权利的，该条款即可被认为显失公平。例如，在艾佛隆诉太阳邮轮公司（Effron v. Sun line cruises，Inc.）[1]一案中，原告为美国公民，在美国购买了希腊一家邮轮公司的邮轮船票。原告在乘坐邮轮时遭受人身损害，遂诉至美国法院。但希腊邮轮公司以旅客票据合同中存在管辖权条款并约定希腊法院享有管辖权为由，要求美国法院驳回起诉，但是遭到美国法院拒绝。美国法院拒绝的原因在于该管辖权条款对旅客而言存在实际意义上的不公平，因此不具备可执行性。公共政策规则属于兜底性规则，美国法院对此也没有一个公认统一的界定，实际上是赋予了法官自由裁量权，如果法官认为合同中约定的管辖权条款与当地的公序良俗相违背，就可以认定管辖权条款违反公共政策，进而判定管辖权条款无效。

综上，美国法院在以属人管辖原则为主流的前提下，也会考虑一些原则对邮轮旅客票据合同中约定的管辖权条款的效力的限制。

2. 欧盟有关邮轮旅游管辖权条款的立法

与美国情况不同，欧盟更注重依靠立法对合同中的管辖权条款进行规范，以保护更为弱势的消费者群体。以下通过对欧盟相关立法的阐述，探讨欧盟立法对管辖权条款效力认定的经验。

欧盟在对待争议解决条款的问题上，更加突出对消费者的保护。因为很多管辖权条款是以格式合同的形式由合同一方单独拟订。因此，欧盟对于格式合同中的管辖权条款基本持否定态度。但是欧盟依旧尊重合同当事双方协商订立合同的权利，因此需要根据具体法律规定，对争议解决条款的效力予以研判。

（1）《布鲁塞尔条例》

《布鲁塞尔条例》的全称是《民商事管辖权及判决承认与执行条例》，

---

〔1〕 See Effron v. Sun Line Cruises，Inc.，67. F. 3d7，8（2nd Cir. 1995）.

于 2000 年 12 月 22 日由欧盟委员会通过并颁布，并于 2002 年 3 月 1 日生效施行[1]，2015 年进行过修订。《布鲁塞尔条例》旨在解决民商事案件中的管辖权归属问题。该条例在管辖权确定顺序方面，与我国《民事诉讼法》规定类似，即明确协议管辖优先，在无协议管辖或者协议管辖无效时，适用法定管辖。

除此之外，该条例针对消费者保护问题，明确在消费者合同中规定协议管辖与法定管辖之间关系的特别规则。根据《布鲁塞尔条例》第 15 条，当事人约定的管辖权条款只有满足下列情形时，才可以排除法定管辖的适用：①在争议发生后订立的；或②允许消费者在本法所规定的法院以外的其他法院起诉；或③缔结管辖权协议时，双方在同一成员国有住所或惯常居所，在不违背该成员国国内法的前提下，该成员国法院享有对该消费者合同的管辖权。即在针对消费者权益保护方面，法定管辖的效力原则上高于协议管辖，除非存在《布鲁塞尔条例》第 15 条规定的情形，并且管辖权条款的有效性将根据法院地法进行判定。

（2）《消费者合同不公平条款指令》

《消费者合同不公平条款指令》由欧盟委员会于 1993 年颁布并于同年 5 月施行[2]，其颁布的目的是避免格式条款的不公平性与非平等性影响消费者权利。该指令针对的主要是消费者合同中的格式条款。根据该法案，如果格式条款非经合同双方自由协商就并入合同，且违背诚实信用原则，影响双方权利义务关系的，即构成不公平条款，被认定为无效。而在实务操作中，只要消费者一方能证明该条款是合同另一方事先印制的，且无法通过协商方式确定条款内容，就可能构成不公平条款。邮轮旅游实践中，邮轮公司往往预先制定旅客票据合同文本，旅客对于其中的条款，包括管辖权条款，基本上无法修改或提出调整意见，因此一旦满足《消费者合同不公平条款指令》的相关规定，被认定为不公平条款，就会被认定为无效。

---

[1] Council Regulation（EC）No 44/2001 of 22 December 2000 on Jurisdiction and the Recognition and Enforcement of Judgements in Civil and Commercial Matters，2001 Official Journal L012.

[2] Council Directive 93/13/EEC of 5 April 1993 on unfair terms in consumer contracts，OJ 1993 5/29.

第三章　邮轮运输下旅客权益及保障研究

本章将通过中外立法及典型案例，以邮轮运输旅客基本权益为基础，着重分析邮轮旅客在人身伤亡、疾病就医、失踪、面临性骚扰等特殊情形下的权益保护与救济问题，并探讨邮轮旅客维权边界、霸船行为的法律属性及相关争议解决的路径等法律问题。

第一节　邮轮旅客之基本权益论

一、邮轮旅客旅游权概述及法律基础

（一）邮轮旅客旅游权概述

公民的旅游权是一项重要的涉及自然人身心健康和精神人格全面发展的基本权利，通过国家宪法和法律予以规定。旅游权是旅游者权益在法律上的体现，是国家对旅游者进行保护的前提和基础。旅游法律规范对旅游权利和义务作出明确规定，旅游法律关系的核心内容是对旅游法律关系主体的旅游权利与旅游义务的抽象理论概括，而旅游法律秩序、旅游法律后果取决于旅游权利与旅游义务的实现，即旅游权利的行使与旅游义务的履行。因此，公民选择邮轮这种方式完成旅游活动也是获得身心满足的一种方式。

有学者认为旅游权具有法律性、自主性、权利可实现性、权利与义务一致性等特征。[1]所谓法律性是指旅游法律权利以国家法律法规的确认为前提，其产生、变更和消灭必须有法律依据，并通过必要的法律程序，对旅游法律关系下责任主体的侵权行为或违约行为进行法律制裁，以保障旅游权利

---

〔1〕　王莉霞主编：《旅游法学》，华中科技大学出版社 2017 年版，第 154 页。

的实现。自主性是指旅游权利主体根据自主意愿决定是否实施行为,任何人不得干预。权利可实现性是指在法律允许的范围内,权利人满足自己利益的行为或者要求义务人从事一定行为受法律保护,超出这一范围,则是非法的或不受法律保护的。权利与义务的一致性是指旅游权利和旅游义务具有不可分割性,任何旅游权利的实现都以旅游义务的履行为条件。根据《消费者权益保护法》《旅游法》等,旅游者在享受基本旅游权利的同时,也应当承担一定的义务。

旅游权利是由旅游业发展的社会经济关系所决定的,权利不过是旅游社会经济关系的一种法律形式,具体包括权益、主张、资格、权能、自由 5 个要素。其中权益是旅游法律权利的基础和根本内容,是权利制度设计的根本目标,是人们主张和行使权利的根本动机。权利之所以成立,是为了保护某种利益,是利在其中。因此,权利是受到保护的利益,是为道德和法律所确证的利益。[1]

(二) 邮轮旅客旅游权的法律基础

根据我国《宪法》、《旅游法》以及相关民商事法律规范,旅游者的权益种类和表现略有不同。根据我国《宪法》的相关规定,与旅游事项相关的权利包括公民的休息权、物质帮助权、受教育权等。《宪法》第 43 条规定,劳动者享有休息权,而旅游是公民休息或者休养的一种方式,保护公民旅游权符合《宪法》保障公民基本权利的精神。国务院办公厅于 2013 年 2 月发布的《国民旅游休闲纲要 (2013—2020 年)》(以下简称《国民旅游休闲纲要》)中明确提及 2020 年职工带薪年休假制度基本得到落实的目标。城乡居民旅游休闲消费水平大幅增长,健康、文明、环保的旅游休闲理念将成为全社会的共识,国民旅游休闲质量显著提高,与小康社会相适应的现代国民旅游休闲体系基本形成。

《宪法》第 45 条规定,公民在年老、疾病或者丧失劳动能力的情况下,享有从国家和社会获得物质帮助的权利,国家为此构建所需的社会保险、社会救济和医疗卫生等制度。《国民旅游休闲纲要》在改善国民旅游休闲环境的措施中,明确提及应当稳步推进公共博物馆、纪念馆和爱国主义教育示范基地等免费开放,城市休闲公园应限时免费开放。稳定城市休闲公园等游览景区、景点的门票价格,并逐步实行低票价。落实对未成年人、高校学生、

---

[1] 王莉霞主编:《旅游法学》,华中科技大学出版社 2017 年版,第 154—155 页。

教师、老年人、现役军人、残疾人等群体实行减免门票等优惠政策。鼓励设立公众免费开放日，逐步推行中小学生研学旅行。各地应将游客运输纳入当地公共交通系统，提高旅游客运质量。鼓励企业将安排职工旅游休闲作为奖励和福利措施，鼓励旅游企业采取灵活多样的方式给予旅游者优惠。

《宪法》第 46 条规定了公民受教育的权利和义务，而《国民旅游休闲纲要》在加强国民旅游休闲产品开发与活动组织的措施方面，要求大力发展红色旅游，提高红色旅游经典景区和精品线路的吸引力和影响力。开发适合老年人、妇女、儿童、残疾人等不同人群的旅游休闲产品，开发居民喜闻乐见的都市休闲、城市观光、文化演艺、科普教育等旅游休闲项目，开发旅游演艺、康体健身、休闲购物等旅游休闲消费产品，满足广大群众个性化旅游需求。鼓励学校组织学生进行寓教于游的课外实践活动，健全学校旅游责任保险制度等，从而满足公民通过旅游休闲享受教育的权利。

我国民商法关于旅游者权益的保护，主要是《合同法》明确了合同当事人应当秉承诚实守信的契约精神，《侵权责任法》则通过规定侵权责任及其法律后果，为旅游者合法权益保护提供依据。《合同法》《侵权责任法》所确立的理念和原则等，主要体现在《民法典》合同编和侵权责任编中。《消费者权益保护法》在规定消费者权益的基础上，规制了经营者的义务，并通过消费者与经营者之间发生争议的解决途径，为旅游者权益的实现提供保障。

我国《旅游法》在注意平衡旅游各方利益关系的基础上，突出以人为本的理念，以保护旅游者合法权益为主线，明确规定旅游者权利一章，并注意与涉及旅游的各个行业的已有法律规范及国际通行行业规则进行衔接，针对性地提出旅游者的权利包括如下方面：①旅游者在购买、使用旅游商品和接受旅游服务时，享有人身、财产安全不受侵犯的权利；②有知悉购买的旅游产品和服务真实情况的权利；③自主选择旅游商品和服务的权利；④购买旅游商品和服务获得质量保障以及价格合理的公平交易权；⑤人身及财产受到损害的获得赔偿权利；⑥有维护自身合法权益的依法结社权；⑦有关旅游和旅游者权益保护知识的权利；⑧旅游者人格尊严、民族风俗习惯和宗教信仰得到尊重的权利；⑨对商品服务及保护旅游者权益工作进行监督的权利等。同时还明确规定旅游者负有尊重公序良俗、文明环保旅游的义务，获悉目的地安全风险信息、安全警示和重大突发事件时的配合义务，依法理性维权的义务，随团出入境不得非法滞留的义务等。[1]

---

〔1〕 王莉霞主编：《旅游法学》，华中科技大学出版社 2017 年版，第 157—160 页。

我国邮轮旅客运输合同兼具海上运输和旅游的双重属性，因此邮轮旅客的权益除了受到《旅游法》、《消费者权益保护法》、《民法典》（侵权责任编）的保护，享有包括知情权、公平交易权、获得赔偿权等权利在内的各项权利之外，还应当受到《海商法》有关海上旅客运输合同相关法律规定的约束。在海上旅客运输合同关系之下，旅客还应享有：①获得邮轮船舶提供约定舱室及相关服务的权利；②享有约定的船上相关休闲、观光、娱乐设施及服务的权利；③免费携带一定数量行李的权利；④遭受人身伤亡及行李灭失损坏时的索赔权等。作为享有权利的对价，邮轮旅客也应当履行相应的义务，具体包括：①服从船上安全演习、指挥、安排等义务；②不得携带违禁品、危险品等义务；③贵重行李提前申报及个人健康状况申报等义务。

由于目前我国尚没有针对邮轮旅客旅游权方面的专门法律规定，加上邮轮旅游本身具有的海上运输及旅游的双重属性，我国邮轮旅客的旅游权利及对应的旅游义务和责任应当满足涉及海上运输及旅游等领域多个法律规定的特性，这也造成旅游权利和义务在某种程度上的重合性、交叉性等特点。

二、美国邮轮旅客权益保护立法与实践

美国是全球最大的邮轮市场，目前国际邮轮业以平均8%—9%的速度保持增长，其中60%的乘客来自美国。邮轮公司预计客流量还会有巨大的增长，因为国际邮轮协会估计仅有24%的美国人乘坐过邮轮。[1]邮轮业将美国视为一个未被充分开发的巨大市场。庞大的客流量不仅使美国邮轮港口繁荣发展，而且使美国拥有全世界最多的邮轮港口，其中迈阿密港口年靠泊周转量位居世界第一。许多大型邮轮公司的总部都设在迈阿密，有多达20艘邮轮以迈阿密为邮轮母港，每年带来的经济效益超过50亿美元。

美国的邮轮市场发展及邮轮法律制度相对比较成熟，因此对美国邮轮旅客权益问题的研究，有助于为我国构建和完善邮轮旅客权益保障制度提供借鉴和参考。与我国邮轮旅游产品销售模式大多为旅行社包船游不同，邮轮公司大多直接与美国游客签订邮轮旅客标准合同或客票合同，或者通过票务代理或者旅行社（作为代理人）进行邮轮船票销售，邮轮公司不仅是承运人，同时也是旅游服务提供者，而且更侧重于承运人身份。因此美国有关邮轮的相关立法也是基于运输法律关系展开，并结合邮轮旅游自身的特性。美国先

---

〔1〕　CLIA 2012 Industry Sourcebook, CLIA（23 May 2016），http：//cruising. org/sites/default/files/misc/2011FINALOV. pdf.

后通过邮轮方面的专门立法，明确邮轮旅客的知情权、人身财产安全保护权、紧急情况下的救助权以及公平交易权等。

（一）美国邮轮旅客权益保护现状

美国邮轮市场发展早，发展模式较为成熟，相应的对旅客权益的保护也比较全面。目前除了美国联邦法院、各个州法院有关邮轮旅游民事纠纷的相关判例，美国还通过相关立法，侧重从行业监管、邮轮安全保障、环境保护等方面建立相对完整的保护体系和保护制度。首先，美国对邮轮设计、建造作出专门明确的规定。通过单行立法《邮轮安全与安保法案》对邮轮建造标准和服务人员资质等作出详细规定。其次，美国通过立法加强对邮轮安全的监管力度。对美国邮轮行业监管的机构或者部门主要包括美国海岸警卫队（United States Coast Guard）、美国海事海商法律委员会（Admiralty and Maritime Committee）、美国国家运输安全委员会（National Transportation Safety Board）等，以确保邮轮经营人或船舶所有人不会侵犯旅客合法权益。此外还包括一些邮轮行业协会或机构，从邮轮安全、环境保护、整体行业水平和质量提升等方面确定行业标准或规则。最后，美国法律明确对邮轮经营人或船舶所有人的权利、义务、责任等予以规定，从而加强对邮轮经营人或船舶所有人的规范，以确保美国旅客的合法权益。

近年来，美国有关邮轮方面的立法活动比较活跃，如具有较大反响的提案包括《邮轮旅客保护法案》（Cruise Passenger Protection Act）、《邮轮消费者信任法案》（Cruise Vessel Consumer Confidence Act）等。后者被认为是保护邮轮消费者和提高消费者意识的唯一方法。[1]当然这些立法活动并不意味着美国有关邮轮旅游权益保护方面没有任何瑕疵或欠缺之处。例如，在美国现行立法中，对于旅客知情权等权益规定不够充分，对残障人士等特殊人群的保护还不够全面，等等。

---

[1] 马炎秋、余亚楠：《美国邮轮旅客保护立法动态研究》，载《中国海商法研究》2014 年第 1 期，第 96 页。

(二) 美国邮轮旅客权益保护相关立法活动

1. 美国 2010 年《邮轮安全与安保法案》

(1) 产生背景

美国针对航运业的立法主要体现在《美国法典》和《美国联邦法典》中。《美国法典》第 46 篇专门针对船舶的设计建造和港口要求方面予以规制。[1]而《美国联邦法典》侧重于船舶航行安全方面。[2]《美国法典》第 46 篇主要针对美国船舶和港口方面作出最普遍、最低限度的原则性规定,没有考虑邮轮自身的特性,而邮轮在建造规模标准、用途、功能等方面区别于其他普通商船,因此《美国法典》的规定并不完全适用于邮轮,也无法解决邮轮潜在的问题。例如,在邮轮旅游期间,可能会出现人身伤害、财产损失等,甚至存在潜在的、受犯罪行为侵害的危险,邮轮旅行中还会发生性暴力、性侵犯、旅客在公海莫名失踪等案件。而这些案件的加害方可能是邮轮上的船员或其他工作人员,也可能是船上游客。由于邮轮在海上巡游期间,游客无法及时向陆地相关机构寻求法律援助,犯罪现场的保护也存在诸多困难,甚至受害者难以得到及时医疗救援,一旦发生犯罪纠纷,邮轮旅客的人身与财产权利极易受到侵害。[3]例如在苣怡诉名人邮轮公司 (Doe v. Celebrity Cruises) 一案中,原告苣怡小姐声称在岸上旅游期间遭受一名男性船员性骚扰、强奸并殴打。针对船上性暴力事件,原告向法院提起诉讼。[4]美国法院认为邮轮公司作为公共承运人,应对其员工的蓄意侵权行为承担严格责任,即便侵权行为发生在雇佣管辖范围之外。因此,一旦邮轮工作人员发生性骚扰事件,邮轮公司应当承担严格责任。

在 2010 年美国《邮轮安全与安保法案》出台之前,国际上有关海上邮轮安全的问题,主要受制于国际法和行业自律规定,几乎没有一个国家的国内法对其进行规范。国际法层面主要是 1982 年《联合国海洋法公约》和

---

[1] United States Code, Title 46, Section 3505 Prevention of Departure, Section 3303 Reciprocity for Foreign Vessels, Section 701 Port Security.

[2] Code of Federal Regulations, Title 33 Navigation and Navigable Waters, Part 104 Maritime Security: Vessels, Part 105 Maritime Security: Facilities.

[3] 马炎秋、余亚楠:《美国邮轮旅客保护立法动态研究》,载《中国海商法研究》2014 年第 1 期,第 96 页。

[4] See Doe v. Celebrity Cruises, Inc., 287 F. Supp. 2d 1321, 1324, 2004 AMC 832, 832-33 (S. D. Fla. 2003), affirmed in part and reversed in part, 394 F. 3d 891, 2005 AMC 214 (the 11th Cir. 2004).

1974 年《国际海上人命安全公约》。但是由于美国没有加入《联合国海洋法公约》，在对美国领海以外的海域主张管辖权时，美国法院只能适用国际惯例法。

此外，美国法院长期以来存在对邮轮旅客权益保护不足的现象。美国纽约州最高法院法官托马斯·迪克森（Thomas A. Dickerson）表示，邮轮承运人的责任与义务是由 19 世纪确立的法律原则来调整的，而不是由以乘客为中心的现代化法律来调整。[1]美国联邦第二巡回法院在 50 多年前审理施瓦茨诉拿索船（Schwartz v. S. S. Nassau）[2]案中确立的原则仍然适用至今。该案是一起关于乘客人身伤害的案件，法院在判决书中提及《美国法典》第 46 篇第 183 节规定的目的是鼓励造船，因此总体上应当从有利于船东的角度来理解条文规定。而在芭柏塔诉百慕大之星船（Barbetta v. S. S. Bermuda Star）[3]一案中，美国法院确立了船东对船上医生治疗乘客的过失不负间接责任的原则。美国联邦第五巡回法院表示绝大多数法院在近百年内都遵循着同样的基本原则。因此，针对美国法院总体上作出有利于邮轮承运人的先例判决的现象，迪克森法官评价为邮轮旅客在 21 世纪的邮轮上依然行使的是 19 世纪的消费者权利。[4]

为确保邮轮旅客人身、财产安全得到保障，美国在 2010 年 7 月颁布《邮轮安全与安保法案》（Cruise Vessel Security and Safety Act，CVSSA）。该法案适用于承载超过 250 名旅客并可以提供旅客住宿设施的远洋邮轮，同时还必须满足游客应当在美国港口登上或离开邮轮的要求[5]，该法案不适用于在美国沿岸巡航的邮轮船舶。同时《邮轮安全与安保法案》对邮轮载客数量、邮轮设施的配置、邮轮航行范围等作出具体限制。通过对邮轮设施标准、船上人员资质，以及船上犯罪预防和证据保全制度等进行规定，保障美国邮轮旅客安全。

---

[1] Thomas A. Dickerson, "The Cruise Passenger's Dilemma: Twenty-First-Century Ships, Nineteenth-Century Rights", *Tulane Maritime Law Journal*, 2004, p. 447.

[2] See Schwartz v. S. S. Nassau, 345 F. 2d 465, 467 (2d Cir. 1965).

[3] See Barbetta v. S. S. Bermuda Star, 848 F. 2d 1364, 1371, 1988 AMC 2650, 2660-61 (5th Cir. 1988).

[4] Thomas A. Dickerson, "The Cruise Passenger's Dilemma: Twenty-First-Century Ships, Nineteenth-Century Rights", *Tulane Maritime Law Journal*, 2004, p. 447.

[5] 参见《邮轮安全与安保法案》第三部分 "邮轮安全与安保要求"（k）（1）项。

（2）主要内容及其评析

① 在邮轮设计和建造标准方面

《邮轮安全与安保法案》对邮轮的设计建造标准予以详细规定[1]，要求邮轮经营人应当按照美国酒店设施的标准进行邮轮建造，并强调加强安全保障措施。主要包括船舶栏杆不低于42英寸，船上应配备视频监控系统，旅客舱房和住宿等场所应配备安全锁等。

② 对邮轮工作人员的要求

《邮轮安全与安保法案》规定，邮轮上所有的工作人员均应当按照相关法律法规、政策规定的程序要求，完成相关培训认证。[2] 船上应当至少配备1名拥有医师或护士职业证书和至少3年临床急诊经验的医疗人员。医疗人员必须经过专门培训，可以进行性侵害的法医检查，并遵守美国急诊医师学会（American College of Emergency Physicians）颁布的性侵犯受害者治疗守则。该法案还特别规定，邮轮上的安保人员应当掌握保护犯罪现场的专业技能。

③ 对旅客安全保护方面

《邮轮安全与安保法案》分别从消防安全以及旅客人身安全等多个角度予以规范。[3] 例如要求邮轮应当符合美国消防安全守则的规定。邮轮承运人应当向每一位旅客提供安全手册，安全手册中应当明确标明船上安保人员及医护人员的联系方式、案件适用的法律及管辖等事项。针对美国邮轮上发生多起性侵案件的现实，该法案还特别规定一旦在邮轮上发生性侵案件，承运人应当确保受害者能够联系到相关执法机构、法律顾问或者其他第三方保护组织。同时承运人也应做好案件的保密事宜，未经涉案当事人同意，不可将犯罪记录以及医疗记录等信息透露给任何其他人员。旅客安全手册应当在美国联邦调查局备案，并在邮轮公司网站上予以公示。

④ 犯罪信息公开方面

《邮轮安全与安保法案》规定[4]，凡是涉及美国公民的恶性犯罪、涉案金额在10000美元以上的盗窃罪等，都应上报美国联邦调查局、美国海岸警卫队和其他执法机构，同时承运人应当确认这些案件在其公司官方网站上公示，并发布提示公告。

---

〔1〕　参见《邮轮安全与安保法案》第三部分"邮轮安全与安保要求"（b）（c）项。
〔2〕　参见《邮轮安全与安保法案》第三部分"邮轮安全与安保要求"（d）项。
〔3〕　参见《邮轮安全与安保法案》第三部分"邮轮安全与安保要求"（e）项。
〔4〕　参见《邮轮安全与安保法案》第三部分"邮轮安全与安保要求"（f）项。

⑤ 对违法处罚事项方面

《邮轮安全与安保法案》规定凡是违反该法案的，将禁止邮轮承运人进入美国海域从事经营活动，同时还应接受每天不超过 2500 美元，最高不超过 50000 美金的民事处罚，或者最高不超过 250000 美元和不超过一年监禁的刑事处罚。[1]

该法案规定事项在三年内分三个阶段依次执行。第一阶段主要针对涉及性侵犯、失踪人员报告以及刑事案件信息公开的相关内容。除医疗救助外，该法案还要求每艘邮轮在其航海日志中应当记录船上发生的所有涉及死亡、失踪的案件和其他刑事案件。第二阶段于 2012 年 1 月 27 日生效，主要内容为邮轮甲板护栏必须高于 42 英寸以减少乘客落海的危险，对乘客和船员的所有房间进行安保改造，包括对乘客房间安装安全锁等。最后还要求安装扬声装置等以应对海盗和恐怖分子袭击。一旦邮轮承运人违反上述第一、第二阶段的规定，将会面临民事或刑事处罚或者两者并罚，甚至面临被禁止进入美国水域从事经营活动的处罚。第三阶段主要针对船员犯罪现场保护训练，使得经过培训的船员和安保人员，能够在船上采用合理措施预防犯罪行为的发生，并能够针对刑事调查需要履行相关证据保护的义务等。对于违反第三阶段规定措施的邮轮公司，不涉及刑事处罚，而仅承担不超过 50000 美元的民事处罚。

综上，这部单行法案从邮轮船舶建造结构、硬件设施、旅客房间安全锁的设置等方面的完善，到为旅客提供安全手册等指南性软件环境的安排，对保障美国旅客人身及财产安全，预防犯罪起到了重要作用。尤其是针对邮轮上频发的性侵案件予以防范和有效处置的规定，不仅有助于减少邮轮性侵事件的发生，也为全球其他国家的邮轮经营安全防范提供了重要借鉴。

但是《邮轮安全与安保法案》中有关违法处罚的规定，尤其是处罚金额和惩罚力度尚有所缺失和不足，对邮轮公司而言，不论从邮轮经营者资金规模角度，还是从邮轮旅游收益较高的角度，现有罚金数额和处罚类型都起不到足够的震慑力，甚至还会引发因处罚数额过低邮轮公司频频以身试法的恶性循环。

根据《邮轮安全与安保法案》，邮轮公司应当对人员落水监测情况，以及船上人员失踪及犯罪情况进行报告。邮轮公司为了维护良好社会形象及更多销售邮轮船票，追逐丰厚利润，一般不情愿报告上述事件情况。而美国联

---

[1] 参见《邮轮安全与安保法案》第三部分"邮轮安全与安保要求"（h）项。

邦检察官往往缺乏足够证据，也没有合适的诉因去启动这些调查，使得即使邮轮公司履行报告义务，被报告的大部分刑事案件也得不到及时有效的调查。美国联邦调查局对公众仅披露已结束调查的案件，而这些案件仅占邮轮犯罪案件的 10% —20% 。由于没有统计数据发布出来，外界无法衡量每年在邮轮上发生的刑事犯罪是呈增长还是降低的趋势。不能全面反映邮轮上发生的刑事案件的真实情况，不仅会造成公众误导，更有甚者会使公众产生邮轮上不会发生刑事犯罪的错误印象，这种情况是非常危险的。[1]因此《邮轮安全与安保法案》强调的邮轮公司报告制度事实上并没有得到有效执行。

《邮轮安全与安保法案》仅要求每艘邮轮至少配备 1 名接受过安保训练并取得犯罪现场保护培训资格证书的船员。当今大多数邮轮平均会搭载4000—6000 名乘客，仅有 1 名或少数几名接受过训练的船员，显然无法满足船上的安保需要，更无法专业地保护犯罪现场，为受害者提供援助。因此，有关安保人员的数量配置问题与美国蓬勃发展的邮轮旅游业相比，仍然存在较大缺失。

2. 美国 2013 年《邮轮旅客保护法案》提案

（1）提案背景

鉴于美国 2010 年《邮轮安全与安保法案》本身仍然存在一些不足，为了更好地保护美国邮轮旅客权益，美国于 2013 年 7 月提出一项新的法案——《邮轮旅客保护法案》（Cruise Passenger Protection Act，CPPA），旨在对《邮轮安全与安保法案》进行一定的修改。《邮轮旅客保护法案》目前已在美国国会进行了十几次听证，但尚未正式通过施行，仍处于提案状态。

本提案是在邮轮行业需要侧重保护消费者权益的背景下产生的。邮轮公司除了提供运输服务，还应当提供旅游服务；邮轮旅客除了是运输法中的旅客，也是旅游服务中的消费者。现行法律规定的缺失，使得邮轮公司在邮轮旅游收费、免责、责任承担等方面占据优势地位，出现一些不平等交易情况。《邮轮旅客保护法案》试图在一定程度上改变这一现象，从而更好地保护美国邮轮旅客的合法权益。

该提案的适用范围与《邮轮安全与安保法案》的规定一致，即适用于承载超过 250 名旅客并可以提供旅客住宿设施的远洋邮轮，同时还必须满足旅客应当在美国港口登上或离开邮轮的要求。但是联邦政府经营的美国邮轮或

[1]　Tiffany L. Peyroux,"The Cruise Vessel Security and Safety Act of 2010 Founders on Its Maiden Voyage", *Loyola Maritime Law Journal*, 2014, p. 74-76.

国家拥有和经营的邮轮船舶排除适用。[1]

（2）主要内容及其评析

《邮轮旅客保护法案》在《邮轮安全与安保法案》的基础上对邮轮旅客安全保护作了进一步完善，具体内容包括如下几个方面：

① 进一步细化完善邮轮安全和安保规定

《邮轮旅客保护法案》规定，船舶应当配有足够数量的合格医护人员（而《邮轮安全与安保法案》仅强调需配备至少 1 名有资质的医生或护理人员）。[2]此外，针对美国公民在船上发生的死亡事件，如果其亲属要求将尸体运回美国，则应当满足家属的意愿。包括船员在内的船上所有工作人员，都应经过维持生命的专门基本训练，并获得心肺复苏的能力认证。《邮轮旅客保护法案》要求船上医生必须是具有至少 3 年全科或者急诊科从医经验的医学院毕业学生，应当拥有急诊医学、家庭医学或内科学等专业技能的资质认证。此外规定邮轮应按法规要求，在乘客公共区域安装视频监控。鉴于邮轮上安置的视频监控在未来可能提起的民事诉讼中的证据力和证明力，《邮轮旅客保护法案》还详细规定监控视频如何保留等具体内容。

② 制定新的邮轮旅游标准格式合同

通常情况下，邮轮旅客运输合同是承运人预先制定的格式合同，旅客只能被动接受，甚至是被迫接受对其不利的合同条款。旅游合同内容具有突出的专业性和复杂性，作为非专业人士的旅客很难发现其中潜在的不公平条款，使其合法权益某种程度上受到侵害。因此，《邮轮旅客保护法案》规定由美国交通部牵头负责制定邮轮旅客运输合同文本，并对邮轮经营人收费、责任承担、豁免等事项作出具体规定。

③ 扩大联邦政府和海岸警卫队监管权力

《邮轮旅客保护法案》制定伊始，就提出赋予交通部对邮轮业中不公平竞争行为和邮轮欺诈行为予以监督管理的权力。[3]美国议会还曾深入探讨如何扩大美国联邦调查局的管辖权，规定航海日志记录及相关报告等信息如何与联邦调查局和其他调查员共享。如果邮轮在美国有管辖权的海域内航行，

---

〔1〕 United States Library of CongressS 965 . Sec. 3.

〔2〕 United States Library of CongressS 965. Sec. 8 Passenger vessel security and safety requirements.

〔3〕 United States Library of CongressS 965. Sec. 6 Crime report and public notice，Sec. 7 Crime prevention, documentation, and response requirements，Sec. 8 Passenger vessel security and safety requirements.

一旦在美国港口水域通行或在美国港口停靠，邮轮船舶所有人或经营人应在船舶离港前的规定时间内，将有关犯罪事件的相关信息，及时告知与港口距离最近的联邦调查局办事处或法律服务局。如果船上发生了可能涉及或针对美国国家的罪行，邮轮船舶所有人或者经营人除了就近联络联邦调查局办事处或法律服务局，还应在规定时间内，与下一停靠港口所在地的美国领事馆取得联系。如果邮轮拒绝接受海岸警卫队监管指挥，将会受到被拒绝进入美国海域从事经营活动的处罚。

综上，《邮轮旅客保护法案》是对《邮轮安全与安保法案》相关规定的进一步细化和完善，更加明确了对邮轮旅客生命健康权的保障，涉及医生资质及技能要求、证据留存和举证、格式条款内容及其效力、美国联邦政府部门及海岸警卫队监管权限等。

3. 美国 2013 年《邮轮消费者信任法案》提案

（1）提案背景

2013 年 2 月，"胜利号"邮轮（cruise Triumph）在墨西哥湾搁浅。2013 年 3 月，连续发生多起涉及邮轮安全、游客安全的事件。如：英国嘉年华公司"喜悦号"邮轮（Carnival Elation）在失去舵效之后不得不请拖轮拖带航行。载有 4000 名游客的嘉年华公司"梦想号"邮轮（Carnival Dream）在圣马坦岛（St. Maarten）搁浅。嘉年华公司"传奇号"邮轮（Carnival Legend）在遭遇机械故障后速度降低，不得不返回美国坦帕港。2013 年 5 月，隶属于皇家加勒比游轮有限公司的"海洋辉煌号"邮轮（Grandeur of the Seas）发生严重火灾事故，船上旅客不得不紧急撤离。2013 年 10 月，载有超过 300 名游客的"名人峰会号"邮轮（Celebrity Summit），因为诸如病毒暴发致使部分游客生病。2013 年 11 月，当时世界最大邮轮"海洋诱惑号"（Allure of the Seas）因螺旋桨推进装置发生机械故障不得不减速航行。在上述邮轮安全事件中，被困在邮轮上的游客普遍反映无法得到正确信息，未能获知危险状况及基本物质保障等。[1]

这些频发的邮轮事件对美国邮轮旅客权益保障带来极大挑战，基于这样的背景，美国国会起草 2013 年《邮轮消费者信任法案》（Cruise Vessel Consumer Confidence Act of 2013）。在蓬勃发展的邮轮市场中，信息发布不对等，致使广

---

〔1〕　John Garamendi, Ranking Member Garamendi Introduces Cruise Vessel Consumer Confidence Act of 2013, Us congressman website（2 March 2020），https：//garamendi. house. gov/press-release/ranking-member-garamendi-introduces-cruise-vessel-consumer-confidence-act-2013.

大游客无法知晓邮轮行业的真实情况，产生邮轮旅游不会遭遇任何安全问题的虚幻错觉。针对邮轮业存在的此种不公平现象，《邮轮消费者信任法案》授权美国联邦海事委员会（Federal Maritime Commission，FMC）进行相关调查，以确保邮轮公司能够尽到如实披露义务，及时向旅客提供信息，满足旅客实际需要，并在邮轮运输发生超过24小时以上迟延的情况给予旅客一定补偿等。

国会在制定2013年《邮轮消费者信任法案》之前，意图在《美国法典》第四十六篇增加一章，即第八百零七章，标题为"邮轮旅客权益保护"，并增加7个条文，分别涉及如下内容：不公平或欺诈实践以及不公平竞争模式、航行迟延的补偿、消费者服务计划、旅客投诉、报告程序、经授权的费用、定义条款。但非常遗憾的是，目前该法案仍未能通过。2013年《邮轮消费者信任法案》定义条款中有关邮轮的界定[1]，与《邮轮安全与安保法案》的规定一致。以下针对该法案主要内容予以分析。

（2）主要内容

① 对承运人权责予以规制

第一，针对邮轮船舶所有人运输迟延的赔偿责任。提案第80702条规定（§80702）：对于始发港出发时存在的迟延，或者抵达目的港存在的迟延，如果超过24小时的，邮轮船舶所有人应当向持有邮轮客票的旅客承担赔偿责任。迟延超过24小时但低于48小时的，赔偿金额应当为游客票价的一半或者500美元二者之中的较低者；如果迟延超过48小时的，应当赔偿游客票价全额。但是如果存在一些不可预见并且不可归因于机械故障的事件，例如恶劣天气、因政治因素滞留、海盗袭击、为保障旅客安全而采取必要行动等，承运人可以免除赔偿责任。如果违反上述规定，美国联邦海事委员会有权对邮轮经营人或所有人予以处罚，最高金额可达25000美元。其中明确将机械故障解释为邮轮上的机械或机械系统未能在制造商确定的合理参数范围内达到应有的功能效果。

根据《邮轮消费者信任法案》条文规定，船舶所有人的表述涵盖的责任主体范围比较宽泛，并不限于邮轮船舶的所有人，还包括承租人、经营人等，以及对经营活动负责的船长及其他自然人。而且对于造成航程迟延的几种情形，船舶所有人是否应当承担赔偿责任、赔偿数额、责任免除等分别予以明确规定。

---

〔1〕　参见2013年《邮轮消费者信任法案》（Cruise Vessel Consumer Confidence Act of 2013）提案文本第80707条款（§80707. Definitions）。

第二，邮轮船舶所有人有义务提交消费者服务计划。《邮轮消费者信任法案》第 80703 条规定（§80703），邮轮船舶所有人应当向美国联邦海事委员会提交邮轮消费者服务计划。该服务计划应当包括：邮轮航程迟延和取消时的告知程序；航程取消政策的透明化；航程取消后的快速退款程序；为残疾人士或特殊人群提供特殊方便措施；旅客投诉快速答复程序；预先安排的旅游航程或停靠港口发生变更时的及时告知义务；航程延迟时间较长时提供满足旅客基本需求的安排措施等。邮轮船舶所有人应当将上述服务计划内容并入邮轮公司制定的旅客票据合同，并通过互联网对外发布。此外该法案还对消费者服务计划的发布程序、联邦海事委员会评估程序、计划修改、备案、执行等事项作出具体规定。

② 明确联邦海事委员会权责

针对可能存在的不公平经营或经营存在欺诈行为或不正当竞争行为等现象，《邮轮消费者信任法案》授权联邦海事委员会调查权。[1]如果联邦海事委员会收到投诉并认定邮轮公司的行为存在不公平经营或欺诈经营行为或构成不正当竞争行为，则在发出适当通知并经过听证程序后，可要求邮轮公司停止不公平经营或不正当竞争行为，并处以不超过 25000 美元的民事罚款。

如果邮轮公司不披露如下事项内容，将可能被认为存在不公平经营或欺诈经营行为或存在不正当竞争行为：邮轮船舶名称、邮轮船舶发生事故的历史记录信息、旅客的刑事投诉信息（不论该案件是否经过美国联邦调查局的调查处理）、按照美国疾病控制和预防中心的要求在邮轮上出现任何聚集性疾病事件、邮轮曾经发生机械性故障的次数和造成迟延的时长、邮轮船舶登记国信息、发生在美国管辖水域之外的民事或刑事案件及调查情况、旅客票价包含的税费及其种类、其他应当向联邦海事委员会告知的信息等。《邮轮消费者信任法案》还规定邮轮公司应当告知旅客就有关邮轮违反本法规定如何向联邦海事委员会投诉的路径信息。

此外，《邮轮消费者信任法案》还明确联邦海事委员会可以定期检查邮轮的服务计划并要求进行适当更改。如果邮轮经营人不提交服务计划，或者不按照提交的服务计划从事邮轮经营活动，联邦海事委员会可以对该邮轮公司予以罚款。同时，该法案还要求联邦海事委员会为邮轮旅客提供投诉路径，以确保旅客投诉能够及时得到受理和回应；联邦海事委员会还应当定期向美

---

〔1〕　参见《邮轮消费者信任法案》第 80701 条（§80701）。

国国会报告对邮轮旅客保护的执行情况和民事处罚的具体情况等。[1]

综上所述，通过前文对美国邮轮旅客权益保护相关立法的分析，可以看出美国目前针对邮轮旅客保护方面基本形成了以建造技术要求、行政监管、权责规制为主要内容的较为完整的法律体系。在邮轮设计建造技术内容方面，除了《国际海上人命安全公约》以及美国法律关于船舶建造最低限度要求的规定，美国还通过《邮轮安全与安保法案》对邮轮建造标准和服务人员的资质等专门作出详细规定。尽管美国《邮轮旅客保护法案》《邮轮消费者信任法案》尚未成为正式法律，但是这两部法律提案，都是从加强美国联邦政府以及美国联邦海事委员会行政监管权的角度，保护美国本土邮轮旅客各项合法权益。因此能够为美国旅客提供更加安全的邮轮旅游法制环境，满足旅客的服务需求，规范邮轮旅游活动，促进邮轮旅游业健康发展。

（三）美国有关旅客人身权益保护的司法判例

除有关保护邮轮旅客权益的成文立法外，美国法院审理了很多涉及邮轮旅客权益的案件，通过对一些典型判例的梳理和分析，也可以揭示美国法院对邮轮旅客权益保护的态度及原则。

1. 邮轮承运人合理注意义务

（1）案件事实

选择邮轮旅游的旅客，在尽情享受邮轮上各项服务的同时还有机会在中途停靠港上岸参加陆上旅游观光项目。这虽然丰富了旅客的邮轮之行，但也在一定程度上为邮轮旅客权益保护增添了难度，在卡迪拉克诉皇家加勒比游轮有限公司（Kadylak v. Royal Caribbean Cruises）[2]一案中就涉及岸上旅游期间，旅客遭受人身伤害能否向邮轮承运人索赔的问题。

原告卡迪拉克（Kadylak）先生从一家旅游公司购买邮轮船票并乘坐被告皇家加勒比游轮有限公司经营的一艘邮轮。客票附带了由旅游公司组织的在中途停靠港举行的一项摩托车娱乐项目。旅游公司要求参与该项目的人需具备3000英里摩托车骑行经验且拥有驾驶执照，以及应当为其使用的摩托车投保。同时参加该项目的人员被要求事先签订一份免责协议，即一旦发生任何损害，无论发生在船上还是摩托车骑行过程中都与旅游公司和邮轮承运人无关。

---

〔1〕 参见《邮轮消费者信任法案》第80704—80706条（§80704—§80706）。
〔2〕 See Kadylak v. Royal Caribbean Cruise, LTD., 167 F. Supp. 3d 1301, 2016 U. S. Dist (S. D. Fla., 2016)；Kadylak v. Royal Caribbean Cruises, Ltd., 2017 LEXIS 2271（U. S. App. 2017）.

　　登索夫（Denysov）是邮轮上的一名工作人员，沃勒克（Wallach）是旅游公司的负责人。沃勒克在事先已知登索夫摩托车技术水平不高且缺乏驾驶哈雷戴德森型号摩托车经验的情况下，仍然以自己的名义为登索夫租赁了一辆哈雷戴德森型号摩托车。在登索夫已明确下班并完成交接工作的情况下，沃勒克任命登索夫担任摩托车娱乐项目的活动安全官。结果在岸上举行摩托车骑行活动中，登索夫骑车失控将参与同一活动的旅客卡迪拉克先生的右腿撞伤。

　　原告就其生命健康权遭受侵犯为由向美国佛罗里达州南区地区法院提起诉讼，主张被告邮轮公司作为公共承运人存在过失，应对其雇员登索夫的行为和原告自身遭受的人身伤害负责。被告则抗辩否认原告主张，认为其不存在过失，不承担任何责任。一审法院判定被告不承担责任，驳回原告诉请。原告不服一审判决，又向美国第十一巡回法院提起上诉，上诉法院支持了一审法院判决。

　　（2）法院判决与要点分析

　　法院认为被告不应对登索夫的过失行为负责，本身也不存在过失。法院得出这一结论是基于如下原因：首先，作为公共承运人的邮轮公司对旅客负有在特定环境下的合理照管义务[1]，而被告对于这一义务只需尽到合理谨慎的注意程度即可。因此没有理由要求被告了解登索夫应当具有何种程度的摩托车驾驶水平，这不在邮轮承运人对受雇人员的要求范围。虽然被告作为邮轮承运人对于包括原告卡迪拉克在内的所有旅客负有避免使他们暴露在危险中的义务，但这仅限于非公开性的、非明显性的危险。原告作为一名摩托车骑手，能够合理预料骑行中会遭遇一定的危险，即使该危险是由其他摩托车骑手的驾驶失控造成的。这些危险是众所周知且显而易见的，旅客对此应该有足够的理由加以注意，不需要邮轮承运人给予特别提示。因此，被告不存在违反合理照管旅客义务的行为。

　　其次，公共承运人应对其受雇人员在船上对旅客进行的任何故意、荒谬、任性等不端行为承担责任[2]，但是仅限于受雇人员职责范围内。本案登索夫已经下班并进行工作交接，登索夫是在受雇工作时间以外参与摩托车骑行活动，且其下船时未穿着佩戴任何能将其与邮轮公司或邮轮联系起来的服装或标志，也不会因此造成登索夫是基于邮轮工作人员的身份参与本项活动的

---

〔1〕　See Doe v. Celebrity Cruises, Inc., 394 F. 3d 891, 904-08, 913 (11th Cir. 2004).

〔2〕　See New Orleans & N. R. Co. v. Jopes, 142 U. S. 18, 27, 12 S. Ct. 109, 35 L. Ed. 919 (1891).

误解。故被告不应对处于非工作时间范围内受雇人员的行为承担任何责任。

被告无须对原告承担赔偿责任。法院认为被告不承担赔偿责任，理由是本案发生在邮轮中途停靠港口时的岸上旅游期间，摩托车活动由售卖客票的旅游公司自行组织。这属于旅客与旅行社签订旅游合同下的陆上观光项目，合同当事双方是旅客和旅行社。邮轮公司对旅客所遭受的人身、财产权利损害不承担严格责任，被告不存在任何过失，因此不承担任何赔偿责任，应由旅游公司负责。

通过对法院判决及理由的研读，可以看出美国法院针对旅客运输合同下承运人的责任归责原则主要是比较过失原则与风险自担原则。美国在海事案件审理中，早先普遍适用的是共同过失原则，即如果在承运人及旅客均有过失的情况下造成旅客人身伤害或财产损失，邮轮公司可以受害旅客也存在过失为由进行抗辩，主张免除部分赔偿责任。近年来，美国很多州开始适用比较过失原则。在比较过失原则下，法院更加强调双方对自己的行为是否尽到相应的注意义务，如果经证明一方违反了合理注意义务，即构成过错，应当承担过错责任。[1]本案中，邮轮公司举证证明已经尽到合理注意义务，对于原告的人身伤害不存在过失，因此法院依据比较过失原则，判定被告邮轮公司不承担任何赔偿责任。

2. 邮轮承运人危险告知义务

邮轮公司作为公共承运人负有将危险情况告知旅客的义务。目前业界普遍将该危险界定为"非明显、非公开的事件"，由于没有清晰的判定标准，实践中邮轮承运人大多依照主观判断，决定哪些危险需要告知旅客。

（1）案件事实

在弗拉赫蒂诉皇家加勒比游轮公司（Flaherty v. Royal Caribbean Cruises）[2]一案中，原告弗拉赫蒂（Flaherty）乘坐皇家加勒比游轮有限公司旗下经营的一艘邮轮进行为期7天的海上旅游航程。原告预订了在中途停靠港参观邓斯河瀑布的游览项目。在游览参观时，游览向导要求包括原告在内的所有旅客手牵手前行以避免危险发生。但是在手牵手前行的过程中，与原告牵手的一名女孩不慎滑倒，致使原告跟着滑倒，最终造成原告右腿骨折并伴有其他擦伤。

---

〔1〕 罗依：《论美国法下邮轮旅客人身权利保护——以美国〈2010年邮轮安全法〉及相关判例为视角》，载《法制与社会》2014年第7期，第61页。

〔2〕 See Flaherty v. Royal Caribbean Cruises, Ltd., 172 F. Supp. 3d 1348, 1351 (S. D. Fla. 2016).

原告以被告邮轮公司侵犯其知情权、生命健康权为由提出损害赔偿请求，认为被告邮轮承运人知道或应当知道攀爬邓斯河瀑布时采取手牵手的措施存在可预见的危险，有责任提醒旅客注意该危险却疏于告知。被告邮轮公司则认为，攀爬邓斯河瀑布存在危险是显而易见的，而且是公众能够知晓的，没有证据表明手牵手的行为必然导致原告受伤害，也没有证据表明被告邮轮公司知晓手牵手行为会存在危险性。

（2）法院判决及其分析

法院认为原告对于被告过失行为的举证应当满足如下四个方面：被告对原告负有相应义务；被告违反这些义务；被告违反义务的行为是造成原告受伤的近因；原告因此遭受损失。邮轮对旅客负有已知的、特殊危险的告知提示义务，旅客在邮轮航行中享有必要的知情权。因此本案主要争议焦点在于被告邮轮承运人是否违反危险告知义务。法官认为应当从两方面予以考虑：一是被告是否对该危险已知或应当知道；二是在邓斯河瀑布景区旅游时采取手牵手措施是否存在危险，该危险是属于明显的还是潜在的。

经过审理发现，已有相关证据表明，在原告参加陆上观光旅游项目之前，已经发生过几起旅客因为在游览邓斯河瀑布时被向导要求手牵手而遭受伤害的事件。因此作为被告的邮轮承运人对于手牵手行为存在的潜在危险性应当是能够事先知晓的。此外，法官认为，没有任何理由和证据可以表明手牵手的行为会构成显而易见并且为公众所周知的危险。即原告与其他旅游者并非知晓在邓斯河瀑布景区游玩时，如果采取手牵手的措施会产生危险。因此法官援引先例阿伦森诉名人邮轮公司（Aronson v. Celebrity Cruises）[1]一案中法院的观点，认为被告有义务将一些特定的、已知的危险向游客发出提示警告，而且这一危险并非是旅客可以显而易见知晓的。综合案件事实和相关证据，法官认为被告违反了危险告知义务，并因此侵害了原告的知情权和生命健康权，判定原告胜诉。

3. 邮轮承运人安全信息披露义务

根据美国《邮轮消费者信任法案》，邮轮经营人和所有人应当在销售客票之前告知相关信息，包括在邮轮上曾经发生伤亡的历史记录等。[2]现实中，邮轮公司为了维持经营，增加收入，吸引更多消费者，往往会隐瞒一些会对其产

---

〔1〕　See Aronson v. Celebrity Cruises, Inc., 30 E Supp. 3d 1379, 1396 (S. D. Fla. 2014).
〔2〕　余娅楠：《邮轮承运人对邮轮旅客的民事法律责任研究》，中国海洋大学 2014 年硕士学位论文，第 42 页。

生不利影响的安全信息。

（1）案件事实

H. S. 诉嘉年华集团公司（H. S. v. Carnival Corp.）[1]一案中，14 岁的原告 H. S. 与其母亲一起乘坐嘉年华集团公司旗下的一艘邮轮。邮轮公司通过网站对外宣称，海上巡游期间，将举办一个名为"Club 02"的青少年夜总会活动。这是一个专门为 15 岁至 17 岁特殊年龄段青少年设计的活动。邮轮公司保证整个活动会受到监管且会严格限定参与活动的人群年龄，活动中禁止一切抽烟、喝酒和其他不守规矩的行为。原告母亲向项目负责人披露了原告的真实年龄，活动负责人同意原告参加该项活动，同时原告母亲在初步了解该项活动后，认为适合原告参与，最终为原告报名参加。

原告在参加活动中和其他两名未成年旅客 K. M. A. 和 E. H. 进行多次不同形式的身体接触和性器官接触，活动期间项目负责人、成年监护人或者船员均不在现场。活动结束后，K. M. A. 和 E. H. 邀请原告到 E. H. 的房间共同饮酒。原告处于高度兴奋的醉酒状态，并与 K. M. A. 和 E. H. 发生性器官接触行为和性交行为。

原告母亲认为，鉴于原告的年龄和当时醉酒状态，以及没有任何成年监护人或船员对此予以阻止，原告与其他未成年旅客的行为应被认定为性侵行为。此外，原告母亲还认为，被告隐瞒了这艘邮轮上曾经多次发生过性侵事件和其他不正当行为的信息，并对 Club 02 活动的安全性进行夸张宣传，对参加活动的年龄要求未能严格执行等，才误导原告参加本次夜总会活动。因此原告以人格尊严权、知情权等遭受严重侵害为由，向佛罗里达州南区地区法院提起诉讼。

（2）法院判决与分析

案件争议焦点在于邮轮承运人是否存在过失并导致原告人格尊严权等受到侵害，邮轮承运人是否侵害原告知情权，邮轮承运人是否隐瞒邮轮安全信息等。

关于邮轮承运人是否存在过失并导致原告人格尊严权等遭受侵害，法院根据先例科恩伯格诉嘉年华邮轮公司（Kornberg v. Carnival Cruise Lines）[2]一案中确立的原则，认为邮轮承运人如果对能够预见的犯罪行为未加以阻止

---

[1] 参见 H. S. v. Carnival Corp.，2016 U. S. Dist.（S. D. Fla. 2016）一案判决，因为原告属于未成年人，因此原告姓名采用缩写形式。

[2] See Kornberg v. Carnival Cruise Lines, Inc.，741 F. 2d 1332, 1334（11th Cir. 1984）.

或采取相关措施，视为存在过失。本案原告承认其自愿离开被告举办的俱乐部活动的监管区域，并自愿进入其中一名性侵者的房间。法院认为被告无法预见发生在房间内的性侵行为，也无权阻止原告进入其他旅客房间，更无法注意到或预见在客舱房间内将要发生的危险。因此被告不存在过失，与原告受到伤害的结果之间也不存在明显的因果关系。

关于被告是否侵害原告知情权，原告主张被告邮轮公司对于夜总会的宣传存在欺骗性陈述，侵害了原告的知情权。美国法院认为构成欺骗性陈述需要满足如下几个要素：陈述内容应当是对事实本质内容的表述；该陈述内容存在错误；错误陈述的目的是对他人构成诱导；不知情信赖陈述内容的人因为诱导而受到伤害。而在本案中，邮轮承运人在活动宣传广告中提及保证活动的安全性，活动期间的禁止行为并承诺对活动全程予以严格监控。原告认为被告未能履行上述保证，其活动宣传存在欺骗性和不真实性。法院认为原告遭受的人身侵害并非是由被告对夜总会活动区域缺乏监管导致的，而是在活动区域以外的时间和空间产生的结果，与被告宣传内容不存在因果关系。即被告是否进行相关内容宣传，与原告最终遭受人身侵害之间没有因果联系，因此法院判定被告不存在侵害原告知情权的过失，对此不承担责任。

关于被告是否存在隐瞒安全信息的过失，原告认为被告没有披露船上有关性侵和不端行为事件的数量及频繁程度等相关信息，构成欺骗性隐瞒。法院认为虽然被告没有披露邮轮相关安全信息，违反相应的告知义务，侵害了原告的知情权，但原告未能就之前邮轮上曾经发生的性侵事件，从时间、地点和人物等方面提供完整证据，法院不能支持原告的主张，并且判定被告虽然未能履行相关安全信息的披露义务，但并不构成欺骗性隐瞒的过失行为。

综上所述，法院判定原告各项主张不成立，并判定原告败诉。

该案件涉及邮轮公司是否需要向公众履行发布有关邮轮旅游安全信息的义务问题。邮轮旅游及运营的不安全事件发生的频率远低于陆地上发生类似案件的频率，并且邮轮公司从经营销售和利益方面考虑，担心披露这些内容会妨碍、影响旅客对邮轮旅游项目的选择和兴趣，因此在缺乏法定披露义务的情况下，邮轮公司大多不会主动向公众披露这些安全信息。美国在《邮轮消费者信任法案》提案中明确规定了邮轮公司应当披露相关信息的法定义务，并对违反该义务的法律后果予以明确。尽管这一提案尚未成为法案发生效力，但是至少立法者已经注意和意识到邮轮旅客权益保护的重要性，对我国未来有关邮轮旅游相关立法也有较好的借鉴和参考作用。

事实上，美国法院对于船上工作人员针对旅客的性侵犯行为一直实行严格责任原则。如在茝怡诉名人邮轮公司[1]这一经典案例中，旅客茝怡小姐声称，其在邮轮航行中遭受一名男性船员的性骚扰和强奸。法院判决认为邮轮承运人应对其员工的故意侵权行为承担严格责任，即使侵权行为发生在雇佣范围之外。这是明显倾向于保护旅客权益的判决。在美国运营的邮轮上曾经发生多起性侵案件，旅客常常处于被侵犯后维权困难、证据收集和调查也不太容易的劣势地位。判定被告承担严格责任，将大大降低原告的举证义务，无须举证证明被告或其雇员是否存在故意或者过失。因此，美国法院明确规定邮轮承运人应对其雇员的此类故意侵权行为承担严格责任，不仅能够促使邮轮公司加强对其员工的教育和监督，而且一定程度上起到预防犯罪和降低旅客事后维权难度的作用。

从美国有关邮轮旅客人身权益方面的案例可以看出，除邮轮工作人员对旅客实施性侵等个别情形，邮轮公司需要承担严格责任外，当旅客人身权、健康权、知情权、人格尊严权等权利遭受损害时，邮轮公司仅承担过错责任，而且需要邮轮旅客举证证明邮轮公司的过错行为与其权益受到伤害之间存在因果关系。因此在涉及邮轮旅游民事纠纷索赔，尤其是旅客以侵权诉由向被告邮轮公司主张赔偿时，美国法院通常会依据侵权法一般基本原则予以处理。

三、欧盟邮轮旅客权益保护立法与实践

(一) 欧盟对邮轮旅客权益保护立法现状

邮轮业对欧盟航运经济的影响显而易见，越来越多的欧洲人选择在邮轮上度假，欧洲也成为越来越多旅客选择的旅游目的地之一；加上欧洲造船厂在邮轮建造方面拥有较高的技术水平，欧洲邮轮产业迅猛发展，这些与不断更新的欧盟邮轮立法休戚相关。

1. 有关民事责任方面的邮轮立法

欧盟有关邮轮旅游的民事立法主要包括《旅客在海上和内陆水域旅行的权利条例》《旅客发生海上事故时承运人责任条例》《包价旅游和相关旅游安排指令》等，以下分别予以讨论。

(1)《旅客在海上和内陆水域旅行的权利条例》

《旅客在海上和内陆水域旅行的权利条例》由欧盟议会于 2010 年 11 月

---

[1] 罗依：《论美国法下邮轮旅客人身权利保护——以美国〈2010 年邮轮安全法〉及相关判例为视角》，载《法制与社会》2014 年第 7 期，第 61 页。

24 日通过，并于同年 12 月 17 日生效。[1]该条例是考虑到邮轮承运人与旅客之间的邮轮旅游信息不对等，为保护弱势一方的旅客而专门制定的。主要内容是规制邮轮运营商提供的运输条件、旅客和残障人士在不同情况下应享有的权利等。

（2）《旅客发生海上事故时承运人责任条例》

《旅客发生海上事故时承运人责任条例》由欧盟议会于 2009 年 4 月 23 日通过，在 2012 年 12 月 31 日正式生效。[2]该条例是在欧盟共同运输政策框架内，为进一步加强海运安全而制定的。它借鉴了《1974 年海上旅客及其行李运输雅典公约 2002 年议定书》的有关内容，对国际和国内海上运输承运人的赔偿责任、免责事由、责任限制、保险安排等予以规定。根据该条例第 4 条，其主要适用于国际海上旅客运输以及欧盟成员国之间的海上旅客运输。即悬挂成员国旗帜或在成员国国内登记的船舶，旅客运输合同签订地、起运地或目的地在成员国的，都适用该条例。条例允许成员国选择是否将条例内容适用于该成员国国内的旅客运输。同时根据条例第 5 条，有关承运人责任的条文规定，不影响承运人根据 1976 年《海事赔偿责任限制公约》及其 1996 年议定书享有赔偿责任限制的权利。

（3）《包价旅游和相关旅游安排指令》

《包价旅游和相关旅游安排指令》由欧盟议会于 2015 年 11 月 25 日通过，已于同年 12 月 31 日正式生效。该指令是为促进旅游市场正常运作、实现运营商与旅客之间合同安排的一致性而制定的。[3]

旅游业在欧洲经济发展中日益发挥重要的作用，尤其是包价旅游成为欧洲旅游的主要部分。如今旅游市场发生较大变化，根据欧盟保护消费者权益的相关法律规定，为减少现有旅游法律存在一些不明确或灰色地带的情形，1990 年颁布的《包价旅游规定》已不再适应市场需要而被欧盟议会废止。除

〔1〕 Regulation (EU) No 1177/2010 of the European Parliament and of the Council of 24 November 2010 concerning the rights of passengers when travelling by sea and inland waterway and amending Regulation (EC) No 2006/2004, EUR-Lex (6 June 2017), https：//eur-lex. europa. eu/legal-content/EN/ALL/? uri=celex%3A32010R1177.

〔2〕 Regulation (EU) No 392/2009 of the European Parliament and of the Council of 23 April 2009 on the Liability of Carriers of passengers by Sea in the Event of Accidents , EUR-Lex (6 June 2017), https：//eur-lex. europa. eu/legal-content/EN/ALL/? uri=CELEX%3A32009R0392.

〔3〕 Directive (EU) 2015/2302 of the European Parliament and of the Council of 25 November 2015 on Package travel and linked travel arrangements, EUR-Lex (6 June 2017), https：// eur-lex. europa. eu/legal-content/EN/TXT/PDF/? uri=CELEX：32015L2302&rid=4.

了传统的分销途径，互联网已经成为旅游市场提供服务的重要媒介，旅游服务常以预先定制的套餐形式组合在一起。2015 年颁布的《包价旅游和相关旅游安排指令》主要针对旅游期限超过 24 小时的包价旅游事项，并对包价旅游及其相关的系列旅游服务内容，包括过夜住宿等予以明确。[1]该指令更加侧重于规范旅游运营商和游客的权利义务与责任等方面，因此也完全可以适用于邮轮旅游。

　　2. 行政监管方面的邮轮立法

　　虽然国际海事组织、国际劳工组织等先后制定了一些旨在加强海上安全监管的国际公约，但公约成员国的履约能力和监督检查力度等存在差别，危及海上安全的事故时有发生，迫使欧盟制定有关海上安全管控的地区性立法以确保欧盟范围内的海上航行安全。

　　自 2005 年起，欧盟就开始着手制定有关海上安全的一系列政策与法律，一共包括 7 项议案，它们被统称为"欧盟第三套海事安全措施"（Three Maritime Safety Package，3MSP）。其中 6 项涉及航运方面，具体包括：修订港口管理指令议案，遵守船旗国要求的指示议案，关于船舶检验和检查机构的共同规则和标准以及海事管理相关活动的指令议案，海上事故调查基本原则的指令议案，建立船舶区域交通监测和信息系统指令议案，船舶所有人民事责任和财务担保的指令议案。这些议案均体现出欧盟秉承严格管控海事安全的理念，自 2009 年开始实施。欧盟目前尚没有专门针对邮轮的行政立法，上述涉及船舶安全方面的欧盟法律，均可适用于邮轮。

　　（1）修订港口管理指令议案

　　该议案规定，在欧盟管辖范围内的港口水域以及成员国管辖水域内航行的船舶，应当遵守有关船舶安全、预防污染、船上生活和工作条件方面的国际标准。该议案建议扩大港口国对目标船舶的管控范围，促进成员国之间的协作，构建违反上述规定的船舶与船公司的黑名单制度，进而加强对港口安全的有效监管。

　　（2）建立区域船舶交通监测和信息系统指令议案

　　该议案主要是建议构建欧盟区域范围内船舶交通监测和信息系统，以加强各个成员国对船舶的监控。例如，制定冰封水域船舶导航措施，兴建岸基设施，强制要求进入欧盟港口的一切船舶安装远程追踪识别系统（LRIT），落实遇难船舶避难地点，等等。这些措施将有效减少不安全航行事故和降低海域污染风

----

〔1〕　参见《包价旅游和相关旅游安排指令》第 2 条。

险，从而带来显著的经济效益。从社会角度看，上述监测和信息系统的构建，也可以减少船上事故的发生，降低危及人命和财产损失的风险，同时也将减少事故风险带来直接的海洋环境污染风险，有助于促使行政主管当局在发生海洋环境污染事件时，采取有效行动降低海洋环境污染风险。

（3）关于船舶检验和检查机构的共同规则和标准以及海事管理相关活动的指令议案

旅客在邮轮上的人身和财产安全，基本依靠承运人及其受雇人员，一旦船舶本身存在危险，就会危及旅客权益。因此该议案主要规制对船舶进行检查和发放证件的船级社及相关船舶检查机构，以提高船舶安全因素。该议案规定船级社承担无限责任制，并修改船级社管理与奖惩制度，建立独立的船级社资格质量审核标准等。

（4）船舶所有人民事责任和财务担保的指令议案

虽然欧盟已经批准一些有关船舶所有人污染海域民事责任的国际公约，但这些公约都有一定的局限性，没有为防止船舶污染发挥更大的作用。[1]该议案主要是规定船舶所有人在船舶污染海洋损害赔偿中的归责原则及其责任限额。船舶所有人的责任不能过轻，否则其履行防止船舶污染海洋的义务可能会松懈；但如果责任过重，又不利于邮轮公司从事海上经营活动。该议案还明确规定，凡是进入欧盟管辖水域的船舶，应当持有油污责任强制保险证书或提供相应的财务担保，该制度不仅有助于确保污染受害者得到较为充分的经济赔偿，还有助于将不符合标准的船舶排除在市场之外，并在船舶运营商之间形成良性竞争。

（5）海上事故调查基本原则的指令议案

该议案的总体目标是通过制定海上伤亡事件调查方面的技术准则，以保障海上安全。目前在海上事故发生之后，欧盟各国采取的调查方式存在明显差异。有些国家构建了较为系统的调查机制，有些国家则停留在表面上，没有将调查机制系统化，而欧盟范围内缺乏统一的事故调查机制，也是欧盟海事安全立法的一大缺陷。

该议案规定通过如下措施降低未来在海上发生人员伤亡的风险：一是对海上人员伤亡事件立即采取安全调查措施并进行适当分析；二是及时、准确地完成海上安全事故的调查报告以及采取补救措施。对危及海上安全事件的

---

〔1〕　余娅楠：《邮轮承运人对邮轮旅客的民事法律责任研究》，中国海洋大学 2014 年硕士学位论文，第 6 页。

调查工作制定一系列统一的标准和原则，并将其应用在邮轮安全事件中，通过加强与邮轮公司自己设立的投诉处理部门以及国家指定的受理邮轮纠纷的相关主管部门的配合，更好地保障邮轮旅客人身财产安全。

（6）遵守船旗国要求的指示议案

该议案是对欧盟各国已批准并生效的国际公约规定的国家执行责任予以明确，主要针对国际海事组织通过的一些重要的海事国际公约的履约问题，如 1974 年《国际海上人命安全公约》、1966 年《国际载重线公约》、1972 年《国际防止海上碰撞规则公约》等。该议案仅提供协调性解决方案，毕竟国际海事公约规定的各项措施及机制，还是应当由公约成员国予以执行和履行。

综上所述，欧盟涉及邮轮旅游的民事立法多是从邮轮公司、邮轮合同、承运人责任等角度入手，缺少直接针对邮轮旅客权益保护的专门立法，尤其是针对邮轮上时有发生的性侵事件的调查处理和投诉渠道、不同国家游客的司法管辖、旅客发生公海失踪问题等。而欧盟颁布的海事行政立法虽然并非针对邮轮专门制定，但完全可以适用于邮轮，并且主要从船舶建造标准、航行规则、事故调查、强制保险等方面予以规制，以确保国际公约及国内立法得以全面实施，在确保航运安全的前提下，保障邮轮旅客的人身和财产安全。

（二）欧盟有关邮轮旅客权益保护立法的具体分析

1. 《旅客在海上和内陆水域旅行权利条例》

（1）针对所有旅客的权益保护规定

① 旅游信息与旅客权利告知

《旅客在海上和内陆水域旅行权利条例》明确规定承运人、港口运营商和港口主管部门应在职责范围内采取通常合理的方式，获得与旅游相关的所有信息，并以旅客能够理解的语言予以表述并告知旅客，让旅客知晓他们在船上及港口内享有的权利；同时考虑到残疾人和行动有障碍人士的特殊需要，确保这些特殊旅客也能知晓相关旅游信息及应有的权利。[1]

② 旅行变更或终止时承运人的义务和责任

如果出现应当取消航程或者延迟离开港口的情况，承运人和港口运营商应当在原定离港时间的前 30 分钟内将上述信息尽快通知旅客。如果取消航程或者延迟离港的信息晚发布超过 90 分钟，则承运人和港口运营商应当为旅客提供适当餐食；如果旅客因为航程被取消或延迟离港而不得不在当地滞留，

---

〔1〕　参见《旅客在海上和内陆水域旅行权利条例》第 22 条、第 23 条。

承运人和港口运营商应当为旅客提供不超过 3 晚的船上或港口住宿服务，法律规定的豁免情形除外。同时应将上述信息及时告知残障人士，以保障其权利。如果承运人能够合理预计本次航程将会取消或者延迟离港的时间超过 90 分钟，在告知旅客信息的同时，旅客享有选择权：旅客可选择变更航程而不用支付任何额外费用；或者要求承运人退款并且主张承运人将旅客运回原出发港口。如果旅客选择退款的，则应该在 7 天之内予以支付。退款可以为现金、电子银行转账、银行支票或者汇票，或者经过旅客与承运人协商后的其他灵活方式，如由承运人向旅客提供旅行优惠券或者抵扣券，可以购买承运人未来约定时期内某个邮轮航次的产品等。此外，根据旅客运输合同，如果邮轮到达目的港迟延，旅客可以向承运人索赔规定的最低赔偿数额。[1]

③ 旅客投诉机制

根据《旅客在海上和内陆水域旅行权利条例》，承运人和港口运营商应当设立旅客投诉处理机构，各成员国也应当指定本国主管机关负责条例的执行与监督。在本条例生效实施的同时，各个成员国还应当通过各自国内法，出台违反本条例履行和实施的具体处罚规定。因此构建两套并行的既包括市场监督也包括政府监督的旅客权利保护及投诉处理机制。[2]

如果旅客选择向承运人或港口运营商提出投诉的，则应当在享受旅行服务或应当享受旅行服务之日起 2 个月内提出，承运人或港口运营商的投诉部门应在收到投诉后的 1 个月内回复受理情况，最长不超过 2 个月。若未能在规定时间内得到承运人或港口运营商投诉部门的处理结果或者争议无法解决的，旅客可以向成员国指定的主管机构投诉，并向成员国执法部门提出主张，对承运人或港口运营商投诉部门的不作为予以调查。旅客还可以根据其本国法的相关规定，直接向该国有管辖权的法院提起索赔诉讼。[3]

（2）针对残障人士等特殊人群的权利保护

《旅客在海上和内陆水域旅行权利条例》首次对残疾人及行动受限人员（disabled person and person with reduced mobility，以下简称"残障人士"）等特殊人群选择邮轮旅游服务问题作出专门规定。残障人士是指临时性或永久性的，以及任何其他原因而造成感官能力或运动能力残缺的任何人群，包括因为年龄等原因导致行动不便的任何人群。

---

〔1〕 参见《旅客在海上和内陆水域旅行权利条例》第 16 条、第 17 条、第 18 条、第 19 条。

〔2〕 马炎秋、邓越：《欧盟海上残障旅客权利保护立法介评》，载《大连海事大学学报（社会科学版）》2015 年第 2 期，第 50—55 页。

〔3〕 参见《旅客在海上和内陆水域旅行权利条例》第 24 条、第 25 条。

据统计,目前欧盟残障人士的数量大约占欧盟人口总数的 20%,65 岁以上的人口数量从 1960 年至 2001 年翻了将近一番。截至 2030 年,65 岁以上人口数量将达到整个欧盟人口的 1/3。残疾人或老龄人口,或两者兼具的人口数量未来将占到欧洲人口总数的 35%。但这一群体旅游消费能力不断提高,也为邮轮行业带来巨大的潜在市场。[1]残障人士在选择邮轮旅游出行时,时常会遭遇旅游经营者或者承运人额外收费,甚至出现拒绝其旅游预订申请等歧视现象。尤其在邮轮旅游过程中,由于海上船舶空间及公共环境较为封闭,邮轮上的无障碍设施并不十分完善,对于可能需要携带辅助设施的残障人士来说非常不方便,无法满足残障人士安全便利出行的需要,这也是承运人拒绝接受残障人士的原因之一。这一现象不仅侵害了残障人士享有与其他普通旅客平等出行的权利,同时也会影响邮轮旅游业的整体良性健康发展。

鉴于保障残障人士选择水路出行的权利与快速发展的邮轮旅游业存在不相匹配的现实,以及考虑到存在针对残障人士不公平待遇的邮轮实践,欧盟首次在《旅客在海上和内陆水域旅行权利条例》中对如何保障残障人士旅游出行合法权益作出详细、全面的规定。具体体现在如下方面:

① 无差别登船旅行权

《旅客在海上和内陆水域旅行权利条例》第 7 条规定,承运人、旅行代理商和旅游经营者不得以残疾或行动不便为由,拒绝残障人士等特殊人群订票或者限制其登船,也不得因此收取额外费用;并明确应当保障残障人士享有与其他普通旅客一样的自由移动、自由选择旅游出行方式以及非歧视待遇等各项权利。条例规定应当为残障人士等特殊群体提供足够的旅游信息以便他们能够选择期望的旅游服务、心仪的航线并完成邮轮船票预订。为保障残障人士顺利出行,邮轮承运人和港口经营人应当向特殊群体旅客提供适当的免费援助或帮助,以满足他们在登船、进港时的特殊需求。

从保护残障人士安全角度考虑,一些国际公约或国内法对这一特殊群体的运输提出了较高要求,根据 1974 年《国际海上人命安全公约》,不满足相关要求和条件的船舶不能从事残障人士运输服务。因此《旅客在海上和内陆水域旅行权利条例》在强调残障人士享有无差别登船权的同时,也赋予邮轮承运人可在法律规定范围内拒绝残障人士预订邮轮船票的例外情形。根据第 8 条的规定,邮轮承运人可在出现下述情形时,拒绝残障人士的预订要求:

---

〔1〕 邓越:《欧盟邮轮旅客权利保护制度研究及对我国的借鉴》,中国海洋大学 2015 年硕士学位论文,第 36 页。

第一，根据欧盟船舶标准规范，一切运营船舶在遇到紧急情况时，都应当保证在 30 分钟内疏散所有旅客。根据船舶类型不同，邮轮承运人或旅游经营人针对紧急情况不能在无援助情况下独立到达集合点的残障人士可以限制数量。因此邮轮承运人或旅游经营人根据这一数量限制的要求，提前向残障人士告知该情况，如果残障人士无法满足上述法律规定的，邮轮承运人或旅游经营人可以拒绝残障人士预订邮轮船票。第二，船舶或停靠港口的基础设施无法使残障人士安全、便捷地登离船舶并获得安全运输的，邮轮承运人或旅游经营人可以拒绝残障人士预订邮轮船票。第三，残障人士未能接受或者遵守针对旅客的基本条款要求，如未持有护照或相应签证，或者因酗酒或者行为举止打扰或伤害其他旅客的，邮轮承运人或旅游经营人可以拒绝残障人士预订邮轮船票。第四，在邮轮船票已被全部预订的情况下，邮轮承运人可以拒绝后续再提出预订请求的残障人士。[1]

此外《旅客在海上和内陆水域旅行权利条例》明确规定，对基于上述原因被拒绝登船的残障人士，提供其他救济方式，如残障人士有权选择退票或者重新规划旅游航线等。同时为了更好地便利邮轮旅游出行，该条例明确邮轮承运人有权要求残障人士应确保有同行人员，能够在残障人士开展邮轮旅游期间为其提供帮助。[2]

② 获得相应援助的权利

第一，在港口或登船时的援助权。承运人及港口经营人应规定残障人士援助程序，例如：确保在港口配备适当人员，使港口经营人能够向旅客提供可能的援助，使残障人士能够安全抵达登船地点并顺利登船，以及能够顺利离开港口；在港口内设立相关指示和路标，以辅助残障人士顺利通过安检设施等；在港口内明示港口设施基本信息以及港口经营人能够向残障人士提供哪些援助内容等。[3]

如果残障人士需要港口或邮轮船舶提供相关援助服务的，应当在得到援助之前的 48 小时内通知承运人和港口经营人，以便他们作出相应的安排与部署。此外《旅客在海上和内陆水域旅行权利条约》还规定了残障人士的义务，即残障人士应当在承运人指定的时间内到达指定的港口地点或其他适当

---

〔1〕 邓越：《欧盟邮轮旅客权利保护制度研究及对我国的借鉴》，中国海洋大学 2015 年硕士学位论文，第 38 页。

〔2〕 参见《旅客在海上和内陆水域旅行权利条例》第 7 条、第 8 条。

〔3〕 邓越：《欧盟邮轮旅客权利保护制度研究及对我国的借鉴》，中国海洋大学 2015 年硕士学位论文，第 39 页。

场所。若残障人士对住宿、座位或其他方面有特殊需求的，均应当在预订船票时提前告知承运人和港口经营人。如果未收到残障人士需要提供援助的明确通知或告知信息的，承运人和港口经营人仅基于该条例的规定，在合理范围内提供适当的援助，而非满足旅客所有的特别需求。[1]

第二，携带医疗设备或导盲犬的权利。因为身体等原因，残障人士时常需要一些医疗辅助设备或移动设备才能进行正常生活，因此《旅客在海上和内陆水域旅行权利条约》第 11 条明确规定，如果残障人士携带这些设备登船的，需要在预订船票时通知承运人。如果国内法允许导盲犬登船，且残障人士已经在预订邮轮船票时告知承运人和港口经营人需要携带导盲犬登船的，则承运人和港口经营人可以允许导盲犬登船并协助该残障人士从事正常的船上生活及活动。对于因承运人或旅游经营者的过失或疏忽导致残障人士使用的移动器械或其他特殊器械灭失或损坏的，承运人或旅游经营者承担赔偿责任。

第三，获得邮轮服务人员特殊服务的权利。残障人士在邮轮上进行正常的生活和旅游活动，仅仅依靠其自带的设备、导盲犬或者同行陪同人员可能仍然是不够的，因此需要经过特殊培训的船上服务人员予以配合。《旅客在海上和内陆水域旅行权利条约》第 14 条规定，在不违反《海员培训、发证和值班标准国际公约》、《经修订的莱茵河航行公约》（The Revised Convention for Rhine Navigation）、《多瑙河航行制度公约》（The Convention Regarding the Regime of Navigation on the Danube）等公约规定的前提下，承运人和港口经营人应当规定服务残障人士的专门培训程序和指令，以便邮轮服务人员有足够的专业技能向残障人士直接提供所需援助，该援助主要体现在出售船票、接受预订、协助登船下船等具体环节中。

2.《旅客发生海上事故时承运人责任条例》

《旅客发生海上事故时承运人责任条例》基本借鉴了《1974 年海上运输旅客及其行李雅典公约的 2002 年议定书》的内容，除了与航运最新立法接轨，主要是通过适当加重承运人对海上旅客的赔偿责任，加大对旅客合法权益的保护力度。以下主要针对邮轮旅客权益保护的内容予以讨论。

（1）旅客人身伤害及财产损失赔偿请求权

由于海上旅客运输的经营管理及操控由承运人负责，旅客人身与财产安全有赖于承运人及其受雇人员尽职尽责以及旅客运输合同的适当履行。鉴于海上风险的特殊性以及旅客举证困难等原因，为更好地保护旅客权益，旅客

---

〔1〕　参见《旅客在海上和内陆水域旅行权利条例》第 11 条。

运输合同下的承运人归责原则趋向严格责任。

参照《1974 年海上运输旅客及其行李雅典公约的 2002 年议定书》的规定，《旅客发生海上事故时承运人责任条例》附件一第 3 条明确规定，承运人对旅客人身伤亡的责任实行双重归责原则模式，即因为航行事故引起旅客人身伤亡的赔偿责任，在每名旅客 25 万特别提款权范围内实行严格责任，除非承运人能举证证明存在法定免责事由；在 25 万特别提款权以上的赔偿限额内实行过错责任，除非承运人能证明其对旅客人身伤亡没有过错。非因航行事故导致的旅客人身伤亡事件，对承运人实行过错责任，但是举证责任由旅客承担。对于旅客行李的灭失损坏实行完全过错责任，旅客自带行李的责任限额为每一航次不超过 2250 特别提款权，非自带行李的责任限额则为 3375 特别提款权。旅客因为安全原因自愿将贵重物品交给承运人保管的，一旦该贵重物品发生灭失损坏，可以向承运人索赔，责任限额为 3375 特别提款权。

（2）人身伤亡损害赔偿先行赔付权

如果承运人已经履行全部或者部分旅客运输义务，因航行事故造成旅客人身伤亡，承运人应当在确定索赔人及其权利的 15 天内，提前向受害旅客直接支付满足其经济需要的相关费用，如果旅客死亡，这笔数额不应少于 21000 欧元。但是承运人预先支付的费用或赔偿金，并不构成承运人对旅客人身伤亡应当承担赔偿责任的推定，也不代表承运人对赔偿责任的默认，更不影响承运人事后向真正责任人追偿的权利。对于承运人预付的旅客人身伤亡赔偿金额，旅客事后不需要返还，承运人在将来确定赔偿责任时扣除事先预付给旅客的费用和金额即可。但是有两个例外情形，即如果经证明旅客的人身伤亡系旅客自身行为导致的，或者不享有赔偿权的人获得预付款项，则承运人有权向旅客主张退还预付款项。[1]

（3）强制保险制度保障的权利

《旅客发生海上事故时承运人责任条例》参照《1974 年海上运输旅客及其行李雅典公约的 2002 年议定书》明确承运人对旅客人身伤亡赔偿责任实施强制保险制度。一是可以通过强制责任保险，保障承运人有能力承担旅客人身伤亡的赔付责任，一旦承运人财力不足或其他原因导致承运人无法承担旅客人身伤亡赔偿责任时，强制责任保险作为一种商业保险，可以保障旅客人身伤亡损失得到赔偿。二是通过赋予旅客直接起诉承运人的财务保险人或者保证人的权利，确保旅客能够突破责任保险的法律障碍，尽快得到合理赔偿，

---

〔1〕　参见《旅客发生海上事故时承运人责任条例》第 6 条。

而不至于陷入耗时费力的索赔链条的困境,即旅客需要首先向承运人索赔,承运人随后向责任保险人提出赔偿,承运人在得到保险人赔付之后再向旅客支付赔偿等。

在强制保险制度中,一旦发生人身伤亡损害,旅客除了可以向承运人直接提出赔偿请求,还可以直接向承运人的强制保险人或者财务担保人请求赔偿,后者不能以其与旅客之间不存在直接合同关系为由拒绝赔偿,但是后者有权援引承运人在海上旅客运输合同中针对旅客享有的相应抗辩权和责任限制。

承运人归责原则趋于严格,适当提高承运人对旅客人身伤亡及行李灭失损坏的赔偿数额,与海上旅客运输承运人强制责任保险制度以及直诉制度的完美结合,可以更加充分地保障旅客人身伤亡索赔权的实现,同时也是将商业保险优势引入邮轮行业,相当于为旅客权益保障增加了一道保护伞。

3. 《包价旅游及相关旅游安排指令》

《包价旅游及相关旅游安排指令》是为了强化欧盟对消费者的保护,而在旅游事项方面作出的进一步细化的法律规定。该指令是对欧盟第 2006/2004 规则 [Regulation（EC）No 2006/2004]、欧盟议会 2011/83/EU 指令（Directive 2011/83/EU of the European Parliament）以及欧盟经济理事会第 90/314/EEC 指令（the Council and repealing Council Directive 90/314/EEC）的修改。但是《包价旅游及相关旅游安排指令》明确规定,不影响各国依据本国合同法对包价旅游合同及相关旅游安排予以调整。《包价旅游及相关旅游安排指令》包括 31 个条文,1 个附录;附录包括 ABC 三个部分,其中 A 部分涉及包价旅游合同标准信息格式,B 部分涉及未包含在 A 部分中的其他标准信息格式,C 部分是根据指令第 3 条,旅行组织者与其他旅行经营者交换信息的标准格式。

（1）包价旅游合同游客知情权

《包价旅游及相关旅游安排指令》明确规定,旅游经营者在与游客订立包价旅游合同之前,应当根据该指令规定的附件 A 和附件 B 的标准格式,采用清晰易懂的方式将下列相关信息提供给游客:①旅游服务的主要特征,例如目的地、住宿时间及地点、膳食计划等;②旅游经营者的营业地址、交易名称及联系方式;③一揽子旅行计划的总价格明细;④付款安排;⑤本次旅行所需最低人数限制;⑥护照及签证方面的要求;⑦游客可以在合同履行前任何时间解除合同，但应当支付一定费用；⑧关于自愿或强制保险的信息。[1]

此外，《包价旅游及相关旅游安排指令》还明确规定包价旅游合同应当采用书面形式，采用通俗易懂的语言表述。旅游合同或合同确认书除了列明上述信息，还应当包括：①旅游经营者接受游客的特殊要求，如残障人士需要携带轮椅上船等；②旅游经营者资料；③破产保护责任方的信息；④旅游经营者在当地代表机构或代表处的信息；⑤未成年人独自旅行的相关要求；⑥游客转让旅游合同的权利等。同时在开始合同履行之前，旅游经营者还应当向游客提供必要的收据、凭证和门票，有关行程出发、酒店入住、交通中转、到达时间等相关信息。为更好地保护游客权益，《包价旅游及相关旅游安排指令》还规定游客有权要求出具纸质书面合同或合同确认书。[2]

（2）游客变更合同权利

合同的变更主要包括两种情形：一是合同主体的变更，二是合同内容的变更。关于合同主体的变更，依据该指令，游客可以在旅游计划开始前7天，以合理方式通知旅游经营者，将旅游合同转让给符合合同适用条件的其他人。合同变更而引起的其他应付余额以及因合同转让而产生的额外费用，应由旅游合同转让人和受让人承担连带责任。同时旅游经营者应当将有关合同转让产生的实际成本信息合理地通知转让人，并向转让人提供合同转让所产生的额外费用的相关凭证。[3]

关于合同内容的变更，该指令在第10条、第11条明确针对价格变动以及其他事项变更的情形，特别针对包价旅游合同价格变动作出详细规定。即在包价旅游合同签订后，原则上价格不予变更，只有下列情形出现时，才可以对旅游合同价格进行上浮调整：①旅客运输燃油成本或其他动力能源价格发生变动；②港口或机场旅游税费、登岸税、登船税或离船税发生变动；③与包价旅游有关的货币汇率发生变动。当上述三种原因导致价格变动涨幅超过合同总价格的8%时，游客可在合理时间内接受这种价格变更或者终止合同而不用支付解约费。显然《包价旅游及相关旅游安排指令》对于价格变动问题，仅规定了价格上浮的情形，因为在包价旅游合同签订后，如果包价旅游价格出现上浮，会对旅客是否最终选择继续出游产生较大影响，也会影

---

[1]　参见《包价旅游及相关旅游安排指令》第5条、第6条。
[2]　参见《包价旅游及相关旅游安排指令》第7条。
[3]　参见《包价旅游及相关旅游安排指令》第9条。

响包价旅游航程是否可以顺利开展。

选择终止合同的游客还可以选择接受旅游经营者提供的其他替代性旅游合同取代原合同履行。如果替代性旅游合同的质量与成本低于被终止的旅游合同，游客有权要求旅游经营者适当降价，并返还多支付的旅游费用；而游客一旦接受其他替代性旅游合同方案，事实上对于原定航程的旅游合同而言属于合同终止，但是从旅客与旅游经营者合同双方当事人角度看，可以理解为仅旅游合同内容及事项的部分变更而已，并非本质上彻底解除旅游合同双方权利义务关系。若游客不接受替代性旅行合同方案，则旅游经营者应在合同终止后14天内退还游客支付的所有款项。

如果出现旅游合同变更的情形，旅游经营者有在相关媒体上连续发布信息的义务，以便让旅客知晓包括旅游价格可能发生变动、旅客未在合理时间内通知旅游经营者的法律后果以及提供有关替代性旅游合同方案等相关信息。[1]

（3）游客终止合同的权利

游客有权在合同开始履行前选择单方解除合同，但应当向旅游经营者支付一定的合同终止费。基于游客提出解除合同的时间不同、预计节省的费用和替代性旅游方案可能获得的收入等不同，决定合同终止费支付的标准和数额存在差异。如果旅游合同未明确合同终止费的支付标准，则合同终止费应依据合同价格减去解除合同所节省的费用和替代性旅游方案所获的收入等予以计算。游客可以要求旅游经营者提供合同终止费支付金额的明细与理由。如果因发生不可避免的、不可预见的事件严重影响旅游经营者履行合同的，游客可以选择解除合同并获得全额退款，但无权获得任何赔偿。此外，该指令还明确规定通过互联网订立旅游合同下的合同终止问题。[2]

（4）游客索赔权

无论是旅游经营者、其他旅行社还是旅游服务产品零售商，都应该按照合同约定履行合同。如果履行不当或者没有履行合同义务，则应当采取一切合理措施予以补救，除非补救措施不可能实现或者补救措施的成本超过合同约定的旅游费用价格。如果旅游经营者、其他旅行社或者旅游服务产品零售商不积极采取补救措施的，游客也可考虑自行采取适当补救措施，因此产生的合理费用，有权向旅游经营者、其他旅行社或者旅游服务产品零售商主张。

---

〔1〕 参见《包价旅游及相关旅游安排指令》第10条、第11条。
〔2〕 参见《包价旅游及相关旅游安排指令》第12条。

如果合同履行不当或没有履行合同义务的，游客有权向旅游经营者、其他旅行社或者旅游服务产品零售商主张降低旅游费用价格或者请求赔偿损失，但不妨碍旅游经营者、其他旅行社或者旅游服务产品零售商向第三方责任人追偿。[1]

如果有相关国际公约或者各成员国国内法对旅游经营者、其他旅行社或者旅游服务产品零售商承担赔偿责任的条件与金额另有规定的，则从其规定；在没有国际公约或国内法规定的情况下，可以依据包价旅游合同，但合同约定的内容不适用于旅游经营者、其他旅行社或者旅游服务产品零售商故意或过失造成游客人身伤亡的损害赔偿，并且旅游合同约定的责任人赔偿金额不得低于合同约定的旅游费用总价格的 3 倍。此外，该指令还明确规定，有关包价旅游合同纠纷的诉讼期间不得少于两年。[2]

（5）游客获得财务担保保障权

旅游经营者、其他旅行社或者旅游服务产品零售商应该提供相应的财务担保，以便在其濒临破产而无法履行合同义务时，能够确保退还旅客支付的所有款项。如果包价旅游服务包含了旅客运输事项，则旅游经营者、其他旅行社或者旅游服务产品零售商还应该提供担保，以安排旅客安全遣返。上述有效担保应当包含一些合理的、可预见的费用，如旅客遣返费用以及遣返途中合理的住宿费等。

除此之外，各个成员国应该指定一个联络中心，负责监督旅游经营者、其他旅行社或者旅游服务产品零售商的经营行为，以确保旅游经营者、其他旅行社或者旅游服务产品零售商在破产时，能够有效地开展各国之间的行政合作。[3]

综上所述，欧盟有关邮轮运输、邮轮旅游的立法比较明确具体，包括邮轮旅游经营者信息告知义务、旅客权益保障机制、残障人士等特殊人群参与邮轮旅游的平等权与获得援助权、包价旅游合同内容及规制等。与美国有关邮轮旅游立法更加侧重邮轮旅游航行安全、人身安全保障措施监管、信息申报和监测等行政立法相比较，欧盟的邮轮旅游立法更加侧重从民事权益保障的角度对邮轮旅游予以规范。

---

〔1〕　参见《包价旅游及相关旅游安排指令》第 13 条、第 22 条。
〔2〕　参见《包价旅游及相关旅游安排指令》第 14 条。
〔3〕　参见《包价旅游及相关旅游安排指令》第 17 条、第 18 条。

（三）欧盟有关邮轮旅客权益保护的司法判例

随着邮轮旅游产业不断发展，邮轮上发生旅客人身安全权益受到损害的案件不断增多，欧盟的法律规定也在不断变化，对邮轮旅客人身安全权益的保护力度不断加大，保护机制不断完善。

1. 2002 年诺福克夫妇诉包价旅行代理商案

（1）案件事实

1999 年 9 月 6 日，诺福克夫妇和一家旅游代理商签订包价旅游协议[1]，代理商承诺为诺福克夫妇提供从帕尔马港口出发的英国冠达邮轮公司的"克罗赛尔号"邮轮的海上旅行，包价旅行包括从布里斯托至登船港的往返机票。1999 年 9 月 18 日，邮轮从帕尔马港口出发，将开启一段愉快的旅行。1999 年 9 月 30 日，诺福克夫人因为踩到电梯地板上的积水滑倒而受伤，为了治疗不得不提前终止邮轮旅行。2002 年 9 月 25 日，诺福克夫人向法院起诉，请求包价旅行代理商赔偿其因受伤造成的损失以及受伤期间和剩余未完成假期期间的精神损害赔偿。

原告诺福克夫妇提出诉讼请求的依据是英国 1992 年《包价旅行、包价假期及包价旅游规定》（Package Travel, Package Holidays and Package Tours Regulations 1992）。根据该规定第 15 条（b）项，如果包价旅游合同的另一方当事人——旅游服务组织者或者零售商因合同的不当履行造成消费者损失的，无论这个损失是否由旅游服务组织者或者零售商还是其他服务提供者造成，旅游服务组织者或者零售商都应当承担赔偿责任，但是不影响旅游服务组织者或者零售商向实际提供服务的其他经营者要求赔偿或补偿的权利，除非经证明消费者的损失，既不是由旅游服务组织者或者零售商造成，也不是由其他独立的服务提供者造成。根据上述规定，原告提出如下索赔理由：一是在确定被告应当承担赔偿责任的前提下，虽然原告与被告之间签订的是包价旅游合同，但是该合同也满足 1974 年《海上旅客及其行李运输雅典公约》规定的旅客运输合同的定义；二是被告符合 1974 年《海上旅客及其行李运输雅典公约》中承运人的界定；三是包价旅游合同包含海上邮轮航程，原告乘坐的邮轮船舶也满足 1974 年《海上旅客及其行李运输雅典公约》关于船舶的定义，因此诺福克夫人在船上受伤而导致的一切损失应该由被告承担。

---

[1] See Norfolk v. My Travel Group plc., [2004] 1 Lloyd's Rep. 106.

（2）法院判决及其分析

地区法院的法官梅雷迪斯（Meredith）在 2003 年 5 月 17 日作出一审判决，认为被告符合 1974 年《海上旅客及其行李运输雅典公约》有关承运人的界定，而且包价旅游合同中约定的邮轮海上航程也满足 1974 年《海上旅客及其行李运输雅典公约》规定的"国际运输"的含义。英国在批准加入该公约后已经通过 1995 年《商船航运法》（Merchant Shipping Act 1995）将公约内容转化成国内法，因此根据 1974 年《海上旅客及其行李运输雅典公约》以及英国国内法的规定，法官认为 1974 年《海上旅客及其行李运输雅典公约》规定应当适用于本案，并依法判决被告承担赔偿责任。

二审法院欧沃伦（Overend）大法官认同一审法院有关法律适用的判决，但是认为一审法院没有考虑到诉讼时效的问题。根据 1974 年《海上旅客及其行李运输雅典公约》第 16 条规定，旅客人身伤害的索赔纠纷诉讼时效为旅客离船登岸之日起两年。诺福克夫妇返回岸上的时间是 1999 年 9 月 30 日，提起诉讼的时间是 2002 年 9 月 25 日，已经超过公约规定的诉讼时效，因此二审法院最终判决认为虽然被告应该就原告的损失在 1974 年《海上旅客及其行李运输雅典公约》规定的责任限制内承担赔偿责任，但是基于原告的诉讼请求已经超过公约规定的诉讼时效，因此判定不支持原告的主张。

通过对该案事实及判决内容的分析，可以看出在邮轮旅客人身安全权益受到侵犯的诉讼案件中，欧盟的法律规定、国际条约以及各国国内法都会成为法院判案的法律依据。尽管本案的被告是旅游代理商而非邮轮公司，但是根据欧盟有关包价旅游的相关法律规定以及合同约定条款，被告满足 1974 年《海上旅客及其行李运输雅典公约》中承运人的范围，并应当根据该公约规定承担相应的赔偿责任。遗憾的是，本案因为诉讼时效问题，法院最终没有支持原告的诉请，因此案件本身对于被告责任承担、赔偿责任限制以及具体的归责原则等实质问题没有进行深入探讨。

1974 年《海上旅客及其行李运输雅典公约》规定若旅客人身伤亡和财产损失的发生是由于船舶自身缺陷或者船舶碰撞、沉没、搁浅、火灾等造成，采用过错推定原则，推定承运人对旅客人身伤亡及财产损失有过错；若旅客人身伤亡和财产损失是由于非海上航行事故导致的，采用过错责任原则，即需要旅客举证证明承运人对此存在过错。即原则上承运人在 1974 年《海上旅客及其行李运输雅典公约》下的归责原则为过错责任原则，只是针对不同情形导致的旅客人身伤害或财产损失的举证责任及分配不同而已。该案发生于 1999 年，起诉于 2002 年，当时欧盟尚未制定《旅客发生海上事故时承运人责任条例》，而欧盟大部分国家批准加入的《1974 年海上运输旅客及其行李雅典公约的 2002 年议定书》尚未生效，因此法院判决依据的仍然是 1974 年《海上旅客及其行李运输雅典公约》也在情理之中。

2. 2011 年 X 夫人诉歌诗达邮轮公司及卡莱沃旅行社案

随着《1974 年海上运输旅客及其行李雅典公约的 2002 年议定书》的出台以及欧盟《旅客发生海上事故时承运人责任条例》的颁布，欧盟法院对有关邮轮旅客人身安全权益受损案件中承运人责任认定的态度也有所转变。以下通过对一起案例的讨论分析予以说明。

（1）案件事实

2011 年 2 月，X 夫人与被告卡莱沃旅行社签订包价旅游合同[1]，其中包括在被告歌诗达邮轮公司提供的邮轮上旅行。在登上邮轮的第二天进行船上集合演习时，X 夫人在邮轮甲板上摔倒受伤。于是 X 夫人以卡莱沃旅行社、保险公司以及歌诗达邮轮公司为被告提起诉讼，并向法院提供了一份专业报告和由于受伤而产生的费用清单，要求三被告就其遭受的损失承担赔偿责任。一审法院判决认为三被告共同承担原告的损失。被告歌诗达邮轮公司不服一审判决，向上诉法院提出上诉，抗辩声称邮轮公司不应当承担赔偿责任，因为歌诗达邮轮公司和原告之间不存在直接合同关系，并且适用于包价旅游经营者的严格责任原则不应当适用于本案。法国最高法院第一民事审判庭驳回被告的上诉请求，维持原审判决。

（2）法院判决及其分析

法国最高法院认为，歌诗达邮轮公司虽然不是和 X 夫人签订包价旅游合同的一方，但属于本案中的海上邮轮旅行的组织者（organiser），实际进行旅客运输活动且提供了邮轮船舶上的所有服务，因此满足法国运输法规定的旅客运输合同的实际承运人身份，是本案纠纷的责任主体。同时法院认为邮轮公司不仅提供旅客运输服务，还负责整个邮轮的经营活动，包括船上一些旅游服务内容，这一活动明显属于包价旅游的范畴，因此邮轮公司不仅是单一的旅客运输实际承运人，还是旅行组织者（travel organiser）。根据欧盟有关包价旅游指令的规定（EEC Directive 90/314），旅行组织者应当对旅游产品的购买者——游客承担严格责任，而不论旅行组织者与游客之间是否存在直接的合同关系。

---

〔1〕 See Mme X v. Costa Crociere（Société），Before the French Cour de Cassation（Supreme Court）（First Civil Chamber），9 December 2015，[2016] E. C. C. 26.

在被告邮轮公司是否应当承担赔偿责任问题上，法国最高法院认为，根据《旅客发生海上事故时承运人责任条例》以及法国有关海上旅客运输的规定，因非航行事故造成旅客人身伤害的，需要受害人举证证明承运人存在过错，承运人才承担损害赔偿责任。本案原告是在邮轮上进行集合演习时受伤的，且不是因为受害人自己的过错或者第三方的过失或故意造成的。在原告提交的专家报告中，可以看到原告在甲板滑倒受伤时，甲板上并没有铺设防滑材料，有关危险警示的标志也是在原告受伤后才予以设置的，因此可以认定被告歌诗达邮轮公司对原告遭受的人身伤害存在过错。根据《旅客发生海上事故时承运人责任条例》，被告邮轮公司应当向原告承担损害赔偿责任。

旅行社则抗辩提出其不是真正提供海上运输服务的责任主体，并且原告提出的索赔请求是基于侵权之诉，旅行社对原告遭受人身伤害没有过错，不构成侵权，因此也不应当承担赔偿责任。法国最高法院认为，根据法国《旅游法典》，作为销售旅游产品的旅行社应当对旅客承担严格责任，而不需要考虑损害是否发生在海上运输期间。只要旅行社销售的包价旅游项目包含了海上运输就已经足以认定旅行社的损害赔偿责任。因此法院最终判定邮轮公司、旅行社及保险公司共同承担赔偿责任，应向原告支付4000欧元的赔偿。

从前述两个案件事实比较类似的判决分析中可以发现，欧盟法院对于邮轮旅游纠纷的解决，尤其是对于邮轮旅客人身安全权益受损时纠纷的解决，对承运人责任的认定态度发生了显著变化。

首先，两个案件都涉及包价旅游之下旅客在邮轮上发生人身伤害事件，但是在1999年诺福克夫妇案中，只是将签订包价旅游合同的旅行社认定为1974年《海上旅客及其行李运输雅典公约》中的承运人并依据该公约规定审理案件。而根据1974年《海上旅客及其行李运输雅典公约》，承运人对旅客人身伤亡及财产损失承担过错责任。在2011年X夫人案中，原告选择同时起诉三个被告，虽然作为实际承运人的歌诗达邮轮公司并非与原告签订包价旅游合同的一方，但是法院根据欧盟有关包价旅游指令的相关规定，仍然认为邮轮公司作为邮轮旅游服务的组织者和实际完成者，即使在不存在包价旅游合同关系的前提下，依然对旅客承担严格责任。而且2009年欧盟根据《1974年海上运输旅客及其行李雅典公约的2002年议定书》，制定了《旅客发生海上事故时承运人责任条例》。依据《旅客发生海上事故时承运人责任条例》，承运人对旅客人身伤亡损害赔偿责任的承担，区分航行事故和非航行事故，分别采取严格责任和过错责任的归责原则模式。这些法律对承运人归责原则的规定无疑更加严格，承运人的责任相对加重。

其次，除了在承运人归责原则方面的变化，在 X 夫人的案件中，被告还出现了保险公司，这也是《旅客发生海上事故时承运人责任条例》借鉴《1974 年海上运输旅客及其行李雅典公约的 2002 年议定书》，引入强制保险和直接诉讼机制的结果，旅客有权选择直接向邮轮承运人或其责任保险人提起诉讼。

显然上述欧盟立法及法院判决中体现出的观点和理念，都是站在更好地保护邮轮旅客权益的角度，这一点是我们未来针对邮轮旅游立法或纠纷解决可以借鉴和参考的地方。

3. 沃瑞克等美国游客诉嘉年华公司等案

2012 年 1 月 13 日晚，意大利歌诗达邮轮公司的大型豪华邮轮"歌诗达协和号"在意大利吉利奥岛附近触礁沉没，最终导致 32 人遇难，64 人受伤。船长也被判刑 16 年。以下将围绕该邮轮沉没事件引发的司法诉讼案件，探讨涉及邮轮旅客权益保护的法律问题。

（1）"歌诗达协和号"邮轮沉没事件由来

对邮轮旅客人身安全权益的保护，不仅仅体现在事故发生后的司法救济，还体现在包括船上安全设施及安全保障措施的落实。只有这样才能使旅客安心享受舒适愉快的海上邮轮旅行。欧盟管辖水域先后发生多起传统海上客船及邮轮重大海难事故，如：1994 年"爱沙尼亚号"渡轮在波罗的海沉没，导致 900 多人死亡[1]；1990 年"斯堪的纳维亚之星号"客船在挪威海域失火，造成 158 名乘客丧生[2]；2012 年"歌诗达协和号"邮轮在意大利海域搁浅沉没，造成至少 32 人遇难[3]；等等。

2012 年 1 月 13 日晚 20 点，意大利歌诗达邮轮公司的大型豪华邮轮"歌诗达协和号"承载 4200 余人从意大利罗马出发驶向法国和西班牙。该邮轮当时载有 3206 名游客，1023 名船员及船上其他服务人员。该邮轮的排水量达 11.2 万吨，是"泰坦尼克号"船舶的两倍多。然而出发仅几个小时，"歌诗达协和号"就偏离原航线，在意大利东南部海域的吉利奥岛附近触礁，船体左侧出现长达 70 米的裂痕，导致船舶开始渗水倾斜。船长原本试图使船舶在浅水区搁浅，让乘客在浅水区登上救生艇逃生，措施失败后船长下令所有乘客弃船逃生。邮轮最终沉没，导致 17 人遇难，15 人失踪，64 人受伤的悲剧。

---

〔1〕 彭燚：《历史上的重大海难》，载《湖南安全与防灾》2015 年第 3 期，第 56 页。

〔2〕 王春华：《"斯堪的纳维亚之星"的殒落》，载《水上消防》2007 年第 3 期，第 84—87 页。

〔3〕 《近年来重大海难盘点》，载《中国海事》2014 年第 5 期，第 15 页、第 17 页。

邮轮上载有的 3206 名乘客中，约 100 人为美国公民，2/3 的游客来自意大利或欧盟其他各国。事故发生 5 年后，意大利最高上诉法院作出终审判决，弗朗西斯科·斯凯蒂船长因玩忽职守罪、过失杀人罪和弃船罪等多项罪名被判处 16 年有期徒刑。[1]

事故发生后，意大利相关部门迅速进行事故调查。根据黑匣子记录，"歌诗达协和号"邮轮出现大幅度偏离正常航线的情况。船长在法庭上供述，偏离航线的原因是向乘客进行宣传，满足船员眺望家乡的心愿以及向吉利奥岛上的一名老船长致敬。对于距离海岸没有保持 500 米安全距离的原因，船长解释为舵手没有注意执行他的航行命令。事故发生后船长也未能及时发出遇险警报，并置船上乘客和其他船员于不顾独自弃船而去。此外，船上乘客没有根据 1974 年《国际海上人命安全公约》的规定进行集合安全演习。事故发生后，船员没有操作救生设备和指挥乘客逃生的技能，甚至不能熟练地使用英语和船上乘客进行沟通交流。

显然在该起船舶沉没事件中，不论是船长、船员的配备，船舶航行实际操纵，还是事故发生后的应急措施，均没有严格执行相关国际公约和国内法律规定，因此只有各个船旗国、港口国严格履行国际条约义务，尤其是在船舶检验、船员培训及资质发放等方面加强监督检查力度，才能确保航行安全，保障海上旅客人身权益。

（2）沃瑞克等美国游客诉嘉年华公司等案件事实

2013 年 2 月 4 日，美国佛罗里达州南区地区法院受理了沃瑞克等美国游客起诉嘉年华公司案件，并依法作出支持被告的判决。[2]

本案原告共有 5 人，均来自沃瑞克家庭，其中 2 人是父母，另外 3 人是他们的子女。被告分别是歌诗达克罗西埃 S. p. A. 公司（Costa Crociere S. p. A.）、歌诗达邮轮公司、嘉年华集团公司以及嘉年华公司。"歌诗达协和号"邮轮悬挂意大利国旗，获得意大利船级社船级检验，隶属于 Costa Crociere S. p. A. 公司。歌诗达克罗西埃 S. p. A. 公司系邮轮唯一船舶所有人和经营人，在意大利注册。嘉年华公司是歌诗达克罗西埃 S. p. A. 公司的母

---

[1] 参见维基百科官方网站，https：//en. wikipedia. org/wiki/Costa_ Concordia_ disaster，2016 年 1 月 5 日访问。

[2] See Wilhelmina Warrick, et al. v. Carnival Corporation, et al. , Not Reported in F. Supp. 2d, 2013 WL 3333358, 2013 A. M. C. 1053, https：//1. next. westlaw. com/Document/I4d356747e 3d911 e28503bda794601919/View/FullText. html? transitionType = UniqueDocItem& context Data =（sc. Default）&userEnteredCitation =2013 +WL +3333358，May 12, 2017.

公司，主营业地在英国。嘉年华集团公司是在巴拿马注册的一家公司，主营业地在美国佛罗里达州。嘉年华集团公司与嘉年华公司都是与该邮轮有关联的公司，但是并不对邮轮的经营、租赁、管理及船上人员配备等负责，也不对歌诗达克罗西埃 S. p. A. 公司享有任何直接的经营权或控制权。歌诗达邮轮公司则为歌诗达克罗西埃 S. p. A. 公司专门负责市场营销的分公司，注册和主营业地在美国佛罗里达州。

2011 年 12 月 2 日，原告通过当地的一家旅行代理商阿沃亚旅行社（Avoya Travel）向歌诗达邮轮公司预订"歌诗达协和号"邮轮旅游项目。原告在 2012 年 1 月 9 日登船，因为 1 月 13 日邮轮沉船事件遭受人身伤害，故同时以违约和侵权之诉向四家被告公司提出索赔主张。四被告则以"不便诉讼原则"以及旅客票据合同存在"管辖权条款"为由向美国法院提出管辖权异议。经法院核实，该案件中旅客票据合同正面以黑色大写字体显示"重要提示"：如果旅客收到本旅客票据合同，则应受本旅客票据合同约束。同时还特别提醒旅客注意本合同中第 1 段—第 9 段有关承运人责任和限制旅客诉讼权利的条款内容。第 2 段明确规定了争议解决方式和法律适用条款，载明"与本合同有关的任何争议、索赔、诉讼和纠纷，意大利热那亚法院享有排他性的管辖权，并适用意大利法律"。

美国法院经过审理，最终支持被告管辖权异议的主张，认为意大利法院对本案享有管辖权，本案争议应当在意大利法院提起。美国法院判决的主要理由包括：①对于原告的索赔请求而言，美国法院认为意大利是可行的、适格的管辖地，因此被告提出的"不便诉讼"（Forum Non Conveniens）的理由充分；②从私人利益救济以及公共利益救济两方面考虑，由于本案涉及索赔请求的所有证据都集中在意大利，而且大部分证据内容可能是意大利文，如果在美国法院提起诉讼进行相关举证及反证质询，法院对这些证据的理解不但困难，而且耗费时间；③本案件涉及的邮轮沉没事件本身发生在意大利海域，而且意大利主管机关已经对该案件进行相关行政及刑事方面的调查，意大利法律应该适用于该事件，因此就与该邮轮沉没事件有关的索赔而言，意大利要比美国有更加紧密的联系；④被告已经在意大利设立责任限制基金，并允许原告在意大利提起诉讼以解决纠纷，因此案件在意大利诉讼并审理，不会影响原告的合法权益。

本案虽然没有涉及对"歌诗达协和号"邮轮沉没导致原告人身伤害索赔进行实体审理，而仅仅是针对法院管辖问题的争议，但是美国法院支持外国诉讼管辖的条款并支持被告管辖权异议的情形并非常见。因为长期以来，美国法院对于不便诉讼原则一直持非常审慎的态度，只有在拥有足够证据支持的特别情形下，才会认可外国法院的管辖权。尤其是针对美国公民的涉外案件，如果被告不希望在美国提起诉讼，将要承担非常沉重的举证责任，只有拥有非常充分的理由才能够使美国法院接受案件归外国法院管辖。[1]一般来说，提出管辖权异议的一方必须证明如下事项：①外国法院管辖具有可行性，而且该外国法院系解决案件争议的适格法院；②不论从公共利益还是从私人利益角度，案件都指向该外国法院为适格法院；③原告在该外国法院提起诉讼不会产生任何不便利或者受歧视的情形。因此美国法院也是经过深思熟虑，综合各方面因素对本案作出支持外国法院管辖的判决。

中国目前大部分邮轮旅游纠纷具有明显的涉外性，而且从事邮轮旅游服务的外国邮轮公司大都在旅客运输合同或票据合同中订有争议解决条款。因此，各国法院对这些条款效力认定方面的态度，也会在一定程度上影响中国邮轮旅客维权路径的选择以及最终维权的法律结果。

四、《邮轮业旅客权益法案》

（一）法案出台背景

为了给邮轮旅客提供更加安全、舒适的旅游环境，更好地提高邮轮旅客出行体验，国际邮轮协会于2013年5月23日经过协会董事会批准同意，通过并发布实施《邮轮业旅客权益法案》（Cruise Industry Passenger Bill of Rights）。[2]对此国际邮轮协会董事局主席兼首席执行官克里斯丁·达菲表示，这项法案实际上是把国际邮轮协会会员公司在邮轮实践中的很多习惯做法条文化，同时增加一些告知旅客的具体要求。

国际邮轮协会仅仅是一家国际性邮轮行业组织，并非联合国下设的官方机构，因此其制定的《邮轮业旅客权益法案》并不具有国际条约的强制力。但是《邮轮业旅客权益法案》是该协会入会会员加入组织取得资格的必要条

---

[1] Leon v. Million Air, Inc., 251 F.3d 1305, 1310-11 (11 Cir. 2001), Sinochem Int'l Co. Ltd. v. Malaysia Int'l Shipping, 549 U.S. 422, 430, 2007 AMC 609, 613 (2007), SME Racks, Inc. v. Sistemas Mecanicos Para Electronica, S.A., 382 F.3d 1097, 1101 (11 Cir. 2004).

[2] Larry Bleiberg, Cruise industry adopts passenger'Bill of Rights，载今日美国官方网站，https：//www.usatoday.com/story/cruiselog/2013/05/23/cruise-passenger-bill-of-rights/2353979/，2014年5月14日访问。

件，因此在其会员公司范围内也是具有约束力的行业规范。例如，国际邮轮协会北美洲各个成员公司在该法案生效后，立即以书面形式确认开始实施该法案内容。

目前，国际邮轮协会及其会员公司已经向公众开展广泛的宣传活动，把法案条文内容刊登在各自官方网站上。国际邮轮协会还为全球近 1.4 万个旅行代理商会员提供相关材料，供其向旅客或咨询者进行宣传。[1]该协会组织的会员公司大都将《邮轮业旅客权益法案》内容并入旅客票据合同，因此该法案内容在一定程度上对邮轮旅客运输合同当事方具有一定的拘束力，除非该法案内容违反根据准据法确定的某个国家的强制性法律规定。

《邮轮业旅客权益法案》分别规定了旅客享有的权利和邮轮公司承担的义务，对于规范邮轮公司制订的格式合同及格式条款，平衡旅客及邮轮公司的权益起到积极作用。国际邮轮协会也表示，将把《邮轮业旅客权益法案》提交给国际海事组织（IMO），希望能够得到国际海事组织的正式承认并在其成员国范围内得到推广。

（二）《邮轮业旅客权益法案》主要内容

《邮轮业旅客权益法案》共有 10 个条文，从条文用词表述来看，似乎都是从权利方面展开。通过对条文内容的深入解读，可以看到该法案实际上分别从旅客享有的相关权益以及邮轮公司应尽义务和责任的角度予以规定。[2]

1. 旅客知情权

在出现邮轮机械故障或邮轮遇到紧急状况时，旅客有及时得到邮轮行程变更的通知以及机械故障处理最新进展的知情权。[3]

2. 未完成邮轮行程时的旅客救济权

如果旅游行程因为邮轮发生机械故障而被取消，旅客享有要求全额退款的权利；如果邮轮旅行已经开始，但由于发生机械故障而被迫提前终止的，旅客有权要求部分退款。因为机械故障而提前终止邮轮航行时，旅客有权要求邮轮公司提供交通工具将其送至行程计划中约定的离船港口或旅客居住城

---

〔1〕 陈富钢：《国际邮轮协会颁布法案保障旅客权利》，载第一旅游网官方网站，http：//www. toptour. cn/detail/info90766. htm，2017 年 6 月 8 日访问。

〔2〕 《国际邮轮协会颁布法案保障旅客权利》，载上海海事法院官方网站，https：//shhsfy. gov. cn/hsfyytwx/hsfyytwx/xwzx1340/zhxw1424/2013/06/08/d_ 273022. html，2020 年 2 月 7 日访问。

〔3〕 参见《邮轮行业旅客权利法案》第 4 条。

市，并有权要求在行程计划未约定的港口离船及安排住宿等。[1]

3. 旅客离船的权利

如果邮轮不能提供足够的基本供应（如食物、水、卫生间设施）和医疗条件的，旅客有权在邮轮停泊港口时请求离开船舶，除非船长出于旅客安全考虑不予批准或港口安检和海关有禁止性规定。[2]

4. 承运人义务

作为承运人的邮轮公司在该法案之下有提供紧急医疗救治义务、人员培训义务、应急义务、向旅客提供救济义务、发布相关信息义务等。具体而言，如果邮轮行驶在内河或沿岸海域时，承运人应该有为旅客提供专业的紧急医疗救治的义务，但是承运人履行该义务，仅限于邮轮在近岸水域航行的情况。如果邮轮在远离陆地的公海上行使，则承运人没有提供此服务的义务。邮轮公司应当确保邮轮上的一切工作人员得到适当的应急事件应对和疏散方面的培训。一旦邮轮主发动机出现故障，邮轮应当能够提供紧急电力以确保航行安全。如果因邮轮发生机械故障而被迫提前终止邮轮航程的，邮轮公司应当负责组织或提供交通工具，将旅客送至行程计划中约定的离船港口或旅客居住城市；如果船舶停靠的港口在旅客行程计划约定的范围之外，旅客要求离船并在当地住宿的，邮轮公司还应当为旅客安排住宿。此外，邮轮公司应当在其官方网站公布免费电话，以便旅客能够通过该电话系统咨询和了解有关邮轮运营事项；邮轮公司还应当在公司官方网站上公布《邮轮业旅客权利法案》的全部条文内容。[3]

显然《邮轮业旅客权利法案》为旅客维护自身合法权益提供了一定的合法依据，但是涉及旅客权益的细节问题仍未得到明确。如本法案规定的旅客知情权限定在紧急情况下，至于非紧急情况下旅客是否享有知情权，知情权的范畴如何等均未作出规定。此外，在航程提前结束或被迫终止的情况下，由此而产生的交通、住宿以及相应变更的费用，应当如何负担等也未作出明确规定。

但是不可否认，国际邮轮协会通过行业内规范文件的方式，有利推动了行业规范发展，同时能够在尽可能维护邮轮公司利益的前提下，兼顾邮轮旅客权益保障。对避免不正当、不规范经营活动起到积极的促进作用。因此，行业自律也是促进邮轮业健康发展的必要措施之一。

---

[1]　参见《邮轮行业旅客权利法案》第2条、第7条、第8条。
[2]　参见《邮轮行业旅客权利法案》第1条。
[3]　参见《邮轮行业旅客权利法案》第3条、第5条、第6条、第9条、第10条。

第二节　邮轮旅客人身伤亡索赔权及救济研究

一、邮轮旅客人身伤亡索赔权基本理论

根据现有邮轮相关法律，不论是《海商法》，还是《旅游法》《消费者权益保护法》，都明确规定邮轮旅客或游客在遭受生命权、健康权、身体权等人身伤害时，依法享有向责任主体主张索赔和救济的权利。从侵权法的角度，人身损害是指民事主体的生命权、健康权、身体权受到不法侵害，造成致伤、致残、致死的后果以及其他损害。[1]其中生命权是自然人以其性命维持和安全利益为内容的人格权。健康权是自然人以其器官乃至整体的功能利益为内容的人格权。身体权则为自然人对肢体、器官和其他人体组织依法享有完好支配的人格权。[2]生命健康权是指公民对己身所享有的生命安全、身体健康、生理机能正常的人身权利。它是公民参加一切社会活动，享有任何其他权利的基础，也是公民最重要的人身权。

根据第二章第一节讨论内容，目前我国针对邮轮旅游产品销售，以旅行社包船游模式为主，以邮轮公司船票直销模式为辅。在邮轮公司船票直销模式下，旅客与邮轮公司之间存在直接的邮轮旅客运输合同。因此，邮轮旅客针对邮轮旅游过程中发生的人身伤亡，既可以依据邮轮旅客运输合同提出违约之诉，也可以依据侵权之诉向邮轮公司提出索赔。而在旅行社包船游模式下，鉴于旅行社与旅客之间存在直接的旅游合同，邮轮公司可以作为旅行社的履行辅助人，向游客承担旅游关系下的责任。因此游客可以依据《旅游法》《侵权责任法》等，以侵权为由向邮轮公司主张索赔。此种模式下，虽然游客与邮轮公司之间并无直接合同关系，但是根据我国《海商法》的规定，二者之间可以认定为存在邮轮船票证明的邮轮旅客运输法定关系，因此游客也可以依据《海商法》向作为实际承运人的邮轮公司提出侵权之诉。

由于责任竞合的存在，邮轮旅客通常可在侵权与违约中选择对其最有利的诉因起诉。当然旅客所选择的诉因不同，责任主体适用的归责原则和法律后果也会存在差异。

---

〔1〕 王利民、杨立新、王轶等：《民法学》（第2版），法律出版社2008年版，第849页。
〔2〕 彭万林主编：《民法学》（修订本），中国政法大学出版社1999年版，第203—204页。

二、邮轮旅客提起侵权之诉索赔与归责原则

包船游模式下，游客以侵权为由起诉邮轮公司或旅行社的，责任主体的归责原则为过错责任原则。大多游客会以责任主体违反安全保障义务等提起诉讼，《侵权责任法》第 37 条[1]以及 2003 年《最高人民法院关于审理人身损害赔偿案件适用法律若干问题的解释》（以下简称《人身损害司法解释》）第 6 条对安全保障义务作出规定。所谓安全保障义务，是指公共场所或群众性活动的管理人或组织人负有保障他人人身安全的注意义务。[2]

邮轮虽然是一个相对封闭的空间，但船上人员众多，除了旅客，还包括相当数量的船员及其他服务人员。因此，一艘邮轮载人数量少则几千人，多达近万人。而且邮轮还需提供船上旅客运输、住宿、娱乐、休闲等服务，实际上充当了娱乐场所、酒店宾馆等角色。除了法律规定，司法实践也认定旅行社应当承担保障旅客人身安全的义务。[3]从目前国内有关邮轮旅客人身伤亡的案例中，可以看出相当一部分案件当事人提起侵权之诉，且主张旅行社或者邮轮公司因违反安全保障义务应当承担赔偿责任。

旅行社安全保障义务在《旅游法》多个条文中有所涉及。[4]尽管我国《海商法》并未明确规定承运人在旅客运输中的安全保障义务，但《海商法》有关承运人在旅客运输之下提供适航船舶的义务规定，就是确保旅客运送安全。[5]《民法典》第 819 条明确在客运合同中增加了承运人应当严格履行安全运输的义务和及时告知旅客安全运输应当注意事项的义务。同时要求旅客对承运人为安全运输作出的合理安排予以积极协助和配合。因此根据现有法律规定，邮轮公司负有旅客安全保障义务。

根据安全保障义务内容的不同，可以将违反该义务的侵权责任分为两种情况：其一为义务人（即旅行社或邮轮公司）违反安全保障义务，旅客由此受到人身伤亡时的侵权责任；其二为第三人造成旅客人身伤亡，致使邮轮公司或旅行社未对旅客尽到安全保障义务的，此时第三人应承担侵权责任。对

---

[1] 《民法典》生效后，该条文规定已被《民法典》第 1198 条所取代。

[2] 程啸：《侵权责任法》，法律出版社 2011 年版，第 344 页。

[3] 吴文景、张恺逸、吴彩娟诉厦门市康健旅行社有限公司、福建省永春牛姆林旅游发展服务有限公司人身损害赔偿纠纷案，载中华人民共和国最高人民法院公报官方网站，http://gongbao. court. gov. cn/Details/32438a7dbba67c2ea5a5bc4397a326. html，2019 年 4 月 28 日访问。

[4] 详见《旅游法》第 47 条、第 50 条、第 68 条、第 70 条、第 79 条、第 80 条等。

[5] 司玉琢：《海商法专论》（第 3 版），中国人民大学出版社 2015 年版，第 200 页。

于第二种情形，旅行社与邮轮公司的谨慎注意义务比第一种情形更低，并且由第三人首先承担赔偿责任，无法找到第三人或第三人没有能力全部承担赔偿责任时，才由旅行社或邮轮公司承担补充侵权责任。旅行社或邮轮公司承担补充责任后，可以向第三人追偿。[1]如果第三人已经全部承担侵权责任的，则旅行社或邮轮公司不承担赔偿责任。[2]

三、邮轮旅客提起违约之诉与归责原则

目前的司法实践中，以违约为由起诉邮轮公司或旅行社的，可分为以违反邮轮旅游合同为由起诉和以违反海上旅客运输合同为由起诉。

（一）以违反邮轮旅游合同为由起诉

根据《旅游法》第70条第1款、第71条第1款的规定，如果邮轮旅客以旅行社违反旅游服务合同为由起诉的，旅行社承担严格的违约责任。旅行社与旅客签订的邮轮旅游合同中，通常都有旅行社应当对旅游中可能危及旅客人身安全的情况作真实说明和明确警示的义务规定，并约定旅行社应当采取防止危害发生的适当措施。例如：2015年版《上海市邮轮旅游合同示范文本》第5条第4款明确规定，在合同订立及履行中，旅行社应对旅游中可能危及旅客人身、财产安全的情况，作出真实说明和明确警示，并采取防止危害发生的适当措施。南京市于2018年10月15日开始启用的《邮轮合同示范文本》第5条第2款，也有类似约定。因此实践中游客通常以该条规定为由，起诉旅行社违约。

对邮轮旅游合同而言，其适用严格责任归责原则的原因是，邮轮旅游服务活动属于典型的商事活动，而现代司法制度对商事活动多适用严格责任，以更好地维护商事活动的弱势一方，如消费者等的权益。[3]

需要注意的是，旅行社采取包船游销售邮轮船票的模式，致使邮轮旅游的法律关系复杂而特殊，涉及旅行社、邮轮公司和游客三方主体，因此游客在提起违约之诉时，应当注意合同的效力通常只能及于合同订立当事方。尽管邮轮旅游具有运输兼旅游的双重属性，但对于同一诉请之下的纠纷而言，旅客在认定合同违约责任主体时，只能选择订立合同并受合同约束的一方。

---

[1]　详见《民法典》第1198条第2款规定。
[2]　王胜明主编：《中华人民共和国侵权责任法释义》，法律出版社2010年版，第203页。
[3]　杨富斌主编：《旅游法教程》，中国旅游出版社2013年版，第230页。

司法实践中出现过针对同一诉讼请求，游客以邮轮公司违反海上旅客运输合同为由起诉，之后又以旅行社违反旅游服务合同为由起诉的情形，对后一情况法院以当事人重复起诉为由驳回诉讼请求。[1]

（二）以违反海上旅客运输合同为由起诉

根据《海商法》第121条规定，承运人将旅客运送或部分运送委托给实际承运人履行的，仍然应当对全程运送负责，并对实际承运人实际履行的行为负责。承运人与实际承运人均负有赔偿责任的，应当在此项责任限度范围内负连带赔偿责任。[2]根据我国《海商法》第114条"承运人的赔偿责任"规定，承运人对旅客人身伤亡及财产损失承担完全过失责任，在发生船舶沉没、碰撞、火灾、搁浅、爆炸以及船舶缺陷引起人身伤亡和自带行李灭失损坏的情况下，推定承运人有过失。

因此在邮轮公司直销邮轮船票模式之下，基于邮轮公司与旅客之间存在邮轮旅客运输合同，旅客可以就人身伤亡或行李灭失损害依据《海商法》向作为承运人的邮轮公司提出赔偿要求，除个别情形外，旅客应当举证证明承运人对其人身伤亡或行李灭失损害存在过失。同时邮轮公司依据《海商法》第115条、第117条的规定享有全部或部分免责抗辩、援引赔偿责任限制等权利。

如果是采取旅行社包船游模式，旅客在邮轮旅游期间遭受人身伤亡或行李灭失损坏的，如何识别海上旅客运输承运人至为关键。由于目前大多数邮轮旅游合同范文都规定邮轮船票等构成本邮轮旅游合同的一个部分，如2015年版《上海市邮轮旅游合同示范文本》第5条第1款明确规定："乙方（旅行社）提供的邮轮船票或凭证、邮轮旅游产品说明、登船相关文件、已订购服务清单，应由甲方确认，作为本合同组成部分。"根据《海商法》第110条规定，旅客客票是海上旅客运输合同成立的凭证，并结合《海商法》第108条有关承运人的界定，并不需要承运人实际从事旅客运送活动，只要其与旅客订立海上旅客运输合同即可构成承运人。而邮轮旅游实践中，旅行社不从事任何邮轮经营、海上运输以及船舶操控活动。结合上述内容，至少针对不包括陆地观光旅游项目在内的海上邮轮旅游事项而言，可以将旅行社识

---

〔1〕　王晓瑾生命权、健康权、身体权纠纷一审民事裁定书，载中国裁判文书官方网站，http：// wenshu. court. gov. cn/content/content？ DocID＝cf552850-209b-4725-a6b7-a786009fad53& KeyWord＝% E7% 8E% 8B% E6% 99% 93% E7% 91% BE，2019年4月2日访问。

〔2〕　参见《海商法》第123条。

别为我国《海商法》海上旅客运输合同的承运人，邮轮公司可以被认定为实际承运人。由于实际承运人制度的存在，旅客与作为实际承运人的邮轮公司之间形成海上旅客运输合同法定关系。因此尽管旅客与邮轮公司之间并未直接签订海上旅客运输合同，但是基于《海商法》第109条[1]，如果旅客依据海上旅客运输合同向邮轮公司提起索赔诉讼的，作为实际承运人的邮轮公司，有权根据《海商法》援引承运人责任归责原则、抗辩事项及责任限制等内容。

但是仍然没有解决的一个问题，就是旅客向作为实际承运人的邮轮公司提起索赔的诉因如何确定。因为二者之间并不存在直接的旅客运输合同，理论上旅客只能向承运人提起侵权之诉。如果旅客以侵权为由向邮轮公司主张索赔的，作为实际承运人的邮轮公司是否依然有权依据《海商法》的相关规定援引承运人的赔偿责任、归责原则及责任限制抗辩等，现行《海商法》对此未作规定。

我国《海商法》有关海上旅客运输合同的规定主要借鉴了我国批准加入的1974年《海上旅客及其行李运输雅典公约》。不论是1974年《海上旅客及其行李运输雅典公约》还是我国《海商法》，均未明确规定如果旅客就人身伤亡或财产损失以违约或者侵权向承运人、实际承运人提起诉讼，承运人或实际承运人在责任承担方面是否存在差异。而我国《海商法》第58条明确规定，因海上货物运输合同所涉及的货物灭失、损坏或迟延交付对承运人提起的任何诉讼，不论海事请求人是否为合同的一方，也不论是根据合同或者是根据侵权行为提起的，承运人均可以适用第四章有关承运人抗辩理由和限制赔偿责任的相关规定。显然根据我国有关海上货物运输合同的相关法律规定，承运人在违约或侵权之诉下承担的责任是相同的，而且这一规定也适用于货物运输合同下的实际承运人。

1974年《海上旅客及其行李运输雅典公约》及其后续修订的公约文本[2]均没有类似我国《海商法》第58条的规定。而《海商法》第58条实际上借鉴了国际海上货物运输公约——1968年《海牙-维斯比规则》[3]，以及

---

[1] 《海商法》第109条："本章关于承运人责任的规定，适用于实际承运人。本章关于承运人的受雇人、代理人责任的规定，适用于实际承运人的受雇人、代理人。"

[2] 吴兆麟主编：《中国海上维权法典——国际海事公约篇》（第5卷 海上运输），大连海事大学出版社2012年版，第502—522页。

[3] 全称为《经修正的1924年统一提单若干法律规定国际公约1968年议定书》，简称1968年《海牙-维斯比规则》或《维斯比规则》，参见该规则第3条。

此后制定的国际海运公约——1978 年《汉堡规则》[1]、2008 年《鹿特丹规则》[2]等都有类似条文规定。但是 1974 年《海上旅客及其行李运输雅典公约》第 14 条"索赔的根据"明确规定，除依照本公约外，不得向承运人、实际承运人提起因旅客死亡或人身伤害或行李灭失或损坏而引起的损害赔偿的诉讼。而且 1974 年《海上旅客及其行李运输雅典公约》第 18 条"合同条款无效"明确规定，在旅客人身伤亡或行李灭失损坏之前订立的任何合同条款，如果意在免除承运人在公约下的责任或规定低于公约规定的赔偿责任限制数额或改变公约有关承运人举证责任或限制旅客对法院管辖选择权条款的，均属无效条款。

综合上述内容，可以得出这样一个结论：根据 1974 年《海上旅客及其行李运输雅典公约》的相关条款，旅客不论是以违约之诉或是侵权之诉向承运人、实际承运人主张相关权益，承运人、实际承运人的权利义务及责任是相同的，都是根据公约规定予以执行。而我国《海商法》第五章，既没有 1974 年《海上旅客及其行李运输雅典公约》第 14 条的规定，也没有《海商法》第 58 条的类似条款，在旅客提起侵权之诉的法律适用方面存在空白，因此希望在未来《海商法》修订中能够对此予以明确。

此外需要注意的是，1974 年《海上旅客及其行李运输雅典公约》经过 1976 年、1990 年、2002 年三次修订，其中 1990 年修订的公约文本因未达到生效条件而一直未生效。1976 年修订仅针对 1974 年《海上旅客及其行李运输雅典公约》有关赔偿责任限额的计算单位，从金法郎调整为特别提款权，并无本质内容的变化和修改。但是《1974 年海上旅客及其行李运输雅典公约的 2002 年议定书》与 1974 年《海上旅客及其行李运输雅典公约》相比较，作出了很多重大修改。《1974 年海上旅客及其行李运输雅典公约的 2002 年议定书》与 1974 年《海上旅客及其行李运输雅典公约》及其他相关议定书的最大区别在于，前者对承运人归责原则采取多维机制模式。根据《1974 年海上旅客及其行李运输雅典公约的 2002 年议定书》第 3 条和第 7 条[3]，区分不同情形下导致的旅客人身伤亡和行李灭失、损失，承运人分别适用不同的

---

[1] 全称为 1978 年《联合国海上货物运输公约》，简称 1978 年《汉堡规则》，参见该规则第 7 条"对非合同索赔的适用"。

[2] 全称为 2008 年《联合国全程或部分海上国际货物运输合同公约》，简称 2008 年《鹿特丹规则》，参见该规则第 4 条"抗辩和赔偿责任限制的适用"。

[3] 吴兆鳞主编：《中国海上维权法典——国际海事公约篇》（第 5 卷 海上运输），大连海事大学出版社 2012 年版，第 555—568 页。

归责原则。其中就旅客人身伤亡而言，承运人的归责原则呈现多个维度：第一层为严格责任，即对因沉船、碰撞、搁浅、爆炸、火灾等航行事故或者船舶自身缺陷造成的旅客人身伤亡，承运人在 25 万特别提款权的限额内承担严格赔偿责任，同时也享有援引证明该损害是由不可抗力所造成，或者完全是由第三方有意地作为或者不作为所引起等免责事由；第二层是过错推定责任，即对超出 25 万特别提款权，但不超过 40 万特别提款权限额内因航行事故导致的旅客人身伤亡，承运人承担过错推定责任，除非承运人举证证明其不存在过错；第三层是过错责任，即非因船舶航行事故引起的旅客人身伤亡，承运人只有在存在过错的情况下才承担赔偿责任，并且举证责任由请求人承担。这里提及的航行事故包括沉船、碰撞、搁浅、爆炸、火灾等航运事故以及发生船舶自身缺陷的情形。因此从《1974 年海上旅客及其行李运输雅典公约的 2002 年议定书》的条文变化可以看出，邮轮承运人的责任趋于严格，越来越注重保护邮轮旅客的合法权益。

四、有关邮轮旅客人身伤亡索赔权中国司法实践——以典型案例分析

（一）歌诗达邮轮公司"经典号"案件：邮轮旅客岸上旅游时遭受人身伤害索赔权

1. 案情简介

2011 年 9 月，中国公民刘某，在芒果网有限公司（以下简称"芒果网"）报名购买歌诗达邮轮公司"经典号"邮轮 6 天海上假期的旅游产品。2011 年 10 月 10 日，原告刘某向被告歌诗达邮轮公司支付 160 美元作为随队上岸旅游的费用。被告歌诗达邮轮公司的邮轮抵达日本长崎港之后，原告随队在日本长崎和平公园游览，在公园台阶上踏空摔倒，导致左肱骨骨折。2012 年 3 月 21 日，广东南天司法鉴定所对原告的劳动能力出具司法鉴定意见书，认定原告的伤残等级为十级。于是原告向深圳市福田区人民法院起诉芒果网和意大利歌诗达邮轮有限公司上海代表处（以下简称"歌诗达邮轮公司"），索赔人民币 113817 元，并要求二被告返还旅游全部费用 6654 元，承担诉讼费用。[1]

---

[1] 刘某诉芒果网有限公司、意大利歌诗达邮轮有限公司上海代表处旅游合同纠纷案，深圳市福田区人民法院民事判决书（2012）深福法民一初字第 1447 号。

被告芒果网辩称，其既不是侵权人，也不是涉案行程的组团人和责任人，对涉案行程不具有安全保障义务，也不需承担任何赔偿责任。理由主要包括：①就涉案行程而言，其与原告不存在旅游合同关系，对原告涉案发生的意外伤害没有法律责任。②芒果网是被告歌诗达公司的母公司的船票代理销售商，根据其与被告歌诗达公司母公司之间订立的《邮轮船票销售协议》，被告歌诗达公司的母公司负责邮轮航线停靠港口时的岸上旅游活动。③原告在日本长崎和平公园摔倒，属于第三人侵权导致的意外损害，应当由第三人承担赔偿责任。

被告歌诗达公司答辩称：①被告已经将日本岸上旅游项目委托给日本当地一家旅行社负责，而当地旅行社已经在游客集散前尽到告知、警示义务，和平公园的场地情况不存在危及游客安全的危险，原告在平坦场地自行摔伤是原告自身的责任。②被告方已经尽到安全保障义务和救助义务，不需要对原告承担赔偿责任。因为在事故发生后，旅行社已经安排车辆将原告送至邮轮就医且后续在当地医院进行进一步治疗，相关治疗费都已经由日本旅行社承担，同时被告已经协助原告向中国保险公司索赔等。③原告受伤系自身负有过错，不应由被告承担全部赔偿责任。

法院经过审理，认定被告芒果网系被告歌诗达邮轮公司的船票销售代理人，因此对原告在旅游期间遭受的人身损害不承担赔偿责任。鉴于原告因人身伤害未能完成全部旅行，被告芒果网应与旅游经营者连带承担返还部分旅行费用的责任。被告歌诗达邮轮公司与原告之间形成岸上游的旅游合同关系，系该旅游项目的旅游经营者。虽然被告歌诗达邮轮公司将该项目交付日本当地旅行社负责，但不能因此免除相关责任。从案件事实情况来看，无证据证实被告歌诗达公司存在过错，原告应当对事故发生自行承担责任。鉴于原告因事故发生未能完成余下的旅行航程，法院酌情判令被告芒果网和被告歌诗达公司连带返还原告已经支付的一半旅游费用。驳回原告其他诉讼请求。

2. 本案件引发的法律问题思考

通过对案件事实及原被告争议分歧要点的梳理，可以看出本案主要涉及如下两方面问题：第一，岸上旅游项目导致人身伤亡的责任主体确定；第二，因第三方原因导致岸上旅游时旅客人身权受到损害的责任归属。

（1）岸上旅游项目导致人身伤亡的责任主体确定

我国公众选择旅游的方式主要包括自由行旅游、委托旅行社代办部分事项的旅游以及旅行社包价旅游。目前从事中国邮轮旅游市场经营活动的邮轮基本上悬挂外国国旗，邮轮旅游线路基本上是出境游，因此受经营出境业务的相关旅游法律法规的限制，我国邮轮旅游产品销售呈现以旅行社包船游模式为主，以邮轮公司或其授权代理人代为销售船票模式为辅的现状。在包船游模式下，包括邮轮旅游、住宿、餐饮等事项在内的旅游项目由旅行社包办，提供岸上旅游项目也常常是旅行社包办旅游全程项目中的一部分。而在直销船票模式下，旅行社作为票务代理，只负责邮轮船票的销售业务，岸上旅游项目需要游客登上邮轮后，根据自己的实际需要，通过邮轮公司购买。

如果游客通过包船游模式下的旅行社购买岸上旅游项目，则依据游客与旅行社之间的旅游合同关系，在旅行社违反安全保障义务等导致岸上旅游期间旅客遭受人身伤亡的，旅行社应当为责任主体。如果旅行社将岸上旅游事项委托给当地地接社或当地其他履行辅助人的，则地接社或其他履行辅助人应对岸上旅游期间发生的旅客人身伤亡承担侵权赔偿责任；地接社或履行辅助人的责任承担，不影响旅行社根据旅游合同向旅客承担第一性的赔偿责任。如果游客选择直接向旅行社主张权利的，旅行社在赔付游客伤亡损害赔偿后，有权依据协议向地接社或其他履行辅助人追偿。

如果游客直接通过邮轮公司购买岸上旅游产品的，需要区分两种情况：第一，邮轮公司代表岸上旅游经营者向游客销售旅游产品，则对于岸上旅游期间发生的旅客人身伤亡，作为代理人的邮轮公司只需承担代理人的注意义务即可，岸上旅游经营者需要对旅客人身伤亡承担赔偿责任。第二，邮轮公司与游客订立岸上旅游合同，并将岸上旅游事项委托地接社或者岸上履行辅助人完成。[1]本案即属于此种情形，此时邮轮公司既是海上巡游阶段的承运人，也是岸上旅游期间的旅游经营者，邮轮公司需要对岸上旅游期间因其过错或地接社的过错导致的旅客人身伤亡承担赔偿责任，当然游客也可以选择直接向提供岸上旅游服务的地接社主张侵权赔偿责任。

本案判决的一个亮点在于，明确原告与邮轮公司邮轮旅客运输合同关系的同时，也认定了邮轮公司与旅客之间就岸上旅游项目形成的旅游合同关系。法院关于邮轮公司这一法律地位的认定，与其他一些国家或地区的做法不谋而合。根据本章第一节有关美国、欧盟邮轮立法及相关司法实践，可以发现认定邮轮公司兼具海上运输承运人与旅游经营者身份的并非鲜见，在本案涉及的邮轮旅游纠纷中，邮轮公司既是邮轮旅客运输的承运人，也是岸上旅游

---

[1] 依据我国《旅游法》以及《最高人民法院关于审理旅游纠纷案件司法解释》，地接社或履行辅助人的注意义务包括保障义务、告知义务、保密义务和妥善保管义务等。

的经营人。

（2）第三方原因导致岸上旅游时旅客人身权受到损害的责任归属

这里的第三方是指在游客与作为旅游经营者的旅行社或者邮轮公司之间订立旅游合同之外的其他自然人或法人，例如本案岸上旅游项目中日本地接社及其雇员即为邮轮合同关系之外的第三方。因此下文主要探讨在邮轮旅游合同关系下，作为旅游经营者的旅行社或者邮轮公司以及地接社对游客人身伤亡赔偿责任的归责原则及责任承担问题。

在旅行社包船游模式下，游客通过旅行社购买邮轮海上旅游之外的岸上旅游项目时，根据我国《旅游法》第 67 条的规定，因不可抗力或者旅行社、履行辅助人已尽合理注意义务仍不能避免的事件，影响旅游行程并且合同不能继续履行的，旅行社和旅游者均可以解除合同。如果旅客选择解除合同的，组团社在扣除已向地接社或者履行辅助人支付且不可退还的费用后，应当将余款退还游客；合同变更的，因此增加的费用由游客承担，减少的费用退还游客。在本案中，原告刘某因为在岸上旅游期间发生意外伤害无法继续完成后续旅游项目及旅游航程，因此法院判决被告退还原告部分旅行费是合理的。

如果旅行社不履行包价旅游合同义务或者履行合同义务不符合约定，造成旅游者人身损害、财产损失的，应当依法承担赔偿责任。[1]这里规定的违约责任属于严格责任，不论旅客人身损害是否由旅行社、地接社、履行辅助人或者其他任何第三方导致。旅行社不承担旅客赔偿责任仅存在如下两种例外情形：一是由于旅客自身原因导致人身损害、财产损失的，旅行社不承担赔偿责任。[2]二是在旅游者自行安排活动期间，除非旅行社未尽到安全提示义务、救助义务，否则无须对旅游者的人身损害、财产损失承担相应责任。[3]

因此，旅行社对于包价旅游合同的违约责任以严格责任为主，在旅游者自行安排活动期间，旅行社承担未尽到安全提示义务、未尽到救助义务的过错责任。根据《旅游法》第 72 条，由于地接社、履行辅助人导致旅行社违约的，仍然由组团社承担责任；组团社承担责任后可以向地接社、履行辅助人追偿。但是旅行社不得以地接社、履行辅助人造成游客损失为由，解除或免除对游客的违约赔偿责任。

---

〔1〕　参见《旅游法》第 70 条第 1 款。
〔2〕　参见《旅游法》第 70 条第 2 款。
〔3〕　参见《旅游法》第 70 条第 3 款。

如果是地接社、履行辅助人的原因造成旅游者人身损害、财产损失的，旅游者可以要求地接社、履行辅助人直接承担侵权赔偿责任。根据《最高人民法院关于审理旅游纠纷案件适用法律若干问题的规定》第 14 条的规定，地接社、履行辅助人承担过错侵权赔偿责任，如果旅行社对地接社、履行辅助人未尽谨慎选择义务的，旅行社承担相应补充责任。如果经证明旅客的人身损害、财产损失系由第三方行为造成的，则由第三人承担损害赔偿责任。[1]

本案中，作为岸上旅游经营者的邮轮公司以及日本岸上游地接社均已尽到安全提示义务、救助义务等，不存在过错，原告遭受的人身伤害也不存在因为第三方引起的情形，完全是原告自身未能尽到谨慎义务而引起的，因此本案不涉及第三方承担赔偿责任的问题。

（二）歌诗达邮轮公司"维多利亚号"邮轮案件：邮轮旅客遭受人身损害如何确定适格被告

1. 案情简介

2015 年 9 月 14 日，原告王晓瑾通过上海茶恬园国际旅行社有限公司购买旅游产品，并乘坐被告歌诗达邮轮公司旗下的"维多利亚号"邮轮赴韩国旅行。9 月 17 日，原告在经邮轮工作人员指引通过邮轮 6 楼电梯处时，因电梯口有积水，摔倒受伤。邮轮工作人员对原告采取了救治措施，并清理了积水。次日，邮轮工作人员向原告出具了此次受伤事件的证明文件。原告离船后，赴上海市普陀区中心医院继续就诊，经诊断确认为腿部膝盖神经性水肿、脊椎错位及轻微脑震荡。原、被告因赔偿事宜协商不成，故原告诉至上海市黄浦区人民法院，要求被告承担医疗费、辅助器具费、误工费、护理费、营养费、交通费、精神损害抚慰金、翻译费、鉴定费、律师费等共计 3.6 万余元人民币。[2]被告辩称，原告人身伤害系自身走路不慎摔伤导致，与被告无关，被告不应承担任何赔偿责任。

2016 年 6 月 16 日，原告就本案相同事实以健康权纠纷为由向上海市静安区人民法院起诉案外人上海茶恬园国际旅行社有限公司、歌诗达邮轮船务（上海）有限公司。在审理该案中，原告撤回对歌诗达邮轮船务（上海）有限公司的起诉，受诉法院准许；另经上海茶恬园国际旅行社有限公司申请，

---

[1] 参见《最高人民法院关于审理旅游纠纷案件适用法律若干问题的规定》第 7 条第 2 款。

[2] 王晓瑾诉歌诗达邮轮有限公司健康权纠纷案，上海市黄浦区人民法院民事裁定书（2017）沪 0101 民初 10592 号。

上海市静安区人民法院追加歌诗达邮轮公司作为第三人参加诉讼。同年 10 月
31 日，上海茶恬园国际旅行社有限公司申请撤回追加第三人的书面申请，受
诉法院准许，并且原告与上海茶恬园国际旅行社有限公司已经达成调解协议，
并履行完毕。法院经审理认定，原告在提起本案诉讼之前，已向上海市静安
区人民法院以相同事实提起健康权纠纷之诉，且歌诗达邮轮船务（上海）有
限公司因与该案存在直接利害关系并作为第三人参加了诉讼，而原告与案外
人上海茶恬园国际旅行社有限公司已经达成调解协议，并已发生效力，该调
解协议应与生效裁判文书具有同等效力。现原告以相同事由向黄浦区人民法
院起诉被告，构成重复起诉，不符合我国《民事诉讼法》以及《最高人民法
院关于适用〈民事诉讼法〉的解释》等相关法律规定，因此裁定驳回原告王
晓瑾的起诉。[1]

2. 本案引发的法律问题思考

鉴于原告与上海茶恬园国际旅行社有限公司就本案争议达成的调解协议
无法查询，故不清楚调解协议对责任主体最终认定及争议数额支付的具体情
况。本案原告败诉存在两方面原因：一是对同一事实的纠纷重复诉讼，二是
对被告歌诗达邮轮公司的法律地位认知不清。

从本案争议及判决情况看，由于跨境邮轮旅游纠纷的复杂性和参与主体
的多元化，原告对于自己遭受的人身伤害的赔偿责任主体认定不够清晰、不
够充分。虽然本判决书披露的案件事实情况有限，但是可以看出，原告与上
海茶恬园国际旅行社有限公司订有参与邮轮旅游合同，而歌诗达邮轮船务
（上海）有限公司仅仅是"维多利亚号"邮轮的经营人，即本案被告歌诗达
邮轮公司的船票销售代理而已。因此原告在第一次提起诉讼时，就应当准确
地识别责任主体，即应当将与其订立旅游合同的旅行社——上海茶恬园国际
旅行社有限公司和作为旅行社履行辅助人的邮轮公司作为被告一并提起诉讼
并追究责任。但是原告错误地将邮轮公司的船务代理人列为共同被告，因此
不得不在庭审中撤回对歌诗达邮轮船务（上海）有限公司的起诉。

另外，原告没有准确地认定从事邮轮业务控制和安排的经营人的法律地
位，导致歌诗达邮轮公司先是在原告提起诉讼的案件中作为第三人参加诉讼，
后又以同一事实再次被原告起诉。鉴于原告与被告歌诗达邮轮公司之间并无
直接旅游合同关系，被告在旅游法律关系下，只能是旅行社的履行辅助人。

---

[1]　王晓瑾诉上海茶恬园国际旅行社有限公司、歌诗达邮轮船务（上海）有限公司健康权纠纷案，
上海市静安区人民法院民事裁定书（2016）沪 0106 民初 10788 号。

如果游客针对遭受的人身伤害向作为履行辅助人的邮轮公司提起诉讼，则应当举证证明邮轮公司未能履行安全保障义务，举证证明其存在过失。

因此，为了更好地保护己方的合法权益，游客应当正确梳理邮轮法律关系并正确识别责任主体及适格的被告。

（三）皇家加勒比游轮有限公司"海洋航行者号"邮轮案件：邮轮旅客遭受人身损害诉讼时效问题

1. 案情简介

2012 年 1 月 30 日，原告俞春江等人与被告上海携程国际旅行社有限公司（以下简称"携程公司"）签订《上海市出境旅游合同》，约定原告三人参加被告组织并独家销售的属于本案第三人利比里亚皇家加勒比游轮有限公司上海代表处（以下简称"皇家加勒比公司"）的邮轮旅游项目。约定乘坐皇家加勒比游轮有限公司的"海洋航行者号"参加日本冲绳水中观光船滨海之旅 5 日团队游。2012 年 7 月 3 日，原告等三人按约登上"海洋航行者号"出行。同月 5 日返程途中，在傍晚时分，原告在从邮轮甲板返回船舱时滑倒摔伤。被告知悉原告发生意外后，尽快靠岸联系救护车，并将原告送往当地医院诊治，垫付救护车车费。事后经上海市第十人民医院诊断，原告右髋骨骨折。为赔偿事宜，原、被告多次沟通，在协商不成的情况下，原告诉至上海市长宁区人民法院，要求判令被告赔偿旅游费、伤残赔偿金、误工费、营养费、护理费、医疗费、律师费等大约 25 万元人民币。原告在一审中基于与被告缔结的旅游合同，明确追究被告违约责任。[1]

一审法院经过审理认为，原告未能证明被告通过第三人提供的旅游服务不符合安全要求，所称被告违约缺乏事实根据，要求被告退还旅游费并承担赔偿损失等违约责任也缺乏事实根据和法律依据。此外原告作为成年人，对自己的行为应具有理性判断能力，原告本身存在不谨慎的过失才导致人身伤害。根据原告在司法鉴定机构进行伤残等级鉴定及后续医疗的情况，可以看出鉴定意见书形成时间是 2013 年 2 月 22 日。原告在 2014 年 9 月才向法院提起诉讼，已经超过 1 年的法定诉讼时效。因此根据《合同法》等相关法律规

---

〔1〕 俞春江诉上海携程国际旅行社有限公司、第三人利比里亚皇家加勒比游轮有限公司上海代表处旅游合同纠纷案件，上海市长宁区人民法院民事判决书（2014）长民一（民）初字第 6782 号；俞春江诉上海携程国际旅行社有限公司、第三人利比里亚皇家加勒比游轮有限公司上海代表处旅游合同纠纷上诉案，上海市第一中级人民法院民事判决书（2015）沪一中民一（民）终字第 3860 号。

定和司法解释，驳回原告全部诉讼请求。

原告不服上海市长宁区人民法院民事判决，向上海市第一中级人民法院提起上诉。二审法院经过审理，认为原审法院认定案件事实清楚，适用法律正确，并无不当，原告上诉理由不能成立，最终作出驳回上诉，维持原判的判决。

2. 本案引发的法律问题思考

（1）本案有关旅客人身伤害赔偿责任主体确定问题

原告以违反旅游合同为由起诉旅游经营者——携程公司，而仅仅将实际从事邮轮旅游的皇家加勒比游轮有限公司作为案件第三人，没有作为被告同时起诉。而以违约为由起诉旅游经营者的，需要举证证明旅游经营者违反合同约定的安全保障义务、紧急救助义务等。而且根据原、被告之间签订的《上海市出境旅游合同》中旅游者的权利项下第 3 项约定，旅游者有权要求旅行社提供符合保障人身、财物安全要求的旅行服务。旅游者义务项下第 7 项约定，旅游者应当努力掌握旅行所需的知识，提高自我保护意识。而根据本案事实调查和举证情况，原告未能举证证明被告存在违反上述合同约定义务的情形，因此被告承担违约责任的主张不能成立。

（2）旅客自身过失对人身损害赔偿的影响

根据证据显示，原告摔倒时周围没有其他人员，非被其他旅客冲撞所致；原告摔倒地点没有妨碍通行的任何其他物品，周围环境不存在不安全因素，因此不论是被告还是作为邮轮实际承运方的皇家加勒比游轮有限公司，均对原告摔倒及受伤害无任何过错。而原告穿着人字形拖鞋行走在邮轮上，船体的颠簸会给行走带来一定的困难，原告对此应当有所预见。综上，原告摔倒并受伤的事件，完全是原告自身缺乏足够的谨慎小心所导致的，因此原告遭受的人身损害应当由其自己负责。

（3）人身损害赔偿诉讼时效问题

法院根据《民法通则》第 136 条规定，认为身体受到伤害要求赔偿的诉讼时效为 1 年。诉讼时效期间从知道或者应当知道权利被侵害时起计算。原告发生人身伤害事件的时间为 2012 年 7 月 5 日，申请医疗鉴定的时间为 2013 年 2 月，其向法院提起诉讼的时间为 2014 年 9 月。因此不论从人身伤害发生之日起算，还是从其进行医疗鉴定申请并知晓自己伤害等级结果之日起算，显然都超出了法定诉讼时效 1 年的时间，这也是原告未能获得胜诉的关键因素。此外有证据表明原告在遭受人身伤害之后，曾经多次与被告进行协商，并表示对被告提出的和解协议内容不能接受。但是从判决书认定情况看，似乎这些事实没有构成诉讼时效中断的事由。

笔者认为，根据《民法典》第 188 条规定，向人民法院请求保护民事权利的诉讼时效期间为 3 年。第 195 条规定，权利人向义务人提出履行请求，义务人同意履行义务，权利人提起诉讼或者申请仲裁，与提起诉讼或者申请仲裁具有同等效力的其他情形等都会构成诉讼时效中断。显然目前《民法典》有关诉讼时效的规定更加有利于保护民事权利。因此作为原告的邮轮旅客，能够在法定的诉讼时效期间内及时采取有效措施保护自己的合法权益。

第三节　邮轮旅客疾病就医权与船医、 相关医疗设施配置关系论

一、邮轮旅客疾病就医问题概述

在导致邮轮旅客人身伤亡的一系列特殊问题中，最受关注的就是旅客突发疾病以及在邮轮上如何就医等问题，既有因为旅客自身原因导致疾病发生，也有因邮轮未配备船医或船医水平不高而导致旅客人身伤亡的责任纠纷问题。例如，陈立华、陈光彩等诉中国人民财产保险股份有限公司北京市朝阳支公司、众信旅游集团股份有限公司旅游合同纠纷[1]一案就属于非常典型的因旅客自身疾病原因导致死亡事件发生。

陈光彩与刘××系夫妻，2016 年 6 月 2 日，陈光彩、刘××等六人与众信旅游集团股份有限公司（以下简称"众信旅游公司"）签订《团队出境旅游合同》，原告陈光彩于当日付清 2 人旅游费用 9598 元。旅游合同约定超过 60 周岁或患有疾病的旅客，有向旅行社告知相关情况的义务。2016 年 7 月 3 日，陈光彩与刘××按照旅游合同约定，乘坐歌诗达邮轮公司的"大西洋号"出发至韩国。在邮轮海上巡航期间，刘××感觉身体不适，先在邮轮医务室进行治疗，后被送往济州岛当地医院进行急救，急救未能成功，刘××死亡。经鉴定，死亡原因为败血性休克，即败血症、肺炎、糖尿病酮症酸毒并发症等导致旅客死亡。原告向北京市朝阳区人民法院起诉众信旅游公司并追加中国人民财产保险股份有限公司北京市朝阳支公司为共同被告，主张死亡赔偿金、丧葬费、被扶养人生活费、精神损害赔偿金、医疗费、旅游费等共计 116 万余元人民币。

---

[1]　陈立华、陈光彩等诉中国人民财产保险股份有限公司北京市朝阳支公司、众信旅游集团股份有限公司旅游合同纠纷案，北京市朝阳区人民法院民事判决书（2017）京 0105 民初 5896 号。

　　法院经过审理认为，本案死者在订立旅游合同时并未向旅行社如实告知身体情况。根据查明的事实，刘××系因为自身疾病发作导致死亡，没有证据证明众信旅游公司与刘××死亡之间存在因果关系。而且刘××感到身体不适后，众信旅游公司积极联系相关人员予以施救，已经尽到旅客安全保障义务和救助义务。众信旅游公司表示出于人道主义考虑，愿意退还旅游合同约定的费用。法院认为该决定不违反法律强制性规定，判决旅行社向原告给付旅游费用。根据旅行社与保险公司之间的合同约定，因旅客自身原因造成的损失，不属于保险合同赔偿范围，故保险公司不承担赔偿责任，同时驳回原告其他诉讼请求。

　　此外，上海市第一中级人民法院于 2016 年对"邵建英诉上海携程国际旅行社有限公司旅游合同纠纷一案"作出二审民事判决[1]，该案原告也是因为自身疾病发作导致受到伤害而向被告索赔救治费。法院基于救治费用产生系旅客自身疾病导致，最终判决旅行社没有违反安全保障义务和救助义务，不承担责任。

　　从以上公开的判决书可以看出，邮轮上因旅客突发疾病以及需要船上提供基本医疗服务或及时到陆地医院治疗的事件并非罕见。事实上，邮轮船舶单体载客数量较多，少则几百人，多则几千人。因此对于邮轮承运人而言，单从载客数量角度，发生意外事故和突发疾病猝死的风险较之传统旅客运输增加了许多。目前除寒暑假和法定假期以外，中国邮轮旅客基本上以中老年人为主，而中老年人又是心血管疾病的高发群体，因此邮轮上突发疾病和意外风险的事件时有发生。2018 年 1 月，上海至少有两个航次出现因游客突发疾病死亡、突发疾病紧急返港的情况。2017 年，仅一家邮轮公司船上抢救次数就高达 200 次，涉及金额 100 多万美元。而大多数中国游客对于船上及境外医疗费用较高的风险预估不足，例如船上挂号费一般为 350 美元，紧急救援费用更是高达 8 万—10 万元人民币/次。[2]

　　此外，邮轮旅游与普通海上旅客运输、普通陆地旅游有所不同，相比普通海上旅客运输，邮轮上游客人数众多，大多数游客不习惯长时间远洋航行的客运环境，且相比普通海上客运的船舶而言，邮轮上通常人群密集，难以及时疏散，传染性疾病容易传播，因此邮轮上也会暴发大规模传染性疾病。

---

〔1〕　邵建英诉上海携程国际旅行社有限公司旅游合同纠纷案，上海市第一中级人民法院民事判决书（2016）沪 01 民终 10447 号。

〔2〕　刘茂华、顾立乾、杨维超等：《国际邮轮卫生管理制度现状与建议》，载《检验检疫学刊》2016 年第 6 期，第 42 页。

例如，2008 年以来，天津地区[1]与上海地区[2]相继发生两起大规模病毒传染病事件。对邮轮旅客与邮轮上的船员和其他工作人员而言，邮轮上配备合格的船医与医疗设备对于保障邮轮旅客及在船人员的身体健康权和确保海上旅游航程的顺利完成至关重要。

邮轮旅客突发疾病或因为旅行而感染疾病的情况不仅在中国邮轮旅游实践中发生，在邮轮市场发展相对成熟的美国也同样会发生。美国疾病控制中心发布的有关邮轮船舶旅游提示显示，因为邮轮旅客往往来自不同国家或地区，船上环境较拥挤、封闭，这些特点都易造成人传人感染、食物污染或者水污染，从而引发疾病。而邮轮上一旦暴发上述疾病，可能会持续多个邮轮航次，如通过留在船上继续工作的船员传播或者游客持续处在受污染的环境中等。在停靠港参与陆上旅游项目，也会使游客面临当地一些传播性疾病暴发的风险。而邮轮在远离陆地的海上巡游中，船上医疗能力有限，船舶无法提供能够满足游客全部需求的医疗支持，因此需要邮轮旅客对邮轮的上述特点和风险有所了解并事先做好相应防护措施。尤其是对于怀孕妇女、年长者、长期慢性病人、免疫力低下等特殊人群，更应当在选择邮轮旅游时根据自身状况予以审慎考虑。

目前，美国经营的邮轮面临的主要医疗问题是疾病和旅客遭受人身伤害。在公开报告的事件中，有 3%—11% 涉及邮轮紧急事件，其中大约 95% 的疾病可以在船上得到救治，而大约 5% 的疾病需要将游客撤离邮轮到陆上医疗机构进行医治、手术处理。在寻求邮轮医疗服务的游客中，将近半数是 65 岁以上的人员。而且在邮轮上寻求医疗服务的多数为急病：19%—29% 为呼吸系统疾病；因晕船引起的占 10%—25%；因为滑倒、绊倒、摔伤引起的人身伤害事件占到 12%—18%；消化系统疾病是报告中最为常见的诊断病例，占到 9%—10%。死亡病例主要是邮轮旅客心血管方面的原因，每一百万个旅行日中仅有 0.6—9.8 起邮轮旅客死亡事件。[3]因此，美国疾病控制中心给予邮轮旅客的建议之一就是购买能够包含邮轮旅游医疗费用在内的商业保险。

中国游客自我保护意识普遍不强，对购买旅游意外险的认知度不高，自主

---

[1] 吕凤祥、李枫、柴宏森等：《天津港美国籍 AZAMARA-QUEST 号邮轮传染病事件应急处置》，载《口岸卫生控制》2009 年第 4 期，第 22 页。

[2] 王家栋、章琪、方筠等：《上海口岸首例邮轮大规模诺如病毒感染爆发的应急处置》，载《中国国境卫生检疫杂志》2009 年第 5 期，第 298 页。

[3] Kara Tardivel, Stefanie B. White, Krista Kornylo Duong, *Cruise Ship Travel*, CDC（10 March 2020），https://wwwnc.cdc.gov/travel/yellowbook/2020/travel-by-air-land-sea/cruise-ship-travel.

投保旅游意外险的意识非常淡薄，一旦旅游过程中发生意外事故，还停留在有问题找旅行社、邮轮公司、政府解决的思路。此外市场上几乎所有的保险公司都有旅游意外险产品，但是没有一款适合邮轮旅游行业，要么保费过高，要么保障不足。没有一个方便的购买邮轮意外保险的平台，中国国内游客又往往习惯于通过旅行社安排行程，而旅行社对于保险产品的选择、条款的解读和意外事故发生后理赔的处理往往缺乏专业知识，难以实现有效的保障。[1]

如前所述，在因为船医问题导致邮轮旅客人身伤亡事故发生后，中国旅客可能以旅行社违反安全保障义务为由提起侵权之诉，也可能以旅行社违反旅游服务合同或海上旅客运输合同起诉旅行社或者邮轮公司违约，而旅行社或者邮轮公司往往以合同范本中的免责条款予以抗辩。此外邮轮公司是否有义务配备适任的船医和提供良好的医疗设施，是否需要对船医过失承担责任也是需要探讨的问题。

事实上，不论是邮轮旅游合同范本还是邮轮公司拟制的旅客票据合同，都有相关条款涉及旅客疾病及就医问题。相关国际公约、国外立法及司法实践也对邮轮旅客就医及责任承担等问题予以明确。下文将就这些法律问题进行探讨。

二、与邮轮旅游相关的合同范本对旅客疾病及就医问题的规定

（一）邮轮旅客运输合同/旅客票据合同等合同范本的条文规定

1. 旅客疾病等特殊情形告知义务规定

旅客在与邮轮公司订立邮轮旅客运输合同或旅客票据合同（以下统称"邮轮旅客运输合同"）时，应将可能需要特殊照顾或帮助的任何潜在疾病、生理情况或心理缺陷告知邮轮公司。如果存在生理或心理状况使得旅客无法参加邮轮航行或可能对旅客自身或他人产生危险，或者需要邮轮提供无法保证的特殊照顾或特殊帮助措施的，则邮轮公司有权拒绝与旅客订立合同。合同一旦签订，乘客在允许的范围内可随身携带必要的自用药品和医疗器具。[2]

2. 邮轮旅客购买意外保险的义务

邮轮旅客运输合同通常都建议旅客投保包括医疗费用在内的旅客意外保

---

〔1〕 应敏敏：《我国邮轮取消延误险与意外险状况及发展分析》，第十三届中国邮轮产业发展大会暨国际邮轮博览会会议资料，2018 年 11 月 1—3 日于深圳。

〔2〕 参见歌诗达邮轮公司乘客条款第 2 条、嘉年华邮轮集团公司旅客票据合同条款第 5 条、诺唯真游轮控股有限公司乘客船票合同第 4 条。

险，若乘客决定不购买此类旅游保险，旅途中一旦遭遇意外事件或其他事故，或由此导致任何人身伤亡或财产损失，将由旅客自行承担，邮轮公司对此不承担赔偿责任。[1]

3. 邮轮医疗服务提供及费用负担规定

旅客支付的邮轮费用或者船票价格中，通常不包含在船期间的医疗服务费用。[2]而且在一些邮轮公司拟制的票据合同条款中，明确涉及船上医疗费用和提供的医疗服务问题，即由于受邮轮海上航行以及所访问港口等条件限制，邮轮虽然会提供一些医疗服务，但是这些医疗服务是有限的，而且可能无法及时向旅客提供。[3]此外还规定船舶在海上航行或巡航期间无法保证能够提供紧急医疗运送服务。[4]若乘客在船上或船下接受任何医护人员或独立合同方提供的医护服务，所产生的一切风险由乘客自行承担。承运人在船上或船下为本船乘客所安排的任何医护人员，仅是为了便利旅客而提供的服务，此类服务不在承运人控制或监管之下；由此产生的任何医疗费用，包括承运人代为安排的紧急医疗运送服务，费用由旅客自行承担。

船医应当作为独立经营的专业人士而非邮轮公司的雇员为旅客提供相关帮助。因此，是否接受船医提供的服务完全取决于旅客的意愿，如果旅客选择使用船医服务，旅客应当为此支付相关费用。船医作出的有关乘客是否适合登船以及/或者是否继续航行的决定具有约束力并且不受任何人干涉。[5]

有些邮轮公司明确在邮轮旅客运输合同中规定，不负责提供医疗服务和/或医疗设施。并且明确即使船舶配有一名外科医生或内科医生，或为旅客提供紧急或其他医疗护理或送医服务，完全是为了旅客之便利而采取的措施，且此等医疗服务直接由医疗专业人士提供，承运人对医疗服务提供者没有监督义务，也无法对此等医疗服务提供者的行为进行监督或指导。承运人对医疗服务提供者的医疗服务水平不予以保证，对由此产生的损失或伤害概不负责。提供医疗服务的人员或部门有权就其提供的任何服务内容向乘客收取适当费用，此类服务费用全部由乘客自行承担。[6]

4. 邮轮公司预防疾病及传染性疾病的处置权

有些邮轮公司在旅客运输合同文本的附录中还明确规定邮轮公司或邮轮

---

〔1〕　参见歌诗达邮轮公司乘客条款第 22 条。
〔2〕　参见歌诗达邮轮公司乘客条款第 2 条。
〔3〕　参见诺唯真游轮控股有限公司乘客船票合同第 4 条。
〔4〕　参见皇家加勒比游轮有限公司票据合同第 4 条。
〔5〕　参见歌诗达邮轮公司乘客条款第 17 条。
〔6〕　参见诺唯真游轮控股有限公司乘客船票合同第 9 条。

承运人对船上发生的一些疾病的处理和处置权限,如皇家加勒比游轮有限公司乘客票据合同附录"旅客行为守则"(Guest Conduct Policy)对旅客健康与环境问题作出较为细致的规定。

为避免传染性疾病,如肠胃疾病、病毒、感冒与流感等,"旅客行为守则"建议旅客在如厕后或进食前用肥皂和热水彻底洗手至少20秒。若乘客出现肠胃疾病症状,如腹泻呕吐等,或发现他人出现此类症状的,应立即通知船上医务人员。此外某些肠胃疾病在症状消失72小时后或者更长时间内仍然具有传染性,因此邮轮上的工作人员应当采取相关措施降低船上人员感染的概率。如果旅客违反上述规定,邮轮公司保安人员、管理人员或执法人员可以对旅客进行干预或剥夺某些权利,如要求旅客在客房或隔离室内禁足、隔离或者滞留,禁止参加本航次或皇家加勒比游轮有限公司后续国际邮轮航次,将事故向政府和有关部门汇报,并由这些机构或部门决定和采取后续法律措施等。[1]

如果承运人或船上医务人员认为乘客可能被任何一个国家/地区拒绝进入停靠港或目的地,或可能患有传染病,或可能因其他原因危及自身或他人安全或令他人感到不适,则承运人保留拒绝或撤销该乘客自由通行权,或要求该乘客禁足于客房内的权利,为此不承担任何责任。[2]此外,邮轮公司大都在示范合同文本中规定因为疾病而产生争议的解决、管辖权、时效等问题。[3]

(二) 国内邮轮旅游合同文本有关旅客疾病及就医规定

除了邮轮公司纷纷在其旅客运输合同或票据合同中对旅客疾病及就医问题作出规定,中国国内的邮轮旅游合同范本也大多涉及这个内容。有的城市或港口有专门的邮轮旅游合同示范文本,有的则以出境旅游合同文本为准。以下根据上海、天津、南京等地邮轮旅游合同示范文本的专门规定进行分析。

1. 旅客购买保险的义务

《上海市邮轮旅游合同示范文本》(2015版)第3条明确规定"旅游者保险"义务,旅行社以加黑加粗字体以及着重号的方式提示游客需要购买人

---

〔1〕　参见诺唯真游轮控股有限公司乘客船票合同附录"乘客行为"(GUEST CONDUCT),也有与皇家加勒比游轮有限公司乘客票据合同几乎一致的条文规定。

〔2〕　参见诺唯真游轮控股有限公司乘客船票合同第4条。

〔3〕　参见皇家加勒比游轮有限公司乘客票据合同第9条、第10条,嘉年华邮轮集团公司旅客票据合同第13条、第26条、第27条。

身意外伤害保险和邮轮旅游意外保险，并且需要游客阅读并明确知晓上述险别条款及其保单内容。游客有权选择自行购买人身意外伤害保险和邮轮旅游意外保险，也可以委托旅行社代为办理相关保险业务，并需要旅客在合同中以明示同意的方式委托旅行社代为投保保险业务。[1]

2. 旅客如实告知健康情况义务

邮轮上一般没有专科医师及相关医疗设施，邮轮离岸后无法及时对生病游客进行急救和治疗，为防止旅行途中发生意外，游客在购买邮轮旅游产品、接受旅游服务时，应当如实告知与邮轮旅游活动相关的个人健康信息，选择参加适合自身身体条件的邮轮旅游活动。如果游客隐瞒个人健康信息并参加邮轮旅游的，由游客自己承担相应责任。[2]在我国司法实践中就出现过类似判例，法院认定游客死亡或生病是因为游客隐瞒个人健康信息导致的，判定被告旅行社或邮轮公司不承担赔偿责任。

由南京市旅游委员会及南京市工商行政管理局联合制定的《南京市邮轮旅游合同示范文本》（2018 版），自 2018 年 10 月 15 日起使用。该文本第 4 条第 10 项以加黑加粗和双下划线方式明确提示游客在购买邮轮旅游产品、接受旅游服务时，应当如实告知与邮轮旅游活动相关的个人健康信息，参加适合自身条件的邮轮旅游活动。如果旅客隐瞒有关个人健康信息参加邮轮旅游，造成的一切损失由游客自行负担并承担相应责任。但是如果能够证明游客遭受的损失系旅游产品自身缺陷导致的，则旅游经营者仍然需要承担责任。

与上海市、天津市等地的邮轮旅游合同示范文本相比，南京市的合同文本更加强调游客自身健康与遭受损失之间的因果关系，也以更加明确的方式提示游客注意如实申报自身健康的义务。根据《合同法》第 39 条规定，采用格式条款订立合同的，提供格式条款的一方应当遵循公平原则确定当事人之间的权利和义务，并采取合理的方式提请对方注意免除或者限制其责任的条款，按照对方的要求，对该条款予以说明。[3]因此南京市邮轮旅游合同文本的这种方式有助于旅行社举证证明，其无须对游客违反自身健康情况申报义务而承担赔偿责任。

---

〔1〕　参见《天津市邮轮旅游合同》（JF-2016-078）第 3 条，存在几乎与上海市邮轮旅游合同一致的条文规定。以及《南京市邮轮旅游合同示范文本》（2018 版）第 3 条第 2 款规定。

〔2〕　参见《上海市邮轮旅游合同示范文本》（2015 版）第 6 条"甲方不适合邮轮旅游的情形"的规定。《天津市邮轮旅游合同》（JF-2016-078）第 6 条也有几乎一致的条文表述。

〔3〕　现《民法典》第 496 条第 2 款对格式条款下的提示义务和说明义务予以规定。

3. 旅行社解除合同的权利

如果游客患有传染病等疾病，可能危害其他旅游者健康和安全的，则旅行社可以解除旅游合同。[1]因游客自身原因导致合同被解除的，旅行社有权按照比例扣除游客预先交付的旅游费用。[2]

4. 旅行社协助患病游客返回指定地点的义务

《南京市邮轮旅游合同示范文本》（2018 版）在第 5 条"乙方的权利和义务"中涉及乙方义务的第 2 项明确规定，旅行社具有协助游客遣返就医的义务，即如果游客突发疾病，在邮轮离岸后无法及时进行急救和治疗的，旅行社应当协助游客返回出发地或者游客指定的其他合理地点，因救治产生的费用由游客自行承担。因上述行为导致旅游合同被解除的，旅行社应于合同解除之日起 10 个工作日内扣除已经实际发生的费用，将剩余旅游费退还给游客。

综上，不论是邮轮公司制订的邮轮旅客运输合同条款还是国内邮轮旅游合同示范文本，都明确规定游客在购买邮轮旅游产品时，有如实向邮轮公司或者旅行社告知自身健康状况的义务，并需要对隐瞒健康状况导致的损失承担责任。不论是邮轮公司还是旅行社，受邮轮自身封闭空间限制以及邮轮海上巡航的特殊性及条件限制，无法在邮轮上提供如同陆地上的医疗设施、设备及人员。因此，均要求游客对邮轮旅游有限的医疗条件以及因此产生的高额医疗费用等风险进行预估，并自行选择投保相应的保险以分散由此带来的风险。

三、应对邮轮旅客疾病及就医问题的国际机制

（一）有关船上旅客疾病及就医问题的国际公约及实践

1. 1978 年《海员培训、发证和值班标准国际公约》

1978 年《海员培训、发证和值班标准国际公约》于 1978 年 7 月 7 日在英国伦敦召开的国际海事组织大会上通过，经过 1991 年、1994 年、1995 年和 2010 年多次修订。该公约旨在提高各国海员的素质，对海员职业技术资

---

〔1〕 参见《上海市邮轮旅游合同示范文本》（2015 版）第 5 条"双方的权利义务"中有关旅行社权利义务的第 8 项规定。《天津市邮轮旅游合同》（JF-2016-078）第 5 条也有几乎一致的条文规定；《南京市邮轮旅游合同示范文本》（2018 版）第 6 条第 4 项。

〔2〕 参见《上海市邮轮旅游合同示范文本》（2015 版）第 7 条"甲方解除合同及承担必要费用"条文规定以及《天津市邮轮旅游合同》（JF-2016-078）第 7 条规定。

质、值班行为的控制和管理等予以规范。

1978 年《海员培训、发证和值班标准国际公约》第六章"应急、职业安全、保安、医护和求生职能"是第一次在国际公约层面提及有关船舶的医护问题。其中第 4 条是关于医疗急救和医护问题的强制性最低要求。1978 年《海员培训、发证和值班标准国际公约》明确规定，船上提供医疗急救的海员以及负责船上医护工作的海员应该分别达到公约规定的最低适任标准。如果在海员发放的证书资格中没有包括医疗急救或医护的培训内容时，应当持有额外签发的培训合格证书，以证明其已经参加过医疗急救或医护的培训课程。[1]

根据 1978 年《海员培训、发证和值班标准国际公约》附则 A 的强制性标准，对于船上能够提供医疗急救的海员的强制性最低适任标准是，船上的游客发生意外事故或疾病时能够立即实施急救。因此，提供医疗急救的海员需要了解急救箱使用，人体构造和功能，对包括《危险货物事故医疗急救指南》或船员所在国颁布的等效规则在内的针对船上有毒物质危害有所了解，能够对伤病员进行检查，了解脊柱损伤知识、烧伤、烫伤以及热冷影响，骨折、脱臼和肌肉损伤，被救人员护理，无线电医疗建议，药理学，消毒，心脏停搏，溺水和窒息等方面的知识。评价船员适任的标准是能对上述损伤的可能原因、性质和程度予以迅速、充分的判断，并采取通常急救方法，始终将对自身和他人的危险降低到最低程度，对伤病员的处理方式适当，并与公认的急救做法和国际指南相吻合。[2]

1978 年《海员培训、发证和值班标准国际公约》附则 B 虽然不是公约规定的强制性标准，但是对于各缔约国履行公约规定的各项义务具有较好的参考借鉴作用。在附则 B 第四节"关于医疗急救和医护要求的指导"的标题下，明确规定各缔约国应当根据公约附则 A 列表规定的各项任务、职责和责任等内容，对船上具有急救职责的海员进行相关项目培训，并应当考虑遵循世界卫生组织推荐的经修订的《国际船舶医疗指南》中的各项指导意见。[3]

显然 1978 年《海员培训、发证和值班标准国际公约》仅仅从海员职责、

---

〔1〕 吴兆麟主编：《中国海上维权法典——国际海事公约篇》（第 4 卷 国际海员），大连海事大学出版社 2012 年版，第 184 页。

〔2〕 吴兆麟主编：《中国海上维权法典——国际海事公约篇》（第 4 卷 国际海员），大连海事大学出版社 2012 年版，第 600—602 页。

〔3〕 吴兆麟主编：《中国海上维权法典——国际海事公约篇》（第 4 卷 国际海员），大连海事大学出版社 2012 年版，第 882 页。

培训和发证标准的角度，对具有急救和医护能力的海员应当具有的医学常识、培训及评估标准予以明确，并没有明确规定船舶需要配备专业医生。

2. 1987 年《海员健康保护及医疗公约》

《海员健康保护及医疗公约》（Convention Concerning health Protection and Medical Care for Seafarers）于 1987 年 10 月 8 日在国际劳工组织（ILO）大会上通过，并于 1991 年 1 月 11 日生效。该公约目前已经被纳入国际劳工组织通过的 2006 年《海事劳工公约》中。

1987 年《海员健康保护及医疗公约》并非是专门针对客船或者邮轮上有关医疗服务及安排的公约，而是根据国际劳工组织有关海员体格检查、住宿、船上药箱建议书、海上医疗指导建议书、预防事故等国际公约或议定书的相关规定，以及注意到 1978 年《海员培训、发证和值班标准国际公约》涉及有关船上发生事故与疾病时医疗照顾培训等相关规定，针对海员健康保护及医疗方面作出的专门规定。

1987 年《海员健康保护及医疗公约》明确规定其适用于在成员国注册并从事商业海运活动的一切公有或私有的海船。[1]成员国应当采取一切措施：①保证使有关海员健康保护和医疗方面的一般性条款及专门针对船上工作的特殊条款均适用于本国海员；②保证向海员提供尽可能相当于岸上工人普遍适用的健康保护和医疗措施；③保证海员在港停靠期间能够及时就医的权利；④根据本国法律和惯例，保证向经过登记的海员提供免费健康保护和医疗服务；⑤不局限于生病或受伤海员的治疗，同时还应包括预防性措施，并特别注重海员有关促进健康和保健教育发展领域，以便在降低海员发病率方面发挥积极作用。[2]

1987 年《海员健康保护及医疗公约》第 8 条明确规定，适用本公约并且载有 100 名船员或以上的并持续 3 天以上国际航行的所有船舶，应配备 1 名专职医生，该医生应当作为船员负责提供船上医疗服务。各国在考虑诸如航行时间、性质和条件以及船上船员人数等因素时，可以在本国法律或法规中明确其他舰艇也应当配备 1 名医生。

对于适用 1987 年《海员健康保护及医疗公约》且未配备医生的所有船舶，也应当在船员中安排 1 名或几名特定人员，负责向船上其他船员提供医疗帮助

---

[1]　参见《海员健康保护及医疗公约》第 1 条，载吴兆麟主编：《中国海上维权法典——国际海事公约篇》（第 4 卷　国际海员），大连海事大学出版社 2012 年版，第 1496 页。

[2]　参见《海员健康保护及医疗公约》第 4 条，载吴兆麟主编：《中国海上维权法典——国际海事公约篇》（第 4 卷　国际海员），大连海事大学出版社 2012 年版，第 1496—1498 页。

和管理药品。负责船上医疗工作的特定人员应当根据 1987 年《海员健康保护及医疗公约》的要求，完成主管当局规定的医疗技术理论与实践培训课程。此类课程应根据具体情况，包括基础训练和更高级别的医疗技术培训：①进行基础培训的主要是针对总吨位不足 1600 吨且一般能在 8 小时内到达提供合格医疗服务和医疗设备的港口的船舶。此种培训使得相关人员能够及时采取有效措施并通过无线电或者卫星通信方式进行医疗指导。②进行更高级别的医疗技术培训，主要针对第①项规定以外的其他所有船舶。具体包括在医院工伤事故急救部门进行实际训练以及进行诸如静脉治疗等抢救技术培训。这些培训使上述特定人员能有效参与船舶在海上提供医疗援助的协调活动，并能为持续停留在船上的患者或伤员提供符合标准的医疗服务。如有可能，此种训练应在对海运业有关医疗问题和海上特殊环境具有丰富知识和充分了解，并具有无线电或卫星通信医疗指导服务专门知识的医生的监督下进行。[1]

　　总吨位为 500 吨或以上，载有海员 15 名或以上并持续航行 3 天以上的任何船舶，均应设置单独病房。各成员国主管当局可以对从事沿海运输的船舶放宽此项要求。在合理并且可行的情况下，设置单独病房的规定也可以适用于总吨位为 200—500 吨的船舶和拖轮。根据 1987 年《海员健康保护及医疗公约》的规定，病房的位置安排要适当，以方便人员进出并确保患者住得舒适，在任何天气情况下均可得到必要照料；病房的设计还应当便于会诊和医疗急救。尤其是在病房入口、病床位置安排、照明、通风、取暖及供水的设计安排方面，应当保证患者舒适和便于治疗等基本条件。病床铺位的数量由各个成员国主管当局自行规定。此外，1987 年《海员健康保护及医疗公约》还规定应当为患者提供专门使用的卫生间，可在病房内设置，或者在病房附近设置。该病房只能供医疗使用，不得用于其他目的和用途。[2]

　　3. 2006 年《海事劳工公约》

　　《海事劳工公约》（Maritime Labour Convention，MLC）于 2006 年 2 月 23 日由国际劳工组织在日内瓦通过，并于 2013 年 8 月 20 日生效。2006 年《海

---

〔1〕　参见《海员健康保护及医疗公约》第 9 条，载吴兆麟主编：《中国海上维权法典——国际海事公约篇》（第 4 卷 国际海员），大连海事大学出版社 2012 年版，第 1502 页。

〔2〕　参见《海员健康保护及医疗公约》第 11 条，载吴兆麟主编：《中国海上维权法典——国际海事公约篇》（第 4 卷 国际海员），大连海事大学出版社 2012 年版，第 1504 页。

事劳工公约》是在修改完善现有与海员有关的 37 个劳工公约[1]和 31 个相关建议案的基础上形成的综合法案。[2]内容不仅包括海员上船工作最低要求、就业条件、工作和休息时间、工资、休假、遣返、起居舱室、娱乐设施、食品和膳食服务等微观内容，还包括海员职业安全和健康保护、医疗、福利及社会保障等宏观方面。同时，2006 年《海事劳工公约》仅设定最低国际标准，不影响海员依据相关国内法、判决、惯例或协议，得到优于公约规定的工作和生活条件。[3]因此这部作为"船员综合权利法案"的 2006 年《海事劳工公约》与 1978 年《海员培训、发证和值班标准国际公约》、《国际防止船舶污染海洋公约》（MARPOL73/78）、《国际海上人命安全公约》被国际航运界并称为国际海事四大支柱公约。[4]

就有关海员健康保护和医疗问题，2006 年《海事劳工公约》修订了 1987 年《海员健康保护及医疗公约》的相关规定。2006 年《海事劳工公约》在标题四"健康保护、医疗、福利和社会保障保护"中作出专门规定。其中规则 4.1 明确了保护海员健康并确保其迅速得到船上和岸上医疗的目标。2006

---

〔1〕 根据 2006 年《海事劳工公约》第 10 条，公约的生效将导致如下列明公约被修改：1920 年《（海上）最低年龄公约》（第 7 号）、1920 年《（海难）失业赔偿公约》（第 8 号）、1920 年《海员安置公约》（第 9 号）、1921 年《（海上）未成年人体检公约》（第 16 号）、1926 年《海员协议条款公约》（第 22 号）、1926 年《海员遣返公约》（第 23 号）、1936 年《高级船员适任证书公约》（第 53 号）、1936 年《（海上）带薪假期公约》（第 54 号）、1936 年《船东（对病、伤海员）责任公约》（第 55 号）、1936 年《（海上）疾病保险公约》（第 56 号）、1936 年《（海上）工时和配员公约》（第 57 号）、1936 年《（海上）最低年龄公约（修订）》（第 58 号）、1946 年《（船上船员）食品和膳食公约》（第 68 号）、1946 年《船上厨师发证公约》（第 69 号）、1946 年《（海员）社会保障公约》（第 70 号）、1946 年《（海员）带薪休假公约》（第 72 号）、1946 年《（海员）体检公约》（第 73 号）、1946 年《一等水手证书公约》（第 74 号）、1946 年《船员起居舱室公约》（第 75 号）、1946 年《（海上）工资、工时和配员公约》（第 76 号）、1949 年《（海员）带薪休假公约（修订）》（第 91 号）、1949 年《船员起居舱室公约（修订）》（第 92 号）、1949 年《（海上）工资、工时和配员公约（修订）》（第 93 号）、1958 年《（海上）工资、工时和配员公约（修订）》（第 109 号）、1970 年《船员起居舱室（补充规定）公约》（第 133 号）、1970 年《防止事故（海员）公约》（第 134 号）、1976 年《（海员）连续就业公约》（第 145 号）、1976 年《海员带薪年休假公约》（第 146 号）、1976 年《商船（最低标准）公约》（第 147 号）、《1976 年商船（最低标准）公约的 1996 年议定书》、1987 年《海员福利公约》（第 163 号）、1987 年《（海员）健康保护和医疗公约》（第 164 号）、1987 年《（海员）社会保障公约（修订）》（第 165 号）、1987 年《海员遣返公约（修订）》（第 166 号）、1996 年《（海员）劳动监察公约》（第 178 号）、1996 年《海员招募和安置公约》（第 179 号）、1996 年《海员工时和船舶配员公约》（第 180 号）。

〔2〕 参见 2006 年《海事劳工公约》第 10 条的规定。2006 年《海事劳工公约》一旦生效，将取代其第 10 条提及的与海员有关的现行公约及议定书。

〔3〕 参见 2006 年《海事劳工公约》序言。

〔4〕 郭萍：《国际海事劳工公约带来的影响与应对》，载《世界海运》2014 年第 3 期，20—35 页。

年《海事劳工公约》要求各成员国应确保在悬挂其旗帜的船舶上的所有海员，均能享受到充分保护健康的各项措施，并且在船上工作期间能够得到迅速和适当的医疗服务。按照 2006 年《海事劳工公约》的规定，成员国提供的健康保护以及医疗措施原则上不应当由海员自行支付费用。各成员国应确保在其领土内，凡是需要提供紧急医疗服务的海员，都能够使用成员国的岸上医疗设施。船上提供的健康保护和医疗要求，旨在实现能够向海员尽可能提供与岸上工人能够得到的健康保护和医疗措施一致的标准。[1]

2006 年《海事劳工公约》标准 A4.1 "船上和岸上医疗" 的规定，强制适用于所有成员国，明确要求如下内容：

（1）各成员国应确保采取措施向在悬挂其旗帜的船舶上工作的海员，提供健康保护和医疗服务，包括必需的牙科治疗。该规定较之 1987 年《海员健康保护及医疗公约》增加了提供牙科治疗的内容。这些措施包括：①保证将与海员职责相关的职业健康保护和医疗方面的一般规定以及专门针对船上工作的特殊规定适用于所有海员；②保证向海员提供尽可能相当于岸上工人一般能够得到的健康保护和医疗，包括迅速得以诊断和获得治疗所必需的药品、医疗设备和设施，以及利用医疗信息和医疗专业技能；③在可行的情况下，海员享受在停靠港立刻被送往医院获得合格医生或牙医诊治的权利；④在与成员国国家法律和惯例一致的限度内，保证向船上海员或在外国港口下船的海员提供免费健康保护和医疗；⑤不局限于患病或受伤海员的治疗，同时还应包括例如促进健康和保健教育计划方面的预防性措施等。

（2）各成员国主管当局应提供一个标准范本的海员医疗报告表格，供船长和相关岸上和船上医疗人员使用。各方应对填写的表格及内容予以保密，表格只应用于便利海员的治疗工作。

（3）各成员国应通过本国法律和法规对悬挂其旗帜的船舶明确规定船上医务室及医疗设施和设备以及培训等内容。

（4）各成员国法律或法规应当就如下方面设置最低限度的要求：

① 所有船舶均应携带医药箱、医疗设备和医疗指南，具体内容由各成员国主管当局规定，并由主管当局定期检查；在规定上述内容时，各成员国应综合考虑诸如船舶类型、船上人员数量及航次性质、目的地和航程以及相关国家和国际组织建议的医疗标准等因素。

---

[1] 吴兆麟主编：《中国海上维权法典——国际海事公约篇》（第 4 卷 国际海员），大连海事大学出版社 2012 年版，第 1802 页。

② 载员 100 人或以上，从事 3 天以上国际航行的船舶，应配备 1 名医生专门负责医疗工作。在考虑诸如航行时间、船舶性质和条件以及船上海员人数等因素的情况下，各国法律或法规还可以规定其他类型的船舶也应满足配备 1 名医生的要求。需要注意的是，2006 年《海事劳工公约》关于需要配备船医的规定，明确要求是载人 100 人以上并且从事 3 天以上国际航行的船舶，其中关于"载人"的表述，并没有强调是船员，即根据 2006 年《海事劳工公约》，如果船舶上承载的人数，不论是船员、游客或其他合法在船人员，只要超过 100，并且航行时间超过 3 天的，就应该配备船医。而 1987 年《海员健康保护及医疗公约》强调的是载有 100 名及以上船员的船舶应当配备 1 名船医。虽然 2006 年《海事劳工公约》是基于保护船员权益角度制定的一个综合法案，但是其有关配备船医的强制性规定已经取代 1987 年《海员健康保护及医疗公约》，因此也应当适用于邮轮。

③ 根据 2006 年《海事劳工公约》的规定，不配备医生的船舶，要么在船上至少有 1 名海员负责医疗和药品管理工作，要么船上至少有 1 名海员能够胜任提供医疗急救服务的工作。这一规定也比 1987 年《海员健康保护及医疗公约》的规定更加明确。此外，根据 2006 年《海事劳工公约》，对于不是专职医生但是负责提供船上医疗服务的海员，应该完成经修正的 1978 年《海员培训、发证和值班标准国际公约》所要求的各项培训；提供医疗急救服务的海员还应当完成符合 1978 年《海员培训、发证和值班标准国际公约》要求的医疗急救培训。各个成员国可以通过本国法律或法规对培训需要达到的水平和标准予以细化，该标准的确立应当特别注意综合考虑船舶航行时间、船舶性质和条件以及船上海员数量等因素。

④ 各成员国主管当局应构建一个预设机制，确保船舶在海上能够在 24 小时内通过无线电或卫星通信得到所需要的医疗指导，包括专家指导。医疗指导包括船舶与提供医疗咨询的岸上机构通过无线电台或卫星通信进行必要的医疗信息沟通，所有船舶均应免费使用这些服务，而不考虑船舶悬挂的国旗。

2006 年《海事劳工公约》在附则 B4.1 中还对医疗提供、医疗报告表格、岸上医疗、对其他船舶的医疗援助以及国际合作等作出具体规定。尽管根据该公约规定，附则 B 并不具有强制约束力，但是也可以为各国及船公司、船员提供参考。

综上所述，根据上述公约规定，搭载 100 人以上并且国际航程超过 3 天的船舶应配备至少 1 名有资质的专门医生，负责船上医疗护理。没有配置专门船医的船舶，应至少有 1 名海员负责医疗护理、药品管理的日常工作或者能够提供医疗急救服务，并应当达到 1978 年《海员培训、发证和值班标准国际公约》规定的完整医疗知识培训的标准和要求。

世界卫生组织制定了《国际船舶医疗指南》，该指南是根据 1978 年《海员培训、发证和值班标准国际公约》规定的培训要求而编制的教材，用以指导负责提供船上医疗护理工作的船员使用。2006 年《海事劳工公约》规定各缔约国主管当局应构建一个预设系统以确保船舶在海上可以通过收音机或卫星传送等通信方式，在 24 小时内不间断地获取有关医疗建议。对此《国际船舶医疗指南》细致地解释了必须寻求此类建议的具体情况。而且根据 2006 年《海事劳工公约》规定，船舶上应当配备《国际船舶医疗指南》，并遵守指南中规定的各项要求。这不仅可以确保各国履行 2006 年《海事劳工公约》规定的成员国义务，也可以确保本国海员保持最好的健康状况。[1]

根据《国际船舶医疗指南》要求，海上航行的所有船舶应能够全天 24 小时获得全球各个口岸派驻医生的医疗建议，并且在船上的医生或者医护人员不确定最佳治疗措施时，应当及时向口岸派驻医生征求医疗建议。船舶在与口岸医生联络时，可以直接通过无线电话、卫星通信、传真或互联网等方式，有时也可以从临近的其他船舶上的医生处获得此类医疗建议。为了更好地进行信息交流，建议沟通最好能够采用双方通用的语言。如果无法实现，对于试图传递医疗信息的一方，或试图使用另一种语言的医学建议方，最好请熟悉两种语言的翻译人员予以协助。只有船上人员病情严重时才需要采用直升机将其转移至最近的口岸进行陆上医治。此种情况下，船公司或者患者不仅需要支付昂贵的服务费，而且直升机机组人员常常需要冒着生命危险向处于航行中的船舶提供此种转运协助，因此《国际船舶医疗指南》建议仅在紧急情况下使用直升机救援措施。[2]

虽然目前尚没有专门针对旅客运输或者邮轮运输船舶应当配备船医的强制性国际条约，1978 年《海员培训、发证和值班标准国际公约》、2006 年《海事劳工公约》、1987 年《海员健康保护及医疗公约》等公约的出发点都是基于海员健康及医疗保护方面予以考虑，但不论是 1987 年《海员健康保护及医疗公约》规定承载船员 100 人或以上的要求，还是 2006 年《海

---

[1]　世界卫生组织：《国际船舶医疗指南》（第 3 版），韩孟君译，天津科学技术出版社 2016 年版，前言。

[2]　世界卫生组织：《国际船舶医疗指南》（第 3 版），韩孟君译，天津科学技术出版社 2016 年版，第 291 页。

事劳工公约》规定承载人数达到 100 人或以上的规定，船舶均需要配备至少 1 名专职医生。然而，这些公约仅规定了医生配置的下限而未规定上限。而目前从事邮轮旅游活动的海上跨境邮轮，搭载乘客少则几百人，多则几千人。为了更好地提高旅客邮轮旅游的良好体验，邮轮上配备的海员及其他在船工作人员多达几百甚至千人以上。显然 1987 年《海员健康保护及医疗公约》、2006 年《海事劳工公约》关于配备船医的最低规定要求，并不能满足邮轮上搭载人数多达数千人甚至万人的现实需求。目前针对邮轮上配备医生的规定，仍然根据各国国内法予以明确。为了保障邮轮旅客的合法权益，针对邮轮上具体配置医生的数量，应由各国综合邮轮船舶航行时间、邮轮结构及条件、船舶载人数量、航线规划和安排等相关因素，在国内法中作出具体而明确的规定。

我国原交通部在 1990 年 3 月 2 日颁布《船医管理办法》，该规定后被交通运输部于 2003 年 12 月 2 日发布的《交通部关于废止 219 件交通规章的决定》废止。虽然《船医管理办法》已经失去效力，但是从学术研究的角度仍具有一定的价值，以下对其相关内容作简要介绍。

《船医管理办法》并非适用于所有中国籍商船的船医管理，而仅适用于交通系统航运单位所属船舶的船医管理。[1]这里提及的船医是指在船上工作的医务人员[2]，要求应具有中等卫生专业学校毕业以上的学历或取得医士以上卫生专业技术职务[3]。根据第 4 条规定，远洋货船（包括远洋油船）应设船医 1 名；远洋客船应设船医、护士各 1 名；沿海客船和流动性大的大型施工船、救助船应设船医 1 名；内河 800 客位以上单航次超过 24 小时的客船应设船医 1 名；旅游船应设船医 1 名。显然根据该规定，不论是远洋客船还是旅游船舶均应当配置 1 名专业船医，而不需要考虑该船舶吨位大小。此外，该办法中规定的船医的职责范围要比 2006 年《海事劳工公约》中规定的船医职责范围宽泛得多，除了需要负责船员的医疗保健工作、患病旅客的诊疗工作，还有爱国卫生、卫生防疫、劳动卫生、食品卫生、传染病防治、除虫灭鼠等职责。[4]此外《船医管理办法》还对船医因公休假、探亲假、病假、事假以及参加培训学习等不能随船工作时后备船医的配置数量、船医管理考核等作出原则性的规定。

---

〔1〕　参见《船医管理办法》第 3 条。
〔2〕　参见《船医管理办法》第 2 条。
〔3〕　参见《船医管理办法》第 16 条。
〔4〕　参见《船医管理办法》第 2 条、第 8—14 条。

鉴于《船医管理办法》已经被废止，目前在中国没有关于船医配置或者针对客船或邮轮需要配置船医的相关法律规定。

（二）国际行业组织关于邮轮旅客疾病及就医的实践

目前，并没有国际公约对邮轮上提供医疗服务问题作专门的强制性规定，占据邮轮旅游市场前列的美国、中国等国也没有国内法作专门规定，因此实践中更多地由从事邮轮旅游经营活动的各个邮轮公司自行考虑这个问题。

国际邮轮协会已经注意到提高邮轮医疗水平对邮轮行业发展的重要作用，因此近年来不断敦促旗下会员邮轮公司采取有效应对措施，并致力于帮助邮轮公司为游客和船员提供安全、健康和保健的船舶环境。目前，国际邮轮协会旗下的大部分会员公司都会在邮轮上成立医务室，邮轮经营人也希望能够为游客提供最快速的应急医疗服务直至将游客转移到岸上医疗机构进行诊治。目前一些主要的邮轮公司在北美航线营运的邮轮上均配置相关医疗设施，并积极采取有效措施提高船上医疗保健质量。

早在 1995 年，国际邮轮协会及其会员公司就专门成立了一个医疗设施工作小组（Medical Facilities Working Group），对邮轮船舶上设置的医务室应当包含的医疗设施及机制构建，诸如医疗设施的具体构成、人员配置、医疗设备、医疗程序等进行专门研究，并制定了一些行业规范指南。这一做法与美国急诊科医生协会（American College of Emergency Physicians，ACEP）不谋而合。[1]目前，国际邮轮协会旗下的邮轮公司船上配备的医生均为美国急诊科医生协会成员，在邮轮上为旅客及在船人员提供医疗服务。美国急诊科医生协会是美国最具有影响力的由专业人士组成的机构，成员包括来自美国本土及境外大约 20000 名从事急诊和其他事务的医生，而且美国急诊科医生协会专门成立邮轮船舶及海事医疗部，针对性地从事有关船上医疗保健方面的培训、教育和研究工作。[2]通过富有临床经验的船医以及美国急诊科医生协会的共同努力，目前国际邮轮协会旗下的邮轮公司都能够保证在沿岸国管辖水域之外的邮轮海上巡游活动期间向邮轮旅客提供医疗服务。

美国急诊科医生协会最初在 1995 年 9 月通过了一份《邮轮船舶医疗设施保健指南》（Guidelines for Care of Cruise Ship Medical Facilities），该指南在

---

[1]《邮轮上的医疗保健》，载荷美邮轮公司官方网站，http：//book. hollandamerica. com/pdfs/media/iccl/ICCL_ medicalcarefactsheets. pdf，2020 年 3 月 12 日访问。

[2]《邮轮上的医疗保健》，载荷美邮轮公司官方网站，http：//book. hollandamerica. com/pdfs/media/iccl/ICCL_ medicalcarefactsheets. pdf，2020 年 3 月 12 日访问。

1997 年 12 月修改时，将名称进行调整，变更为《邮轮船舶医疗设施健康保健指南》（Health Care Guidelines on Cruise Ship Medical Facilities）。美国急诊科医生协会已经先后在 2001 年 10 月、2007 年 10 月和 2019 年 1 月对该指南内容予以确认并向公众发布。[1]

2014 年 7 月修订的《邮轮船舶医疗设施健康保健指南》，对邮轮在沿岸国管辖水域之外海上巡游期间有关医疗服务问题作出具体规定，例如，有关医疗保健方面的组织构成，人员配置，医生临床经验要求，行医证书要求，船上医疗设备及设施配置，药品，传染病控制，影像设施要求，性侵后的法医学检查和帮助，来自患者、承运人及投诉人的反馈意见等。此外，还对医护人员的具体要求和资质予以明确，如邮轮船舶应该能够在船上提供 24 小时全天候的医疗服务并配备相关医务人员，这些医务人员必须持有相关证书或国际承认的资质证明，或者具有全科及急诊方面或其他主要医学经历的实践经验，医务人员还需掌握熟练的英语，持有有效的行医许可、3 年的临床经验或外科手术基础技能等。[2]

《邮轮船舶医疗设施健康保健指南》并非适用于所有类型邮轮，需要各个邮轮公司根据各自情况参考借鉴。但是国际邮轮协会要求其旗下的邮轮公司会员应当达到或超过上述指南中规定的各项要求和标准，即国际邮轮协会推荐的这份指南仅仅是设定邮轮船舶有关医疗人员及设施配置的最低标准的指导性意见。

对于患者而言，由于陆地上的医疗条件和设施远远好于船上，其更希望能够在港口口岸得到更加综合性的医疗救治服务，但是《邮轮船舶医疗设施健康保健指南》并不试图为邮轮旅游提供医疗方面的建议，也不期望制定一个满足整个邮轮行业的医疗水平标准，而仅仅希望通过制定这份指南，能够在有限的海上密闭环境下，更多地反映出邮轮公司就提供医疗设施和配备医护人员方面的共识和业界呼声。因此在邮轮实践中，各个邮轮公司仍然是根据具体情况，例如搭载旅客数量、船员数量、航程安排情况、船舶的结构以及其他具体情况等，自行决定配置医生的数量及相关医疗设施。但是不可否认，《邮轮船舶医疗设施健康保健指南》的出台，能够为邮轮上的旅客和船员提供合理的紧急医疗服务，能够稳定患者状态或者提供合理的处方治疗或

---

〔1〕　参见 AECP 官方网站，https：//www.acep.org/patient-care/policy-statements/health-care-guidelines-for-cruise-ship-medical-facilities/#，2020 年 3 月 12 日访问。

〔2〕　参见 AECP 官方网站，https：//www.acep.org/globalassets/sites/acep/media/sections/cruise-ship/cruiseship-healthcare-guidelines-2011.pdf，2020 年 3 月 12 日访问。

采取一些医疗干预措施，使得遭受严重疾病或人身伤害的旅客得以必要的疏散或撤离等。[1]

因此，在没有相关国际公约或者国内立法强制性规定的前提下，通过行业协会推荐指导性或建设性的指南，有利于促进邮轮行业对保障邮轮旅客及船员医疗基本服务的重视，有助于保障旅客及船员的身心健康，也在一定程度上促进邮轮业的健康有序发展。

四、有关船医配备及责任承担问题探析——以美国法为视角

邮轮空间和环境的封闭性以及远离陆地进行海上巡游的特殊性，导致邮轮旅客患病或人身伤亡事件时有发生。因救治旅客不及时或者因船医疏忽导致旅客人身权益受到影响的纠纷也因此涌现，这些争议的焦点大多集中在如下方面：第一，邮轮公司是否有配备船医的法定义务；第二，邮轮公司是否需要对船医的过失或不当行为向邮轮旅客承担赔偿责任。以下结合美国的立法和实践予以深入分析和探讨，期望能够对我国邮轮行业发展有所启迪。

（一）邮轮承运人配备船医适航义务的探讨

1. 海上旅客运输合同承运人适航义务概述

在邮轮船票直销模式下，邮轮公司与旅客之间形成直接的邮轮旅客运输合同关系，邮轮公司扮演着旅客运输合同承运人的角色。即使在中国普遍采取旅行社包船游模式下，根据 1974 年《海上旅客及其行李运输雅典公约》或者中国《海商法》的规定，以及第二章第五节对相关主体之间法律关系的剖析，尽管旅客与邮轮公司之间不存在直接的旅客运输合同，但是基于履行承运人制度或者实际承运人制度[2]，在旅客与邮轮公司之间形成法定的旅客运输关系，邮轮公司被视为实际承运人。在上述两种模式之下，不论是作为承运人还是实际承运人，邮轮公司都需要在海上旅客运输合同或法定旅客运输关系下承担相应的义务、责任，享有相应的权利、抗辩及豁免。因此有必要从海上旅客运输关系的角度探讨邮轮公司配备船医的适航义务。实际上邮轮公司配备船医的义务问题，包含两个层面：第一，邮轮公司是否有配备

---

[1] 参见国际邮轮协会官方网站，http://www.cruising.org/about-the-industry/regulatory/industry-policies/health/medical-facilities，2016 年 1 月 30 日访问。

[2] 1974 年《海上旅客及其行李运输雅典公约》使用的是履行承运人的表述，我国《海商法》采用的是实际承运人的表述，但是本质上没有区别，只是称谓不同而已。

船医及提供良好医疗条件的义务；第二，邮轮公司以何种标准或责任选择船医并满足适航义务要求。

1974 年《海上旅客及其行李运输雅典公约》及后续修订的议定书，均未对旅客运输承运人适航义务作出明确规定，我国《海商法》也没有关于海上旅客运输适航义务的任何规定，遑论船医的配置是否为海上旅客运输适航义务的内容。我国《合同法》第 290 条规定，承运人应当在约定期间或者合理期间内将旅客、货物安全运输到约定地点。[1]虽然未明确提及承运人适航义务，但是原则上规定了承运人需要提供适于安全运输的船舶将旅客运输到约定地点的义务，只是未对船舶应当具备何种条件和标准予以明确而已。

有学者认为，承运人有在海上旅客运输合同下提供适航船舶并保持适航状态的义务，并主张承运人应当在船舶开航前和开航当时，提供适航和适于运送旅客的船舶，并在整个运送期间保持适航和适于运送旅客的状态，妥善配备船员、装备船舶和配备供应品，以保证旅客运送安全。[2]该观点从学理角度提出海上旅客运输承运人保证安全运输的适航义务，并对适航义务的内涵及时间予以细化和明确。[3]事实上该观点借鉴和参考了我国《海商法》有关国际海上货物运输承运人的适航义务。我国《海商法》第 47 条参考了1924 年《统一提单若干法律规定的国际公约》，对承运人货物运输合同下的适航义务作出明确规定，即"承运人在船舶开航前和开航当时，应当谨慎处理，使船舶处于适航状态，妥善配备船员、装备船舶和配备供应品，并使货舱、冷藏舱、冷气舱和其他载货处所适于并能安全收受、载运和保管货物"。显然我国《海商法》对国际海上货物运输承运人适航义务的内涵及外延、提供适航船舶的程度、适航时间等进行了规定。可以看出，海上货物运输承运人不存在提供绝对适航船舶的义务，只需尽到合理谨慎义务即满足法律要求，而且该义务仅限于船舶开航前和开航当时，不包括船舶开航后的期间。

不论是有关海上旅客运输的国际公约还是我国《海商法》，均未对海上旅客运输承运人提供适航船舶的义务作出明确规定。但是《合同法》明确规定承运人应当提供满足约定用途的船舶将旅客安全运至约定地点，可以合理地推论出，海上旅客运输承运人有提供适合船舶的义务。而且此处的船舶适航，应该广义理解，即不限于船舶本身应当满足旅客运输的需要，还应当包

---

[1]　该条文内容体现在《民法典》第 811 条中。
[2]　司玉琢主编：《海商法》（第 4 版），法律出版社 2018 年版，第 187 页。
[3]　司玉琢：《海商法专论》（第 3 版），中国人民大学出版社 2015 年版，第 200 页。

括适当的配备船员，提供满足海上旅客运输所必要的设施、装置等。但是有关旅客运输船舶适航的具体含义、承运人提供适航船舶的时间和程度等仍然存在法律规定不明的情况。

2. 邮轮承运人配备船员的义务是否包含船医

尽管目前有关海上旅客运输合同的国际公约以及我国《海商法》未能明确海上旅客运输承运人提供适航船舶的义务，也未明确配备船员义务中是否包括船医，但是至少从保障旅客安全运输的角度，承运人需要根据相关国际公约或者国内法的要求至少配备适当数量的船员。

1978 年《海员培训、发证和值班标准国际公约》从船员培训、发证及值班标准的角度，对船上需要提供医疗急救和医护方面的能力培训内容予以规制。1987 年《海员健康保护及医疗公约》强调的是载有 100 名及以上船员的船舶应当配备 1 名船医。2006 年《海事劳工公约》明确要求只要船舶载人在 100 及以上并且从事 3 天以上国际航行的船舶，就需要配备 1 名船医。这些公约仍然侧重于从船员培训、能力要求、船员权益保护，以及应对船员在船工作期间突发疾病或遭受人身伤害的角度予以规范，并非从海上旅客运输船舶保障旅客运输安全的角度作出规定，因此尚不能得出旅客运输承运人必须负有配备船医的法定适航义务的结论。

事实上，2006 年《海事劳工公约》对满足公约特定条件的商船规定了需要配备船医的最低要求，由于现代大型邮轮平均载客几千人，如果包括那些从事客舱住宿、餐饮、酒吧、娱乐休闲、船舶航行等具体职务的在船工作人员，一些超豪华大型邮轮的承载人数甚至接近万人。因此只有同时满足船舶载人在 100 人以上并且从事 3 天以上国际航行的邮轮船舶，应当至少配备 1 名担任船医职务的船员，才能满足 2006 年《海事劳工公约》的规定。但是对于载人数量不足 100 人或者国际航行时间不足 3 天或者未从事国际航行的邮轮船舶而言，仍然没有配备船医的法定要求。显然 2006 年《海事劳工公约》并未考虑邮轮这种"海上流动的旅游度假村"或"海上移动式五星级宾馆"需要在船员中配置多少数量的专职医生或医护人员的问题。这也是目前国际条约存在的不足和立法缺失。

综上，目前有关旅客运输以及海上安全方面的国际公约，并无针对海上旅客运输船舶或邮轮配置船医的强制性法律规定，只能依据各国国内法予以确定。而我国《海商法》、《民法典》（合同编）均未对此予以规定。虽然我国交通主管部门曾经颁布《船医管理办法》，但是该规定已经被废止，因此目前我国没有针对旅客运输船舶或者邮轮需要配备船医的法定义务规定。

作为全球第一大邮轮旅游市场的美国，尽管在 2010 年颁布的《邮轮安全与安保法案》中对船上医护人员的资格提出要求，即必须拥有医师或者护士行医许可，并且必须拥有临床全科和急诊方面 3 年的实践经验或者持有急诊医学、家庭医学或者内科医学专科行医证书[1]，但是该规定依然存在一些法律限制，而并非针对所有客船或邮轮的船医问题。第一个限制是该条有关船医资质的要求是针对该法案规定的性侵案件而采取的安保措施；第二个限制是该法案仅限于从美国登船或离船从事国际航线的，载客在 250 人以上并能够提供船上住宿设备的所有客船或邮轮。至于不满足上述适用范围的客船或邮轮是否需要配备船医或相关医护人员，也没有相关法律规定。美国及我国都是排名世界前列的邮轮旅游市场之一，都没有针对客船或邮轮需要配备船医的强制性国内法规定，很难想象其他国家是否会对此作专门规定。

在国内法没有明确规定的情况下，是否配备船医主要由从事邮轮旅游的各个邮轮公司酌情考虑。但是鉴于中国已经批准 2006 年《海事劳工公约》，对于符合公约规定的邮轮，至少应当配有 1 名船医或者能够提供专门医疗服务的 1 名船员。由于 2006 年《海事劳工公约》本身并未明确配备的船医或相应医护人员的资质要求，还需要通过国内立法对此予以细化和明确。但不能依据现有公约条款就必然认定邮轮承运人有配备船医的法定适航义务。

上述国际公约或国内立法的缺失，并不影响邮轮公司与旅客通过旅客运输合同条款，约定承运人配备船医或提供相应医疗服务的情形。例如，根据目前实践中通用的邮轮旅客运输合同或者旅客票据合同条款，旅客在预定邮轮旅游行程之前，已经向邮轮公司如实告知了自身健康情况并希望邮轮公司提供相应医疗服务的，一旦邮轮公司确认接受旅客的邮轮运输请求并订立有效合同，则邮轮公司负有根据运输合同条款配备船医或医务人员或能够提供医疗服务的义务。

邮轮旅游中邮轮公司安排的旅游航程短则 3—5 天，中则 10 天左右，甚至有长则上百天的安排。[2]加上船舶在海上巡游时通常远离陆地，作为承运人的邮轮公司主观上更加能够预见到没有海上航行经验的旅客会存在发生疾病以及人身伤亡的风险，因此不论从主观角度还是从旅游专业角度，邮轮公

〔1〕　参见美国 2010 年《邮轮安全与安保法案》s3507 "客船安全及安保要求"（Passenger vessel security and safety requirements）（d）项 "Sexual assault"（性侵事件）。

〔2〕《维京游轮首开 141 天环球航线，途经上海》，载搜狐官方网站，http：//www.sohu.com/a/217456022_ 100019407，2019 年 1 月 4 日访问。

司应当提供适当的医疗服务，以方便邮轮旅客的出行，降低健康安全方面的风险，保障邮轮旅游的安全。笔者建议中国立法也应当明确邮轮公司配备适任船医的具体义务以及对医护人员的资质要求，并规定承运人应当保证能够提供适当的医疗服务和医疗条件。

（二）邮轮公司是否需要对船医的过失承担赔偿责任

目前中国既不存在承运人有关客船或邮轮配备船医的法定义务，也没有关于承运人是否需要对船医过失承担赔偿责任的司法案例，以下主要依据美国的判例对此予以讨论，希望域外的司法实践活动能够对中国法院未来处理类似案件提供思路和借鉴。

通过对美国判例的研读，可以看出美国法院在邮轮公司是否需要对船医过失负责的问题上，也经历了一个变化过程。焦点问题在于如何判定船医与邮轮承运人之间的法律关系，即船医到底是独立合同人还是邮轮承运人的受雇人、代理人。法律关系认定的不同，导致美国法院在邮轮承运人是否对船医过失承担赔偿责任的判定结果上存在差异。

1. 船医为独立合同人理论下的司法判决

在邮轮公司发布的邮轮旅客运输合同或者乘客票据合同中，通常会规定船医、护士、按摩师、美甲师、理发师等，仅仅是为了邮轮旅客方便而向旅客提供，船医等服务人员在任何情况下都不得视为承运人的受雇人、代理人，承运人不需要对此类人员的任何行为、过失或者对旅客发出的任何命令、治疗、建议或照管而产生的任何后果承担任何责任，即船医、护士、按摩师等为邮轮承运人以外的独立合同人（independent contractor）。

根据独立合同人理论，邮轮船医并非邮轮公司的工作人员，邮轮医疗服务合同只在船医与邮轮旅客之间成立，邮轮承运人或者邮轮公司并不介入这一法律关系，也不能控制船医的医疗行为。因此根据合同相对性原则，理应由船医独自对其医疗行为负责，邮轮公司无须对船医的过失行为承担赔偿责任。

这一理论最典型的案例莫过于芭柏塔诉百慕大之星船舶（Barbetta v. S/S Bermuda Star）[1]一案。在该案中，因为船医误诊导致旅客陷入昏迷状态，因此旅客向邮轮公司提出索赔。然而美国一审法院与美国联邦第五巡回法院均判决认为邮轮承运人是为了邮轮旅客之方便而在船上配备专业医师，承运人

---

〔1〕　See Barbetta v. S/S Bermuda Star, 848 F. 2d 1364 (5th Cir. 1988).

仅仅负有合理谨慎地选择具有相应能力并适任的医生的义务。如果邮轮承运人违反上述义务，则应当对违反该义务的过失承担赔偿责任。但是如果因医生在诊治旅客过程中的过失造成旅客人身伤害，则该过失不能归责于承运人。该案件是对美国长期以来司法实践的再一次印证，因为独立合同人理论分别在 The Korea Maru[1]，The Great Northern[2]，Di Bonaventure v. Home Lines, Inc.[3]，Cimini v. Italia Crociere Int'l S. P. A.[4]，Amdur v. Zim Israel Navigation Co.[5]，Branch v. Compagnie Generale Transatlantique[6]，Churchill v. United Fruit Co.[7]，The Napolitan Prince[8]，O'Brien v. Cunard Steamship Co.[9]，Laubheimv. De Koninglyke Neder Landsche Stoomboot Maatschappy[10] 等案件审理中得以确认。在 O'Brien v. Cunard Steamship Co. 案件中，一名普通舱的乘客起诉邮轮公司，称邮轮上的外科医生给她接种疫苗时存在过失。马萨诸塞州的最高法院判决被告轮船公司胜诉，理由是外科医生的处置措施是应旅客的要求并在旅客自愿的情况下进行的，所以这是旅客自己的事情而非承运方的事情。法院认为医生所做的工作是基于旅客而非承运方的请求。法院还认为对于生病的乘客，他们可以选择使用船上的外科医生，或船上的其他医生，或者选择自己康复，或者如果愿意的话，也可以选择不采用船上的任何治疗措施。而在康米斯基诉钱德里斯（Cummiskey v. Chandris）[11]，荳怡诉名人邮轮公司[12]，马斯科罗诉歌诗达邮轮公司（Mascolo v. Costa Crociere）[13] 等案件中，美国法院不但确认独立合同人理论，还同时认为邮轮公司无须对船医负责的其他理由在于，邮轮公司没有能力去掌控船医和旅客之间的关系，也不具有专业知识去监控医生的全部诊治活动，因为邮轮并不是一座流动的医院，

---

[1]　The Korea Maru, 254 F. 397, 399 (9th Cir. 1918).

[2]　The Great Northern, 251 F. 826, 830-32 (9th Cir. 1918).

[3]　See Di Bonaventure v. Home Lines, Inc., 536 F. Supp. 100, 103-04 (E. D. Penn. 1982).

[4]　See Cimini v. Italia Crociere Int'l S. P. A., 1981 A. M. C. 2674, 2677 (S. D. N. Y. 1981).

[5]　See Amdur v. Zim Israel Navigation Co., 310 F. Supp. 1033, 1042 (S. D. N. Y. 1969).

[6]　See Branch v. Compagnie Generale Transatlantique, 11 F. Supp. 832 (S. D. N. Y. 1935).

[7]　See Churchill v. United Fruit Co., 294 F. 400, 402 (D. Mass. 1923).

[8]　The Napolitan Prince, 134 F. 159, 160 (E. D. N. Y. 1904).

[9]　See O'Brien v. Cunard Steamship Co., 154 Mass. 272, 28 N. E. 266, 267 (1891).

[10]　See Laubheim v. De Koninglyke Neder Landsche Stoomboot Maatschappy, 107 N. Y. 228, 13 N. E. 781 (1887).

[11]　See Cummiskey v. Chandris, 895 F. 2d 107 (2d Cir. 1990).

[12]　See Doe v. Celebrity Cruises, 145 F. Supp. 2d 1337 (S. D. Fla. 2001).

[13]　See Mascolo v. Costa Crociere, 726 F. Supp. 1285 (S. D. Fla. 1989).

不能按照医院的标准和要求约束邮轮承运人。

显然根据独立合同人理论，邮轮公司无须对船医的医疗过失承担责任，美国法院也支持邮轮公司援引该事由免除赔偿责任。此后该理论内涵不断发展，甚至有相关判例，如在格利尼基诉嘉年华集团公司（Gliniecki v. Carnival Corp.）一案中，法院认为邮轮公司对旅客在就医转运过程中造成的人身伤亡也不承担赔偿责任。[1]有的判例认为邮轮公司对未能提供诸如轮椅等医疗辅助设备等也可以免责，如在瓦石诉（巴哈马）NCL 有限公司［Walsh v. NCL（Bahamas）Ltd.］一案中，乘客瓦石（Walsh）在邮轮上受了伤，由于承运方没有及时提供轮椅导致患者的伤情加重，法院认定承运方对此并不负任何责任，承运方没有提供轮椅的法定义务。[2]

综上，在独立合同人理论之下，美国法院认为邮轮公司只负责船医的基本选任工作，对船医是否具有足够医学水平、诊治决定和意见是否充分等均不负责。

2. 船医为邮轮承运人受雇人、代理人理论下的司法判决

将船医视为邮轮承运人的受雇人、代理人理论的基础是替代责任原则（vicarious liability）。根据该理论，船医与其他在船上工作的人员一样，都是为旅客提供船上服务的人员，因此作为承运人的邮轮公司理应对在船上提供相关服务的人员的过失，包括船医的过失，所导致的邮轮旅客人身伤亡承担责任。

在卡莱尔诉嘉年华集团公司（Carlisle v. Carnival Corp.）[3]一案中，美国上诉法院即根据该理论进行审理和判决。1997 年 3 月，14 岁的伊丽莎白·卡莱尔（Carlisle）随全家登上嘉年华公司的"the Ecstasy"邮轮旅行。在船期间卡莱尔感觉腹部疼痛难忍并昏昏欲睡，其家人多次与船医马洛·内里（Mauro Neri）取得联系并进行诊治。医生诊断的结果是原告得了流感且再三确认不是阑尾炎，并让卡莱尔服用一些抗生素。但是鉴于病情并无任何好转，卡莱尔一家决定提前终止邮轮旅游，返回家乡所在医院进行诊治，结果发现已经出现阑尾破裂，并根据当地医生的建议切除阑尾。阑尾破裂并产生炎症感染，导致卡莱尔失去生育能力。因此卡莱尔父母向佛罗里达州迈阿密—戴德县巡回法院提起诉讼，但是一审法院判决邮轮公司对船医的过失行为不承

---

〔1〕 See Gliniecki v. Carnival Corp. , 632 F. Supp. 2d 1205, 1205（S. D. Fla. 2009）.

〔2〕 See Walsh v. NCL（Bahamas）Ltd. , 466 F. Supp. 2d 1271, 1271（S. D. Fla. 2006）.

〔3〕 See Carlisle v. Carnival Corp. , 864 So. 2d 1（Fla. Dist. Ct. App. 2003）, decision quashed, 953 So. 2d 461（Fla. 2007）.

担赔偿责任。卡莱尔父母不服，又向佛罗里达第三巡回法院提起上诉。上诉法院改判原审判决，判定邮轮公司应当对船医的过失行为承担赔偿责任。因为根据美国法律，邮轮公司有合理谨慎保障旅客安全运输的义务，这一义务不仅包括合理谨慎地选任合格适职的船医，还包括应当对船医违反合理谨慎的医治行为负责。而且法院再次确认内艾茨诉美国总统班轮有限公司（Nietes v. American President Lines，Ltd.）[1]案件中法官提出的船舶所有人应当承担适当的注意义务的观点，因此判定邮轮公司应当对具有船员地位的船医的过失行为承担替代责任。

船医为邮轮承运人受雇人、代理人理论从如下方面驳斥了长期以来美国法院所遵循的独立合同人理论。第一，如同船上其他领取薪水的船员一样，法院认为船医也是受雇在船上工作的人员，应当遵守船上的纪律要求以及船长的命令，包括需要通过现代化通信方式接受邮轮公司在医疗方面的指示和监督。至少从承运人需要对受雇人、代理人过失负责的"雇主责任"（respondent superior）角度，邮轮公司应当对船医过失负责。

第二，法院认为要求不具有专业知识的雇主对专业性较强的富有经验的医生进行控制和监督是比较困难的事情，但是这种观点不能成为妨碍在现代化管理的行业中决定应该由谁承担责任的因素。因为作为一家现代化航运公司的董事长不可能比其船长更具有专业的航海知识，但是航运公司依然要对船长的过失行为承担赔偿责任，因此航运公司也应当对在船上工作的医生的过失承担责任。

第三，法院认为承运人没有从事医学实践的义务，但是如果一旦船上提供了医疗服务以诊治疾病，则承运人就应当具有谨慎小心诊治的义务。因为如果船上没有配置船医或护士，当船上旅客及船员生命面临疾病威胁时，船长会根据疾病的严重程度，采取改变航线并驶往最近港口医治病患的措施。如果船长在采取上述偏离航线的决定中存在任何疏忽，根据雇主责任，承运人仍需对船长的过失承担赔偿责任。而如果船舶所有人在船上配置船医，则可以通过医生的诊治措施，避免船长采取绕航措施，从而为承运人节省可观的费用和成本支出；而且配备船医的邮轮船舶，相较于那些未能提供船上医疗服务的船舶而言在市场上更具有竞争力。

第四，旅客在邮轮上是否接受船医服务并不能体现合同订约自由原则，也不需要考虑旅客票据合同内容。由于邮轮封闭性的特点，旅客在邮轮上患

---

[1]　See Nietes v. American President Lines, Ltd. , 188 F. Supp. 219（N. D. Cal. 1959）.

病或发生人身伤亡事故时，并不能如陆地上一样可选择不同的医院救治，而只能被动接受船医治疗，因此旅客对医疗服务的选择很大程度上受邮轮公司选择或配置的医护人员水平高低的影响。先前的美国判例认为，一旦旅客选择使用船医服务，在旅客与船医之间就形成医疗服务合同。合同相对性原则的基础是合同订约自由原则的实现，既然旅客在船医服务使用方面没有选择权，则合同订约自由的原则也就无法实现，相对性原则应该予以突破。而且邮轮公司通常会在旅客票据合同中对船医的过失行为约定免除责任，根据美国法律规定，如果这些免责条款试图减轻承运人对其受雇人员过失责任的，则条款不具有法律效力。

第五，毫无疑问旅客会将船医与其他船上工作人员一样，认定为邮轮公司的雇员，对此更应当保护旅客的信赖利益。

第六，根据美国法律，船舶所有人对船员负有维持及照管义务（maintenance and cure），如果是船医的过失导致船员人身伤害的，则美国法院普遍认定船舶所有人应对船医的过失行为负责，不必考虑船舶所有人对船医的诊治活动是否能够控制以及控制的程度，也不需要考虑船舶所有人对医生与患者之间的关系是否能够掌控。而同样作为船医，如果其过失造成旅客人身伤亡，船舶所有人不承担赔偿责任的，则会出现旅客与船员同命不同果的不合理现象。

综上，法院判定邮轮公司应当尽到合理谨慎义务，船医应视为船公司的受雇人或者代理人，因为船医过失导致旅客人身伤亡的责任应当由邮轮公司承担。

将船医视为邮轮承运人受雇人、代理人的理论，在2013年美国第十一巡回法院审理芙兰扎诉皇家加勒比游轮有限公司（Franza v. Royal Caribbean Cruises, Ltd.）[1]一案中再次获得支持。但是这个案件也先后经历了原告在初审败诉，上诉后获得法院支持的波折历程。

大致的事实和案件争议焦点如下：瓦格里奥（Vaglio）先生参加皇家加勒比游轮有限公司"海洋探索号"邮轮旅游项目，在邮轮停靠百慕大港口后，瓦格里奥先生准备登上码头附近的有轨电车进行岸上观光项目，结果头部被撞，意外受伤。邮轮公司没有尽快将其送往临近陆地医院，而是用轮椅将其推回船上医务室。一名护士进行了初步检查但没有采取头部扫描或其他

---

〔1〕 See Franza v. Royal Caribbean Cruises, Ltd., 948 F. Supp. 2d 1327（S. D. Fla. 2013），reversed and remanded, 772 F. 3d 1225（11th Cir. 2014）.

任何进一步措施，仅建议其回房间休息。大约 90 分钟后，瓦格里奥先生伤情恶化，再次被护送到医务室又等了大约 40 分钟，等来一名船上医生对其进行第一次检查。医生检查后瓦格里奥先生被送往岸上医院观察一夜，后通过直升机送往纽约一家医院重症监护室观察。一周后因脑部受伤而死亡。其女儿芙兰扎（Franza）向佛罗里达州南区地区法院提起诉讼，依据船医为承运人受雇人、代理人理论，要求被告承担赔偿责任。但是一审法院根据芭柏塔（Barbetta）一案确立的"独立合同人"理论驳回原告诉讼请求。于是原告再次向美国第十一巡回法院提出上诉，最终上诉法院支持了原告的诉请，并确认根据船医为承运人受雇人、代理人理论，承运人需要对船医的过失行为负责，因为法院从不认为邮轮公司可以为其船上提供医疗服务的雇员画上可以免责的一道符咒，进而否认了被告在旅客票据合同中有利于承运人的免责条款的效力，同时对芭柏塔一案确立的"独立合同人"理论的弊端予以抨击。

芙兰扎案由美国第十一巡回法院作出二审判决，而芭柏塔案则是由第五巡回法院作出二审判决。美国各个巡回法院之间没有承认彼此判决的义务，也不能将其他巡回法院的判决作为先例必然约束本巡回法院审理的案件。因此还不能得出结论，认为在船医过失责任承担问题上，美国法院已经用承运人受雇人、代理人理论取代了独立合同人理论。相信未来这两种理论依然会在美国不同州的地区法院范围内并行适用，针对船医过失导致的旅客人身伤亡的结果依然会出现截然相反的态势。正如一位美国学者所言，芙兰扎一案的判决必然会对邮轮公司未来采取船上医疗服务的措施有所影响。虽然无法预测未来发生类似案件，美国各个联邦法院会作出怎样的判决，但是有一点是可以预见的，那就是法律应当与现代社会的发展与时俱进，适时作出变革。[1]

第四节　邮轮旅客其他权益保护及救济探讨

邮轮旅游热度遍及全球。根据国际邮轮协会预测，2019 年全球邮轮旅客有望达到 3000 万人次，比 10 年前高出近 70%。[2]随着邮轮增加，游客增

---

〔1〕 Michael T. Amy, "Franza V. Royal Caribbean Cruises: The Eleventh Circuit Opens The Door For Vicarious Liability Claims In The Future", *Loyola Maritime Law Journal*, Winter 2016, p. 49.

〔2〕 参见中国与世界经济社会发展数据库官方网站, https://www.pishu.com.cn/skwx_ps/bookdetail? SiteID=14&ID=11176440, 2020 年 1 月 20 日访问。

多，邮轮管理中的问题也日益突出。一些邮轮上发生游客打架、财物被窃，甚至还有游客跳海自杀等事件。例如，德国法院审理的一起案件，纠纷起因竟是两对退休夫妇争抢邮轮上的一把沙滩椅。德国《明星》周刊 2019 年 7 月 29 日报道称，英国 P&O 邮轮公司旗下的"不列颠尼亚号"邮轮近日发生游客集体斗殴事件，最终造成 6 人受伤，一男一女被捕。德国《图片报》称，2018 年 2 月，隶属嘉年华邮轮集团公司的"嘉年华传奇号"邮轮也曾爆发冲突，事发时船上几乎陷入无政府状态。引起冲突的是一个约有 20 多人的意大利大家庭，他们故意各处挑衅，向游泳池吐口水，在吸烟区大喊大叫，甚至莫名其妙地与其他乘客及船员打架。[1]这使得原本打算度过一个悠长愉快假期的游客，因上述事件发生而经历一段恐怖的记忆。据悉近年来在中国运营的邮轮上也时有旅客争吵、争抢、斗殴等事件发生，不但造成较恶劣影响，也有损中国游客形象。

因此，除了前文讨论的旅客人身伤亡索赔权、疾病就医权等，如何避免邮轮船舶上的暴力行为、性侵行为甚至刑事犯罪行为，从而更好地保障邮轮旅客身心健康，也是邮轮承运人或者邮轮经营者应当面对和解决的重要问题。

一、涉及邮轮旅客其他权益保护的中国司法实践

目前，在针对邮轮旅游纠纷解决的中国司法实践中，大部分争议围绕邮轮航线变更、人身伤亡等，有关旅客之间因为争吵、暴力行为、失窃等事件产生的纠纷较少，尚没有关于性侵事件的司法审判案例或相关纠纷的公开报道。以下针对已有的司法判决予以分析。

（一）张璋诉吴建生等生命权、健康权、身体权纠纷案

原告张璋参加北京海涛国际旅行社组织的 2016 年 1 月 17 日到 22 日的歌诗达邮轮公司"大西洋号"邮轮旅游，在日本岸上旅游期间，因琐事与被告吴建生、李玉敏（系夫妻关系）产生矛盾，进而产生肢体冲突，原告手机也被摔坏。当日双方达成协议，约定被告向原告支付赔偿金 6000 元人民币，同意自行解决争议，与领队及旅行社无关。但被告事后未能履约支付赔偿金，故原告向北京市西城区人民法院以生命权、健康权、身体权受到侵害为由提起诉讼。

---

[1] 《英邮轮集体斗殴事件：邮轮安全问题引起关注》，载微信公众号"CCYIA 邮好会"2019 年 7 月 30 日，https：//mp. weixin. qq. com/s/ujR9486TPd84SI2RZT6Wug。

法院审理案件后，依法作出判决，认为行为人因过错侵害他人民事权益应当承担侵权责任，并认定原、被告之间自愿达成的协议真实、有效，具有约束力，因此判定被告应当依约支付赔偿金。[1]

本案事实简单、清晰，没有造成更为严重的后果，并且原被告通过自愿协商达成了和解协议，最终法院认可该和解协议约定内容，判定被告承担赔偿责任。

事实上，为了倡导邮轮旅客文明出游，中国交通运输协会邮轮游艇分会自 2012 年起联合在中国境内从事经营活动的各个国际邮轮公司，共同发起"做文明邮客"活动，并制定《文明邮客公约》供邮轮旅客使用。[2]因此，建议中国邮轮旅客根据该倡议内容，自觉遵守涉及国际航行安全的国际公约、国内法及邮轮纪律要求，文明出行并通过合法途径解决纠纷。

（二）蔡志刚诉中国太平洋财产保险股份有限公司无锡分公司、中国太平洋人寿保险股份有限公司财产保险合同纠纷案

2015 年 10 月 20 日，原告蔡志刚与同程国际旅行社有限公司签订邮轮旅游合同，约定乘坐"天海号"邮轮赴日本、韩国旅游，于 10 月 26 日登船出发。当日在入住邮轮舱室时原告丢失苹果手机一部，价值人民币 5288 元。原告随即向邮轮保安部报案，邮轮代表在原告申报的"个人财产损失/损坏申报表"上签字确认。船舶返回上海吴淞国际客运码头后，原告向上海市公安局水上公安局报案。同日原告向被告中国太平洋人寿保险股份有限公司及中国太平洋财产保险股份有限公司无锡分公司电话报案。原告在签订旅游合同时，通过旅行社购买了太平洋保险公司的出境游保险，在旅行社官方网站上关于该保险保障内容明确显示，行李和个人随身财物损失的，每次或每件行李最高赔偿限额 1000 元人民币。保险期限与邮轮航程期间一致。但是被告以原告财物遗失事件不在其承保范围为由，拒绝赔付，并于 2015 年 11 月 3 日第一次向原告发送电子保单。原告随即与同程国际旅行社交涉，旅行社在更改公司网站内容后百般推诿，再无下文。于是原告向上海市浦东新区人民法院起诉两被告并主张保险赔偿。[3]

---

〔1〕 张璋诉吴建生等生命权、健康权、身体权纠纷案，北京市西城区人民法院民事判决书（2016）京 0102 民初 8891 号。

〔2〕 《CCYIA 联合各大邮轮公司制定推广〈文明邮客公约〉》，载微信公众号"网易"2017 年 8 月 1 日，http：//dy.163.com/v2/article/detail/CQPAU8GD05248F30.html。

〔3〕 蔡志刚诉中国太平洋财产保险股份有限公司无锡分公司、中国太平洋人寿保险股份有限公司财产保险合同纠纷案，上海市浦东新区人民法院民事判决书（2016）沪 0115 民初 10519 号。

上海市浦东新区人民法院通过简易程序对案件进行审理，认定原被告之间的保险合同真实有效。保险合同是格式合同，被告或其委托的销售代理应当向原告释明合同内容并及时出具保险单。旅行社对被告保险合同内容予以宣传，明确旅行期间旅客行李和个人随身财物损失属于保险范围，因此二被告应当对未能尽到说明义务而产生的不利后果共同承担责任。法院判定二被告赔偿原告 1000 元人民币。

本案系原告个人随身物品被偷而引起的纠纷，尽管判决中未能对偷窃事件进行有效调查和处理，也未涉及偷窃案件具体情况，仅针对丢失物品是否属于保险保障范围、保险合同是否具有约束力等产生争议。但是这起案件的发生也从另一个侧面反映出，在邮轮船舶上可能会发生因偷窃导致旅客个人物品丢失的案件。

目前在中国境内经营邮轮旅游项目的船舶大多悬挂外国旗帜，而且除了进出邮轮母港或者在访问港停留，邮轮大部分时间是在公海上进行海上巡航活动。因此一旦在邮轮船舶上发生偷窃事件，由谁负责调查，依据什么法律或程序进行事件调查处理都会涉及复杂的法律问题。

各国海商法大都赋予了船长一定的警察职能。例如，我国《海商法》第36 条规定，为保障在船人员和船舶安全，船长有权对在船上进行违法、犯罪活动的人采取禁闭或者其他必要措施，并防止其隐匿、毁灭、伪造证据。根据该规定，船长警察职能权利的行使，以拥有较为确切的证据表明船上存在违法或犯罪活动为前提，不能恣意行使。而邮轮上是否配备足够的人员、设施进行案件调查，谁有权进行案件调查，以及相关人员能否依据合法程序收集足以证明违法或犯罪行为的证据等都是非常关键的因素。如果尚无证据表明船上人员在从事违法或犯罪活动的，船长也无权擅自进行调查或采取人身自由限制等措施。这也是本案虽然能够确认原告手机被偷的事实，但是无法调查嫌疑人是谁或无法收集足够证据，才使得原告不得不依据保险合同内容向被告索赔的原因。此外，从私密性和保护邮轮旅客权益出发，目前我国尚无法律规定针对外国籍邮轮是否应当配置摄像头或类似装置，以便能够收集船上发生的违法事件的证据；一旦在外国籍邮轮上发生侵犯邮轮旅客权益的违法犯罪行为，哪个机关或部门享有调查或处置的权利也存在法律规定不明的情况。因此，较为现实的做法就是建议邮轮旅客通过购买涵盖邮轮旅游期间人身、财物风险的保险，作为维护其合法权益的路径之一。

二、涉及邮轮旅客其他合法权益的美国立法及案例

（一）有关邮轮旅客其他合法权益的美国立法

1. 美国制定邮轮旅客安全与保障立法的背景

在美国 2010 年颁布《邮轮安全与安保法案》之前，美国一些媒体已经公开报道了多起邮轮不安全事件，如游客遭受性侵、财物被偷窃、人员失踪等。这些事件发生后，受害者或其家属们发现他们在邮轮上无法获得与在美国本土一样的帮助。

1998 年，名为玛丽（Mary）的一名美国女乘客登上嘉年华邮轮集团公司"迷人号"邮轮，邮轮客舱服务人员艾瑞塔（Arietta）以检查相关文件为由进入玛丽房间，并且暴力袭击和强奸了玛丽。邮轮公司没有对受害者进行调查，也没有很好地保护犯罪现场及收集证据。嫌疑人艾瑞塔返回其母国哥斯达黎加时，以需要进行治疗为由立即离开邮轮。案发之后，巴哈马警察局对于玛丽聘请的律师要求登船进行调查的请求未能给予及时回应，致使美国联邦调查局在收到玛丽报案之后，因为无法开展调查取证，不得不在案件发生 18 个月后终止案件调查工作。

2005 年，乔治·史密斯与妻子乘坐皇家加勒比游轮有限公司旗下邮轮进行蜜月旅行，旅游期间乔治·史密斯莫名失踪。据事后调查了解，大约凌晨三点半乔治的朋友将其护送回房间休息，大约四点钟隔壁房间游客呼叫邮轮保安并报警，反映乔治所在房间传出激烈的争吵声、阳台家具被拖动的声音以及船舶甲板上发出巨响的声音。邮轮安保人员随即敲门，在确认无人回应后离开。事后有游客在乔治所在舱室房间阳台下方的低层甲板上发现血迹，但是邮轮公司很快派人擦洗干净并重新刷漆。船舶在停靠土耳其港口时，土耳其警察局曾经派人到船上调查，但是邮轮公司以尚有后续航行安排为由，安排乔治的妻子独自留在土耳其继续关注此事，邮轮很快离开港口继续航行。邮轮的离开，致使案件的调查证据和线索无法获得。最终邮轮公司负责人确认乔治的失踪案件不属于意外事故，并赔偿其家属 100 万美元。

无独有偶，肯德尔·卡佛（Kendall Carver）先生的成年女儿麦瑞安（Merrian）在乘坐名人邮轮公司（Celebrity Cruise）"水星号"（Mercury）邮轮时莫名失踪。但是邮轮公司既没有及时向美国联邦调查局（FBI）报告事故，

也没有与失踪者家属及时取得联系。直到麦瑞安失踪后第 5 个星期，其家属联系邮轮公司时，邮轮公司才承认发生人员失踪事件，并以没有相关录像设施为由声明无法确定失踪者下落。卡佛先生一家在后续的 3 年时间内共计花费 75000 美元的法律费用进行调查了解，终于发现邮轮公司欺骗了他们。事实上邮轮公司持有监控录像带。因为女儿的失踪给卡佛一家带来非常大的痛苦和精神煎熬，考虑到邮轮公司敷衍了事的做事风格，他们对邮轮公司提起诉讼，并发起成立了一个非营利性机构——国际邮轮受害者协会（International Cruise Victims Association，ICV），以帮助那些邮轮受害者及其家庭。[1]

长期以来邮轮行业都不向外界披露船上发生的不安全事件或者犯罪行为，甚至一些美国法院也一直为邮轮公司的此种行为提供庇护。例如：在约克诉将军邮轮公司（York v. Commodore Cruise Line，Ltd.）[2]案件中，美国法院认为邮轮公司没有义务向旅客提供事故调查信息。在荳怡诉名人邮轮公司[3]一案中，荳怡小姐以受到邮轮公司一名船员性侵为由起诉名人邮轮公司，法院对于原告提出的邮轮公司未能对性侵案件予以调查的指控不予支持。

有一个不容忽视的法律问题，就是尽管在美国从事邮轮旅游的邮轮公司会将其总部或主营业地落户在美国境内，但是其船舶大多悬挂方便旗并在美国本土以外的国家进行国籍登记。这使得邮轮在公海上发生不法行为或犯罪行为时，尽管可能涉及美国公民的权益，但是美国对这些事件也没有管辖权，只有邮轮船旗国才对本国籍船舶在公海上发生的刑事案件享有管辖权。更何况大多数邮轮公司通常会在旅客票据合同中约定在美国之外的其他国家或地区提起诉讼或仲裁以解决争议，使得美国公民难以依据美国法律对受到损害的邮轮旅游权益进行保障。

2. 对 2010 年《邮轮安全与安保法案》的总体评价

《邮轮安全与安保法案》草案最初于 2008 年提交给美国国会，并经过多次听证会。参加听证会的人员既包括邮轮刑事案件的受害者及其家属、向邮轮公司提起诉讼的律师、国际邮轮协会代表，也包括来自美国联邦调查局以及其他行业协会的代表等。[4]美国国会认为邮轮旅客对公海上发生的刑事

---

[1] Tiffany L. Peyroux, "The Cruise Vessel Security And Safety Act Of 2010 Founders On Its Maiden Voyage", *Loyola Maritime Law Journal*, Spring 2014, p. 1-2.
[2] See York v. Commodore Cruise Line, Ltd., 863 F. Supp. 159, 162 (S. D. N. Y. 1994).
[3] See Doe v. Celebrity Cruises, 145 F. Supp. 2d 1337 (S. D. Fla. 2001).
[4] Tiffany L. Peyroux, "The Cruise Vessel Security and Safety Act of 2010 Founders on its Maiden Voyage", *Loyola Maritime Law Journal*, Spring 2014, p. 8-9.

案件或相应获得的法律救济问题并未达成共识，而且在邮轮上发生的严重刑事案件中，性侵案件是指控数量最多的刑事案件。而且美国国会也注意到邮轮行业普遍没有向美国联邦调查局或者公众披露船上不安全事件。因此立法者认为应当从应对上述问题着手，制定一项旨在保护美国邮轮旅客权益及安全的法律。因此美国国会在 2010 年以绝对压倒性优势通过《邮轮安全与安保法案》，仅有 4 票反对。法案的拥护者们认为这部法案将更加维护美国邮轮旅客的尊严权和生命权，从而揭开邮轮的神秘面纱。

应当看到，《邮轮安全与安保法案》在保护邮轮旅客安全方面具有积极的促进作用。主要表现在：第一，通过对船舶相关设施、设置，尤其是甲板船舷高度调整，可以有效避免一些游客不慎滑倒落入或冲入大海的风险。第二，法案涉及内容最多的就是针对性侵案件的处理，不仅要求船舶必须配置抗逆转录病毒药物（anti-retroviral medication）并且对性侵发生时间、受害者及侵犯者年龄、性别、邮轮公司名称等予以记录，而且确保这些记录内容的真实性。在未征得受害人同意之前，任何人不得向邮轮公司负责人或律师泄露上述信息。第三，每一艘邮轮船舶都应向邮轮旅客提供联系邮轮医护及安保人员的相关信息和指南，包括旅客获取上述信息的途径及机构名称，如美国联邦调查局和美国领事馆。此外《邮轮安全与安保法案》还对其他刑事案件，例如偷窃等作出规定，要求邮轮公司应当对偷窃等相关案件予以记录，并明确了邮轮公司向美国联邦调查局报告的义务。

正如某些学者所言，《邮轮安全与安保法案》在实施的几年中，未能如国会所愿取得预期的丰硕成果，条文规定的不足和问题逐渐暴露。例如：在邮轮公司对犯罪案件的报告义务中，法律条文规定得不清晰，导致邮轮公司实际报告的案件数量相当少；邮轮公司工作人员普遍缺乏对犯罪现场保护的培训知识，导致一些刑事案件调查在事后无法有效开展，进而影响对刑事案件的定性和及时处理；一些预警设施、录像监控系统等未能得到有效的实施；等等。[1]

综上，任何一部法律都不可能是完美无缺的，美国通过国内立法的形式颁布《邮轮安全与安保法案》，以确保进一步降低对美国邮轮乘客安全的威胁程度，弥补邮轮行业在旅客安全与保障方面的不足并有效降低旅客安全风险。在法案适用范围内的所有船舶，均应当根据法案的要求持有相关证书，

---

[1] Tiffany L. Peyroux, "The Cruise Vessel Security and Safety Act of 2010 Founders on its Maiden Voyage", *Loyola Maritime Law Journal*, Spring 2014, p. 10-16.

并向美国有关部门报告邮轮上发生的刑事案件以及危及生命的事故。这也是
邮轮行业发展史上规定邮轮需要对国际海域航行中发生的刑事案件予以报告
的第一部国内立法。美国的立法实践对于我国未来健康有序地发展邮轮业并
开展保障旅客相关权益的立法具有很好的借鉴参考价值。

（二）有关邮轮旅客其他合法权益保护的美国判例

邮轮承运人应当对邮轮旅客运输尽到合理的注意义务，但是美国法院认
为邮轮承运人在旅客安全方面承担的最低安全保障义务，不包括邮轮承运人
无法预见或预防的事件导致旅客伤害的情形。

1. 奎格雷诉马萨诸塞州威尔逊班轮公司案：能够预见并能够克服的最低
安全保障义务

在奎格雷诉马萨诸塞州威尔逊班轮公司（Quigley v. Wilson Line of
Massachusetts）[1]案件中，原告马克·奎格雷（Mark F. Quigley）一家于1954
年6月搭载被告所有并经营的客船"海之风铃号"（MV Sea Belle）。这艘船舶载
有1000多名旅客，从事自南塔斯克提（Nantasket）至波士顿的海上旅客运输。
船上开设了一个酒吧，供旅客消遣、跳舞、聊天等。原告被乘坐同一艘邮轮的
另两名醉酒的乘客本特雷（Bentley）及阮博思（Rumbos）无端攻击、挑衅，
导致眼部等遭受严重伤害。被告雇用了波士顿当地的5名警察在船上酒吧维
持治安秩序。法院认为不论船上雇用的警察属于独立合同人还是被告的代理
人，被告雇用这些警察的目的就是维持治安秩序，以保障船上旅客的人身安
全。邮轮承运人对于酗酒并处于极度亢奋的游客，尤其是带有好斗情绪的乘
客可能会袭击他人应当有所预见，并应当采取有效措施预防不良后果的发生，
邮轮承运人应当对此负有足够的注意义务。但是经过本案事实调查和审理，
法院判定邮轮承运人未能履行为旅客提供最低安全保障的义务，因此应承担
赔偿责任。

而在克拉维托夫诉冈萨雷斯嘉年华邮轮公司（Colavito v. Gonzalez &
Carnival Cruise Lines, Inc.）[2]案中，因为一名旅客和其妻子在邮轮客舱房间
长时间剧烈争吵，影响其他旅客休息，在争执中原告被临近客房的旅客殴打
受伤。于是原告向法院起诉邮轮公司要求承担赔偿责任。法院判定邮轮承运
人对此不承担责任，因为这种情形已经完全超出邮轮承运人合理谨慎的注意

〔1〕 See Quigley v. Wilson Line of Massachusetts, 154 N. E. 2d 77 (Mass. 1958).
〔2〕 See Colavito v. Gonzalez & Carnival Cruise Lines, Inc., 1983 AMC 1378 (S. D. Tex. 1981).

义务范围，承运人无法预料并阻止客舱旅客的行为，其已经尽到对旅客的最低限度安全保障义务，因此法院判定驳回原告诉讼请求。[1]

从上述美国判例可以看出，在海上旅客运输或者邮轮旅客运输合同之下，承运人对旅客人身伤亡负有合理谨慎的注意义务，这一注意义务以承运人能合理预见并合理克服为限，同时承运人对旅客人身安全负有最低限度的安全保障义务而不是绝对保障义务。

2. 苣怡诉名人邮轮公司案：承运人对雇员不当行为承担严格责任

美国法院在认定承运人对邮轮旅客最低安全保障义务的程度和标准方面并不统一。一种观点认为最低安全保障义务类似于过错原则，主要看承运人对旅客人身权益损害是否有过错，特别是对其受雇人员的过错是否承担替代责任。另一种观点则认为承运人对受雇人员承担严格责任。这两种观点的激烈冲突集中体现在苣怡诉名人邮轮公司[2]一案的审理中。本案原告简·苣怡购买了名人邮轮公司的"詹尼斯号"邮轮（M/V Zenith）7天海上旅游船票，从纽约出发至百慕大并返回纽约。原告在船舶停靠百慕大港口到岸上旅游时突感不适，于是请求邮轮工作人员艾丁（Aydin）帮忙。艾丁没有将苣怡小姐送回邮轮上，而是将其搀扶至临近的一个公众休息室。在休息室，被告艾丁不顾原告抵抗，性侵原告并殴打原告面部。原告返回邮轮后立即向当地主管部门以及邮轮上的安保部门报告了此事，并要求船上医生对自己遭受的创伤进行处理。但是船医既没有采取适当的措施检查原告的身体，也没有保存性侵相关证据，甚至没有为原告采取措施或者使用相关测试器具以避免性疾病感染或防止怀孕。邮轮公司也没有采取任何措施对此次事件进行适当调查、证据收集及保存等，甚至没有对艾丁采取任何处罚措施，艾丁仍留在船上正常工作，直至事后被当地执法部门带走。于是原告向佛罗里达州南区地区法院起诉名人邮轮公司、阿波罗航运公司（Apollo Ship Chandlers）、詹尼斯航运公司（Zenith Shipping Corp）、"詹尼斯号"邮轮以及性侵者艾丁。其中名人邮轮公司及詹尼斯航运公司为邮轮"詹尼斯号"船舶所有人，并负责船舶管理和经营活动。阿波罗航运公司负责船员配备以及其他船舶服务。艾丁为土耳其国籍，系邮轮船员。

本案焦点问题之一是邮轮经营人是否需要对其雇员的故意侵权行为承担替代责任。被告争辩认为邮轮承运人的最低安全保障义务等同于过错责任，

---

[1] 吕方园：《运输视角下邮轮法律问题研究》，大连海事大学2015年博士学位论文，第77页。

[2] See Doe v. Celebrity Cruises, 145 F. Supp. 2d 1337（S. D. Fla. 2001）.

只有邮轮承运人对于其雇员的故意侵权行为存在过错时才应当承担赔偿责任。

　　在美国法院于 1959 年审理科莫雷克诉跨大西洋运输公司（Kermarec v. Compagnie Generale Transatlantique）[1]案件之前，美国海商法明确规定，公共承运人针对其雇员对旅客实施的不法行为承担严格责任，而无论该不法行为是否在雇佣范围内。但是美国法院在审理科莫雷克（Kermarec）案件中，明确了公共承运人仅需承担过错责任，即承运人对船上旅客仅尽到合理谨慎义务。由此造成美国司法审判尺度不一的混乱现象。

　　在法院审理荳怡诉名人邮轮公司案之前，美国各个联邦巡回法院对于这个问题的认识和观点并不统一。大多数巡回法院，如第一、第五、第九巡回法院都认为邮轮经营人应当对其雇员的非法行为承担严格责任，并不认同科莫雷克案件中确立的过错责任原则。一旦船员对旅客实施强奸行为，则邮轮经营人应当对船员承担排他性的绝对责任。但是美国第二巡回法院则坚持采用科莫雷克案件确立的合理谨慎的过错责任原则，认为该原则应当适用于任何情况下导致的旅客人身伤亡，即使在涉及船员性侵旅客的多个案件中，也是判定只要邮轮经营人在雇佣和监督船员方面尽到合理谨慎义务，就无须对船员的不当侵权行为负责。在本案审理中，法院遵循并采用了大多数巡回法院依据的原则，确定邮轮经营者应当承担严格责任。

　　本案涉及的第二个问题是该责任的承担是否以船员在受雇范围内实施不法行为为前提。根据佛罗里达州法律，船舶所有人或者经营人无须对雇员在雇佣范围以外或雇佣合同期限以外的不法行为承担严格责任。法院根据佛罗里达州法律，结合本案事实情况，认为原告未能主张被告的行为系在雇佣范围内或者是在雇佣合同期间内，因此最终判定驳回原告诉讼请求。

　　综上，可以看出美国在针对邮轮旅客安全及保障方面的立法为其他国家树立了较好的典范，尽管美国《邮轮安全与安保法案》本身并非完美无缺，在具体实施中仍然存在一定的不足。此外，美国司法实践普遍遵循并确定邮轮承运人对旅客人身安全负有合理谨慎的注意义务并确保旅客最低安全保障义务，但是各个联邦法院在理解最低安全保障义务的标准和尺度方面并不统一，多数联邦巡回法院认定邮轮公司对其雇员的不法行为应承担严格责任，而个别联邦法院仅认定邮轮公司对其雇员的不法行为承担过错责任。显然，上述司法实践标准不一的情况，不但会影响美国邮轮旅客对提起诉讼法院的

---

〔1〕 See Kermarec v. Compagnie Generale Transatlantique，358 U. S. 625，79 S. Ct. 406，3 L. Ed. 2d 550（1959）.

识别和选择，也会影响邮轮旅客最终维权的法律后果。

第五节　邮轮旅客权益保护维度边界
——从邮轮旅客霸船行为说起

一、邮轮旅客权益保护非正当性之霸船行为概述

（一）邮轮旅客霸船事件概述

1. 我国邮轮旅客霸船事件梳理

邮轮旅客霸船行为及因此引发的事件是我国邮轮发展过程中一个不容忽视的现象。我国毗邻西太平洋，每年夏秋两季台风多发，邮轮航程容易受到影响，因为台风等自然现象导致航程变化时，邮轮承运人往往根据法律或合同规定主张免责，游客得不到任何赔偿。这对很多中国游客而言难以接受，认为自己的权益没有得到有效保障，因此往往采取拒不下船的方式表达不满，甚至出现游客群体霸船事件。这一现象比较集中地出现在 2012 年至 2016 年。在邮轮行业协会及上海市出台地方立法，以及各方采取一些保险措施、多元化解决争议等举措后，因霸船事件而引起的纠纷目前已经鲜见。

据上海市相关执法机构统计，在上海水域发生的霸船纠纷案件中，2012 年有 3 起，2013 年有 4 起，2014 年有 6 起。最严重的一次霸船事件涉及将近 400 人，旅客霸船长达 10 余个小时，造成较为恶劣的社会影响。我国缺乏明确的法律规定，因此在涉及游客权益问题上，一旦游客对处理结果不甚满意或者沟通不畅，就会采取"不闹不赔、小闹小赔，大闹大赔"的争议解决方式。[1]

根据媒体公开报道，2013 年 2 月 6 日早晨，搭乘近千名港澳台旅客的歌诗达邮轮公司的"维多利亚号"从香港出发，路经海南三亚、越南岘港到达下龙湾，由于遇上当地港口航道有沉船，原定在下龙湾岸上观光 4 个小时的行程被取消。邮轮返回母港后，有近百名游客拒绝下船。他们聚集于邮轮甲板，举起标语并发起签名行动，要求邮轮公司给出合理安排并向游客道歉，又因未实现原定行程，游客们向组团旅行社——美丽华旅行社主张赔偿 1/3

---

〔1〕　应敏敏：《我国邮轮取消延误险与意外险状况及发展分析》，第十三届中国邮轮产业发展大会暨国际邮轮博览会会议资料，2018 年 11 月。

的旅游团费，甚至有游客提出退回 70% 旅游团费的请求。[1]此次霸船事件持续了 16 个小时之久，不仅影响下一航程邮轮旅客及时登船，还严重扰乱邮轮港口治安秩序，造成了极坏的社会影响。

2013 年 4 月 5 号，原定韩国"济州 + 仁川"5 日游的歌诗达邮轮公司的"维多利亚号"邮轮，从母港出发伊始就遭遇恶劣天气，推迟了近 7 个小时才得以开航出发。在未通知旅客的前提下，邮轮公司取消了停靠济州岛的行程。再加上整个航行过程中海浪较大，造成大部分旅客晕船，有些旅客在邮轮就医时才被告知需支付 200 美元一次的医疗费。这一始料未及的旅程，让许多游客心有余悸，在邮轮抵达上海吴淞口国际邮轮港后，有 300 余名游客拒绝离船，主要理由是因天气原因取消了靠泊韩国济州岛的行程而使游客享受的旅游服务缩水。虽经邮轮公司、组团旅行社多次协商、劝解，但仍有近 200 名旅客因对补偿额度不满意等拒绝下船。上海市旅游局、上海市口岸办、边检总站、交通运输港口管理局、长航公安分局、水上公安局及宝山区滨江委员会、邮轮港口公司等先后派人到现场进行协调处理，未取得任何效果。最后上海市政府领导组织相关部门在现场召开协调会，才最终解决问题。虽然这一游客霸船事件经过多方协商得到解决，但是霸船行为实际上已经造成公共行政资源的浪费，并影响港口的正常秩序。[2]

2015 年 8 月 23 日开航的皇家加勒比游轮有限公司的"海洋量子号"邮轮，因受台风"天鹅"影响，将原定的 9 天 8 夜日本三地游变为韩国两地游，不上船的游客可以选择退还本航程港务费，外加部分旅游抵用券。对此多数游客表示无法接受。皇家加勒比游轮有限公司则表示，按照国际惯例，当邮轮遭遇台风等不可抗力因素导致邮轮行程更改时，船方免责，但基于游客们的感受才决定给予部分补偿以表心意。然而，邮轮旅客对皇家加勒比游轮有限公司给出的赔偿数额及方案不满意，又没有其他申诉方式，于是几百名游客在船上进行了为期不少于 6 天的抗议行动。在邮轮返回上海吴淞口国际邮轮港后，仍有约三百名游客拒绝离船。[3]在当地政府部门介入下，邮轮公司与游客通过和解方式解决纠纷。

---

〔1〕《邮轮未泊越南下龙湾/团友霸船 16 小时索偿》，载大公网官方网站，http：//news. takungpao. com/paper/q/2014/0207/2259211. html，2014 年 2 月 7 日访问。

〔2〕 郭萍、吕方园：《邮轮霸船：维权抑或霸权》，载《理论与现代化》2013 年第 5 期，第 41 页。

〔3〕《海洋量子号更改航线引发游客霸船》，载国际船舶网官方网站，http：//www. eworldship. com/html/2015/OperatingShip_ 0901/106153. html，2015 年 9 月 1 日访问。

2. 导致邮轮旅客频繁采取霸船行为的原因分析

邮轮旅客霸船事件随着邮轮经济的发展时有发生，已成为邮轮旅游行业发展之阻碍，解决邮轮旅客霸船事件已成为邮轮旅游的切实之需。

事实上，所谓的"霸船"并非法律术语，而是一个行业称谓，主要是针对邮轮旅游航次结束后，因某种原因，游客单方面认为自己的旅游权益没有得到充分保障，应该享受的邮轮旅游服务未得到充分满足，从而拒绝离船并以此作为谈判筹码要求更高赔偿的行为。从遵从行业称谓的角度，本文沿用邮轮旅客"霸船"这一表述。

事实上邮轮旅客霸船行为，不仅会对已经结束的邮轮航次秩序产生影响，还会导致邮轮后续航次的旅客无法正常按期登船，进而影响邮轮公司安排后续邮轮航程服务，甚至会造成港口秩序的混乱。

有学者认为，霸船其实属于非法留置船舶，是一种海事侵权行为。[1]笔者认为邮轮旅客的霸船行为并不构成对船舶的留置，因为根据我国《物权法》《海商法》《担保法》《合同法》等有关动产留置的规定[2]，均无法与这里讨论的霸船行为等同，也不构成法律意义上的"留置船舶"行为。笔者认为这种"霸船"现象属于"中国式维权行为"，也被称作过度维权行为，是指弱势群体面对社会中所谓的不公正不公平待遇所采取的一种非理智的、非法的甚至是非常极端的维权手段，并以此胁迫政府部门、执法部门或者司法部门等，以实现己方要求的一种维权方式。[3]游客可以依法维权，但正可谓过犹不及，如果邮轮旅客打着维护自身权益的旗号不当"霸占"邮轮，实际是对自身权利的滥用、泛用，甚至涉及违法行为。

这种过度维权甚至违法维权事件，背后隐藏着我国邮轮行业缺乏统一标准、游客法律意识淡薄以及缺乏邮轮旅客权益保护方面的法律，邮轮旅客的诉权得不到有效行使，从而造成权利滥用的现象。具体表现为：

第一，邮轮公司缺乏统一的行业标准和明确的规范，影响邮轮旅客诉求的实现。旅行社包船游模式成为主流，游客与旅行社签订的邮轮旅游合同大多为格式合同。游客登船时通常不持有船票，即使拥有邮轮船票，也会因为船票本身的制式限制（无法承载更多要求和内容），无法了解邮轮上的相关

[1] 彭卫冬：《"霸船"现象剖析、预防与对策》，载《中国水运》2014年第4期，第28页。
[2] 《物权法》《担保法》《合同法》已自《民法典》生效后失去效力，关于留置权的规定，详见《民法典》物权编第十九章第447—457条。
[3] 吕方园、郭萍：《邮轮霸船之法律考量——以〈旅游法〉为分析进路》，载《旅游学刊》2014年第10期，第110页。

管理规定。在不了解自己享有哪些权利以及如何维护自身权利的情况下，加上目前从事经营活动的邮轮大多悬挂外国旗帜，游客对外国邮轮公司抱有不信任或者不想惹麻烦的态度，一旦权益受到影响，往往采取简单粗暴的霸船方式维护自身权利。

第二，我国邮轮旅客权益保护方面的法律法规不够完善，使邮轮旅客诉权缺乏明确的法律支撑。尤其是包船游模式下三方主体与两个合同的复杂法律关系的存在，使得游客维权的路径和法律适用变得不确定并呈现多元化特性。

第三，游客自身法律意识不足，不能合法地行使包括诉权在内的相关权利。既不清楚通过何种路径保护自己的合法权利，也不知晓霸船行为属于过度维权方式，甚至已经构成违反法律规定的行为。

在涉及霸船行为的沟通谈判过程中，有些邮轮公司同意给予适当补偿，如将未能停靠港口的港务费及岸上观光费等几百元人民币退还给游客。但是部分游客维权过度，提出过高要求，甚至要求赔偿全部旅游费用的50%—70%（旅游费在几千元甚至上万元）。如果邮轮公司不满足上述要求，游客就拒绝离船，乃至阻挠其他游客下船和登轮，打砸邮轮港口设施，谩骂工作人员，甚至发生肢体冲突，等等。[1]事实上这些行为已经危害公共安全、扰乱公共秩序、侵害其他公民合法权益，已经触犯《治安管理处罚法》《出境入境管理法》，甚至《刑法》等法律规定。

因此，邮轮行业可以通过向游客普及法律规范知识、签订示范合同文本、加强上船前安全培训、派发维权手册、在邮轮公共场合张贴船上相关管理制度等方式，增强邮轮旅客的守法意识，让其了解滥用权利的不利后果，从而鼓励游客采取合法途径维护权益。

邮轮旅客霸船事件频频上演，对该事件背后的原因予以分析十分重要。只有彻底地了解游客的诉求，才能更好地对症下药，做好各方面的预防工作，改善国内邮轮旅游业的整体发展环境。

通过对相关霸船事件的梳理和分析，可以发现邮轮旅客采取霸船的方式过度维权既有恶劣天气、法律规定空白等客观原因，也有旅客主观方面的原因，还有目前旅行社邮轮合同内容不够规范等相关原因。

（1）天气变化等客观因素

从近年来已发生的多起邮轮旅客霸船事件可知，大多数霸船事件是因为

---

[1] 朱长青：《关于运用法治思维化解"霸船"事件的思考》，载《交通运输部管理干部学院学报》2015年第4期，第13—14页。

出现大雾、台风等天气迫使邮轮旅游航程变化而造成的。例如：2012 年 9月，歌诗达"维多利亚号"邮轮因受台风影响未能停靠日本神户港，引起游客不满。回港后近百名游客因赔偿问题与邮轮负责人发生争执，并拒绝下船。2015 年 4 月 6 日，"海娜号"邮轮因为大雾影响，推迟 12 个小时开航，取消停靠日本福冈港的计划，游客对此极为不满，1800 名游客拒绝下船并要求赔偿。同样因为台风"天鹅"的影响，2015 年 8 月 31 日皇家加勒比游轮有限公司的"海洋量子号"邮轮 9 日 8 晚的"广岛、横滨、神户"日本游，变更为"仁川、釜山"韩国游。邮轮返沪后，200 余名游客拒绝下船长达 6 个小时，直接影响下一航次候船的 4970 名游客及时登船。[1]

当然也有极少数霸船事件是由于天气变化以外的原因造成的，例如 2012年 7 月，歌诗达"维多利亚号"邮轮在航行中，有旅客因为就餐的餐位安排与船方发生争执，认为邮轮公司工作人员存在国籍歧视，扬言将拒不下船进行抗议。[2]

（2）存在相关法律空白

霸船事件愈演愈烈，同解决霸船事件所遇到的重重法律困难有很大关系。邮轮旅游在中国尚属于新生事物，目前缺乏专门针对邮轮霸船事件的相关处理规定，即使游客霸船行为一再发生，执法部门也难以根据现行法律规定，对此类事件作出相关处罚。事实上，游客霸船行为与旅客霸机行为存在高度的一致性和同构性。在运输合同主体方面，邮轮旅客运输和民航旅客运输的主体都是承运人和旅客，客体都是旅客运输行为。在法律关系的内容上，都遵循合同法律规范中相关权利义务的规定。然而，邮轮霸船事件的处理与民航霸机事件的处理在法律上的地位完全不同。相比较邮轮发展，中国民航发展已有较长时间，因此民航旅客运输的各项基础设施建设、制度设计以及法律规定等日趋完善。根据《民用航空安全保卫条例》第 16 条和第 25 条，旅客霸机行为属于法律明确禁止的行为，将由民航公安机关依照《治安管理处罚法》有关规定对旅客进行处罚。而邮轮霸船纠纷的解决在法律上没有明确规定，在邮轮旅客运输合同或乘客票据合同示范文本中，也基本没有涉及。在邮轮旅游市场比较发达的国家，几乎没有邮轮旅客霸船事件的报道。在没有明确的法律规定，也没有明确的合

---

〔1〕 朱长青：《关于运用法治思维化解"霸船"事件的思考》，载《交通运输部管理干部学院学报》2015 年第 4 期，第 13 页。

〔2〕 彭卫东：《"霸船"现象剖析、预防与对策》，载《中国水运》2014 第 4 期，第 29 页。

同约定的情况下，邮轮旅客即使采取简单粗暴的维权方式发泄不满，似乎也不承担任何法律责任。

（3）乘客主观方面原因

由于邮轮发生故障迟延抵达港口，部分旅客无法按期乘坐返回家中的飞机和火车，导致游客通过霸船方式主张赔偿。例如，2015 年 8 月 23 日下午 5时，"海洋量子号"邮轮未能按期到港，致使几十位游客因此错过中转航班而无法及时返回家中。为发泄不满，拒绝离船。[1]

邮轮旅游作为一种新兴的旅游选择方式，标榜的是一种慢生活，重在邮轮上的休闲、度假和旅游，至于邮轮是否中途停靠港口以及是否有岸上旅游项目并不是邮轮旅游体验的重点，只是为邮轮旅客的美好体验锦上添花而已。但是对大部分中国旅客而言，跨境邮轮旅游如同开名车、穿名牌一样被贴上了时尚的标签，很多人选择在境外一些世界级景点前拍照、购买名牌产品，作为旅行后供自己炫耀的谈资，这种旅行也被学者定义为面子旅行。[2]邮轮船舶是一个相对封闭的空间，邮轮旅游让大家在没有网络和杜绝外界干扰的情况下，与朋友或家人一起享受船上各种娱乐设施，体验邮轮慢生活的魅力。显然中国游客对邮轮旅游的认知没有与国际接轨，这也是霸船事件频发的深层次原因之一。

国外游客在邮轮旅行过程中，大部分时间会享受邮轮自身提供的各种新奇设施、美食与服务，岸上观光旅游只占其中很小的部分，一些游客甚至选择只待在邮轮上，拒绝参加任何岸上观光旅游项目。而国内部分游客目前依然把邮轮当作一种交通工具，更看重出境后的岸上游览、购物等活动，加之一些旅行社对跨境邮轮旅游的夸大宣传，调足了中国游客的胃口。因此一旦邮轮行程出现变化，未能达到游客的预期，就会引起邮轮旅客较大的不满情绪。如果不能及时安抚或采取有效措施，极易引发不理智的霸船事件。邮轮旅游观念的欠缺，使得大部分中国游客仍以岸上旅游观光为主，所以一些天气原因导致邮轮未能如期靠岸后，游客就会产生吃大亏的感觉，认为自己的旅游目的未能实现，随之与船方发生争执。

---

[1]　朱长青：《关于运用法治思维化解"霸船"事件的思考》，载《交通运输部管理干部学院学报》2015 年第 4 期，第 13 页。

[2]　张翠娟、白凯：《面子需要对旅游者不当行为的影响研究》，载《旅游学刊》2015 年第 12 期，第 55—63 页；赵卓嘉：《面子理论研究述评》，载《重庆大学学报（社会科学版）》2012 年第 5 期，第 128—136 页；《为了面子出国旅游》，载搜狐官方网站，https：//www. sohu. com/a/344727457_ 117641，2019 年 10 月 2 日访问。

此外，中国邮轮旅客普遍具有从众心理且缺乏对邮轮休闲旅游文化的深入认识。邮轮旅客霸船行为具有群体性特征，这一现象的发生与我国民众尤为明显的从众心理有很大关系。只要有人号召采取霸船行为，基于"法不责众"的心态，有一些人就会选择盲目跟从。此外邮轮旅客来自四面八方，大家的诉求及面对的问题基本相似，而一旦选择离开邮轮，再想集中起来进行共同维权并不容易。势单力薄的个体无论是去旅游行政部门投诉还是去法院起诉，明显处于劣势地位，结果也无法确知而且耗时费力。所以一旦发生纠纷，游客们自然会选择将邮轮作为谈判地点与筹码，拒不下船，从而逼迫船方给出更有利于自己的赔偿，这对于游客而言，无疑是效率最高的方式。当然旅客采取霸船行为维权，一方面体现了我国公民个人维权意识不断增强，拒绝再吃"哑巴亏"；但另一方面也表明我国公民依法维权、正当维权的意识还不充分，只顾维护个人利益而未考虑维权方式的合法性、正当性以及是否会侵害他人利益以及公共利益。

（4）旅行社内部规范未能统一

目前邮轮旅游业尚未形成统一的行业规范，邮轮服务体系也并不完善，使得不少邮轮经营者缺乏自律，尤其是在旅行社包船游模式下。一些旅行社往往将邮轮客舱舱位多次转包，因为旅行社抢占客源，低价销售，导致部分邮轮产品低价低质，与邮轮旅客的预期形成明显反差，引起邮轮旅客不满。

同时，旅行社销售的邮轮旅游产品既包括邮轮船票也包括岸上旅游观光项目，而岸上观光项目往往由当地旅行社组织安排。一旦岸上观光游出现问题，游客就会根据旅游合同首先找到旅行社或安排行程的领队。但是旅行社又经常以己方并非实际从事邮轮旅游经营的一方为由推诿责任，使得邮轮旅客往往会采取霸船方式表达不满。

此外，由于旅行社工作失误、网络故障等出现重复售票、没有游客出境信息等，游客无法上船出行，进而会采取一些非理智行为提出损害赔偿。例如：2013 年 6 月 28 日，由于旅行社和邮轮公司未能有效沟通和联络，300 名游客没有获得船票无法如期登轮。滞留的一些游客情绪激动，砸毁邮轮港候船大厅的玻璃及部分设施，甚至惊动警方出动警力防止场面失控。2014 年 5 月 20 日，800 余名游客因为旅行社网络故障，未收到我国台湾方面出具的"大陆游客观光出入境许可证"而被迫滞留在邮轮港口引发纠纷。[1]旅行社

〔1〕　朱长青：《关于运用法治思维化解"霸船"事件的思考》，载《交通运输部管理干部学院学报》2015 年第 4 期，第 13 页。

针对自己的工作失误或者系统故障等，未能及时采取有效措施对游客予以安抚或者向其提供应急解决方案，使得矛盾容易被激发并促使一些不理智维权行为的发生。

（5）邮轮公司处理方式欠妥

一些外国邮轮公司由于不了解中国国情，未能及时安抚游客情绪或者以合理方式及时处理游客诉求，也是导致霸船事件发生的直接原因。以 2013 年 4 月歌诗达"维多利亚号"邮轮霸船事件为例，邮轮因为恶劣天气推迟 7 小时开航，对原定停靠韩国济州、仁川两个港口的计划予以调整。在决定取消停靠济州岛行程并直接开往仁川港口的航行途中，长达 10 多个小时都没有通过广播通知游客，直至部分游客问起为何还没靠岸，船方才告知邮轮航程变更的事实。而且整个航行过程中海浪较大，造成大部分游客晕船，直至游客就医时才被告知需额外支付 200 美元一次的医疗费，这远超出游客的心理预期。船舶返回始发港后，没有参与霸船的游客，在下船后收到携程网的赔付短信，告知因受天气影响，取消停靠济州岛的行程，旅行社将代表邮轮公司退还每人港务费 193 元人民币，但是参与霸船事件的旅客最后却拿到 1000 多元的赔偿金。[1]这种区别对待的方式，事实上造成了"不闹不赔，大闹多赔"的恶劣影响，也在一定程度上刺激或鼓励了游客继续采取非理智的霸船行为。

与此相反，2012 年 8 月前往日本福冈和韩国济州岛的皇家加勒比游轮有限公司的"海洋航行者号"邮轮，在离开日本福冈后遭遇台风，船方立刻通过客房电视机通报相关天气信息，并告知游客因为台风邮轮可能无法停靠济州岛。当天晚上游客在甲板上观看歌舞表演时，船方突然中止表演，通过大屏幕以 PPT 方式，向游客们通报台风最新进展情况，并告知游客为了大家的人身安全，邮轮决定取消停靠韩国济州岛，同时详细介绍邮轮航线更改的救济方案，希望游客能够予以谅解。游客们回到房间后，发现一封来自邮轮公司的致歉信，写明具体赔偿方案。第二天早晨工作人员到每一个游客房间退还未能登上济州岛的岸上观光费用。对此邮轮上没有任何一位游客表示不满，更没有人在邮轮返回起始港后采取霸船的行为索取赔偿。[2]

同样是天气原因导致邮轮航线变更，两艘邮轮及其邮轮公司采取截然不

〔1〕《维多利亚号邮轮擅自取消行程遭游客霸船 9 小时》，载新浪官方网站，http：//sh. sina. com. cn/news/s/2013-04-11/082542303. html，2020 年 3 月 15 日访问。

〔2〕《揽客存隐患，低价邮轮航线屡现游客霸船"维权"》，载凤凰网官方网站，http：//news. ifeng. com/gundong/detail_ 2013_ 04/11/24120625_ 0. shtml，2020 年 3 月 15 日访问。

同的措施，最终导致的后果差异显而易见。因此，在邮轮航程发生变更时，邮轮公司未能及时向游客履行告知义务以及"不闹不赔，小闹小赔，大闹大赔"的做法助长了部分邮轮旅客不正当维权的野心，最终导致霸船事件频发。

（二）邮轮旅客霸船行为违法性质分析

邮轮旅客霸船行为具有群体性、违法性、应对困难性等特征。所谓群体性是指参与霸船事件的邮轮旅客并非一两个人，从公开报道的多起霸船事件看，参与霸船事件的旅客少则几十人，多则几百人。违法性是指这种行为本身违反我国有关港口治安及出入境检查的相关法律规定。应对困难性是由于我国相关法律规定的缺失，执法力量的分散等，想要合理有效地解决霸船问题并不容易，实践中常常遇到船方作出较大让步，对霸船者给予较高补偿的情况。以下重点对邮轮旅客霸船行为的违法性进行深入分析。

1. 影响和干涉邮轮公司安全保障义务的履行以及处置权的行使

目前，我国有关邮轮旅游产品销售存在两种模式，在邮轮船票直销模式下，邮轮旅客与邮轮公司之间存在直接的海上邮轮旅客运输合同关系；在旅行社包船游模式下，邮轮旅客与旅行社之间存在直接的邮轮旅游合同关系，邮轮公司被视为旅行社的履行辅助人。《旅游法》第 79 条明确规定，旅游经营者应当严格执行安全生产管理的法律、法规和国家标准、行业标准，需要具备相应的安全生产条件，需要制定旅游者安全保护制度。显然此条有关旅游经营者安全保护义务的规定，也适用于旅游法律关系下的履行辅助人——邮轮公司。根据我国《海商法》，邮轮旅客与旅行社、邮轮公司之间还可以被认定为存在邮轮旅客运输合同法律关系。在该法律关系之下，承运人有安全运输旅客的义务，享有收取客票票款的权利，旅客则承担支付运输费用的义务和享受安全到达的权利。可见，不论是依据《海商法》的旅客运输合同规定，还是依据《旅游法》有关旅游服务合同的规定，邮轮公司都负有保障邮轮旅客安全的义务。

邮轮旅游的大部分行程是在海上完成的。海上航行具有不同于陆地的特殊风险，如不可预知的潮汐、海浪、大风、航道及港口管制等，都可能导致邮轮延误、行程中过于颠簸、不能按时靠离港口等。旅行社或者邮轮公司对上述情形无法预见，也无法掌控。如果将上述导致邮轮延误的风险或损失完全归责于邮轮公司也不符合公平原则。《海商法》第 35 条明确规定，船长负责船舶的管理和驾驶。船长在其职权范围内发布的命令，船员、旅客和其他在船人员都必须执行。船长应当采取必要措施，保护船舶、在船人员、文件、邮件、货物以及其他财产。海上航行中的人身及财产安全永远是船长及邮轮公司应该放在第一位考虑的因素，根据国际海洋法、海事规则等，船长是主要责任人，有权利根据客观情况作出靠港或不靠港的决定，因此在邮轮航行过程中，船长拥有应对安全问题的完全处置权，这也是法律赋予船长的特殊权利。[1]《旅游法》第 67 条也明确规定，合同不能继续履行的，旅行社和旅游者均可以解除合同；合同解除的，将余款退还旅游者；危及旅游者人身、财产安全的，旅行社应当采取相应的安全措施，因此支出的费用，由旅行社与旅游者分担。

不论是依据《海商法》还是根据《旅游法》，当邮轮遭遇台风等不可抗拒的恶劣天气时，邮轮船长出于船上旅客与其他在船人员人身安全的考虑，选择变更航线或变更停靠港，甚至限制或影响游客离船上岸进行旅游观光的行为，不仅是航运惯例的要求，也是邮轮公司履行《海商法》《旅游法》中安全性保护义务的必然结果。因此如果基于恶劣天气等邮轮公司无法控制的原因，邮轮航线或目的地变更的，邮轮公司并无违法或不当之处，船长只是在行使法定或者合同约定下的合理处置权。邮轮旅客针对邮轮公司此种合理处置权采取霸船的行为，就是对承运人或船长合法权利的干涉，是采用非正义的程序实现所谓的"实体权利正义"的结果。

2. 危害港口公共安全

邮轮旅客的霸船行为会危害港口安全，扰乱港口秩序。作为交通枢纽的基础设施建设，港口安全的重要性不言而喻。邮轮都有着较为严格的航程及航线等营运安排，如果某一航次的邮轮旅客靠港后拒绝下船，不但会影响邮轮公司正常经营活动的运行，使得下一航次游客无法及时登船，而且会导致大量人员滞留港口码头，对港口经营活动产生很大的安全隐患，港口的公共秩序将会受到破坏。

在邮轮旅游实践中，港口管理部门对邮轮停靠码头的时间限制比较严格，除港口自然条件的限制外，还需要综合考虑港口作为公共场所满足其他商船停靠的需要，以避免港口航道及泊位拥挤、堵塞现象发生。港口可利用的潮位是稀缺资源，潮位的形成具有时间性，由自然力量形成，具有不可逆性。因此一旦发生邮轮旅客霸船行为，不但会影响港口公共资源的利用率，还会影响港口的公共安全。

---

〔1〕 郭萍、吕方园：《邮轮霸船：维权抑或霸权》，载《理论与现代化》2013 年第 5 期，第 41 页。

　　根据《治安管理处罚法》第 23 条规定，扰乱车站、港口、码头、机场、商场、公园、展览馆或者其他公共场所秩序的，扰乱公共汽车、电车、火车、船舶、航空器或者其他公共交通工具的秩序的，非法拦截或者强登、扒乘机动车、船舶、航空器以及其他交通工具，影响交通工具正常行驶的，处警告或者 200 元以下罚款；情节较重的，处 5 日以上 10 日以下拘留，可以并处 500 元以下罚款。由此可见，邮轮旅客霸船的行为实际上构成违反《治安管理处罚法》的行为，严重的甚至会危及公共安全。[1]

　　3. 违反出入境管理规定

　　目前，我国邮轮旅游大部分是跨国（境）旅游，因此会涉及游客办理出入境手续与检查等相关事项。邮轮旅客采取霸船的方式，事实上造成游客在邮轮上超时间停留，导致后续旅客无法正常办理相关出入境手续以及入港登船。邮轮运输结束本航次后，邮轮公司或其代理应将此次航行的旅客人数、入境时间等信息如实报告给出入境边防机关，旅客在航程终结时向边防检查机关交验护照属于法定义务。因此邮轮航行结束后都需要进行清港，游客不允许在船舶上停留。如果邮轮靠港后游客拒绝离船，势必会影响本航次及后续航次旅客护照的及时交验，造成再次入境等次生问题。根据 2013 年 7 月 1 日生效的《出入境管理法》第 51 条的规定，交通运输工具负责人或者交通运输工具出境入境业务代理单位应当按照规定提前向出入境边防检查机关报告入境、出境的交通运输工具抵达、离开口岸的时间和停留地点，如实申报员工、旅客、货物或者物品等信息。邮轮旅客霸船的行为无疑会冲击边防检查的正常秩序，同时也会造成后续游客无法出境登船并办理手续，违反了《出入境管理法》的规定。[2]

　　4. 邮轮旅客霸船行为或可升级违反《刑法》规定

　　根据我国《刑法》第 291 条规定，聚众扰乱车站、码头、民用航空站、商场、公园、影剧院、展览会、运动场或者其他公共场所秩序，聚众堵塞交通或者破坏交通秩序，抗拒、阻碍国家治安管理工作人员依法执行职务，情节严重的，对首要分子处五年以下有期徒刑、拘役或者管制。因此如果邮轮旅客采取霸船行为，尤其是煽动闹事者人数众多引发群体性事件，造成严重

---

〔1〕　郭萍、吕方园：《邮轮霸船：维权抑或霸权》，载《理论与现代化》2013 年第 5 期，第 41—42 页。
〔2〕　郭萍、吕方园：《邮轮霸船：维权抑或霸权》，载《理论与现代化》2013 年第 5 期，第 42—43 页。

后果的，主要人员涉及违反刑法相关规定，可以依法追究主要人员的刑事责任。

综上所述，因种种原因邮轮公司变更航线或者变更停靠港口的，如果邮轮旅客认定邮轮公司违反了邮轮旅游合同或者邮轮旅客运输合同约定的义务，完全可以根据相关法律解决纠纷。如果邮轮旅客采取霸船行为，甚至引发群体性霸船事件，则霸船行为的特殊性和霸船行为所造成的危害，决定了霸船事件已经超越了私法范畴，因此需要将霸船事件归入公法范畴予以规制。这样不仅便于对霸船事件的处理，减少霸船事件带来的不利影响，更能依法保障游客合法权益，促进我国邮轮经济产业的可持续发展。

二、应对邮轮旅客霸船事件面临的法律问题

（一）我国目前缺乏对霸船事件处理的明确规定

在我国航空运输中，因航班延误旅客拒绝离开飞机等事件不时见诸报端。而邮轮旅客运输与民航旅客运输在法律关系上具有同构性，无论从运输主体、运输客体还是从运输法律关系内容方面看，具有高度一致性。但我国对于旅客在民用航空飞机上的"霸机"行为处理有明确规定。例如，《民用航空安全保卫条例》第 16 条规定，机场内禁止强行登、占航空器。第 25 条规定，航空器内禁止抢占座位、行李舱（架）；禁止危及飞行安全和扰乱航空器内秩序的其他行为。对违反上述规定的行为，由民航公安机关依照《治安管理处罚法》予以处罚。[1]

而有关邮轮运输安全方面的法规对霸船问题未有任何规定，导致邮轮旅游实践中相关主管部门面临难以依照现有法律规定进行事件处理的困境。此外，由于目前我国邮轮旅游产品销售模式的多元化，邮轮旅客霸船事件一旦发生，会涉及邮轮公司、旅行社、游客等多方面的利益及相关主管部门。这种需要跨越多个行政部门的新生事物的出现，也是妨碍相关主管部门尽快出台邮轮安全管理立法的客观原因。而类似纠纷如何解决，目前无论是邮轮旅游合同文本还是邮轮旅客运输合同或旅客票据合同都没有涉及。在法律规定缺失、合同约定存在盲区的前提下，邮轮旅游纠纷及邮轮旅客霸船事件一再发生。

---

〔1〕 郭萍、吕方园：《邮轮霸船：维权抑或霸权》，载《理论与现代化》2013 年第 5 期，第 43 页。

（二）应对霸船事件的管理部门不明确，海上执法力量相对分散

由于邮轮旅游兼具海上运输和旅游的双重属性，也给应对和处理邮轮旅客霸船的行为带来行政管理方面的困难。根据《旅游法》第 91 条规定，县级以上人民政府应当指定或设立旅游投诉受理机构。然而法条中没有明确该机构的设置和处理纠纷的权限。受理机构接到投诉后，应当及时进行处理或者移交有关部门处理并告知投诉者。由于我国邮轮旅游大多采取旅行社包船游模式，旅行社与邮轮公司订立包舱协议或者切舱协议后，通常会将全部或部分舱位转包其他一个或多个旅行社，甚至会发生后续多次转包的情形。那么《旅游法》规定的投诉受理机构是指邮轮开船港所在地的旅游部门，还是销售邮轮旅游产品的各级旅行社所在地的旅游部门不甚明确。

此外在邮轮旅客霸船事件中，一般会涉及游客、邮轮公司、旅行社、港口部门及海事部门等主体，如果按照《旅游法》的规定，由县级以上人民政府所指定或设立的部门来协调，会存在很多问题。其一，在现有体制下行政权能划分不明，实为协调各个部门处理霸船问题的阿喀琉斯之踵。其二，根据《旅游法》的规定，如果协调部门不能处理纠纷，按照法律规定需要将纠纷移交，那么在何种情况下可以移交，是否会因为职能不明确而造成行政不作为，该规定在处理实际纠纷时的可操作性如何等都值得商榷。[1]其三，由于从事中国邮轮旅游的邮轮大多悬挂外国旗帜，我国相关行政主管部门能否在外国船舶上行使执法权，也缺乏明确的法律规定。

我国对涉海事务的管理一直沿用陆地管理模式，条块分割、各自为政的特点非常明显，涉海事务会涉及环保、海事、海洋、渔业、边防、海关、旅游、军队等多个不同领域的主管部门或机构。除了海事管理功能呈现"碎片化"态势，长期以来我国海上执法力量也比较分散，既有国家海洋局的中国海监、公安部的边防海警、农业农村部的中国渔政、海关总署的海上缉私警察，也有交通运输部的中国海事局等执法队伍。由于各自职能的单一和专项，执法过程中遇到不属于自己职责范围内的违法行为无权处理，最终影响海上执法效果。我国现有海上执法队伍存在着政出多门、执法力量分散、职能交叉、相互掣肘、协调配合差、应急能力低等问题，直接影响执法效率。由于行政效率低下，在遇到较为复杂的违法或侵害行为时，仅靠一家执法机关则

---

[1]　吕方园、郭萍：《邮轮霸船之法律考量——以〈旅游法〉为分析进路》，载《旅游学刊》2014
　　年第 10 期，第 112 页。

显得力不从心，往往需要各方联合执法。[1]

以对上海市发生的多起邮轮旅客霸船事件的处理为例，一起霸船事件往往涉及好几家公安机关。例如：吴淞口国际邮轮港属于交通运输部长江航运公安局上海分局辖区，而长江航运公安局上海分局没有外事管辖权，只能负责邮轮港港区及周边水域的治安、刑侦、消防、反恐及群众求助等工作，没有登临外籍邮轮的权限；道路交通管理由上海市公安局宝山分局交警部门负责；游客出入境手续检查由出入境边防检查站负责；而外籍邮轮上的刑事、行政执法由上海市水上公安局负责。但是在实际工作中，只有长江航运公安局上海分局（吴淞派出所）负责日常安保工作，仅在出现霸船事件时，相关单位才会到场。[2]因此，上海连续发生的多起邮轮霸船事件都是在地方人民政府的主导下协调多个部门或机构予以应对。但是由于联合执法无法做到常态化，执法过程中仍然存在边界障碍，执行效果大大受到影响。

事实上，我国海上执法多头管理、队伍分散的问题已经引起党中央国务院的高度重视。2013 年 7 月，根据我国有关深化国家机构改革方案的规定，国家海洋局重建，2013 年 7 月 22 日，中国海警局正式成立并挂牌。为贯彻落实党的十九大和十九届三中全会精神，按照党中央批准的《深化党和国家机构改革方案》[3]和《武警部队改革实施方案》[4]决策部署，2018 年 6 月 22 日，海警队伍整体划归中国人民武装警察部队领导指挥，调整组建中国人民武装警察部队海警总队，沿用"中国海警局"名称，由中国海警局统一履行海上维权执法职责。现行中国海警局负责履行海上维权执法的职责，主要包括执行打击海上违法犯罪活动、维护海上治安和安全保卫、海洋资源开发利用、海洋生态环境保护、海洋渔业管理、海上缉私等方面的执法任务，以及协调指导地方海上执法工作。2021 年 1 月 22 日，第十三届全国人民代表大会常务委员会第二十五次会议通过《海警法》，该法自 2021 年 2 月 1 日起施行。《海警法》明确规定我国海警机构在我国管辖的海域内从事海上维权执法工作，包括但不限于开展海上安全保卫，维护海上治安秩序，

〔1〕 郭萍、吕方园：《邮轮霸船：维权抑或霸权》，载《理论与现代化》2013 年第 5 期，第 43 页。
〔2〕 朱长青：《关于运用法治思维化解"霸船"事件的思考》，载《交通运输部管理干部学院学报》2015 年第 4 期，第 14 页。
〔3〕《中共中央印发〈深化党和国家机构改革方案〉》，载新华社官方网站，http://www.gov.cn/zhengce/2018-03/21/content_5276191.htm#1，2018 年 3 月 21 日访问。
〔4〕《中国海警局 7 月 1 日开始行使海上维权执法职权》，载中国武警官方网站，http://wj.81.cn/content/2018-06/26/content_8070889.htm，2018 年 6 月 26 日访问。

打击海上走私、偷渡，在职责范围内对海洋资源开发利用、海洋生态环境保护、海洋渔业生产作业等活动进行监督检查，预防、制止和惩治海上违法犯罪活动等。根据《海警法》第 12 条的规定，海警机构依法实施海上治安管理，查处海上违反治安管理、入境出境管理的行为，防范和处置海上恐怖活动，维护海上治安秩序；对海上犯罪活动行使预防、制止和侦查权；根据国家有关职责分工，有权对海上突发事件予以处置等。相信在未来应对包括邮轮旅客霸船事件在内的海上治安秩序维护方面，将由中国海警局统一行使执法权。

（三）缺乏明确的行业标准和邮轮合同标准规范

目前，中国尚没有针对邮轮旅游经营的专门行业标准。鉴于中国邮轮旅客采取霸船的行为具有较为明显的地域性和国情差异性等特点，虽然国际邮轮协会曾颁布《邮轮旅客权益法案》，但是该法案仅原则上明确了邮轮旅客的主要权益，并没有涉及邮轮旅客霸船问题的解决。

此外在中国从事经营活动的各个邮轮公司，在其与旅客签订邮轮旅客运输合同或者乘客票据合同时，也没有统一标准的合同文本及条款规定，各个邮轮公司单方制订的合同内容差异较大，但在承运人免责、责任限制、法律适用、争议解决与管辖等条款方面，大都比较注重维护邮轮公司的权益。邮轮公司依此作出的辩解和主张，往往被旅客认定为霸王条款，不具有法律效力或不予以接受和认可。在邮轮旅游包船游模式下，我国旅行社与游客之间订立的旅游合同，大多数采用"境外旅游合同"文本内容，并没有考虑到海上邮轮旅游的特殊性。目前也没有全国统一的标准邮轮旅游合同文本。尽管 2015 年以来，上海、天津等一些城市所在地的旅游管理部门和工商管理部门共同制定了地方性专门的邮轮旅游合同示范文本，其中一些条款涉及霸船行为，但是这些城市使用的邮轮旅游合同文本仅适用于该行政区域，具有一定的局限性。

综上，在我国目前缺乏明确的邮轮旅游合同或者邮轮旅客运输合同文本规范和行业标准的背景下，一旦发生邮轮旅客霸船事件，每个邮轮公司往往无法提供明确的标准和规范的操作规程，采取各行其是及一事一议的策略成为常态。而没有统一的标准和流程，以及各个邮轮公司应对紧急情况的能力不一，使得邮轮旅客霸船事件的处理结果各不相同，难以很快平息。

三、行业协会及地方行政主管部门应对邮轮旅客霸船行为的举措

（一）《文明邮客公约》——行业协会避免邮轮旅客霸船行为之倡议

在邮轮上度假休闲近年来成为中国游客新兴的出行方式之一，邮轮本身就是旅游目的地和移动式度假村，因此邮轮度假旅游也具有自己独特的礼仪和文化。

2012 年年底，中国交通运输协会邮轮游艇协会联合各邮轮公司，共同发起"文明邮客"活动，制定《文明邮客公约》，希望每位游客都能够从自身做起，自觉遵守邮轮礼仪，做邮轮文明和友谊的传播者。

其中《文明邮客公约》作了 12 项规定，希望所有参与邮轮旅游的乘客能够知悉并遵守：（1）根据现行《国际海上人命安全公约》的要求，邮轮于每航次启航时都必须安排海上救生演习。为了自身安全，请游客自觉参加救生演习。（2）船长欢迎酒会及船长晚宴是大家相互认识与交流的良好机会，为表正式与尊重，请正装出席。（3）在正餐厅用餐时，穿圆领上衣、短裤、拖鞋是不礼貌的行为。（4）在自助餐厅用餐时，请取适量食品，建议多次取餐、不浪费，提倡节约和环保。（5）邮轮上有指定吸烟区，请勿在客房内和禁烟区吸烟。（6）在公共场所和客舱阳台，请保持低声交流及手机对话。（7）进出电梯时，如遇到其他游客，请礼貌致意，不要在电梯里大声喧哗。（8）如需晾晒衣物，请咨询船上工作人员，在指定位置晾晒。（9）请不要向大海丢弃塑料袋及其他塑料制品。（10）请尊重游轮员工的劳动。（11）如果游客与船方或旅行社发生纠纷，请通过客户投诉或法律途径解决，霸船并不能维护权益。（12）登轮前请详细咨询旅行社相关人员，了解邮轮公司相关规定，以便更好地享受邮轮假期。

《文明邮客公约》更多从文明礼仪的角度对邮轮旅客的行为予以规范，其中涉及邮轮旅客权益维护的合法途径以及维权的正当性问题，建议邮轮旅客避免采取霸船的方式维权。

通过对《文明邮客公约》的大力宣传和推广，包括邮轮公司通过保险的方式降低航程延误、变更等风险以及多元化纠纷解决机制的构建等，目前邮轮旅客采取霸船这种比较极端的方式维权的现象已经大为减少。

（二）地方性立法应对邮轮旅客霸船事件

为了规范上海市邮轮旅游经营活动，维护邮轮旅游市场秩序，保障旅游

者和邮轮公司、旅行社、国际船舶代理企业、邮轮码头的合法权益，根据《旅游法》、《港口法》、《海商法》、《国际海运条例》、《上海市旅游条例》、《交通运输部关于促进我国邮轮运输业持续健康发展的指导意见》和有关规定，结合上海市邮轮旅游发展实际情况，上海市旅游局、上海市交通委员会联合制定《上海市邮轮旅游经营规范》，该规范自 2016 年 4 月 10 日起施行。作为我国邮轮旅游行业首个政府规范性文件，《上海市邮轮旅游经营规范》从管理部门、行业协会作用发挥、邮轮经营者服务标准制定、邮轮航程变更及处置应对、纠纷解决路径、社会信用管理、综合保险等多渠道、多维度、多元化机制应对邮轮旅客霸船事件。具体包括如下方面的举措：

1. 明确涉及邮轮旅游事务的管理部门及其职责

《上海市邮轮旅游经营规范》第 4 条明确规定，旅游行政管理部门负责旅行社邮轮旅游经营的监督管理，交通行政管理部门负责邮轮码头秩序维护和邮轮公司的监督管理。至于邮轮旅游突发事件的应急处置，则由邮轮码头所在地的区、县人民政府负责，并由其制定本行政区域内邮轮旅游应急处置预案。而海事、公安、口岸联检单位等相关行政管理部门，应当按照各自职责做好邮轮旅游经营的服务和管理相关工作。

2. 注重发挥邮轮行业协会的作用

根据《上海市邮轮旅游经营规范》第 5 条，上海市邮轮旅游相关行业协会是依法维护和推进上海市邮轮行业发展的社会机构，应依照法律、法规及其章程开展工作，发挥与政府部门的沟通、协调作用，维护行业秩序，开展行业自律，引导邮轮公司、旅行社和国际船舶代理企业公平竞争、诚信经营，促进上海市邮轮旅游业健康、可持续发展。同时明确规定上海市旅游、交通行政管理等部门应加强对其管辖范围内行业协会的工作指导。

3. 鼓励并推动邮轮公司制定统一的服务标准

目前从事中国邮轮旅游的船舶大多悬挂外国旗帜，相当大的比例是邮轮公司直接将境外邮轮旅游航线的船舶调遣过来进行中国邮轮市场的运营，因此《上海市邮轮旅游经营规范》第 6 条明确要求邮轮上与旅游者安全相关的设施设备、安全标识、使用说明等有文字说明的，应当配置中文，以保护中国游客的知悉权。另外，《上海市邮轮旅游经营规范》要求上海市旅游、交通行政管理部门牵头和推动制定邮轮旅游服务地方标准、团体标准和区域标准。鼓励邮轮公司、旅行社、国际船舶代理企业、邮轮码头按照服务中国旅游者的实际情况，制定和完善邮轮旅游的服务标准，从而确保在上海范围内邮轮旅游服务标准的统一化和明确化。

4. 应对邮轮航程变更及处置事项的专门规定

邮轮公司应当按照合同约定的航线行驶，并且提供承诺的相关服务，不得擅自改变航线或者减少服务项目和服务内容。《上海市邮轮旅游经营规范》首先确定了邮轮公司不得擅自变更约定航程的义务。这也是尽可能从源头上降低出现邮轮旅客霸船的风险。但是考虑到邮轮旅游的特点以及海上运输可能面临的特殊风险，《上海市邮轮旅游经营规范》明确规定，如果遇到恶劣天气、台风、航道堵塞等不可抗力可能危及邮轮和旅游者人身安全的，邮轮船长对是否需要变更航线或者停止航行享有独立的决定权。邮轮公司、船上所有船员、邮轮码头、旅行社、所有旅游者均无权干涉，并应当对船长的决定和命令予以配合。船长一旦决定变更航线或者停止航行的，邮轮公司应当会同旅行社等有关单位做好后续处置及安排工作。[1]

此外，在邮轮旅游行程开始之前，如遇恶劣天气、台风、航道堵塞等不可抗力导致邮轮延误、不能靠港、变更停靠港等情况的，邮轮公司、旅行社和邮轮码头应在第一时间向旅游者告知不可抗力的具体情形、邮轮航线变更情况、解决方案等内容。在邮轮旅游行程中，如果发生不可抗力等原因导致邮轮延误、不能靠港、变更停靠港等情况的，邮轮公司应当以包括中文在内的语言，通过广播、公告屏、舱内电视、书面通知等多种形式向旅游者发布信息，并告知不可抗力、客观原因的具体情形，邮轮航线变更情况，解决方案等内容，并安排船上相关工作人员对旅游者进行解释、劝导。旅行社应当配合，并和邮轮公司一起制定和实施应急方案。[2]

5. 明确邮轮旅游纠纷解决主体和解决路径

在旅行社和国际船舶代理企业代理销售邮轮船票的情形下，因邮轮公司未按照合同约定提供相关服务产生的和旅游者之间的邮轮旅游纠纷，由邮轮公司负责解决；因旅行社和国际船舶代理企业在销售船票过程中未依法履行告知义务产生的纠纷，由旅行社和国际船舶代理企业负责解决。

如果采取旅行社包船游模式，旅行社把邮轮船票与岸上观光服务组合成包价旅游产品提供给游客的，因违反邮轮旅游合同约定而发生的纠纷，由组团的旅行社牵头负责解决。如果因邮轮公司的原因造成旅游者人身损害、财产损失的，或者因邮轮航程取消、变更发生纠纷的，由邮轮公司牵头负责纠纷解决，旅行社协助纠纷解决。

---

〔1〕 参见《上海市邮轮旅游经营规范》第16条"邮轮航程变更"。
〔2〕 参见《上海市邮轮旅游经营规范》第17条"航程变更处置"。

旅游者可以通过以下途径解决邮轮旅游纠纷：与邮轮公司、旅行社和国际船舶代理企业协商；向消费者协会、上海市旅游质量监督所投诉；向交通、旅游、市场监督等行政管理部门投诉；合同中约定有仲裁条款或者事后达成书面仲裁协议的，可以申请仲裁机构仲裁；向人民法院提起诉讼。邮轮公司、旅行社和国际船舶代理企业应当积极与旅游者协商解决纠纷，并如实告知旅游者投诉的方式及其他解决的途径等。[1]

6. 构建邮轮旅游经营方诚信机制

除上述措施之外，《上海市邮轮旅游经营规范》还明确规定有关旅游、交通行政事务的管理部门应当共同建立邮轮旅游信用档案。对经常无正当理由延误的邮轮降低信用等级。对邮轮公司、旅行社、国际船舶代理企业、邮轮码头、旅游者因违法经营和不文明行为受到司法裁决承担责任、行政处罚和造成严重不良社会影响的事件等纳入信用记录。邮轮旅游信用记录依法向社会公开，提供查询服务。[2]通过建立邮轮旅游信用档案及信用记录，也可以在一定程度上对邮轮公司、旅行社、邮轮码头等不诚信或违法经营活动予以规制。

《上海市邮轮旅游经营规范》第9条还规定，在上海市推行邮轮旅游经营方综合保险制度，明确要求邮轮公司、旅行社和邮轮码头经营者应积极参加该邮轮旅游经营方综合保险的投保以分散风险。例如，为了减少邮轮旅客霸船事件的发生，避免因为邮轮航程延误而给旅客带来的一些损失及费用支出，在上海国际邮轮旅游服务中心的大力配合下，由上海市水上旅游促进中心牵头，上海环亚保险经纪有限公司于2016年5月正式推出上海市邮轮取消延误综合保险，开发了"上海市邮轮保险理赔服务系统"。利用线上互联网技术和线下人工操作，提供全方位的保险理赔服务。每年为歌诗达邮轮公司、皇家加勒比邮轮有限公司、公主邮轮公司、地中海邮轮公司、诺唯真游轮控股有限公司、丽星邮轮公司6家国际邮轮公司近250万名邮轮游客提供保险服务。截至2018年9月30日，上海环亚保险经纪有限公司已经承保1354个航次，游客人数达422万人次，保费大约13350万元，出险航次11次，理赔人数将近37万人次，累计理赔数额达15700万元。[3]

---

〔1〕 参见《上海市邮轮旅游经营规范》第18条"纠纷解决"。
〔2〕 参见《上海市邮轮旅游经营规范》第19条"信用管理"。
〔3〕 应敏敏：《我国邮轮取消延误险与意外险状况及发展分析》，第十三届中国邮轮产业发展大会暨国际邮轮博览会会议资料，2018年11月。

（三） 制定地方性邮轮旅游合同

邮轮旅游作为新兴的旅游方式自 2006 年涌入中国旅游市场之后，从事中国境内邮轮旅游的船舶基本上都悬挂外国旗帜，中国游客乘坐这些外国籍船舶赴境外旅游或者从事公海无目的游项目的，均需要办理我国出入境口岸相关手续。因此，在过去的十多年间，尤其是在旅行社包船游模式下，邮轮旅客与旅行社签订的旅游合同，通常都是以出境旅游合同示范文本为基础。但是 2015 年以来，随着邮轮旅游行业在中国的高速迅猛发展，基于邮轮旅游自身具有一些其他境外旅游没有的特殊性，也为了更好地规范邮轮旅游经营行为，避免或杜绝类似邮轮旅客霸船等群体性事件的发生，国内一些城市的旅游及工商管理部门开始制定专门的邮轮旅游合同示范文本，供本行政区域内旅行社与旅客签订邮轮旅游合同时参考使用。以下主要结合上海市、天津市、南京市邮轮旅游合同示范文本中有关应对旅客霸船问题的相关条文规定予以讨论。

1. 《上海市邮轮旅游合同示范文本》（2015 版）

根据《上海市邮轮旅游合同示范文本》（2015 版）（以下简称《上海市邮轮旅游合同》）的使用说明，该合同示范文本供旅游者参加邮轮旅游与旅行社签订包价旅游合同时使用，而且明确提及旅行社应具有旅游行政管理部门颁发的《旅行社业务经营许可证》和工商行政管理部门颁发的《营业执照》，经营出境旅游的旅行社还应具有经营出境旅游业务的资格。合同订约双方可以使用书面合同，也可以使用本合同范本的电子版。合同示范文本自 2015 年 8 月 25 日起使用。同时为了便于邮轮旅客对相关旅游事项进行咨询及投诉，示范文本非常明确地载明了旅游咨询与投诉的机构名称、地址及联系电话。接受投诉的机构分别为上海市旅游质量监督所、上海市消费者申（投）诉举报中心和上海市文化市场行政执法总队。

（1） 有关邮轮旅客权利义务方面

邮轮旅客当自觉遵守旅游文明行为规范，遵守邮轮旅游产品说明中的各项要求，尊重船上礼仪和岸上旅游目的地的风俗习惯、文化传统和宗教禁忌，爱护旅游资源，保护生态环境；遵守《中国公民出国（境）旅游文明行为指南》等文明行为规范。邮轮旅客在旅游活动中还应当遵守团队纪律，配合旅行社完成合同约定的旅游行程。[1]

---

〔1〕　参见《上海市邮轮旅游合同示范文本》（2015 版）第 5 条第 1 项第 2 目、第 4 目、第 9 目。

邮轮旅客应当遵守邮轮旅游产品说明及旅游活动中的安全警示要求，自觉参加并完成海上紧急救生演习，对有关部门、机构或旅行社采取的安全防范和应急处置措施予以配合。[1]

一旦在邮轮旅游行程中发生纠纷，邮轮旅客应按照合同有关责任承担及免除的规定以及合同约定的争议解决方式处理，不得损害旅行社和其他旅游者及邮轮方的合法权益，不得以拒绝上、下邮轮（机、车、船）等行为拖延行程或者脱团，不得影响港口、码头的正常秩序，否则应当就扩大的损失承担赔偿责任。

显然该示范合同文本考虑到了游客霸船问题，专门针对这一问题制定条款予以规制，并建议邮轮旅客应采取合法的维权路径，以合同约定的争议解决方式解决纠纷。

（2）有关旅行社权利与义务的规定

旅行社应在出团前，以说明会等形式如实告知邮轮旅游服务项目和标准，提醒游客遵守旅游文明行为规范、遵守邮轮旅游产品说明中的各项要求，尊重船上礼仪和岸上旅游目的地的风俗习惯、文化传统、宗教禁忌。在合同订立及履行中，旅行社应当对旅游中可能危及游客人身、财产安全的情况，作出真实说明和明确的警示提醒，并采取适当措施防止危害发生。[2]

根据《上海市邮轮旅游合同》第5条的规定，一旦邮轮旅游出现延误或不能靠港等情况时，旅行社应当及时向游客发布相关信息，并告知具体解决方案。如果游客从事严重影响其他旅游者权益的活动，且不听劝阻、不能制止的，旅行社有权按合同约定内容扣除必要费用后，将余款退还给游客并解除邮轮旅游合同；因此给旅行社造成损失的，游客应当依法承担赔偿责任。[3]

（3）有关旅游经营者责任减免及不可抗力情形的处理问题

《上海市邮轮旅游合同》明确规定，如果发生不可抗力情形或者旅行社、履行辅助人已尽合理注意义务仍不能避免的事件，可能导致邮轮行程变更或取消部分停靠港口时，按下列不同情形予以处理：

如果行程变更前发生上述事件，游客可以选择：①同意邮轮行程变更或取消部分停靠港口，在不减少行程自然天数的情况下，启航延迟、港口停靠

---

〔1〕 参见《上海市邮轮旅游合同示范文本》（2015版）第5条第1项第4目。
〔2〕 参见《上海市邮轮旅游合同示范文本》（2015版）第5条第2项第4目。
〔3〕 参见《上海市邮轮旅游合同示范文本》（2015版）第5条第2项第8目。

时间缩短、返航延迟抵达，船方提供餐食和各项服务时，旅行社退还一定比例的旅游费用；因此无法停靠目的地港口的，还应当退还该港口的港务费以及未发生的岸上观光费用；旅游行程自然天数因此减少的，旅行社扣除已实际支付且不可退还的费用后，按照减少行程的自然天数占计划行程的百分比退还旅游费用。②游客不同意邮轮行程变更或取消部分停靠港口等，有权选择解除本合同。旅行社在扣除已实际支付且不可退还的费用后，将余额退还给游客。

如果是在邮轮旅游行程中发生上述事件，按上述①的约定方式处理。如果旅行社未按合同约定标准提供相关交通、住宿、餐饮等服务，或者违反本合同约定擅自变更旅游行程给游客造成损失的，应当承担相应的赔偿责任。[1]

上述规定及内容具有较好的指导性和可操作性，能够在一定程度上降低邮轮旅客采取非理智的霸船行为进行维权的概率。

（4）有关争议解决方式

《上海市邮轮旅游合同》规定，如果双方因为邮轮旅游合同发生争议，可以协商解决，也可在邮轮旅游合同结束之日起 90 天内向旅游质监机构申请调解，或提请上海仲裁委员会仲裁；或者选择向法院提起诉讼。[2]《上海市邮轮旅游合同》提供了多元化的争议解决路径供游客及邮轮旅游经营者选择。

2.《天津市邮轮旅游合同》

《天津市邮轮旅游合同》（JF-2016-078）由天津市旅游局、天津市市场和质量监督管理委员会于 2016 年联合制定，自 2016 年 12 月 1 日起使用。该示范合同文本与《上海市邮轮旅游合同》一样，也在使用说明中明确规定，其供旅游者参加邮轮旅游与旅行社签订包价旅游合同时使用，旅游者应选择具有经营旅游业务相应资格的旅行社。旅行社应具有旅游行政管理部门颁发的《旅行社业务经营许可证》和市场监管部门颁发的《营业执照》。经营出境旅游的旅行社应具有相应业务资格；经营赴我国台湾地区旅游的旅行社除了应具有上述经营出境旅游业务资格外，还应具有组织大陆居民赴我国台湾地区旅游的经营资格。

此外，《天津市邮轮旅游合同》还规定允许旅行社与游客双方自行约定

〔1〕 参见《上海市邮轮旅游合同示范文本》（2015 版）第 8 条"责任减免及不可抗力情形的处理"。
〔2〕 参见《上海市邮轮旅游合同示范文本》（2015 版）第 11 条"争议解决方式"。

内容，可通过补充条款等对该合同示范文本有关条款进行补充和细化，但是自行约定的内容不得作出排除或者限制旅游者权利、减轻或者免除旅行社责任、加重旅游者责任等对旅游者不公平、不合理的规定，不得利用格式条款并借助技术手段强制交易；同时规定旅游投诉机构为天津市旅游质量监督所，并明确其具体地址及联系电话。

在有关游客权利义务规定方面，《天津市邮轮旅游合同》对游客的权利义务规定分别体现在第 5 条第 2 项、第 4 项和第 9 项，内容几乎与《上海市邮轮旅游合同》的相关规定一致。尤其是第 9 项也是专门针对邮轮旅客霸船行为的，即如果在邮轮旅游行程中发生纠纷，游客应当按照合同有关责任减免及不可抗力情形的规定以及约定的争议解决条款处理，不得损害旅行社和其他旅游者及邮轮方的合法权益，不得以拒绝上、下邮轮（机、车、船）等行为拖延行程或者脱团，不得影响港口、码头的正常秩序，否则应当就扩大的损失承担赔偿责任。

有关旅行社权利义务规定方面，《天津市邮轮旅游合同》分别在第 5 条第 4 项、第 5 项和第 8 项予以规定，这些相关条款的内容及表述，几乎与《上海市邮轮旅游合同》的相关规定一致。

《天津市邮轮旅游合同》第 8 条"责任减免及不可抗力情形的处理"规定，一旦发生不可抗力情形或者旅行社、履行辅助人已尽合理注意义务仍不能避免的事件，可能导致邮轮行程变更或取消部分停靠港口等情况时，旅行社不承担赔偿责任。但是与《上海市邮轮旅游合同》不同的是，《天津市邮轮旅游合同》对此种情形下旅游合同可否解除以及因此造成的迟延是否可以退还相关费用、退还比例如何等，均未作任何规定，仅明确旅行社对此不承担赔偿责任。

关于争议解决，《天津市邮轮旅游合同》第 11 条也规定了和解、调解、仲裁和诉讼等多种方式。其中需要采取仲裁方式解决争议的，规定可以提请天津仲裁委员会或者其他约定的仲裁机构解决。这一点与《上海市邮轮旅游合同》仅约定上海仲裁委员会的条款规定不同，更加尊重当事人的选择意愿，也更加符合仲裁方式解决争议的宗旨。

3. 《南京市邮轮旅游合同示范文本》（2018 版）

《南京市邮轮旅游合同示范文本》（2018 版）（以下简称《南京市邮轮旅游合同》）由南京市旅游委员会、南京市工商行政管理局于 2018 年 9 月 18 日联合发布，自 2018 年 10 月 15 日起启用。与上海、天津的旅游合同示范文本内容类似，其也在使用说明中明确了合同适用的范围、旅行社的资质要求，但是对于旅游投诉问题，仅仅规定了投诉电话，未明确投诉机构名称及其详细地址。

此外，与上海、天津的邮轮旅游合同示范文本不同，《南京市邮轮旅游合同》对于游客和旅行社的权利义务分别规定在两个不同的条文中。其中第4条明确规定，游客有权知悉其购买的邮轮及岸上旅游产品和服务的真实情况，有权要求旅行社按照约定提供产品和服务。[1]针对游客义务，明确规定行程中发生纠纷，游客不得损害旅行社和其他旅游者及邮轮方的合法权益，不得以拒绝上、下邮轮（机、车、船）等行为拖延行程或者脱团，不得影响港口、码头的正常秩序。因游客上述行为给旅行社和其他旅游者及邮轮方造成损失的应承担赔偿责任。[2]因此，在针对邮轮旅客霸船问题的应对方面，《南京市邮轮旅游合同》几乎与上海、天津的邮轮旅游合同示范文本的规定一致。这也从一个侧面反映出，各地政府对解决邮轮旅客霸船问题的重视程度和邮轮霸船问题应对措施的同构性。有关旅行社的权利义务规定，与上海、天津的邮轮合同示范文本内容基本一致。

针对免责事项，《南京市邮轮旅游合同》第7条"不可抗力"专门作出规定，即由于地震、台风、水灾、火灾、战争以及其他不能预见并且对其发生和后果不能防止或避免的不可抗力，直接影响本协议的履行或者不能按约定的条件履行时，遇有上述不可抗力事故的一方，应立即将事故情况书面通知另一方，并约定方式予以处理。同时对何种情况下可以解除合同、相关费用是否可以退还以及退还的比例等作出较为详细的规定，该规定与《上海市邮轮旅游合同示范文本》第8条的规定类似，此处不再赘述。

关于争议解决，《南京市邮轮旅游合同》在第10条"争议解决"中明确了两个方面的问题：一个是法律适用，一个是争议解决路径。关于法律适用问题，《南京市邮轮旅游合同》明确本协议的订立、效力、变更、解释、履行、终止和由本协议产生或与本协议有关之争议的解决，均受中国法律约束。关于争议解决路径，《南京市邮轮旅游合同》建议签约各方应首先通过友好协商或由行业主管部门调解解决；如果协商或调解不成，协议任何一方均有权选择诉讼或仲裁方式解决。同时该合同示范文本没有在条款中限定仲裁机构的具体名称，由当事双方自由协商约定。这也显示了《南京市邮轮旅游合同》为采取仲裁方式解决争议的双方提供了更加充分的自由协商的权限。

---

[1] 参见《南京市邮轮旅游合同示范文本》第4条"甲方的权利和义务"有关权利规定的第4项。
[2] 参见《南京市邮轮旅游合同示范文本》第4条"甲方的权利和义务"有关义务规定的第6项。

综上，目前国内的邮轮旅游合同示范文本虽然在具体条文表述方面略有差异，但是在应对邮轮旅客霸船问题方面出奇的一致。因此，通过对这些邮轮旅游合同示范文本的统一使用，也会在一定程度上减少因为航程变更、停靠港口变更等产生的邮轮旅游纠纷，并为减少或杜绝邮轮旅客擅自采取霸船行为起到积极的规范作用。

四、预防和解决邮轮旅客霸船问题的建议

前文对邮轮旅客霸船行为的性质、产生原因以及处理中面临的困境等进行了分析，也阐述了相关行业协会及地方政府部门有效应对旅客霸船问题的举措。综合上述内容，为更好地预防和解决邮轮旅客霸船问题，应当从政府主管部门、邮轮公司和旅行社以及邮轮旅客三个方面入手。

（一）政府主管部门主导

1. 制定或完善相关法律

目前，我国《旅游法》《海商法》等均没有关于邮轮旅客霸船问题的应对条款，考虑到邮轮旅游的特殊性、兼容性、混合性等特征，建议通过修改现行立法，或者通过相关司法解释，在法律层面明确邮轮旅客霸船行为的违法性，并对旅客霸船行为作出相应处罚规定。明确的法律规定可以为游客、邮轮公司、旅行社及邮轮码头经营者等各方处理纠纷提供相关依据；一旦发生邮轮旅客霸船事件，各有关执法部门也能够做到有法可依。

上海市通过地方性立法对邮轮旅游经营活动予以规范就是很好的尝试，但是该地方性立法既受区域限制，也受时间限制。因为根据《上海市邮轮旅游经营规范》第 22 条的规定，该规范自 2016 年 4 月 10 日起施行，有效期为5 年。而我国目前从北到南已经有 10 余个邮轮母港，期望每个邮轮母港所在城市都通过地方立法来解决邮轮旅客霸船的问题，既不现实，也不合理。因此，仍然希望能够通过一部统一的法律对此予以明确。

此外，相关主管部门在完善具体法律规定时，应注意把握邮轮公司、旅行社等经营者与游客之间的利益平衡，对邮轮公司或者旅行社的免责抗辩事由作出一定限制。因为游客自身能力有限，对于导致邮轮更改航线或者变更停靠港等的真正原因未必能够准确判断，实践中可能出现邮轮公司为了自身利益，擅自更改航线却声称遭遇不可抗力，或者虽遭遇意外事故但并不属于不可抗力等免责事由的情况，如果不区分情形使邮轮公司一律免责，对游客

而言无疑是不公平、不合理的。例如,在前文讨论的邮轮霸船事件中,因天气原因取消原定港口岸上游是事实,虽说邮轮公司决定变更航线是基于不可抗力因素,但是如果邮轮公司仅仅从己方经营安排角度,选择不耽误下一航次正常运行的航程线路,以规避自身利益损失和降低成本,让旅客承担变更航线后的一切后果也是不公平的。因此应当注意平衡和兼顾邮轮旅游各方的利益,相关主管部门在规制邮轮旅客擅自采取霸船行为的同时,对于邮轮公司、旅行社等经营者滥用免责抗辩权等行为也应当予以限制。

2. 发挥邮轮旅游经营监督职责

邮轮旅游作为中国新兴的旅游方式,发展势头迅猛,已初步形成相对完整的产业链条。各级政府及有关部门已经出台大量政策,促进包括造船、邮轮港口等基础设施建设,邮轮补给、维修等相关硬件设施的规划和投入。但是政府部门还应积极发挥监督检查职能,严禁邮轮公司或旅行社使用不正当经营手段,尽快合理地解决邮轮旅客投诉事项,建立邮轮旅游社会诚信机制,定期向公众发布邮轮旅游经营者诚信信息,避免邮轮旅客上当受骗,进一步减少和化解各方矛盾,促进邮轮业健康有序发展。

3. 积极进行宣传教育

政府主管部门应加大宣传力度,可以通过行业协会或者大众媒体,向游客宣传邮轮文化和邮轮旅游基本常识,让游客了解和明白霸船行为的违法性及其法律后果,倡导游客做文明守法的旅游者。同时应告知邮轮旅客可以通过多元化纠纷解决路径处理争议,并对各种纠纷解决路径,尤其是涉及邮轮旅游纠纷投诉受理的机构、联系方式等予以明晰;在通过诉讼或仲裁方式解决邮轮旅游争议的机制构建中,可以借鉴目前我国在陆地旅游纠纷解决中的一些创新模式,如在景区成立巡回法庭、在码头或港口所在地的仲裁委员会下设立专门受理邮轮旅游纠纷仲裁的部门等,以引导邮轮旅客通过合法途径维护权益。同时要积极引导邮轮公司及旅行社同游客之间的和平协商,既坚持依法行政,不逾越公权力的界限,也要平衡好游客及邮轮企业的合法权益,督促邮轮公司和旅行社加强行业自律,提供优质的邮轮旅游服务。

4. 引导保险公司开发有关邮轮旅游险种

因邮轮旅游受自然条件等外界影响较大,邮轮旅游产品发售期都比较长,邮轮旅客在购买邮轮旅游产品时,很难对未来的具体邮轮航次可能遇到的风险进行合理预测。邮轮旅游行程可能面临的风险具有明显的不确定性。对此,国际上通用的方法就是通过商业保险分散风险。因此,我国相关政府部门应当一方面积极促进并引导国内商业保险公司针对邮轮旅游的特殊性和风险性等具体情况，制定合理的综合性邮轮旅游保险条款；另一方面做好相关的宣传和引导工作，增强国内游客购买保险的意识，通过购买商业保险，使游客规避因不可抗力等原因导致的利益受损等风险。通过商业保险分散风险，在确保权益受到侵害后，游客可以尽快从保险人处得到相应赔偿，这也可以有效减少邮轮旅客霸船行为的发生。

（二）邮轮公司以及旅行社方面采取的有效措施

1. 保障旅客知情权

在发生任何可能导致航线改变、停靠港变更等事由时，邮轮公司和旅行社应当尊重并保障邮轮旅客的知情权，第一时间合理地以各种方式发布相关信息，向邮轮旅客提供解决问题的具体方案和应对措施。一旦确定邮轮旅游航程确需作出变动和更改后，邮轮公司、旅行社等经营者应当保持与邮轮旅客的良好沟通和互动，态度诚恳地、实事求是地向邮轮旅客说明航线变更的原因，提出确实可行的合理解决方案，并根据航程变更等具体情况，参照国际惯例对邮轮旅客作出合理的赔偿或补偿，获得旅客的理解、配合和支持。

2. 建立纠纷调处快速应对机制

在邮轮旅游合同或邮轮旅客运输合同履行中，一旦发生纠纷，邮轮公司或者旅行社应当根据应急预案的内容，尽快安排工作人员及时主动地与邮轮旅客进行沟通，了解旅客的具体诉求，对邮轮旅客提出的问题和异议及时予以反馈，争取和平协商解决争议。一旦发现邮轮旅客情绪过激，有采取霸船行为的可能或趋势的，应在第一时间联系当地相关执法部门，积极引导旅客离船至岸上专门设立的协调场所进行沟通，建议旅客通过协商、调解、仲裁、诉讼等其他合法的多元化途径维权。

3. 将应对霸船问题的相关条款纳入示范合同文本

建议旅行社在与邮轮旅客订立邮轮旅游包价合同时或者邮轮公司在其乘客票据合同或邮轮旅客运输合同中，纳入有关邮轮旅客理智合法维权的路径、禁止采用霸船等行为的内容。目前，上海、天津、南京等地出台邮轮旅游合同示范条款是值得推荐的一种做法，专门对旅客霸船问题予以明确规定，并作出具体和明确的提示。从而能够明确和规范邮轮旅游各方主体在合同项下的具体权利、义务，避免在发生纠纷时双方各执一词，争论不休，造成不必要的严重后果。

4. 完善邮轮经营者内部管理规范

邮轮公司及旅行社等涉及邮轮旅游业务的经营者，应当加强企业内部制度管理建设，提高邮轮管理和服务水平。杜绝以不合理的低价抢占客源，导致恶性循环。增进邮轮公司与旅行社之间的良好合作关系，明确双方的责任所在，避免出现邮轮旅客遇到纠纷时无处索赔，投诉无门或者选择向错误的责任主体提出索赔主张的现象。同时在出现导致邮轮航程变更等不可抗力事项时，建议邮轮旅游经营者能够以规范的流程及时发布相关信息，加强与旅客沟通、联络，提高纠纷解决流程的透明度，公平对待每一位邮轮旅客，杜绝"不闹不赔，小闹小赔，大闹大赔"的现象。各公司加强自律，促进整个邮轮旅游行业的良性健康发展。

（三）邮轮旅客自身方面的应对措施

1. 树立理性维权思维

我国邮轮旅客应当树立理性维权、合法维权的理念，了解并知晓霸船行为的违法性和法律后果。一旦遇到邮轮公司或者旅行社等旅游经营者存在任何不合理经营行为或者违约行为的，应当采用多元化的合法途径维护自己的权益，及时与邮轮公司或旅行社代表进行沟通，合理地提出自己的索赔主张，避免采用极端行为，使自己从原本的受害者变成违法者，不仅不能维护自己的利益，还有可能受到一定的行政处罚或者承担一定的刑事责任。

2. 了解邮轮旅游文化，做到文明出游

邮轮旅客在选择邮轮作为自己休闲、度假和出游方式之前，应当通过邮轮公司网站、旅行社及其他途径详细地了解邮轮旅游文化、应当遵循的礼仪规范以及作为新兴旅游方式的邮轮旅游的魅力和特点所在。在与旅行社或邮轮公司订立合同前，对合同中存在不明确、不理解的条款，应当详细询问，做到心中有数。将邮轮本身视作旅游目的地，在享受游轮上配置的豪华设备，使用邮轮提供的娱乐设施的同时，对丰富多彩的娱乐节目等有所了解，尤其是对旅游费用包含哪些服务项目，是否包含岸上旅游观光项目，哪些是需要自费负担的服务及项目等能够明晰。在履行自身健康状况申报义务的情况下，根据自身情况选择船上适合的休闲、娱乐设施。对邮轮旅游可能面临的风险做好心理准备，比如，大风浪可能引起身体不适、晕船，恶劣天气可能导致邮轮航程更改，邮轮上医疗设施和医疗服务条件受限并且价格相对昂贵等。这样一旦在邮轮航行中遇到了不可抗力及其他特殊情形造成的不便，也能安然面对。

第六节　邮轮应对公共卫生紧急事件的思考与探讨

2019 年年底出现，并于 2020 年元月在中国武汉暴发了新型冠状病毒感染的肺炎（Corona Virus Disease 2019，COVID-19，以下简称"新冠肺炎"），中国国家卫生健康委员会于 2020 年 1 月 20 日发布 1 号公告将其纳入《传染病防治法》规定的乙类传染病，并采取甲类传染病的预防、控制措施。

在习近平总书记亲自领导、党中央国务院英明果断决策下，中国人民众志成城，抵抗新冠肺炎的"战役"已经取得成效，为防止疾病传播发挥了积极作用，得到世界卫生组织及大多数国家的称赞和高度评价。但是新冠肺炎在全球范围内呈现蔓延态势。截至 2020 年 10 月 6 日，全球已有 150 多个国家和地区发现确诊患者，确诊人数达到 35347404 人，死亡人数达到 1039406人。其中，中国确诊人数为 91170 人，死亡 4746 人，中国以外其他国家和地区确诊人数自 2020 年 3 月 16 日首次超越中国确诊人数后不断攀升。[1] 在全球应对新冠肺炎的抗疫之战中，邮轮旅游暴发聚集性旅客感染新冠肺炎，以及多艘邮轮先后被一些国家拒绝靠港等事件尤其引起世人关注。截至 2020 年 3 月 14 日，全球已有超过 30 家大型海上邮轮公司及内河游轮公司将于未来一段时间停航或局部停航。[2] 本次全球大流行传染病的出现及蔓延，将对邮轮旅游业产生巨大影响。

一、新冠肺炎疫情下邮轮面临的困境及现状

2020 年 1 月 19 日，星梦邮轮公司的"世界梦号"邮轮从广州南沙出发前往越南，1 月 24 日返回南沙，船上载有 4482 名乘客。2020 年 2 月 4 日，邮轮公司发布声明，同航次共有 3 名乘客被确诊感染新冠肺炎。星梦邮轮公司表示将密切关注此次疫情的发展，积极响应政府遏制疫情蔓延的各项措施，包括于 2020 年 1 月 26 日起，暂停旗下所有邮轮在中国内地（大陆）的运营以及暂停所有中国籍员工的流动与更替。

---

〔1〕WHO Coronavirus Disease（COVID-19）Dashboard，WHO（6 October 2020），https：//covid19. who. int/table.

〔2〕《全球超 30 家国际邮轮及河轮公司停航》，载微信公众号"龙 de 船人"2020 年 3 月 14 日，https：//mp. weixin. qq. com/s/XNDW8ug6ijjK0QTjsD1TSg。

2020 年 2 月 1 日，我国香港确认 1 例新冠肺炎患者曾在确诊前搭乘邮轮出行。这名确诊病患在日本横滨港搭乘公主邮轮公司的豪华邮轮"钻石公主号"。该邮轮于 1 月 20 日从日本横滨港启航，1 月 22 日停靠日本鹿儿岛，1 月 25 日停靠香港启德邮轮码头，2 月 1 日经停日本那霸港，2 月 3 日返回日本横滨。船上载有 2666 名乘客和 1045 名船员，乘客中半数为日本人，其他人员来自全球 50 多个国家和地区。2 月 5 日日本厚生劳动省表示，停靠于日本横滨港的邮轮上已有 10 人被检测出新型冠状病毒呈阳性，确诊患者已被送往神奈川县的医疗机构。[1]日本厚生劳动省针对此情况，决定开始采取防疫措施并对船舶实施整体封船隔离。2020 年 2 月 19 日，14天隔离期届满之日，"钻石公主号"邮轮上的总确诊人数增至 696 人，其他旅客将被陆续安排返程。[2]

隶属于荷美邮轮公司的"威士特丹号"邮轮于 2020 年 1 月 16 日从新加坡出发，船上载有 1455 名乘客和 802 名船员。该船原计划在海上航行 30 天停靠多个港口后，于 2 月 15 日抵达日本横滨港完成全部旅行行程。然而由于新冠肺炎疫情的蔓延，2 月 1 日"威士特丹号"邮轮在香港停靠后，原定船舶后续访问菲律宾马尼拉、中国台湾基隆港的申请先后被拒绝并禁止邮轮停靠港口，邮轮决定改变航线，取消此后行程计划，拟按照计划行驶至最终目的地日本横滨港以便让游客尽早返回家园，但收到日本政府拒绝停靠的指令。韩国、美属关岛和泰国也决定不允许该邮轮停靠。经过 13 天的海上漂流，"威士特丹号"邮轮向柬埔寨政府发出靠港请求，并最终于 2 月 12 日得到同意，2 月 13 日停靠西哈努克港并安排游客陆续离船。[3]

此外，歌诗达邮轮公司"歌诗达翡翠号"、皇家加勒比游轮有限公司"海洋圣歌号"、公主邮轮公司"至尊公主号""黄金公主号"等多艘邮轮也先后受疫情影响面临无法及时靠港、无法及时安排邮轮旅客离船上岸、游客无法及时获得诊治等问题。[4]

截至 2020 年 4 月 3 日，据澳大利亚媒体披露，停靠在澳大利亚悉尼港的

---

〔1〕《日本搭 3700 人豪华邮轮聚集感染，已有 10 人确诊》，载微信公众号"海事界"2020 年 2 月5 日，https：//mp. weixin. qq. com/s/J_ q7ZwqbpaaeUOKCfaSYPg。

〔2〕《再增 88 例！"钻石公主号"确诊 542 例约 500 人今日下船》，载微信公众号"航运在线"2020 年 2 月 19 日，https：//mp. weixin. qq. com/s/v1rHXiQ6IgtUFJLyYIVYhg。

〔3〕《漂泊 13 天后，柬埔寨终于接纳了这艘被拒绝过五次的邮轮》，载微信公众号"海事界"2020年 2 月 14 日，https：//mp. weixin. qq. com/s/D6egVD65ozB7_ x6HmFZajQ。

〔4〕陈海萍：《邮轮"防疫"引发深思》，载微信公众号"航运交易公报"2020 年 2 月 13 日，https：//mp. weixin. qq. com/s/URaYumzigFO9SZEMqIfAYg。

"红宝石公主号"邮轮上已有133人确诊感染新冠病毒，1人死亡。[1]除此之外，在其他邮轮上，如"银影号""银海探险号""地中海传奇号""歌诗达炫目号""布雷马号"等邮轮也先后出现新冠肺炎确诊病例。据不完全数据统计，因乘客出现发热、普通流感或者类似新冠肺炎等症状而被各地港口拒之门外的邮轮已超过20艘。[2]邮轮从曾经的香饽饽，一时间变成烫手的山芋。

从日本政府应对"钻石公主号"邮轮新冠病毒确诊患者以及防疫的相关措施效果看，可以发现对于邮轮这种空间比较封闭，又搭载大量人员的特殊客船而言，在海上整体进行隔离防控并非最佳选择，也给停靠港所在国和地区应对和防控疫情带来巨大压力。因此对于邮轮可能带来的新冠肺炎疫情蔓延，除针对中国市场之外，全球多个国家和地区也纷纷采取关闭邮轮港口等措施，不再允许国际邮轮停靠本国港口。截至2020年3月18日，全球共有33个国家或地区关闭邮轮港口，25个国家或地区限制邮轮靠港。[3]

二、新冠肺炎疫情对中国邮轮经济影响深远

邮轮因载客量大、空间相对封闭、航行时间长、疫情防控难度大等特点，成为新冠肺炎疫情影响之下的重灾区。随着疫情在全球范围内蔓延，邮轮停航范围已经从我国及部分东南亚国家扩大到欧美等地区和国家，疫情对消费者心理的影响不断扩大，短期内邮轮旅客选择邮轮进行消费的意愿进入低谷，部分邮轮公司已处于停摆状态。随着疫情对我国乃至全球经济的深度影响，加之居民收入预期下降、暑期及休假时间大幅缩短等不利因素，2020年我国邮轮市场发展面临举步维艰的局面。[4]

中国邮轮旅游先后经过萌芽发展期、快速成长期和稳定发展期。据《邮轮绿皮书：中国邮轮产业发展报告（2019）》提供的数据，中国邮轮在2006年至2011年萌芽阶段的年均增长率为36.7%；2012年至2016年快速成长期的年均增长72.84%；2017年至2018年经历了产业发展的调整期，转向追求

---

[1]　《133人确诊！又一艘"恐怖邮轮"拉响警报！"钻石公主"号悲剧恐重演》，载微信公众号"国际船舶网"2020年3月25日，https：//mp. weixin. qq. com/s/-aED_ 9ipMq3aZ6ktIhbDfA。

[2]　《疫情致全球35万人仍漂在海上，预估近半是美国人》，载微信公众号"时代数据"2020年3月22日，https：//m. thepaper. cn/newsDetail_ forward_ 6619485？from＝qrcode。

[3]　《疫情致全球35万人仍漂在海上，预估近半是美国人》，载微信公众号"时代数据"2020年3月22日，https：//m. thepaper. cn/newsDetail_ forward_ 6619485？from＝qrcode。

[4]　徐杏、沈益华、田佳：《今年邮轮市场发展举步维艰》，载《中国交通报》2020年4月3日，第3版。

高质量、高品质发展阶段。目前中国正在使用的国际邮轮港口有 15 个，2018年接待邮轮 976 艘，接待出入境邮轮旅客达到 488.7 万人次，中国已经成为全球第二大邮轮客源市场。越来越多的国际邮轮公司将最新、最好的邮轮布局到中国市场。

鉴于邮轮产业链长、涉及领域众多以及对国民经济、产业结构和消费结构影响大，中国各级政府及相关部委对邮轮经济的发展非常重视，先后出台有关促进邮轮产业健康发展的多个政策或规范性文件。但是受邮轮建造技术、邮轮经营管理水平等多方面因素影响，目前尚没有悬挂中国国旗的邮轮及船队，占据中国邮轮旅游市场的几乎全部为悬挂外国国家或地区旗帜的境外邮轮。

随着远洋航线上的邮轮接连出现确诊病例，各大邮轮公司针对疫情的措施也在不断更新，包括婉拒来自中国的乘客及船员、禁止发热乘客登船、提交健康声明等。在加强防疫措施的同时，各大世界知名邮轮公司在中国邮轮母港的多艘豪华邮轮不得不长期停航待命，这给邮轮公司带来巨额损失，也沉重打击了处于发展期的中国邮轮市场。[1]

为防止疫情暴发使邮轮成为新冠肺炎的"移动传染源"，代表全球 60 家邮轮公司的国际邮轮协会发布最严格禁令，拒绝所有从中国大陆（内地）出发的乘客和船员登船。这也意味着邮轮公司短期内已经基本撤离中国市场。

自新冠肺炎疫情暴发以来，从 2020 年 1 月 25 日至 4 月初，各大邮轮公司纷纷取消了 1 月底至 3 月份始发和访问我国的邮轮航次。1 月份合计取消9 艘母港邮轮的 15 个航次，合计旅客吞吐量约 8 万人次。2 月份共取消 10 艘母港邮轮和 3 艘访问港邮轮 67 个航次，合计旅客吞吐量约 35 万人次。3 月份航次全部取消，预计影响旅客吞吐量 25 万人次。2020 年第一季度邮轮市场因停航已合计影响 68 万人次的旅游计划，旅客吞吐量较 2019 年同期下降74%。截至 3 月 20 日，丽星邮轮公司、歌诗达邮轮公司等基本取消了 4 月份我国邮轮航次，亚洲其他航线也被大量取消。例如：诺唯真游轮控股有限公司取消 2020 年第三季度之前亚洲的所有邮轮航程安排。公主邮轮公司取消"蓝宝石公主号"邮轮 6 月至 9 月的全部 27 个从上海邮轮母港始发的航次，将减少上海港 15 万人次的旅客吞吐量。皇家加勒比游轮有限公司也将"海洋

---

〔1〕《涉及近万人！多艘邮轮发现肺炎确诊病例！邮轮公司逃离中国市场》，载微信公众号"国际船舶网"2020 年 2 月 3 日，https://mp.weixin.qq.com/s/XYtZW3C5Ud7LgqvR5EXA7A。

光谱号"邮轮调至澳大利亚,回到中国邮轮母港的时间待定。[1]

随着疫情从韩国、日本向意大利、美国乃至全球发展,疫情持续时间和范围等不确定性因素显著增加,对全球邮轮市场产生巨大不确定性影响。此外,邮轮旅游属于非刚性需求,相比较航空运输、酒店住宿等行业,我国邮轮市场恢复仍需要一段时间,对我国邮轮港口及码头的冲击作用十分明显。一直以来,我国大部分邮轮码头功能单一,码头利用率低,整体均处于亏损状态,仅上海吴淞口国际邮轮港码头略有盈利。如果因疫情导致四五个月甚至更长时间的停航,将会造成邮轮码头处于零收入状态,资金压力突出,难以支撑邮轮港口员工工资、十几亿元码头投资贷款利息及折旧费等支出。据不完全统计,邮轮码头接待一艘邮轮的包干费、停泊费收入平均为80万元人民币,全国港口按每个月65个航次计算,若停航至6月份,合计损失约2.6亿元,还不包括其他相关业务收入。[2]

新冠肺炎疫情对一些主要邮轮公司的影响也非常突出。虽然一些邮轮公司可通过调整运力降低损失,但前期停航影响依然巨大。据保守估计,2月份全国各邮轮公司10艘邮轮停航一个月的船票和小费收入损失约6亿元人民币,还不包括前期已采购邮轮物资的实际支出,以及已经预付的相关费用、游客退票损失以及可能产生的股价下跌等损失。受疫情影响,嘉年华邮轮集团公司的股价暴跌50%以上,日本神户夜光邮轮公司已经宣布破产。[3]

因此,在面对人类共同的敌人——新冠肺炎疫情之下,需要邮轮公司、邮轮码头、旅行社等涉及邮轮旅游业务的经营者"抱团取暖",形成利益共同体,积极采取有效措施评估疫情带来的影响,并采取有效应对方案。通过国家有关部门的政策扶持,加大宣传力度,尽快恢复邮轮市场的发展信心和动力,完善行业治理体系和治理能力,促进我国邮轮行业健康有序发展。

三、应对涉疫情邮轮的法律依据探讨

针对受新冠肺炎以及类似的公共卫生紧急事件影响的邮轮而言(以下简

---

〔1〕 徐杏、沈益华、田佳:《今年邮轮市场发展举步维艰》,载《中国交通报》2020年4月3日,第3版。

〔2〕 徐杏、沈益华、田佳:《今年邮轮市场发展举步维艰》,载《中国交通报》2020年4月3日,第3版。

〔3〕 徐杏、沈益华、田佳:《今年邮轮市场发展举步维艰》,载《中国交通报》2020年4月3日,第3版。

称"涉疫邮轮"),为避免邮轮成为海上移动"病毒库",需要我们以史为鉴,未雨绸缪。只有在危机中寻求机遇,在挑战中勇敢面对,采取有效应对措施,才能避免或防止未来类似紧急公共卫生事件发生,或者可将相关影响降到最小,以确保我国邮轮业健康发展。[1]

(一)沿海国、港口国没有接受邮轮通行、停靠的国际法义务

根据《联合国海洋法公约》(以下简称《海洋法公约》),外籍邮轮在其他国家领海通行或者内水港口停靠时,应当遵守《海洋法公约》以及沿海国、港口国的相关法律规定。

根据《海洋法公约》第 19 条、第 21 条和第 25 条有关领海水域无害通过的条文规定,如果沿海国认为存在违反该国海关、财政、移民或卫生方面的法律法规从事任何商品、货币或人员上下行为的,沿海国有权认为将构成损害沿海国和平、良好秩序和安全的"非无害通过"行为,可以采取必要的措施阻止此类船舶通过其领海。

世界卫生组织颁布的《国际卫生条例》(International Health Regulation,IHR)[2]第 43 条也明确规定,如果缔约国为应对特定公共卫生风险或国际关注的突发公共卫生事件,有权根据本国法律和国际法采取相关额外卫生措施,只要这些卫生措施对国际交通造成的限制及人员的侵扰不超过能适度保护健康的合理范畴即可。卫生措施包括限制过境船舶通行、禁止停靠、禁止上下人员或禁止添加必要的食品、淡水等供应品,还包括对国际旅行者采取检疫、隔离或采取其他医学或公共卫生措施。各国在选择公共卫生措施时应当顾及管理各种公共卫生风险的特殊能力,例如,获得适宜的医疗服务(附设诊断设施),运送病人的服务,有受过培训的人员检查船舶、航空器和其他交通工具,保持健康的环境以及保证采取紧急措施的计划和设施,等等。中国是《国际卫生条例》的成员国,而且中国政府在批准该公约时明确该公约适用于中国内地(大陆)、香港特别行政区、澳门特别行政区及台湾地区。

即使不存在《国际卫生条例》第 43 条提及的情形,对于正常可以靠港

---

[1] 《邮轮疫情相关法律问题线上研讨会简报》,载微信公众号"中国海仲"2020 年 3 月 5 日,https://mp. weixin. qq. com/s/B_ 5zMgu_ ls1iwcpVlNSpnw。

[2] 为了应对全球性传染病,在 1912 年法国巴黎召开的第 12 次国际卫生会议中形成《国际卫生公约》文本。以此为基础,在 1948 年第 1 届世界卫生大会上起草《国际公共卫生条例》,1969 年修订时启用现在的名称《国际卫生条例》。先后经过多次修订,最新一次修订为 2005 年的文本。

的船舶而言，如果港口国政府认为本国港口口岸不具有采取相应卫生措施的能力，也有权要求申请停靠的船舶转靠其他港口，即在有限条件下拒绝船舶靠港的权利。《国际海港制度公约》[1] 第 2 条、第 16 条和第 17 条也规定，港口国可以在发生影响国家安全或重大利益的紧急情况时，采取应对措施，中止他国船舶自由进入本国港口，也可以基于公共卫生或安全考虑禁止相关旅客过境本国。

鉴于世界卫生组织已于 2020 年 1 月 31 日宣布新冠肺炎疫情构成《国际卫生条例》规定的"国际关注的突发公共卫生事件"，沿海国、港口国有权根据上述国际法规定，考虑本国的实际情况，作出拒绝邮轮通行、停靠的决定。如果涉疫邮轮需要在我国领海通行或港口停靠的，根据以上国际公约规定，我国没有必须接受涉疫邮轮通行或停靠的国际法义务。

（二）船旗国对公海上涉疫邮轮有国际法义务

根据《海洋法公约》，不包括在任何国家的专属经济区、领海、内水或群岛国群岛水域内的海域为公海。该公约明确规定对于公海上的船舶，仅由船旗国对悬挂该国旗帜的船舶有效行使行政、技术及社会事项方面的管辖和控制。目前从事全球旅游经营活动的邮轮大多悬挂方便旗，因此应当由船旗国管控公海上的涉疫邮轮，这也是《海洋法公约》赋予船旗国的国际法义务。

（三）对涉疫邮轮予以管控或限制的中国法依据

我国《国境卫生检疫法》明确规定，一切出入境人员、交通工具、运输设备等，都应当接受检疫，经国境卫生检疫机关许可，方准入境或者出境。在国外或者国内有检疫传染病大流行时，国务院可以下令封锁有关的国境或者采取其他紧急措施。国境卫生检疫机关有权采取隔离确诊患者的措施。因此根据中国现有法律法规等规定，中国政府有权决定是否允许涉疫邮轮在中国领海通行或停靠或采取检疫、隔离等其他紧急措施。

（四）港口国采取疫情防控卫生措施存在国际法依据

根据《国际卫生条例》第 27 条规定，如果在交通工具上发现有临床体

---

[1]《国际海港制度公约》（Convention on the International Regime of Maritimes ports）又称为《国际海港制度公约与规约》，是国际联盟于 1923 年 12 月 9 日在日内瓦通过的公约，1926 年 7 月 26 日起生效。我国尚未批准加入该公约。

征或特征以及基于公共卫生风险考虑，主管当局可以对交通工具采取适当的消毒、除污等措施，或可以在其监督下采取上述措施。主管当局还可以采取执行补充卫生措施，例如隔离交通工具以防止疾病传播。此外根据第 31 条、第 32 条和第 33 条的规定，缔约国在认为存在危及公共安全的风险时，可以对旅行者采取包括隔离、检疫、接受卫生公共观察在内的预防或控制疾病传播等卫生措施。因此，如果港口国决定接受可能受传染病污染的交通工具，则根据相关国际法规定，有权对交通工具及其上的旅游者采取上述卫生措施。但是《世界卫生条例》并未对缔约国采取卫生措施的方式进行具体规定，只是明确应当根据世界卫生组织任何现有特定的指导意见或建议，在尊重科学原则的基础上采取防控卫生措施。因此，港口国可以根据本国法律规定对涉疫邮轮采取具体的卫生防控及检疫措施。

针对船舶而言，世界卫生组织基于《国际卫生条例》制定了《船舶公共卫生事件管理手册》（以下简称"船舶手册"），为船舶公共卫生管理提供最佳实践指导。根据船舶手册，如果旅客被识别为疑似接触者后，需要隔离一段时间，以确保其无法传播疾病。隔离地点可以是船舱或岸上酒店、医疗卫生设施、其他机构或家里。只有符合接触者标准并出现症状的旅客才需要立即送至指定医疗机构进行进一步评估、实验室诊断和治疗，而无症状的密切接触者只需要隔离或进行公共卫生观察即可。

因此，港口国政府可以根据本国实际情况，从防控疾病传播的角度，选择最合适的地点，如船上或者岸上对旅客进行隔离。至于港口国采取何种具体卫生防控措施，应当根据该国内法予以确定。目前，国际上尚不存在通用的标准和规范，因此不能以一国国内法的标准作为衡量其他国家应对措施是否得当的依据，应当具体问题具体分析。

此外，邮轮母港所在国家虽然没有必须接受涉疫邮轮停靠的国际法义务，但是可以考虑借鉴准据法确定的一个基本原则——最密切联系原则来思考这个问题。即需要综合考虑邮轮航线、邮轮母港、邮轮母港出发的旅客大多为本国公民以及兼顾本国经济、商业运营等多个因素，邮轮母港应该有能力或者有道义上的责任接受涉疫邮轮靠港。当然这并不意味着船旗国对本国国籍的船舶就不存在相应义务。

因此，一旦出现邮轮上可能发生类似新冠肺炎疫情的公共卫生风险或者已经发现具有传染性疾病的确诊患者，船旗国、邮轮母港所在港口国、邮轮航线沿海国等应当采取有效的机制进行沟通，并通过国际合作，在保障船上旅客及其他在船工作人员身心健康的前提下，兼顾邮轮公司、相关旅游经营者和游客的利益，妥善处理好涉疫邮轮的停靠、检查及后续安置工作。例如针对在日本停靠的"钻石公主号"邮轮，日本政府采取为确诊病患提供诊治、支付相关费用等措施，与确诊患者以外的其他旅客进行沟通协商，并分别由游客各自国籍国采用包机方式接回本国国民等，这就是依靠国际合作机制处理此类突发事件的实例。

四、公共卫生紧急事件应对与邮轮运输健康发展

邮轮的密闭性、远航性、医疗服务受限性等特征，决定了邮轮上公共卫生安全事件的高发性。近年来，中国口岸已经应急处置了针对诺如病毒、甲型 H1N1 流感等疫情暴发事件。如 2008 年"钻石公主号"邮轮上发生邮轮旅客被诺如病毒感染的事件，2010 年"富士丸"邮轮上发生甲型流感群体性感染事件。[1]

根据我国 2007 年《突发事件法》，突发事件包括自然灾害、事故灾难、公共卫生安全事件和社会安全事件四类。而公共卫生安全事件系指造成或可能造成社会公众健康严重损害的传染病疫情、群体性不明原因疾病、食品安全、职业危害、动物疫情以及其他严重影响公共健康的突发公共事件。[2]因此如果在我国境内的邮轮上发生公共卫生安全事件的，可以依据《突发事件法》的相关规定予以处置。

2020 年 1 月 31 日，世界卫生组织将新型冠状病毒列为"国际关注的公共卫生紧急事件"。国际关注的公共卫生紧急事件是指通过疾病的国际传播构成对其他国家公共卫生风险，并有可能需要采取协调一致的国际应对措施的不同寻常的事件。自 2007 年以来，世界卫生组织仅宣布了 6 次公共卫生应急事件，前 5 次分别为 2009 年甲型 H1N1 流感、2014 年脊髓灰质炎疫情、2014 年西非埃博拉疫情、2015—2016 年寨卡疫情、2018 年开始出现并于 2019 年 7 月宣布的刚果（金）埃博拉疫情。由于新冠肺炎疫情在全球范围内的蔓延，以及目前人们对该病毒的研究尚存在很多未知，2020 年 3 月 11 日，世界卫生组织又宣布将新冠肺炎疫情定性为"全球大流行病"（Pandemic）。正如世界卫生组织总干事谭德赛博士所言，我们处于具有全球卫生危机的决

---

〔1〕　王昔琴、林元、李志平：《国际邮轮传染病疫情防控工作探讨》，载《中国国境卫生检疫杂志》2010 年第 3 期，第 159 页；栾晨焕：《邮轮运输突发事件应急体系及其法制衔接》，载《中国海商法研究》2016 年第 1 期，第 48 页。

〔2〕　江川编著：《突发事件应急管理案例与启示》，人民出版社 2010 年版，第 74 页。

定性时代，需要全世界人民团结一致的决心、对科学的信赖和团结互助的精神，以共同战胜病毒，风雨同舟，共同迎接未来。[1]

一些邮轮企业已经意识到邮轮运输在应对公共卫生紧急事件中的重要性。国际邮轮协会在声明中表示，乘客的安全和健康是所有协会成员的第一要务。协会及其成员组织将与世界卫生组织等世界各地的卫生专业人员和监管机构保持密切联系，并随着事态发展不断评估和修改政策程序。包括必要时修改邮轮行程，根据全球卫生主管部门的指导，对来自或途经受影响地区的乘客及船员进行适当筛查，依据具体情况作出是否允许乘客或船员上船的决定。

事实上，在管理和监控乘客及船员健康状况方面，邮轮行业是装备比较完善、经验比较丰富的行业之一。目前，在国际邮轮协会美洲地区的会员公司所属的每艘邮轮上均配备医疗设施，且有专业医疗人员候命，以应对邮轮突发的公共卫生事件。邮轮公司会根据情况采取一些预防措施，在乘客和船员登船前对他们进行被动和主动筛查。此外，国际邮轮协会要求协会成员的所有船舶应当配备 24 小时全天候提供服务的医疗设施、船上和岸边专业医疗人员，以便一旦发生邮轮公共卫生事件，能够尽快提供初始的医疗服务并防止传染病等疾病传播。

在国内层面，为应对邮轮等公共卫生安全事件，除了确定好上下层级对接，协调资源配置外，还要处理好邮轮企业与政府之间的职能关系，一旦在邮轮旅游运输中发现疫情，有关检疫、卫生等政府部门应当及时介入，建立起以政府为核心、企业为辅助的合作机制。此外，还应当引导市场调控，汲取社会治理力量，发挥市场机制在参与全社会应急能力的储备以及提高公共应急资源在配置效率方面的优势。通过改进沟通机制，搭建良性对话平台，实现政府与公众舆情的沟通，在顾及乘客、邮轮企业等各方利益的前提下，确定与政府部门之间的良性对话机制。[2]

对邮轮旅游经营者而言，建议应当在邮轮母港港口规划、布局以及港口应急预案制定和修改中，增加应对紧急公共卫生事件方面的内容。包括但不限于成立应急指挥小组，明确应急指挥小组的权限及启动程序，明确应对公

---

[1] 谭德赛：《2020 年 3 月 16 日在 2019 冠状病毒病（COVID-19）疫情媒体通报会上的讲话》，载世界卫生组织官方网站，https://www.who.int/zh/dg/speeches/detail/who-director-general-s-opening-remarks-at-the-media-briefing-on-covid-19——16-march-2020，2020 年 3 月 17 日访问。

[2] 栾晨焕：《邮轮运输突发事件应急体系及其法制衔接》，载《中国海商法研究》2016 年第 1 期，第 49—51 页。

共卫生事件防护物资的储备，相关专业医疗人员等的配置，确立与口岸、港口、海关、卫生等部门的合作机制等；邮轮公司、旅行社、邮轮母港经营者等，也应当在公司层面规范流程，明确和细化自身应对紧急公共卫生事件的相关预案。

在国际层面，我国应当密切关注并加强与世界其他国家和地区应对紧急公共卫生事件的合作。《国际卫生条例》明确要求各个会员国相互之间应当积极合作以确保公约条款有效实施，并在第 44 条明确提出各个缔约国应当在如下方面提供合作和援助：在发现、评估和应对公共卫生风险方面，在发展、加强和保持公约要求的公共卫生能力方面促进技术合作或提供后勤支持，筹集财政资源以促进履行公约规定的义务，为履行本公约制定相关国内法等。截至 2020 年年底，世界卫生组织已有 196 个成员，中国政府及相关部委应当针对紧急公共卫生事件与涉疫邮轮所在国家以及其他相关国家在国际法框架内予以紧密合作。

我国还应当尽到人道主义援助的国际责任。因为根据《联合国宪章》以及 1991 年联合国大会第 46/182 决议案《加强联合国人道主义紧急援助的协调》，中国政府应以负责任的大国国际地位和形象，有效应对紧急公共卫生事件，控制并防止疫情传播，向涉疫邮轮所在国家和地区或其他相关国家和地区提供必要的防疫防控物资、用品及相关设备、设施，以及应对紧急公共卫生事件所必需的相关防疫技术、卫生、医疗、药品等方面的指导，必要时可以委派相关医疗专家提供相关咨询、指导，等等。

明确邮轮发生国际公共卫生紧急事件下的国际合作机制，还可以考虑与其他国家联合提案，针对邮轮的建造、设计、紧急公共卫生事件应对、具有传染病防疫知识的船员或船医的配置及培训等方面制定一些标准或规范内容。即使这些提案暂时不能成为有拘束力的国际条约，也可以建议相关国际组织通过发布相关指南、指引等软法方式，推动邮轮行业标准的构建。

第四章　邮轮运输下海洋环境保护及其污染规制研究

我国对于邮轮产业发展给予了较多的关注，尤其各级政府及主管部门出台若干有关促进邮轮运输、旅游、建造、港口等相关产业链发展的政策。国内学者虽然在有关邮轮经济、邮轮发展政策、邮轮经营管理、邮轮旅客权益保护、法律适用等方面也有一定的研究基础，但是针对邮轮运输发展之下可能涉及的邮轮污染海洋环境的研究尚处于起步阶段。因此，本章从邮轮运输污染海洋环境的现状、特性等问题出发，根据有关国际公约、国内外立法和实践，对邮轮运输下海洋环境保护及污染规制等进行探讨。

第一节　邮轮污染海洋环境现状及其特性

一、邮轮污染海洋环境现状

为提高邮轮旅客的体验质量和感受，现代化邮轮更加趋于大型化、舒适化、豪华化、娱乐设施多元化。邮轮上载客数量较大，而且封闭性较强，能够提供水、电、垃圾处理、固定及移动电话、有（无）线电视、网络、急救等各类服务，被称为"移动的微型城镇"并不为过。在这样人口高度集中、消费高度集中的情况下，邮轮上产生和排放的垃圾废物以及可能造成的环境污染远远超过普通商业货船，也超过普通传统客船。同一些豪华酒店极为相似，从更好地提供住宿、餐饮、娱乐、休闲、消遣等旅游功能出发，邮轮上通常配置游泳池、娱乐场、健身房、餐厅等设施，甚至一艘邮轮每晚的能源消耗能够达到陆地上最豪华酒店平均消耗能源的 5 倍之多。

与普通货船不同的是，邮轮能源消耗除了在船舶推进动力方面，还包括船上住宿、餐饮、娱乐等场所或设施方面，如向这些场所和设施供电、供水、供热等。邮轮在停靠港等待游客登岸旅游期间，也需要为船舶操纵、停泊或锚泊提供能源。因此在所有船舶类型中，邮轮的燃料需求和消耗最高，产生的污染物是普通货船产生污染物的 100 倍。[1]有环保专家曾以"海洋和谐号"邮轮为例，指出其产生的污染物排放量相当于 7.3 万个高能耗家庭。[2]因此，如果不对邮轮经营活动进行环境监督管控，将会对海洋生态环境造成严重污染。

目前，我国尚未公开报道邮轮导致海洋环境污染方面的事件或案例，但是在开展邮轮旅游业务比较广泛和成熟的国家或地区，已经有相关问题出现。美国会计总署（General Accounting Office，GAO）关于邮轮非法排放导致海域污染的调查报告显示，1993 年至 1998 年邮轮及其他船舶在北美水域非法排放的事件达到 104 起，72% 的案件涉及油类或与油类物质有关的事故性排放。而针对邮轮非法排放事件的认定，仅占邮轮非法从事全部排放活动的4%。这意味着还有更多非法排放活动，尤其是邮轮日常操作性非法排放活动没有被发现。此外该报告还显示，在 1993 年至 1998 年，邮轮事故性原因导致海域污染的事件已经从 25 起，降至 9 起。美国会计总署非常乐观地认为，这一变化是邮轮行业采取行业自我约束的相关措施而出现的积极结果。[3]

2016 年 6 月，西班牙巴塞罗那港口上百人走上街头抗议"海洋和谐号"邮轮的到来。抗议的理由包括邮轮导致环境污染以及每年多达 260 万游客乘坐邮轮到巴塞罗那挤占当地居民的公共资源，特别在游客密集的旅游区，当地居民的日常生活受到较大影响。"海洋和谐号"隶属于皇家加勒比游轮有限公司，船舶总吨位高达 22.7 万吨，能够搭载 7000 名乘客和 2000 名船员，每年的 6 月至 10 月底，其都每周围绕地中海区域做一次海上巡游。"海洋和谐号"邮轮每天需要消耗 11 万升柴油。但是更大的空气污染问题来自船用燃料油，因为燃料油通常是石油加工过程中的剩余产物，具有高污染特性。巴塞罗那当地政府称，巴塞罗那 7.6% 的二氧化氮排放量来自港口。2012 年有关邮轮的一项研究报告显示，一艘像"海洋和谐号"这样体积庞大的邮轮，二氧化碳、二氧化氮、二氧化硫等排放量分别相当于 8638 辆、42.1 万辆、

---

〔1〕 刘叶:《论防治邮轮污染海洋环境的法律机制》，大连海事大学 2019 年硕士学位论文，第 19 页。

〔2〕 《世界最大邮轮污染惹争议》，载航运界官方网站，http：//www. ship. sh/news_ detail. php? nid =20945，2018 年 12 月 22 日访问。

〔3〕 Suzanne Dobson, The Environmental Policy-Making Process In The Cruise Ship Industry: A Comparative Case Study Analysis, Disseration for the degree of Doctor of Philosophy, Simon Fraser University, Fall 2008, p. 69-70.

3.76 亿辆汽车排放量。对于当地政府的指责，邮轮公司负责人则认为上述数据是根据邮轮会导致污染的最坏情况计算出来的理论推论数据，航运实践中一艘巨型邮轮不可能达到如此之高的二氧化硫排放量，除非邮轮将所有消耗能源的功能全部开启。而且还表示该邮轮公司一贯严格遵守船旗国法律规定，配备过滤硫化物的新系统。巴塞罗那港口提供的一份报告显示，巨型邮轮为加泰罗尼亚大区国内生产总值贡献 4.132 亿欧元，并提供超过 7000 个工作岗位。[1] 显然邮轮在拉动地方经济发展方面起到重大作用，但是邮轮旅游带来的环境问题也日益引起人们关注。

无独有偶，作为美国最为流行也最受欢迎的邮轮旅游访问地之一——阿拉斯加，近年来也非常关注邮轮引起的环境问题。由于阿拉斯加地理位置和气候条件限制，每年春季至秋季为旅游高峰期。根据阿拉斯加州政府有关邮轮到访港口安排，仅在 2019 年 4 月 28 日至 10 月 2 日，访问阿拉斯加州朱诺港口（Juneau）的邮轮就达到 583 艘次，大部分邮轮在早上或中午抵达，临近午夜时离开。[2] 为了更好地保护环境，阿拉斯加州政府在环保方面制定了世界上最为严格的标准，甚至比美国其他州法律或者美国联邦法律确定的标准还要高。但是基于巨大的旅游收入和旅游市场蓬勃发展的趋势，开辟阿拉斯加航线的邮轮公司仍然自愿遵守这些高标准法律要求，并为此花费数亿美元研发新型气体排放清洁技术，满足北美海岸线 200 海里范围内大气排放标准。此外，国际邮轮协会旗下所有会员公司，都停止在阿拉斯加航线中使用一次性塑料制品。

除美国阿拉斯加航线以外，随着各国对海洋环境及生态保护的意识逐渐增强，邮轮公司也不得不采取更多的技术手段和加大资金投入来解决邮轮可能导致的海洋环境污染问题。根据国际邮轮协会 2019 年邮轮行业全球环境实践和履行评估报告（CLIA's 2019 Evaluation of Cruise Industry Global Environmental Practices and Performance），2019 年国际邮轮协会旗下会员公司，在新能源技术和清洁燃油方面投入 220 亿美元，与 2008 年排放量相比较，预计到 2030 年将减少 40% 的碳排放。自 2018 年起，新下订单建造的邮轮 100% 采用高级废水处理系统（Advance Wastewater Treatment Systems，AWTS）。此外，由于液化天然

---

〔1〕 《世界最大邮轮污染惹争议》，载航运界官方网站，http：//www. ship. sh/news_ detail. php? nid =20945，2018 年 12 月 22 日访问。

〔2〕 参见国际邮轮协会阿拉斯加区域官方网站，http：//www. cliaalaska. org/port-schedule/? port = JUNEAU&ship = 0&date_ from = 1% 2F1% 2F2019&date_ to = 12% 2F31% 2F2019 &search_ schedule =Get% 20Port% 20Schedules，2019 年 5 月 21 日访问。

气（LNG）具有几乎零排放硫化物、氮氧化物降低排放 85% 以及高达 20% 的绿色气体排放等特点，近年来准备或者正在建造的邮轮中有 26 艘采用液化天然气作为船舶主机推动能源。而大气消耗清洁系统（Exhaust Gas Cleaning Systems，EGCS）能够将硫氧化物排放降低 98%，氮氧化物排放降低 12%，因此对于不采用液化天然气作为推动能源的新造船舶而言，已经有 75% 的新船选择安装大气消耗清洁系统装置。为减少港口内大气排放量，目前国际邮轮协会旗下会员公司在全球 16 个访问港采用岸电装置，现正在投入使用的邮轮中约 30% 加设可以使用岸电系统的装置，有 88% 的新造邮轮将会安装可以使用岸电系统的装置。[1]

二、邮轮污染海洋环境特征

与普通商船相比，邮轮产生的污染物种类繁多，而且有些种类的污染物数量巨大。例如：对于一艘比较典型的航程 7 天的邮轮而言，会产生 50 吨船用垃圾；200 万加仑的灰水，主要是来自水槽、浴室、厨房和洗衣设备等；21 万加仑的生活污水；3.5 万加仑的含油污水。[2] 而对于那些载人多达近万的现代化大型豪华邮轮而言，每天产生的污染物数量可想而知。邮轮污染海洋环境具有污染物种类特殊性、港口污染累积显著性、防治污染标准差异性、防治设备专业性等特点。

（一）邮轮海洋环境污染物种类特殊

邮轮上能够产生多种污染物，如黑水、灰水、有毒有害物质、含油舱底水、压载水和固体垃圾废物。这些污染物如不经处理就排放到海洋中，不但会影响周围水域，严重影响海洋生物的多样性，排放的氮氧化物等废弃物还会造成空气污染。最终都会对人类自身健康和海洋动植物、水生生物等造成严重的危害。[3]

1. 邮轮水污染

邮轮上产生的水污染一般包括黑水、灰水、油性舱底水、压载水等。所

---

〔1〕 参见国际邮轮协会阿拉斯加区域组织官方网站，https：//www. cliaalaska. org/safetyenvir-onment/meeting-environmental-standards/，2020 年 2 月 10 日访问。

〔2〕 Suzanne Dobson, The Environmental Policy-Making Process In The Cruise Ship Industry：A Comparative Case Study Analysis, Disseration for the degree of Doctor of Philosphy, Simon Fraser University, Fall 2008, p. 75.

〔3〕 郭萍：《邮轮海洋环境污染法律问题研究》，中国法学会环境资源法学研究会第五次会员代表大会暨 2017 年年会论文集，第 327—333 页。

谓黑水是指通常意义上没有经过处理的生活污水，大部分来自船上厕所以及船上医务室（药房、病房等），其中含有有害细菌、病原体、疾病、病毒、肠道寄生虫和其他有害物质。[1]所谓灰水主要是指来自船上洗涤槽、淋浴系统、空调浓缩机、厨房、洗衣房的废水，也包括来自医务室、温泉浴场和美容院等的废水[2]，约占邮轮水污染的90%[3]。油性舱底水是指沉积在邮轮最底层，在清洗发动机和邮轮机舱内部时从舱底排出的夹杂泥沙、油污、金属碎屑的污水。邮轮压载水是为了保证邮轮在不同情形下的平衡和稳定而加载到船上的海水。

（1）未经处理的生活污水——黑水

邮轮载客人数少则几百人，多则几千人，甚至近万人，且邮轮旅游行程以一周至半个月较为常见。因此在海上旅游期间，船上乘客和工作人员的日常起居都在邮轮上完成，邮轮日常排放的黑水数量远高于普通传统客船。据有关数据统计，3000人次的邮轮每周大约就会产生35万加仑的黑水。[4]

黑水对海洋环境造成的污染损害非常明显。黑水中的病毒、细菌等微生物会传播疾病，直接威胁船上乘客以及受污染水域附近的居民的健康和生命。例如，2015年3月，皇家加勒比海游轮有限公司旗下的"海洋梦幻号"（Vision of the Seas）邮轮上有108名乘客感染诺如病毒[5]，这种病毒会诱发感染性腹泻。

不仅如此，由于技术上的原因以及缺乏法律严格规定等，邮轮排放的黑水中的细菌和病毒含量远超过标准。2000年，阿拉斯加州的海岸警卫队曾经对邮轮排放污水进行检测，测出其中大肠杆菌浓度平均值是204万MPN/

---

〔1〕 U. S. Environmental Protection Agency, Cruise Ship Discharge Assessment Report, 2008, p. 2.

〔2〕 U. S. Navy Naval Sea Systems Command and US EPA Office of Water, Technical DevelopmentDocument: Phase I, Uniform National Discharge Standards for Vessels of the Armed Forces. Quote from Kira Schmidt, Cruising for Trouble: Stemming the Tide of Cruise Ship Pollution, Bluewater Network's Cruise Ship Campaign, 2000, p. 5.

〔3〕 Congressional Research Service Report for Congress, Cruise Ship Pollution: Background, Laws and Regulations, and Key Issues, Claudia Copeland, 2005, p. 4.

〔4〕 范茂：《邮轮污染和其法律规制》，载《华人时刊（中旬刊）》2015年第10期，第1页。

〔5〕 《提醒您注意，邮轮可能发生的让人遗憾的事》，载新浪官方网站，https：//k. sina. cn/article _ 1180146333_ 46579a9d001002c8s. html? kfrome =travel&local =&subch =0&vt =4&http = fromhttp，2018年5月20日访问。

100ml，超过规定标准 20 MPN/100ml 的 10 万倍。[1]如此高浓度污染的废水如果不加任何处理就排放到海域中，对邮轮航行经过水域附近从事正常生活的居民而言，身体健康会受到严重威胁。

此外，黑水对海洋生态环境以及海洋各种珊瑚、水藻、贝类、鱼类的影响也非常明显。黑水富营养的特点使其排入海水中会促进特定海洋水生植物（如海藻）的大量繁殖，使海水中氧气含量不足，进而破坏海洋环境，甚至严重威胁海洋生物链和生态环境。假使邮轮上的黑水经不恰当处理排入大海，其中细菌、病毒等微生物会使珊瑚发生病害，病原体也会被各种贝类、鱼类吸收，尤其是各类滤食性生物，而人类会因为食用这些被污染的海鲜而摄入上述有害物质。

（2）可再利用的废水——灰水

一般情况下，一艘 3000 人次的邮轮每天会产生 965 277 升左右的灰水，可以说灰水是邮轮所有水污染源中总量最多的污染物。[2]这些灰水应该在 48 小时内排放掉，如果存留在罐状容器的时间多于 48 小时，就会耗尽水中氧气生成厌氧物质，这些厌氧细菌腐烂后会形成淤泥状沉积物，最终生成危害健康的病原体。[3]此外，灰水中还包含许多富氧物质及各种重金属。如果在陆地，最简便的方法就是直接将灰水排放到表层活跃的土壤中，借助土壤中的化学成分杀除和分解灰水中的病原体和重金属。但是在邮轮上无法进行这种简单方便的操作。

尽管废水看起来危害不大，但是邮轮排放的灰水中还会含有除垢剂、清洁剂、燃油脂、重金属、杀虫剂、医疗废弃物、大肠菌群、悬浮物以及其他一些有毒污染物等。[4]根据美国环保局以及阿拉斯加州政府的抽样检测调查发现，邮轮上未经处理的灰水中含有的污染物强度各不相同，甚至有的灰水所含细菌数明显高于经处理过的黑水，粪便大肠菌的含量可能是未经处理黑水的好几倍。[5]因此，灰水也会对人体健康构成危害，尤其邮轮上灰水的数

---

〔1〕　吴始栋：《船舶先进废水处理技术》，载《船舶物资与市场》2013 年第 1 期，第 88—91 页。

〔2〕　范茂：《邮轮污染和其法律规制》，载《华人时刊（中旬刊）》2015 年第 10 期，第 1 页。

〔3〕　参见保护未来能源官方网站，https://www.conserve-energy-future.com/ways-and-benefits-of-using-greywater.php，2020 年 10 月 17 日访问。

〔4〕　Meredith Dahl，"The Federal Regulation of Waste from Cruise Ships in U. S. Waters"，*Journal of Environmental Law*，2003，p. 669-672.

〔5〕　Congressional Research Service Report for Congress，Cruise Ship Pollution：Background，Laws and Regulations，and Key Issues，Claudia Copeland，2005，p. 4.

量如此巨大，灰水成为邮轮上最主要的水源污染物。

（3）油性舱底水

油性舱底水通常累积在邮轮船体最底部，当进行邮轮发动机和邮轮船体内部漂洗时，油类和其他的燃料废弃物就会被冲到舱底并被排出船舶外，此时该舱底水中可能包含一些废弃物，如机舱擦拭用的废弃抹布、金属材料、涂料、玻璃和清洁剂等污染物。邮轮舱底水污染要比其他商用船舶的舱底水污染更严重，这是因为邮轮具有旅游、休闲娱乐等功能，为了向游客提供更干净、舒适的环境，需要更频繁地冲洗船体及船上其他娱乐休闲设施。一艘邮轮平均每天约产生 7000 加仑含油舱底水。[1]

油性舱底水对人类健康和海洋生物安全都有影响。人类在被油性舱底水污染的水域游泳时，与石油的直接接触会导致患上皮肤病和眼病；鸟类进食这种油性污水，则会患病乃至死亡。石油的危害主要在于窒息和毒性效应以及产生致死和亚致死效应。因此，油性舱底水会对鱼类的神经、呼吸系统和生殖系统造成影响；对海洋植物的影响相对较小。但在有些港口也曾出现过短时间内大量藻类繁殖的情况。至于海洋软体双壳类底栖生物，吸收海水中石油烃的能力远胜于鱼类，但是身体代谢以及释放油类等能力却比不上鱼类，油类储存在软体生物的脂肪层里，放置在清水中 6 个月也难以排尽。[2]一旦人类食用了这些被污染的海洋生物，会对人体健康产生不利影响。

（4）船舶压载水

邮轮压载水是指为确保邮轮船舶在航行、进出港、上下旅客和停泊等不同情况下保持船舶稳性平衡而加载在船上的海水。因此压载水中含有一些海洋微生物，其中大部分微生物会因旅途中温度和光照的变化而死亡，但是仍有一部分会存活下来。这些存活的微生物会在船舶抵达目的港时随着船舶压载水排放入海，进入目的港海域，通过竞争或占据本地物种生态位，排挤甚至扼杀本地物种。此外一些外来生物对生态环境适应性强，只要环境适宜就可能爆发赤潮。赤潮将使得海洋生态系统的结构与功能面临崩溃，威胁海域原有生物群落和生态系统的稳定性。[3]

---

〔1〕 吕方园：《运输视角下邮轮法律问题研究》，大连海事大学 2015 年博士学位论文，第 87 页。

〔2〕 王晓伟、李纯厚、沈南南：《石油污染对海洋生物的影响》，载《南方水产》2006 年第 2 期，第 76—79 页。

〔3〕 吕方园：《运输视角下邮轮法律问题研究》，大连海事大学 2015 年博士学位论文，第 88 页。

根据数据统计，每年船舶会排出压载水约 100 亿吨。压载水中可能含有多达 7000 余种生物[1]，其中可能包含之前不存在于本地水域的致病细菌，它们可能会威胁本地生态环境和动物、植物的生存。近些年来，随着赤潮的频繁暴发以及多起海洋物种入侵事件发生，人们逐渐认识到压载水导致的外来物种侵入对环境的破坏以及由此引发的不可估量的经济损失。因此，外来有害生物入侵性传播已经被世界环保基金会（GEF）评定为海洋的四大威胁之一[2]，船舶压载水是主要的传播路径。

2. 邮轮固体废物污染

邮轮上的固体废物污染包括邮轮在海上巡航过程中和停靠邮轮码头期间排放的固体废物。主要是生活垃圾和生产垃圾，其中包括包装用品、弃用纸巾、食物残余等，一艘邮轮每天产生大约 7 吨垃圾和其他固体废弃物。[3]全球商用船舶产生的固体垃圾有 24% 来自邮轮。[4]

固体废弃物大多不溶于水，一旦不经妥善处理排入海中会长期存在，不但污染水域而且危害水中生物；同时漂浮在海面上不可降解的固体垃圾也是一种视觉污染，尤其是邮轮通常航行在环境优美的海域。排放到海水的垃圾由于无法被分解，大多会被潮汐推送至岸边，聚集在海滩或港口，形成跨海域污染，不但影响海洋环境的自然美观，而且破坏港口及海岸的卫生条件。此外，港口内聚集的垃圾还会损坏停靠船舶的船体外部、船舶螺旋桨等，存在引发危险事故的隐患。沉入水底的固体废物还会污染海洋底土质量，经长时间浸泡更是会散发出一些有毒有害成分，破坏海洋生态环境。

在邮轮上，这些固体废弃物，除了一部分会在邮轮靠港期间被港口垃圾接收处理部门接收处置，几乎 75% 的固体垃圾会通过船上焚烧处理。焚烧后的灰烬会被直接排放入海，导致海洋哺乳动物、鱼类、海龟和鸟类等可能会因与塑料和其他固体废物垃圾纠缠而受伤或死亡。[5]尽管国际公约严禁在海

---

[1]　马艳玲：《船舶压载水处理技术》，载《舰船防化》2011 年第 5 期，第 16 页。

[2]　李志文：《船舶压载水与生物安全的法律规制》，载《当代法学》2009 年第 3 期，第 44 页。

[3]　赵俊杰、白静：《国际邮轮码头运营中有关环境问题的研究》，载《天津科技》2012 年第 3 期，第 95 页。

[4]　Brida J. G. & Zapata, "Cruise Tourism: Economic, Socio-Cultural and Environmental Impacts", *International Journal Leisure and Tourism Marketing*, 2010.

[5]　CRS, Cruise ship pollution: Background, laws and regulations, and key issues, CRS Report for Congress, 2008, p. 4.

洋上处置塑料垃圾，但是在实际操作中仍然无法完全避免塑料垃圾入海。例如，邮轮上经常会有游客把个人卫生用品，如牙刷、剃须刀、梳子及其他塑料包装等冲进马桶，但并不是所有邮轮的马桶系统都会安装筛选设备以清除这些垃圾，这样一些塑料制品就不可避免地被直接排放到海水中。[1]这些塑料垃圾不仅污染海洋环境，对海洋生物可能造成致命伤害，甚至会影响海上旅游业，干扰船舶航行安全。[2]

3. 邮轮空气污染

邮轮排放的气体大部分来自为船舶提供动力的燃料，而且排放的气体中含有高硫、高氮氧化合物等大量有毒有害物质。假设邮轮以20—22节的航速航行，每小时会消耗8—9吨船用柴油燃料或其他硫含量较高的便宜燃油。一艘承载约3000名乘客和船员的邮轮，所造成的空气污染相当于1.2万辆机动车产生的污染。美国加利福尼亚州一家研究机构的成果显示，停靠在码头的邮轮在其驶离港口码头时，单艘邮轮每天就会产生1吨烟雾氮氧化物和数百磅的致癌颗粒物。所有停靠在港口的邮轮产生的有毒有害气体排放量相当于100万辆车的排放量。[3]

气体污染对人类身体健康影响很大，不仅直接威胁人类呼吸系统和心血管系统，而且提高了患呼吸道感染、癌症等疾病的概率。此外，有毒有害气体融入海水中，会影响海水酸度，改变水中化学物质成分，从而影响水草和海洋生物正常生存。邮轮释放的有毒有害气体还会混合灰尘形成气溶胶系统，即雾霾。雾霾的存在也会削弱紫外线，降低杀菌能力，使地表存留更多病毒和细菌，威胁人类健康及生命安全。[4]

4. 邮轮有毒有害物质污染

有毒有害物质是指邮轮在生产、使用、运输或处置的任何阶段，产生的对人类、其他生物或环境具有潜在危害特性的物质。由于具有这种危害特性的物质形态多样，可以是固体、液体，也可以是气体，目前尚没有法律专门针对有毒有害物质予以明确界定。

〔1〕 吕方园：《运输视角下邮轮法律问题研究》，大连海事大学2015年博士学位论文，第89页。
〔2〕 范志杰、李宗品：《塑料垃圾对海洋生物的危害》，载《海洋环境科学》1988年第4期，第56—59页；王慧卉、梁国正：《塑料垃圾对海洋污染的影响及控制措施分析》，载《南通职业大学学报》2014年第1期，第69—71页。
〔3〕 吕方园：《运输视角下邮轮法律问题研究》，大连海事大学2015年博士学位论文，第89页。
〔4〕 吕方园：《运输视角下邮轮法律问题研究》，大连海事大学2015年博士学位论文，第89页。

国际海事组织通过的《〈1973 年国际防止船舶造成污染公约〉1978 年议定书》在公约附则Ⅱ和附则Ⅲ中分别针对散装有毒液体物质、带有包装形式的有害固体物质等予以专门规定。国际海事组织于 1996 年 5 月 3 日通过的《国际海上运输有害有毒物质损害责任和赔偿公约》（以下简称《有害有毒物质损害责任和赔偿公约》），是在国际海事条约层面第一次明确规定有毒有害物质。《有害有毒物质损害责任和赔偿公约》第 1 条第 5 款规定，有毒有害物质是指：（a）下列（ⅰ）至（ⅶ）中所述的、在船上作为货物运输的任何物质、材料和物品：（ⅰ）经修正的 MARPOL73/78 附则Ⅰ的附录Ⅰ中所列散装运输的油类；（ⅱ）经修正的 MARPOL73/78 附则Ⅱ的附录Ⅱ中所述的散装运输的有毒液体物质和按上述附则Ⅱ第 3（4）条被暂定为 A、B、C 或 D 污染类别的物质及其混合物；（ⅲ）经修正的 1983 年《国际散装危险化学品运输船舶构造和设备规则》第十七章所列的散装运输的危险液体物质以及主管机关和有关港口管理部门按照该规则第 1.1.3 段对适合运输的初步条件作出规定的危险产品；（ⅳ）经修正的《国际海运危险货物规则》所包括的具有包装形式的危险、危害和有害物质、材料和物品；（ⅴ）经修正的 1983 年《国际散装液化气体运输船舶构造和设备规则》第十九章中所列的液化气体以及主管机关和有关港口管理部门按照该规则第 1.1.6 段对其适合运输的初步条件作出规定的产品；（ⅵ）闪点不超过 60℃（由闭杯试验测量）的散装运输的液体物质；（ⅶ）经修正的《固体散装货物安全操作规则》附录 B 所包括的具有化学危害的固体散装材料，但以此种物质在以包装形式运输时需遵守《国际海运危险货物规则》的规定为条件。（b）散装运输上述第（a）项（ⅰ）至（ⅲ）和（ⅴ）至（ⅵ）中所述物质的残余物。

有毒有害物质的范围广泛，种类繁多，无法用简洁概括的语言表述其定义范围，因此《有害有毒物质损害责任和赔偿公约》不得不采取上述特别的方式规定有毒有害物质的含义。

事实上，邮轮上大量的人员活动和旅游、休闲、消遣、娱乐等活动也会产生有毒有害物质。例如，邮轮上干洗店使用的干洗剂含有全氯乙烯，对于水生动物具有毒害性，干洗污泥中会产生四氯乙烯。照片打印和冲洗加工场所，因使用显影液和定影液制剂，会产生硼酸、硫酸、银等有毒物质。对船上理发店以及船舶设备、甲板及相关娱乐设施等进行日常清洁活动时，船上人员会使用各种清洁剂、洗涤剂、除臭剂、消毒剂等，这些制剂均具有一定的毒害性。邮轮上积累起来的有毒有害物质还包括：含甲苯的废物、油漆废物及不洁溶剂（含甲苯、二甲苯、苯、松节油、甲基乙基酮）、印刷场所废弃物（含碳氢化合物、氯化烃和重金属）、荧光灯泡（含水银）和船上使用的电池等。[1]

有研究数据显示，在皇家加勒比游轮有限公司的一艘邮轮上，在为期1周的邮轮航程中能够累积产生141加仑的照片化学物质，7加仑的干洗废物，13加仑用过的燃料，5加仑电池，10磅荧光灯，3磅医疗废物以及108磅过期化学品。[2]从数量上看，邮轮产生的这些有毒有害物质尽管并不是很多，但是种类繁多，而且这些物质的毒害性对敏感的海洋生态系统而言危害依然是明显的。如果不对邮轮上产生的有毒有害物质加以严格监管，上述有毒有害物质就很可能混入灰水、压载水或其他固体废物垃圾中被偷偷排放入海。

（二）邮轮港口污染累积效应突出

1. 邮轮产生污染物数量较大

尽管邮轮在整个国际航运业所占比例不大，但是邮轮经营活动中产生的黑水、灰水、固体废弃物等污染物的数量不容小觑。根据美国蓝海网（Bluewater Network）统计，将近77%的海洋污染来自邮轮。[3]这是因为邮轮上载运的船员及旅客数量比较庞大，在人口密集的范围内，所产生的废水、固体垃圾污染量比一般商船要多。此外，邮轮上产生的污染物以生活污染物为主，但是污染物种类丰富、多样。其实，如果船舶对上述污染物未经任何处理即排放入海，由于船舶的流动性以及排放的频繁性，这种营业性操作排放并不能轻易地被检测或发现，尤其是在远离陆地的公海上排放更难以监督。而日积月累的排放，必然会对海洋环境带来深远影响。如果将上述污染物交由停靠港处理，则对港口接受垃圾及废物处理的经营者而言也面临巨大挑战。

2. 邮轮停靠港口污染接受及处理压力显著

船舶作为一种海上交通运输工具，具有很强的国际流动性，而邮轮运营航线往往具有跨境、跨海域的特点，尤其是邮轮母港，不仅作为邮轮的始发港和停靠港，还需要具有为邮轮提供补给、维修、垃圾处理等相关服务的能

---

[1] Meredith Dahl, "The Federal Regulation of Waste from Cruise Ships in U. S. Waters", *Journal of Environmental Law*, 2003, p. 609-672.

[2] Kira Schmidt, Cruising for Trouble: Stemming the Tide of Cruise Ship Pollution, Bluewater Network's Cruise Ship Campaign, March 2000.

[3] Linda Nowlan & Ines Kwan, Cruise Control Regulating Cruise Ship Pollution on the Pacific Coast of Canada, available online at https: //www. wcel. org/sites/default/files/publications/CruiseControl. pdf, September 1, 2001.

力。与一般商船不同的是，邮轮大多集中在特定水域从事航行活动，旅游航线较为固定，会经常重复地靠泊相同港口，因而对邮轮母港及经常停靠港口所在区域产生的污染累积效应更加突出。如果邮轮对经营中产生的废水、固体废弃物无法有效处置并排放，则需要停靠港口具备接受和处置这些污染物的能力和技术条件。

我国《防治船舶污染海洋环境管理条例》第 18 条明确规定，船舶污染物接收单位接收船舶污染物的，应当向船舶出具污染物接收单证，并由船长签字确认。然后船舶凭据污染物接收单证向海事管理机构办理污染物接收证明，并将污染物接收证明保存在相应的记录簿中。该管理条例原则上规定了船舶污染物接受的程序和单证要求，但是没有对接受污染物的港口经营人的资质、专业技术、污染物的分类、具体处理技术标准及处理后的监督评估等方面作具体规定。

（三）防治邮轮污染海洋环境标准存在差异性

目前，国际上还没有专门针对邮轮污染海洋环境方面的国际公约，虽然 MARPOL73/78 对防止国际航行船舶污染海洋环境等作出规定，但是缺乏针对邮轮污染物排放标准的具体规定，因此仍需要根据各国国内法的规定予以操作和处理。各国针对邮轮污染海洋环境的法律规定并不统一，特别是邮轮在公海上进行排污行为的监督和管理，只能由船旗国负责。大多数邮轮悬挂方便旗，因此对于这些邮轮的船旗国而言，他们仅仅为船舶登记证书中显示的国籍国而已，通常对邮轮的经营活动、航线安排、船员配备等诸多事项不予以严格监督和干涉，甚至很多邮轮从来就没有停靠过船旗国港口，船旗国与邮轮船舶之间缺乏有效的实质关联。因此，依靠船旗国对邮轮污染海洋环境进行监管很难有效地落到实处。

由于各国有关海洋环境污染治理的规定和标准存在差异，邮轮公司有可能会选择性地遵守那些标准规范相对宽松的国家的法律规定，或者选择到对海洋环境监管不够严格的地区进行排污。以邮轮上使用的燃油为例，为了避免造成空气污染，《〈1973 年国际防止船舶造成污染公约〉1978 年议定书》附则Ⅵ对船用燃油含硫量的最大值作出规定，针对船舶排放控制区内和控制区外，分别对船舶燃油硫含量采取不同的控制标准。目前规定的船舶排放控制区分别是波罗的海、北海、北美地区以及加勒比海区域。在船舶排放控制区外，船舶用燃油的硫含量不应超过 3.5%；而在船舶排放控制区内，船舶用燃油的硫含量不得超过 0.1%，并且允许采取替代措施以满足硫氧化物排放总量控制要求。《〈1973 年国际防止船舶造成污染公约〉1978 年议定书》附则Ⅵ还明确规定，自 2020 年 1 月 1 日起，在船舶排放控制区外，限制船舶使用含硫量超过 0.5% 的船舶燃料油。全球各区域之间缺乏统一的燃料含硫量标准，而且并非所有港口均能提供满足公约规定要求的低硫燃油，因此也带来防治海洋环境措施的差异性。

（四）防治邮轮污染海洋环境技术设备的专业性

根据邮轮污染防治的相关法律规定和污染处理手段可知，防治邮轮污染需要建立在一定技术要求和标准之上。从国际公约到国内的立法规定，都从专业技术操作角度规制了污染防治程序。美国还专门成立邮轮船舶专家国家中心（Cruise Ship National Center of Expertise，CSNCOE），由中心专业技术人员为美国海岸警卫队和邮轮公司提供专业技术层面的建议与指导。[1]此外，技术操作需要邮轮自身配备相应高效节能环保的设备。为减少对海洋环境的污染，邮轮上需要配备的设备的标准高于普通商船，如需要配置先进的水处理系统（Advanced Water Treatment Systems）、废气净化设备（Exhaust Gas Cleaning Systems）、油水分离器、燃气涡轮机等。每艘船安装处理污水系统的费用为 200 万—220 万美元[2]，这些先进的技术设备不仅耗资巨大，而且还需要邮轮公司耗费一定时间将其在船上进行安装或更新。

处理邮轮污染物，除了需要邮轮船舶配备相应设备，对邮轮停靠港口接收污染物及处理方面，也提出较高的技术要求。例如，港口需要安装能够提供岸电的装置，以减少邮轮船舶在港停靠期间消耗大量燃油而导致大量污染气体排放等。

第二节　防治邮轮污染海洋环境的国际公约及国内外立法

一、防治邮轮污染海洋环境的国际条约

（一）MARPOL73/78 及其附则概述

目前，国内外尚无针对邮轮污染的专门立法，但是以国际海事组织为代

---

〔1〕　马楚瑶：《远洋邮轮安全监管研究》，大连海事大学 2014 年硕士学位论文，第 7 页。
〔2〕　刘叶：《论防治邮轮污染海洋环境的法律机制》，大连海事大学 2019 年硕士学位论文，第 15 页。

表的一些国际组织早在 20 世纪 50 年代就开始重视船舶污染海洋问题，最具代表性的国际立法就是 1973 年通过的《国际防止船舶造成污染公约》。我国于 1983 年 7 月 1 日加入该公约，1983 年 10 月 2 日对我国生效。之后原交通部先后通过《关于严格执行〈73/78 防污公约附则Ⅰ〉的通知》《关于执行〈73/78 防污公约〉附则Ⅴ的通知》《关于进一步做好实施〈73/78 防污公约〉附则Ⅴ的 1995 年修正案的通知》等，要求有关各方进一步执行和实施公约规定。[1]

国际海事组织于 1973 年 10 月在伦敦召开国际海洋污染会议，通过了《国际防止船舶造成污染公约》（以下简称"MARPOL"）。1978 年 2 月，在国际油船安全和防污染会议上通过修正该公约的议定书，适当调整了阻碍公约生效的条件，该议定书全称为《〈1973 年国际防止船舶造成污染公约〉1978 年议定书》（以下简称"MARPOL73/78"）。该公约正文包含 20 个条款和 6 个附则，随着 2005 年 5 月 19 日附则Ⅵ生效，MARPOL73/78 及其 6 个附则已经全部生效。

附则Ⅰ是防止油污方面的规则，主要是将 1954 年《国际防止海洋油污染公约》的内容纳入其中；附则Ⅱ是专门针对控制船舶运载散装有毒液体物质污染的规则；附则Ⅲ是防止海运包装有害物质污染规则；附则Ⅳ是防止船舶生活污水污染规则；附则Ⅴ是防止船舶垃圾污染规则；附则Ⅵ是防止船舶造成空气污染规则。截至 2020 年 1 月，附则Ⅰ和附则Ⅱ的缔约国达 158 个，附则Ⅲ至附则Ⅵ的缔约国数量分别为 149 个、144 个、154 个、96 个。[2]中国已经批准加入该公约以及全部 6 个附则，而且该公约及 6 个附则也先后进行过多次修订。

根据 MARPOL73/78 第 2 条的规定，船舶是指在海洋环境中运行的任何类型的船舶，包括水翼船、气垫船、潜水船、浮动船艇和固定的或浮动的工作平台。根据该公约第 3 条的规定，明确排除适用任何军舰、海军辅助船或其他国有或国营并且只用于政府非商业性服务的船舶。[3]显然该公约没有排除邮轮的适用，因此邮轮船舶应当遵循公约有关防治船舶污染方面的规定，

---

〔1〕 中华人民共和国海事局：《海事法规汇编》（上册），人民交通出版社 2000 年版，第 696 页、第 701—702 页。

〔2〕 参见国际海事组织 IMO 官方网站上公布的"IMO 条约现状"（STATUS OF IMO TREATIES），载国际海事组织官方网站，http://www.imo.org，2020 年 1 月 9 日访问。

〔3〕 张钦良、施壮怀主编：《国际海事条约汇编》（第 4 卷），大连海运学院出版社 1993 年版，第 35—36 页。

特别是与邮轮关系最为密切的附则Ⅳ、附则Ⅴ和附则Ⅵ。

（二）涉及邮轮污染海洋环境防治的公约规定

1. 防止船舶生活污水的规定——附则Ⅳ

根据附则Ⅳ的规定，生活污水是指：（a）任何形式的厕所、小便池以及厕所排水孔的排出物和其他废弃物；（b）医务室的面盆、洗澡盆和这些场所排水孔的排出物；（c）装有活的动物的处所的排出物；（d）混有上述排出物的其他废水。

根据 MARPOL73/78 的规定，附则Ⅳ适用于 200 总吨以上的船舶，要求船舶配有生活污水处理装置，能够对生活污水进行粉碎和消毒；或者配有集污舱，用于收集和储存生活污水；以及便于将生活污水排往船舷以外接受设备的管路。船旗国主管部门在对船舶进行初次检验和定期检验后，应签发《国际防止生活污水污染证书》（International Sewage Pollution Prevention Certificate，ISPPC），有效期为 5 年。

根据附则Ⅳ第 8 条的规定，关于生活污水的排放要求，可以采取如下三种方式：（a）船舶在距最近陆地 4 海里以外[1]，使用主管机构批准的设备排放业经粉碎和消毒的生活污水，或在距离最近陆地 12 海里以外排放未经粉碎或消毒的生活污水。不论哪种情况，不得将集污舱中储存的生活污水顷刻排光，而应于船舶以不小于 4 节的航速在途中航行时，以中等速率进行排放，排放率应经主管机构根据国际海事组织制订的标准予以批准。[2]（b）通过满足公约规定的正在运转的船舶生活污水处理装置，要求是该设备的实验结果已经载入《国际防止生活污水污染证书》，并且排出的废液在其周围水域不应产生可见的漂浮固体，也不会造成水体变色。（c）船舶在某一国家所辖水域，根据该国实施的较为宽松的要求排放生活污水。

如果是为了保障船舶及船上人员安全或救助海上人命的需要而排放生活污水的，或者由于船舶或其设备受损而排放生活污水的，不受上述三种情形的限制。如果是因为船舶或其设备受损而不得不排放生活污水的，要求在损害发生前和发生后，采取一切合理的预防措施防止排放或使排放减至最低限度。此外，如果生活污水与具有不同排放要求的其他废弃物或废水混在一起，

---

[1] 根据附则Ⅳ第 1 条第 5 款，距最近陆地，是指距该领土按照国际法据以划定其领海的基线。
[2] 根据 2007 年 7 月 13 日 IMOMEPC.164（56）号决议通过的修正案（于 2009 年 12 月 1 日生效），该标准已经明确规定应当参照 MEPC.157（55）号决议通过的"船舶排放未经处理的生活污水的速率标准建议"。

应使用其中较为严格的要求和标准予以操作。

附则Ⅳ第 10 条原则上还要求各个缔约国政府应保证在港口和装卸站设置能够满足到港船舶需要的生活污水接受设备，而不至于造成船舶的不当延误。

2004 年 4 月 1 日，国际海事组织以 MEPC. 115（51）号决议通过了附则Ⅳ修正案，并于 2005 年 8 月 1 日生效。[1]该附则Ⅳ修正案明确将公约强制适用的范围调整为 400 总吨以上从事国际航行的船舶，意味着 400 总吨以下从事国际航行的船舶以及从事各国沿海运输的船舶是否适用公约的规定和标准，由各国国内法予以规定；并将船舶检验调整为初次检验、换新检验和附加检验。

2006 年 3 月 24 日，国际海事组织以 MEPC. 143（54）号决议再次通过附则Ⅳ的修正案，于 2007 年 8 月 1 日生效。该次修订在原有规定基础上，增加了第五章"港口国监督"和一个条文。明确规定当船舶停靠某一缔约国港口时，如果港口国主管部门有明确理由认为船长或船员不熟悉船上防止生活污水污染的关键程序，需要接受港口国主管机关有关操作性要求的检查。[2]通过赋予港口国监督检查的职权，敦促船舶能够更好地执行公约有关生活污水处理及操作程序，避免公约规定流于形式。

2. 防止船舶垃圾污染规则——附则Ⅴ

MARPOL73/78 规定的附则Ⅴ适用于一切船舶，未像附则Ⅳ那样对船舶吨位大小进行限制。同时第 1 条第 1 款明确规定，垃圾系指产生于船舶通常的营运期间并不断地或定期地予以处理的各种食品、日常用品和工作用品的废弃物，不包括鲜鱼，也不包括公约其他附则中规定或列举的物质。

附则Ⅴ区分特殊区域内和特殊区域外两种不同情形，分别规定垃圾的不同排放标准。对于特殊区域以外，要求一切塑料制品不得处理入海，对于垫舱物料、衬料和包装材料，要求在距最近陆地 25 海里以外排放；对食品废弃物和一切其他垃圾，如果经过粉碎机或磨碎机处理，可允许在距最近陆地 3 海里以外入海排放并应该能通过筛眼小于 25 毫米的粗筛。根据附则Ⅴ第 5 条的规定，如果在特殊区域内处理垃圾，特殊区域包括地中海、波罗的海、黑海、红海、海湾区域、北海区域、南极区域，以及包括墨西哥湾和加勒比

---

〔1〕 刘正江、王宏伟主编：《国际海事条约汇编》（第 10 卷、第 11 卷补充本），大连海事大学出版社 2012 年版，第 243 页。

〔2〕 刘正江、王宏伟主编：《国际海事条约汇编》（第 12 卷），大连海事大学出版社 2012 年版，第 974 页。

海的泛加勒比海区域[1]，则只可以在海上处置食品废物，并且应在距最近陆地 12 海里以外排放；其他任何垃圾，包括塑料制品、纸制品、破布等一律禁止入海处理。同时附则 V 规定，凡是海岸线与某一特殊区域相邻接的缔约国政府，应当保证在港口内设置足够的船用垃圾接受设备。同样也明确规定，如果为了保障船舶及船上人员安全或救助海上人命所必需或者由于船舶或其设备受损而溢漏垃圾，不受上述排放要求的限制。

1995 年 9 月 14 日，国际海事组织以 MEPC. 65（37）号决议通过了附则 V 的修正案，要求 400 总吨以上的船舶应当配备垃圾管理计划和船舶垃圾记录簿，并于 1997 年 7 月 1 日起适用。其中修正案明确规定：（a）总长在 12 米及以上的船舶，以及固定式或浮动式平台，均须配备并张贴垃圾公告牌，向船员公布船上的排放要求。垃圾公告牌应布设在厨房区域、餐厅、起居室、驾驶台或其他船员工作和生活处所及场所的显著位置。（b）总长 12 米及以上，但不满 400 总吨的船舶应至少配备两块垃圾公告牌；400 总吨及以上的船舶应至少配备三块垃圾公告牌。（c）100 总吨及以上的船舶，经核准载运 15 人及以上的船舶，以及固定式或浮动式平台，须配备并执行《垃圾管理计划》。该计划应按照国际海事组织通过的《2012 垃圾管理计划制定导则》要求进行编写。（d）400 总吨及以上的船舶，经核准载运 15 人及以上的船舶，以及固定式或浮动式平台，均须配备《垃圾记录簿》，并按附则 V 规定的示范格式做好相应记录。因此邮轮船舶排放垃圾应严格按照附则 V 修正案的上述规定予以执行并做好记录；同时应向港口垃圾接收人员索要《船舶污染物接收处理证明》。

附则 V 在 2011 年再次进行修订，并于 2013 年 1 月 1 日起生效。该修正案对船舶垃圾进行了重新定义和分类，扩大了船舶垃圾的界定范围，除厨房垃圾、包装箱袋、废纸、破布、油泥、废滤芯、垫舱物料、衬料外，还将船上动物尸体、食用油、货物残渣以及船员舱室废物也并入船舶垃圾范畴；同时该修正案也对垃圾排放作出新的规定，将之前对船用垃圾排放采取"原则性许可"排放修改为现在的"原则性禁止"排放，从而大大减少污染海洋环境的船舶垃圾数量，达到保护海洋环境的目的。[2]

3. 防止船舶造成大气污染规则——附则 Ⅵ

MARPOL73/78 原来只有 5 个附则，直到国际海事组织于 1997 年 9 月 26

---

〔1〕 附则 V 第 5 条对上述特殊区域具体规定了经纬度的界限，本文不再赘述。

〔2〕 鄢琦：《船舶垃圾排放标准变苛刻》，载《中国水运报》2012 年 12 月 18 日，第 3 版。

日在英国伦敦召开国际海事组织大会，讨论通过《〈1973 年国际防止船舶造成污染公约〉1978 年议定书》1997 年议定书附则修正案，明确规定增加附则Ⅵ——有关防止船舶造成大气污染的规则。因此，自 1997 年议定书修正后的 MARPOL 包含 6 个附则。[1]

附则Ⅵ的专业性、技术性非常突出，共分为 4 章 23 个条文以及 8 个附录。[2]这 8 个附录分别针对国际防止大气污染证书格式、试验循环和加权因素、制定排放控制区的标准和程序、船上焚烧炉的型式认可和操作限制、燃油交付单中包括的资料、燃油样品的燃油验证程序、排放控制区、国际能效证书的格式。

根据附则Ⅵ第 1 条的规定，除其他条文另有明确规定外，该附则适用于一切船舶，也未对适用船舶吨位大小予以限制。此外，附则Ⅵ第 3 条明确规定，下列三种情形不受附则Ⅵ规定限制：（1）任何为保障船舶安全或海上人命救助所必需的排放或船舶或设备损坏而造成的排放，但需要在船舶或设备损坏或排放后采取一切合理措施防止排放或将排放减至最低程度。但如果有证据证明船舶所有人或船长故意造成损坏或明知损坏可能发生而轻率行事的，不属于例外情形。（2）为减少和控制船舶大气排放的技术研究而进行的试航。其中每缸排量低于 30L 的船用柴油机，海上试航时间不超过 18 个月，最长不超过 36 个月；每缸排量为 30L 或者以上的船用柴油机，海上试航时间不超过 5 年，根据开展某项技术或程序试验的需要，最长不超过 10 年。（3）对海底矿物资源的勘探、开发和相关近海加工而直接产生的排放。

缔约国主管机关可以允许在船上安装任何装置、材料、设备或器具，或允许使用其他程序、替代燃油，或者符合的方法，以代替本规则的要求并在减排方面达到本规则要求的等效。[3]此外，附则Ⅵ还规定 400 总吨及以上的船舶以及所有固定式、浮动式钻井平台和其他平台，需要接受初次检验、换证检验、中间检验、年度检验。对于通过了初次检验或换证检验的不同类型的船舶，缔约国主管部门应当签发《国际防止大气污染证书》或《国际能效证书》。此外，还对发证证书的格式、期限及有效性，港口国监督检查等控制措施，针对臭氧物质、氮氧化物、硫氧化物等物质的船舶排放控制要求，

〔1〕　吴兆麟主编：《中国海上维权法典——国际海事公约篇》（第 3 卷 海洋环境保护），大连海事大学出版社 2012 年版，第 46 页。
〔2〕　吴兆麟主编：《中国海上维权法典——国际海事公约篇》（第 3 卷 海洋环境保护），大连海事大学出版社 2012 年版，第 604—745 页。
〔3〕　参见 MARPOL73/78 附则Ⅵ第 4 条。

船舶能效规则等方面作出具体规定。

国际海事组织先后在 2005 年 7 月 ［MEPC. 132 （53） 号文件］、2008 年 10 月 ［MEPC. 176 （58） 号文件］、2010 年 3 月 ［MEPC. 190 （60） 号文件］、2011 年 7 月 ［MEPC. 202 （62） 号文件］、2012 年 3 月 ［MEPC. 217 （63） 号文件］、2014 年 3 月 ［MEPC. 251 （66） 号文件］、2016 年 4 月 ［MEPC. 271 （69） 号文件］、2017 年 7 月 ［MEPC. 286 （71） 号文件］、2018 年 4 月 ［MEPC. 301 （72） 号文件］、2019 年 5 月 ［MEPC. 316 （74） 号文件］ 等多次通过对附则Ⅵ 的修正案。[1] 可见国际组织及国际社会对船舶大气排放污染问题日益重视。 因相关内容过于偏重技术方面，这里不再赘述。

二、防治邮轮污染海洋环境的国内立法及存在的问题

（一） 有关涉及邮轮污染海洋环境的国内立法概述

目前，我国尚不存在有关邮轮污染海洋环境的专门立法。与邮轮特殊污 染物有关的立法及规定，主要包括 1982 年 《海洋环境保护法》 （先后经过 1999 年、2013 年、2016 年、2017 年多次修订）、1983 年 《船舶污染物排放 标准》[2]、1984 年 《水污染防治法》 （经过 1996 年、2017 年两次修订）、 1997 年 《防止船舶垃圾和沿岸固体废物污染长江水域管理规定》、2010 年 《船舶及其有关作业活动污染海洋环境防治管理规定》 （先后经过 2013 年、 2016 年、2017 年三次修订）、2003 年 《港口法》 （经过 2015 年、2017 年两 次修订）、2009 年 《防治船舶污染海洋环境管理条例》、2015 年 《防治船舶 污染内河水域环境管理规定》、2019 年 《港口和船舶岸电管理办法》 等。

2006 年 12 月 19 日，交通运输部发布 《船舶污染物接收和船舶清舱作业 单位接受处理能力要求》 （JT/T 673—2006）[3]，对作业单位、作业船舶、 作业人员、作业要求、污染物的处置等作出具体规定，该要求自 2007 年 3 月 1 日起施行。该行业标准是参照国际海事组织制定的 《国际油船和油码头安 全指南》 编制的，因此尚无针对邮轮船舶污染物接收和处理的具体行业

---

[1] 参见国际海事组织官方网站上公布的 "IMO 条约现状" （STATUS OF IMO TREATIES）， http：//www. imo. org，2020 年 1 月 9 日访问。

[2] 1983 年的 《船舶污染物排放标准》 （GB 3552—83） 已被船舶水污染物排放控制标准 （GB 3552 -2018） 替代，后者于 2018 年 7 月 1 日实施。

[3] 参见建标库官方网站，http：//www. jianbiaoku. com/webarbs/book/89697/2806877. shtml， 2020 年 3 月 20 日访问。

标准。

2018 年 1 月 16 日，环境保护部与国家质量监督检疫检验总局联合发布《船舶水污染物排放控制标准》（GB 3352—2018）。[1]作为国家标准，对含油污水排放、生活污水排放、含有毒液体物质污水排放、船舶垃圾排放等控制要求作出具体规定，自 2018 年 7 月 1 日起施行。其中，附录 A 有关船舶垃圾的分类多达 10 种，如塑料废弃物、食品废弃物、生活废弃物、废弃食用油、废弃物焚烧炉灰渣、操作废弃物、货物残留物、动物尸体、废弃渔具、电子垃圾等。但是与本章第一节提及的邮轮上产生的特殊污染物种类相比较，由于未能考虑邮轮污染物的特殊性并有针对性地作出规定，该标准仍然存在无法涵盖邮轮上产生的全部污染物类型的不足。

事实上我国在批准加入 MARPOL73/78 后，又于 1983 年 12 月 29 日发布《防止船舶污染海域管理条例》，对 MARPOL73/78 规定的各项制度予以明确和细化。2009 年 9 月 9 日，国务院以第 561 号令发布《防治船舶污染海洋环境管理条例》（以下简称《新防污条例》），并自 2010 年 3 月 1 日起施行，从而废止了 1983 年的条例。《新防污条例》又先后经过 2013 年 7 月、2013 年 12 月、2014 年 7 月、2016 年 2 月、2017 年 3 月、2018 年 3 月多次修改。

《新防污条例》分别在第二章、第三章对船舶及其有关作业活动污染海洋环境的一般规定、船舶污染物的排放和接收等予以明确。其中《新防污条例》第 2 条明确规定，凡是船舶及其有关作业活动污染我国管辖海域的，均适用该条例。《新防污条例》本身没有排除邮轮的适用，因此邮轮船舶涉及污染海洋环境的作业及活动应受该条例约束。此外，根据《新防污条例》第75 条的规定，我国缔结或者参加的国际条约对防治船舶及其有关作业活动污染海洋环境有规定的，适用国际条约的规定，但是我国声明保留的条款除外。显然，由于 MARPOL73/78 及其 6 个附则已经全部对我国生效，在我国境内从事经营活动的一切海上邮轮，均应当首先遵守 MARPOL73/78 的规定。2017 年《水污染防治法》第四章第五节专门对"船舶水污染防治"作出规定，其适用于我国管辖领域内的江河、湖泊、运河、渠道、水库等地表水体以及地下水体的污染防治。其中第 59 条明确船舶排放含油污水、生活污水，应当符合船舶污染物排放标准。因此从事海洋航运的船舶如果进入内河和港口的，还应当遵守《水污染防治法》有关船舶污染物排放标准。由此可见，

---

〔1〕　参见建标库官方网站，http：//www.jianbiaoku.com/webarbs/book/117548/3592281.shtml，2020 年 3 月 20 日访问。

我国针对海船和内河船污染水域环境的相关作业活动采用两分法分别规制的思路。

《船舶及其有关作业活动污染海洋环境防治管理规定》在第三章专门对船舶污染物的排放以及接收等作出相关规定。第 14 条至第 17 条分别对船舶污染物接收单位及其安全管理制度、污染物接收处理情况报告制度以及污染接收作业单证相关要求予以明确。其中第 14 条明确要求船舶应当将不符合法律规定排放要求以及依法禁止向海域排放的污染物,排入具备相应接收能力的港口接收设施或者委托具备相应接收能力的船舶污染物接收单位接收。船舶污染物接收单位如果进行船舶垃圾、残油、含油污水、含有毒有害物质污水接收作业,应当具有与其作业风险相适应的预防和清除污染的能力,并经海事管理机构批准。[1]船舶污染物接收作业单位进行污染物接收作业的,应当遵守国家有关标准、规程,并采取有效的防污染措施,防止污染物溢漏。[2]船舶污染物接收单位应当在污染物接收作业完毕后,向船舶出具污染物接收单证,如实填写所接收的污染物种类和数量,并由船长签字确认。船舶污染物接收单证上应当注明作业单位名称,作业双方船名,作业开始和结束的时间、地点,以及污染物种类、数量等内容。[3]

国际航行的船舶,不论在中国境内停靠几个港口,也不论是中国籍船舶还是外国籍船舶,邮轮或者其他商船,在驶离中国最后一个港口前,均应当将船上污染物清理干净,并在办理出港口岸手续时,向海事管理机构出示有效的污染物接收证明。[4]

为深入贯彻落实党中央、国务院关于加快推进生态文明建设、打好污染防治攻坚战和打赢蓝天保卫战的部署,促进绿色航运发展和船舶节能减排,根据《大气污染防治法》和我国加入的有关国际公约,在实施《珠三角、长三角、环渤海(京津冀)水域船舶排放控制区实施方案》(交海发〔2015〕177 号)的基础上,交通运输部于 2018 年 11 月 30 日,以交海发〔2018〕168 号文件发布《交通运输部关于印发船舶大气污染物排放控制区实施方案的通知》。[5]《船舶大气污染物排放控制区实施方案》发布的目的就是通过设

---

〔1〕 参见《船舶及其有关作业活动污染海洋环境防治管理规定》第 15 条。
〔2〕 参见《船舶及其有关作业活动污染海洋环境防治管理规定》第 16 条。
〔3〕 参见《船舶及其有关作业活动污染海洋环境防治管理规定》第 17 条。
〔4〕 参见《船舶及其有关作业活动污染海洋环境防治管理规定》第 18 条。
〔5〕 参见交通运输部官方网站,http://www.gov.cn/xinwen/2018-12/20/content_ 5350451. htm,2020 年 3 月 19 日访问。

立船舶大气污染物排放控制区，降低船舶硫氧化物、氮氧化物、颗粒物和挥发性有机物等大气污染物的排放，持续改善沿海和内河港口城市的空气质量。

根据该实施方案，2019年1月1日起，海船进入排放控制区，应使用硫含量不大于0.5% m/m的船用燃油；2020年3月1日起，未使用硫氧化物和颗粒物污染控制装置等替代措施的船舶，进入排放控制区只能装载和使用本方案规定的船用燃油；2022年1月1日起，海船进入沿海控制区海岸水域，应使用硫含量不大于0.1% m/m的船用燃油。2021年1月1日起，邮轮在排放控制区内具备岸电供应能力的泊位停泊超过3小时，且不使用其他等效替代措施的，应当使用岸电。2020年年底前，我国现有的14个邮轮泊位中有9个具备提供岸电的能力，而目前以我国邮轮港口作为始发港常态化运营的邮轮共16艘，均未配备受电设施，且均为境外企业拥有的外国籍船舶。如果严格落实该实施方案提出的强制使用岸电要求，将有效减少邮轮船舶在港内大气污染物的排放量。[1]

此外，《船舶大气污染物排放控制区实施方案》还强调需要强化联动监管，要求各个省级交通运输主管部门、各直属海事管理机构认真落实交通运输部等13个部门《关于加强船用低硫燃油供应保障和联合监管的指导意见》（交海发〔2017〕163号）等文件要求，通过建立联合监管机制，保障符合规定的船用低硫燃油供应，加强船舶大气污染防治监督管理。

2019年2月20日，交通运输部、财政部、国家发展改革委、国家能源局、国家电网公司、南方电网公司联合发布《关于进一步共同推进船舶靠港使用岸电工作的通知》。根据该通知，各个部门、各个行业之间应统一岸电标准，促进岸电规范化建设；加快港口码头岸电设施建设，推动岸电规模化发展；完善供售电机制，推动岸电可持续发展；加大支持力度，推动岸电常态化使用；提升服务水平，推动岸电便利化使用。

2019年12月9日，交通运输部公布《港口和船舶岸电管理办法》，对我国境内港口和船舶岸电建设、使用及有关活动予以规范，该办法自2020年2月1日起施行。因此对于邮轮船舶而言，使用邮轮港口码头岸电的活动应当受该规章约束。

综上，我国在有关防治船舶污染海域方面已经建立了比较完善的法律体

---

〔1〕《船舶大气污染排放控制区范围覆盖全国硫氧化物排放比去年同期减少六成》，载国际节能环保网官方网站，https：//huanbao. in-en. com/html/huanbao-2307548. shtml，2019年9月11日访问。

系，不仅包括相关法律、法规等规定，还包括国家标准、行业标准等，上述法律规定均可以适用于邮轮污染物的处置、排放、操作以及监督管理。外籍邮轮如果在我国管辖海域从事经营活动，也要符合上述法律规定及标准要求。

（二）我国应对邮轮海洋环境污染的法律困惑及分析

1. 邮轮污染案件管辖确定问题

邮轮大部分时间是在公海上航行，而且目前尚无悬挂五星红旗的船舶从事我国跨境海上邮轮旅游航线，因此，一旦发生海洋环境污染事件，如何进行有效行政监督管理及确定民事案件管辖是应对邮轮海洋环境污染不可避免的法律问题之一。

根据 MARPOL73/78 第 5 条规定，每个船旗国政府应当对悬挂本国国旗的船舶进行检验和发证。根据其第 4 条第 1 款规定，对于不论发生在何处的违反公约规定的事件，应当予以禁止及制裁。因此对于违反该公约规定的事件或行为，船旗国都要承担首要责任。此外，根据 MARPOL73/78 第 4 条第 2 款，在任何缔约国管辖海域发生违反公约规定的事件，根据该国法律应当予以禁止并给予制裁的，则该缔约国可以：（1）根据法律提起相关程序；或者（2）将其可能掌握的关于已发生违反公约规定事件的情况和证据，提供给船旗国主管机关。显然根据 MARPOL73/78 规定，港口国对船舶污染事件享有一定的管辖权。

但是 MARPOL73/78 没有对"缔约国管辖海域"予以解释，加之该公约通过时，1982 年《联合国海洋法公约》还没有通过，所以 MARPOL73/78 规定的"缔约国管辖海域"的表述不够明确也在情理之中，但对是否应当根据《海洋法公约》的相关规定理解该表述尚不明确。可能产生的异议就是缔约国管辖海域仅限于一国领海范围，还是也包括毗连区在内的其他海域。根据 MARPOL73/78 附则Ⅳ和附则Ⅴ的排放要求，有的废弃物排放可以在领海以内，有的则要求在 12 海里领海以外，因此就会涉及如果 MARPOL73/78 有关"管辖海域"的内涵仅限于 12 海里的领海范围，则港口国对于 12 海里以外的海域上，包括毗连区海域上发生的违法行为无法行使管辖权。如果"管辖海域"的内涵不限于 12 海里的领海范围，则意味着港口国可以在更为广泛的海域范围行使管辖权。因此，一旦发生邮轮违反 MARPOL73/78 规定违法排放废弃物导致海洋污染，遇到的一个问题就是，沿海国或者港口国是否享有处理该邮轮污染海域案件的管辖权。

MARPOL73/78 存在的表述不明以及如何理解上述公约之间的条文衔接，已经在实践中产生争议。例如，在美国诉皇家加勒比游轮有限公司（United

States v. Royal Caribbean Cruises Ltd）[1]案中，美国海岸警卫队发现皇家加勒比游轮有限公司"北欧皇后号"邮轮在从巴哈马水域航行至美国迈阿密港口途中，在巴哈马水域存在倾倒油污的行为。皇家加勒比游轮有限公司声称，该事件不受美国法院管辖，因为船舶是在利比里亚注册登记，航行时悬挂的是利比里亚国旗。利比里亚主管当局接到该公司的声明后，认为邮轮没有发生违规倾倒行为，要求美国海岸警卫队将这次事件从他们的记录中删除，美国不享有以邮轮违法倾倒为由控告皇家加勒比游轮有限公司的管辖权。但是美国海岸警卫队最终以邮轮公司对其作出虚假声明为由，控告皇家加勒比游轮有限公司，使得该游轮公司承担了 900 万美元的罚金处罚。[2]

　　虽然上述案例最终以皇家加勒比游轮有限公司向美国海岸警卫队交付罚金结束，但是我们应当看到，美国司法机关对案件的管辖并不是依据邮轮违反 MARPOL73/78 规定非法倾倒废弃物造成海域污染损害，而是通过间接方式以邮轮公司提供虚假材料为由行使管辖权，实质上没有彻底解决在国际水域航行的非本国国籍邮轮污染海域的管辖权确定问题。

　　我国于 1982 年颁布《海洋环境保护法》，并自 1983 年 3 月 1 日起施行。其中第 2 条明确规定，本法适用于我国内海、领海以及我国管辖的一切其他海域；在上述管辖海域内从事航行、勘探、开发、生产、科学研究及其他活动的任何船舶、平台、航空器、潜水器、企业事业单位和个人，都必须遵守本法；在我国管辖海域以外，排放有害物质，倾倒废弃物，造成我国管辖海域污染损害的，也适用本法。显然 1982 年《海洋环境保护法》在法律层面明确了我国管辖海域的概念，但是仅仅提及我国内水、领海明确属于管辖海域范畴，至于管辖的其他海域包含哪些并没有明确。《海洋环境保护法》之后经过 1999 年、2013 年、2016 年、2017 年多次修正。自 1999 年修订的文本开始，就在第 2 条对我国管辖的海域范围予以明确，即"本法适用于中华人民共和国内水、领海、毗连区、专属经济区、大陆架以及中华人民共和国管辖的其他海域。在中华人民共和国管辖海域内从事航行、勘探、开发、生产、旅游、科学研究及其他活动，或者在沿海陆域内从事影响海洋环境活动的任

---

〔1〕　See United States v. Royal Caribbean Cruises Ltd., 11 F. Supp. 2d 1358, 1361（S. D. Fla. 1998）（denying Rccl's motion to dismiss 18 U. S. C. S. §1001 violation charges）.

〔2〕　Laura K. S. Welles，"Due to Loopholes in the Clean Water Act，What can a State do to Combat Cruise Ship Discharge of Sewage and Gray Water?"，*Ocean & Coastal Law Journal*，2003，p. 99-103.

何单位和个人，都必须遵守本法。在中华人民共和国管辖海域以外，造成中华人民共和国管辖海域污染的，也适用本法"。

　　与1982年《海洋环境保护法》相比较，后续修订的《海洋环境保护法》有如下几处明显的变化：（1）明确了我国的管辖海域不仅包括内水、领海，还包括毗连区、专属经济区、大陆架以及其他海域。（2）在我国管辖海域内，凡是从事航行、勘探、开发、生产、旅游、科学研究等活动的，均受该法律的约束，并且第一次明确将"旅游"活动列明，而不是泛泛地包括在"其他活动"之中。显然此处提及的海上旅游活动，应当包括海上邮轮旅游的经营活动。（3）将《海洋环境保护法》的适用范围向陆地适当扩展，即首次明确如果沿海陆域内从事的经营活动影响海洋环境，也要受本法约束。这也是我国"陆海统筹"管理海洋环境理念的具体体现。（4）如果我国管辖水域外的一切活动会造成我国管辖海域污染的，均应当受该法律约束。条文表述使用的是"一切活动"，不再局限于1982年《海洋环境保护法》提及的"排放有害物质，倾倒废弃物"这两种违法排放活动。显然，经修订的《海洋环境保护法》将更加有力地保护我国海洋生态环境。

　　此外，2016年8月1日出台的《最高人民法院关于审理发生在我国管辖海域相关案件若干问题的规定（一）》（法释〔2016〕16号文），明确了应维护我国领土主权、海洋权益，平等保护中外当事人合法权利，并对我国管辖海域的司法管辖与法律适用问题予以规定。该司法解释系根据《领海及毗连区法》、《专属经济区和大陆架法》、《刑法》、《出境入境管理法》、《治安管理处罚法》、《刑事诉讼法》、《民事诉讼法》、《海事诉讼特别程序法》、《行政诉讼法》及我国缔结或者参加的有关国际条约等，结合审判实际情况，由最高人民法院制定的。其中第1条明确规定："我国管辖海域，是指中华人民共和国内水、领海、毗连区、专属经济区、大陆架，以及中华人民共和国管辖的其他海域。"这是从司法管辖和法律适用的角度再次明确我国管辖海域的范围，也与修订后的《海洋环境保护法》保持一致。

　　综上，根据我国《海洋环境保护法》以及《最高人民法院关于审理发生在我国管辖海域相关案件若干问题的规定（一）》条文规定，结合MARPOL73/78的规定，可以得出如下结论：如果邮轮在我国管辖海域出现违反MARPOL73/78规定及我国法律规定的非法排放废弃物或污染物的一切行为，我国海事主管部门都有权依据公约及我国法律规定予以禁止或采取其他行政处罚措施。

2. 邮轮污染物排放标准的执行及监管仍存难度

根据 MARPOL73/78 附则Ⅳ对船舶污水排放的规定，邮轮必须以驾驶速度超过每小时 4 节的航速才能排放水，对于经过消毒和粉碎处理的污水，可以在距离陆地 4 海里以外排放；对于未经消毒和粉碎处理的污水只能在距离最近陆地 12 海里以外排放。来自污水处理设备的污水只要不存在可见的漂浮固体，或者使得海洋水体变色即可。此外也可以通过港口污水处理设施来集中进行污水处理。虽然国际海事组织第 55 届环保会通过了 MEPC157（55）号决议——《关于船舶未经处理生活污水排放率标准的建议》，对 MARPOL73/78 附则Ⅳ第 11.1.1 条所规定的未经处理的生活污水的排放率，提供可批准和计算适当排放率的标准和指导，并对船舶在不同吃水条件以及不同航速之下的排放率作出具体规定，但是无论如何，根据 MARPOL73/78 确定的标准，最终的效果仍然是不存在可见的漂浮固体或使水体变色；如果船舶航速和吃水状况发生变化，就需要船员在邮轮上适时调整最大排放率以达到要求。该文件要求船员根据船舶航行时的实际情况对污水排放率进行适时调整，因此很大程度上仍然有赖于船员的实践经验和操作经验。

MARPOL73/78 没有对邮轮这种特殊的客船作专门规定，而邮轮上每天产生的污水量巨大，即使邮轮排放行为发生在港口国管辖水域内，港口国进行监督检查时也更多地停留在对邮轮船舶上的污水排放记录文件及其记载内容的检查，无法做到对船舶整个废水处理排放行为及过程的全部监管。邮轮大部分时间均在公海上航行，往往远离船旗国，船旗国也无法对本国邮轮在公海上的污水排放行为进行有效监管。沿海国难以对公海上的非法排污行为行使管辖权，除非该排污行为危及或影响沿海国海域并构成污染威胁。

此外 MARPOL73/78 附则Ⅴ对船上垃圾的处理作出规定，但是对垃圾的分类不够细化，没有考虑到邮轮这种特殊客船上会产生诸多废弃物的情形，加上邮轮产生的垃圾及有毒有害物质种类繁多，即使每一种类的数量未必很大，也会导致在实践操作中，因为嫌麻烦或者缺乏有效监管，船员在对邮轮上的各种垃圾及有毒有害物质进行收集、分类及处理方面未必能严格有效地执行公约规定。

3. 港口污染物接收设施及安排方面存在不足

第一，MARPOL73/78 只是在公约层面原则性要求各个港口国应当配置充分的污染物接收设施并提供相关服务，并未明确违反该规定的港口国责任或法律后果承担问题。因此从落实和履行公约义务的角度，是否能够严格履约，很大程度上有赖于公约各成员国是否足够重视并通过国内法对本国港口污染物接收问题予以明确规定。我国《港口法》[1]《港口经营管理规定》[2]对港口从事垃圾及污水处理经营的资质及审批等作出原则性规定，但是没有明确港口污染物接收公司的具体经营活动或操作方面的权利义务内容，因此一旦港口污染物接收单位向船舶出具排污单证，港口行政管理部门就会认为污染物接收单位依法进行了相关操作，很少也很难会专门进一步追踪污染物如何处理以及是否根据相关法律规定程序和标准予以处理。

第二，现行立法缺乏对污染物接收公司资质的明确规定。现有法律法规仅仅要求船舶垃圾接收公司具备相应的接收资质和接收能力，对于具体标准和要求只字未提。例如：《港口法》仅在第 17 条规定，港口危险货物作业场所、实施卫生除害处理的专用场所，应当符合港口总体规划和国家有关安全生产、消防、检验检疫和环境保护的要求，其与人口密集区和港口客运设施的距离应当符合国务院有关部门的规定；经依法办理有关手续后，方可建设。《港口经营管理规定》第 16 条规定，为船舶提供岸电、燃物料、生活品供应、水上船员接送及船舶污染物（含油污水、残油、洗舱水、生活污水及垃圾）接收、围油栏供应服务等船舶港口服务的单位，港口设施设备和机械租赁维修业务的单位以及港口理货业务经营人，应当向港口行政管理部门办理备案手续；港口行政管理部门应当建立备案情况档案。交通运输部办公厅于 2016 年 8 月 29 日发布《交通运输部办公厅关于印发〈港口和船舶污染物接收转运及处置设施建设方案编制指南〉的通知》，其中提及的《港口和船舶污染物接收转运及处置设施建设方案编制指南》，侧重从基础设施建设角度给出推荐性建议，没有涉及更多的具体操作标准和规范。有些港口的船舶垃圾接收均依托小型私营企业。企业规模较小，内部管理水平较低，并且不存在竞争问题，导致这些污染物接收企业对设备设施等投入不足，污染物处理效果都大打折扣。

第三，现行立法对港口污染物接收设施的监管部门之间的有效衔接规定不足。污染物接收设施作为与到港船舶密不可分的一环，却在我国现行管理体制中被割裂出来。海事管理机构只能在港口码头设施的新建、改建或扩建

---

[1] 我国《港口法》2003 年 6 月 28 日经第十届全国人大常务委员会通过，并先后经过 2015 年、2017 年、2018 年三次修订。
[2] 《港口经营管理规定》于 2009 年 11 月 6 日由交通运输部发布，先后经过 2014 年、2016 年、2018 年、2019 年 4 月 9 日、2019 年 11 月 28 日多次修订。

之前，对污染物接收设施提出建议[1]，而港口及其设施的规划和建设归属于港口行政管理部门。现有法律法规中原则性地对港口配置船舶污染物接收设施予以规定，但仍然存在一些港口以没有具体的国家或行业标准为借口，不配置相应的设施。即使部分港口配置了船舶污染物接收设施或者成立相应的港口污染物处理单位，但这些港口接收设备是否能够满足全部到港船舶的垃圾处理不无疑问。一些港口的船舶污染物处理设施不完善，船舶污染物在船舶进港后不能交付港口收集和处理，或者港口不具备接收某种污染物处理的能力，致使一些船舶驶离港区后就会将这些污染物倾倒入海。

事实上，随着环境保护意识和生态环境保护理念的逐渐增强，国家有关部委已经意识到这一问题。2016年8月29日，交通运输部办公厅发布《港口和船舶污染物接收转运及处置设施建设方案编制指南》，该指南侧重从港口有关污染物接收和处置的基础设施建设角度给出推荐性建议和指导。该编制指南明确提出沿海和长江干线原则上按照"一港（市）一方案"的原则编制。编制中应当以港口、码头、装卸站和修造船厂所在地的区域范围为基础，可综合考虑周边接收处置设施建设和利用情况。在编制方案中应当包括：（1）港口、码头、装卸站等发展现状以及船舶停靠情况概述；（2）有关污染物接收、转运及处置现状及存在的主要问题；（3）相关污染物控制目标、接收转运及处置模式和工作思路；（4）新建、改扩建污染物接收、转运及处置设施建设方案和运营机制、建设时序及资金预算；（5）污染物接收、转运及处置工作的多部门联合监管机制及管理制度；（6）从科研、资金、人员、机制、规划等方面提出建设方案的保障措施等。

船舶污染物在港口的接收、处理活动涉及交通运输、港口、海事管理、工信、环境保护、住宅建设等多个管理部门，希望该编制指南对于未来我国港口污染物接受设施建设、管理和监督方面能够起到推动作用。

第四，港口污染物收费标准不统一。以船舶垃圾为例，船舶吨位大小、船员人数、旅客人数和航程长短等不同，每艘船舶产生的垃圾数量和种类也会存在差异，因此很难准确量度每艘船舶的垃圾排放量。但是毫无疑问邮轮因载客人数较多，产生的生活垃圾数量居各种商船之首。现今全国尚未出台有关船舶污染物港口接收和处理的统一指导性收费标准，国内港口的污染物接收公司大都自行制定费用细则和标准，导致全国各港区对同种

---

[1] 杨兆俊：《结合MARPOL公约浅议防治船舶垃圾污染》，载《中国水运》2011年第12期，第47—48页。

类型的污染物处理操作的收费相距甚大。据调研了解，很多到中国港口停靠的船舶倾向于在国外港口处理船舶污染物，原因是国外港口会对船舶垃圾后续处理的可回收价值进行核算，扣除可回收价值后再收取一定费用，船舶污染物的接收处理费用一般较低甚至是免费。而我国各个港区内的船舶污染物接收单位，有资质从事船舶污染物处理、再回收利用等活动的数量不多，他们又往往倾向于接收油类、含金属类等具有较好回收价值的废弃物。而对于其他回收价值不高、处理技术难度较大、种类多样的废弃物或者污染物，则转包给污染物接收或处理的其他陆地单位。因此在营利目的的驱使下，无论是什么种类的污染物，是否具有回收价值等均不予考虑，都是按照自行订立的价格予以全价收费。

三、防治邮轮污染海洋环境的国外立法

在防治邮轮污染海洋环境问题上，邮轮业发达的国家，如美国、澳大利亚、加拿大等，以及国际邮轮行业协会都高度重视并颁布一些针对邮轮特殊污染物的具体规定。这些立法和实践活动可以为我国提供域外的参考与借鉴。

（一）美国法律规定

1. 美国联邦法律规定

（1）防治邮轮水污染方面

美国于 1948 年颁布《联邦水污染控制法案》（The Federal Water Pollution Control Act）以应对美国水域污染控制问题。该法案经过 1956 年、1961 年、1965 年、1966 年多次修订，明确规定联邦立法可以对市政污染物排放、对各个州内可航水域予以规制，并对包括溪水、河流、湖泊、海洋等水域的水质最低标准予以规定。1972 年该法案再次进行修改，并更名为《清洁水法案》（Clean Water Act，CWA）。[1]《清洁水法案》主要涉及美国水域污染物排放控制规定，联邦污染物控制规划，包括对市政污染物及行业污染物的控制。各个州政府应当根据该法案以及各州的实际情况制定和修改水质量标准、未经许可禁止排放特定的污染物、城市污水处理装置基金及其设立、非点源污染控制等。

美国《清洁水法案》[2]为了保持和恢复海洋生态系统的完整性，对防止

---

〔1〕　Ballotpedia（22 March 2020），https：//ballotpedia. org/Clean_ Water_ Act.

〔2〕　See 33 U. S. C. §1322.

船舶造成水污染的排放行为以及许可证制度等予以规定，这些内容也适用于邮轮。《清洁水法案》第402条明确规定采取国家污染物排放消除系统（National pollutant discharge elimination system，NPDES）[1]，即只有船舶污染物排放的设备达到国家污染物排放消除系统的要求，满足《清洁水法案》规定的标准，才可以获得美国环境保护署排放污染物的许可，并有限排放，否则禁止从任何点源向美国任何水域排放污染物。

根据《清洁水法案》第502条第（6）项规定，船舶排放的污染物包括固体污染物、焚烧后的残余物、生活污水和固体垃圾，但不包括来自船舶的黑水。即根据《清洁水法案》，船舶污染物排放原则上应当获得许可，但是有部分例外豁免。例如，船用黑水的排放，即从正常运作的船用发动机流出的黑水，洗衣、淋浴等废水，厨房废物或维持船舶正常运行的其他废水排放，不需要获得第402条规定的国家污染物排放消除系统的许可。[2]

根据《清洁水法案》第312条规定，邮轮在航行中倾倒污染物需要排污许可证，对于未经任何处理或者未经充分处理的黑水仅允许在距离陆地3海里以外的海域排放，但是按照法律规定的标准予以处理后的黑水可在距离陆地1海里外的海域排放。对于经过处理的灰水，满足污水排放限制标准的，可在距离海岸1海里内排放；未经任何处理的灰水，允许在距离海岸1海里至3海里的范围内排放，排放时邮轮航速必须在6节或以上；灰水在超过海岸3海里以外排放的，没有任何限制。美国《清洁水法案》之所以没有对船舶排放要求和标准作出更严格的规定，是因为立法者认为相比于其他污染物排放而言，商船上产生的黑水和灰水并非重要的污染物。显然上述排放标准要求并未考虑邮轮旅游经营活动会产生区别于一般商船的巨量水污染物的特点。

根据美国法律，配有卫生间的商船和娱乐船舶应当配有船舶污水处理装置（Marine Sanitation Device，MSD），以便能够对船上产生的黑水进行处理。美国环境保护署（Environmental Protection Agency，EPA）专门负责针对船舶污水处理装置的使用作出规范性要求，而美国海岸警卫队则负责检查船舶污水处理装置的设计及运行是否符合法律规定。《清洁水法案》第312条明确规定了禁止排放区域，在这些区域内严格禁止船舶排放任何生活污水，不论

---

[1]　《清洁水法案》第301条规定，禁止任何污染物从任何源头排放到可航水域中，除非获得NPDES的许可。

[2]　吕方园：《运输视角下邮轮法律问题研究》，大连海事大学2015年博士学位论文，第96页。

是否经过处理。美国环境保护署还对禁止排放区域的地理位置等作出明确划定。[1]因此船舶在行驶或经过禁止排放区域期间产生的生活污水,只能暂时存储在船舶上,事后才能再根据法律规定,通过正确的排放程序予以排放。

(2)防治邮轮有毒有害物质污染方面

《清洁水法案》第311条明确规定,禁止在美国可航水域排放有毒有害物质。作为专门规制有毒有害物质污染的联邦法律——美国《资源保护和恢复法案》(The Resource Conservation and Recovery Act, RCRA),针对有毒有害物质的生产者、运输者以及处理和排放的管理方面提出具体要求。因此,邮轮经营活动中产生的有毒有害物质的处理和排放需要遵守该法律规定。根据《资源保护和恢复法案》,邮轮上产生的有毒有害物质应当在邮轮上储存并在靠港期间再将其卸下,交由港口具有资质的接收部门进行处理或者排放。[2]

2. 美国阿拉斯加州的相关规定

美国阿拉斯加州在其管辖水域,针对邮轮黑水排放的相关规定比美国联邦法律规定的标准还要严格,比如:在距离陆地1海里外排放经过处理的黑水时还应当保持航速至少6节以上;若在1海里内排放和/或船速低于6节时需要满足更加严格的排放标准,同时还需要获得美国海岸警卫队的许可等。大多航行于阿拉斯加水域的邮轮会使用先进污水处理系统(Advanced Wastewater Treatment, AWT)来处理黑水。先进污水处理系统与船舶污水处理装置相比较,在污水筛选、处理、消毒和污泥处理手段等方面进行了改进。在灰水排放方面,阿拉斯加州法律规定比联邦法律更加明确和全面。根据阿拉斯加州"商业客轮环境合规计划"(CPVEC)要求,邮轮行业应当采取更加严格的监控措施以防止邮轮违规排放灰水造成海域污染。根据阿拉斯加颁布的条例[3],载有500名或以上乘客的邮轮,应当制定同排放黑水一样严格的灰水排放标准。未经处理的灰水不得在离岸1海里内排放,除非其中悬浮固体物质以及粪便大肠菌群的浓度符合有关标准,即粪便大肠菌群每100ml

---

[1] Vessel Sewage Discharges: No-Discharge Zones (NDZs), United States Environmental Protection Agency (5 August 2018), https://www.epa.gov/vessels-marinas-and-ports/vessel-sewage-discharges-no-discharge-zones-ndzs.

[2] EPA Draft Discharge Assessment Report. Quote from CRS, Cruise Ship Pollution: Background, Laws and Regulations, and Key Issues, CRS report for congress, 2008. p. 13.

[3] Regulation 33 CFR 159 Subpart E, 2001.

不超过 200 菌落数，悬浮固体物质不超过 150mg/L[1]，同时排放时船舶航速应至少达到 6 节。此外阿拉斯加州政府还向美国环境保护署申请，要求将阿拉斯加海域划定为灰水零排放区域。[2]

3. 美国有关邮轮污染海洋环境的立法动态

在 2013 年 7 月 24 日召开的美国第 113 届国会会议上，来自伊利诺伊州的议员蒂克·德宾（Dick Durbin）先生提出将美国《清洁水法案》扩展适用于邮轮船舶的立法建议，以便更好地保护大湖区和美国沿岸水域，以应对邮轮每年在美国水域排放几百万加仑的废水污染问题。该建议案也被称为 2013 年《清洁邮轮船舶法案》（Clean Cruise Ship Act）。该建议案的目的是禁止向美国水域，包括大湖区排放任何未经处理的废水。该立法动议得到美国环境保护机构的广泛支持，如地球之友（Friends of the Earth）、地球正义（Earthjustice）、保护美国水域行动协会（Campaign to Safeguard America's Waters）、西北环境倡导者协会（Northwest Environmental Advocates）等。蒂克·德宾议员指出，根据现有美国法律规定的最低限度标准，平均一艘邮轮每周排放超过 120 万加仑的废水，这些废水被直接排向美国水域及五大湖区。[3] 由于《清洁水法案》本身的限制，对来自船舶上的废水及污染物仅规定了离岸最小距离的排放标准，大部分污染物未经处理可以在远离岸边的海域直接排放。环境保护者对此提出抗议，认为这些污染物不仅污染美国沿海海域，而且导致海岸沙滩污染面临被关闭的风险，同时导致鱼类、贝类污染，增加了海水游泳者的健康风险，还导致佛罗里达州以及牙买加周边海域活珊瑚礁 90% 消失的严重后果。[4] 尽管一些邮轮经营者已经意识到这些问题并采取一些措施降低邮轮污染物排放，但是就整个行业而言并没有统一的标准可供执行。

在《清洁邮轮船舶法案》建议案中主要关注如下方面的内容：（1）就邮轮产生的生活污水、灰水和油污水等排放问题，应当纳入国家污染排放消除系统，并需获得美国环境保护署的许可；（2）禁止在距离岸边 12 海里以内排放任何生

〔1〕　Cruise Control Regulating Cruise Ship Pollution on the Pacific Coast of Canada, West Coast Environmental Law, 2001.

〔2〕　Melissa Nacke, Discharge of Grey Water from Cruise Ships Operating in Arctic Waters-Impacts and Regulations, WWF-Canada. Quote from Cruise Control Regulating Cruise Ship Pollution on the Pacific Coast of Canada, West Coast Environmental Law, 2001.

〔3〕　Constantine G. Papavizas & Lawrence I. Kiern, "2013-2014 U. S. Maritime Legislative Developments", *Journal of Maritime Law & Commerce*, July 2015, p. 266.

〔4〕　Constantine G. Papavizas & Lawrence I. Kiern, "2013-2014 U. S. Maritime Legislative Developments", *Journal of Maritime Law & Commerce*, July 2015, p. 266-267.

活污水、灰水和油污水；（3）通过先进废水处理系统装置将生活污水、灰水、油污水等进行处理后，可以在距离岸边 12 海里以外排放；（4）禁止向美国水域排放任何焚烧炉灰渣、有毒有害物质和生活污水残渣；（5）对船上操作流程进行核查、对残余物进行取样以及定期派人进行监督检查等计划实施。

非常遗憾的是，在美国国会召开第 114 届国会会议期间（2015—2016 年），由于执政党派发生变化，《清洁邮轮船舶法案》未得到充分支持并通过。但是至少这一立法动向能够给邮轮经营者发出警示信号，即美国趋于通过立法加强对邮轮污染海洋环境的监督和管控。

（二）澳大利亚法律规定

1. 澳大利亚防止邮轮污染海洋环境立法概述

澳大利亚海洋环境保护立法大多根据相关国际公约制定。根据澳大利亚《环境保护法》的规定，在没有获得许可之前，禁止任何船舶向澳大利亚水域倾倒任何物质，包括船上生活污水。这里提及的澳大利亚水域不包括内水、隶属于某个州管辖的水域以及北部领地管辖水域。澳大利亚于 2004 年 5 月批准 MARPOL73/78 附则Ⅳ有关防治船用生活污水污染海洋环境。因此澳大利亚要求所有邮轮应当满足该公约规定，船上应当配置船舶污水处置系统或者配有容纳足够数量的污水存储舱。根据 MARPOL73/78 附则Ⅳ 的规定，经过处理的污水获得许可后可以在距离岸边 3—12 海里的区域内排放，并且排放时船舶航速至少在 6 节/小时。

但是澳大利亚各个州有关防止海洋污染的立法和实践并不统一，有的地区，例如新南威尔士地区在其沿海和内水水域执行更为严格的标准；而有的地区，例如塔斯马尼亚地区则相对更加保守和消极。各个州对邮轮废水处置的要求各异，也导致澳大利亚各个港口对邮轮废水及废弃物处理的差异化现象十分明显。[1]

2. 新南威尔士州应对邮轮海洋污染的严格立法

悉尼是澳大利亚最大的城市，也是新南威尔士州首府，是澳大利亚邮轮旅游发展最为兴盛的一个区域。悉尼不仅开设国际邮轮航线，也开辟了国内邮轮航线。世界上著名的邮轮公司均在悉尼开展邮轮旅游业务。悉尼港主要

---

[1] Suzanne Dobson, The Environmental Policy-Making Process in The Cruise Ship Industry: A Comparative Case Study Analysis, Dissertation for the degree of Doctor of Philosphy, Simon Fraser University, Fall 2008, p. 90-92.

遵循有关应对邮轮生活污水和废水排放的州法律规定。此外，新南威尔士州侧重于对油类以及其他废水的排放采取许可制度并制定有效的应急措施。尽管新南威尔士州的港口普遍进行了公司化改制，但是对于废水排放的监控和管理制度没有发生任何变化。

新南威尔士州有关防治海洋污染的立法是 1987 年《海洋污染法》（Marine Pollution Act，MPA），该法对防治海洋污染进行了全面规定。1995 年颁布的新南威尔士区域的《港口公司化及航道管理法》（Port Corporation and Waterway Management Act，PCAWMA），规定由港口及航道部负责相关航运安全事务，包括船舶在州水域航行时的环境保护问题。新南威尔士州范围内的每一港口对于船舶污染物排放均实行许可制。1997 年颁布《环境保护操作法案》（The Protections of the Environment Operation Act，POTEOA），明确禁止可能会导致水域污染的任何行为，并授权环境保护主管部门负责该法案的执行和监督，规定悉尼港为零排放区域，包括生活污水和灰水在内的任何种类的废水一律不得向悉尼港排放。[1]可见，新南威尔士州有关邮轮排放污染物的标准和要求，甚至高于 MARPOL73/78 的相关规定。

3. 塔斯马尼亚地区应对邮轮海洋环境污染的立法情况

霍巴特是澳大利亚南部塔斯马尼亚岛最大的城市和首府，系塔斯马尼亚岛的邮轮旅游中心，拥有世界第三大天然深水港口的美誉。在澳大利亚其他港口纷纷自 1998 年开始进行公司化改制的背景下，塔斯马尼亚地区的港口并未跟风改制，反而采取了商业化管理策略，该地区基本仅遵循澳大利亚联邦法律，没有通过地方立法的方式来规制船舶污染问题。

在霍巴特港负责邮轮经营事务的主要是一些船舶代理公司，它们在负责邮轮报关、检疫检验、船舶供给、联系引航员等事务的同时，还负责船上生活污水和垃圾的处理问题。这些船舶代理公司主要根据国际公约或者澳大利亚联邦法律处理上述事务。在霍巴特港口，邮轮主要根据 MARPOL73/78 附则Ⅳ的规定运营。由于当地港口条件受限，这些邮轮公司的邮轮在停靠霍巴特港口时很少会将船上的垃圾和生活污水排放到岸上接收设施，基本上留存在船内的存储舱。尽管当地法律并没有要求邮轮必须将生活污水等留存在船舶上，但是由于这些邮轮在港口停留时间较短，基本都能做到不在港口排放，

---

〔1〕　Suzanne Dobson, The Environmental Policy-Making Process in The Cruise Ship Industry: A Comparative Case Study Analysis, Dissertation for the degree of Doctor of Philosphy, Simon Fraser University, Fall 2008, p. 93.

等到船舶离开港口后再向海洋排放。直到 2003 年霍巴特港口建立了一个新的废物接收装置后,港口才开始具备条件接收船舶排放的生活污水。港口主管部门往往仅对停靠港口的邮轮进行排放记录簿的检查,并没有采取任何措施对排放行为予以监督。

　　因此,在整个塔斯马尼亚区域,船舶是否合规地排放生活污水等,主要有赖于邮轮公司是否自主自觉采取行动和相关措施,没有强制性地方立法的约束,也没有当地主管部门的监督。[1]

(三) 加拿大法律规定

1. 加拿大应对邮轮污染海洋环境的联邦立法

　　加拿大在多个联邦立法中对邮轮废水排放问题予以规制。[2]例如,《加拿大航运法》(Canada Shipping Act) 明确规定禁止向加拿大一些特定海湾及水域排放任何船舶生活污水。此外根据《加拿大航运法》,加拿大还针对娱乐船舶和非娱乐船舶分别制定《娱乐船艇生活污水污染防治条例》(Pleasure Craft Pollution Prevention Regulations) 和《非娱乐船艇生活污水污染防治条例》(Non-Pleasure Craft Pollution Prevention Regulations),对一些零排放区域作出明确规定。

　　对于邮轮上产生的其他类型的废弃物而言,如果被认定为特定或有毒有害物质,则应当适用《加拿大环境保护法》(Canadian Environmental Protection Act) 以及《危险货物运输法》(Transportation of Dangerous Goods Act)。尽管这两部法并非专门针对邮轮污染环境防治问题,但是可以适用于邮轮上特殊废弃物的排放。

　　针对邮轮上产生的可能含有毒有害物质或者法律规定的化学物质的生活污水或者灰水的处置问题,依据其所含物质的不同,有相对应的法律规定予以调整。与美国、澳大利亚不同的是,加拿大并没有强制规定所有船舶必须配置船舶污水处理装置,导致的结果就是邮轮上产生的任何生活污水或灰水都可以在零排放区域以外的任何加拿大水域未经处理就予以排放。此外,加

---

[1] Suzanne Dobson, The Environmental Policy-Making Process in The Cruise Ship Industry: A Comparative Case Study Analysis, Dissertation for the degree of Doctor of Philosphy, Simon Fraser University, Fall 2008, p. 94-95.

[2] Suzanne Dobson, The Environmental Policy-Making Process in The Cruise Ship Industry: A Comparative Case Study Analysis, Dissertation for the degree of Doctor of Philosphy, Simon Fraser University, Fall 2008, p. 95-97.

拿大《海洋法》或《渔业法》也间接适用于邮轮的海洋环境污染防治问题。

加拿大海岸警卫队负责加拿大海域内船舶污染的监督和清污工作。目前，对海洋污染最有效的探测手段就是空中监测。加拿大通过携有探测和报告装置的固定翼航空器实施国家航空监测计划（National Aerial Surveillance），以便及时发现船舶污染海域的事件并能够及时收集证据提起索赔诉讼。但是截至 2020 年年底，尚未有任何关于邮轮在加拿大海域非法排放的报道。

2. 英属哥伦比亚省的地方立法

温哥华位于英属哥伦比亚省（又称"不列颠哥伦比亚省"），是加拿大最受欢迎的邮轮旅游地。温哥华的邮轮旅游业始于 19 世纪 50 年代，在 19 世纪 80 年代发展迅猛。根据《美国旅客服务法案》，在美国某港口至另一港口之间从事旅客或货物运输的船舶必须满足由美国公民享有所有权，在美国建造并且配备美国籍船员等条件，从事国际航线运输的则不受此限。而从事美国境内邮轮旅游的大多数船舶悬挂外国旗帜，从事美国境内邮轮旅游的公司，为了规避美国法律的严格限制，在从美国本土港口开航驶往阿拉斯加的邮轮旅游航线中，大都选择停靠加拿大港口，而温哥华港则成为邮轮经营者在这一航线上的不二选择。

目前，温哥华港尚没有针对邮轮船舶生活污水或废水排放的专门立法规定，主要有赖于各个邮轮船舶自律式的实践操作。但是自 2000 年以来，温哥华港口主管部门一直对停靠港口的深水邮轮进行较为严格的登轮检查，大约 98% 的邮轮船舶都接受过港口检查，如检查油污水排放阀的密封情况、洗舱检查、添加燃油前的预检措施等，以避免潜在的污染物排放事件的发生。因此，尽管没有专门的立法规定，但是相关主管部门的严格监督检查，很大程度上避免或减少了邮轮船舶违规排放污染物事件的发生。

（四）国外一些邮轮行业协会的规定及做法

1. 国际邮轮协会

国际邮轮协会自 1975 年成立以来，先后在北美、南美、欧洲、亚洲和大洋洲设有代表处。[1]国际邮轮协会作为邮轮行业组织，也一直致力于邮轮安全及环境安全问题。在其成员的建议和同意下，国际邮轮协会提出旨在加强船上安全管理和环境保护的相关管理策略。为了寻求最佳实践效果，国际邮

---

〔1〕《国际邮轮协会是世界上最大的邮轮行业贸易协会》，载国际邮轮协会官方网站，https：// cruising. org/about-the-industry，2018 年 8 月 10 日访问。

轮协会制定的有些策略或标准甚至超过现行生效的国际公约或相关国家的法律规定。

关于邮轮上的黑水和灰水排放问题，国际邮轮协会要求其成员公司的邮轮除了安装先进污水处理系统，还应当遵守如下规则：灰水仅可以在航行中且航速不少于 6 节时予以排放；在离岸小于 4 海里的海域，如果未经当地主管机关许可一律不得排放，除非邮轮处于紧急情况或存在地域限制的情形。而所有黑水在排放之前，则必须经过污水处理装置处理，而且对于不使用岸上废弃物接收设备并且在领海以外水域定期航行的邮轮，只能在离岸 4 海里以上且航速不少于 6 节时排放废弃物。[1]

关于有毒有害物质的排放，国际邮轮协会提议在减少焚烧炉灰烬的基础上，应采用废物隔离方式，以防止有害物质进入焚烧炉，确保焚烧炉主要用于食物垃圾、受污染的纸板、一些塑料垃圾和木材的处理。并且国际邮轮协会还建议各个邮轮公司应当定期对焚烧炉灰烬进行测试和评估。[2]

通过行业协会倡导及实践策略的制定和实施，敦促旗下会员单位能够恪守航行安全和海洋环境保护的理念，遵守相关国际公约或国内法律规定，通过采取较为统一的灰水、黑水、有毒有害物质排放标准等，避免或减少因为邮轮经营活动而带来的海洋环境问题。

2. 蔚蓝水域网络机构

蔚蓝水域网络机构（Bluewater Network，BWN）作为参与和邮轮相关的环保活动的一个前沿机构，曾是地球岛屿机构（Earth Island Institute）的一个分支组织，于 2002 年成为一个独立的非营利组织，2005 年与地球之友（Friends of the Earth）合并。该组织曾参与多个国家政策制定的游说活动，成功发起多项法案制定的倡议，在多起涉及邮轮污染的案件中，通过法院要求美国环境保护署制定有关控制船舶排放的条文规定，以禁止邮轮排放压载水等违法行为，并且为美国环境保护署在防治邮轮污染方面提出很多建设性意见。[3]

蔚蓝水域网络机构在涉及防治邮轮污染海洋环境方面的努力具体包括：

---

[1]《国际邮轮协会是世界上最大的邮轮行业贸易协会》，载国际邮轮协会官方网站，https://cruising. org/about-the-industry，2018 年 8 月 10 日访问。

[2] U. S. Environmental Protection Agency, Cruise Ship Discharge Assessment Report, 2008, p. 6-9.

[3] Kira Schmidt, *Cruising for Trouble：Stemming the Tide of Cruise Ship Pollution*, Bluewater Network's Cruise Ship Campaign, 2000, p. 2-3.

（1）要求对来自邮轮的所有污染物的数量、特征及影响进行深入探究；（2）要求明确规定对邮轮排放到美国水域的所有污染物进行全面检测、记录及报告；（3）针对邮轮灰水排放增加有关执行美国国家污染物排放消除系统（NPDES）许可等严格规定；（4）加强对邮轮上有毒有害物质的监管处理；（5）建议美国环境保护署与美国海岸警卫队共同协作，做好邮轮污染防治工作。此外，该组织还建议通过立法明确禁止邮轮排放厨房中产生的灰水；禁止在州管辖水域内倾倒黑水；在防治有毒有害物质污染方面，提出禁止在州管辖水域内排放等。

事实上 MARPOL73/78 附则Ⅳ对生活污水的处理作出专门规定，要求所有生活污水只有在通过船舶污水处理装置处理后才能排放。但是各国在具体落实和实施该公约规定时仍然存在一些不同。例如，澳大利亚批准了 MARPOL73/78，因此澳大利亚各州均将该公约作为最低标准。澳大利亚各个城市的标准要求并不一致，如新南威尔士州的法律规定比较严格，对于经过船舶污水处理装置处理后排放的污水标准规定最高限制，并且在悉尼的内水水域设置零排放区域。加拿大则对邮轮生活污水排放未作任何具体规定，在符合 MARPOL73/78 的前提下，由邮轮行业自行制定标准或者由各个地方自行决定。美国联邦立法虽然原则上要求邮轮船舶应当配置船舶污水处理装置，但是并未严格执行，只有阿拉斯加州法律明确规定邮轮必须配置比公约规定更为严格的先进废水处理系统，生活污水经过该系统处理后，才能够按照规定标准在阿拉斯加水域排放。[1]

阿拉斯加州对于防治邮轮污染海洋的措施之所以相较美国其他州的规定更为严格，也是经历了如何平衡和处理好邮轮发展与环境保护之间关系的艰辛历程。阿拉斯加州政府最初对于邮轮排污行为的限制，仅仅针对油污水排放；后来随着港口停靠的邮轮越来越多，邮轮旅游业发展越来越兴盛，发现邮轮上的生活污水及灰水排放量惊人，而且邮轮上一些有毒有害物质的排放对当地生态环境已经造成巨大影响，然后才开始意识到对一些违规邮轮采取罚款等更为严厉措施的重要性。例如：1998 年皇家加勒比游轮有限公司的一艘邮轮将船上照相室、干洗店设施以及舱底油污水等含有毒有害物质的废弃物排放到美国水域，引起 21 项罪行的起诉。最终，皇家加勒比游轮有限公司支付了高达 1800 万美元的罚款。1999 年，阿拉斯加又对皇家加勒比游轮有

---

[1] Suzanne Dobson, The Environmental Policy-Making Process in The Cruise Ship Industry: A Comparative Case Study Analysis, Dissertation for the degree of Doctor of Philosophy, Simon Fraser University, Fall 2008, p. 63.

限公司提起诉讼，指控其非法向阿拉斯加州水域排放含有油类和有毒有害物质的废弃物，导致该公司在 2000 年又支付了 650 万美元的赔偿。[1] 这些鲜活的事例，不仅唤醒了民众对邮轮污染海洋环境的重视，也引起诸多民间团体关注这一问题。正是基于民众及民间机构邮轮环保意识的不断提高以及几起令人瞩目的邮轮污染事件的发生，才促使阿拉斯加州政府痛下决心采取更为严格的政策和地方标准，防止邮轮污染海洋环境。

第三节　邮轮污染海洋环境监管机制与防治措施

邮轮本身不仅吨位大、载客数量多，而且涉及污染海洋环境的污染物种类繁多，生活污水及灰水数量较大，其他污染物的数量虽然较小但是通常具有毒害性。由于邮轮在港时间较短，尤其是在停靠港的驻留时间通常不超过 24 小时，大部分时间处于海上巡航中，导致海洋环境主管部门对邮轮进行检查的时间非常有限，彻底对所有污染物排放进行检查不仅耗时长且难度大。基于邮轮运营具有区别于其他普通商船甚至传统客船运输的特殊性，不能简单地将针对一般商船的监督检查机制运用到邮轮上，只有对邮轮污染物排放采取更加有效和具有针对性的监管手段，才能更好地保护邮轮港口及海洋环境。

一、邮轮污染海洋环境监管机制现状及存在的问题

（一）我国邮轮污染海洋环境监管机制现状

1. 海洋环境监督呈现多头管理的特性

根据我国《海洋环境保护法》第 5 条的规定，我国对海洋环境的保护监督管理，采取多个部门按照职能分工负责的机制。国务院环境保护行政主管部门作为对全国环境保护工作进行统一监督管理的部门，对全国海洋环境保护工作进行指导、协调和监督，并负责全国防治陆源污染物和海岸工程建设项目对海洋污染损害的环境保护工作。国家海洋行政主管部门负责海洋环境的监督管理，组织海洋环境的调查、监测、监视、评价和科学研究，负责全

---

[1] Suzanne Dobson, The Environmental Policy-Making Process in The Cruise Ship Industry: A Comparative Case Study Analysis, Dissertation for the degree of Doctor of Philosphy, Simon Fraser University, Fall 2008, p. 108-109.

国防治海洋工程建设项目和海洋倾倒废弃物对海洋污染损害的环境保护工作。国家海事行政主管部门负责所辖港区水域内非军事船舶和港区水域外非渔业、非军事船舶污染海洋环境的监督管理,并负责污染事故的调查处理;对在我国管辖海域航行、停泊和作业的外国籍船舶造成的污染事故可以进行登轮检查处理。船舶污染事故给渔业造成损害的,还应当吸收渔业行政主管部门参与调查处理。国家渔业行政主管部门负责渔港水域内非军事船舶和渔港水域外渔业船舶污染海洋环境的监督管理,负责保护渔业水域生态环境,并调查处理前款规定的污染事故以外的渔业污染事故。军队环境保护部门负责军事船舶污染海洋环境的监督管理及污染事故的调查处理。沿海县级以上地方人民政府如何行使海洋环境监督管理权及履行其职责,由省、自治区、直辖市人民政府根据本法及国务院有关规定确定。综上,可以看出,仅针对船舶造成海洋环境污染的监督管理,就可能涉及国家海洋局、中国海事局、渔业管理、军队环境保护等多个部门。

2018 年国家机构改革后,国家海洋局被分解,其主体部分被并入到新组建的自然资源部,由生态环境部行使国家海洋局的保护海洋环境职能,其内部设立海洋生态环境司负责监管全国海洋生态环境工作。在海洋执法方面,目前是中国海警局和中国海事局并存。中国海警局是集武装性、警卫性、行政性于一体的执法机构,中国海事局则是海事管理与执法合一,只具备行政性。中国海事局除了负责水上交通安全,还需要防止和控制船舶污染,并在发生船舶污染事件时进行事故调查和处理。[1]根据 2018 年大部制改革有关文件,中国海警队伍被编入武警行列。[2]此次改革将我国以往分散的海上执法力量予以整合,能有效提升执法效率,解决长期以来我国海上维权执法力量存在的"多龙闹海"的痼疾。除中国海事局以外,海洋执法的职能在武警总局内实现统一,包括海洋生态环境保护的执法任务,使得国家海洋行政管理职能与海警局的海上执法权限得以分离,在决策权与执行权之间形成相互制约和相互监督的关系。[3]根据我国《海警法》第 5 条的规定,海警机构在海上维权执法的工作,就涵盖了在其职责范围内对海洋资源开发利用、海洋生

---

[1] 参见中华人民共和国海事局官方网站,http://www.msa.gov.cn/page/article.do?articleId=86183E24-A5E6-4476-9DB6-B954A3E287DE.html,2021 年 8 月 10 日访问。

[2] 《中国海洋管理面临洗牌》,载中外对话海洋官方网站,https://chinadialogueocean.net/2563-shake-up-for-chinas-ocean-management/?lang=zh-hans,2019 年 3 月 27 日访问。

[3] 刘叶:《论防治邮轮污染海洋环境的法律机制》,大连海事大学 2019 年硕士学位论文,第 27—28 页。

态环境保护、海洋渔业生产作业等活动行使监督检查的权力。根据《海警法》第12条有关海警机构职责范围的具体规定，海警机构侧重于对海域使用、海岛保护以及无居民海岛开发利用、海洋矿产资源勘查开发、海底电（光）缆和管道铺设与保护、海洋调查测量、海洋基础测绘、涉外海洋科学研究等活动进行监督检查并查处违法行为；此外，海警机构还有权针对海洋工程建设项目、向海洋倾倒废弃物、保护利用自然保护地海岸线向海一侧等活动进行监督检查并查处违法行为。显然根据《海警法》的上述规定，涉及船舶污染海洋环境的监督检查职能，依然归属于我国海事管理部门。

2. 船舶污染物接收处理之监管主体多元化

船舶污染物从产生、有条件排放、接收、转移到处置等各个环节，涉及生态环境保护的全链条，形成闭环式的管理。目前我国相关法律、法规，对于船舶污染物的前端和中端的监督管理，即船舶污染物的产生、有条件排放、接收等作出明确规定，而对于船舶污染物的末端监管，即污染物的接收和处置等，则通过多部委联合发布指导意见的方式予以规定。

根据《海洋环境保护法》第62条的规定，任何船舶及相关作业不得违反规定向我国管辖的海域排放污染物、废弃物和压载水、船舶垃圾及其他有害物质。因此，要求港口、码头、装卸站和船舶修造厂应当按照有关规定备有足够的用于处理船舶污染物、废弃物的接收设施，并使该设施处于良好状态。针对可能发生的溢油风险，要求装卸油类的港口、码头、装卸站和船舶应当编制溢油污染应急计划，并配备相应的溢油污染应急设备和器材。[1] 而包括邮轮在内的任何船舶在进行上述相关作业活动时，应当遵守我国有关法律法规和标准，采取有效措施，防止造成海洋环境污染。海事行政主管部门负责对船舶及有关作业活动予以监督管理。

根据《防治船舶污染海洋环境管理条例》的规定，船舶排放的船用垃圾应当符合法律、行政法规、我国缔结或者参加的国际条约以及相关标准的要求。船舶处置污染物，应当在相应的记录簿内如实记录。船舶污染物接收单位从事船舶垃圾接收作业的，应当编制作业方案，遵守相关操作规程，将船舶污染物接收情况按照规定向海事管理机构报告。[2] 船舶污染物接收单位如果接收了船舶污染物，应当向船舶出具污染物接收单证，该单证由船长签字确认并留存至少2年。船舶污染物接收单位按照国家有关污染物处理的规定

---

〔1〕 参见《海洋环境保护法》第69条。
〔2〕 参见《防治船舶污染海洋环境管理条例》第17条。

对船舶污染物予以处理后，每月将船舶污染物的接收和处理情况报海事管理机构备案。[1]《船舶及其有关作业活动污染海洋环境防治管理规定》第 12 条至第 19 条的规定与《防治船舶污染海洋环境管理条例》的规定基本一致。

综上，可以看出中国海事局对于船舶排放污染物以及船舶污染物接收进行监督管理，但是对于船舶污染物接收单位后续如何处置污染物的监督管理问题，上述法律、法规等并没有予以明确，而仅仅提及船舶污染物接收单位应当将接收和处理情况向海事局备案。

为了贯彻落实习近平生态文明思想，认真执行党中央、国务院坚决打好污染防治攻坚战的总体要求，建立和完善船舶污染物转移处置的联合监管制度，交通运输部办公厅、生态环境部办公厅、住房和城乡建设部办公厅于2019 年 1 月 31 日联合发布《关于建立完善船舶水污染物转移处置联合监管制度的指导意见》（以下简称《船舶污染物联合监管指导意见》）。该指导意见对船舶污染物的分类管理、单证要求、监管要求、保障措施等作出具体规定，明确提及海事、交通运输（港口）、生态环境、环境卫生、城镇排水主管等部门应当在当地政府的牵头组织下，建立完善和实施船舶污染物转移处置的联合监管制度，明确各自监管职责，建立部门间联合执法机制。该指导意见还明确规定船舶水污染物和危险废物是指船舶营运中产生的含油污水、残油（油泥）、生活污水、化学品洗舱水和船舶垃圾等污染物。《船舶污染物联合监管指导意见》要求依法合规地对船舶污染物进行分类储存、排放或转移。通过船舶或港口接收船舶水污染物，或通过船舶转移水污染物的，由交通运输（港口）、海事部门根据职责实施分类管理。其中船舶水污染物通过接收船舶临时储存、转移，以及通过船上或港口配套设施设备接收、预处理的，仍然按照船舶水污染物实施管理；预处理后仍需通过船舶转移的，按照水运污染危害性货物实施管理。如果船舶水污染物及其预处理产物需要在岸上转移处置的，则由生态环境、环境卫生、城镇排水等主管部门根据职责实施分类管理。

综上所述，从《船舶污染物联合监管指导意见》的具体内容看，我国对船舶污染物排放、接收、处置等活动采取两分法，即以船/港、船/岸为界，在船舶上或者港口内存储、排放的，由海事局以及港口所在地负责港口管理事务的交通运输部门负责。在岸上存储、转移及处置污染物的，则根据船舶污染物的种类不同予以区别对待。如果船舶污染物属于生活垃圾的，按照

---

[1]　参见《防治船舶污染海洋环境管理条例》第 19 条。

《城市生活垃圾管理办法》实施管理，由港口所在地的环境卫生主管机关监管，纳入当地生活垃圾处置系统一并进行；船舶生活污水接入当地市政污水管网，由港口所在地城镇排水主管部门监管；属于危险废物的，按照《危险废物经营许可证管理办法》《危险废物转移联单管理办法》等相关规定，由港口所在辖区内的生态环境部门监管。因此，就船舶污染物产生至最终处理的全部流程看，涉及海事管理、港口管理、环境卫生、城镇排水、生态环境等多个部门的监督和管理。

（二）我国针对邮轮污染海洋环境监管存在的问题

1. 海洋环境监管与执法权限需要进一步厘清

根据 2013 年《国务院机构改革和职能转变方案》，中国海警局划归武警部队管理，将国家海洋局及其中国海监、公安部边防海警、农业部中国渔政、海关总署海上缉私警察的队伍和职责整合，统一履行海上维权执法职责。2018 年 6 月 22 日，全国人民代表大会常务委员会通过《关于中国海警局行使海上维权执法职权的决定》，对中国海警局履行海上维权执法职责予以明确，包括执行打击海上违法犯罪活动、维护海上治安和安全保卫、海洋资源开发利用、海洋生态环境保护、海洋渔业管理、海上缉私等方面的执法任务，以及协调指导地方海上执法工作。中国海警局执行打击海上违法犯罪活动、维护海上治安和安全保卫等任务的，行使法律规定的公安机关相应执法职权；执行海洋资源开发利用、海洋生态环境保护、海洋渔业管理、海上缉私等方面的执法任务的，行使法律规定的有关行政机关相应执法职权。因此，中国海警局目前同时享有公安机关执法权限以及部分行政机关执法权限。虽然从《海警法》全文来看，海警机构更加侧重于对海域使用、海岛保护、海底矿产资源利用、海洋建设工程项目、海洋倾废等可能造成海洋环境污染的活动进行监督检查并查处违法行为，但是根据《海警法》第 12 条第 1 款的规定，海警机构还可以根据我国法律、法规及我国缔结或批准的国际条约，在我国管辖海域以外的区域承担相关执法任务。显然中国海警局的职责比较广泛，但是鉴于目前武警队伍及人员有限，很难有效地将海洋环境保护工作落到实处，实践中大多数情况下仍然由海事局负责完成涉及船舶污染的监测及执法等工作。根据《海警法》第 12 条第 2 款的规定，海警机构与公安、自然资源、生态环境、交通运输、渔业渔政、海关等主管部门的职责分工，按照国家有关规定执行。而我国《海洋环境保护法》对涉及海洋、海事、渔业行政管理部门以及军队环境保护部门之间的职责划分也作出原则性规定。因此，就邮轮产生的污染物造成海洋环境污染活动的监督管理方面，中国海警局与中国海事局之间仍然存在一些职责分工不够明晰或交叉的问题。因此在日后海洋执法队伍的深入改革中，如何划定和衔接中国海警局与中国海事局的执法权限，更好地保护海洋环境是急需面对的问题。[1]

2. 海洋环境监管力量和模式有待进一步完善

我国针对海洋环境的监管力量相对薄弱，相关人员的专业素养及专业能力尚存不足，辅助设备设施相对落后。目前对海洋环境进行监测主要依靠巡逻艇，然而受船舶自身条件、天气等多方面因素影响，相关机构无法对发生在港口水域以外的深水海域的邮轮污染行为进行及时巡逻检测。就目前发生的邮轮违规排污导致海域污染事件而言，有的通过空中检测发现，有的因旅客和船员举报得以发现，监管部门主动监测到的比例较小。[2]邮轮作为流动性的交通工具，如果没有严格的监管程序规定，即使是在港口区域内，邮轮如果只是排放较少数量的污染物，监管部门也很难监测到；如果邮轮在远离港口的深水区域排放污染物，监管部门能够主动监测到的可能性更是微乎其微。

虽然目前普遍要求邮轮在排放污染物时需要对排污行为予以记录并保存这些记录内容，但是由于缺乏主管部门对排污行为的有效检测监管及对排污后海洋环境的监测和评估，很难确保船舶记载内容的真实性，各个邮轮公司是否会主动上报或记载其可能存在的违法排污行为值得怀疑。[3]

因此，只有通过强制有效的监管、监测、评估等相关程序，采用多元化监测手段和措施，提高监测和评估的技术水平和能力，才能真正实现对邮轮排放污染物活动的有效监管。

3. 邮轮船舶污染物全链式监管制度有待完善

首先，涉及邮轮船舶污染物前、中端排放的监管部门之间衔接度不够。邮轮船舶污染物产生之后，如果经过船舶污染处理装置处理并且满足相关国际公约或我国法律规定的，可以依法定标准予以排放，中国海事局及中国海警局分别从船舶管理和海洋环境保护监督方面对该排放行为的前端予以监管。但是对于无法通过船舶污染处理装置处理或禁止排放的污染物而言，则只能交由港口接收部门进行处置，因此船舶污染物排放、接收中端的监管由港口

---

〔1〕 李林：《论我国海上执法力量改革发展的目标》，载《公安海警学院学报》2018 年第 2 期，第 9 页。

〔2〕 刘叶：《论防治邮轮污染海洋环境的法律机制》，大连海事大学 2019 年硕士学位论文，第 28 页。

〔3〕 刘叶：《论防治邮轮污染海洋环境的法律机制》，大连海事大学 2019 年硕士学位论文，第 29 页。

管理主管部门、海事管理部门共同完成。如果船舶污染物需要在岸上进行处置和转移的，则分别由环保部门、环境卫生主管部门以及城建部门共同监管完成。船舶污染物全链式监管过程涉及多个行政管理部门，各部门职能仍存在一些交叉，容易出现监管空白或者漏洞。例如：虽然海事部门能够管控船舶污染物的接收，但无法跟踪其最终去向；环保部门负责管理岸上危险废物的产生、转移、运输和最终处置，但是对来自船舶的危险废弃物的转移处置不能完全掌握；在邮轮污染物的港口接收设施建设方面，海事部门尽管能够提出相应建议，但却限于在港口码头设施新建、改建或扩建之前提出，港口及污染物设备的规划和建设由港口行政管理部门负责。[1]因此，在船舶污染物排放、处置、储存，到排放至港口接收、存储及处理的全过程中，各管理部门依然存在一定的监管冲突。

其次，对船舶污染物接收后的末端处理缺乏有效监管。虽然《防治船舶污染海洋环境管理条例》规定，船舶污染物接收部门应当将污染物的接收和处理情况，定期向海事管理机构备案。但船舶污染物接收单位的报告内容实际上只是一些简单的数据统计，《防治船舶污染海洋环境管理条例》并未规定申请备案是否需要提供处理污染物的详细情况及说明。而且海事部门并非这些污染物接收单位的主管部门，其与船舶污染物接收单位的其他行政管理部门之间缺乏有效的对接机制，导致各个部门之间的相关数据信息无法及时共享，无法确保船舶污染物是否得到事实上的妥善处理。如果不能对船舶污染物在岸上的后续处理程序予以及时监管，很容易出现二次污染问题。

以海事管理部门面临的监管取证困难为例，对排放到码头接收设施的污染物，无法律规定要求接收单位必须提供相关书面证明，因此海事部门对该船舶污染物排放至港口或岸上接收单位行为的监管存在证据链缺失，也无法对船舶污染物排放的全过程进行跟踪监测，使得船舶污染物排放及接收的整个过程缺乏追溯性。即使船方能够出示处理污染物的记录或记载内容，海事部门很难有效判断该处理行为是否真实以及是否根据记载内容真实地排放到码头指定接收设施。例如，上海海事局在 2018 年 5 月 17 日，对"集海××轮"进行船舶现场监督检查时，发现船舶《垃圾记录簿》记载显示，自 2018年 1 月 8 日至 4 月 14 日，该轮在上海港靠泊的码头，分 8 次共排放食品废弃物、生活废弃物、废弃食用油等共计 7.2 立方米。经海事部门调查了解发现，

---

[1]　杨兆俊：《结合 MARPOL 公约浅议防治船舶垃圾污染》，载《中国水运》2011 年第 12 期，第48 页。

该船在码头排放垃圾时均没有负责人员在场，也没有向码头方支付任何费用，但事后将垃圾丢弃在码头的行为在《垃圾记录簿》中予以记录和载明，码头方面也未向船舶出具任何污染物接收单证。[1]尽管该案件仅针对的是沿海运输船舶，并非邮轮污染物排放，但是从该事故调查中可以发现，船公司如果向港口污染物接收单位排放污染物需要交纳垃圾处理费，产生一定的经济支出；而如果未按规定排放船舶垃圾，例如将垃圾交付给无资质的接收单位，或者未按规定保存污染物接收单证等受到的行政处罚成本较低，则部分船公司为了千方百计节省成本，就会选择直接将船舶污染物排放到码头上，而不是将船舶垃圾排放到码头指定的接收单位或指定的接收设施。因为大风、雨水冲刷等自然原因，堆积在码头的垃圾很可能会再次入海造成二次污染；如果不能及时处理这些垃圾，会对岸上环境卫生产生污染威胁。也不排除有的船舶实际上直接将垃圾排放入海，但记录簿上却载明排放到码头接收设施的情形。[2]

以上仅针对船舶污染物排放活动的监管，就存在取证困难、对污染物处理全流程难以适时监测等问题，管中窥豹可见一斑，在涉及船舶污染物处理、接收等活动中，港口管理、环境卫生、生态环境、城镇排水等其他管理部门依然会存在与海事管理部门类似的监管问题和障碍。因此，针对船舶污染物排放及处理环节，只有建立各个行政管理部门联合监督、检查及合作机制，才能更好地解决邮轮污染海洋环境问题。

（三）邮轮污染海洋环境监管的域外实践

1. 美国对邮轮污染海洋环境监管实践

美国海岸警卫队是预防、监测和调查船舶污染物排放的主要联邦机构。为了预防或检查邮轮上污染物的非法排放行为，美国海岸警卫队主要通过四种途径实现：港口国通常检查、飞机空中监控、第三方报告和邮轮公司自主报告。[3]

---

〔1〕 李刚：《上海港沿海航行船舶垃圾排放到码头的海事监管》，载《航海》2018 年第 4 期，第 64 页。

〔2〕 李刚：《上海港沿海航行船舶垃圾排放到码头的海事监管》，载《航海》2018 年第 4 期，第 65 页。

〔3〕 US General Accounting Office, Marine Pollution：Progress Made to Reduce Marine Pollution by Cruise Ships, but Important Issues Remain, Report to Congressional Requestors, GAO/RCED-00-48, 2000.

在港口通常的例行检查中，美国海岸警卫队会在船舶靠港期间，检查船舶上的污染处理系统是否安装以及是否处于正常运行状态，同时要求船舶提交若干文件及证书，以证明邮轮船舶符合国际公约及美国法有关黑水、灰水等船舶污染物排放标准。根据美国联邦法律规定，海岸警卫队还需要检查邮轮上有关黑水及灰水的排放记录簿，其中需要明确清晰地记载船舶污染物排放时间、地点、体积、类型、排放时流速以及船舶航速等信息，需要提交环保合规的记录簿，同时海岸警卫队还可以对邮轮进行其他安全检查。

采用航空器进行空中监控，也是美国海岸警卫队常用的监测辅助手段。通过空中监测，能够有效监测到船舶在航行中是否存在事实上的违法排放行为，并通过红外线设备监测邮轮夜间排放行为，同时通过拍摄功能将违法行为予以保存以备作为证据使用。

第三方报告通常是指目击者将邮轮违规排放船舶污染物的情况报告给海岸警卫队，目击者的身份可能是发现并注意到邮轮排放污染物的普通公民、邮轮旅客或一些政府机构代表、民间组织等。海岸警卫队在收到这些报告之后进行适当的评估，以便决定是否采取后续调查行动。

邮轮公司的自主报告制度则是指邮轮公司在排放船舶污染物，尤其是发生意外事故以及可能造成海洋环境污染事故时，应当主动向美国海岸警卫队报告其排放情况。

此外，邮轮在进入美国特定港口时，应当在美国法律规定的期限内，向海岸警卫队提交船舶污染物的样本及其分析报告，符合灰水和黑水排放最低标准的相关证明，提供可供审查和抽样检测的经过处理后的黑水和灰水中一般污染物的样本；同时在未经提前公告通知的情况下，海岸警卫队可以对邮轮随机抽样进行检查，所有检查的费用由邮轮船舶经营人自行承担。

根据阿拉斯加州法律，除了上述规定，还额外要求邮轮船舶应当报告船上有毒有害物质的排放情况，相关有毒有害物质样本的检测分析由独立的第三方实验室完成，以确保检测工作公正进行。此外，阿拉斯加州法律针对灰水排放规定了抽样、检测、报告和记录保存等更加具体的要求。明确规定美国环保部门可以登船检查、采集黑水及灰水样本，而不需要事先通知且采取随机抽取样本的方式。每年至少进行两次样本检查，所有费用由邮轮公司承担，黑水及灰水样本也由独立的第三方进行公正检测。

2. 加拿大对邮轮污染海洋环境监管实践

加拿大海岸警卫队负责邮轮污染海洋环境监管和执行工作。海岸警卫队主要通过航空器对邮轮污染物排放进行空中监控，并且更侧重于对邮轮船舶上产生的固体废物垃圾以及含油类物质的排放监管。

在有害物质的排放方面,加拿大《污染物排放报告条例》[1]对污染物排放的时间、具体要求和程序等作出具体规定;《污染物质条例》[2]则以列表方式明确禁止排放的几百种污染物名称;《危险货物运输规则》[3]对于船舶上危险货物的储存和处理予以明确规定;《危险化学品和有毒液体物质条例》[4]则明确禁止有毒有害液体以及危险化学品物质排放到加拿大内水水域、渔业水域和领海海域。[5]

从上述美国和加拿大针对邮轮污染海洋环境监管的实际做法可以看出,除了对邮轮上大量产生的黑水、灰水排放进行严格管控,两国还对邮轮上产生的有毒有害物质的排放尤其重视,强调禁止向海洋排放船上照片加工程序中产生的化学物质、医疗废物、干洗店等产生的其他有毒物质,并需要向有关政府部门提交处理有毒有害物质的报告或者处理和排放有毒有害物质的计划书。此外,通过与邮轮行业协会及邮轮公司的沟通,由邮轮公司及其船舶加强自律,发挥邮轮公司及其经营者的主观能动性,积极采取一些有效措施,如加大对防治邮轮船舶污染的投资,更新、改造相关设施等,避免或减少违规向海洋排放黑水、废水、有毒有害物质等废弃物,也不失为海洋环境保护的主要措施。

二、邮轮污染海洋环境防治措施

(一)强化海洋环境监管主体间合作

1. 明确中国海警局和海事管理部门的权限及分工

在邮轮污染物排放的监督管理和执法方面,应当进一步明确中国海警局和中国海事局之间的分工,并积极促进二者的合作。海洋执法能力的强弱及管理机制将影响执法的最终效果。中国海警局转隶武装警察部队之后,大大提升了军事化管理能力,有助于提升执法效果,对防治我国海洋环境污染起到积极的促进作用。中国海警局更加侧重于我国管辖海域范围内的海上安全,

[1] Pollutant Discharge Reporting Regulations,1995(SOR/95-351 amendments 99-99).
[2] Pollutant Substances Regulations(C.R.C.,c.1458).
[3] Dangerous Goods Shipping Regulations(SOR/81-951 and amendments).
[4] Dangerous Chemicals and Noxious Liquid Substances Regulations(SOR/93-24).
[5] 刘叶:《论防治邮轮污染海洋环境的法律机制》,大连海事大学2019年硕士学位论文,第32页。

包括海洋环境保护,而中国海事局主要负责船舶航行安全、船舶污染事故的调查处理及监督检查。目前,中国海警局主要通过船舶海上巡游、空中监测等方式维护海洋主权及保护海洋环境,若发现航行途中的邮轮存在随意排放、倾倒废弃物行为,可利用中国海警局武装性、军事性强大的执法力量,及时采取有效措施制止邮轮违法行为,并及时将有关信息与海事管理部门共享。在邮轮停靠我国港口时,由海事管理部门对邮轮排污行为或违规排放事件进行调查及监督检查。

2. 确立协调沟通工作机制

目前,中国海警局、中国海事局在各自职责范围内具有行政管理和执法权限,因此针对邮轮污染海洋环境问题,需要建立两个监管主体之间的协调和沟通工作机制,对涉及邮轮污染的相关信息进行共享,使两个部门沟通联络更加顺畅,以便更好地执行海洋环境保护以及防治船舶污染方面的法律、法规,确保各部门之间能够充分开展协作,消除部门之间的职能交叉重叠,提高国家对邮轮污染海洋环境的预防和治理工作效率。同时,在构建两个监管主体之间的协调沟通工作机制时,还可以考虑与相关地方政府、社会团体等利害关系方开展密切合作,为共同防治邮轮污染海洋环境作出努力。

此外,为了从源头上控制和防治邮轮污染物排放问题,还可以考虑采用邮轮环境保护诚信名单制度。对于诚信较好,能够严格遵守邮轮防污染措施的邮轮船舶及公司采取白名单制度,减少其在航行途中以及在港内被登船监测、检查的次数;对于屡次违规排放污染物的邮轮公司及船舶采取黑名单制度,并加大对该类公司或船舶的监督监测力度和频次。在不需要提前履行通知义务的前提下,监管主体有权登临检查邮轮船舶进行船舶污染物排放、存储、处置等作业活动的记载记录、样本抽测,甚至跟踪相关作业活动的进行,委托有资质的独立第三方对抽测样本进行鉴定评估,确保邮轮能够严格执行防治船舶污染的相关公约及国内法律法规,严格执行污染物排放具体操作、垃圾处理程序等。[1]

3. 有效提高海洋环境监管能力

为促使相关执法人员更好地完成执法监管任务,还应当加强相关执法人员能力素质的培养以及相应执法设备的完善。加强执法人员专业能力培训,主要是提高执法人员对邮轮产生船舶污染物特殊性的认识以及邮轮污染物危

---

[1] Clean Cruise Ship Act of 2013, CONGRESS. GOV (16 April 2019), https://www.congress.gov/bill/113th-congress/senate-bill/1359.

害性的重视，了解 MARPOL73/78 及相关附则、国内法的规定，全面提升执法者的综合素质。同时，应当在海洋环境监管的设备及辅助设施方面加大资金和技术投入，利用先进的科学技术和多元化的监测手段进行多元化管控。例如，针对邮轮在港口停靠期间较短，邮轮旅游行程安排比较紧凑，船舶在港口内进行有效检查的时间往往不充足的特点，除了提高对邮轮船舶排放污染物监督检查的效率，还可以发挥中国海警局空中和海上巡游的执法优势，对航行中的邮轮是否存在排放污染物的行为进行有效跟踪监督管理。

（二）完善邮轮船舶污染物全链式监督合作机制

如前文分析，目前我国针对邮轮船舶污染物生产、排放、存储、处置等各个作业活动的监管，分别涉及海事管理、港口管理、生态环境保护、卫生管理、城建管理等多个部门，涵盖船舶污染物防治管理的前端、中端和末端。而目前针对海洋环境问题的条块式行政管理模式，不但在邮轮污染海洋环境的监管方面会存在掣肘现象，而且会危及我国海洋环境的保护力度，甚至可能影响邮轮行业在我国的可持续发展。因此，建立和完善包括邮轮在内的船舶污染物监管的全链式、全覆盖的监督合作模式十分必要。

事实上，国家有关部委已经意识到这个问题的严重性，例如，交通运输部等十三个部门于 2017 年联合发布《关于加强船用低硫燃油供应保障和联合监管的指导意见》，交通运输部办公厅、生态环境部办公厅、住房和城乡建设部办公厅于 2019 年 1 月联合发布《关于建立完善船舶水污染物转移处置联合监管制度的指导意见》，2019 年 2 月，交通运输部、财政部、国家发展改革委、国家能源局、国家电网公司、南方电网公司联合发布《关于进一步共同推进船舶靠港使用岸电工作的通知》等。上述指导意见或文件分别针对船舶排放导致大气污染以及船舶污染物转移处置等问题进行联合监管。但是上述指导意见或文件通知的法律效力层级不高，在具体联合监管中，如果遇到部门职责交叉或不明，仍需采用一事一议的处理方式，此外联合监督管理的效力还有待后续进一步观察和验证。

因此，希望能够通过相关法律的修订，在无法彻底实现海洋环境监管部门多元化的现实条件下，构建一个常态化或者明确化的全链式海洋环境监管合作机制，尤其是对有关邮轮污染海洋环境问题涉及的相关部门的职能、权限、相互协作、沟通机制等予以明确。

（三）细化邮轮船舶污染物排放前端监管措施

为了加强对邮轮船舶产生、排放污染物的长效监管机制，我国应当进一步细化一套完整的监管流程，并在相关检查过程中对邮轮上的特殊种类污染物给予高度重视，以保证在污染物排放的前端监管方面做到全面检查。

1. 海事管理部门检查内容方面

应当对邮轮排放所有污染物的行为予以记录，并保存记录以备后续检查。海事管理部门在检查污染物排放记录时，应当重点检查排放是否合规、记录内容与邮轮污染物的产生情况是否符合等。一旦发现违规行为的，应当予以严厉的行政处罚。

2. 强化对邮轮污染物的取样和记录

海事管理部门在强化对邮轮污染物的取样和记录的同时，应当要求邮轮及时将相关内容上报给海事管理部门，尤其是针对黑水、灰水和有毒有害物质污染的监管方面。对于邮轮公司提供的样本，可以考虑由第三方专业检测机构检验，以便提供更为公正独立的评估和检测结果。

3. 重点关注邮轮上有毒有害物质的排放监管工作

尽管我国对有毒有害物质的排放作出了明确规定，但因为邮轮上有毒有害物质产生途径、种类等与货船上运输的相关化学品等有毒有害物质存在很多不同，容易出现有毒有害物质混入灰水、压载水或其他船舶污水中被排放出去的情况。[1]因此，海事管理部门应当对邮轮船舶上产生的有毒有害物质单独予以明确规定，并单独规定针对邮轮有毒有害物质的定期抽样、检查流程，对邮轮有毒有害物质的储存方式、措施和存储器具、场所等予以检查。

4. 定期检查邮轮船舶污水处理设备运行状况

海事管理部门应当定期检查邮轮船舶污水处理设备的运行状况，或者在我国特定港口和水域，要求邮轮船舶安装更为先进的或者高标准污水处理装置，从而确保邮轮船舶在污水排放及标准方面满足我国加入的国际公约或国内法的标准和要求。对于监管与检查过程中产生的费用，由邮轮公司负担。

5. 确定码头接受单位的能力和资质

海事管理部门及港口管理部门应当明确邮轮母港或停靠港口码头接收船舶污染物设施的规格、容量，确定该设施能够满足邮轮垃圾分类接收和存放

---

[1] Meredith Dahl, "The Federal Regulation of Waste from Cruise Sips in U. S. Waters", *Journal of Environmental Law*, 2003, p. 642.

的要求，确定码头经营方有对接收的邮轮船舶污染物进行无害化处理的措施和能力。

6. 加强巡视和监督

海事管理部门通过加强陆域巡视和水域巡视，对直接将船舶垃圾、废弃物等违规排放入海的行为进行查处；对《垃圾记录簿》等污染物排放的记录事项进行详细核查，对记载的船舶污染物数量明显与事实不符的或者多次排放到码头接收设施的记录加强调查了解，分别询问直接排放的操作人、记录人等具体情况，对比排放的日期、地点与实际航次动态是否一致，对比排放船舶污染物的种类和数量是否超过码头实际接收设施的能力等。一经发现违法排放船舶污染物的，应当依法予以行政处罚。

7. 构建邮轮监管信息平台

海事管理部门应当在全国范围内建立邮轮船舶监管信息平台，将监管中获取的相关数据在船舶监管信息平台上显示，使这些信息能够共享给邮轮母港所在地或者邮轮停靠港所在地海事管理部门，并允许在符合一定条件下向公众开放以供查询。

（四）强化邮轮船舶污染物中后端监管的部门协调

邮轮船舶污染物涉及排放到港口接收部门的中端监管以及排放到岸上进行后续处置的后端监管问题。

1. 加强对港口污染物接收的有效监管与处理

港口管理部门应当加强对邮轮船舶污染物接收单位的管理，严格审查接收单位资质，对真正符合防污条件、具备安全生产与防污管理体系的单位，授权准许其从事邮轮污染物相关接收作业或开展相关经营活动。

2. 明确污染物接受程序及处理程序

在完善和细化相关法律规定的前提下，一旦确定通过码头配备的船舶污染物接收设施处理邮轮污染物的，港口管理部门应当明确污染物接收程序及处理程序。当船舶排放污染物到该设施时，明确码头接收单位应该开具污染物接收单证，并载明作业单位名称、时间、地点，以及污染物种类、数量等内容，该单证需船舶及港口接收单位双方签字确认并保存，以确保船舶污染物从接收到处理的全程可追溯性。该内容应当能够与船舶垃圾处理簿记载事项或者其他污染物单证的记载互相印证。

3. 加大港口管理部门监管检查力度

港口管理部门应当重点检查码头污染物接收设施是否符合规范，接收后的废弃物是否严格分类并存放至适当场所，有关船舶废弃物接收部门是否为邮轮船舶准备好相应的备用垃圾箱和垃圾袋等临时性储存设备容器。港口管理部门还应当加强对污染物接收单位安全防污体系管理机制的检查，确保该管理体系运行良好，做好应急预案；及时督查检查码头相关接收设施是否配备到位，是否处于良好运行状态。

4. 做好港口污染物接收、交接、转移等记录工作

对来自邮轮的船舶污染物种类、数量、船舶名称、接收时间与地点等信息予以详细记载，并向船舶出具污染物接收证明，港口污染物接收公司也应对此备份留存。对于污染物存储或处理的情况予以详细记录。对于需要转移、交付给岸上其他单位处理的污染物种类、数量、交接双方名称、时间、地点等信息，做好交接、转移记录，以便港口管理部门检查。

5. 加大与船舶污染物后端处理监管部门的协调和联合监督力度

不论是海事管理部门还是港口管理部门，在应对船舶污染物的排放、接收和转移时，应当注重与污染物后端处理监管部门的协调和沟通，核查岸上接收单位出具的船舶污染物接收证明文件与前期审批记录或者检查的内容是否一致，了解、查清污染物接收单位对来自邮轮船舶污染物的处理是否符合国际公约及国家法律的相关规定，强化对船舶污染物后续处置工作的监管，有效避免邮轮船舶污染物的二次污染风险，做到对邮轮船舶污染物全链式、全过程的跟踪、溯源。对于来自邮轮的船舶污染物需要到港口以外进行处置的，则岸上环境卫生、生态环境、城镇排水等末端监管部门，应当确保在符合我国相关废弃物处置、排放标准的基础上对船舶污染物进行处理，并及时将有关处理的信息与海事管理、港口管理等相关部门进行共享，强化沟通、协调联合工作机制。

（五）推动科学技术在防治邮轮污染海洋环境方面的应用

在邮轮船舶污染物排放方面，根据现有国际公约和国内法，在达到法定标准和要求的前提下，可以进行相关污染物的排放作业。因此，应该积极推动科学技术在船舶污染物排放设备及相关设施上的应用。此外，加大对邮轮污染海域的监测和评估工作，也离不开科学技术的发展，尤其是在防治邮轮大气污染方面。由于 MARPOL73/78 附则Ⅵ的强制实施，交通主管部门以及一些邮轮公司不得不重视科技在邮轮建造和营运中的作用。

在 2019 年交通运输部、财政部、国家发展改革委、国家能源局、国家电网公司、南方电网公司联合发布的《关于进一步共同推进船舶靠港使用岸电

工作的通知》中，交通主管部门联合其他有关部委和单位，通过政策引导、财政配套政策扶持、简化流程、强化技术进步等多种手段和措施，积极推进现有码头和船舶岸电设施的改造，各地交通运输主管部门也督促港口企业加快对已建码头岸电设施的改造工作。根据该通知要求，在 2020 年年底前完成《港口岸电布局方案》的建设任务，实现全国主要港口 50% 以上已建的集装箱、客滚船、邮轮、3 千吨级以上客运和 5 万吨级以上干散货专业化泊位具备向船舶供应岸电能力的目标。2019 年 7 月 1 日起，具有船舶岸电系统船载装置的现有船舶（液货船舶除外）应按要求靠港使用岸电，2021 年 1 月 1 日起，所有邮轮均应当按照要求靠港使用岸电，2022 年 1 月 1 日起，中国籍内河船舶和海船应按要求靠港使用岸电。同时该通知还鼓励港口企业、岸电设施运营企业与航运企业签订岸电使用协议，不断提高岸电使用比例。通过这些政策引导、扶持和相关技术、资金的投入，将有效减少船舶在港停留期间造成的大气污染，有力地推动绿色交通发展。

此外，当前豪华邮轮发展势头正猛，不仅让拥有建造能力的各个造船厂从中受益，同样给整个豪华邮轮产业链带来巨大商机，作为豪华邮轮心脏的动力系统自然是最重要的一个部分。邮轮公司对新造邮轮船舶的动力系统也采取有效技术措施。目前，豪华邮轮对动力系统的性能、安全性以及噪声等都有较高要求。从克拉克松对 2000 年后完工交付的 195 艘豪华邮轮的统计结果看，采用柴油电气推进动力系统的豪华邮轮共有 143 艘；采用柴油燃油混合动力系统的邮轮为 10 艘；采用柴油机动力系统的邮轮为 33 艘；采用燃气轮机动力系统的为 8 艘；采用核动力的豪华邮轮为 1 艘。[1] 柴油电气推进动力系统指的是由柴油机发电为电动机提供电能，从而驱动螺旋桨工作，其较高的经济性与优良的性能使其能够适用于任何类型的豪华邮轮。在对完工交付使用的 195 艘豪华邮轮动力系统的调研样本中，可以看出采用柴油电气推进系统的共 143 艘，占据 73.3% 的比例，可谓一枝独秀。

通过各方的努力以及科学技术在邮轮建造、邮轮经营活动中的广泛应用，辅之以相关政策扶持和资金投入，在全社会共同努力和重视下，相信邮轮污染物的排放和处置将遵循更加科学、合理、有序的原则，在促进邮轮经济发展的同时，注重海洋环境保护，从而为游客创造更加美好舒适的海上旅游观光、休闲体验，也促进我国邮轮产业健康、有序、可持续发展。

---

〔1〕 李夏青：《豪华邮轮动力产业"谁主沉浮"》，载《船舶物质与市场》2018 年第 3 期，第 23 页。

第五章　促进邮轮运输业可持续发展法治保障建议

　　前文在对我国邮轮运输发展现状及存在问题进行分析的基础上，指出为促进我国邮轮业发展，国家有关部委以及地方政府纷纷出台相关政策和地方规范性文件，促进邮轮船舶建造、邮轮港口规划和发展、邮轮市场开拓以及邮轮旅游等领域的发展。在我国邮轮业发展整体向好并且发展迅猛的现实情况下，不容忽视的是，在整个邮轮产业链发展过程中仍然存在一些法律问题需要面对和思考。此外，邮轮本身兼具"运输＋旅游"的混合属性，受我国有关跨境旅游、跨境旅客运输等法律和政策的限制，邮轮旅游产品在中国以旅行社包船游销售模式为主、邮轮船票直销模式为辅，而且涉及的法律关系主体呈现多元化特征，法律关系也非常复杂，同时也出现邮轮旅游人身伤亡或财产损失纠纷解决路径、法律适用及管辖存在无法统一、无法协调等法律问题。

　　此外，邮轮旅游行业发展较为成熟的国家和地区，除关注对邮轮旅客人身权益、健康权益的保护之外，还触及很多更为深层次的邮轮旅游特殊权益保护的法律问题，例如旅客在邮轮旅游途中罹患疾病时就医权如何保障，受到船员或其他旅客性骚扰时如何保障防护，邮轮旅游经营活动中如何防治邮轮污染海洋环境等。这些域外的立法和实践活动，将对我国未来邮轮运输和旅游业的健康发展提供很好的借鉴和参考作用。此外，2019 年年底出现，随后在全球暴发的新冠肺炎病毒疫情，已经对包括中国市场在内的全球邮轮产业带来巨大影响和挑战，本书对此也予以关注，并对疫情导致的邮轮船舶被一些国家或地区拒绝靠港的国际法、国内法问题进行初步探讨。鉴于在讨论上述现状、困境及法律问题的各个具体章节中，已经提及并讨论了一些具体的应对措施和建议，本章将综合相关问题及其应对等，提出一些宏观的总体建议和对策。

第一节　应对我国邮轮产业问题的法律对策

一、构建邮轮产业的法制体系保障

邮轮运输业是邮轮全产业链中的重要环节，尽管前文主要聚焦于邮轮运输的现状以及对相关法律问题的剖析，但是基于邮轮运输业与邮轮上下游产业之间密不可分的关系，只有从系统化、综合性地对整体产业的法制保障对策入手，才能有效解决邮轮运输业面临的法律问题及不足，并促进邮轮运输业可持续健康发展。虽然本节有些法制保障对策专门针对邮轮运输业及其可持续发展，但是例如国家政策扶持、相关机制创新、部分税费减免或金融基金支持等对策建议并不仅仅限于邮轮运输业自身发展。因此，本节没有局限于邮轮运输业，而是针对整个邮轮产业发展提出相应的法制保障对策建议。

在构建邮轮产业法制体系保障方面[1]，由于邮轮旅游兼具旅游和运输的双重属性，因此在邮轮旅游业的市场准入、邮轮运输经营等方面需要从产业政策指导方面予以规范，构建系统的法制体系以保障邮轮产业发展。受政策性规定影响，目前我国对于跨境旅游服务仍采取较为严格的市场准入制度，短期内尚无可能对外资大幅度开放。而关贸总协定框架下没有一个产业会横跨旅游和运输两个行业，故大多数国家将邮轮运输归入海运服务贸易调整。现如今，国际社会在海运服务贸易领域是否开放这个问题上处于一种僵持、未达成共识的状态，国际上对海运服务业的规制主要通过法律文件。[2]因此，在我国对海运贸易尚未形成一致意见之际，还是需要通过邮轮产业政策积极推动邮轮业的发展。

构建我国邮轮产业的法制体系保障，第一，应当梳理现有涉及邮轮产业的政策、法规等。国家发展改革委员会颁布的《产业结构调整指导目录》，已经将豪华邮轮等高技术、高附加值建造行业纳入国家鼓励类产业目录，因此应当积极推动中外合资邮轮建造业的发展，并通过给予一定的造船补贴和资金扶持政策，为培养和打造本土邮轮建造力量奠定基础。

---

[1]　除另有援引出处标明外，以下内容源自课题阶段性论文成果，内容有所删减。参见郭萍：《促进邮轮产业发展法制保障论略》，载《法学杂志》2016 年第 8 期，第 48—54 页。

[2]　吕方园、戴瑜：《WTO 视角下的中国邮轮经济发展问题论略》，载《时代经贸》2013 年第 7 期，第 1—2 页。

第二，通过政策创新解决邮轮经营方面的限制问题。如适当调整进口二手邮轮和进出中国港口邮轮的船龄限制条件，明确邮轮运输具有旅客运输的属性，从保障邮轮航行安全和旅客安全的角度，有针对性地制定邮轮运营、邮轮统计以及邮轮运输安全监督等管理办法，加大国家和政府在邮轮产业中的政策性保障力度。

第三，根据有关邮轮产业发展的国际条约和行业习惯，应积极发挥邮轮行业协会作用，推动我国邮轮产业与世界邮轮产业接轨。

第四，借鉴其他国家或地区有关邮轮产业发展的立法经验和实践，结合中国邮轮产业发展的现实情况，构建本土化邮轮法律制度，注重邮轮产业发展与邮轮旅客权益维护、海洋环境保护之间的协调发展，形成具有中国特色的邮轮产业法律制度。中国如果能够步入邮轮制造大国，使邮轮制造在我国产业化，需要国家及相关行业的共同努力，国家应在邮轮建造上出台操作性更强、支持力度更大的倾斜政策，如成立专项扶持资金、集聚各类邮轮建造监测功能平台、建立邮轮修造保税园区、加大邮轮人才培训项目补贴、建立国际邮轮高端人才专家库和开展国际邮轮教育联合办学等，为邮轮制造业发展创造良好土壤。例如，中国船舶集团有限公司联合中国建设银行、中国农业银行等设立国内首个邮轮产业发展基金，成立中国邮轮产业投资公司、中船芬坎蒂尼邮轮公司等专业公司就是很好的例证。国家和行业要推动产业联盟发展，促进船厂、配套厂商、设计单位、专业机构协调合作。进一步推动邮轮自主开发、共性技术研发和核心配套设备研制的科学研究能力。建立以邮轮制造企业为主体、市场为导向的技术创新体系，优化研发手段和研发平台，利用信息化技术提高制造效率等。

第五，国家应加强货币信贷政策支持，加大对资本市场、保险市场的支持力度。金融机构应为邮轮建造提供融资、担保及贸易金融业务等一揽子金融性方案。鼓励设立邮轮产业发展基金，利用资本市场募集资金，共同投资培育邮轮产业链。

第六，船舶配套设备行业应抓住机遇加快邮轮配套设备发展进程，推动船舶配套设备企业加大投入，提高科研水平，促进邮轮船舶配套设备本土化。此外要调动跨行业力量，如酒店行业、艺术院校、材料研发机构等，参与到本土邮轮制造业中[1]，从而打造具有中国特色、融入中国技术和中国智慧

---

[1] 吕龙德：《合同签订豪华邮轮"中国造"任重道远》，载《广东造船》2018年第6期，第7—8页。

的邮轮制造品牌。

二、形成邮轮产业特色财税政策

邮轮产业是我国未来经济发展的重要组成部分，可以在国家财税政策的基础上建立符合邮轮产业自身发展特点的财税体制。为大力扶持邮轮产业，可以实施政策性的税收减免。

第一，针对港口泊位费、港务费等费用，鉴于邮轮与普通货船或者传统客船存在很多不同，港口相关收费标准应当有所区别。目前各港口收费标准不统一，虽然各港口有其实际情况，但仍需国家对此作出合理调整，提供价格方面的指导性意见。即允许邮轮港口在合理的价格区间内与各大邮轮公司协商，允许进行一定范围内的价格浮动，当然也需要避免各个邮轮港口盲目下调费用而产生的不正当竞争行为。

第二，针对船舶供给和其他相关供应品方面予以适当的税收减免。具体而言，一方面，建议适当放宽对船舶供应企业的市场准入限制，引入市场公平竞争机制，彰显我国船舶供应物品方面的价格优势；另一方面，向邮轮公司提供船舶供给物品价格指导意见，不断提高收费标准的透明度。在现有法律框架下，可以积极探索邮轮船舶供应商品的保税政策，并在海关通关、检疫检验手续等方面给予通关便利。此外可借鉴美国资本建设基金（Capital Construction Fund，CCF）的经验，鼓励本土邮轮公司购买和租用在中国境内建造的邮轮，给予适当的税费减免，并在邮轮融资方面给予专项财政支持或税费优惠，出台相应操作细则。

三、简政放权发挥邮轮市场资源的配置作用

主要包括如下举措：第一，明确邮轮产业管理部门的职责范围，理顺现行管理机制。邮轮产业涉及海事、旅游、交通、港口、环境保护、卫生检疫、海关等多个职能部门。多部门各自为政，执法会存在边界和职责不清晰，甚至交叉、重复等问题，需要建立一个统一的协调机制，转变邮轮产业目前多头管理的不良局面。同时按照中央简政放权的要求，与邮轮产业相关的政府审批部门应简化审批手续，化繁为简，为致力于从事中国邮轮产业的中外企业提供便利。如尽快出台船舶供应企业申请执照细则，增加可操作性，发挥市场资源配置在邮轮产业中的作用等。

第二，依靠倾向性的国家产业政策调整，提升我国邮轮产业的国际竞争

力。邮轮造船业是高附加值产业，应当积极借势大力发展，尤其是加大对本土邮轮造船业的扶持，以提升我国在邮轮建造业中的国际地位。尽快出台相关政策，对邮轮旅游航线的多元化、公海无目的游、南海旅游、邮轮公司或其委托代理公司直销邮轮客票模式等予以尝试和推动。在促进海洋经济发展和海洋旅游业发展的背景之下，积极开创邮轮旅游的蓝色文明时代，兼顾经济发展和海洋环境保护、生态文明建设的关系，发挥国家产业调整的资源优化配置作用。

四、充分发挥试验区的试点和推广作用

2013 年，上海市宝山区成功申报"上海国际邮轮产业发展综合改革试点区"，成为上海市现代服务业综合改革首批试点区。上海港国际客运中心建议，希望能够对在上海注册的企业向境外邮轮供应的食品、水、油等实行保税政策。对此，上海市地方政府在《在宝山区开展"上海国际邮轮产业发展综合改革试点区"工作的实施意见》中明确规定，积极向国家有关部门争取，试点对注册并且落户在上海国际邮轮物资供应中心的企业，实行上海综合保税区营业税减免等政策。[1]

此外，上海市旅游主管部门积极制定规范邮轮旅游经营的地方立法，在上海港试点邮轮登船凭证和邮轮船票制度等，充分发挥了上海自贸区先行先试作用，通过准入前国民待遇和负面清单管理模式，尝试探讨并解决邮轮产业发展中涉及的各种法律问题。

通过对试验区经验的不断总结和积累，提炼出可复制可推广的做法，并逐步推广到国内其他地区，最终为产业政策、法律法规的出台提供依据和论证方案，从而科学地形成我国邮轮产业总体规划并制定相关法律、法规。

五、设置邮轮船舶供应物品海关白名单制度

尽管从事运营的邮轮大都悬挂外国旗帜，但是目前挂靠中国港口的国际邮轮的服务对象绝大部分为中国游客，邮轮补给的日常用品，包括含有化学物质的特殊用品，大都用于中国游客在邮轮上的住宿、餐饮、娱乐、休闲等。因此，建议海关可适度放宽我国企业为邮轮补给危险化学品的限制，以满足邮轮日常经营所需。例如，可以考虑构建邮轮日常补给危险化学品海关白名

---

[1] 杭娇:《何以破局邮轮船供业窘境?》，载《中国水运报》2013 年 3 月 6 日，第 7 版。

单制度。考虑到我国邮轮旅游的 60% 在上海，可以先行在上海进行试点，条件成熟后再推广至全国各大邮轮港口。[1]具体包括：

（1）可以参考《国际通用化学品安全说明书》及国内危险化学品清单，由海关牵头，综合邮轮公司、邮轮代理公司、邮轮船舶供应公司等各方意见后，列出邮轮需要日常补给的并且被归类为危险化学品的清单。根据物品的危险性，邮轮使用、储存、处置及安放等情况，将邮轮需要补给的危险化学品分为三类：日常危险化学品补给物品，涵盖邮轮上常用的危险程度较低的物品；一般危险化学品补给物品，针对邮轮上比较常用的危险程度中等的物品；特殊危险化学品补给物品，针对邮轮不经常使用的危险程度较大的物品。

（2）对于日常危险化学品补给物品，建议允许邮轮根据需要随时补给，无须向海关申请批准或报备；对于一般危险化学品补给物品，邮轮可以进行补给，不须要申请批准，但须向海关报备并说明补给原因；对于特殊危险化学品补给物品，如邮轮确需补给的，应事先向海关提出申请，并说明在中国港口补给的必要性，由海关酌情作出是否允许补给的决定。

（3）邮轮公司、邮轮港口及船舶供应单位应当分别制定上述种类的危化物品补给、使用、储存、处置的规范及安放措施，做好事故发生时的应急处置预案。

（4）对于邮轮日常补给危化物品清单、随附的应对规范、措施以及应急处置预案等，可以进行定期或适时的动态调整，以满足邮轮旅游业不断发展以及为邮轮游客提供运输、休闲、娱乐、餐饮等优良服务的目标。

六、不断提高和完善邮轮母港港口服务能力

我国邮轮旅游业在经历了黄金十年的快速发展期后，目前正处于稳步调整期，期望达到有序、健康、高质量、高水平发展目标。国家有关部门也出台相关政策进行扶持和引导，沿海一些港口所在地人民政府以及港口经营人也花费了相当的财力、物力和人力发展邮轮母港基础设施建设。[2]与邮轮旅游发展相对成熟的其他国家和地区相比较，我国邮轮母港在整体服务能力和水平方面还需要进一步提高，特别应当注重如下方面：

[1]　部分建议参照林江：《营造邮轮经济发展环境之建议——在上海试点"邮轮日常补给危化物品海关白名单"制度》，载微信公众号"上海邮轮中心"2018 年 8 月 7 日，https：//www. sohu. com/a/245802971_ 814852。

[2]　部分建议参考金嘉晨：《上海邮轮经济发展评述》，载微信公众号"航运评论"2018 年 7 月 25 日，https：//mp. weixin. qq. com/s/bJ3Q04p——7l1mpBwiu4fUw。

1. 注重邮轮母港基础设施的高品质化

除个别邮轮母港是在原有商港港区设施基础上改建、扩建外，我国大部分邮轮港口都是新建邮轮母港及配套设施。在大力建设国内各国际邮轮母港的同时，还应当注重强调港口基础设施的高品质发展，优化邮轮港口综合交通配套体系和口岸配套设施，进一步完善邮轮运行保障体系，提升邮轮母港接待能力和服务能力，将国际邮轮港建成游客出入便捷、集散高效的交通枢纽。

2. 提升邮轮配套服务的高能级

在不断推进邮轮船舶供应服务便利化的同时，还应当注重邮轮母港物资配送中心和邮轮综合服务区的建设。确保邮轮母港能够为邮轮提供船舶修理、燃料供应、物资配送、废弃物接收等在港服务。支持和发展与邮轮母港配套的相关产业，例如邮轮上的酒店用品供应、食品供应、人员培训、船舶修造、旅游休闲等，发挥邮轮经济的蝴蝶效应。

3. 构建高效的邮轮合作机制

应当通过邮轮港口依托的陆地区域和腹地区域，发展邮轮旅游和邮轮经济联动机制。依托互联网、大数据等，对线上、线下邮轮旅游资源予以整合，提高邮轮旅游产品推广、宣传和营销的广泛性、多元性。在邮轮游客集散、邮轮物资供应、邮轮文化培育等物流、信息流、资金流方面形成信息畅通及共享，从而提升邮轮港口以点带面的区域邮轮经济规模效应，实现邮轮旅游产业及经济发展的合作共赢。

4. 完善便民、快捷的进出港口流程

在推广上海港口经验的前提下，进一步完善登船凭证和邮轮船票运行体系，规范邮轮公司、旅行社出具登船凭证、船票和邮轮客凭单登船的行为。探索建立覆盖全国的邮轮港口服务信息平台，通过信息化建设实现邮轮港口及邮轮运营信息的收集、发布、监控以及销售和服务功能。不断推行邮轮母港服务标准化体系和安全管理制度，促进邮轮港口通航安全和服务标准与国际惯例接轨。

随着邮轮旅游在我国的快速发展，国家旅游局一直在酝酿制定"全国邮轮旅游发展总体规划"[1]。之前有消息称"全国邮轮旅游发展总体规划"计划于 2017 年 11 月 6 日在海南三亚召开的第 12 届中国邮轮产业发展大会暨国

---

[1] 《国家旅游局关于对十二届全国人大四次会议第 6649 号建议的答复》，载中华人民共和国文化和旅游部官方网站，http：//zwgk. mct. gov. cn/auto255/201612/t20161221_ 832207. html? keywords =，2020 年 3 月 25 日访问。

际邮轮博览会（CCS12）上对国内外发布[1]。但是截至 2021 年，通过对国家旅游局官方网站进行搜索，尚未看到该规划的正式发布。相信作为第一个国家级邮轮总体规划，将在未来针对邮轮旅游线路、本土邮轮船队打造、邮轮管理体系、邮轮供应保障体系等方面予以总体布局和规划，能够明晰中国邮轮产业未来发展定位、发展方向、发展重点，进一步构架我国邮轮产业链。相信在贯彻"海洋强国战略"和"一带一路"倡议背景下，该总体规划以及邮轮产业法制保障，将有力地促进我国邮轮经济从高速度发展向高品位和高质量发展转变。

5. 注重并加强邮轮母港防疫防控体系构建

新冠肺炎疫情的暴发及在全球的蔓延，给各大邮轮公司和邮轮港口带来巨大经济损失，对我国邮轮旅游业发展产生深远影响。因此，为了更好地应对类似的紧急公共卫生事件，有效做好防疫防控工作，应当在我国邮轮母港构建卫生防疫防控体系。建议交通主管部门对全国沿海邮轮港口布局规划方案，尤其是对邮轮母港布局规划重新进行再评估审视，在已建和新建的邮轮港口规划中，建议强制增加应对紧急公共卫生事件的防疫防控体系内容。在上述总体规划和港口具体规划中，应当根据邮轮母港所在城市的旅游、交通、医疗、物流、应急防疫防控等方面的相关基础设施和能力予以综合考虑，例如，需要考虑邮轮母港邮轮接待能力，可同时接受停靠邮轮的频次、艘数，邮轮航线开设情况，停靠邮轮船舶吨位大小及载客数量等，从而做到港口布局规划和管理的科学性和合理性。

邮轮母港防疫防控体系构建中应当特别注重如下方面：

（1）要有应急防疫预案

邮轮母港港口经营企业应当根据《国家突发公共事件总体应急预案》《突发公共卫生事件交通应急规定》等有关法律法规，做好港口应急防疫预案。例如，明确港口应急处理指挥部的组成和相关机构的职责，对于确诊及疑似传染病人的应急处理方案，人员、设备及物资等运送方案，信息收集、整理、发布、报告等宣传方案，人员组织与培训方案，定期根据紧急公共卫生事件演练方案，对相关人员进行定期演练。

（2）配备防疫人员和充分的防疫物资储备

邮轮母港应当配备一定数量的专职防疫工作人员，并能够从所在城市调集

---

〔1〕《国家旅游局将在 CCS12 发布〈全国邮轮旅游发展规划〉》，载搜狐官方网站，https：//www. sohu. com/a/197604277_ 99907105，2017 年 10 月 12 日访问。

足够的具有专业知识并懂得相关防疫措施的医务护理人员和护工人员，做好相应的防疫工作。根据邮轮母港港口布局规划以及港口接待能力和承载能力等要求，做好必要的防疫物资储备，尤其是防护用品储备，或者能够根据应急防疫预案，从港口所在城市应急储备中心方便快捷地统筹和调拨相应防疫物资。

（3）确保邮轮旅客基本生活保障，提供必要医护服务

邮轮母港要配备足够的疫情防御预备人员，包括志愿者队伍。此外，邮轮母港要能够在疫情发生，涉疫被隔离人员进入隔离区后，为这些涉疫人员提供满足日常生活要求的服务；并且在涉疫人员被隔离、观察期间，针对邮轮旅客健康实际情况和需要，提供满足旅客的基本必备药品和其他医护服务。根据需要，还可以考虑为涉疫邮轮旅客提供免费无线网、国际电话等信息设备及服务，便于邮轮旅客与家人及相关人员联络、沟通，做好涉疫相关邮轮旅客的心理咨询和疏导工作。

（4）采取有效措施做好旅客防疫卫生工作

针对涉疫邮轮，一旦确定需要将邮轮上的确诊旅客转移至陆地进行观察、诊治的，应当采取有效措施做好防疫卫生工作。例如，可以在邮轮船舶停靠的码头泊位与疏散交通工具之间，设立港区内可封闭紧急通道，确保涉疫人员从邮轮母港停泊处到防疫隔离场所之间形成一个可以完全隔离的通道，避免人员在撤离途中出现疫情扩散等。

第二节　维护邮轮旅客合法权益，完善立法和行业标准

邮轮旅游在我国发展迅速，但是快速发展邮轮经济的过程中，不可避免会面临我国旅游消费者合法权益受到不法侵害的问题，其利益受损或纠纷不能及时化解，不但会刺激部分游客采取一些不理智的维权路径，也将一定程度上阻碍我国邮轮旅游业的健康持续发展。因此如何保护邮轮旅游消费者的合法权益，及时高效解决旅游纠纷，除在实体方面加强立法保护之外，在程序方面探索适当的旅游维权和纠纷化解机制也至关重要。

一、完善我国邮轮旅游相关法律法规

由于目前我国还没有针对邮轮旅游或者邮轮运输的专门法律规定，加上邮轮旅游经营本身兼具运输和旅游的混合属性，国内有关邮轮旅游产品销售模式又大多以旅行社包船游为主，涉及邮轮旅游纠纷的法律关系十分复杂，

当事人在主张损害赔偿问题上各执己见，争议往往很难解决。

美国邮轮旅游业发展比较成熟，近年来也非常注重制定并颁布专门针对邮轮旅客权益保护方面的单行立法，如2010年《邮轮安全与安保法案》以及"邮轮旅客保护法案"提案和"邮轮旅客信任法案"提案等。在这些成文立法及立法规划之外，各级联邦法院以及州法院还有相当数量的判例涉及邮轮旅客人身伤亡或财产损失的民事赔偿，这些判决构成美国针对邮轮旅游纠纷的判例法。显然美国针对邮轮旅客权益保护的已有成文立法，更加侧重从邮轮设计、建造标准、行政管理、邮轮承运人权责等方面予以规制，尤其是注重旅客隐私权、知情权、紧急情况下获得救助权和残障人士等特殊群体权益保护方面。这些联邦立法及价值取向值得我国借鉴和学习。

上海市虽然出台了有关邮轮旅游经营规范的地方性立法，但是受该法律文件的地域性和时效性等方面的限制，尚无法适用于全国，因此未来我国应当通过修改《旅游法》《海商法》《国际海运条例》等法律法规，对邮轮旅游或邮轮运输经营行为予以规制。

1. 明确邮轮运输各方主体的权责

在无法彻底改变邮轮旅游产品销售模式的背景下，如果旅行社通过包船游的形式开展邮轮旅游活动，则首先应当防止因邮轮旅游信息不对称而产生纠纷。邮轮公司、销售邮轮船票及相关旅游产品和服务的旅行社，要确保邮轮旅客知悉其购买的邮轮旅游产品和服务的真实情况，包括存在履约的不确定性、风险性及违约的处理。其次，应当明确邮轮旅游经营者、邮轮运输经营者、游客及相关主体的权利、义务和责任。最后，进一步完善邮轮公司以及相关旅行社的责任保险制度。

2. 保护邮轮旅客知情权

为避免不必要的邮轮旅游纠纷，在明确规定保护邮轮旅客知情权方面，需要从订约前和订约后两个阶段分别予以规定。

（1）明确订约前的信息告知义务

在邮轮旅游合同或者邮轮旅客运输合同签订前，旅行社或者邮轮公司应当将涉及旅客权益的重要信息告知旅客，如邮轮旅游具体项目安排、住宿与膳食安排、总价格明细、是否有变更可能、保险信息、旅行社或邮轮公司信息、邮轮船舶及航次信息、投诉渠道、邮轮联系人员及方式等。特别需要注意的是，应明确告知邮轮旅客享有的权利以及邮轮上的一些条件限制或经营者免责的相关规定，以便旅客能够及时主张损害赔偿权，获得援助权等。

（2）明确合同签订后的信息告知义务

旅行社或邮轮公司应该根据船舶及航行动态的实际情况，及时履行向旅客提供相关信息的义务。尤其涉及邮轮航程可能被取消或者出现延迟离港或者需要变更航线或目的地等特殊情形时，应当尽快发布上述变更通知，并告知旅客在合同变更情况下的相关权利。针对航程开始前和开始后，根据导致合同变更的不同原因，如自然条件等不可抗力，或者邮轮船舶发生故障或因邮轮公司/旅行社自身原因等，分别给予旅客不同的变更补偿解决方案，以便旅客及时行使获得赔偿的权利。如果是航程开始后出现上述变更事项，尤其是造成航程迟延的，邮轮公司应当向旅客提供必要的膳食，迟延超过一定时间的还应该安排必要的住宿等，细化对旅客补偿的方案并确保方案的可行性、合理性，并注意与旅客保持良好的沟通，做好相关安抚工作，避免旅客不理智维权甚至违法维权的发生。

3. 注重保护特殊人群等合法权益

第一，应当明确残障人士、行动不便人员、怀孕妇女等特殊人群享有与其他普通旅客一样的邮轮旅游权利。旅行社或者邮轮公司不能在没有合理理由的前提下拒绝上述特殊人群登船或有其他歧视性行为。

第二，应当允许特殊人群携带必要的器械与设备登船旅游，并在满足法律规定的条件下允许盲人携带导盲犬登船。

第三，旅行社或邮轮公司同意特殊人群登船旅游的，应当在购票、进出港口、上下邮轮船舶时提供必要的援助，并提供游玩、娱乐、休闲、就餐、住宿等方面的必要服务，而邮轮旅客不需要额外付费，除非法律另有规定或合同另有约定。

第四，在特殊人群进行邮轮旅游咨询或购买邮轮旅游产品时，对于特殊人群在邮轮旅游期间可能在住宿、餐饮、休闲、娱乐、就医等方面受到的条件限制和遇到的困难，邮轮公司或旅行社有如实告知并予以说明的义务，以便于特殊人群能够了解这些信息，并在合理评估后再自行确定是否选择邮轮旅游出行方式。

第五，如果特殊人群需要同行陪伴人员，在如实告知旅行社或邮轮公司的前提下，旅行社或邮轮公司应当为同行人员提供合理的援助和协助。

二、规范行业标准或示范合同内容

在我国邮轮旅游发展过程中，曾经发生多起邮轮旅客霸船事件，其中一个原因就是邮轮旅游合同或者邮轮旅客运输合同中缺乏涉及邮轮旅客权益的规定，相关法律关系不够明确，邮轮公司与旅行社之间互相推诿责任，未能在第一时间安抚邮轮旅客并做好沟通以及给出合理化的补偿方案，导致邮轮旅客采取一些非理智的不当维权措施。目前，上海市、天津市、南京市等先后出台专门的邮轮旅游示范合同文本，针对邮轮旅游涉及的航线变更、目的港变更等特殊问题予以规定，相信有助于避免或减少类似霸船的不当维权事件发生。但是这些城市发布的邮轮旅游示范合同文本的条款规定也不尽相同，对于旅客知情权、隐私权保护以及特殊人群权益保护等问题几乎没有太多涉及，而且这些地方性示范合同文本大多受地域使用限制，因此建议国家旅游部门能够制定一个全国通用的邮轮旅游合同示范文本或者制定邮轮旅游行业内的标准或指南，从而保障我国邮轮旅客合法权益，促进我国邮轮旅游经营规范、有序开展。

另外一个值得注意的问题是，目前在中国境内开展邮轮经营活动的船舶大都悬挂外国旗帜，邮轮公司基本上制定自己的旅客票据合同或者邮轮旅客运输合同文本。因此应当通过法律规定或者行业标准，对这些格式合同及条款效力予以规制。例如：第一，应当明确从事中国境内邮轮旅游经营的公司应当出具中文合同文本，并且在其官方网站发布涉及邮轮旅游的信息、通告或其他限制游客权益的相关要求时，应当至少提供中文文本。第二，要求邮轮公司应当对其采用的格式合同，尤其是涉及邮轮公司权利及免责事项等内容，向邮轮旅客履行提示注意等在内的告知义务。第三，应当明确邮轮公司制定的格式合同条款违反我国法律、法规强制性规定的，一律视为无效。

通过制定、规范邮轮旅游合同以及邮轮旅客运输合同文本等措施，明确确立邮轮旅游行业标准，从合同源头上明确邮轮旅游经营者和旅客之间的权利义务，从而更好地保护我国邮轮旅客权益，避免不必要的争议发生。

第三节　整合替代纠纷解决机制，构建邮轮旅游
纠纷解决网络平台

一、成立邮轮旅游纠纷人民调解组织

建立各类民间调解组织已经成为社会进步的标志。对于跨国邮轮旅游纠纷而言，可以考虑成立行业内人民调解组织。建立邮轮旅游行业内的人民调

解组织，可以考虑在邮轮母港试行建立社会矛盾调解办公室，在从事或熟悉邮轮旅游业务的人员中，挑选出专业知识扎实、工作认真踏实、具有良好职业道德素养、公道正派并且热心于旅游纠纷调解的人员担任调解员。由于这些调解人员既具有行业专业知识，又具备旅游专业知识，在处理邮轮旅游行业纠纷时，能够提高解决纠纷的效率。同时还可以适当聘请邮轮旅游与邮轮运输行业专家、律师、高校教师以及其他社会人士参与。本着自愿、平等、公正原则，由专门调解人员开展邮轮旅游纠纷调解、协商和沟通工作，维护当事人合法权益。

二、明确并细化邮轮旅游纠纷投诉机制

《旅游法》第 91 条规定，应当指定或设立旅游投诉受理机构。然而法条没有明确投诉机构的设置和处理纠纷的权限。目前，各地成立的旅游投诉受理机构是接受涉及旅游事项的一般受理机构，尚未设立专门针对邮轮旅游纠纷的机构。因此，建议在现有旅游纠纷投诉受理机构下，设立专门的部门，有针对性地应对邮轮旅游纠纷。在接到邮轮旅游投诉后，邮轮旅游投诉受理机构应当及时予以处理，或者将投诉内容及时移交给相关部门处理，并将处理情况及时告知投诉者。因为邮轮旅游纠纷往往会涉及海事部门、港口部门、海关检疫部门、边检机关以及相关旅游部门，邮轮旅游纠纷投诉机制应当能够促进相关职能部门之间的沟通、协调，并将各个职能部门的执法资源予以适当整合。例如，可以在邮轮母港成立邮轮旅游纠纷投诉办公室，或者指定专门人员负责处理投诉案件，使邮轮旅客可以就近、及时地提出投诉请求。在构建邮轮旅游投诉机制的基础上，适当考虑发挥行业组织的作用，如与邮轮行业组织、港口行业组织、消费者协会、工商管理部门等保持良好合作，更好地发挥投诉机制在处理和应对邮轮旅游纠纷中的作用。

还可以考虑拓宽网上受理旅游投诉的渠道，建立全国性邮轮旅游投诉平台，方便受理跨区域跨国境的邮轮旅客投诉。任何旅游行政机构应当切实履行受理投诉的职能，不得以行政规划区域不在职责范围内推脱或拒绝受理案件，在受理旅游投诉之后，协调有相关管辖权的机构再进行实际处理。

在旅游纠纷的解决机制中，当事人双方更倾向于选择替代纠纷解决机制下的各种非诉方式，而不是诉讼方式，因此可以考虑将替代纠纷解决机制下各种方式整合起来，即将协商、调解、仲裁机制相互衔接，所有与旅游行业相关的主体共同参与，如旅游行业协会、邮轮公司行业协会、港口行业协会、

消费者委员会、人民调解委员会等，通过建立网络平台，使当事人能够在网络上自愿选择调解方式，即使属于跨地域的纠纷，也能够在网络上得到及时快速的解决。

三、明确仲裁纠纷解决路径

仲裁方式解决争议的路径之所以一直被搁置未能充分发挥作用，其中有一部分原因是对仲裁方式的宣传不到位。因此要加强宣传，让社会大众能够了解仲裁的独特之处，认知并接受当和解、调解无法解决争议时，还可以选择仲裁这种解决旅游纠纷的有效方式。

仲裁机构受案的依据是存在有效的仲裁协议，然而在目前使用的邮轮旅游合同示范文本或者邮轮旅客运输合同、乘客票据合同中，要么对仲裁条款规定过于简单，如只是存在是否使用仲裁方式解决纠纷的提示条款；要么将仲裁条款与诉讼条款并行处理，由旅客自行选择其中一种争议解决方式，如《上海市邮轮旅游合同》针对合同争议解决条款明确约定"以协商解决或在邮轮合同结束之日 90 天内向旅游质监机构申请调解，或提请上海仲裁委员会仲裁"，并备注说明"不愿意仲裁而选择向法院提起诉讼的应在签署合同时将此条款划去"。大多数中国邮轮旅客往往缺乏对仲裁制度的充分了解，也不太具有较多的法律知识，因此建议在邮轮旅游合同或者邮轮旅客运输合同示范文本中，明确提供推荐的标准仲裁条款，并将如何选择仲裁机构以及仲裁的相关规则程序等信息告知旅客，同时可以向当事人推荐或列举出一些高水平、高质量专门仲裁机构的名称，这样能够满足当事人通过仲裁解决纠纷的愿望，因而也能充分发挥仲裁作为争议解决方式的作用。

关于邮轮旅游仲裁员的选任方面，鉴于邮轮旅游行业的专业性强，涉及的法律关系比较复杂，邮轮船舶在海上巡航也有自身的特殊性，应当在仲裁机构推荐或列明的仲裁员名单中，明确标注具有邮轮旅游专门知识，或者了解熟悉邮轮旅游业务的专家名单及其专业特长，便于邮轮旅游纠纷当事方选择。

四、整合多元化纠纷解决机制

整合多元化纠纷解决机制并建立多元化纠纷解决网络平台。其优势主要体现在：首先，这几种纠纷解决路径，都能够充分尊重当事人的意思表示，当事人可以自由选择纠纷解决的种类、程序。其次，在整合多元化纠纷解决机制下，各种方式之间可以自由组合，从而向邮轮旅客提供最为满意的解决方案，确保及时、高效、低成本地解决旅游纠纷。当其中一种方式未能充分解决当事人之间的纠纷时，能够及时为双方提供其他救济机制。最后，在网络科技快速发展的社会中，借助网络平台，可以不受地域限制，尤其对于跨境旅游，通过网络能够及时与相关部门进行沟通联系，传达发表意见，更加方便快捷地解决纠纷。

目前，我国全国性的旅游纠纷多元化解决网络机制正在形成。国家旅游局已于 2015 年 5 月 9 日开通旅游网络投诉平台，旅游消费者可以直接通过该平台向国家旅游局质量监督管理所和中国内地（大陆）其他 32 个省级质量监督管理部门投诉。除此之外，中国内地（大陆）部分省份已经与香港、澳门地区建立良好的区域性调解机制。因此可以借助已有的旅游网络投诉平台，进一步细化针对邮轮旅游的纠纷解决机制。

五、细化邮轮旅游投诉、调解、诉讼对接机制

诉讼是其他解纷路径的最后支撑。在其他争议解决路径解纷未果的情况下，只有寻求司法救济，才能使纠纷最终得以解决。诉讼是现今社会发展最为成熟的解纷机制，其具有完备的审理、评议、执行程序。当发生涉及疑难问题或重大人身、财产利益案件时，境外邮轮公司倾向于采用此种权威的解纷路径。

只有充分发挥人民法院和行政机关在审判和行政调解、执法方面的权能，形成解纷合力，构建起社会纠纷化解网络，才能更好地满足涉纷主体便捷、高效的解纷需求。目前，各个省份普遍构建旅游纠纷诉讼、调解对接机制，解决一般常见的旅游纠纷，但是针对邮轮旅游纠纷而言，尚缺乏专门的机制构建。因此有必要细化邮轮旅游投诉、调解、诉讼对接机制，进一步通畅投诉渠道，在旅游质监机构或旅游局设立的旅游投诉接待部门，可以考虑配备一些了解邮轮旅游专业知识的执业律师或法院退休法官参与对投诉案件的处理，在法院诉讼、调解对接中心设立邮轮旅游纠纷调解工作室等。

此外，在邮轮旅游领域需要加强法院与旅游、公安、港口、海事管理等主管部门之间的共同协作，如可以考虑在一些邮轮母港设立巡回法庭或者咨询服务岗，定期定点指派工作人员提供法律咨询、预约立案和提供法官热线

等服务，力求邮轮争议解决路径的便捷化。有关机构工作人员接到邮轮旅客投诉意见后，应根据实际情况对案件进行分流引导：对于简易、小额或者事实清楚争议不大的案件，可由旅游局或有关部门先行处理投诉请求；对于符合诉讼要求的，可以由邮轮旅游巡回法庭或者人民法院、海事法院等全面负责案件的咨询、立案、起诉、调解、裁判等工作。

第四节　应对邮轮旅客霸船行为，提高合法维权意识

一、加强立法，做到有法可依

迄今我国还没有针对邮轮旅游的专门法律规定，在现行旅游法律规定中，还没有虑及邮轮旅游的特殊性，一方面给邮轮公司提供了寻找免责理由的空间；另一方面因为没有相应的明确规定，邮轮旅客难以划清维权与霸权的界限。上海市出台的有关邮轮旅游经营规范起到了很好的示范作用，明确对邮轮旅客的霸船行为进行了规制。因此，为了有效应对旅客不合法的维权行为，应当通过涉及邮轮经营或者旅游经营的法律予以明确规定。

此外，在邮轮旅游合同或者邮轮旅客运输合同示范文本中，增加有关旅客合法维权的相关条款规定，避免邮轮旅客采取霸船的极端行为。注重发挥行业协会的作用，通过邮轮行业协会敦促旗下各个邮轮公司不断完善内部制度和流程，提高管理水平，在发生邮轮航线或目的港变更等事件时，能够及时采取有效应对措施。这也是减少邮轮旅客霸船事件发生的重要因素。

二、贯彻严格执法与说服教育相结合原则

严格执法是指行政主管机关和司法机关对于邮轮旅客违法维权事件应当依据现有法律规定严格处理，追究相关责任人的行政责任乃至刑事责任，彻底消除一些旅客法不责众的心理，真正实现有法必依、执法必严、违法必究原则。

此外通过对邮轮旅客的大力宣传教育，培养邮轮旅客的规则意识、守法意识。邮轮主管部门、旅行社及邮轮公司、邮轮港口等也应利用多种途径普及邮轮安全知识与法律知识，让社会公众认识到邮轮港口安全的重要性，认识到所谓霸船维权方式对邮轮港口及其运输秩序带来的严重危害。提倡邮轮纠纷维权应通过合法途径，完善邮轮合同变更时对游客补偿的合理方案及相

关机制，倡导邮轮旅客文明出游，理性维权。

三、制定预警措施，改善出入境流程

鉴于邮轮旅游市场不断发展和邮轮旅客霸船事件的发生具有常发性、突发性、群体性等特点，建议旅游、港口管理、海事管理、公安、边防等有关部门制定邮轮运输安全应急规范，完善处理此类事件的应急措施，包括预警机制、分级响应预案及启动程序和实施主体。同时进一步完善出入境流程，建议在发生邮轮旅客滞留船舶或港口事件时，在确保出入境旅客相对隔离的情况下，在流程上有所突破，允许出境旅客先行登船，从而确保港口安全和港口运行的正常化，邮轮航程开展的计划性和准时性。

四、构建第三方邮轮保险保障机制

由于我国毗邻西太平洋，每年夏秋两季台风多发，邮轮航程容易受影响。如果邮轮公司根据邮轮旅客运输合同或者邮轮旅游合同援引免责抗辩，邮轮旅客往往得不到任何赔偿或者获得的赔偿数额较低，这对很多游客而言难以接受，他们会认为自己的权益没有得到有效保障，因而往往采取拒不下船的方式表达不满。因此，地方政府及旅游管理部门等应当积极推动邮轮旅游保险项目。例如，遴选资质、信誉较好的保险公司，为邮轮旅客在人身安全、财产安全、享受旅游服务等方面提供综合保险保障，开设邮轮航程取消延误险、邮轮旅客意外险、邮轮经营人责任险等。一旦发生航线、航程变更或者目的地变更等情况，鼓励邮轮旅客凭借保险单向保险公司索赔，从而避免目前由于旅客不信任邮轮公司给出的赔偿承诺，而采取霸船等极端措施。除了鼓励邮轮旅客投保邮轮航程取消延误险、邮轮旅客意外险等，建议通过保险公司对邮轮公司运营风险提供保险保障，一方面可以大大减轻邮轮公司面对游客索赔的压力，另一方面也为利益受损的旅客提供可以获得赔付的合法途径。

五、构建邮轮旅客诚信制度

近年来，关于中国游客在国内外不文明行为的报道不绝于耳，这些不文明行为不仅损害中国游客的整体形象，而且会影响社会秩序的正常运行。邮轮旅客霸船不仅是不正当的过度维权行为，而且严重的会违反我国治安管理的相关规定，破坏港口公共安全秩序，产生极坏的社会影响。因此，可以借鉴目前国家旅游部门构建的旅客诚信制度。2015 年 4 月，国家旅游局发布并实施《游客不文明行为记录管理暂行办法》，规定游客不文明行为记录形成后，旅游主管部门应将该记录信息通知游客本人，提示其采取补救措施，挽回不良影响，必要时向公安、海关、边检、交通、人民银行征信机构等部门报道该不文明行为记录。由于游客违规成本较低，这种黑名单制度的处罚效果并不理想，警示作用也大打折扣，甚至被指有滥用黑名单制度侵犯游客隐私权之嫌。[1]但是这种诚信制度构建的理念是值得提倡的。因此，在处理邮轮旅客不正当维权问题上可以借鉴。具体而言，应当明确警示制度的判定标准，完善信用征用机制，明确黑名单的时效性和恢复机制，实行动态管理，以确保此种黑名单制度仅仅是规范、警示的手段，而非目的。

第五节　防治邮轮污染海洋环境，倡导绿色交通旅游理念

我国在大力发展邮轮旅游产业，促进邮轮经济发展的同时，应当注意到邮轮在经营活动中可能产生污染海洋环境的问题。因为邮轮经营活动通常会产生种类较多、数量巨大的污染物。如果对邮轮上产生的大量生活污水、垃圾、有毒有害物质、固体废弃物以及大气排放可能造成的污染不予以足够的重视，可能会因为污染累积效应突出而给旅游业甚至邮轮港口及航线所在海洋区域的环境及生态造成严重后果。

尽管目前一些国际组织颁布了防止船舶污染海洋环境的强制性国际公约，但是这些公约没有考虑到邮轮运输的特殊性以及邮轮污染物的特殊性，邮轮污染海洋环境问题更多地依赖于各国国内法以及各国对海洋环境保护的决心和重视程度。正如习近平总书记于 2013 年 4 月 10 日在海南考察结束时的讲话，纵观世界发展史，保护生态环境就是保护生产力，改善生态环境就是发展生产力。良好生态环境是最公平的公共产品，是最普惠的民生福祉。[2]该讲话精神深刻地揭示了经济发展与生态环境保护之间的内在逻辑关系，因此在我国未来邮轮经济发展与海洋环境保护的关系处理方面也应当贯彻这一理念。

---

〔1〕　王莉霞主编：《旅游法学》，华中科技大学出版社 2017 年版，第 161 页。
〔2〕　《习近平在海南考察：加快国际旅游岛建设谱写美丽中国海南篇》，载人民网官方网站 2013 年 4 月 11 日，http：//cpc. people. com. cn/n/2013/0411/c64094-21093668. html；《建设生态文明，关系人民福祉，关乎民族未来》，载中国共产党新闻网官方网站 2018 年 2 月 23 日，http：//theory. people. com. cn/n1/2018/0223/c417224-29830240. html。

一、加强对邮轮污染海洋环境监管及执法力度

首先，应当明确和理顺我国涉及海洋环境监管部门的权限及分工，尤其是需要进一步厘清中国海警局和中国海事局在涉及邮轮污染海洋环境监管方面的行政权和执法权限。其次，应当严格执行我国已经批准加入的MARPOL73/78 及其 6 个附则，包括后续修订案的规定。结合我国邮轮旅游实践发展情况以及邮轮船舶污染物的特殊性、种类及数量等因素，考虑到对海洋环境，尤其是特定海域的污染可能产生的影响和后果，建议适当修改国内相关法律、法规及规章，在邮轮污染海洋环境防治方面作进一步细化规定，如对于船舶污染物处理装置的要求、污染物排放标准、根据需要划定零排放区域或者特殊区域、排放时具体操作和评估等流程，以增强法律规定的可操作性和可执行性。此外，还应当借鉴和参考域外一些国家和地区的经验，强化邮轮经营者对有关污染物排放、处理等作业活动的记录和报告义务，强化防治邮轮污染海洋环境主管部门的监督检查力度，通过建立协调沟通等工作机制，有效提高海洋环境监管能力。

二、完善邮轮船舶污染物防治全链式监督合作机制

由于邮轮船舶污染物生产、排放、存储、处置等各个作业活动，分别涉及海事管理、港口管理、生态环境保护、卫生管理、城建管理等多个部门，涵盖船舶污染物防治管理的前端、中端和末端。因此对邮轮污染海洋环境的监管应当跳出条块式分割行政管理模式，注重全链式监督过程中各个主管部门的协调、合作以及联合监督作用，进一步细化海事管理部门在邮轮船舶污染物前端监管的各项措施，做到有法可依，有法必依。而在邮轮船舶污染物中后端监管方面，应当强化各个主管部门之间的协调，形成全覆盖、全链式邮轮船舶污染物防治监督网，充分发挥地方政府的主导和协调职能，创新监督合作机制，从而避免在邮轮污染海洋环境的监管方面存在掣肘现象，更好地保护我国海洋环境。

三、推动科学技术在防治邮轮污染海洋环境方面的应用

邮轮船舶建造，邮轮污染物排放，港口接收污染物存储、转移和处理装置，以及对海洋环境监测、评估等都离不开科学技术的发展和应用。而防治海洋污染设备、设施的配置及更新，离不开资金的投入。因此，我国相关主

管部门及邮轮母港所在地人民政府应当给予政策引导和扶持。通过建立造船基金、设备更新费用补贴、给予优惠税费或者税费减免等积极有效措施，鼓励造船业、邮轮经营业、港口经营业等加快对船舶设备、设施的更新换代，达到或超过有关国际公约或国内法规定的最低排放标准和要求，确保海洋环境保护措施的落实。

四、注重发挥行业协会自律主导作用

通过考察一些邮轮市场发育比较成熟的其他域外国家和地区的经验，可以发现，除了执行相关的国际公约和国内法律、法规，一些邮轮行业协会或组织还自发地在一些海域和航线执行较为严格的防治邮轮污染海洋环境的标准和措施。而且这些邮轮行业协会通过与相关国际组织和地方主管部门的沟通与合作，不断细化邮轮公司在处理邮轮船舶污染物流程方面的程序，提供相应的操作指南和规程，供邮轮行业协会内的会员公司遵守执行。因此这些行业协会内自主自觉的规范要求，可以很好地补充现行国际公约或者国内法规定过于原则或无法适时修改等不足。积极有效地发挥邮轮行业协会等主导作用，也是应对和解决邮轮污染海洋环境不可或缺的重要力量。因此，建议可以通过发挥市场调剂作用，在全球各大邮轮公司普遍看好中国邮轮旅游市场的前景下，积极发挥邮轮行业协会对邮轮经营者的引导、规范及约束作用，更好地保护海洋环境。

第六节　明晰邮轮运输法律关系，纳入
《海商法》适用调整

目前，中国邮轮旅游产品的销售模式依然是以旅行社包船游为主，邮轮公司或其代理人直销为辅，加上邮轮经营活动本身具有运输和旅游复合性的特征，使得有关邮轮旅游纠纷法律关系及法律适用等存在多元化、复杂化的特点。但是，从国外邮轮旅游市场发展比较成熟的国家和地区来看，邮轮船舶都被视为一种客船，在不否认邮轮本身也是旅游目的地和景点的前提下，大都认定在海上巡游期间，游客与邮轮公司之间构成海上旅客运输合同关系。而且前文也探讨了在两种邮轮旅游产品销售模式下，邮轮旅客运输合同或者邮轮旅游合同适用《海商法》的可行性。

即使采用旅行社包船游模式，邮轮在港口及海上的全部运营活动完全由

邮轮公司负责并掌控，而旅行社仅仅是负责联络和安排海上邮轮旅游项目，或者还负责邮轮旅客在岸上观光旅游的活动。因此适用《海商法》并不排除邮轮旅客依据旅游关系追究邮轮公司或者旅行社法律责任的权利，因为并不是在邮轮上发生的任何人身伤亡或者财产损失赔偿都可以由《海商法》调整。《海商法》第1条明确规定，该法律仅调整特定的海上运输关系和船舶关系；在《海商法》调整范围之外，如海上巡游之外的岸上旅游活动期间，或者与海上巡游或海上经营活动没有必然联系的其他原因导致旅客权益受到损害的，不影响邮轮旅客依据其他民事法律寻求救济的权利。

通过对邮轮旅客运输合同与传统海上旅客运输合同相比较，可以发现二者之间仍然存在一些差异，因此如果在现有《海商法》有关海上旅客运输合同框架下解决邮轮旅客运输合同法律关系问题，就需要对海上旅客运输合同一章的条文作相应修订。以下主要针对解决邮轮旅客运输问题，提出相关具体修改思路和建议，并不完全针对海上旅客运输合同修改的单一视角探讨，但是不可否认，邮轮旅客运输法律条文的构建，需要与海上旅客运输合同章的整体修改一并考虑。

一、修改海上旅客运输合同章的思路及方案选择——以邮轮运输为视角

（一）《海商法》海上旅客运输合同一章修改思路

对"海上旅客运输合同"一章的修改主要从宏观、微观两个角度切入。

1. 宏观上遵循避免大幅调整原则

宏观上避免大幅度调整原则是考虑到对《海商法》的修改，原则上应当尊重现有条文规定，在保留现有内容基础上，结合航运实践发展需要和国内经济发展的实然状态，对部分条文的语言表述和内容予以微调，以明确其内涵，避免大幅度条文修改所带来的立法体系变化之困境。

2. 微观上仅对部分条文作适当修改和完善

微观上仅针对目前法律条文中不适应航运实践发展需要，问题比较突出的地方进行适当修改、完善。例如，对"海上旅客运输合同"的定义进行微调，目的是使其能够满足邮轮旅游作为新形态发展的现实需要，通过突破对现有传统海上旅客运输合同的狭窄界定，回归旅客运输的本质，为邮轮旅客运输合同适用《海商法》调整预留空间。又如，为了更好地保护旅客人身权益，借鉴海上旅客运输国际立法新发展，适当提高承运人单位赔偿责任限制

数额，对承运人因航行事故导致的旅客人身伤亡实行严格责任，明确强制责任保险和受害方直接起诉保险人制度等，以实现承运人利益与旅客权益之间新的法益平衡。此外，对个别条款的条文顺序进行调整，以体现立法条文之间应有的合理性和逻辑性，维护法律体系的科学性。

（二）修改海上旅客运输合同章条文的方案选择

1. 第一种方案——依托现有海上旅客运输合同章框架

我国《海商法》第五章已经对海上旅客运输合同作出专门规定，而大部分海上旅客运输合同的相关权利义务的条文规定可以适用于邮轮旅客运输合同，因此在该方案之下，可以有两种修改法律条文的思路：

（1）增加"有关邮轮旅客运输合同的特别规定"一节

根据此种思路，建议在现有《海商法》第五章中增加一节，针对邮轮旅客运输合同作出区别于一般海上旅客运输合同的特别规定。该思路的特点在于，不对现行法律条文及框架结构作较大调整，现有有关旅客运输合同的一般规定可以适用于邮轮旅客运输合同，仅增加有关邮轮旅客运输合同的特殊条款规定。即在涉及邮轮旅客运输合同时，首先适用特别规定，然后适用有关海上旅客运输合同的一般规定，目的是突出邮轮旅客运输合同区别于普通海上旅客运输合同，兼具海上运输和旅游的混合合同属性。

具体而言，主要建议增加的内容涉及承运人对旅客在岸上旅游的责任期间及责任承担问题，承运人对船舶履行辅助人的义务及责任[1]，旅客服从船舶安全指示的义务[2]，承运人对在船旅客提供旅游、住宿、餐饮、休闲、娱乐等相关服务时的安全保障义务，承运人开航前的安全教育及特殊风险告知义务，承运人不得擅自偏离航线的义务及免责[3]，承运人对旅客人身伤亡强制责任保险义务，旅客直接起诉责任保险人等方面。

（2）增加有关邮轮旅客运输的个别条款，不单独列专节规定

该思路的特点是在不改动现有条文框架结构和体例的基础上，仅增加个别涉及邮轮旅客运输合同下承运人与旅客权利义务的特殊条款。但是该思路的缺点在于无法突出邮轮旅客运输的特殊性，使邮轮旅客运输合同的特殊条款淹没

---

[1]　主要涉及邮轮上非隶属于邮轮公司并具有独立经营权的服务提供者或经营者，如酒吧、SPA、发型室、游戏室等。

[2]　主要针对国内邮轮发生几起严重的游客无正当理由擅自采取霸船措施，拒绝离船事件带来的一些法律问题。

[3]　也是考虑到海上特殊风险，以避免游客擅自霸船，拒绝离船事件发生。

在海上旅客运输合同条款中，而且还需要综合考虑增加条款的位置和顺序。

在此种方案下，不论采取哪种思路或方式，都会面临一个最大的现行法律条文限制问题，就是《海商法》有关海上旅客运输合同的界定范围过窄。《海商法》第107条将"海上旅客运输合同"界定为，承运人以适合运送旅客的船舶经海路将旅客及其行李从一港运送至另一港，由旅客支付票款的合同。显然《海商法》对于海上旅客运输强调的是 A 点至 B 点不同地点之间地理位置上的移动和变化，而且更加强调了"运送"和"位移"的功能。我国《合同法》第288条有关运输合同的界定，则明确只要承运人将旅客或者货物从起运地点运输到约定地点即可，旅客、托运人或者收货人应当支付对应票款或者运输费用。《民法典》合同编第十九章第809条有关运输合同的规定，延续了《合同法》关于运输合同的规定。[1] 显然不论是我国《合同法》还是《民法典》，对运输合同的功能定位虽然为"移动"，但是并没有要求一定是 A 点至 B 点不同空间的位移，只要满足运输至约定地点的要求，即使是通过船舶这样的运输工具，经过一定的陆域、水域或空间变化，完成从 A 点至 A 点这样的移动，仍不失运输合同的本质。

现实中大多数邮轮搭载着游客从邮轮母港或者停靠港出发，经过海上巡游，在停靠约定的一个或几个港口之后，再回到原出发的港口。甚至一些邮轮公司开辟公海无目的游航线，整个邮轮从母港出发，经过海上巡游再回到原出发点，航行途中未停靠任何港口。因此对于邮轮上的游客而言，没有明显发生"空间位移"。邮轮旅游的本质更多的是使游客享受海上巡航期间的娱乐、休闲、消遣等服务。从空间轨迹来看，主要是完成从 A 点至 A 点的闭环线路，并不符合《海商法》有关海上旅客运输所强调的以发生运送或者空间位移为出发点的价值目标。

从我国批准加入的1974年《海上旅客及其行李运输雅典公约》的条文规定看，该公约第1条第2款规定，运输合同是指由承运人或以其名义订立的海上旅客运输或旅客及其行李运输合同。[2] 第4款有关旅客的界定是指根据如下内容在船舶上载运的任何人（any person carried in a ship）：①旅客运输合同，或者②经承运人同意伴随车辆或活动物的且本公约不调整适用的货物运输合同。因此，1974年《海上旅客及其行李运输雅典公约》对于旅客运

---

[1] 《民法典》第809条规定："运输合同是承运人将旅客或者货物从起运地点运输到约定地点，旅客、托运人或者收货人支付票款或者运输费用的合同。"

[2] 胡正良主编：《国际海事条约汇编》（第6卷），大连海事大学出版社1994年版，第159—160页。

输合同的界定，也并没有强调一定发生空间上的位移，只要是根据相关运输合同或协议，搭载在船舶的人员，均可以被视为旅客。

我国《海商法》第五章有关海上旅客运输合同的规定，主要依据我国批准加入的 1974 年《海上旅客及其行李运输雅典公约》。显然我国《海商法》第 107 条关于海上旅客运输合同定义的限定性的规定，既不同于我国《民法典》的规定，也区别于我国加入的 1974 年《海上旅客及其行李运输雅典公约》，这种限定性规定将那些不以发生位移为目的、只满足通过运输工具将旅客载运到约定地点的海上运输合同排除在适用范围之外。《海商法》这种限定性的规定，既不符合我国加入的《雅典公约》的相关规定，也不存在要与民事法律规定不一致或强调特殊性的必要性。因此如果虑及能够将邮轮旅客运输纳入海商法调整的可能性，其中一个必须解决的法律障碍就是对《海商法》第 107 条限定性的规定予以适当修改。

此外，在现有《海商法》海上旅客运输合同章节框架下解决邮轮旅客运输合同适用还有一个优势，就是能够理顺现有旅行社包船游模式下，涉及三方合同主体、两个合同的复杂法律关系。因为根据《海商法》有关海上旅客运输合同承运人及实际承运人制度，在海上运输责任期间，旅行社可以被视为承运人，而实际从事邮轮运输和经营活动的邮轮公司为实际承运人，从而可以明确在这一模式下邮轮旅客与邮轮公司之间的法律关系，明确作为承运人的旅行社及其与旅客之间的权利义务，同时明确旅客有向邮轮公司——实际承运人主张索赔的权利，通过这种法定旅客运输合同关系，突破游客与邮轮公司在旅游法律关系下没有直接合同关系的法律障碍，从而能够较好地解决因邮轮旅客运输合同产生的人身伤亡索赔纠纷和旅客因为航程变更等擅自采取霸船行为等法律问题。

至于参与邮轮旅游的旅行社及邮轮公司的资质、经营活动等，可以参照我国法律针对国际海上货物运输中有关无船承运业务经营者以及国际海运经营者的相关规定，在《国际海运条例》及其实施细则中予以明确。根据 2019 年修订的《国际海运条例》[1]对国际船舶运输业务的界定，不论是从事国际货物运输业务还是从事国际旅客运输业务，均应受该条例的规制。但是从该条例第 7 条第 2 款有关无船承运业务的界定可以看出，无船承运业务是指无

---

[1] 《国际海运条例》于 2001 年 12 月 11 日以国务院第 335 号令发布，自 2002 年 1 月 1 日施行。后经过 2013 年 7 月 18 日《国务院关于废止和修改部分行政法规的决定》进行第一次修订、2016 年 2 月 6 日《国务院关于修改部分行政法规的决定》进行第二次修订、2019 年 3 月 2 日《国务院关于修改部分行政法规的决定》进行第三次修订。

船承运业务经营者以承运人身份接受托运人的货载，签发自己的提单或者其他运输单证，向托运人收取运费，通过国际船舶运输经营者完成国际海上货物运输，承担承运人责任的国际海上运输经营活动。即我国《国际海运条例》并未针对国际旅客运输经营活动，确认并允许旅客运输的无船承运业务经营活动，也未对此作任何规定。而根据《国际海运条例实施细则》[1]（2019 年第二次修订）第 3 条规定的内容，国际船舶运输业务，是指国际船舶运输经营者使用自有或者经营的船舶、舱位，提供国际海上货物运输和旅客运输服务以及为完成这些服务而围绕其船舶、所载旅客或者货物开展的相关活动。再次确认《国际海运条例》中规定的国际船舶运输业务包含国际海上货物运输和国际海上旅客运输，并且这些国际船舶运输业务经营者可以在固定的港口之间提供定期的国际海上货物或旅客运输。而且该实施细则关于无船承运业务的具体解释，仍然限定在与承运的货物有关的经营活动，再次排除了旅客运输中的无船承运业务活动。因此，目前我国调整规范海上运输活动的行政法规、规章对旅客运输的无船承运经营活动既没有限制，也没有任何规制措施。

　　因此，如果邮轮公司参与国际旅客运输经营活动的，根据《国际海运条例》或者《国际海运条例实施细则》的条文规定不存在法律障碍，但是如果根据本文建议，将旅行社认定为订约的"承运人"，类似于货物运输中的"无船承运人"，则会使法律出现空白或者不明之处。一些学者对此有所担忧，认为如果旅行社通过包舱协议或者切舱协议介入邮轮旅游经营活动，可能会因为无法从交通主管部门获得相应的国际海上旅客运输经营资质，而涉嫌违法经营，面临被警告、罚款、没收非法所得、停业整顿、扣缴吊销营业执照等处罚，甚至旅行社与旅客签订的邮轮旅游合同以及与邮轮公司签订的包舱协议、切舱协议也会面临无效的后果。[2]

　　笔者认为，现行法规、规章未对国际旅客运输无船承运业务经营活动予以规制，不等于从事该经营活动一律面临非法或者相关民事合同无效的必然结果。"法无禁止即可为"是近年来我国在行政管理方面简政放权、深入改革开放的一个基本原则。根据最高人民法院于 2007 年 11 月 28 日发布的《最高人民法院关于未取得无船承运业务经营资格的经营者与托运人订立的海上

---

[1]　《国际海运条例实施细则》于 2003 年 1 月 20 日以原交通部第 1 号令发布实施，后经过 2013 年、2017 年、2019 年 6 月、2019 年 11 月多次修订。

[2]　林江：《邮轮经济法律规制研究——上海宝山实践分析》，复旦大学出版社 2019 年版，第 117—121 页。

货物运输合同或签发的提单是否有效的请示的复函》精神，如果货物运输经营者在未取得无船承运业务经营资格的情况下签发了未在交通主管部门登记的提单，违反《国际海运条例》的规定，受理案件的法院应当向有关交通主管部门发出司法建议，建议交通主管部门对此经营活动予以处罚，但是该经营者收到货物后应托运人要求签发提单的行为应认定有效。根据《民法典》第 153 条的规定，违反法律、行政法规的强制性规定的民事法律行为无效。但是该强制性规定不导致该民事法律行为无效的除外。显然《民法典》的规定，与最高人民法院上述批复的意见精神相一致，都明确了违反强制性法律规定的民事法律行为未必无效。

　　此外，为进一步贯彻简政放权，推动政府职能转变，交通运输部对无船承运业务管理权限也不断尝试进行调整。2014 年 5 月 2 日，《交通运输部关于在上海市试点下放无船承运业务管理权限有关事项的公告》将上海市无船承运业务经营资格审批权下放到上海市交通运输主管部门。2019 年 2 月 27 日，国务院颁布《国务院关于取消和下放一批行政许可事项的决定》（国发〔2019〕6 号文），明确将无船承运业务经营资质的审批规定予以取消，下放到地方交通主管部门进行备案。交通运输部通过无船承运人的备案和信用管理制度、"双随机、一公开"监管等措施加强事中事后监管并支持行业协会发挥自律作用，维护市场经营秩序。针对货物运输的无船承运业务经营活动监管的简政放权，也在某种意义上释放出一个信号，即国家无意对此类经营活动进行干预。因此旅客运输的无船承运业务经营活动也应当顺应此种趋势，国家政府主管部门不予强行干预也在情理之中。而且即使旅行社存在超越经营范围的行为，也未必导致民事合同无效。因为《民法典》第 505 条规定，当事人超越经营范围订立的合同的效力，应当依照民法典的有关规定予以确定，不得仅以超越经营范围确认合同无效。

　　尽管现行法律没有禁止旅客运输中的无船承运经营活动，旅游经营者超越经营范围也不会必然导致民事合同无效，但是笔者还是坚持建议通过修订《国际海运条例》及其实施细则，在立法中明确允许经营者从事旅客运输无船承运业务经营活动，以便更好地维护航运秩序，保障邮轮旅客运输活动的安全开展，并保障邮轮旅客的合法权益。

　　2. 第二种方案——单独设立"邮轮旅客运输合同"一章

　　该方案的思路是摒弃现有立法体例和框架结构，建议在修改《海商法》时，能够针对邮轮旅游问题，单独设立"邮轮旅客运输合同"一章。邮轮旅客运输合同兼具海上运输和旅游的混合属性，因此专章对该有名合同作出规定，并明确邮轮公司、旅行社与旅客之间的权利义务关系。除了包括海上运输的相关权利、义务、责任等内容，也融合海上旅游，甚至包括与海上巡游有关的部分陆上观光旅游之下各方的权利义务规定。此种方案可以跳出原有传统海上旅客运输合同的藩篱，满足我国邮轮运输及邮轮旅游的实践发展需要。鉴于国际邮轮旅游市场上，邮轮公司为了提升邮轮旅游的体验以及提高服务质量，越来越多地在原有邮轮海上巡游服务基础上，扩展其他的旅游或航次安排，例如提供包括游客住所地至邮轮登船港之间的往返交通、住宿、邮轮停靠港岸上旅游观光服务等在内的一揽子包价旅游服务。如果能够在《海商法》中单设"邮轮旅客运输合同"一章，对邮轮旅客运输及其他旅游安排等相关服务事项下的权利义务予以明确，也可以为中国邮轮企业未来与国际邮轮行业发展接轨，提供更多元、更丰富的旅游项目安排的法律保障，进一步促进我国邮轮旅游、运输业的高品位、高质量发展。

在这种思路之下，可以借鉴 2008 年《联合国全程或部分海上国际货物运输合同公约》（以下简称《鹿特丹规则》）中关于承运人、履约方以及海运履约方权利义务的规定，明确将包船游模式之下的旅行社界定为承运人，邮轮公司、辅助岸上观光购物旅游的地陪社以及船上娱乐设施的经营人等可以分别享有海运履约方、履约方等法律地位，并承担相应的义务和责任。从而理顺在包船游模式下旅行社、邮轮公司与旅客之间的法律关系，为我国邮轮旅游及相关行业的健康发展提供法律保障。

即使在将来进一步对外资邮轮开放出境旅游市场，即完全由邮轮公司直接销售邮轮船票给旅客，旅行社或者船务代理公司仅仅以邮轮公司客票销售代理人身份介入，邮轮公司、岸上观光购物旅游的地陪社以及船上娱乐设施的经营人等也依然可以适用有关承运人、海运履约方及履约方的法律规定。

与第一个方案的不同之处在于，第一个方案仍然是在邮轮旅客运输的思路之下，囿于《海商法》对于海上旅客运输合同调整范围的限制，因此对于旅客在邮轮停靠港期间进行岸上旅游活动发生人身伤亡或财产损失纠纷，以及旅客在邮轮船舶上，包括邮轮在海上巡航期间，因为使用船舶上的休闲、娱乐、消遣等与海上运输活动没有必然联系的设施、场所等发生人身伤亡或财产损失纠纷的，第一个方案无法予以规定，从而存在仍然需要依据《民法典》《旅游法》等相关法律规定解决法律适用的困境。而第二个方案则因为专章单独规定邮轮旅客运输合同这种有名合同，因此可以围绕海上运输和旅游的多重视角规定邮轮公司、旅行社、旅客之间的权利义务，并对邮轮旅客疾病就医、邮轮运输或旅游活动安全保障、特殊人群权益保护等问题作出明确规定。当然采取一致的配套措施就是，需要对从事邮轮旅游的旅行社、邮轮公司、船务代理公司的经营资质、经营活动监管等予以规制，因此建议可以考虑修改现行《国际海运条例》及其实施细则，以弥补未规制旅客运输或邮轮旅游经营行为的法律空白。

综上，不论采取哪一个方案，都需要明确邮轮运输承运人在满足法定条件下承担严格责任的归责原则，即为了避免邮轮承运人承担过于严苛的责任，应明确承运人的严格责任仅限于因沉船、碰撞、搁浅、爆炸、火灾等航运事故或者船舶自身缺陷等导致的旅客人身伤亡损失，而对于上述事故以外的其他原因造成旅客人身伤亡或财产损失的，承运人依然承担过错责任。此外，参照现有国际公约发展最新动态以及国内邮轮实践发展需要，在现有《海商法》有关承运人单位赔偿责任限制规定基础上，适当提高承运人对旅客人身伤亡及财产损失赔偿责任限制数额。考虑到承运人归责原则趋于严格且赔偿责任限制数额提高，为了避免承运人因为财力不足或濒临破产而无法承担赔偿责任的情形，应当明确规定承运人强制责任保险制度，并赋予索赔人直接起诉责任保险人的权利，以更加充分地保护邮轮旅客权益等。

自《海商法》1993 年 7 月 1 日生效实施 20 多年来，我国国民经济发展水平、经济贸易形态、航运产业结构、国际国内法律环境等已经发生巨大、深刻的变化，现行《海商法》构建的法律制度体系在很多方面已经滞后于航运实践以及司法实践的发展，不能有效适应航运和贸易发展的需要，亟须全面修订。事实上，交通运输部先后三次成立课题组，对《海商法》修改进行专门研究。第一次课题研究工作在 2000 年年底启动[1]，第二次启动是在 2013 年[2]，第三次研究工作始于 2017 年 6 月。2018 年 9 月，第十三届全国人大常委会将《海商法》修改列为立法计划中的第二类法律，交通运输部也于 2019 年年初将《海商法》修改列入年度立法计划，从而使《海商法》修改研究工作进入修法的启动轨道。

鉴于《海商法》修改所遵循的几个基本原则，即坚持问题导向与目标导向相结合，坚持特别法与一般法相协调，坚持本国国情与国际海事发展相协调，坚持继承、发展与引领并重等，《海商法》修改只能在一定幅度范围内进行，很难大范围对总体框架结构进行修改和调整。此外，我国目前针对邮

〔1〕　司玉琢、胡正良主编：《中华人民共和国海商法修改建议稿条文、参考立法例、说明》，大连海事大学出版社 2003 年版。

〔2〕　参见胡正良等：《〈海商法〉修改基本理论与主要制度研究》，法律出版社 2021 年版，前言。

轮旅游法律问题的认识还有待进一步深入研究，邮轮旅游下的相关机制在我国尚处于试验、探索阶段，预计直接针对邮轮旅客运输合同单设一章予以规制的难度较大，经过综合考虑，笔者建议采用第一个方案的思路，即借助《海商法》修改的有利时机，在现有《海商法》海上旅客运输合同章框架下适当解决邮轮旅客运输法律问题。

二、海上旅客运输合同章条文修改说明及建议案——仅针对邮轮运输部分

（一）海上旅客运输合同章条文修改说明

各界已经充分认识到邮轮旅游作为新兴业态，无论在现行《旅游法》抑或《海商法》框架下调整均存在不完全适用性，但就如何构建或修改邮轮旅游的法律规制体系尚有分歧。基于我国立法资源的稀缺性，制定专门的《邮轮旅游法》不具有现实性。但是伴随着我国邮轮旅游事业的发展，因邮轮旅游产生的相关法律问题日益显露，目前无论是地方人民法院还是海事法院，都面临难以确定法律适用的困境。

理论上，立法比较可行的完善路径有两种：第一种，通过修改《旅游法》，纳入《旅游法》调整。但是《旅游法》于2018年刚刚修订，近期内再次进行修订的可能性不大。第二种，纳入《海商法》调整，并能够在修订《海商法》时有所体现。对此笔者倾向性意见是将邮轮旅游的相关法律问题纳入《海商法》调整，但考虑到《海商法》的适用范围，即使调整邮轮旅游的内容，也仅限于邮轮旅游中具有海事特殊性以及与海上旅客运输相关的部分。在讨论修改邮轮旅客运输合同相关条文内容时，有如下焦点问题：

1. 陆上旅游区段是否纳入《海商法》调整存在分歧

《海商法》第五章关于承运人责任期间的现行规定仅适用于海运区段，而邮轮旅游的特殊性决定了其在整个邮轮航程中，通常会安排邮轮停靠一个或多个港口，以允许游客在停靠港口期间登岸完成陆上旅游、观光、运输等活动，此时是否将这些邮轮旅游的陆地区段也纳入《海商法》调整存在分歧。目前，倾向性意见是陆地旅游区段暂不纳入邮轮旅游承运人责任期间，除非船票包含这一区段的费用。还有一种观点认为，只要邮轮旅游承运人签发客票，并且与旅客之间存在合同关系，则不论是否包含陆上旅游区段，承运人都承担"海运"或者"海运和陆运"等类似货物多式联运的责任。笔者认为，陆上旅游多半情况下是由旅行社安排的，对于承运人运输行为以及旅

行社经营行为将分别涉及交通、旅游两个行业监管，而且还涉及经营者之间的利益平衡问题。因此在对上述问题没有很好的解决方案时，暂不宜将邮轮旅游的陆地区段纳入《海商法》调整。

2. 旅游机构是否承担承运人责任的分歧

根据我国目前邮轮船票销售模式，邮轮公司直接销售船票的比例不到10%，未来预计不会超过20%。而大多数船票销售是通过旅行社或其代理机构以包船游的模式完成。这与我国目前针对国际贸易协会下海运服务和旅游服务的市场开放程度及承诺、行业监管有关。因此对于旅游机构直接以自己的名义销售船票的情况，是否可以认定旅游机构为海上旅客运输承运人存在不同意见。从相关旅游管理部门以及旅行社对《海商法》条文修改研究的反馈意见看，我国对此尚未达成共识，大多仅承认旅行社作为旅游经营人的身份。但是从邮轮本身的船舶属性，对邮轮安全监管以及有关船舶安全、管理、防污染等相关国际公约规定的视角看，都没有将邮轮排除在传统的"船舶"界定之外，也不存在将邮轮运输游离于《海商法》调整范围之外的理由，美国、欧盟等其他国家和地区也是将邮轮运输作为旅客运输处理和对待。因此，既然现行《海商法》对旅客运输合同中"承运人"的界定并未要求一定实际从事全部或部分运输，则可以参照货物运输合同一章的规定以及《国际海运条例》的相关规定，将旅游经营者认定为海上邮轮旅客运输下的承运人，即类似货物运输中的"无船承运业务经营者"。

（二）海上旅客运输合同章条文修改建议案——仅涉及邮轮运输条文

第五章　海上旅客运输合同章条文建议案（部分节选）
第一节　一般规定

第一条　海上旅客运输合同，是指承运人以约定的或适合约定目的的船舶经海路或者与海相通的其他可航水域载运旅客及其行李，由旅客支付票款的合同。

第二条　本章下列用语的含义：

（一）"承运人"，是指与旅客订立海上旅客运输合同的人。

（二）"实际承运人"，是指接受承运人委托或者转委托，从事旅客及其行李载运或者部分载运的人。

（三）"旅客"，是指根据海上旅客运输合同载运的人，包括按照规定免票、持优待票或者经承运人许可无票搭载的人；经承运人同意，根据国际海上货物运输合同或水路货物运输合同，随船护送货物的人，视为旅客。

（四）"行李"，是指根据海上旅客运输合同由承运人载运的任何物品和车辆，但是未经承运人同意的活动物除外。

（五）"自带行李"，是指旅客自行携带、保管或者放置在客舱的行李以及在其车辆内或者车辆上的行李。

第三条　旅客客票是海上旅客运输合同的证明。

第二节　海上旅客运输权利义务一般规定

第四条　承运人对旅客的责任期间，自旅客登船时起至旅客最终离船时止，但旅客在中途挂靠港离船期间除外。客票票价含接送费用的，责任期间也包括承运人经水路将旅客从岸上接到船上和从船上送到岸上的时间，但是不包括旅客在港站内、码头上或者在港口其他设施内的时间。

承运人对旅客自带行李的责任期间，自旅客登船时起至旅客最终离船时止，但承运人对旅客放置在其客舱和车辆内的自带行李的责任期间包括旅客在挂靠港中途离船的时间。承运人对旅客自带行李以外的其他行李的责任期间自旅客将行李交付承运人或者承运人的受雇人、代理人时起至承运人或者承运人的受雇人、代理人交还旅客时止。

第五条　旅客支付票款义务[1]（略）

第六条　旅客不得携带危险品等义务（略）

第七条　承运人对旅客人身伤亡及行李损失的归责原则（略）

第八条　承运人对旅客人身伤亡及行李损失免责规定（略）

第九条　承运人对旅客贵重物品的责任（略）

第十条　承运人对旅客赔偿单位责任限制（略）

第十一条　承运人丧失旅客赔偿单位责任限制规定（略）

第十二条　针对人身伤亡、行李损失索赔通知规定（略）

第十三条　向承运人及其受雇人、代理人以侵权、违约提起索赔的责

---

[1]　第5—20条与《海商法》现有条文有关海上旅客运输合同条文一致，也不属于课题组建议增加条文范围，为了避免赘述，采用条文内容略过的方式。

任规定（略）

第十四条　第十七条承运人与实际承运人各自责任及相互关系条款（略）

第十八条　旅客就人身伤亡及行李损失向承运人、实际承运人及其受雇人、代理人索赔的总的责任限额规定（略）

第十九条　承运人与实际承运人相互追偿条款（略）

第二十条　旅客运输合同条款与法定义务冲突的无效规定（略）

第三节　有关对邮轮旅客运输合同的特别规定

第二十一条　除依据本章第四条规定外，邮轮旅游票价包含岸上旅游项目及费用的，承运人责任期间包括旅客在岸上旅游的期间。

依据前款规定，旅客人身伤亡或行李灭失、损坏发生在船上或岸上旅游期间的，承运人的赔偿责任和责任限额，适用调整该区段运输或旅游方式的有关法律规定。

旅客人身伤亡或行李灭失、损坏发生的区段不能确定的，承运人应当依照本章有关承运人赔偿责任和责任限额的规定负赔偿责任。

第二十二条　在本章第四条规定的承运人责任期间，因承运人、实际承运人或者承运人、实际承运人的受雇人、代理人在受雇或者受委托的范围内的过失引起事故，造成旅客人身伤亡或者行李灭失、损坏的，承运人应当负赔偿责任。

承运人对船舶上不属于前款规定的任何独立合同人应当尽到合理谨慎的选择和注意义务。因船上任何独立合同人的过失引起事故，造成旅客人身伤亡或者行李灭失、损坏的，独立合同人应当负赔偿责任。

第二十三条　旅客应当遵守船上规定，服从船长有关维持良好秩序和航行安全的指示。

旅客违反前款规定，造成损害的，应当负赔偿责任。

第二十四条　承运人应当保证供旅客居住、生活、餐饮、娱乐、休闲、旅游等各项设施设备符合安全标准，并配备相应的安全标识、使用说明及其中文文本。

第二十五条　承运人应当在船舶航次开始之前向旅客说明并告知下列事项：

（一）船舶可能存在的特定风险、安全注意事项、安全避险措施和应急联络方式；

（二）船长在船舶安全以及航行安全方面的处置权利；

（三）不可抗力和其他免责事项；

（四）法律、法规规定的其他情况。

除前款规定外，邮轮承运人还应告知有关邮轮服务项目的禁止性和限制性要求，但不得与法律、法规的规定相违背。

第二十六条　承运人应当按照合同既定的航线行驶，不得擅自改变和取消航线行程。

船舶面临不可抗力、危及航行安全以及可能严重危及船舶和旅客人身安全的事件或情形时，船长有权决定变更航线、停止航行或者变更停靠港。船长决定变更航线、停靠港或者停止航行的，承运人无须向旅客承担赔偿责任，但是应当负责后续安置工作，包括将因为航线、停靠港口变更或停止航行而未实际发生的费用相应退还给旅客。

因承运人过错造成船舶变更航线、停靠港或者停止航行的，承运人应当以船票票价的两倍为限向旅客承担赔偿责任，并且负责后续安置工作。

第二十七条　承运人应当就其根据本章规定对旅客人身伤亡可能承担的赔偿责任进行保险或者提供财务担保。

承运人为不实际履行海上旅客运输的旅行机构的，由实际承运人承担前款规定的义务。

第一款规定的保险或者财务担保的数额，应不低于本章第十四条规定的每名旅客人身伤亡赔偿责任限额乘以船舶证书规定的载客定额所得出的数额。

第二十八条　根据本法第二十七条规定的保险或者财务担保责任的任何赔偿，请求人可以直接向保险人或者财务担保人提出赔偿请求。

承运人丧失本法第十四条规定的限制赔偿责任的权利，不影响被请求的保险人或者财务担保人援引本法第十四条规定的限制赔偿责任；也不影响被请求的保险人或者财务担保人援引承运人依法可援引的除破产以外的其他任何抗辩事由。

被请求的保险人或者财务担保人可以损害是由于承运人的故意行为造成作为抗辩事由，但不得援引在承运人向其提出的索赔中有权援引的其他任何抗辩事由。

在任何情况下，被请求的保险人或者财务担保人有权要求承运人参加请求人对其提起的旅客人身伤亡赔偿的诉讼。

参考文献

（一）中文论著类

1. 王利民、杨立新、王轶等：《民法学》（第 2 版），法律出版社 2008 年版。

2. 彭万林主编：《民法学》（修订本），中国政法大学出版社 1999 年版。

3. 程啸：《侵权责任法》，法律出版社 2011 年版。

4. 叶欣梁主编：《邮轮概论》，大连海事大学出版社 2016 年版。

5. 赵序主编：《国际邮轮服务与管理》，旅游教育出版社 2017 年版。

6. "上海国际邮轮旅游人才培训基地"教材编委会编：《国际邮轮旅游销售实务》，中国旅游出版社 2014 年版。

7. 宋喜红、戚昕编著：《海洋船舶产业发展现状与前景研究》，广东经济出版社 2018 年版。

8. 闵德权、胡鸿韬编著：《邮轮口岸管理理论与实务》，大连海事大学出版社 2016 年版。

9. 孙晓东：《邮轮产业与邮轮经济》，上海交通大学出版社 2014 年版。

10. 王诺编著：《邮轮经济：邮轮管理·邮轮码头·邮轮产业》，化学工业出版社 2008 年版。

11. 孙思琪：《邮轮旅游法律要论》，法律出版社 2018 年版。

12. 王泽鉴：《民法学说与判例研究》（第 7 册），中国政法大学出版社 1998 年版。

13. 马魁君主编：《邮轮旅游地理》，大连海事大学出版社 2016 年版。

14. 韩玉灵主编：《旅游法教程》（第 4 版），高等教育出版社 2018 年版。

15. 王立纲、浦秀贤编著：《现代旅游法学》，青岛出版社 2002 年版。

16. 黄恢月：《包价旅游合同服务法律指引》，中国旅游出版社 2017 年版。

17. 韩阳、孟凡哲等编著：《旅游合同研究》，知识产权出版社 2007 年版。

18. 黄建中：《合同法总则·重点疑点难点问题判解研究》，人民法院出版社 2005 年版。

19. 刘云亮主编：《旅游法学》，法律出版社 2011 年版。

20. 邱聪智：《新订债法各论》（中），姚志明校，中国人民大学出版社 2006 年版。

21. 刘劲柳：《旅游合同》，法律出版社 2004 年版。

22. 孙森焱：《民法债编总论》（下册），法律出版社 2006 年版。

23. 黄立主编：《民法债编各论》（下），中国政法大学出版社 2003 年版。

24. 杨荣馨主编：《强制执行立法的探索与构建——中国强制执行法（试拟篇）条文与释义》，中国人民公安大学出版社 2005 年版。

25. 中国造船工程学会、上海交通大学主编：《船舶工程辞典》，国防工业出版社 1988 年版。

26. 中国社会科学院语言研究所词典编辑室编：《现代汉语词典》（第 7 版），商务印书馆 2016 年版。

27. 全国科学技术名词审定委员会编：《船舶工程名词》，科学出版社 1998 年版。

28. 海峡两岸船舶工程名词工作委员会编：《海峡两岸船舶工程名词》，科学出版社 2003 年版。

29. 《船舶名词术语》编订组：《船舶名词术语》（第 1 册），国防工业出版社 1979 年版。

30. 中国船级社：《游艇入级与建造规范》，人民交通出版社 2012 年版。

31. 袁林新、梁善庆主编：《国际海事条约汇编》（第 1 卷），大连海运学院出版社 1993 年版。

32. 胡正良主编：《国际海事条约汇编》（第 6 卷），大连海运学院出版社 1994 年版。

33. 吴兆鳞、王逢辰、王昊主编：《国际海事条约汇编》（第 2 卷），大连海运学院出版社 1993 年版。

34. 张钦良、施壮怀主编：《国际海事条约汇编》（第 4 卷），大连海运学院出版社 1993 年版。

35. 胡正良、朱建新主编：《国际海事条约汇编》（第 5 卷），大连海运学院出版社 1994 年版。

36. 张晓杰、危敬添、李冠玉主编：《国际海事条约汇编》（第 11 卷），大连海事大学出版社 2006 年版。

37. 2006 年《海事劳工公约》（中英对照），张铎校译，大连海事大学出版社 2013 年版。

38. 王莉霞主编：《旅游法学》，华中科技大学出版社 2017 年版。

39. 范愉：《纠纷解决的理论与实践》，清华大学出版社 2007 年版。

40. 司玉琢：《海商法专论》（第 3 版），中国人民大学出版社 2015 年版。

41. 王胜明主编：《中华人民共和国侵权责任法释义》，法律出版社 2010 年版。

42. 杨富斌主编：《旅游法教程》，中国旅游出版社 2013 年版。

43. 吴兆麟主编：《中国海上维权法典——国际海事公约篇》（第 5 卷 海上运输），大连海事大学出版社 2012 年版。

44. 吴兆麟主编：《中国海上维权法典——国际海事公约篇》（第 4 卷 国际海员），大连海事大学出版社 2012 年版。

45. 世界卫生组织：《国际船舶医疗指南》（第 3 版），韩孟君译，天津科学技术出版社 2016 年版。

46. 司玉琢主编：《海商法》（第 4 版），法律出版社 2018 年版。

47. 江川编著：《突发事件应急管理案例与启示》，人民出版社 2010 年版。

48. 中华人民共和国海事局：《海事法规汇编》（上册），人民交通出版社 2000 年版。

49. 刘正江、王宏伟主编：《国际海事条约汇编》（第 10 卷、第 11 卷补充本），大连海事大学出版社 2012 年版。

50. 刘正江、王宏伟主编：《国际海事条约汇编》（第 12 卷），大连海事大学出版社 2012 年版。

51. 吴兆麟主编：《中国海上维权法典——国际海事公约篇》（第 3 卷 海洋环境保护），大连海事大学出版社 2012 年版。

52. 司玉琢、胡正良主编：《中华人民共和国海商法修改建议稿条文、参考立法例、说明》，大连海事大学出版社 2003 年版。

53. 彭万林主编：《民法学》（第 7 版），中国政法大学出版社 2011 年版。

54. 马俊驹、余延满：《民法原论》（第 2 版），法律出版社 2005 年版。

55. 史尚宽：《民法总论》，中国政法大学出版社 2000 年版。

56. 王利明等：《民法学》，法律出版社 2008 年版。

57. 张文显：《法哲学范畴研究》，中国政法大学出版社 2001 年版。

58. ［德］卡尔·拉伦茨：《德国民法通论》（下册），法律出版社 2003 年版。

59. ［韩］丁硕重：《海洋旅游学》，李承子等译，上海译文出版社 2016 年版。

60. ［美］德沃金：《法律帝国》，李常青译，中国大百科全书出版社 1996 年版。

61. ［英］阿德里安 A. S. 朱克曼：《危机中的民事司法——民事诉讼程序的比较视角》，傅郁林等译，中国政法大学出版社 2005 年版。

62. 林江：《邮轮经济法律规制研究——上海宝山实践分析》，复旦大学出版社 2019 年版。

63. 谭兵、李浩主编：《民事诉讼法学》（第 2 版），法律出版社 2013 年版。

（二）中文报刊论文类

1. 王泽鉴：《定型化旅行契约的司法控制》，载《民法学说与判例研究》（第 7 册），中国政法大学出版社 2009 年版。

2. 陈有文、赵彬彬：《世界旅游产业发展概况与空间特征研究》，载《水运工程》2015 年第 2 期。

3. 吕龙德：《合同签订 豪华邮轮"中国造"任重道远》，载《广东造船》2018 年第 6 期。

4. 马海鹰：《邮轮经济与旅游强国》，载《中国旅游报》2012 年 4 月 16 日，第 2 版。

5. 王文：《论上海建设国际航运中心发展邮轮产业的若干法律问题》，载《海大法律评论》，上海社会科学院出版社有限公司 2009 年版。

6. 韦夏怡：《邮轮母港之争硝烟再起 国内邮轮产业链亟待完善》，载《经济参考报》2010 年 6 月 25 日，第 2 版。

7. 郑炜航：《四大因素制约中国邮轮产业发展》，载《中国经济周刊》2013 年 10 月 7 日。

8. 周新民：《当代海上"客船"究竟是"邮船"还是"游船"?》，载《中国科技术语》2019 年第 4 期。

9. 周新民：《船舶行业用语应与时俱进："邮轮"一词用法刍议》，载《中外船舶科技》2017 年第 3 期。

10. 周新民：《"邮轮"已驶入历史》，载《咬文嚼字》2010 年第 11 期。

11. 时培育：《"邮轮"当休》，载《科技术语研究》2003 年第 4 期。

12. 程天柱：《从"邮轮"到"游船"》，载《科技术语研究》2003 年第 4 期。

13. 阎京生：《邮轮经济学：从交通手段到生活方式》，载《齐鲁周刊》2014 年第 20 期。

14. 康锐、徐锦：《丽星邮轮合同条款解析》，载《海大法律评论》，上海浦江教育出版社 2013 年版。

15. 郭萍：《对邮轮合同法律性质的探究和思考》，载《中国海商法研究》2016 年第 1 期。

16. 孙森众：《旅游契约之研究》，载《东吴大学法律学报》1998 年第 1 期。

17. 杜军：《旅游合同研究》，载《西南民族学院学报（哲学社会科学版)》2001 年第 5 期。

18. 张高、宋会勇：《试论旅游合同立法》，载《法学》1998 年第 4 期。

19. 廖盛林：《混合合同法律适用问题的类型化研究》，载《福建法学》2012 年第 1 期。

20. 方懿：《邮轮旅游民事法律关系初探》，载《中国海商法研究》2013 年第 2 期。

21. 邹龙妹、熊文钊：《旅游法的社会法属性刍议》，载《河北法学》2013 年第 9 期。

22. 栗娟：《旅游纠纷共同侵权行为的认定》，载《人民司法》2013 年第 10 期。

23. 苏号朋、唐慧俊：《论旅游辅助服务者的法律地位及责任承担》，载《法学杂志》2011 年第 6 期。

24. 吕方园、郭萍：《邮轮霸船之法律考量——以〈旅游法〉为分析路径》，载《旅游学刊》2014 年第 10 期。

25. ［美］迈克尔·利斯：《ADR：2020 年的全球发展趋势》，龙飞译，载《人民法院报》2013 年 3 月 22 日。

26. 郭萍：《邮轮合同法律适用研究——兼谈对我国〈海商法〉海上旅客运输合同的修改》，载《法学杂志》2018 年第 6 期。

27. 刘哲昕：《"海娜号"邮轮被扣事件的法律思考》，载《法学》2013 年第 11 期。

28. 吴启宾：《由华航飞机起火事件论旅游契约旅游营业人之责任》，载《旅游纠纷问题研究》，元照出版有限公司 2018 年版。

29. 曾品杰：《论旅游营业人为其旅游辅助人而负责：从法国法谈起》，载《月旦民商法杂志》2016 年第 12 期。

30. 马炎秋、余亚楠：《美国邮轮旅客保护立法动态研究》，载《中国海商法研究》2014 年第 1 期。

31. 罗依：《论美国法下邮轮旅客人身权利保护——以美国〈2010 年邮轮安全法〉及相关判例为视角》，载《法制与社会》2014 年第 7 期。

32. 马炎秋、邓越：《欧盟海上残障人士权利保护立法介评》，载《大连海事大学学报（社会科学版）》2015 年第 2 期。

33. 彭燚：《历史上的重大海难》，载《湖南安全与防灾》2015 年第 3 期。

34. 王春华：《"斯堪的纳维亚之星"的殒落》，载《水上消防》2007 年第 3 期。

35. 《近年来重大海难盘点》，载《中国海事》2014 年第 5 期。

36. 刘茂华、顾立乾、杨维超等：《国际邮轮卫生管理制度现状与建议》，载《检验检疫学刊》2016 年第 6 期。

37. 吕风祥、李枫、柴宏森等：《天津港美国籍 AZAMARA-QUEST 号邮轮传染病事件应急处置》，载《口岸卫生控制》2009 年第 4 期。

38. 王家栋、章琪、方筠等：《上海口岸首例邮轮大规模诺如病毒感染爆发的应急处置》，载《中国国境卫生检疫杂志》2009 年第 5 期。

39. 郭萍：《国际海事劳工公约带来的影响与应对》，载《世界海运》2014 年第 3 期。

40. 彭卫冬：《"霸船"现象剖析、预防与对策》，载《中国水运》2014 年第 4 期。

41. 范茂：《邮轮污染和其法律规制》，载《华人时刊（中旬刊）》2015 年第 10 期。

42. 吴始栋：《船舶先进废水处理技术》，载《船舶物资与市场》2013 年第 1 期。

43. 朱长青：《关于运用法治思维化解"霸船"事件的思考》，载《交通运输部管理干部学院学报》2015 年第 4 期。

44. 王昔琴、林元、李志平：《国际邮轮传染病疫情防控工作探讨》，载《中国国境卫生检疫杂志》2010 年第 3 期。

45. 栾晨焕：《邮轮运输突发事件应急体系及其法制衔接》，载《中国海商法研究》2016 年第 1 期。

46. 张翠娟、白凯：《面子需要对旅游者不当行为的影响研究》，载《旅游学刊》2015 年第 12 期。

47. 赵卓嘉：《面子理论研究述评》，载《重庆大学学报（社会科学版）》2012 年第 5 期。

48. 王晓伟、李纯厚、沈南南：《石油污染对海洋生物的影响》，载《南方水产》2006 年第 2 期。

49. 马艳玲：《船舶压载水处理技术》，载《舰船防化》2011 年第 5 期。

50. 李志文：《船舶压载水与生物安全的法律规制》，载《当代法学》2009 年第 3 期。

51. 赵俊杰、白静：《国际邮轮码头运营中有关环境问题的研究》，载《天津科技》2012 年第 3 期。

52. 范志杰、李宗品：《塑料垃圾对海洋生物的危害》，载《海洋环境科学》1988 年第 4 期。

53. 王慧卉、梁国正：《塑料垃圾对海洋污染的影响及控制措施分析》，载《南通职业大学学报》2014 年第 1 期。

54. 鄢琦：《船舶垃圾排放标准变"苛刻"》，载《中国水运报》2012 年 12 月 8 日，第 3 版。

55. 杨兆俊：《结合 MARPOL 公约浅议防治船舶垃圾污染》，载《中国水运》2011 年第 12 期。

56. 李刚：《上海港沿海航行船舶垃圾排放到码头的海事监管》，载《航海》2018 年第 4 期。

57. 李林：《论我国海上执法力量改革发展的目标》，载《公安海警学院学报》2018 年第 2 期。

58. 李夏青：《豪华邮轮动力产业"谁主沉浮"》，载《船舶物质与市场》2018 年第 3 期。

59. 吕方园、戴瑜：《WTO 视角下的中国邮轮经济发展问题论略》，载《时代经贸》2013 年第 7 期。

60. 杭娇：《何以破局邮轮船舶供应业窘境?》，载《中国水运报》2013 年 3 月 6 日，第 7 版。

61. 张树民、程爵浩：《我国邮轮旅游产业发展对策研究》，载《旅游学刊》2012 年第 6 期。

62. 孙晓东、冯学钢：《中国邮轮旅游产业：研究现状与展望》，载《旅游学刊》2012 年第 2 期。

63. 蔡晓霞、牛亚菲：《中国邮轮旅游竞争潜力测度》，载《地理科学进展》2010 年第 10 期。

64. 徐虹、高林：《基于供应链视角的邮轮旅游刍议》，载《北京第二外国语学院学报》2010 年第 1 期。

65. 张言庆、马波、范英杰：《邮轮旅游产业经济特征、发展趋势及对中国的启示》，载《北京第二外国语学院学报》2010 年第 7 期。

66. 叶欣梁、孙瑞红：《基于顾客需求的上海邮轮旅游市场开发研究》，载《华东经济管理》2007 年第 3 期。

67. 余科辉、刘志强：《世界邮轮旅游目的地与邮轮母港研究》，载《商业经济》2007 年第 7 期。

68. 李昌麒：《论经济法语境中的国家干预》，载《重庆大学学报（社会科学版）》2008 年第 4 期。

69. 杨紫烜：《对产业政策和产业法若干理论问题的认识》，载《法学》2010 年第 9 期。

70. 张言庆等：《国际邮轮旅游市场特征及中国展望》，载《旅游论坛》2010 年第 8 期。

71. 司玉琢、单红军：《评述与反思："海娜号"邮轮韩国被扣案之法律问题》，载《法学杂志》2013 年第 12 期。

72. 李小年、颜晨广：《中国发展邮轮产业的若干政策与法律问题》，载《中国海商法研究》2013 年第 3 期。

73. 张守文：《"改革决定"与经济法共识》，载《法学评论》2014 年第 2 期。

74. 郑炜航：《关于中国邮轮产业发展的建议》，载《港口经济》2014 年第 11 期。

75. 叶欣梁、李涛涛：《基于利益相关责任的邮轮霸船事件思考》，载《2015 中国旅游科学年会论文集》2015 年 4 月。

76. 向力：《中国邮轮产业发展的国际法空间——以 GATS、FTAs 及双边协定中的国际法义务为中心》，载《中国海商法研究》2016 年第 1 期。

77. 李小峰：《"海上丝绸之路"视阈下邮轮文化与邮轮产业发展的关系》，载《中国海商法研究》2016 年第 1 期。

78. 李秋芳：《跨境邮轮旅游民事法律关系探讨》，载《现代商贸工业》2016 年第 8 期。

79. 孙思琪、戎逸：《邮轮旅游法律关系的立法范式与理论辨正》，载《中国海商法研究》2017 年第 3 期。

80. 孙思琪：《〈海商法〉修改视角下邮轮旅游法律制度构建》，载《大连海事大学学报（社会科学版）》2017 年第 6 期。

81. 谢振衔、陈琦：《论涉外邮轮旅客人身损害赔偿法律适用的困境与克服——兼评上海海事法院最新判决"羊某某邮轮溺水案"》，载《大连海事大学学报（社会科学版）》2018 年第 5 期。

82. 孙思琪：《临崖勒马抑或坐失机宜？——评〈海商法（修订征求意见稿）〉对于邮轮旅游之处理》，载《大连海事大学学报（社会科学版）》2018 年第 6 期。

83. 孙思琪、金怡雯：《邮轮旅游航程变更：法律规制、立法进展及司法实践》，载《大连海事大学学报（社会科学版）》2018 年第 4 期。

84. 陈琦：《邮轮旅游法律规制的理论困境与制度因应》，载《大连海事大学学报（社会科学版）》2018 年第 6 期。

85. 赵伟宏：《涉外邮轮发生重大人身损害管辖权之管见》，载《中国审判》2018 年总第 18 卷。

86. 孙思琪：《〈海商法〉修改增加规定邮轮旅游之研究》，载《中国海商法研究》2018 年第 3 期。

87. 谢忱：《对我国邮轮船票代理模式的法律研究》，载《理论学刊》2018 年第 6 期。

88. 姚东升：《国内邮轮群体性事件协同治理探析》，载《广西警察学院学报》2018 年第 4 期。

89. 谢忱：《我国涉外邮轮侵权纠纷法律适用研究》，载《山东警察学院学报》2018 年第 3 期。

90. 孙思琪：《邮轮旅游法律适用论要》，载《武大国际法评论》2018 年第 2 期。

91. 谢振衔、郭灿：《外籍邮轮人身损害赔偿责任纠纷的法律适用》，载《人民司法》2019 年第 5 期。

92. 孙思琪：《再论邮轮旅游包船模式的基础法律关系——兼论〈海商法〉增设邮轮旅游特别规定的观念障碍》，载《国际经济法学刊》2019 年第 3 期。

93. 陈琦：《海事国际私法视角下邮轮旅游法律适用规则的审思与重构——以〈海商法〉修订为契机》，载《大连海事大学学报（社会科学版）》2019 年第 2 期。

94. 张舒婷：《论邮轮运输的功能属性——兼谈我国〈海商法〉第五章的修改途径》，载《综合运输》2019 年第 7 期。

95. 刘楠：《侵权视角下的邮轮旅客人身损害法律救济研究》，载《大连民族大学学报》2019 年第 6 期。

96. 孙思琪、胡正良：《邮轮旅游纠纷管辖：错位与复归》，载《湖北社会科学》2019 年第 5 期。

97. 郭萍、邵帅：《软硬法兼施下船员权益多维度法治保障探究》，载《法治论坛》2019 年第 3 辑。

98. 陈月英：《可持续发展理论综述》，载《长春师范学院学报》2000 年第 5 期。

99. 范柏乃、邓峰、马庆国：《可持续发展理论综述》，载《浙江社会科学》1998 年第 2 期。

100. 罗慧、霍有光、胡彦华、庞文保：《可持续发展理论综述》，载《西北农林科技大学学报（社会科学版）》2004 年第 1 期。

101. 牛文元：《可持续发展理论的内涵认知——纪念联合国里约环发大会 20 周年》，载《中国人口·资源与环境》2012 年第 5 期。

102. 罗慧、霍有光、胡彦华、庞文保：《可持续发展理论综述》，载《西北农林科技大学学报（社会科学版）》2004 年第 1 期。

103. 张志强、孙成权、程国栋、牛文元：《可持续发展研究：进展与趋向》，载《地球科学进展》1999 年第 6 期。

104. 牛文元：《可持续发展理论内涵的三元素》，载《中国科学院院刊》2014 年第 4 期。

105. 贲克平：《满足当代发展未来——可持续发展理论与战略研讨综述》，载《学会月刊》1997 年第 12 期。

106. 李龙熙：《对可持续发展理论的诠释与解析》，载《行政与法》2005 年第 1 期。

107. 朱学强：《可持续发展视角下我国旅游经济发展模式》，载《社会科学家》2018 年第 10 期。

108. 张延毅、董观志：《生态旅游及其可持续发展对策》，载《经济地理》1997 年第 2 期。

109. 王良健：《旅游可持续发展评价指标体系及评价方法研究》，载《旅游学刊》2001 年第 1 期。

110. 赵媛、仲伟周：《国内可持续旅游发展理论综述》，载《学海》2000 年第 3 期。

111. 郭来喜：《中国生态旅游——可持续旅游的基石》，载《地理科学进展》1997 年第 4 期。

112. 杜江、向萍：《关于乡村旅游可持续发展的思考》，载《旅游学刊》1999 年第 1 期。

113. 王全兴、樊启荣：《可持续发展立法初探》，载《法商研究》1998 年第 3 期。

114. 范愉：《以多元化纠纷解决机制保证社会的可持续发展》，载《法律适用》2005 年第 2 期。

115. 陈昕：《国内外旅游利益相关者研究综述》，载《西南边疆民族研究》2012 年第 2 期。

116. 程炜杰、刘希全、贾欣：《邮轮旅游产业的可持续发展问题》，载《开放导报》2018
　　　年第 1 期。

117. 徐杏、沈益华、田佳：《今年邮轮市场发展举步维艰》，载《中国交通报》2020 年 4
　　　月 3 日，第 3 版。

（三）学位论文类

1. 冯华：《怎样实现可持续发展——中国可持续发展思想和实现机制研究》，复旦大学
　　2004 年博士学位论文。

2. 刘军：《规制视角的中国邮轮（旅游）母港发展研究》，复旦大学 2011 年博士学位
　　论文。

3. 吕方园：《运输视角下邮轮法律问题研究》，大连海事大学 2015 年博士学位论文。

4. 刘楠：《国际海运承运人之履行辅助人法律问题研究》，大连海事大学 2016 年博士学位
　　论文。

5. 孟钰：《邮轮旅游承运人法律责任研究》，中国海洋大学 2013 年硕士学位论文。

6. 王韵：《我国邮轮旅游合同法律关系问题研究》，大连海事大学 2017 年硕士学位论文。

7. 谢代明：《邮轮承运人责任分析》，大连海事大学 2011 年硕士学位论文。

8. 尹森：《旅游合同研究——兼论我国旅游合同有名化》，中国政法大学 2011 年硕士学位
　　论文。

9. 余娅楠：《邮轮承运人对邮轮旅客的民事法律责任研究》，中国海洋大学 2014 年硕士学
　　位论文。

10. 邓越：《欧盟邮轮旅客权利保护制度研究及对我国的借鉴》，中国海洋大学 2015 年硕
　　　士学位论文。

11. 马楚瑶：《远洋邮轮安全监管研究》，大连海事大学 2014 年硕士学位论文。

12. 王晓刚：《基于产业集群的青岛邮轮经济发展研究》，中国海洋大学 2012 年硕士学位
　　　论文。

13. 王晓红：《大连港和天津港发展邮轮经济竞争力评价研究》，大连海事大学 2012 年硕
　　　士学位论文。

14. 刘萍：《邮轮经济影响因子的灰色关联度分析》，暨南大学 2011 年硕士学位论文。

15. 孙亮亮：《厦门港发展邮轮经济研究》，大连海事大学 2008 年硕士学位论文。

16. 姜秀敏：《上海邮轮经济发展的潜力研究》，上海海事大学 2006 年硕士学位论文。

17. 韩宏涛：《上海发展国际邮轮经济研究》，上海海事大学 2005 年硕士学位论文。

18. 杨丽芳：《中国邮轮经济的空间战略研究》，暨南大学 2009 年硕士学位论文。

（四）外文文献类

1. Louise Longdin, "Alternative Dispute Resolution In The International Travel Industry: The

New Zealand Position", *International Travel Law Journal*, 1997.

2. Nathaniel G. W. Pieper & David W. Mccreadie, "Cruise Ship Passenger Claims and Defenses", *Journal of Maritime and Commerce*, 1990.

3. Igor Volner, "Forum Seleciton Clauses: Different Regulations from the Perspective of Cruise Ship Passengers", *Comparative Maritime Law*, 2006.

4. Thomas A. Dickerson, "The Cruise Passenger's Dilemma: Twenty-First-Century Ships, Nineteenth-Century Rights", *Tulane Maritime Law Journal*, 2004.

5. Tiffany L. Peyroux, "The Cruise Vessel Security and Safety Act of 2010 Founders on its Maiden Voyage", *Loyola Maritime Law Journal*, Spring 2014.

6. Michael T. Amy, "Franza v. Royal Caribbean Cruises: The Eleventh Circuit Opens the Door for Vicarious Liability Claims in The Future", *Loyola Maritime Law Journal*, Winter 2016.

7. Suzanne Dobson, The Environmental Policy-Making Process in the Cruise Ship Industry: A Comparative Case Study Analysis, Disseration for the Degree of Doctor of Philosphy, Simon Fraser University, Fall 2008.

8. Congressional Research Service Report For Congress, Cruise Ship Pollution: Background, Laws and Regulations, and Key Issues, Claudia Copeland, 2005.

9. Meredith Dahl, "The Federal Regulation of Waste from Cruise Ships in U. S. Waters", *Journal of Environmental Law*, 2003.

10. Brida, J. G. & Zapata, "Cruise Tourism: Economic, Socio-Cultural and Environmental Impacts", *International Journal Leisure and Tourism Marketing*, 2010.

11. CRS, Cruise Ship Pollution: Background, Laws And Regulations, And Key Issues, CRS Report for Congress, 2008.

12. Kira Schmidt, Cruising for Trouble: Stemming the Tide of Cruise Ship Pollution, *Bluewater Network's Cruise Ship Campaign*, March 2000.

13. Cruise Control-Regulating Cruise Ship Pollution on the Pacific Coast Of Canada, *West Coast Environmental Law*, 2001.

14. Laura K. S. Welles, "Comment, Due to Loopholes in the Clean Water Act, What can a State do to Combat Cruise Ship Discharge of Sewage and Gray Water?", *Ocean & Coastal Law Journal*, 2003.

15. EPA Draft Discharge Assessment Report. Quote from CRS, Cruise Ship Pollution: Background, Laws and Regulations, and Key Issues, CRS Report for Congress, 2008.

16. Melissa Nacke, Discharge of Grey Water from Cruise Ships Operating in Arctic Waters-Impacts and Regulations, WWF-Canada. Quote from Cruise Control Regulating Cruise Ship Pollution on the Pacific Coast of Canada, *West Coast Environmental Law*, 2001.

17. Constantine G. Papavizas & Lawrence I. Kiern, "2013-2014 U. S. Maritime Legislative Developments", *Journal of Maritime Law & Commerce*, July, 2015.

18. US General Accounting Office, Marine Pollution: Progress Made to Reduce Marine Pollution by Cruise Ships, but Important Issues Remain, Report to Congressional Requestors, GAO/RCED-00-48, 2000.

19. U. S. Environmental Protection Agency, Cruise Ship Discharge Assessment Report, 2008.

20. U. S. Navy Naval Sea Systems Command and US EPA Office of Water, Technical DevelopmentDocument: Phase I, Uniform National Discharge Standards for Vessels of the Armed Forces.

21. Council Regulation (EC) No 44/2001 of 22 December 2000 on Jurisdiction and the Recognition and Enforcement of Judgements in Civil and Commercial Matters, 2001 *Official Journal L*012.

22. Council Directive 93/13/EEC of 5 April 1993 on unfair terms in consumer contracts, OJ 1993 5/29.

23. United States Code, Title 46, Section 3505 Prevention of Departure, Section 3303 Reciprocity for Foreign Vessels, Section 701 Port Security.

24. Code of Federal Regulations, Title 33 Navigation and Navigable Waters, Part 104 Maritime Security: Vessels, Part 105 Maritime Security: Facilities.

25. United States Library of Congress S 965.

26. Package Travel, Package Holidays and Package Tours Regulations 1992.

27. Regulation (EU) No 1177/2010 of the European Parliament and of the Council of 24 November 2010 Concerning the Rights of Passengers when Travelling by Sea and Inland Waterway and Amending Regulation (EC) No 2006/2004.

28. Regulation (EU) No 392/2009 of the European Parliament and of the Council of 23 April 2009 on the Liability of Carriers of Passengers by Sea in the Event of Accidents.

29. Directive (EU) 2015/2302 of the European Parliament and of the Council of 25 November 2015 on Package Travel and Linked Travel Arrangements.

30. Pollutant Discharge Reporting Regulations, 1995 (SOR/95-351 Amendments 99-99).

31. Pollutant Substances Regulations (C. R. C., C. 1458).

32. Dangerous Goods Shipping Regulations (SOR/81-951 And Amendments).

33. Dangerous Chemicals And Noxious Liquid Substances Regulations (SOR/93-24).

34. Clean Cruise Ship Act of 2013.

（五）涉及国际条约

1. 2006 年《海事劳工公约》

2. 1958 年联合国《承认及执行外国仲裁裁决公约》（简称《纽约公约》）

3. 《海员健康保护及医疗公约》

4. 《经修正的 1924 年统一提单若干法律规定的国际公约 1968 年议定书》（简称 1968 年

《海牙－维斯比规则》或《维斯比规则》）

5. 1978 年《联合国海上货物运输公约》（简称 1978 年《汉堡规则》）

6. 2008 年《联合国全程或部分海上国际货物运输合同公约》（简称 2008 年《鹿特丹规则》）

7. 《世界卫生条例》

8. 《国际海港制度公约》

9. 1982 年《联合国海洋法公约》

10. 《国际海上人命安全公约》（SOLAS）

11. 《海员培训、发证和值班标准国际公约》（STCW）

12. 1970 年《旅行契约国际公约》

13. 1974 年《海上旅客及其行李运输雅典公约》

14. 《〈1973 年国际防止船舶造成污染公约〉1978 年议定书》（MARPOL73/78）

15. 1988 年《制止危及海上航行安全非法行为公约》

16. 2001 年《国际燃油污染损害民事责任公约》

17. 2001 年《国际控制船舶有害防污底系统公约》

18. 2004 年《国际船舶压载水和沉积物控制和管理公约》

19. 1989 年《国际救助公约》

20. 1976 年《海事赔偿责任限制公约》

21. 1966 年《国际载重线公约》

22. 1972 年《国际防止海上碰撞规则公约》

23. 1996 年《国际海上运输有害有毒物质损害责任和赔偿公约》（HNS）

（六）中外司法判例

1. 郁健英、施恩福等人诉上海携程国际旅行社有限公司纠纷案，上海市长宁区人民法院民事判决书（2015）长民一（民）初字第 7672 号。

2. 魏川博等人诉同程国际旅行社有限公司旅游合同纠纷案，四川省成都市锦江区人民法院民事判决书（2015）锦江民初字第 4956 号。

3. 邵建英诉上海携程国际旅行社有限公司旅游合同纠纷案，上海市第一中级人民法院民事判决书（2016）沪 01 民终 10447 号。

4. 凌韵诉上海航空国际旅游（集团）有限公司旅游合同纠纷案，上海市第一中级人民法院民事判决书（2014）沪一中民一（民）终字第 1716 号。

5. 英国嘉年华邮轮有限公司、羊某某诉浙江省中国旅行社集团有限公司生命权、健康权、身体权纠纷上诉案，上海市第二中级人民法院民事裁定书（2016）沪 02 民辖终 555 号。

6. 刘秀英诉中国山水旅行社等旅游合同纠纷案，北京市西城区人民法院民事判决书（2015）西民初字第 6153 号。

7. 刘某诉芒果网有限公司、意大利歌诗达邮轮有限公司上海代表处旅游合同纠纷案，深圳市福田区人民法院民事判决书（2012）深福法民一初字第 1447 号。

8. 王晓瑾诉歌诗达邮轮有限公司健康权纠纷案，上海市黄浦区人民法院民事裁定书（2017）沪 0101 民初 10592 号。

9. 俞春江诉上海携程国际旅行社有限公司、第三人利比里亚皇家加勒比游轮有限公司上海代表处旅游合同纠纷案，上海市长宁区人民法院民事判决书（2014）长民一（民）初字第 6782 号。

10. 俞春江诉上海携程国际旅行社有限公司、第三人利比里亚皇家加勒比游轮有限公司上海代表处旅游合同纠纷上诉案，上海市第一中级人民法院民事判决书（2015）沪一中民一（民）终字第 3860 号。

11. 陈立华、陈光彩等诉中国人民财产保险股份有限公司北京市朝阳支公司、众信旅游集团股份有限公司旅游合同纠纷案，北京市朝阳区人民法院民事判决书（2017）京 0105 民初 5896 号。

12. 张璋诉吴建生等生命权、健康权、身体权纠纷案，北京市西城区人民法院民事判决书（2016）京 0102 民初 8891 号。

13. 蔡志刚诉中国太平洋财产保险股份有限公司无锡分公司、中国太平洋人寿保险股份有限公司财产保险合同纠纷案，上海市浦东新区人民法院民事判决书（2016）沪 0115 民初 10519 号。

14. Walker v. Carnival Cruise Lines, Inc., 681 F. Supp. 470, 1988 AMC 2166 (N. D. ll. 1987).

15. Schultz v. Cunard Line Limited, 1985 AMC 845 (N. D. Ill. 1984).

16. Roemer v. Holland America Cruises, 1981 AMC 2331 (N. D. Ohio 1981).

17. M/S Bremen vs. Zapata Off-Shore Co., 407 US 1 (1972).

18. Carnival Cruise Lines, Inc. v. Shute, 111 S. Ct. 1522 (1991).

19. Effron v. Sun Line Cruises, Inc., 67. F. 3d 7, 8 (2nd Cir. 1995).

20. Doe v. Celebrity Cruises, Inc., 287 F. Supp. 2d 1321, 1324, 2004 AMC 832, 832-33 (S. D. Fla. 2003).

21. Kadylak v. Royal Caribbean Cruise, LTD., 167 F. Supp. 3d 1301, 2016 U. S. Dist. (S. D. Fla., 2016).

22. Kadylak v. Royal Caribbean Cruises, Ltd., 2017 (U. S. App. 2017).

23. Doe v. Celebrity Cruises, Inc., 394 F. 3d 891, 904-08, 913 (11th Cir. 2004).

24. New Orleans & N. R. Co. v. Jopes, 142 U. S. 18, 27, 12 S. Ct. 109, 35 L. Ed. 919 (1891).

25. Flaherty v. Royal Caribbean Cruises, Ltd., 172 F. Supp. 3d 1348, 1351 (S. D. Fla. 2016).

26. Aronson v. Celebrity Cruises, Inc., 30 E Supp. 3d 1379, 1396 (S. D. Fla. 2014).

27. H. S. v. Carnival Corp., 2016 U. S. Dist. (S. D. Fla. 2016).

28. Kornberg v. Carnival Cruise Lines, Inc., 741 F. 2d 1332, 1334 (11th Cir. 1984).

29. Norfolk v. My Travel Group plc., Plymouth County Court, 21 August 2003.

30. Mme X v. Costa Crociere (Société), Before the French Cour de Cassation (Supreme Court) (First Civil Chamber), 9 December 2015, (2016) E. C. C. 26.

31. Leon v. Million Air, Inc. , 251 F. 3d 1305, 1310-11 (11 Cir. 2001).

32. Sinochem Int'l Co. Ltd. v. Malaysia Int'l Shipping, 549 U. S. 422, 430, 2007 AMC 609, 613 (2007).

33. SME Racks, Inc. v. Sistemas Mecanicos Para Electronica, S. A. , 382 F. 3d 1097, 1101 (11 Cir. 2004).

34. Barbetta v. S/S Bermuda Star, 848 F. 2d 1364 (5th Cir. 1988).

35. The Korea Maru, 254 F. 397, 399 (9th Cir. 1918).

36. The Great Northern, 251 F. 826, 830-32 (9th Cir. 1918).

37. Di Bonaventure v. Home Lines, Inc. , 536 F. Supp. 100, 103-04 (E. D. Penn. 1982).

38. Cimini v. Italia Crociere Int'l S. P. A. , 1981 A. M. C. 2674, 2677 (S. D. N. Y. 1981).

39. Amdur v. Zim Israel Navigation Co. , 310 F. Supp. 1033, 1042 (S. D. N. Y. 1969).

40. Branch v. Compagnie Generale Transatlantique, 11 F. Supp. 832 (S. D. N. Y. 1935).

41. Churchill v. United Fruit Co. , 294 F. 400, 402 (D. Mass. 1923).

42. The Napolitan Prince, 134 F. 159, 160 (E. D. N. Y. 1904).

43. O'Brien v. Cunard Steamship Co. , 154 Mass. 272, 28 N. E. 266, 267 (1891).

44. Laubheim v. De Koninglyke Neder Landsche Stoomboot Maatschappy, 107 N. Y. 228, 13 N. E. 781 (1887).

45. Cummiskey v. Chandris, 895 F. 2d 107 (2d Cir. 1990).

46. Doe v. Celebrity Cruises, 145 F. Supp. 2d 1337 (S. D. Fla. 2001).

47. Mascolo v. Costa Crociere, 726 F. Supp. 1285 (S. D. Fla. 1989).

48. Gliniecki v. Carnival Corp. , 632 F. Supp. 2d 1205, 1205 (S. D. Fla. 2009).

49. Walsh v. NCL (Bahamas) Ltd. , 466 F. Supp. 2d 1271, 1271 (S. D. Fla. 2006).

50. Carlisle v. Carnival Corp. , 864 So. 2d 1 (Fla. Dist. Ct. App. 2003), decision quashed, 953 So. 2d 461 (Fla. 2007).

51. Nietes v. American President Lines, Ltd. , 188 F. Supp. 219 (N. D. Cal. 1959).

52. Franza v. Royal Caribbean Cruises, Ltd. , 948 F. Supp. 2d 1327 (S. D. Fla. 2013), reversed and remanded, 772 F. 3d 1225 (11th Cir. 2014).

53. York v. Commodore Cruise Line, Ltd. , 863 F. Supp. 159, 162 (S. D. N. Y. 1994).

54. Quigley v. Wilson Line of Massachusetts, 154 N. E. 2d 77 (Mass. 1958).

55. Colavito v. Gonzalez & Carnival Cruise Lines, Inc. , 1983 AMC 1378 (S. D. Tex. 1981).

56. United States v. Royal Caribbean Cruises Ltd. , 11 F. Supp. 2d 1358, 1361 (S. D. Fla. 1998)

57. Kermarec v. Compagnie Generale Transatlantique, 358 U. S. 625, 79 S. Ct. 406, 3 L. Ed. 2d 550 (1959).

（七）网络文献类

1. 《全球邮轮的历史及发展》，载同程旅行网官方网站，http：//www. ly. com/news/detail-61936. html，2017 年 5 月 16 日访问。

2. 刘哲：《渤海轮渡，难行的邮轮之路》，载微信公众号"中国船东协会"2016 年 6 月 24 日。

3. 《〈2015 中国邮轮发展报告〉发布》，载 CCYIA 官方网站，http：//www. ccyia. com/news/xiehuixinwen/2016/0229/2909. html，2017 年 9 月 25 日访问。

4. 《2018 年中国邮轮：华南市场异军突起》，载微信公众号"中国邮轮产业发展大会 CCS"2019 年 1 月 28 日，https：//mp. weixin. qq. com/s/XIANqEcrcJjhmgJbMj48Gg。

5. 中国与世界经济社会发展数据库官方网站，https：//www. pishu. com. cn/skwx＿ps/bookdetail？SiteID＝14&ID＝11176440，2020 年 1 月 20 日访问。

6. 《进博会论坛聚焦上海邮轮经济如何攀上千亿级》，载旅游视讯官方网站 2019 年 11 月 14 日，http：//www. ititv. cn/play/4206. htm。

7. 《全球最大邮轮将首航堪比海上城市》，载腾讯新闻官方网站，http：//kuaibao. qq. com/a/NEW201605180068110B，2020 年 1 月 2 日访问。

8. 《2019 Cruise Industry Review and Statistic》，载佛罗里达 – 加勒比海邮轮协会官方网站 http：//www. f-cca. com/research. html，2020 年 1 月 28 日访问。

9. 金嘉晨：《上海邮轮经济发展评述》，载微信公众号"航运评论"2018 年 7 月 25 日，https：//mp. weixin. qq. com/s/bJ3Q04p—7I1mpBwiu4fUw。

10. Opinion of the European Economic and Social Committee on the 'EU Strategy for the Adriatic and Ionian Region （EUSAIR）' （exploratory opinion）, European Economic and Social Committee （4 March 2020）, https：//ec. europa. eu/regional＿policy/sources/cooperate/adriat＿ionian/pdf/eesc＿exploratory＿opinion. pdf.

11. Cruise Industry Continues to Deliver Positive Contributions to Europe's Economy, Target News （21 June 2016）, https：//targetednews. com/.

12. The European market potential for cruise tourism, CBI （4 March 2020）, https：//www. cbi. eu/market-information/tourism/cruise-tourism/.

13. Contribution of Cruise Tourism to the Economies of Europe 2017, CLIA （4 March 2020）, https：//es. cruiseexperts. org/media/2971/2017-europe-economic-impact-report. pdf.

14. 刘腾：《"国家队"涌入邮轮产业 倒逼政策"变局"》，载网易新闻官方网站 2015 年 9 月 7 日，https：//news. 163. com/15/0907/12/B2TL6MGV00014AED. html。

15. 《2018 年邮轮产业回顾》，载佛罗里达 – 加勒比海邮轮协会官方网站，https：//www. f-cca. com/downloads/2018-Cruise-Industry-Overview-and-Statistics. pdf，2020 年 3 月 4 日访问。

16. 李念、赵一飞：《"疫情邮轮"遇窘境，零拒绝或成中国邮轮产业新机遇》，载微信公众号"文汇"2020 年 2 月 15 日，http：//wenhui. whb. cn/zhuzhanapp/jtxw/20200215/

324788. html。

17. 《中国邮轮业驶入冰河期：黄牛都是靠做空赚钱》，载微信公众号"财经杂志"2018年8月19日。

18. 林江：《营造邮轮经济发展环境之建议——在上海试点"邮轮日常补给危化物品海关白名单"制度》，载微信公众号"上海邮轮中心"2018年8月7日，https：//www. sohu. com/a/245802971_ 814852。

19. 《海娜号邮轮》，载360百科官方网站，https：//baike. so. com/doc/7023361-7246264. html。

20. 《是什么原因让豪华邮轮暂别中国?》，载微信公众号"港口圈"2018年9月25日，https：//mp. weixin. qq. com/s?＿＿biz＝MzIwNjAxNzAyMQ＝＝&mid＝2247497833&idx＝2&sn＝1ac6edda2d9ecec3c005a9f8cdeb40cc&source＝41#wechat_ redirect。

21. 晨溪：《"邮轮"还是"游轮"哪种称谓更正确?》，载微信公众号"信德海事"2019年12月1日，https：//mp. weixin. qq. com/s/vd_ Q9sNX91cqrXJP63po4w。

22. 英国行业历史格蕾丝指南（Grace's Guide to British Industry History）官方网站，https：//www. gracesguide. co. uk/Peninsular_ and_ Oriental_ Steam_ Navigation_ Co。

23. 《解读〈游艇安全管理规定〉》，载中国海事局官方网站，http：//wcm. mot. gov. cn：9000/zizhan/zhishuJG/haishiju/zhengceguiding/zhengcejiedu/201110/t20111021 _ 1088657. html，2020年2月1日访问。

24. 《重磅! 中国人均 GDP 突破1万美元》，载凤凰财经官方网站，https：//finance. ifeng. com/c/7tIpyXqupDk，2020年1月17日访问。

25. 孙思琪：《邮轮登船凭证不是船票吗? ——也谈登船凭证的法律属性》，载微信公众号"海商法资讯"2018年5月16日，https：//mp. weixin. qq. com/s/guOuvouv1JubNA_ O5L4tWA。

26. 国际船舶官方网站，http：//www. eworldship. com/html/2015/Exhibition_ 1202/109425. html。

27. 维普咨询中文期刊服务平台官方网站，http：//qikan. cqvip. com/。

28. 搜狐官方网站，http：//www. sohu. com/a/168917991_ 214055。

29. 《邮轮旅游法律关系各方主体身份认定及损害赔偿责任承担》，载上海海事法院官方网站，https：//shhsfy. gov. cn/hsfyytwx/hsfyytwx/spdy1358/jpal1435/2019/09/10/2c9380996cbfa7bd016 d1bb2f288507f. html，2020年2月7日访问。

30. 《沪上首例邮轮票务销售代理纠纷握手言和》，载上海海事法院官方网站，https：//shhsfy. gov. cn/hsfyytwx/hsfyytwx/xwzx1340/zhxw1424/2010/08/12/d _ 230485. html，2020年2月7日访问。

31. 《北戴河新区法院：建立旅游"巡回法庭"工作机制》，载河北共产党员官方网站，http：//www. hebgcdy. com/dfpd/system/2017/09/15/030280350. shtml，2019年4月27日访问。

32. 《沈阳9个旅游巡回法庭矛盾纠纷排查化解成效突出》，载搜狐官方网站，http：//www. sohu. com/a/271087521_ 683693，2019年4月27日访问。

33. 《山西成立首个旅游巡回法庭》，载搜狐官方网站，http：//www. sohu. com/a/

233575157_ 118392，2019 年 4 月 27 日访问。

34. 《安义法院设立旅游巡回法庭》，载新法制报官方网站，http：//jxfzb. jxnews. com. cn/ system/2018/03/14/016802875. shtml，2019 年 4 月 27 日访问。

35. 《扬州广陵法院举行旅游巡回法庭揭牌仪式》，载搜狐官方网站，http：// www. sohu. com/a/308763559_ 120025629，2019 年 4 月 27 日访问。

36. 联合国国际贸易法律委员会（United Nations COMMISSION ON INTERNATIONAL TRADE LAW）官方网站，https：//uncitral. un. org/en/texts/arbitration/conventions/foreign_ arbitral_ awards/status2。

37. John Garamendi, Ranking Member Garamendi Introduces Cruise Vessel Consumer Confidence Act of 2013，载美国国会议员官方网站，https：//garamendi. house. gov/press-release/ ranking-member-garamendi-introduces-cruise-vessel-consumer-confidence-act-2013，2020 年 3 月 2 日访问。

38. Larry Bleiberg, Cruise industry adopts passenger'Bill of Rights，载今日美国官方网站， https：//www. usatoday. com/story/cruiselog/2013/05/23/cruise-passenger-bill-of-rights/ 2353979/，2014 年 5 月 14 日访问。

39. 陈富钢：《国际邮轮协会颁布法案保障旅客权利》，载第一旅游网官方网站，http：// www. toptour. cn/detail/info90766. htm，2017 年 6 月 8 日访问。

40. 《国际邮轮协会颁布法案保障旅客权利》，载上海海事法院官方网站，https：// shhsfy. gov. cn/hsfyytwx/hsfyytwx/xwzx1340/zhxw1424/2013/06/08/d_ 273022. html，2020 年 2 月 7 日访问。

41. 《英邮轮集体斗殴事件：邮轮安全问题引起关注》，载微信公众号"CCYIA 邮好会" 2019 年 7 月 30 日，https：//mp. weixin. qq. com/s/ujR9486TPd84SI2RZT6Wug。

42. 吴文景、张恺逸、吴彩娟诉厦门市康健旅行社有限公司、福建省永春牛姆林旅游发展 服务有限公司人身损害赔偿纠纷案，载中华人民共和国最高人民法院公报官方网站， http：//gongbao. court. gov. cn/Details/32438a7dbba67c2ea5a5bc4397a326. html，2019 年 4 月 28 日访问。

43. 王晓瑾生命权、健康权、身体权纠纷一审民事裁定书，载中国裁判文书网，http：// wenshu. court. gov. cn/content/content？DocID = cf552850-209b-4725-a6b7-a786009fad53& KeyWord = % E7% 8E% 8B% E6% 99% 93% E7% 91% BE，2019 年 4 月 2 日访问。

44. Kara Tardivel, Stefanie B. White, Krista Kornylo Duong, *Cruise Ship Travel*, CDC（10 March 2020），https：//wwwnc. cdc. gov/travel/yellowbook/2020/travel-by-air-land-sea/ cruise-ship-travel。

45. 《邮轮上的医疗保健》，载荷美邮轮公司官方网站，http：//book. hollandamerica. com/ pdfs/media/iccl/ICCL_ medicalcarefactsheets. pdf，2020 年 3 月 12 日访问。

46. 《维京游轮首开 141 天环球航线，途经上海》，载搜狐官方网站，http：//www. sohu. com/a/217456022_ 100019407，2019 年 1 月 4 日访问。

47. 《CCYIA 联合各大邮轮公司制定推广〈文明邮客公约〉》，载微信公众号"网易"2017 年 8 月 1 日，http：//dy. 163. com/v2/article/detail/CQPAU8GD05248F30. html。

48. 《邮轮未泊越南下龙湾/团友霸船 16 小时索偿》，载大公网官方网站，http：//news. takungpao. com/paper/q/2014/0207/2259211. html，2014 年 2 月 7 日访问。

49. 《海洋量子号更改航线引发游客霸船》，载国际船舶网官方网站，http：//www. eworldship. com/html/2015/OperatingShip_ 0901/106153. html，2015 年 9 月 1 日访问。

50. 《为了面子出国旅游》，载搜狐官方网站，https：//www. sohu. com/a/344727457_117641，2019 年 10 月 2 日访问。

51. 《维多利亚号邮轮擅自取消行程遭游客霸船 9 小时》，载新浪官方网站，http：//sh. sina. com. cn/news/s/2013-04-11/082542303. html，2020 年 3 月 15 日访问。

52. 《揽客存隐患，低价邮轮航线屡现游客霸船"维权"》，载凤凰网官方网站，http：//news. ifeng. com/gundong/detail_ 2013_ 04/11/24120625_ 0. shtml，2020 年 3 月 15 日访问。

53. 《中共中央印发〈深化党和国家机构改革方案〉》，载新华社官方网站，http：//www. gov. cn/zhengce/2018-03/21/content_ 5276191. htm#1，2018 年 3 月 21 日访问。

54. 《中国海警局 7 月 1 日开始行使海上维权执法职权》，载中国武警官方网站，http：//wj. 81. cn/content/2018-06/26/content_ 8070889. htm，2018 年 6 月 26 日访问。

55. 《第 56 号新冠肺炎疫情报告》［Coronavirus disease 2019（COVID-19）Situation Report-56］，载世界卫生组织官方网站，https：//www. who. int/docs/default-source/coronaviruse/situation-reports/20200316-sitrep-56-covid-19. pdf? sfvrsn =9fda7db2_ 6，2020 年 3 月 17 日访问。

56. 《全球超 30 家国际邮轮及河轮公司停航》，载微信公众号"龙 de 船人"2020 年 3 月 14 日，https：//mp. weixin. qq. com/s/XNDW8ug6ijjK0QTjsD1TSg。

57. 《日本搭 3700 人豪华邮轮聚集感染，已有 10 人确诊》，载微信公众号"海事界"2020 年 2 月 5 日，https：//mp. weixin. qq. com/s/J_ q7ZwqbpaaeUOKCfaSYPg。

58. 《再增 88 例！"钻石公主号"确诊 542 例约 500 人今日下船》，载微信公众号"航运在线"2020 年 2 月 19 日，https：//mp. weixin. qq. com/s/v1rHXiQ6lgtUFJLyYIVYhg。

59. 《漂泊 13 天后，柬埔寨终于接纳了这艘被拒绝过五次的邮轮》，载微信公众号"海事界"2020 年 2 月 14 日，https：//mp. weixin. qq. com/s/D6egVD65ozB7_ x6HmFZajQ。

60. 陈海萍：《邮轮"防疫"引发深思》，载微信公众号"航运交易公报"2020 年 2 月 13 日，https：//mp. weixin. qq. com/s/URaYumzigFO9SZEMqIfAYg。

61. 《133 人确诊！又一艘"恐怖邮轮"拉响警报！"钻石公主"号悲剧恐重演》，载微信公众号"国际船舶网"2020 年 3 月 25 日，https：//mp. weixin. qq. com/s/-aED_ 9ipMq3aZ6ktIhbDfA。

62. 《疫情致全球 35 万人仍漂在海上，预估近半是美国人》，载微信公众号"时代数据"2020

年 3 月 22 日，https：//m. thepaper. cn/newsDetail_ forward_ 6619485？from = qrcode。

63. 《涉及近万人！多艘邮轮发现肺炎确诊病例！邮轮公司逃离中国市场》，载微信公众号 "国际船舶网" 2020 年 2 月 3 日，https：//mp. weixin. qq. com/s/XYtZW3C5Ud7LgqvR5EXA7A。

64. 《国际邮轮协会发布最严禁令》，载微信公众号 "海事界" 2020 年 2 月 6 日，https：//mp. weixin. qq. com/s/POSW_ NRTx42LmA-WpnkBMg。

65. 《邮轮疫情相关法律问题线上研讨会简报》，载微信公众号 "中国海仲" 2020 年 3 月 5 日，https：//mp. weixin. qq. com/s/B_ 5zMgu_ Is1iwcpVlNSpnw。

66. 谭德赛：《2020 年 3 月 16 日在 2019 冠状病毒病（COVID-19）疫情媒体通报会上的讲话》，载世界卫生组织官方网站，https：//www. who. int/zh/dg/speeches/detail/who-director-general-s-opening-remarks-at-the-media-briefing-on-covid-19—16-march-2020，2020 年 3 月 17 日访问。

67. 《世界最大邮轮污染惹争议》，载航运界官方网站，http：//www. ship. sh/news_ detail. php？nid = 20945，2018 年 12 月 22 日访问。

68. 国际邮轮协会阿拉斯加区域官方网站，http：//www. cliaalaska. org/port-schedule/？port = JUNEAU&ship = 0&date_ from = 1% 2F1% 2F2019&date_ to = 12% 2F31% 2F2019& search_ schedule = Get% 20Port% 20Schedules。

69. 《船舶大气污染排放控制区范围覆盖全国硫氧化物排放比去年同期减少六成》，载国际节能环保网官方网站，https：//huanbao. in-en. com/html/huanbao-2307548. shtml，2019 年 9 月 11 日访问。

70. 保护未来能源官方网站，https：//www. conserve-energy-future. com/ways-and-benefits-of-using-greywater. php。

71. Vessel Sewage Discharges：No-Discharge Zones（NDZs），United States Environmental Protection Agency（5 August 2018），https：//www. epa. gov/vessels-marinas-and-ports/vessel-sewage-discharges-no-discharge-zones-ndzs.

72. 阿拉斯加州政府官方网站，https：//dec. alaska. gov/water/cruise_ ships/pdfs/wcelc-uiserep. pdf。

73. CLIA 2012 Industry Sourcebook，CLIA（23 May 2016），http：//cruising. org/sites/default/files/misc/2011FINALOV. pdf.

74. 国际海事组织官方网站，http：//www. imo. org。

75. 交通运输部官方网站，http：//www. gov. cn/xinwen/2018-12/20/content_ 5350451. htm。

76. Ballotpedia（22 March 2020），https：//ballotpedia. org/Clean_ Water_ Act.

77. 《国际邮轮协会是世界上最大的邮轮行业贸易协会》，载国际邮轮协会官方网站，https：//cruising. org/about-the-industry，2018 年 8 月 10 日访问。

78. 《国家旅游局关于对十二届全国人大四次会议第 6649 号建议的答复》，载中华人民共和国文化和旅游部官方网站，http：//zwgk. mct. gov. cn/auto255/201612/t20161221_ 832207. html？keywords = ，2020 年 3 月 25 日访问。

79. 《国家旅游局将在 CCS12 发步〈全国邮轮旅游发展规划〉》，载搜狐官方网，https：//
www. sohu. com/a/197604277_ 99907105，2017 年 10 月 12 日访问。

80. 《习近平在海南考察：加快国际旅游岛建设谱写美丽中国海南篇》，载人民网官方网
站 2013 年 4 月 11 日，http：//cpc. people. com. cn/n/2013/0411/c64094-21093668. html。

81. 《建设生态文明，关系人民福祉，关乎民族未来》，载中国共产党新闻网官方网站 2018
年 2 月 23 日，http：//theory. people. com. cn/n1/2018/0223/c417224-29830240. html。

82. 中华人民共和国海事局官方网站，http：//www. msa. gov. cn。

83. 《中国海洋管理面临洗牌》，载中外对话海洋网官方网站，https：//chinadialogu-
eocean. net/2563-shake-up-for-chinas-ocean-management/？lang = zh-hans，2019 年 3 月 27
日访问。

84. 百度官方网站，https：//www. baidu. com。

85. 谷歌官方网站，https：//www. google. com。

86. 国际邮轮协会官方网站，https：//www. cruiseexperts. org。

87. 星梦邮轮公司官方网站，https：//www. dreamlines. com。

88. 北极探险邮轮经营者协会官方网站，https：//www. aeco. no。

89. 阿拉斯加邮轮协会官方网站，http：//www. cliaalaska. org。

90. 加拿大大西洋邮轮协会官方网站，https：//www. cruiseatlanticcanada. com。

91. 佛罗里达 – 加勒比海邮轮协会官方网站，http：//www. f-cca. com。

92. AECP 官方网站，https：//www. acep. org。

93. 《"鼓浪屿"号首靠舟山国际邮轮港，开启国内多点挂靠航线》，载微信公众号"闲话
邮轮"2020 年 1 月 20 日，https：//mp. weixin. qq. com/s/ALfvWARC-Gn1hsakEPANvg。

94. 《海南省推进邮轮游艇产业发展领导小组办公室关于印发〈关于促进海南邮轮经济发
展的实施方案〉的通知》，载微信公众号"海南省邮轮游艇协会"2020 年 1 月 8 日，
https：//mp. weixin. qq. com/s/wqikdOOzbu4idle1gChcUg。

95. 皇家加勒比游轮有限公司官方网站，http：//www. rcclchina. com. cn。

96. 丽星邮轮公司官方网站，http：//www. cn. starcruises. com。

97. 地中海邮轮公司官方网站，http：//www. msccruises. com. cn。

98. 歌诗达邮轮公司官方网站，http：//www. costachina. com。

99. 建标库官方网站，http：//www. jianbiaoku. com。

（八）其他类型文献

1. 第十四届中国邮轮产业发展大会暨国际邮轮博览会会议资料，2019 年 11 月 15—17 日
于广州。

2. 周琢：《长江游轮海外市场分析》，第十三届中国邮轮产业发展大会暨国际邮轮博览会
会议资料，2018 年 11 月 1—3 日于深圳。

3. 《CCYIA 盘点 2006—2019 年 33 艘在华母港邮轮》，第十四届中国邮轮产业发展大会暨

国际邮轮博览会会议资料，2019 年 11 月 15—17 日于广州。

4. 贺冬梅：《我国邮轮旅游承运纠纷解决机制研究——以上海国际航运中心建设为视角》，首届邮轮游艇产业发展的法治问题研究论坛论文集，2016 年 1 月 8 日于海南省三亚市。

5. 应敏敏：《我国邮轮取消延误险与意外险状况及发展分析》，第十三届中国邮轮产业发展大会暨国际邮轮博览会会议资料，2018 年 11 月 1—3 日于深圳。

6. 郭萍：《邮轮海洋环境污染法律问题研究》，中国法学会环境资源法学研究会第五次会员代表大会暨 2017 年年会论文集，2017 年 8 月 26—27 日于河北保定市。

后 记

本书以笔者主持的 2017 年度国家社会科学基金项目（项目编号：17BFX152）、2020 年结项的研究课题——"可持续发展视域下邮轮运输法制保障研究"报告为基础，进行适当编辑的学术成果。

课题研究过程中，恰逢交通运输部于 2017 年 6 月启动"中华人民共和国海商法修订研究"课题，笔者有幸担任该课题研究《海商法》第五章"海上旅客运输合同"的修改负责人。因此，对于邮轮旅客运输是否可以纳入海商法修订研究工作有了更为便利的研究基础和应用空间，同时也对邮轮旅客运输法律关系的复杂性以及纳入立法工作的艰辛有了更深刻的体会。

鉴于邮轮旅游及运输实践活动的国际性，涉及相关产业链条的完整性和辐射性，有关邮轮旅游法律关系的多元和复杂状况，在我国兴起和发展尚处于初始阶段，笔者在 2012 年前后开始关注邮轮旅游法律问题，并以指导博士、硕士研究生及本科生学位论文为契机，尝试以邮轮运输为视角，围绕邮轮旅游、邮轮运输等国内外立法及实践活动进行相关专题或领域的学术研究。因此，文中观点大多为笔者数年来独立研究思考和初步探索的成果，根据文责自负原则，并不代表课题组其他成员观点。虑及收集资料的局限性和对邮轮旅游实践活动了解的有限性等，著述中的一些观点或建议尚存在不足之处，还望相关专家、学者不吝赐教。

在本课题研究过程中，课题组部分成员分别赴三亚、上海、武汉、大连等地进行调研，得到了上海海事法院、上海市旅游局、上海金橙律师事务所、三亚市法学会等单位及领导的大力支持，在此一并表示谢意。

此外，也感谢白佳玉教授、吕方园博士、谷浩副教授、谢忱博士、方懿律师、涂慧春先生、刘叶硕士、颜东晓硕士等课题成员，对本课题研究、调研及阶段性成果的支持和贡献。感谢大连海事大学刘盼芳、刘芷吟、刘裕宁、李靖玲、陈艺洋、韩金熹、苑芷薇、姜亚迪、王一涵、陈敬宗、翟佳慧、蓝天等本科生以及中山大学徐房茹、涂昕航等学生参与课题中外文相关资料的收集、整理及部分翻译工作。

感谢中山大学法学院和南方海洋科学与工程广东省实验室（珠海）对本著作出版提供的资金支持，使得本成果得以尽快付梓出版，以接受读者们的评判。知识产权出版社庞从容编辑、赵利肖编辑在工作上极其认真负责，非常专业、敬业，她们严谨、细致的工作态度令笔者十分感动，在此向知识产权出版社各位参与本书出版工作的编校人员表示衷心的感谢！也感谢我的家人们几十年来一如既往地对我从事教学科研工作的理解和包容，在分忧家庭事务的同时，给予我更多精神上的鼓励和支持。

郭萍
2020 年初秋于中山大学康乐园